Rechnungswesen im Einzelhandel

von

Dipl.-Kfm.
Jürgen Hermsen

winklers verlag ®

64671L

Vorwort zur 4. Auflage

Das Lehrbuch wurde auf Euro umgeschrieben und aktualisiert. Außerdem wurden wiederum einzelne Verbesserungen und Ergänzungen vorgenommen.

Folgende Merkmale kennzeichnen das Lehrbuch:

- Die Darstellung der erforderlichen Sachinformationen erfolgt in einer schülergemäßen Sprache und in entsprechend klein gehaltenen Lernschritten.
- Betriebswirtschaftliche (fachübergreifende) Lerninhalte werden bei allen sich bietenden Gelegenheiten dargeboten.
- Der Lernprozess wird durch Zusammenfassungen in Form von Schaubildern und Merksätzen unterstützt.
- Neben den herkömmlichen Geschäftsgängen sorgt eine Vielzahl unterschiedlich strukturierter Aufgaben für die Lernerfolgssicherung.
  Die Aufgaben sind praxisnah und **handlungsorientiert** aufbereitet:
  - Eine Vielzahl der Aufgaben bezieht sich auf eine Übungsfirma.
  - In die Aufgabenteile der einzelnen Kapitel sind die für den jeweiligen Lernstoff typischen Buchungsbelege eingebaut.
  - Die Geschäftsgänge sind EDV-gerecht gestaltet. (Ausnahme: Anfangskapitel)
  - In den Geschäftsgängen sind die Geschäftsfälle (wie in der Praxis) nach Buchungskreisen geordnet. (Ausnahme: Anfangskapitel)
  - Bei den Geschäftsgängen kann praxisnah auf Kunden- und Liefererkonten gebucht werden. (Ausnahme: Anfangskapitel)

Kein Lehrbuch ist so gut, dass es nicht noch verbessert werden könnte. Helfen Sie mir bitte mit entsprechenden Hinweisen. Vielen Dank!

Hannover, im Winter 1999/2000   Jürgen Hermsen

Ⓐ   Die Aufgabe, neben der dieses Symbol erscheint, ist im zum Lehrbuch gehörenden Arbeitsheft (ISBN 3-8045-**6469**-0) dargestellt.

   Die Aufgabe, neben der dieses Symbol erscheint, ist auf einer zum Lehrbuch gehörenden Diskette (ISBN 3-8045-**1459**-6) mit EXCEL-Arbeitsblättern enthalten.

 FIBU möglich   Bei den so gekennzeichneten Aufgaben ist der Einsatz eines Finanzbuchhaltungsprogrammes möglich.

4., überarbeitete Auflage, 2000
© Winklers Verlag
im Westermann Schulbuchverlag GmbH
Postfach 11 15 52 · 64230 Darmstadt
http://www.winklers.de
Druck: Westermann Druck Braunschweig
ISBN 3-8045-**6467**-4

64672L

Eine Vielzahl von Aufgaben bezieht sich auf das folgende Unternehmen:

1. Name und Sitz der Firma

Textileinzelhandel Konrad Fied KG
Goseriede 41

30159 Hannover

Verkaufsfilialen in:

20148 Hamburg, Rothenbaumchaussee 1;
81371 München, Oberländerstraße 33;
01067 Dresden, An der Frauenkirche 1
10719 Berlin, Kurfürstendamm 40

2. Bankverbindungen

Lindener Volksbank eG

Konto-Nr. 12 345
BLZ 251 901 01

Kreissparkasse Hannover

Konto-Nr. 88 230
BLZ 250 502 99

Postbank Hannover

Konto-Nr. 15 82-300
BLZ 250 100 30

3. Geschäftsjahr:

1. Januar bis 31. Dezember

4. Waren:

Warengruppe 1: Herrenoberbekleidung
Warengruppe 2: Damenoberbekleidung

5. Lieferanten

Bernhard Müller OHG
Im Weiher 1
69121 Heidelberg

Herrenoberbekleidung
L.-Nr. 44 001

Emut GmbH
Hohler Weg 3
34369 Hofgeismar

Damenoberbekleidung
L.-Nr. 44 002

Winter GmbH
Ottenstraße 12
30880 Laatzen

Heizöl
L.-Nr. 44 003

Karl-Heinz More e. Kfm.
Seelhorststraße 6
30175 Hannover

Computerkassen und
Kassensysteme
L.-Nr. 44 004

Adsack GmbH
Minister-Stüve-Straße 17
30449 Hannover

Zeitungsanzeigen
L.-Nr. 44 005

Vödisch AG
Neue Straße 17
30457 Hannover

Herrenoberbekleidung
L.-Nr. 44 006

Sauer KG
Rehbergstraße 24
30173 Hannover

Autohaus
L.-Nr. 44 007

Anke Mattke e. Kfr.
Nordstraße 13
06484 Quedlinburg

Versandhandelsvertreterin
L.-Nr. 44 008

Winkler KG
Bismarckstraße 7
64293 Darmstadt

Damenoberbekleidung
L.-Nr. 44 009

6. Kunden

Klaus Söffgen
Rehbergstraße 2
30173 Hannover

Kd.-Nr. 24 001

Gertrud Schön
Falkenstraße 11A
30449 Hannover

Kd.-Nr. 24 002

Anonyme Kundschaft

Inhaltsverzeichnis

64674L

3 Die Funktionen des Einzelhandelsbetriebes in der Praxis des Rechnungswesens

64676L

4 Kosten- und Leistungsrechnung

5 Jahresabschluss

6 Statistik

64678L

1 Einführung in das Rechnungswesen

1.1 Die kaufmännischen Rechenarten

1.1.1 Die Dreisatzrechnung

1.1.1.1 Der einfache Dreisatz

1.1.1.1.1 Der einfache Dreisatz mit geradem Verhältnis

Beispiel

Die Frachtkosten für eine Ware mit einem Gewicht von 108 kg betragen 19,65 €. Wie viel € betragen die Frachtkosten für eine Ware mit einem Gewicht von 234 kg?

Lösung:

① Angabesatz: Die Frachtkosten für 108 kg betragen 19,65 €.

② Fragesatz: Die Frachtkosten für 234 kg betragen   x   €.

③ Bruchsatz: $x = \dfrac{19,65 \cdot 234}{108} = 42,575$

$\qquad\qquad\qquad\quad = \underline{42,58\ €}$ (gerundet)

Lösungsweg:

① Beim Formulieren des Angabesatzes wird die gesuchte Größe an den Schluss gesetzt.

② Beim Formulieren des Fragesatzes muss darauf geachtet werden, dass gleiche Benennungen (Einheiten) untereinander stehen.

③ Die folgenden **drei Sätze (daher Dreisatz)** ergeben den Bruchsatz:

   I. Die Frachtkosten für 108 kg betragen 19,65 €.

  II. Die Frachtkosten für   1 kg betragen $\dfrac{19,65}{108}$ €. **(Division)**

 III. Die Frachtkosten für 234 kg betragen $\dfrac{19,65 \cdot 234}{108}$ €.

Im obigen Beispiel liegt ein gerades Verhältnis vor, weil das Wachsen der ersten Größe (hier: kg) ebenfalls ein Wachsen der zweiten Größe (hier: €) zur Folge hat. Umgekehrt würde ein Sinken der ersten Größe ebenfalls zu einem Sinken der zweiten Größe führen.

In unserem Beispiel gilt:

> Je schwerer $\longrightarrow$ desto höher der Preis.
> Je leichter $\longrightarrow$ desto geringer der Preis.

Allgemein gilt für ein gerades Verhältnis:

> Je mehr $\longrightarrow$ desto mehr.
> Je weniger $\longrightarrow$ desto weniger.

Wird „beim Schluss auf eine Einheit" (II. Satz) dividiert, so liegt ein gerades Verhältnis vor.

1. 288 kg einer Ware kosten 792,00 €.
   Wie viel kosten 312 kg?

2. Ein Lagerarbeiter erhält für 40 Arbeitsstunden einen Bruttolohn von 450,00 €.
   Wie hoch ist der Bruttolohn für 32 Arbeitsstunden?

3. In einem Betrieb verbraucht die Gasheizungsanlage für 85 Heizungstage 1 685 m³ Gas.
   Wie hoch ist der Gasverbrauch für a) 63 Tage, b) 108 Tage? (Genauigkeit: 3 Stellen hinter dem Komma.)

4. Zur Lackierung einer Fläche, die 6,80 m lang und 4,71 m breit ist, werden 3,5 kg Lack benötigt.
   Wie viel kg Lack sind zum Bestreichen einer Fläche von 10,85 m Länge und 5,36 m Breite erforderlich? (Genauigkeit: 3 Stellen hinter dem Komma.)

1.1.1.1.2 Der einfache Dreisatz mit ungeradem Verhältnis

Beispiel

Bei der Inventur benötigen 8 Angestellte 15 Stunden für die körperliche Bestandsaufnahme. 2 Angestellte fallen in diesem Jahr bei der Inventur durch Krankheit aus.
Wie viel Arbeitsstunden sind nun für die körperliche Bestandsaufnahme einzuplanen?

Lösung:

① Angabesatz: **8** Angestellte benötigen 15 Stunden
② Fragesatz: 6 Angestellte benötigen x Stunden

③ Bruchsatz: $x = \dfrac{15 \cdot 8}{6} = \underline{\underline{20 \text{ Stunden}}}$

Lösungsweg:

① Beim Formulieren des Angabesatzes wird die gesuchte Größe an den Schluss gesetzt.
② Beim Formulieren des Fragesatzes muss darauf geachtet werden, dass gleiche Benennungen (Einheiten) untereinander stehen.
③ Die folgenden **drei Sätze (daher Dreisatz)** ergeben den Bruchsatz:
   - **I.** **8** Angestellte benötigen 15 Stunden.
   - **II.** 1 Angestellter benötigt 15 · **8** Stunden. **(Multiplikation)**
   - **III.** 6 Angestellte benötigen $\dfrac{15 \cdot 8}{6}$ Stunden.

Im obigen Beispiel liegt ein **ungerades Verhältnis** vor, weil das Sinken der ersten Größe (hier: Anzahl der Angestellten) ein Wachsen der zweiten Größe (hier: Stunden) zur Folge hat. Umgekehrt würde ein Wachsen der ersten Größe zu einem Sinken der zweiten Größe führen.

Für ein ungerades Verhältnis gilt:

Je weniger → desto mehr.
Je mehr → desto weniger.

Wird „beim Schluss auf eine Einheit" (II. Satz) multipliziert, so liegt ein ungerades Verhältnis vor.

646710L

Aufgaben

1 Wenn auf einer Geschäftsreise täglich durchschnittlich 154,00 € ausgegeben werden, reichen die Spesen für 14 Tage. Wie lange reichen die Spesen, wenn täglich durchschnittlich 196,00 € ausgegeben werden?

2 Bei einem Verbrauch von 7,5 l pro 100 km reicht die Tankfüllung für 850 km. Für wie viel km reicht die Tankfüllung, wenn 6,5 l pro 100 km verbraucht werden? (Genauigkeit: 3 Stellen nach dem Komma.)

3 Zum Tapezieren eines Büros werden 48 Tapetenrollen von 70 cm Breite benötigt. Wie viel Tapetenrollen sind erforderlich, wenn die Breite 85 cm beträgt?

4 Für die Reinigung der Verkaufsräume benötigen 5 Reinigungskräfte 6 Stunden. Wie viel Stunden würden 8 Reinigungskräfte benötigen?

Aufgaben mit geradem und ungeradem Verhältnis

1 Zur Beheizung der Büroräume einer Einzelhandelsunternehmung auf 22 °C reicht ein bestimmter Heizölvorrat 48 Tage. Wie lange reicht der Heizölvorrat, wenn die Räume auf lediglich 20 °C beheizt werden?

2 20 kg Äpfel ergeben 1,8 l Apfelsaftkonzentrat. Wie viel kg Äpfel werden für 5 l Apfelsaftkonzentrat benötigt? (Genauigkeit: 3 Stellen nach dem Komma.)

3 Zum Einbau einer Großheizanlage im Textileinzelhandel Konrad Fied KG benötigen 5 Monteure 48 Stunden. 1 Monteur fällt krankheitsbedingt aus. Wie viel Arbeitsstunden werden nun benötigt?

4 Ein Großbehälter mit kohlensäurefreiem Mineralwasser ergibt 480 Flaschen zu 1,5 l. Wie viel Flaschen zu 0,7 l ergibt der Großbehälter?

5 Auf der Strecke von Hannover nach Hamburg (145 km) werden 10,4 l Benzin verbraucht. Wie viel Liter Benzin werden auf der Strecke von Hannover nach Magdeburg (160 km) verbraucht? (Genauigkeit: 1 Stelle hinter dem Komma.)

6 Für die Autofahrt zu einem Großabnehmer benötigen wir bei einer Durchschnittsgeschwindigkeit von 90 km/h 6 Stunden und 42 Minuten. In welcher Zeit erreichen wir unseren Kunden bei einer Durchschnittsgeschwindigkeit von 105 km/h? (Genauigkeit: Minuten.)

7 Es sollen 1 100 Kugelschreiber zu je 1,80 € umgetauscht werden in Kugelschreiber zu einem Preis von 2,20 €. Wie viel Kugelschreiber werden bezogen?

8 Wir kaufen eine EDV-Anlage und vereinbaren den Kaufpreis in 12 monatlichen Raten zu je 6.425,00 € zu entrichten. Aufgrund von Forderungsausfällen kommt es bei uns zu einem Liquiditätsengpass. Wir bitten den Lieferanten der EDV-Anlage in 20 Monatsraten zu zahlen. Auf wie viel € würden sich in diesem Fall die monatlichen Raten belaufen?

9 Bei einer gemeinsamen Werbeaktion von 12 Einzelhandelsunternehmungen trägt jede Unternehmung 30.000,00 € an Werbekosten. Die Werbekosten sollen pro Unternehmung auf 20.000,00 € gesenkt werden. Wie viel Unternehmungen müssen in die gemeinsame Werbeaktion mit einbezogen werden, wenn der gesamte Werbeaufwand unverändert bleiben soll?

10 Die Transportversicherungsprämie beträgt bei einem Warenwert von 228.000,00 €
662,00 €. Wie viel € beträgt die Transportversicherungsprämie, wenn der Warenwert sich auf 336.478,00 € beläuft?

11 Bei einem Absatz von 278 Stück erhält unser Vertreter eine Provision von 1.380,00 €.
Wie hoch ist seine Provision, wenn er 432 Stück verkauft?

1.1.1.2 Der zusammengesetzte Dreisatz

Beispiel

40 m eines Stoffes mit einer Breite von 1,20 m kosten 960,00 €. Wie viel € kosten 60 m
dieses Stoffes, wenn die Breite 1,40 m beträgt?

Lösung:

① Angabesatz: Ein Stoff mit 40 m Länge und 1,20 m Breite kostet 960,00 €.

② Fragesatz: Ein Stoff mit 60 m Länge und 1,40 m Breite kostet   x   €.

③ Bruchsatz: $x = \dfrac{960 \cdot 60 \cdot 1,40}{40 \cdot 1,20} = \underline{1.680,00\ €}$

Lösungsweg:

① Beim Formulieren des Angabesatzes wird die gesuchte Größe an den Schluss gesetzt.

② Beim Formulieren des Fragesatzes muss darauf geachtet werden, dass gleiche Benennungen (Einheiten) untereinander stehen.

③ Die folgenden Sätze ergeben den Bruchsatz:

   I. Ein Stoff mit 40 m Länge und 1,20 m Breite kostet 960,00 €.

   II. Ein Stoff mit 1 m Länge und 1,20 m Breite kostet $\dfrac{960}{40}$ €.

   III. Ein Stoff mit 60 m Länge und 1,20 m Breite kostet $\dfrac{960 \cdot 60}{40}$ €.

   IV. Ein Stoff mit 60 m Länge und 1 m Breite kostet $\dfrac{960 \cdot 60}{40 \cdot 1,20}$ €.

   V. Ein Stoff mit 60 m Länge und 1,40 m Breite kostet $\dfrac{960 \cdot 60 \cdot 1,40}{40 \cdot 1,20}$ €.

Bei einem zusammengesetzten Dreisatz erfordert die Lösung 5 oder mehr Sätze. Es
können sowohl gerade als auch ungerade Verhältnisse vorliegen. Im obigen Beispiel liegt
ein zusammengesetzter Dreisatz mit zwei geraden Verhältnissen vor.

Aufgaben

1 4 Mikrofilmaufnahmegeräte erfassen in 3 Stunden 12 182 Belege. Ein Mikrofilmaufnah-
megerät fällt wegen eines Defektes aus. Es stehen 5 Stunden zur Verfügung. Wie viel
Belege werden erfasst?

2 Ein Kapital von 24.000,00 € erbringt in 100 Tagen einen Zinsertrag von 400,00 €.
Welchen Zinsertrag erbringt ein Kapital von 18.000,00 € in 160 Tagen bei den gleichen
Bedingungen?

3 Bei den „Niedersächsischen Automobilwerken", deren Autos wir vertreiben, rollen in
einer Schicht (8 Arbeitsstunden) 400 Autos vom Band. Dazu sind in der Fertigung 810
Arbeiter erforderlich. Es ist vorgesehen, die Schicht auf 7,5 Arbeitsstunden zu reduzieren
und 500 Autos pro Schicht herzustellen. Wie viel Arbeiter müssen in den „Niedersächsischen Automobilwerken" eingestellt werden?

646712L

4   Eine Lagerhalle wird wöchentlich einmal von 9 Lagerarbeitern gereinigt. Für die Reinigung der 2 000 m² großen Fläche werden 100 Minuten gebraucht. Nun wird die Lagerkapazität um 400 m² erweitert. 90 Minuten sollen für die Reinigungsarbeiten zur Verfügung stehen. Wie viele Lagerarbeiter müssen abgestellt werden?

5   Ein mittelständischer Einzelhandelsbetrieb beschäftigt 65 Angestellte. Die wöchentliche Gehaltssumme beträgt 43.225,00 €. Aufgrund der Tarifvereinbarungen soll die wöchentliche Arbeitszeit von 38 Stunden auf 37 Stunden gesenkt werden. Die gute Ertragslage ermöglicht es, 7 Angestellte einzustellen. Mit welcher wöchentlichen Gehaltssumme ist zu rechnen?

6   14 Straßenbauarbeiter bessern in 8 Arbeitstagen bei 7 Arbeitsstunden täglich einen Autobahnabschnitt von 10,5 km aus. Wie viele Arbeitstage zu je 8 Arbeitsstunden sind erforderlich, wenn 16 Straßenbauarbeiter zur Verfügung stehen und ein Autobahnabschnitt von 12 km ausgebessert werden soll?

7   5 Tischler eines Einzelhandelsbetriebes der Möbelbranche bauen in 8 Tagen mit je 7,5 Stunden Arbeitszeit 360 Schreibtische zusammen. Ein Auftrag über 588 Schreibtische geht ein. 2 Tischler werden für den Zusammenbau der Schreibtische zusätzlich zur Verfügung gestellt. In wie viel Arbeitstagen sind die Schreibtische erstellt, wenn aufgrund des neuen Tarifvertrages nur noch 7 Stunden pro Tag gearbeitet werden?

8   8 Produktionsautomaten eines Herstellungsbetriebes, der einem Einzelhandel angeschlossen ist, fertigen in 13 Stunden 512 Zwischenprodukte. Wie viel Zwischenprodukte werden von 11 Automaten in 9 Stunden gefertigt?

9   2 Lkw eines Baustoffhandels mit 3 Tonnen Ladegewicht fahren in 10 Fuhren Sand und Kies zu einer Großbaustelle. Wie viel Fuhren wären erforderlich, wenn 3 Lkw mit einem Ladegewicht von je 3,5 t zur Verfügung ständen?

10   Im letzten Jahr wurden 5 Angestellte 6 Tage mit je 4 Einsatzstunden für Inventurarbeiten eingesetzt. Dieses Jahr kommt ein weiterer Angestellter hinzu. Die Inventurarbeiten sollen in 4 Tagen erledigt sein. Für wie viel Stunden täglich müssen die Angestellten nun für Inventurarbeiten abgestellt werden?

11   Der Druck eines Buches mit 256 Seiten in einer Auflage von 10 000 Stück dauert auf einer modernen Druckanlage 16 Stunden. Wie lange dauert der Druck eines Buches mit 192 Seiten bei einer Auflage von 15 000 Stück?

1.1.2   Der Kettensatz

Der Kettensatz vereinfacht mehrere hintereinander vorzunehmende Dreisatzrechnungen mit geradem Verhältnis.

Beispiel

In den USA kosten 30 yards eines bestimmten Qualitätsstoffes 218,40 US-$.
Wie viel € kosten 33 m?
Es gilt: 12 yds ≙ 11 m
      1 €   ≙ 1,0844 US-$

Lösung mit Dreisatz:

Umrechnung von yards in m:

12 yds $\hat{=}$ 11 m

30 yds $\hat{=}$ x m

$$x = \frac{11 \cdot 30}{12} = 27,5 \text{ m}$$

Umrechnung von US-\$ in €:

1,0844 US-\$ $\hat{=}$ 1 €

218,40 US-\$ $\hat{=}$ x €

$$x = \frac{1 \cdot 218,40}{1,0844} = 201,40 \text{ €}$$

Errechnung des Preises für 33 m:

27,5 m $\hat{=}$ 201,40 €

33 m $\hat{=}$ x €

$$x = \frac{201,40 \cdot 33}{27,5} = \underline{241,68 \text{ €}}$$

Lösung mit Kettensatz:

Kettenregel

1. *Die Kette beginnt mit dem Fragesatz. Die gesuchte Größe steht am Anfang der Kette (Fragesatz für das obige Beispiel: x € $\hat{=}$ 33 m).*

2. *Die folgenden Kettenglieder enthalten die Informationssätze. Die Informationssätze beginnen jeweils mit der Größe, mit der das vorangehende Kettenglied endet (1. Informationssatz für das obige Beispiel: 11 m $\hat{=}$ 12 yds).*

3. *Die Kette endet mit der gesuchten Größe (für das obige Beispiel: €).*

4. *Die rechte Seite der Gleichungen wird auf den Bruchstrich geschrieben, die linke Seite der Gleichungen unter den Bruchstrich.*

Kette		Sprich
x € $\hat{=}$ 33 m	Fragesatz	Wie viel € kosten 33 m,
11 m $\hat{=}$ 12 yds	Informationssatz 1	wenn 11 m 12 yds sind,
30 yds $\hat{=}$ 218,40 US-\$	Informationssatz 2	wenn 30 yards 218,40 US-\$ kosten,
1,0844 US-\$ $\hat{=}$ 1 €	Informationssatz 3	wenn 1,0844 US-\$ 1 € ist?

Nenner	Zähler	
	33 m	
11 m	12 yds	
30 yds	218,40 US-\$	$\dfrac{\text{Zähler}}{\text{Nenner}} = \dfrac{33 \cdot 12 \cdot 218,40 \cdot 1}{11 \cdot 30 \cdot 1,0844} = \underline{241,68 \text{ €}}$
1,0844 US-\$	1 €	

Aufgaben

1 Errechnen Sie den €-Preis für 1 m amerikanischen Jeansstoff. 1 yd kostet in den USA 11 US-\$. 1 € entspricht 1,0823 US-\$. (Es gilt: 11 m $\hat{=}$ 12 yds.)

2 Für einen Stoff liegen uns 3 Angebote vor:
a) aus USA (1 € $\hat{=}$ 1,0798 US-\$): 1 yd zu 9,29 US-\$,
b) aus Australien (1 € $\hat{=}$ 1,7631 austr. \$): 1 yd zu 12,75 austr. \$,
c) aus Deutschland: 1 m zu 10,50 €.
Ermitteln Sie das günstigste Angebot. (Es gilt: 11 m $\hat{=}$ 12 yds.)

14

646714L

3   Aus Japan werden elektronische Bauelemente eingeführt, das Dutzend zu 34.800 Y. 1 € entspricht 133,639 Y. Wie viel € kostet 1 elektronisches Bauelement?

4   Eine Sendung amerikanischer Baumwolle von 36 000 lbs (= pounds) kostet 22.400,00 US-$. Wie viel € kostet 1 kg? (Es gilt: 1 lb ≙ 0,4536 kg, 1 € ≙ 1,0782 US-$.)

5   Wir verkaufen einen hochwertigen Anzug in Deutschland zu 780,00 €. Zu welchem Preis müssen wir 50 Anzüge
a) in Australien (1 € ≙ 1,7521 austr. $),
b) in Kanada (1 € ≙ 1,6583 kan. $)
anbieten?

6   Eine Unze (= 1 oz) Feingold kostet 385,25 US-$. Wie viel € kostet 1 kg Feingold? (Es gilt: 1 oz ≙ 28,35 g, 1 € ≙ 1,0782 US-$.)

7   Eine Dose, die 14 Unzen kanadischer Fischkonserven enthält, kostet 1,80 kan. $. Errechnen Sie den €-Preis für 500 g. (Es gilt: 1 oz = 28,35 g, 1 € ≙ 1,6591 kan. $.)

8   Wir bieten einen Stoff zu 22,00 € pro m an. Errechnen Sie den Angebotspreis in den USA für 1 yd. (Es gilt: 11 m ≙ 12 yds, 1 € ≙ 1,0823 US-$.)

9   Bei der Lindener Volksbank in Hannover werden 410.500 Y in US-$ umgetauscht. Es gelten folgende Kurse: 1 € ≙ 133,56 Y, 1 € ≙ 1,0813 US-$. Wie viel US-$ werden ausgezahlt?

10   Einer Kaffeerösterei in Bremen wird ein Posten Kaffee „Brasil" zu 1,65 US-$ pro lb (= pound) angeboten. Wie viel € kosten 4 800 kg? (Es gilt: 1 lb ≙ 0,4536 kg, 1 € ≙ 1,0698 US-$.)

11   Für eine Fahrstrecke von 9 800 km wurden 686 Liter Benzin verbraucht. 1 Liter des Kraftstoffes kostet 0,91 €. Wie hoch sind die Kraftstoffkosten für 7 400 km?

1.1.3   Die Währungsrechnung

Eine Währung ist im weiteren Sinne die **Geldordnung eines Staates**. Jeder Staat hat seine eigene Währung.

Die Währungsrechnung besteht nun hauptsächlich in der Umrechnung

– der Inlandswährung in eine Auslandswährung bzw.
– einer Auslandswährung in die Inlandswährung.

Zu unterscheiden ist die Umrechnung von Wechselkursen

– durch Kreditinstitute zwischen Währungen der EWU-Staaten,
– durch Kreditinstitute zwischen Währungen von EWU-Staaten und Nicht-EWU-Staaten und
– ohne Einschaltung von Kreditinstituten.

1.1.3.1 Die Umrechnung von Wechselkursen durch Kreditinstitute zwischen Währungen der EWU-Staaten

Das **Bargeld** der EWU-Staaten bleibt bis zum 31. Dezember 2001 in **nationaler** Währung erhalten, was nach wie vor eine Umrechnung der Währungen innerhalb der EWU-Staaten erforderlich macht.

Die Kurse des Euro (**internationale Abkürzung: EUR**) zu den Landeswährungen der EWU-Staaten sind ab dem 1. Januar 1999 festgelegt. Hier gibt es **keine Wechselkursschwankungen** mehr.

Die folgende Tabelle enthält die **festen Wechselkurse** des Euro gegenüber den Landeswährungen der EWU-Staaten.

Die Wechselkurse des EURO zu den Währungen der EWU-Staaten			
Teilnehmerländer	Landeswährung	internationale[1] Abkürzung	Kurs
Belgien	Belgische Francs	BEF	1 EUR = 40,3399
Deutschland	Deutsche Mark	DEM	1 EUR = 1,95583
Finnland	Finnmark	FIM	1 EUR = 5,94573
Frankreich	Francs	FRF	1 EUR = 6,55957
Irland	Pfund	IEP	1 EUR = 0,78758
Italien	Lire	ITL	1 EUR = 1.936,27
Luxemburg	Luxemburger Francs	LUF	1 EUR = 40,3398
Niederlande	Gulden	NLG	1 EUR = 2,20371
Österreich	Schillinge	ATS	1 EUR = 13,7603
Portugal	Escudos	PTE	1 EUR = 200,482
Spanien	Peseten	ESP	1 EUR = 166,386

Die **Kreditinstitute** wickeln den bargeldlosen Zahlungsverkehr in Euro ab. Deshalb müssen die Kreditinstitute bei der Umrechnung einer EWU-Währung in eine andere EWU-Währung den „**Umweg" über den Euro** wählen.

Die **Umrechnungsverordnung** schreibt vor, wie die Umrechnung von den **Banken** zu erfolgen hat.

Beispiel

Für einen geschäftlichen Aufenthalt in Frankreich tauschen wir bei unserer Hausbank 2.000,00 DEM in FRF um.

Aus Frankreich bringen wir 900,00 FRF wieder mit. Bei unserer Hausbank tauschen wir diese 900,00 FRF wieder in DEM um.

a) Wie viel FRF erhalten wir vor unserer Abreise von unserer Hausbank?
b) Wie viel DEM erhalten wir nach unserer Rückkehr von unserer Hausbank?

a) Die Umrechnung erfolgt in 4 Schritten:

1. Schritt: Umrechnung der Ausgangswährung (hier: DEM) in EUR

$$1,95583 \text{ DEM} = 1 \text{ EUR}$$
$$2.000,00 \text{ DEM} = x \text{ EUR}$$
$$x = \frac{1 \cdot 2.000,00}{1,95583} = 1.022,5837623924 \ldots \text{ EUR}$$

---

1 In den folgenden Ausführungen und in den Aufgaben werden die Währungen mit den internationalen Abkürzungen definiert.

646716L

2. Schritt: Runden des EUR-Betrages auf nicht weniger als 3 Stellen nach dem Komma

2.000,00 DEM = 1.022,58376 EUR

3. Schritt: Umrechnung des gerundeten EUR-Betrages in die gewünschte EWU-Währung (hier: FRF)

$$1\,EUR = 6,55957\,FRF$$
$$\underline{1.022,58376\,EUR = \qquad x \quad FRF}$$
$$x = \frac{6,55957 \cdot 1.022,58376}{1} = 6.707,70975458\ldots FRF$$

4. Schritt: Runden der gewünschten EWU-Währung (hier: FRF) auf 2 Stellen nach dem Komma

2.000,00 DEM = 6.707,71 FRF

Wir erhalten 6.707,71 FRF von unserer Hausbank vor unserer Abreise.

b) Die Umrechnung erfolgt wiederum (wie oben) in 4 Schritten:

1. Schritt: Umrechnung der Ausgangswährung (hier: FRF) in EUR

$$6,55957\,FRF = 1\,EUR$$
$$\underline{900,00\,FRF = x\,EUR}$$
$$x = \frac{1 \cdot 900,00}{6,55957} = 137,2041155137\ldots EUR$$

2. Schritt: Runden des EUR-Betrages auf nicht weniger als 3 Stellen nach dem Komma

900,00 FRF = 137,20412 EUR

3. Schritt: Umrechnung des gerundeten EUR-Betrages in die gewünschte EWU-Währung (hier: DEM)

$$1\,EUR = 1,95583\,DEM$$
$$\underline{137,20412\,EUR = \qquad x \quad DEM}$$
$$x = \frac{1,95583 \cdot 137,20412}{1} = 268,3479340196\ldots DEM$$

4. Schritt: Runden der gewünschten EWU-Währung (hier: DEM) auf 2 Stellen nach dem Komma

900,00 FRF = 268,35 DEM

Wir erhalten 268,35 DEM nach unserer Rückkehr von unserer Hausbank.

Aufgaben[1]

1 Die Bremer GmbH erhält von einem Kunden aus Paris einen Verrechnungsscheck über 32.876,50 FRF. Auf wie viel DEM lautet die Gutschrift auf dem Bankkonto der Bremer GmbH? (Kurse: siehe Tabelle S. 16)

2 Für eine Geschäftsreise nach Amsterdam tauschen wir für unseren Reisenden bei unserer Hausbank 3.000,00 DEM in NLG um. Aus Amsterdam bringt unser Reisender 400,00 NLG wieder mit zurück, die bei unserer Hausbank wiederum in DEM umgetauscht werden. (Kurse: siehe Tabelle S. 16)

a) Wie viel NLG erhalten wir von unserer Hausbank vor der Geschäftsreise?

b) Wie viel DEM erhalten wir beim Rücktausch?

---

1 Die Währungen werden mit den internationalen Abkürzungen definiert.

3   Ein Handelsvertreter macht eine Geschäftsreise nach Österreich. Er tauscht in Wien 2.000,00 DEM in ATS um. Am Ende der Geschäftsreise hat er noch 1.200,00 ATS, die er in Salzburg wiederum in DEM zurücktauscht. (Kurse: siehe Tabelle S. 16)

     a) Wie viel ATS erhält er in Wien?

     b) Wie viel DEM erhält er in Salzburg?

4   Ein Kunde aus Finnland überweist auf unser Konto 27.864,65 FIM. Unser Konto wird in EUR geführt. Auf wie viel EUR lautet die Gutschrift? (Kurse: siehe Tabelle S. 16)

5   Unsere Bank verkauft an uns:

     a) 15.980,00 FIM   b) 10.390,00 FRF   c) 39.430,00 ESP   d) 42.560,00 ATS

     Wie viel DEM haben wir zu entrichten? (Kurse: siehe Tabelle S. 16)

6   Im Ausland werden bei Banken die folgenden DEM-Beträge umgetauscht. Wie hoch sind die Auszahlungen in der jeweiligen Landeswährung? (Kurse: siehe Tabelle S. 16)

     a) Amsterdam: 3.500,00 DEM   c) Madrid: 4.200,00 DEM

     b) Paris: 2.800,00 DEM   d) Rom: 2.900,00 DEM

1.1.3.2   Die Umrechnung von Wechselkursen durch Kreditinstitute zwischen Währungen von EWU-Staaten und Nicht-EWU-Staaten

Die Umrechnung von Wechselkursen durch Kreditinstitute zwischen Währungen der EWU-Staaten und Nicht-EWU-Staaten erfolgt auf der Basis von Kurstabellen. Die Kurse werden nicht mehr ausschließlich von den Devisenbörsen in Frankfurt und Düsseldorf festgestellt, sondern können auch zwischen den Kreditinstituten ausgehandelt werden.

Seit dem 1. Januar 1999 gibt der Kurs den Preis der ausländischen Währung für einen Euro an (Mengennotierung).

Beispiel[1]

Land	internationale Abk. (Bezeichnung)	1 Euro entspricht beim Ankauf[2] beim Verkauf[2] der Nicht-EWU-Währung	
		beim Ankauf[2]	**beim Verkauf**[2]
USA	USD (US-$)	1,0877	1,0817
Kanada	CAD (Kan. $)	1,6642	1,6521
Australien	AUD (Austr. $)	1,7606	1,7406
Japan	JPY (Yen)	133,797	133,316
Dänemark	DKK (Dänische Kronen)	7,4543	7,4145
Griechenland	GRD (Drachmen)	324,781	318,776
Großbritannien	GBP (GB £)	0,6758	0,6718
Norwegen	NOK (Norw. Kronen)	8,6363	8,5889
Schweden	SEK (Schw. Kronen)	8,9847	8,9366
Schweiz	CHF (Schweizer Franken)	1,5901	1,5861
Südafrika	ZAR (Rand)	6,9013	6,6578
Tschechien	CZK (Kronen)	37,9795	37,1803

1   Die Wechselkurse unterliegen z. T. erheblichen Schwankungen. Entnehmen Sie bitte die aktuellen Wechselkurse den Tageszeitungen oder den Kurszetteln der Banken.

   Es wird zudem unterschieden in An- und Verkaufskurse für **Sorten** (= ausländische Banknoten [= Geldscheine]. Münzen werden von den Kreditinstituten wegen des unverhältnismäßig hohen Verwaltungsaufwandes nicht an- und verkauft.) und für **Devisen** (= Überweisungen aus dem Ausland, ausländische Schecks und Wechsel).

   Zur **Vereinfachung** erfolgt hier eine **Reduzierung** auf die obige Tabelle.

   In den folgenden Ausführungen und in den Aufgaben werden die Währungen mit den internationalen Abkürzungen definiert.

2   Ankauf und Verkauf der **Fremdwährung** aus der Sicht der Bank.

646718L

Bei der Umrechnung einer EWU-Währung in eine Nicht-EWU-Währung (oder umgekehrt) müssen die **Kreditinstitute** wiederum den **„Umweg" über den Euro** gehen.

Beispiel

Für einen geschäftlichen Aufenthalt in den USA tauschen wir bei unserer Hausbank 5.000,00 DEM in USD um.

Aus den USA bringen wir 300,00 USD wieder mit. Bei unserer Hausbank tauschen wir diese 300,00 USD wieder in DEM um.

a) Wie viel USD erhalten wir vor unserer Abreise von unserer Hausbank?

b) Wie viel DEM erhalten wir nach unserer Rückkehr von unserer Hausbank?

a) Die Umrechnung erfolgt in 3 Schritten:

1. Schritt: Umrechnung der Ausgangswährung (hier: DEM) in EUR

1,95583 DEM = 1 EUR
5.000,00 DEM = x EUR

$$x = \frac{1 \cdot 5.000,00}{1,95583} = 2.556,45941 \text{ EUR}$$

2. Schritt: Umrechnung des EUR-Betrages in die gewünschte Währung (hier: USD)

Hier: *Verkaufskurs*

1 EUR = 1,0817 USD
2.556,45941 EUR = x USD

$$x = \frac{1,0817 \cdot 2.556,45941}{1} = 2.765,32214 \text{ USD}$$

3. Schritt: Runden der gewünschten Währung (hier: USD) auf 2 Stellen nach dem Komma

5.000,00 DEM = 2.765,32 USD

Wir erhalten 2.765,32 USD von unserer Hausbank vor unserer Abreise.

b) Die Umrechnung erfolgt wiederum (wie oben) in 3 Schritten:

1. Schritt: Umrechnung der Ausgangswährung (hier: USD) in EUR

Hier: *Ankaufskurs*

1,0877 USD = 1 EUR
300,00 USD = x EUR

$$x = \frac{1 \cdot 300,00}{1,0877} = 275,81135 \text{ EUR}$$

2. Schritt: Umrechnung des EUR-Betrages in die gewünschte Währung (hier: DEM)

1 EUR = 1,95583 DEM
275,81135 EUR = x DEM

$$x = \frac{1,95583 \cdot 275,81135}{1} = 539,44011 \text{ DEM}$$

3. Schritt: Runden der gewünschten Währung (hier: DEM) auf 2 Stellen nach dem Komma

300,00 USD = 539,44 DEM

Wir erhalten 539,44 DEM nach unserer Rückkehr von unserer Hausbank.

1 Ein Kunde aus New York überweist 25.343,50 USD auf unser Bankkonto, das in EUR geführt wird.
Auf wie viel EUR lautet die Gutschrift (Kurs: 1,0853 USD/EUR)?

2 Die Kuhlmann KG erhält von einem Kunden aus Japan einen Scheck über 1.445.788 JPY. Das Bankkonto der Kuhlmann KG wird in DEM geführt.
Wie viel DEM werden dem Bankkonto gutgeschrieben (Kurse: 133.582 JPY/EUR; 1,95583 DEM/EUR)?

3 Für eine Geschäftsreise nach Kanada tauschen wir bei unserer Hausbank 4.500,00 DEM in CAD um. Aus Kanada werden 350,00 CAD wieder zurückgebracht. (Kurse: siehe Tabelle S. 18)
a) Wie viel CAD erhalten wir vor der Abreise von unserer Hausbank?
b) Wie viel DEM erhalten wir nach der Rückkehr von unserer Hausbank?

4 Unsere Bank verkauft an uns:
a) 5.643,00 USD   b) 6.986,50 CHF   c) 8.923,80 GBP   d) 9.868,90 ZAR
Mit wie viel EUR wird unser Konto belastet? (Kurse: siehe Tabelle S. 18)

5 Unsere Bank kauft von uns an:
a) 4.864,50 AUD   b) 6.386,56 GBP   c) 3.856,49 USD   d) 7.435,94 CHF
Wie viel EUR werden unserem Bankkonto gutgeschrieben? (Kurse: siehe Tabelle S. 18)

6 Unsere Bank verkauft an uns:
a) 89.678 JPY   b) 16.324,50 USD   c) 63.653,80 CHF   d) 29.645,90 GBP
Mit wie viel DEM wird unser Konto belastet? (Kurse: siehe Tabelle S. 18)

7 Unsere Bank kauft von uns an:
a) 14.864,50 USD   b) 46.337,50 CHF   c) 24.674,49 GBP   d) 97.435 JPY
Wie viel DEM werden unserem Konto gutgeschrieben? (Kurse: siehe Tabelle S. 18)

1.1.3.3 Die Umrechnung von Wechselkursen ohne Einschaltung der Kreditinstitute

Erfolgt eine Umrechnung von Währungen **ohne Einschaltung von Kreditinstituten,** so werden der Einfachheit halber die Währungen **direkt umgerechnet.** Der „Umweg" **über den Euro** ist selbstverständlich für Privatleute nicht vorgeschrieben und wird deshalb i. d. R. **nicht** gewählt.

> **In der Bundesrepublik Deutschland ist dabei der Kurs der DEM-Betrag, der für 100 ausländische Währungseinheiten zu zahlen ist (Preisnotierung).**

(Ausnahmen: Lire [Bezug: 1.000 ausländische Währungseinheiten], Dollar und Pfund [Bezug: 1 ausländische Währungseinheit])

> **Die Wechselkurse zwischen EWU-Staaten sind fest.**

> **Die Wechselkurse zwischen EWU-Staaten und Nicht-EWU-Staaten schwanken.**

---

1   Die Währungen werden mit den internationalen Abkürzungen definiert.

Beispiele

Kurse in der Bundesrepublik Deutschland:

29,82 DEM/ 100,00 FRF (fester Wechselkurs)
 1,47 DEM/ 100,00 JPY (schwankender Wechselkurs)
 4,85 DEM/ 100,00 BEF (fester Wechselkurs)
 1,74 DEM/ 1,00 USD (schwankender Wechselkurs)
 1,01 DEM/1.000 ITL (fester Wechselkurs)
 2,85 DEM/ 1,00 GBP (schwankender Wechselkurs)
88,75 DEM/ 100,00 NLG (fester Wechselkurs)

Beispiel (für Umrechnung)

Auf einer Geschäftsreise in Wien müssen wir in einem Restaurant 567,50 ATS bezahlen. Es werden auch DEM akzeptiert.

a) Wie viel DEM haben wir zu entrichten (Kurs: 14,21 DEM/100 ATS)?

$$100,00 \text{ ATS} = 14,21 \text{ DEM}$$
$$567,50 \text{ ATS} = \quad x \quad \text{DEM}$$
$$x = \frac{14,21 \cdot 567,50}{100,00} = 80,64 \text{ DEM}$$

Wir haben 80,64 DEM zu entrichten.

Wir zahlen mit 100,00 DEM und fordern 15,00 DEM (Trinkgeld: 4,36 DEM) in ATS zurück.

b) Wie viel ATS erhalten wir (Kurs: 14,21/100 ATS)?

$$14,21 \text{ DEM} = 100,00 \text{ ATS}$$
$$15,00 \text{ DEM} = \quad x \quad \text{ATS}$$
$$x = \frac{100,00 \cdot 15,00}{14,21} = 105,56 \text{ ATS}$$

Wir erhalten 105,56 ATS.

Aufgaben[1]

1 Am Ende seiner Geschäftsreise rechnet ein deutscher Kaufmann in seinem Stockholmer Hotel ab. Der Rechnungsbetrag beträgt 3.640,00 SEK. 1.100,00 SEK hatte er angezahlt. Den offenen Betrag begleicht er mit seinem Restbestand an schwedischen Kronen in Höhe von 980,00 SEK.
Wie viel DEM hat er noch zu entrichten? (Kurs: 22,34 DEM/100 SEK)

2 Wir haben den Listenverkaufspreis eines Artikels mit 5.480,00 DEM kalkuliert.
Zu welchen Preisen (in ausländischer Währung) müssen wir unsere Ware in
a) USA (Kurs: 1,76 DEM/1 USD),   c) Dänemark (Kurs: 26,45 DEM/100 DKK),
b) Italien (Kurs: 1,01 DEM/1.000 ITL),   d) Frankreich (Kurs: 29,82 DEM/100 FRF)
anbieten?

3 Wir beziehen Waren aus Frankreich für 160.250,00 FRF. Aufgrund unserer Mängelrüge ermäßigt sich der Preis um 4.500,00 DEM. (Kurs: 29,82 DEM/100 FRF)
a) Wie viel FRF beträgt der reduzierte Preis?
b) Wie viel DEM beträgt der reduzierte Preis?

---

1 Die Währungen werden mit den internationalen Abkürzungen definiert.

4 Auf einer Geschäftsreise in Rom zahlen wir die Hotelrechnung in DEM. Wir müssen 678.900 ITL bezahlen. (Kurs: 1,01 DEM/1.000 ITL)

Wie viel DEM müssen wir entrichten?

5 Rechnen Sie nach den angegebenen Kursen die ausländischen Währungsbeträge in DEM um.

a) 87.568,00 BEF (Kurs: 4,85 DEM/100 BEF)

b) 65.843,00 FIM (Kurs: 32,89 DEM/100 FIM)

c) 30.865,00 USD (Kurs: 1,75 DEM/1 USD)

d) 13.875,00 CHF (Kurs: 122,65 DEM/100 CHF)

6 Rechnen Sie nach den angegebenen Kursen die DEM-Beträge in ausländische Währungsbeträge um.

a) 4.896,45 DEM in ITL (Kurs: 1,01 DEM/1.000 ITL)

b) 7.845,95 DEM in NLG (Kurs: 88,75 DEM/100 NLG)

c) 8.967,32 DEM in JPY (Kurs: 1,45 DEM/100 JPY)

d) 5.326,78 DEM in GBP (Kurs: 2,91 DEM/1 GBP)

1.1.4 Die Verteilungsrechnung

Bei der Verteilungsrechnung wird eine Verteilungsmenge nach einem vorgegebenen Verteilungsschlüssel zerlegt.

Beispiele

Aufgabentyp 1

An einer GmbH sind die Gesellschafter A mit 60.000,00 €, B mit 150.000,00 € und C mit 90.000,00 € beteiligt. Der Gewinn von 100.000,00 € soll entsprechend der gesetzlichen Vorschrift nach dem Verhältnis der Stammeinlagen verteilt werden.

Lösung:

		Verteilungsbasis Stammeinlagen		Teile		Gewinnanteile	
①	A	60.000,00 €		2		20.000,00 €	
	B	150.000,00 €	②	5	③	50.000,00 €	⑥
	C	90.000,00 €		3		30.000,00 €	
			④	10 T.	≙	100.000,00 €	⑦
			⑤	1 T.	≙	10.000,00 €	

Lösungsweg:

① Es ist eine Aufstellung nach dem obigen Muster zu erstellen.

② Die Verteilungsbasis (hier: Stammeinlagen) wird erfasst.

③ Durch Kürzen (hier: durch 30.000,00 € teilen) werden die Teile (Verhältniszahlen) ermittelt.

④ Die Summe der Teile (hier: 10) wird errechnet. Sie entspricht der Verteilungsmenge (hier: 100.000,00 €).

⑤ Der Wert für 1 Teil (hier: 10.000,00 €) wird durch Division ermittelt.

⑥ Die Werte für die Teile (Verhältniszahlen) werden durch Multiplikation errechnet. Die ermittelten Teilmengen (hier: Gewinnanteile) sind das Ergebnis der Aufgabe.

⑦ Probe: Die Summe der Teilmengen (hier: Gewinnanteile) muss die Verteilungsmenge (hier: Gesamtgewinn) ergeben.

646722L

Aufgabentyp 2

Bei einer Einzelhandelsunternehmung erhält A $^4/_9$ des Gewinns und B $^1/_5$ des Gewinns. C erhält den Rest. Es wird ein Gewinn von 180.000,00 € erzielt. Wie hoch sind die Gewinnanteile der einzelnen Gesellschafter?

Lösung:

		Verteilungsbasis		Erweiterung		Teile		Gewinnanteile	
①	A	$^4/_9$		$^{20}/_{45}$		20		80.000,00 €	
	B	$^1/_5$	②	$^9/_{45}$	③	9	④	36.000,00 €	⑦
	C	Rest		$^{16}/_{45}$		16		64.000,00 €	

$$^{45}/_{45} \qquad ⑤\{ \; 45\,\text{T.} \quad ≙ \quad 180.000,00\,€ \; \}⑧$$
$$⑥\{ \; 1\,\text{T.} \quad ≙ \quad 4.000,00\,€$$

Lösungsweg:

① Es ist eine Aufstellung nach dem obigen Muster zu erstellen.
② Die Verteilungsbasis wird erfasst.
③ Die Brüche werden gleichnamig gemacht. Der Rest wird ermittelt.
④ Die Teile (Verhältniszahlen) werden durch ganze Zahlen ausgedrückt.
⑤ Die Summe der Teile (hier: 45) wird der Verteilungsmenge (hier: 180.000,00 €) gleichgesetzt.
⑥ Der Wert für 1 Teil (hier: 4.000,00 €) wird durch Division ermittelt.
⑦ Die Werte für die Teile werden durch Multiplikation errechnet. Die ermittelten Teilmengen (hier: Gewinnanteile) sind das Ergebnis der Aufgabe.
⑧ Probe: Die Summe der Teilmengen (hier: Gewinnanteile) muss die Verteilungsmenge (hier: Gesamtgewinn) ergeben.

Aufgabentyp 3

In einer Einzelhandelsunternehmung wird ein Gewinn von 190.000,00 € erzielt. A soll vom Gewinn doppelt so viel erhalten wie B plus 10.000,00 €. C soll das Dreifache von B erhalten minus 30.000,00 €. Wie hoch ist der Gewinnanteil eines jeden Gesellschafters?

Lösung:

		Verteilungsbasis			Gewinnanteile	
①	A	2 Teile + 10.000,00 €	=		80.000,00 €	
	B	1 Teil	②	=	35.000,00 €	⑤
	C	3 Teile − 30.000,00 €	=		75.000,00 €	
		③ { 6 Teile − 20.000,00 €	=		190.000,00 €	⑥
		6 Teile	=		210.000,00 €	
		1 Teil	=		35.000,00 €	④

Lösungsweg:

① Es ist eine Aufstellung nach dem obigen Muster zu erstellen.
② Die Verteilungsbasis ergibt sich aus Gleichungen, die zu formulieren sind. Die rechten Seiten der Gleichungen (= Lösungen) bleiben offen.
③ Die Gleichungen werden addiert. Die daraus resultierende Gleichung wird der Verteilungsmenge (hier: Gesamtgewinn) gleichgesetzt.
④ Die Gleichung wird nach einem Teil aufgelöst.
⑤ Die Teilmengen (hier: Gewinnanteile) werden errechnet.
⑥ Probe: Die Summe der Teilmengen (hier: Gewinnanteile) muss die Verteilungsmenge (hier: Gesamtgewinn) ergeben.

1 An einer GmbH sind die Gesellschafter A mit 70.000,00 €, B mit 100.000,00 €, C mit 110.000,00 € und D mit 90.000,00 € beteiligt. Es wird ein Gewinn von 180.000,00 € erzielt. Dieser soll gemäß der gesetzlichen Regelung nach Stammeinlagen verteilt werden. Wie viel € Gewinnanteil erhält jeder Gesellschafter?

2 In einem Einzelhandelsbetrieb fallen halbjährlich Raumkosten in Höhe von 58.536,00 € an. In der Kostenstellenrechnung werden die Raumkosten nach m² auf die Abteilungen umgelegt. Wie viel € Raumkosten entfallen auf die Abteilungen A, B und C?

	a)	b)	c)
Abteilung A	820 m²	660 m²	840 m²
Abteilung B	730 m²	780 m²	480 m²
Abteilung C	580 m²	420 m²	560 m²

3 Im Gesellschaftsvertrag einer Gesellschaft bürgerlichen Rechts ist festgelegt, dass der Gewinn nach der Höhe der Einlagen verteilt wird. A hat $\frac{1}{4}$, B $\frac{2}{5}$ und C das Restkapital eingezahlt. Es wird ein Gewinn von 120.836,00 € erzielt. Wie viel € erhält jeder?

4 Die Vödisch OHG erzielt einen Jahresgewinn von 280.000,00 €. Der Gewinn wird nach der gesetzlichen Regelung verteilt: Zunächst erhält jeder Gesellschafter seine Einlage mit 4 % verzinst. Der Restgewinn wird nach Köpfen verteilt. Wie hoch ist der Gewinnanteil der Gesellschafter Vödisch, Hampe und Gebert?

	Kapitaleinlagen		
	a)	b)	c)
Vödisch	60.000,00	84.000,00	88.000,00
Hampe	110.000,00	63.000,00	72.000,00
Gebert	80.000,00	91.000,00	56.000,00

5 Ein Einzelhandelsbetrieb bezieht in einer Sendung die folgenden Warenposten:
Warengruppe A: 50 kg zu 90,00 € je kg
Warengruppe B: 180 kg zu 150,00 € je kg
Warengruppe C: 320 kg zu 180,00 € je kg
Die Gewichtsspesen belaufen sich auf 280,00 € für die Fracht und 120,00 € für das Rollgeld.
An Wertspesen sind zu zahlen 220,00 € für die Transportversicherung und 150,00 € an Provision.
Schlüsseln Sie die Gewichtsspesen nach dem Gewicht und die Wertspesen nach dem Wert auf die einzelnen Warenposten auf.
Wie viel € entfallen insgesamt auf die Warenposten A, B und C?

6 In einem Einzelhandelsbetrieb gibt es die Kostenstellen Lager, Verkauf und Verwaltung. Verteilen Sie die unten aufgeführten buchungsmäßig erfassten Kosten nach dem jeweils vorgegebenen Verteilungsschlüssel auf die Kostenstellen.

Kostenart	Buchungs-betrag, €	Verteilungs-schlüssel	Lager	Ver-kauf	Ver-waltung
Personalkosten	65.418,00	3 : 7 : 2	?	?	?
Steuern, Beiträge, Versicherungen	4.352,00	1 : 3 : 2	?	?	?
Raumkosten	26.769,00	4 : 5 : 3	?	?	?
Abschreibungen	54.573,00	2 : 5 : 1	?	?	?

7 Eine Erbschaft soll unter einer Erbengemeinschaft so aufgeteilt werden, dass A das Doppelte von B plus 20.000,00 € und C die Hälfte von B minus 10.000,00 € erhält. Wie viel € erhalten A, B und C bei folgenden Erbschaften?

   a) 420.000,00 €   b) 560.000,00 €   c) 350.000,00 €

8 In einem Einzelhandelsbetrieb sind die angefallenen Elektrizitätskosten von 21.620,50 € auf die Kostenstellen zu verteilen.

   Der Elektrizitätsverbrauch der einzelnen Kostenstellen beträgt:

   Einkauf: 28 906 kWh   Lager: 79 513 kWh
   Verwaltung: 56 789 kWh   Vertrieb: 31 342 kWh

9 Bei einer Sammelwerbeaktion sind Kosten in Höhe von 122.583,00 € angefallen. Unternehmung A hat $\frac{1}{6}$, Unternehmung B $\frac{2}{7}$, Unternehmung C $\frac{1}{3}$ und Unternehmung D den Rest zu tragen. Wie hoch sind die Werbekosten für die einzelnen Unternehmungen?

10 In eine GmbH haben A $\frac{2}{5}$ und B $\frac{1}{3}$ des Kapitals eingebracht. C hält eine Stammeinlage von 36.000,00 €.

   a) Wie hoch sind die Stammeinlagen von A und B?
   b) Der Gewinn wird entsprechend der gesetzlichen Vorschrift nach dem Verhältnis der Stammeinlagen verteilt. Wie hoch ist der Gewinnanteil von A, B und C, wenn folgende Gewinne erzielt werden?

   1. 60.000,00 €   2. 75.000,00 €   3. 48.000,00 €

11 4 Angestellte beziehen gemeinsam von einer Winzergenossenschaft 129,5 l Franken-wein für 802,90 €. B erhält das 1,5fache von A, C erhält 5 Liter mehr als A und D erhält 6 Liter weniger als A.

   a) Wie viel Liter Wein erhält jeder?
   b) Wie viel € hat jeder zu zahlen?

12 Eine Einzelhandelsunternehmung hat das Insolvenzverfahren beantragt. Die verteilbare Restmasse beträgt 63.853,00 €. Es bestehen noch folgende Liefererforderungen:
   A: 120.863,00 €,   B: 273.728,00 €,   C: 341.579,00 €   und   D: 297.318,00 €.
   Wie viel € erhält jeder?

13 Ein Werbeetat soll auf Fernsehspots, Zeitungsanzeigen und Werbebriefe aufgeteilt wer-den. Für Fernsehspots werden 770.000,00 € ausgegeben. 25 % des Werbeetats sol-len für Zeitungsanzeigen und 5 % des Werbeetats für Werbebriefe eingesetzt werden. Wie hoch ist der Werbeetat? Wie viel € stehen für Zeitungsanzeigen und Werbebriefe zur Verfügung?

14 Verteilen Sie.

Verteilungsmenge		Verteilungsgrundlage			
		A	B	C	D
a)	80.000,00 €	$^1/_4$	$^2/_5$	Rest	$^1/_8$
b)	150.000,00 €	10 %	25 %	$^1/_5$	Rest
c)	?	$^1/_3$	$^1/_4$	5.000,00 €	$^1/_5$
d)	90.000,00 €	102	156	228	174
e)	?	36 kg	$^1/_7$	$^1/_5$	$^{10}/_{35}$
f)	?	20 %	900,00 €	$^1/_4$	$^2/_7$

15 160.000,00 € sind zu verteilen. B erhält das Dreifache von A. C bekommt 10.000,00 € weniger als A. Wie viel € erhält jeder?

16 A erhält die Hälfte von B. C bekommt doppelt so viel wie A und B zusammen und zusätzlich 5.000,00 €. Wie viel € entfallen auf A, B und C, wenn 90.000,00 € zu verteilen sind?

17 Ein Einzelhandelskaufmann hinterlässt seinen Kindern (1 Sohn, 2 Töchter) 200.000,00 €. Die Töchter sollen doppelt so viel erhalten wie der Sohn, da diesem bereits die Ausbildung finanziert wurde. Wie viel € bekommt jeder?

18 An einer KG ist A als Vollhafter mit 162.000,00 €, B als Teilhafter mit 65.000,00 € und C als Teilhafter mit 40.000,00 € beteiligt. Vom Gewinn erhält zunächst jeder Gesellschafter seine Einlage mit 4 % verzinst. Der Restgewinn wird im Verhältnis 4 : 2 : 1 (A : B : C) verteilt. Es wird ein Gewinn von 220.000,00 € erzielt. Berechnen Sie die Gewinnanteile der 3 Gesellschafter.

19 A erhält 5.000,00 €, B $^1/_3$ und C $^1/_4$.
a) Wie viel € sind zu verteilen?   b) Wie viel € bekommt jeder?

20 In einem 4-Parteien-Haus sind folgende Nebenkosten angefallen:
Wasser, Abwasser, Strom: 2.851,30 €
Fernheizung: 2.611,70 €
Instandhaltung: 1.174,82 €
Diese Nebenkosten sind auf die Eigentumswohnungen A (3 Personen, 90 m²), B (5 Personen, 125 m²), C (2 Personen, 70 m²) und D (4 Personen, 110 m²) aufzuschlüsseln. Die angefallenen Kosten für Wasser, Abwasser und Strom werden nach der Personenzahl, die Fernheizungskosten nach m² und die Instandhaltungsaufwendungen im Verhältnis der ideellen Miteigentumsanteile 2 286/10 000 : 3 429/10 000 : 1 714/10 000 : 2 571/10 000 (A : B : C : D) umgelegt. Wie hoch sind die Nebenkosten für die einzelnen Parteien?

21 An einer Einzelhandelsunternehmung sind die Gesellschafter A mit 120.000,00 €, B mit 90.000,00 € und C mit 110.000,00 € beteiligt. Es wird ein Gewinn von 196.580,00 € erzielt.
B erhält für seine Geschäftsführungstätigkeit vorab 90.000,00 €. Die Gesellschafter erhalten ihre Kapitaleinlagen mit 9 % verzinst. Der Restgewinn wird im Verhältnis 5 : 7 : 3 (A : B : C) verteilt.
a) Erstellen Sie eine tabellarische Übersicht zur Lösung der Aufgabe.
b) Ermitteln Sie die Gewinnanteile, die insgesamt auf die Gesellschafter A, B und C entfallen.

646726L

1.1.5 Die Durchschnittsrechnung

1.1.5.1 Der einfache Durchschnitt

Beispiel

Ein Einzelhandelsunternehmen erzielt im 1. Quartal folgende Monatsumsätze:

Januar: 228.500,00 €
Februar: 279.682,00 €
März: 297.493,00 €

Wie hoch ist der durchschnittliche Monatsumsatz?

Lösung:

$$\varnothing \text{ Monatsumsatz} = \frac{228.500 + 279.682 + 297.493}{3}$$

$$= \underline{268.558,33 \text{ €}}$$

Es gilt die Formel:

$$\text{Einfacher Durchschnitt} = \frac{\text{Summe der einzelnen Werte}}{\text{Anzahl der Positionen}}$$

Aufgaben

1   Ein Einzelhandelsunternehmen hat folgende Lagerbestände ermittelt:
(AB = Anfangsbestand, SB = Schlussbestand)

Jan.	AB: 298.493,00 €	Juli	SB: 278.354,00 €
	SB: 322.598,00 €	Aug.	SB: 243.519,00 €
Febr.	SB: 334.479,00 €	Sept.	SB: 318.448,00 €
März	SB: 253.998,00 €	Okt.	SB: 345.597,00 €
April	SB: 318.477,00 €	Nov.	SB: 367.761,00 €
Mai	SB: 358.314,00 €	Dez.	SB: 305.433,00 €
Juni	SB: 301.554,00 €		

Errechnen Sie den durchschnittlichen Lagerbestand.

2   Ein Einzelhandelsunternehmen verzeichnete in den letzten 4 Jahren folgende Gewinnentwicklung:

	a)	b)
Jahr 1	183.560,00 €	901.452,00 €
Jahr 2	289.432,00 €	364.283,00 €
Jahr 3	492.385,00 €	103.410,00 €
Jahr 4	254.591,00 €	387.493,00 €

Errechnen Sie den Durchschnittsgewinn.

3   Ein Reisender fährt im Firmenwagen folgende Tagesstrecken:

	a)	b)
Montag	512 km	620 km
Dienstag	198 km	214 km
Mittwoch	682 km	435 km
Donnerstag	235 km	339 km
Freitag	342 km	402 km

Errechnen Sie die durchschnittlich gefahrenen Kilometer pro Tag.

4 Ein Einzelhandelsunternehmen erreicht folgende Monatsumsätze:

Jan.: 486.510,00 €	Juli: 476.932,00 €
Febr.: 532.419,00 €	Aug.: 512.462,00 €
März: 318.693,00 €	Sept.: 479.698,00 €
April: 289.475,00 €	Okt.: 399.921,00 €
Mai: 356.413,00 €	Nov.: 352.469,00 €
Juni: 433.976,00 €	Dez.: 483.596,00 €

Errechnen Sie:

a) den durchschnittlichen Monatsumsatz,

b) den durchschnittlichen Tagesumsatz (bei 247 Arbeitstagen im Jahr),

c) bei 32 Mitarbeitern

    1. den durchschnittlichen Jahresumsatz pro Mitarbeiter,

    2. den durchschnittlichen Monatsumsatz pro Mitarbeiter,

    3. den durchschnittlichen Tagesumsatz pro Mitarbeiter.

5 Ein Konzern im Einzelhandelsbereich hat auch Herstellungswerke in Berlin, Hannover und Regensburg. Diese Betriebe haben folgende Kapazitätsauslastung:

	Jan.	Febr.	März	April	Mai	Juni	Juli	Aug.	Sept.	Okt.	Nov.	Dez.
Berlin	77 %	82 %	84 %	79 %	76 %	74 %	67 %	69 %	78 %	84 %	83 %	76 %
Hannover	86 %	84 %	82 %	88 %	91 %	85 %	79 %	76 %	82 %	85 %	87 %	80 %
Regensburg	67 %	63 %	70 %	72 %	76 %	69 %	63 %	61 %	68 %	73 %	79 %	71 %

Errechnen Sie

a) die durchschnittliche monatliche Kapazitätsauslastung pro Werk,

b) die durchschnittliche monatliche Kapazitätsauslastung der Herstellungsbetriebe insgesamt.

6 Unser Versandhandelsvertreter hat im abgelaufenen Jahr für unser Einzelhandelsunternehmen folgende Monatsumsätze getätigt:

Jan.: 92.485,00 €	Juli: 69.231,00 €
Febr.: 87.596,00 €	Aug.: 65.731,00 €
März: 78.968,00 €	Sept.: 77.482,00 €
April: 95.763,00 €	Okt.: 81.593,00 €
Mai: 104.573,00 €	Nov.: 94.674,00 €
Juni: 88.498,00 €	Dez.: 88.293,00 €

Wir zahlen an ihn 12 % Umsatzprovision.

a) Wie hoch ist sein durchschnittlich erzielter Monatsumsatz?

b) Wie hoch ist seine durchschnittliche Monatsprovision?

1.1.5.2 Der gewogene Durchschnitt

Beispiel

In der vergangenen Rechnungsperiode wurden die folgenden Aufträge ausgeführt:
138 Aufträge à 2.432,00 €, 152 Aufträge à 4.490,00 €
284 Aufträge à 5.293,00 €, 214 Aufträge à 3.873,00 €
Auf welchen Betrag beläuft sich der Durchschnittsauftrag?

646728L

Lösung:

Anzahl der Aufträge	·	Preis je Auftrag	=	Gesamtpreis	
138	·	2.432,00	=	335.616,00 €	⎫
284	·	5.293,00	=	1.503.212,00 €	⎬ ①
152	·	4.490,00	=	682.480,00 €	
214	·	3.873,00	=	828.822,00 €	⎭

② 788	Aufträge erbringen		3.350.130,00 €	
③ 1	Auftrag erbringt		$\dfrac{3.350.130,00}{788} = 4.251,43$ €	

Lösungsweg:

① Ermittlung der Gesamtpreise.
② Ermittlung der Summe der Aufträge und der Summe der Gesamtpreise.
③ Ermittlung des wertmäßigen Durchschnittsauftrages.

Es gilt die Formel:

$$\text{Gewogener Durchschnitt} = \frac{\text{Summe der Gesamtpreise}}{\text{Summe der Mengen}}$$

$$= \frac{(\text{Menge 1} \cdot \text{Preis 1}) + (\text{Menge 2} \cdot \text{Preis 2}) + ... + (\text{Menge n} \cdot \text{Preis n})}{\text{Menge 1} + \text{Menge 2} + ... + \text{Menge n}}$$

Aufgaben

1 Bei einer Klassenarbeit einer Berufsschulklasse im Fach Rechnungswesen ergibt sich folgender Klassenspiegel:

Note	1	2	3	4	5	6
Anzahl der Schüler	2	6	9	4	2	1

Errechnen Sie die Durchschnittsnote.

2 Ein Einzelhandelsunternehmen zahlt folgende Gehälter an seine Angestellten:

  8 Angestellte erhalten 1.425,00 €
  4 Angestellte erhalten 1.640,00 €
19 Angestellte erhalten 1.970,00 €
  5 Angestellte erhalten 2.230,00 €
  3 Angestellte erhalten 2.660,00 €

Errechnen Sie das Durchschnittsgehalt.

3 Ein Einzelhandelsunternehmen hat seine Buchführung einem Servicerechenzentrum übertragen (Buchführung außer Haus). Die Preise pro Buchung sind gestaffelt:

bis   12 000 monatliche Buchungen: 0,08 € pro Buchung
bis   18 000 monatliche Buchungen: 0,07 € pro Buchung
bis   24 000 monatliche Buchungen: 0,06 € pro Buchung
über 24 000 monatliche Buchungen: 0,05 € pro Buchung

Im ersten Halbjahr ist folgende Anzahl an Buchungen angefallen:
Jan.: 9 060, Febr.: 16 869, März: 24 983, April: 17 495, Mai: 22 671, Juni: 19 498.
Errechnen Sie den Durchschnittspreis pro Buchung.

4 Eine Wohnungsbaugenossenschaft erzielt folgende Mieterträge:

  52 Wohnungen erbringen monatlich 390,00 €
186 Wohnungen erbringen monatlich 420,00 €
243 Wohnungen erbringen monatlich 450,00 €
  68 Wohnungen erbringen monatlich 490,00 €
Errechnen Sie den durchschnittlichen monatlichen Mietertrag.

5 Eine Kaffeerösterei mischt

386 kg Rohkaffee der Sorte I zu 8,10 € pro kg,
295 kg Rohkaffee der Sorte II zu 8,65 € pro kg,
243 kg Rohkaffee der Sorte III zu 9,25 € pro kg.
Errechnen Sie die Kosten für 250 g der Rohkaffeemischung.

6 Ein Schuhhersteller hat den Damenschuh „Elegant" mit folgenden Gewinnen verkauft:
237 Paar an Einzelhändler:
  – davon 146 Paar zu Beginn der Saison mit einem Gewinn von 17,00 € pro Paar,
  – davon 91 Paar am Ende der Saison zum Selbstkostenpreis (ohne Gewinn).
185 Paar an Großhändler:
  – davon 139 Paar zu Beginn der Saison mit einem Gewinn von 12,50 € pro Paar,
  – davon 46 Paar am Ende der Saison mit einem Verlust von 3,00 € pro Paar.
Errechnen Sie den Durchschnittsgewinn pro Paar.

7 In der unten stehenden Aufstellung sind der Lageranfangsbestand und die Lagerzugänge für eine Ware verzeichnet. Errechnen Sie auf der Grundlage der „gewogenen Durchschnittsrechnung" den wertmäßigen Lagerschlussbestand für 1 200 Stück. (Ein derartiges Bewertungsverfahren wird als „jährliche Durchschnittswertermittlung" bezeichnet.)

		Menge	Anschaffungsstückkosten
Anfangsbestand	1. Jan.	1500	10,00 €
Zugang	15. März	800	8,00 €
Zugang	8. Aug.	700	9,00 €
Zugang	12. Okt.	1 000	11,00 €
Zugang	20. Dez.	500	7,00 €

1.1.6   Die Prozentrechnung

Prozent (%) bedeutet „vom Hundert".

Mit der Prozentrechnung werden ungleiche Zahlenwerte in ein Verhältnis zu 100 gebracht und auf diese Weise vergleichbar gemacht.

> Bei der Prozentrechnung wird mit drei Größen gerechnet:
> 1. Der **Grundwert** ist ein Zahlenwert, der 100 % entspricht **(= Gesamtwert).**
> 2. Der **Prozentwert** ist ein Zahlenwert, der einen Teil oder ein Vielfaches des Grundwertes ausmacht **(= Teil bzw. Vielfaches vom Gesamtwert).**
> 3. Der **Prozentsatz** drückt den Prozentwert in Prozent (%) aus **(= Hundertsatz vom Gesamtwert).**

646730L

Beispiel

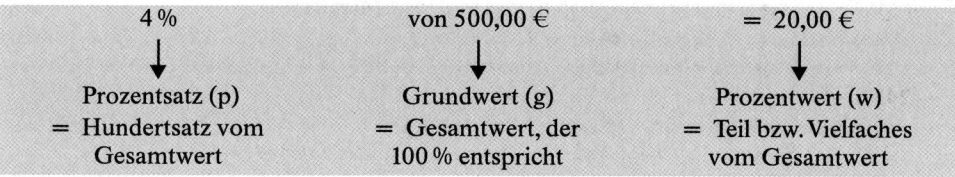

Bei kleinen Prozentsätzen (z. B. 0,4 %) ist es günstiger, als Vergleichsbasis die Zahl 1 000 heranzuziehen. Man spricht von der **Promillerechnung**.

Promille (‰) bedeutet „vom Tausend".

Beispiel

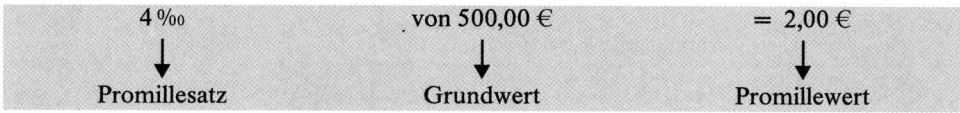

Es geht bei der Prozentrechnung/Promillerechnung stets darum, eine der drei Größen zu errechnen. Zwei Größen sind immer vorgegeben.

1.1.6.1 Die Berechnung des Prozentwertes

1.1.6.1.1 Einfache Prozentsätze

Beispiel

Eine Rechnung lautet über 6.600,00 €. Es werden 2 % Skonto gewährt. Wie viel € beträgt der Skontonachlass?

1. Lösung mit Dreisatz:

$100 \% \triangleq 6.600,00$ €

$ 2 \% \triangleq x $ €

$$x = \frac{6.600 \cdot 2}{100} = \underline{\underline{132,00 \text{ €}}}$$

2. Lösung mit Formel:

Aus der Dreisatzlösung ergibt sich folgende Formel für den Prozentwert:

$$\text{Prozentwert} = \frac{\text{Grundwert} \cdot \text{Prozentsatz}}{100}$$

$$w = \frac{g \cdot p}{100}$$

3. Lösung mit Multiplikator:

Die obige Formel lässt sich auch folgendermaßen schreiben:

$$w = g \cdot \frac{p}{100}$$

Um den Prozentwert zu erhalten, ist der Grundwert mit dem Multiplikator $\frac{p}{100}$ zu multiplizieren.

$$w = 6.600 \cdot 0,02 = \underline{\underline{132,00 \text{ €}}}$$

1 Berechnen Sie schriftlich:

a) 9 % von 8.972,38 €   e) 0,7 ‰ von 22.985,37 €

b) 13,7 % von 275,73 €   f) 8,91 ‰ von 983,12 €

c) 1,35 ‰ von 11.293,77 €   g) 7,77 ‰ von 777,77 €

d) 225 % von 96,68 €   h) 1,2 ‰ von 10.290,34 €

2 Berechnen Sie bei einem Lohntarifabschluss von 4,3 % die neue Lohnsumme.
alte Lohnsumme: a) 385.297,00 € b) 237.120,38 € c) 418.512,30 €

3 Berechnen Sie die Tara und das Nettogewicht. (Genauigkeit: 3 Stellen nach dem Komma.)
Bruttogewicht: 98,5 kg. Tara in % vom Bruttogewicht: a) 3 % b) 4 % c) 2,7 %

4 Berechnen Sie die Versicherungsbeiträge bei einem Prämiensatz von 1,25 ‰.
Versicherungswert: a) 54.512,00 € b) 38.913,75 € c) 9.924,12 €

1.1.6.1.2 Bequeme Prozentsätze

Ist der Prozentsatz ein bequemer Teiler von 100, so liegt ein **bequemer Prozentsatz** vor. Zur Ermittlung des Prozentwertes braucht der Grundwert nur durch den bequemen Teiler dividiert zu werden.

Beispiel

Es sind $4\frac{1}{6}$ % von 240 zu errechnen.

$100\% \; \hat{=} \; 240$

$4\frac{1}{6}\% \; \hat{=} \; x$

$x = \dfrac{240 \cdot 4\frac{1}{6}}{100}$ Es wird durch $4\frac{1}{6}$ gekürzt:

$x = \dfrac{240}{24} = 10$

1 Die folgende Übersicht enthält die bequemen Prozentsätze. Ergänzen Sie:

75 % = $\frac{3}{4}$ vom Grundwert	$6\frac{2}{3}$ % = ? vom Grundwert
$66\frac{2}{3}$ % = $\frac{2}{3}$ vom Grundwert	$6\frac{1}{4}$ % = ? vom Grundwert
50 % = $\frac{1}{2}$ vom Grundwert	5 % = ? vom Grundwert
$33\frac{1}{3}$ % = ? vom Grundwert	$4\frac{1}{6}$ % = ? vom Grundwert
25 % = ? vom Grundwert	$3\frac{1}{3}$ % = ? vom Grundwert
20 % = ? vom Grundwert	$2\frac{1}{2}$ % = ? vom Grundwert
$16\frac{2}{3}$ % = ? vom Grundwert	2 % = ? vom Grundwert
$14\frac{2}{7}$ % = ? vom Grundwert	$1\frac{2}{3}$ % = ? vom Grundwert
$12\frac{1}{2}$ % = ? vom Grundwert	$1\frac{1}{3}$ % = ? vom Grundwert
$11\frac{1}{9}$ % = ? vom Grundwert	$1\frac{1}{4}$ % = ? vom Grundwert
$9\frac{1}{11}$ % = ? vom Grundwert	1 % = ? vom Grundwert
$8\frac{1}{3}$ % = ? vom Grundwert	

2 Wandeln Sie in bequeme Teiler um und errechnen Sie:

a) 20 % von 600,00 €
b) 12½ % von 872,00 €
c) 2½ % von 960,00 €
d) 4⅙ % von 720,00 €
e) 11⅑ % von 234,00 €
f) 8⅓ % von 660,00 €

g) 1¼ % von 960,00 €
h) 5 % von 880,00 €
i) 33⅓ % von 528,00 €
j) 9¹/₁₁ % von 998,00 €
k) 1⅓ % von 782,00 €
l) 1 % von 592,00 €

m) 66⅔ % von 719,00 €
n) 25 % von 998,00 €
o) 16⅔ % von 802,00 €
p) 6¼ % von 332,00 €

3 Über das Vermögen unseres Kunden Vödisch wird das Insolvenzverfahren eröffnet. Unsere Forderung beläuft sich auf 42.693,00 €.

Wie hoch sind die Auszahlung und der Forderungsausfall bei folgenden Erstattungs-quoten?

a) 6¼ %   b) 8⅓ %   c) 16⅔ %   d) 9¹/₁₁ %   e) 11⅑ %   f) 12½ %

4 Unser Lieferant gewährt uns auf einen Rechnungsbetrag von 38.452,00 € folgende Preisnachlässe: a) 6⅔ %   b) 4⅙ %   c) 3⅓ %   d) 5 %

Wie hoch ist der Preisnachlass?

5 Ermitteln Sie zu den unten stehenden Prozentteilern die Prozentsätze.

a) 3
b) 5
c) 9

d) 40
e) 2
f) 20

g) 6
h) 8
i) 60

j) 24
k) 30
l) 16

m) ¾
n) 15
o) 12

p) 4
q) ⅔
r) 100

s) 80
t) 75
u) 11

6 Einer unserer leitenden Angestellten verdiente im 1. Jahr seiner Betriebszugehörigkeit 4.500,00 € brutto. Die Gehaltserhöhungen betrugen:

2. Jahr: 4⅙ %   3. Jahr: 3⅓ %   4. Jahr: 6¼ %

a) Auf wie viel € beliefen sich die Gehaltserhöhungen pro Jahr?
b) Wie hoch ist sein Gehalt nach den Gehaltserhöhungen in den einzelnen Jahren?

7 Aufgrund von Rationalisierungsmaßnahmen können folgende prozentuale Kostensen-kungen erzielt werden: a) 16⅔ %   b) 11⅑ %   c) 9¹/₁₁ %

Im Betrachtungszeitraum beträgt die Summe der Kosten 7.583.512,00 €.

Wie viel € machen die Kostensenkungen aus und auf welchen Betrag belaufen sich die neuen Kosten?

1.1.6.2   Die Berechnung des Prozentsatzes

Beispiel

Ein Handelsvertreter erhält auf einen Umsatz von 17.543,00 € eine Provision von 877,15 €. Wie viel Prozent beträgt seine Umsatzprovision?

1. Lösung mit Dreisatz:

17.543,00 € ≙ 100 %
877,15 € ≙ x %

$$x = \frac{100 \cdot 877,15}{17.543,00} = \underline{\underline{5\,\%}}$$

2. Lösung mit Formel:

Aus der Dreisatzlösung ergibt sich folgende Formel für den Prozentsatz:

$$\text{Prozentsatz} = \frac{100 \cdot \text{Prozentwert}}{\text{Grundwert}}$$

$$p = \frac{100 \cdot w}{g}$$

1 Berechnen Sie den Prozentsatz durch Kopfrechnen.

	Grundwert	Prozentwert		Grundwert	Prozentwert
a)	100	5	f)	70	14
b)	30	6	g)	60	1,8
c)	42	7	h)	70	42
d)	80	32	i)	40	36
e)	90	36	j)	80	64

2 Berechnen Sie den Prozentsatz schriftlich. (Genauigkeit: 3 Stellen nach dem Komma.)

	Grundwert	Prozentwert		Grundwert	Prozentwert
a)	9 238	349	f)	942	83
b)	1 482	56	g)	1 087	179
c)	4 931	2 327	h)	7 679	548
d)	489	97	i)	8 931	662
e)	8 733	6 968	j)	4 372	946

3 Berechnen Sie den Prozentsatz.

a) altes Gehalt: 2.480,00 €; Gehaltserhöhung: 111,60 €

b) alter Preis: 480,00 €; Preiserhöhung: 26,88 €

c) Summe der Erträge: 1.280.392,00 €; Umsatz: 1.126.744,90 €

d) Forderung an den Insolvenzschuldner: 10.932,00 €; Erstattung: 1.202,52 €

e) Summe der Kosten: 981.520,00 €; Personalkosten: 253.722,92 €

f) Personalbestand: 280; Neueinstellungen: 14

g) Versicherungswert: 20.900,00 €; Versicherungsprämie: 31,35 €

h) alter Guthabenstand: 13.761,00 €; Einzahlung: 3.302,64 €

4 Aufgrund einer sorgfältigeren Kostenüberwachung sanken im letzten Quartal die Kosten um 28.923,00 € auf 827.249,00 €. Wie viel Prozent beträgt die Kostensenkung? (Genauigkeit: 3 Stellen nach dem Komma.)

5 Im ersten Betrachtungsjahr betrug die Gehaltssumme 348.000,00 €. Die Tariferhöhung im zweiten Betrachtungsjahr macht 19.140,00 €, im dritten Betrachtungsjahr 22.028,40 € und im vierten Betrachtungsjahr 15.566,74 € aus.
Wie hoch ist die prozentuale Tariferhöhung in den einzelnen Jahren?

6 Aufgrund der Einführung eines Zulagensystems für Betriebstreue verminderte sich in einem Einzelhandelsunternehmen mit 2 800 Beschäftigten die Abwanderung der Arbeitskräfte von 224 (Vorjahr) auf 56 (laufendes Jahr).

a) Wie hoch ist der Prozentsatz der Fluktuation vor und nach der Einführung des Zulagensystems?

b) Wie viel Prozent macht die Fluktuation des laufenden Jahres gemessen an der Fluktuation des Vorjahres aus?

c) Wie viel Prozent macht der Rückgang der Fluktuation im laufenden Jahr gegenüber der Fluktuation des Vorjahres aus?

1.1.6.3   Die Berechnung des Grundwertes

Beispiel

Wir erhalten 3 % Skonto. Das macht 45,00 € aus. Wie hoch ist der Rechnungsbetrag?

1. Lösung mit Dreisatz:

$$3\,\% \triangleq 45,00 \text{ €}$$
$$100\,\% \triangleq \quad x \quad \text{€}$$

$$x = \frac{45 \cdot 100}{3} = \underline{\underline{1.500,00 \text{ €}}}$$

2. Lösung mit Formel:

Aus der Dreisatzlösung ergibt sich folgende Formel für den Grundwert:

$$\text{Grundwert} = \frac{100 \cdot \text{Prozentwert}}{\text{Prozentsatz}}$$

$$g = \frac{100 \cdot w}{p}$$

Aufgaben

1 Berechnen Sie den Grundwert durch Kopfrechnen.

	Prozent-wert	Prozent-satz		Prozent-wert	Prozent-satz
a)	3	3	f)	12	3
b)	6	4	g)	15	6
c)	8	2	h)	16	4
d)	9	6	i)	18	6
e)	10	20	j)	20	8

2 Berechnen Sie den Grundwert schriftlich. (Genauigkeit: 2 Stellen nach dem Komma.)

	Prozent-wert	Prozent-satz		Prozent-wert	Prozent-satz
a)	42,5	4,2	f)	29,3	8,9
b)	8,3	5,9	g)	78,2	$4\frac{3}{4}$
c)	22,8	$6\frac{1}{3}$	h)	99,1	$2\frac{4}{7}$
d)	28,7	$2\frac{1}{2}$	i)	71,3	40,5
e)	7,9	$3\frac{7}{8}$	j)	67,5	33,6

3 Berechnen Sie den Grundwert.

a) absolute Gehaltserhöhung: 255,99 €; prozentuale Gehaltserhöhung: 5,3 %

b) absolute Preiserhöhung: 25,34 €; prozentuale Preiserhöhung: 4,25 %

c) Erstattung aus Insolvenzmasse: 22.930,00 €; Erstattungsquote: 12 %

4 In dem Herstellungsbetrieb, der unserem Einzelhandelsbetrieb angegliedert ist, beträgt die Produktivitätssteigerung 8 %. Dies entspricht 32 Stück pro Fertigungsstunde.

Errechnen Sie die tägliche Produktionsmenge (nach der Produktivitätssteigerung) bei einer Maschinenlaufzeit von 18 Stunden pro Tag.

5 Die Ausgaben für Rationalisierungsinvestitionen betragen 538.612,00 €. Dies sind 7,6 % des Umsatzes. Wie hoch ist der Umsatz?

6 In der Abschlussprüfung sind 26 Auszubildende durchgefallen. Dies entspricht 5 %. Wie viel Auszubildende haben an der Prüfung teilgenommen?

7 Für unser Warenlager zahlen wir eine Versicherungsprämie von $1\frac{3}{4}$ ‰. Dies macht 254,00 € aus. Wie hoch ist der Versicherungswert?

8 Unser Versandhandelsvertreter erhält eine Provision von 8 %. Im August zahlen wir ihm 5.664,00 €. Welchen Umsatz hat er im August erzielt?

1.1.6.4 Vermehrter Grundwert (Prozentrechnung auf Hundert)

Beispiel

Nach einer Preiserhöhung von 22 % beträgt der Preis einer Ware 610,00 €. Errechnen Sie den alten Preis und die Preiserhöhung.

Der neue Preis von 610,00 € ist der um 22 % **vermehrte Grundwert.** Er entspricht 122 %.

vermehrter Grundwert	=	Grundwert	+	Vermehrung
122 %	=	100 %	+	22 %

Lösung mit Dreisatz:

122 % ≙ 610,00 €
100 % ≙   x   €

$$x = \frac{610 \cdot 100}{122} = \underline{500,00\ €} \rightarrow \text{alter Preis}$$

Preiserhöhung → 610,00 € − 500,00 € = $\underline{110,00\ €}$

Es ist auch möglich, die Preiserhöhung als gesuchte Größe zu wählen.

Bei bequemen Prozentsätzen kann mit bequemen Teilern gerechnet werden.

Beispiel

Nach einer Lohnerhöhung von $6\frac{2}{3}$ % beträgt der Lohn eines Lagerarbeiters 2.040,00 €. Errechnen Sie den alten Lohn.

Lösung:

$$x = \frac{2.040 \cdot 100}{106\frac{2}{3}}$$

$6\frac{2}{3}$ ist ein bequemer Teiler von 100 (= $\frac{1}{15}$) und somit auch von $106\frac{2}{3}$ (= $\frac{1}{16}$).

Es wird durch $6\frac{2}{3}$ gekürzt:

$$x = \frac{2.040 \cdot 15}{16} = \underline{1.912,50\ €}$$

646736L

1 Errechnen Sie unter Zuhilfenahme der bequemen Teiler den alten Preis und die Preiserhöhung.

	neuer Preis	Preisaufschlag		neuer Preis	Preisaufschlag
a)	212,00 €	$4\frac{1}{6}$ %	g)	322,00 €	$11\frac{1}{9}$ %
b)	328,00 €	$9\frac{1}{11}$ %	h)	438,00 €	$2\frac{1}{2}$ %
c)	187,00 €	$33\frac{1}{3}$ %	i)	163,00 €	5 %
d)	467,00 €	$8\frac{1}{3}$ %	j)	239,00 €	$6\frac{1}{4}$ %
e)	580,00 €	$12\frac{1}{2}$ %	k)	418,00 €	$3\frac{1}{3}$ %
f)	423,00 €	$16\frac{2}{3}$ %	l)	591,00 €	$6\frac{2}{3}$ %

2 Berechnen Sie die gesuchten Werte.

a) neues Gehalt: 2.730,00 €; prozentuale Gehaltserhöhung: 6,2 %; altes Gehalt?

b) neuer Preis: 169,00 €; prozentuale Preiserhöhung: 8,5 %; absolute Preiserhöhung?

c) Summe der aktuellen Kosten: 892.538,00 €; prozentuale Kostensteigerung: 12,3 %; alte Kostensumme?

d) neuer Personalbestand: 421; prozentualer Personalzuwachs: $5\frac{1}{4}$ %; Neueinstellungen?

e) neuer Stromverbrauch: 94 622 kWh; prozentualer Mehrverbrauch: 21 %; alter Stromverbrauch?

f) derzeitige Mietaufwendungen: 12.855,00 €; prozentuale Mieterhöhung: $7\frac{1}{8}$ %; absolute Mieterhöhung?

g) neuer Kontostand: 18.479,00 €; prozentualer Zuwachs: 8,7 %; alter Kontostand?

3 Errechnen Sie die absoluten Kostensteigerungen und die Vorjahreskosten der Kostenstellen A, B und C.

A: derzeitige Kosten: 99.792,21 €; Kostenzuwachs: 4,3 %
B: derzeitige Kosten: 87.228,34 €; Kostenzuwachs: 5,6 %
C: derzeitige Kosten: 76.453,56 €; Kostenzuwachs: 8,4 %

4 Ein Kunde zahlt an uns zuzüglich eines 2%igen Aufschlages für unsere Mahnkosten

a) 9.732,83 €   b) 6.293,74 €   c) 728,15 €

Auf welche Beträge belaufen sich der Rechnungsbetrag und die Mahnkosten?

5 Eine leitende Angestellte erhielt in den letzten drei Jahren folgende Gehaltserhöhungen:
1. Jahr: 3,8 %, 2. Jahr: 5,7 %, 3. Jahr: 4,6 %.
Errechnen Sie die Monatsverdienste in den einzelnen Jahren und die jeweiligen Gehaltserhöhungen.
Ihr jetziges Gehalt beträgt: a) 4.390,87 €   b) 5.780,29 €   c) 5.230,41 €

6 Die Unterhaltungskosten für unsere betriebseigenen Immobilien sind im laufenden Geschäftsjahr wie folgt gestiegen: Produktionshalle: um 5,7 % auf 58.230,76 €, Lagerhalle: um $14\frac{2}{7}$ % auf 22.708,93 €, Verwaltungsgebäude: um 8,4 % auf 23.490,84 €.
Errechnen Sie die Kostensteigerungen und die Vorjahreskosten.

7 In einer Einzelhandelsunternehmung stiegen die Monatsumsätze jeweils gegenüber dem Vormonat wie folgt:
August: 4,3 % (5,7 %)   September: 5,9 % (6,9 %)   Oktober: 6,8 % (7,3 %)
Die Umsatzsteigerung des Monats Oktober beträgt 44.538,33 € (52.680,73 €).
Errechnen Sie die jeweiligen Monatsumsätze (Juli bis Oktober).

1.1.6.5 Verminderter Grundwert (Prozentrechnung im Hundert)

Beispiel

Nach einer Preissenkung von 22 % beträgt der Preis einer Ware 390,00 €. Errechnen Sie den alten Preis und die Preissenkung.

Der neue Preis von 390,00 € ist der um 22 % **verminderte Grundwert.** Er entspricht 78 %.

verminderter Grundwert	=	Grundwert	–	Verminderung
78 %	=	100 %	–	22 %

Lösung mit Dreisatz:

78 % $\triangleq$ 390,00 €
100 % $\triangleq$ x   €

$$x = \frac{390 \cdot 100}{78} = \underline{500,00\ €} \longrightarrow \text{alter Preis}$$

Preissenkung $\longrightarrow$ 500,00 € – 390,00 € = $\underline{110,00\ €}$

Es ist auch möglich, die Preissenkung als gesuchte Größe zu wählen.

Bei bequemen Prozentsätzen kann mit bequemen Teilern gerechnet werden.

Beispiel

Aufgrund besserer Einkaufskonditionen kann der Verkaufspreis einer Ware um $11\frac{1}{9}$ % auf 656,00 € gesenkt werden. Errechnen Sie den alten Verkaufspreis.

Lösung:

$$x = \frac{656 \cdot 100}{88\frac{8}{9}}$$

$11\frac{1}{9}$ ist ein bequemer Teiler von 100 (= $\frac{1}{9}$) und somit auch von $88\frac{8}{9}$ (= $\frac{1}{8}$).

Es wird durch $11\frac{1}{9}$ gekürzt:

$$x = \frac{656 \cdot 9}{8} = \underline{738,00\ €}$$

Aufgaben

1 Errechnen Sie unter Zuhilfenahme der bequemen Teiler den alten Preis und die Preissenkung.

	neuer Preis	Preisabschlag		neuer Preis	Preisabschlag
a)	320,00	20 %	g)	825,00	$16\frac{2}{3}$ %
b)	605,00	$8\frac{1}{3}$ %	h)	492,00	$14\frac{2}{7}$ %
c)	414,00	$4\frac{1}{6}$ %	i)	910,00	$9\frac{1}{11}$ %
d)	413,00	$12\frac{1}{2}$ %	j)	741,00	$2\frac{1}{2}$ %
e)	596,00	$33\frac{1}{3}$ %	k)	994,00	$6\frac{2}{3}$ %
f)	536,00	$11\frac{1}{9}$ %	l)	899,00	$3\frac{1}{3}$ %

2 Aufgrund von Rationalisierungsmaßnahmen sanken die Kosten in den Abteilungen A, B und C wie folgt:

A: um 13,8 % auf 105.636,00 €
B: um $9\frac{1}{11}$ % auf 86.914,00 €
C: um 7,1 % auf 148.468,00 €

Errechnen Sie die alten Kosten und die Kostensenkungen. Runden Sie dabei auf ganze €-Beträge.

646738L

3 Berechnen Sie die gesuchten Werte.

   a) neue Ausschussmenge: 455 Stück; prozentuale Ausschusssenkung: 9 %; alte Aus-
      schussmenge?

   b) neue wöchentliche Arbeitszeit: 36 Stunden; prozentuale Arbeitszeitsenkung: 4 %;
      absolute Arbeitszeitsenkung (in Stunden)?

   c) erzielter Gewinn: 93.682,12 €; prozentuale Gewinnminderung: 5,4 %; alter
      Gewinn?

   d) neuer Stromverbrauch: 98 932 kWh; prozentualer Minderverbrauch: $6^{1}/_{7}$ %; absolu-
      ter Minderverbrauch (in kWh)? (Auf volle kWh runden.)

   e) neues Bankguthaben: 25.984,63 €; prozentuale Abnahme: $11^{1}/_{9}$ %; altes Bankgut-
      haben?

   f) Trockengewicht einer Packung Backobst: 55 kg; Schwund: 48,5 %; Frischgewicht?

   g) Nettogewicht (Reingewicht): 238,005 kg; Tara (Verpackungsgewicht) in Prozent:
      $7^{3}/_{4}$ %; Bruttogewicht (Rohgewicht)?

4 Vier nicht bevorrechtigte Gläubiger erhalten bei einem Insolvenzverfahren 12,5 % ihrer
   Forderungen erstattet. Gläubiger A bekommt 12.438,00 €, Gläubiger B 4.273,00 €,
   Gläubiger C 2.467,00 € und Gläubiger D 14.731,00 €.
   Wie viel € hat jeder Gläubiger verloren?

5 In dem Herstellungsbetrieb, der unserem Einzelhandelsbetrieb angegliedert ist, können
   bedingt durch die stufenweise Einführung eines neuen Produktionsverfahrens die Aus-
   schussmengen gesenkt werden.
   Im September wurde eine Ausschussmengenreduzierung von 7,5 % (8,4 %) erzielt, im
   Oktober von 8,8 % (9,2 %) und im November von 6,9 % (4,3 %) (jeweils gegenüber dem
   Vormonat).
   Im November wird ausschließlich das neue Produktionsverfahren eingesetzt. Die Aus-
   schussmenge beträgt nun 136 (198) Stück.
   Wie hoch war die Ausschussmenge im August? (Auf ganze Stücke runden.)

6 Aufgrund eines saisonal bedingten Nachfragerückganges beläuft sich der Umsatz des
   Monats Mai nur noch auf 68.582,73 € (53.492,81 €).
   Der prozentuale Umsatzrückgang gegenüber April beträgt 9,7 % (10,2 %). Im April
   wiederum sank der Umsatz um 8,7 % (7,9 %) gegenüber März. Im März schließlich
   wurde ein Umsatzrückgang von 5,8 % (4,3 %) gegenüber Februar registriert.
   Wie hoch waren
   a) die monatlichen Umsatzrückgänge in €,
   b) die Umsätze der Monate April, März und Februar?

Gemischte Aufgaben

1 A, B, C und D sind Gesellschafter einer Einzelhandelsunternehmung.
   Gemäß Gesellschaftsvertrag erhält A 18,7 %, B 31,8 %, C 27,4 % des Gewinns. D erhält
   den Restgewinn.
   Wie viel € Gewinn hat jeder Gesellschafter in den Geschäftsjahren 1 bis 4 erhalten?

Jahr	1	2	3	4
Gewinn (€)	128.412,00	296.522,00	241.687,00	187.913,00

2 Gemäß HGB gilt für die Gewinnverteilung einer OHG:

Vom Gewinn eines Geschäftsjahres erhält jeder Gesellschafter eine vierprozentige Verzinsung seines Kapitalanteils. Der Restgewinn wird nach Köpfen verteilt.

Für das vergangene Geschäftsjahr haben Gesellschafter A 190.000,00 €, Gesellschafter B 240.000,00 € und Gesellschafter C 160.000,00 € Gewinnanteil erhalten.

Wie hoch sind die Kapitaleinlagen der Gesellschafter A, B und C, wenn der Restgewinn, der nach Köpfen verteilt wurde, 420.000,00 € betrug?

3 Nach Abzug von zunächst 25 % Rabatt und 3 % Skonto vom Restbetrag überweisen wir an unseren Lieferanten 12.479,26 €. Errechnen Sie den Listeneinkaufspreis.

4 Aufgrund von Rationalisierungsinvestitionen erhöhen sich im Herstellungsbetrieb, der unserem Einzelhandelsbetrieb angegliedert ist, die Kosten für die maschinellen Anlagen (Abschreibungen, Wartung). Dies macht eine Gesamtkostensteigerung von 3,8 % aus. Auf der anderen Seite sinken die Personalkosten. Die Personalkostensenkung bewirkt eine Minderung der Gesamtkosten um 6,4 % (= 324.000,00 €).

a) Errechnen Sie die alten Gesamtkosten.

b) Errechnen Sie den Zuwachs der Gesamtkosten, der durch den Anstieg der Kosten für die maschinellen Anlagen bedingt ist.

c) Errechnen Sie die Kostensenkung insgesamt.

d) Errechnen Sie die neuen Gesamtkosten.

5 Die Miete für unsere Geschäftsräume beträgt heute 6.728,35 €. Sie erhöhte sich im letzten Jahr um 5 %, im vorletzten Jahr um 3 % und im vorvorletzten Jahr um 7 %.

a) Um wie viel € ist die Miete im letzten, im vorletzten und im vorvorletzten Jahr gestiegen?

b) Wie hoch waren die Mietaufwendungen in den letzten drei Jahren?

6 In einem Einzelhandelsunternehmen verdient der Buchhalter 43 % weniger als die Prokuristin. Das Gehalt der Prokuristin ist 18 % höher als das Gehalt des Abteilungsleiters. Der Buchhalter verdient 2.950,00 € im Monat. Wie viel verdienen die Prokuristin und der Abteilungsleiter?

7 In einem Kaufhaus wurde die Verkaufsfläche für Sport- und Fitnessgeräte auf Kosten der Möbelabteilung um 8,3 % erhöht. Sie beträgt jetzt 458,4 m². Die Verkaufsfläche für Sport- und Fitnessgeräte macht jetzt 6,4 % der gesamten Verkaufsfläche aus.

a) Wie groß war die Verkaufsfläche für Sport- und Fitnessgeräte vorher?

b) Wie groß ist die gesamte Verkaufsfläche des Kaufhauses?

c) Wie hoch war der prozentuale Anteil der Verkaufsfläche für Sport- und Fitnessgeräte an der gesamten Verkaufsfläche vorher?

8 Vollmilchschokolade setzt sich zusammen aus 36 % Zucker, 29 % Vollmilchpulver, 20 % Kakaobutter und 15 % Kakaomasse. Wie viel kg der einzelnen Bestandteile sind erforderlich, um 190 000 Schokoladentafeln zu je 75 g herzustellen?

9 Der Umsatz eines Produktes hat sich wie folgt verändert:

März: + 2,4 %; April: − 3,8 %; Mai: − 1,7 %; Juni: + 4,9 %
(prozentuale Umsatzveränderung jeweils gegenüber dem Vormonat)
Im Juni beträgt der Umsatz 85.638,91 €.

a) Errechnen Sie die Umsatzveränderungen in €.

b) Errechnen Sie die Umsätze der Monate Mai, April, März und Februar.

646740L

1.2 Die Teilgebiete des betrieblichen Rechnungswesens und deren Aufgaben

Das betriebliche Rechnungswesen beinhaltet folgende 4 Teilgebiete:

- Geschäftsbuchführung oder Finanzbuchführung,
- Kosten- und Leistungsrechnung,
- Statistik und
- Planungsrechnung.

1.2.1 Die Geschäftsbuchführung (Finanzbuchführung)

Die Geschäftsbuchführung umfasst eine **Bestandsrechnung** und eine **Erfolgsrechnung.**

In der **Bestandsrechnung** werden alle Veränderungen (Mehrungen oder Minderungen) von Vermögens- oder Kapitalwerten aufgezeichnet.

Die **Erfolgsrechnung** ermittelt durch die Gegenüberstellung von Erträgen und Aufwendungen einen Gewinn oder Verlust.

Die in einer bestimmten Ordnung zusammengetragenen Zahlen der Bestands- und Erfolgsrechnung **dokumentieren** die Geschäftstätigkeit des Unternehmens.

Neben dieser **Dokumentationsaufgabe** kommt der Buchführung vor allen Dingen eine **Rechenschaftslegungs-** und **Informationsaufgabe** zu. Mit ihrer Hilfe wird am Geschäftsjahresende der gesetzlich vorgeschriebene Jahresabschluss (Bilanz und Gewinn- und Verlustrechnung) erstellt. Kapitalgeber, Finanzbehörden und die Mitarbeiter erhalten so einen Einblick in die Ertrags- und Vermögenslage des Unternehmens.

1.2.2 Die Kosten- und Leistungsrechnung

Die Geschäftsbuchführung wird aufgrund ihrer Aufgabenstellung von steuerrechtlichen und handelsrechtlichen Vorschriften geprägt. Den Anforderungen einer betriebswirtschaftlichen Betrachtung wird sie damit nicht gerecht. Hierzu wird die Kosten- und Leistungsrechnung herangezogen, die sich an betriebswirtschaftlichen Erfordernissen orientiert.

Die Kosten- und Leistungsrechnung bietet vor allen Dingen ein Instrumentarium, das die Wirtschaftlichkeit des betrieblichen Leistungsprozesses überwacht. Damit nimmt die Kosten- und Leistungsrechnung vornehmlich eine **Kontrollaufgabe** wahr.

Darüber hinaus liefert die Kosten- und Leistungsrechnung zusammen mit der **Statistik** und der **Planungsrechnung** die Daten, auf denen die **unternehmerischen Entscheidungen** basieren. Insofern erfüllt die Kosten- und Leistungsrechnung auch eine **Dispositionsaufgabe.**

1.2.3 Die Statistik

Die betriebliche Statistik bereitet die Daten der Geschäftsbuchführung und der Kosten- und Leistungsrechnung auf und wertet sie aus. Es können in tabellarischer oder grafischer Form Statistiken über Umsatzzahlen, Personalkosten, Lagerkennzahlen, Bilanzkennzahlen, Gewinnentwicklungen usw. erstellt werden.

Diese Statistiken werden mit den Zahlen früherer Abrechnungsperioden (**Zeitvergleiche**) oder mit den entsprechenden Werten von Betrieben der gleichen Branche (**Betriebsvergleiche**) verglichen. Die dabei gewonnenen Erkenntnisse führen zu unternehmerischen Entscheidungen (**Dispositionsaufgabe**).

1.2.4   Die Planungsrechnung

Grundlage der Planungsrechnung sind die Daten der Geschäftsbuchführung, der Kosten- und Leistungsrechnung und der Statistik. Mithilfe der Planungsrechnung werden Absatzpläne, Beschaffungspläne, Investitionspläne und Finanzpläne erstellt.

Abweichungen zwischen den geplanten Zahlen (Sollzahlen) und den tatsächlich eingetretenen Zahlen (Istzahlen) werden analysiert und ausgewertet.

Der Planungsrechnung kommt somit neben der **Dispositionsaufgabe** eine wichtige **Kontrollaufgabe** zu.

Zusammenfassung

Schaubild

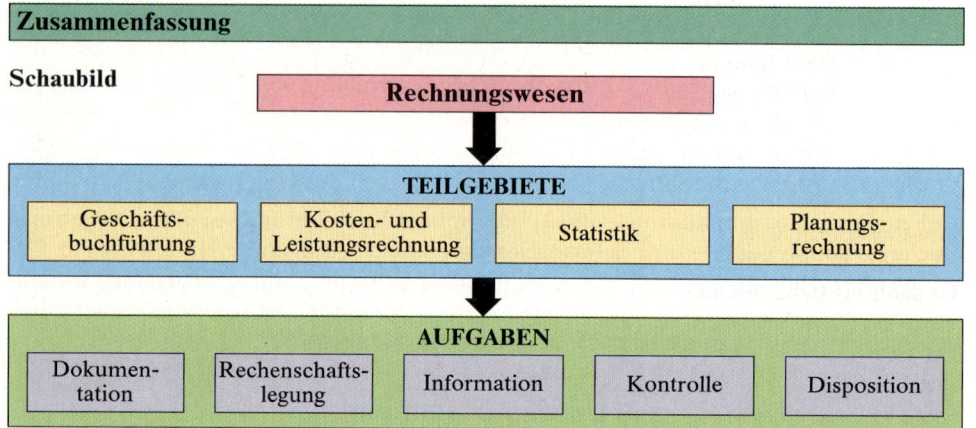

Aufgabe

Welche Aussagen sind richtig bzw. falsch? Begründen Sie Ihre Meinung.

a) Das betriebliche Rechnungswesen umfasst zwei Teilgebiete, die Geschäftsbuchführung und die Planungsrechnung.

b) Die Geschäftsbuchführung orientiert sich an betriebswirtschaftlichen Anforderungen.

c) Der Geschäftsbuchführung kommt eine Dokumentations-, Rechenschaftslegungs- und Informationsaufgabe zu.

d) In der Erfolgsrechnung der Geschäftsbuchführung wird durch die Gegenüberstellung von Erträgen und Aufwendungen ein Gewinn oder Verlust ermittelt.

e) Die Kosten- und Leistungsrechnung wird von handelsrechtlichen und steuerrechtlichen Vorschriften geprägt.

f) Die Kosten- und Leistungsrechnung wird den Anforderungen einer betriebswirtschaftlichen Betrachtung gerecht.

g) Die Kosten- und Leistungsrechnung dient im Wesentlichen der Rechenschaftslegung und der Kontrolle.

h) Im Rahmen der Kosten- und Leistungsrechnung werden Betriebsvergleiche durchgeführt.

i) In der betrieblichen Statistik werden die Zahlen der Geschäftsbuchführung und der Kosten- und Leistungsrechnung aufbereitet und ausgewertet.

j) Die Planungsrechnung erfüllt eine Dispositions- und Kontrollaufgabe.

646742L

2 Einführung in die Systematik der Buchführung

2.1 Grundlagen der Buchführung

2.1.1 Aufgaben der Buchführung

In einer Unternehmung fällt eine Vielzahl unterschiedlicher Geschäftsfälle an, z. B.:

Waren werden verkauft.
Waren werden eingekauft.
Schulden gegenüber Lieferanten werden abgezahlt.
Kunden begleichen Forderungen.
Löhne und Gehälter sind zu zahlen.
Dem Bankkonto werden Zinsen gutgeschrieben.
Betriebliche Fahrzeuge werden gekauft.
Büromaterial wird angeschafft.
Mieten sind zu zahlen.
Provisionserträge werden unserem Postbankkonto gutgeschrieben usw.

Aus diesem Katalog, der nur einen ganz kleinen Teil betrieblicher Geschäftsfälle aufzeigt, ist schon zu erkennen, dass niemand sämtliche Geschäftsfälle einer Unternehmung im Gedächtnis behalten kann. Hieraus erwächst die Notwendigkeit, schriftliche Aufzeichnungen zu machen.

Da früher diese Aufzeichnungen in gebundenen Büchern erfolgten, bezeichnet man diese Tätigkeit als Buchführung.

Eine Buchführung ist ein Zahlenwerk, das alle Geschäftsfälle einer Unternehmung in einer bestimmten Ordnung systematisch und vollständig erfasst, verarbeitet und verwaltet.

Die reine Gedächtnishilfe ist nur ein Grunderfordernis zur Buchführung. Ihre heutigen Aufgaben gehen weit darüber hinaus.

Für die Unternehmung selbst erfüllt die Buchführung folgende Aufgaben:

1. Sie stellt die Vermögens- und Schuldenwerte fest.

2. Sie gibt einen Überblick über die Geschäftslage, z. B. über
   - die Verkaufserlöse,
   - die Einkäufe,
   - die Forderungen an Kunden,
   - die Schulden an Lieferanten,
   - den Kassenbestand,
   - die angefallenen Raumkosten usw.

3. Sie ermittelt den Unternehmenserfolg, den Gewinn bzw. den Verlust.

4. Sie bildet die Grundlage für die Preiskalkulation.

5. Sie liefert die Daten für außerbetriebliche Vergleiche, innerbetriebliche Zeitvergleiche und für innerbetriebliche Kontrollen.

6. Sie ist ein Beweismittel zur Klärung von gerichtlichen Streitfällen.

Neben dem **Eigeninteresse** besteht noch ein **Fremdinteresse** Außenstehender an der Buchführung.

Für den **Staat** beispielsweise bildet die Buchführung einer Unternehmung die Grundlage

1. der Besteuerung (z. B. der Einkommensteuer, der Körperschaftsteuer, der Gewerbesteuer),
2. der Ermittlung der Umsatzsteuerzahllast,
3. der Bemessung der Lohnsteuer.

Auch die Banken als Kreditgeber, sonstige Gläubiger und Lieferanten haben ein Interesse daran, die Vermögensverhältnisse und die Geschäftslage einer Unternehmung kennen zu lernen. Hierzu liefert die Buchführung das Zahlenwerk.

2.1.2 Gesetzliche Vorschriften der Buchführung

Da nicht nur ein Eigeninteresse an einer Aufzeichnung von Geschäftsfällen besteht, sind Kaufleute zur Buchführung gesetzlich verpflichtet. Die Vorschriften der Buchführung sind in den folgenden Gesetzen und Verordnungen geregelt:

1. Die grundlegenden gesetzlichen Buchführungsbestimmungen für Kaufleute stehen im **Handelsgesetzbuch (HGB).**

2. Da die Buchführung auch eine Grundlage zur Besteuerung der Unternehmung und des Unternehmers ist, gibt es neben den handelsrechtlichen Vorschriften auch eine Reihe von steuerrechtlichen Buchführungsbestimmungen.
   Diese werden durch folgende Gesetze und Verordnungen vorgeschrieben:

   Abgabenordnung (AO)
   Einkommensteuergesetz (EStG)
   Körperschaftsteuergesetz (KStG)
   Gewerbesteuergesetz (GewStG)
   Umsatzsteuergesetz (UStG)

3. Sondervorschriften für die Bilanzierung und für den Jahresabschluss bei bestimmten Unternehmensformen sind in folgenden Gesetzen geregelt:

   Aktiengesetz (AktG)
   GmbH-Gesetz (GmbHG)
   Genossenschaftsgesetz (GenG)

Zu 1.
Eine besondere Bedeutung kommt dem § 238 Abs. 1 HGB zu, weil er alle ins Handelsregister eingetragenen Kaufleute verpflichtet Bücher zu führen: „Jeder Kaufmann ist verpflichtet Bücher zu führen und in diesen seine Handelsgeschäfte und die Lage seines Vermögens nach den Grundsätzen ordnungsmäßiger Buchführung ersichtlich zu machen."

Zu 2.
Bei den steuerrechtlichen Buchführungsbestimmungen hat die Abgabenordnung als steuerrechtliches Mantelgesetz eine besondere Bedeutung.
Sie trifft Regelungen, die für mehrere Steuern gemeinsam gelten. In ihr stehen die wichtigsten steuerlichen Buchführungsvorschriften.
§ 141 AO erweitert den Kreis der Buchführungspflichtigen. Danach ist neben den oben genannten Kaufleuten jeder gewerbliche Unternehmer **steuerrechtlich** zur Buchführung verpflichtet, wenn eine der folgenden Voraussetzungen erfüllt ist:
− Der Umsatz übersteigt 500.000,00 DM (entspricht 255.645,94 €).
− Der erwirtschaftete Gewinn übersteigt 48.000,00 DM (entspricht 24.542,01 €).

646744L

Zu 1. und 2.

Einige handelsrechtliche und steuerrechtliche Vorschriften beschreiben gemeinsam, auf welche Weise die Bücher zu führen sind:

HGB	AO	Vorschrift
§ 238 Abs. 1	§ 145 Abs. 1	Die Buchführung muss so beschaffen sein, dass sich ein sachverständiger Dritter allein zurechtfinden kann.
§ 239 Abs. 2	§ 146 Abs. 1	Die Eintragungen in Büchern und die sonst erforderlichen Aufzeichnungen müssen vollständig, richtig, zeitgerecht und geordnet vorgenommen werden.
§ 239 Abs. 3	§ 146 Abs. 4	Eine Eintragung oder eine Aufzeichnung darf nicht so verändert werden, dass ihr ursprünglicher Inhalt nicht mehr feststellbar ist.

Zusammenfassung

Schaubild

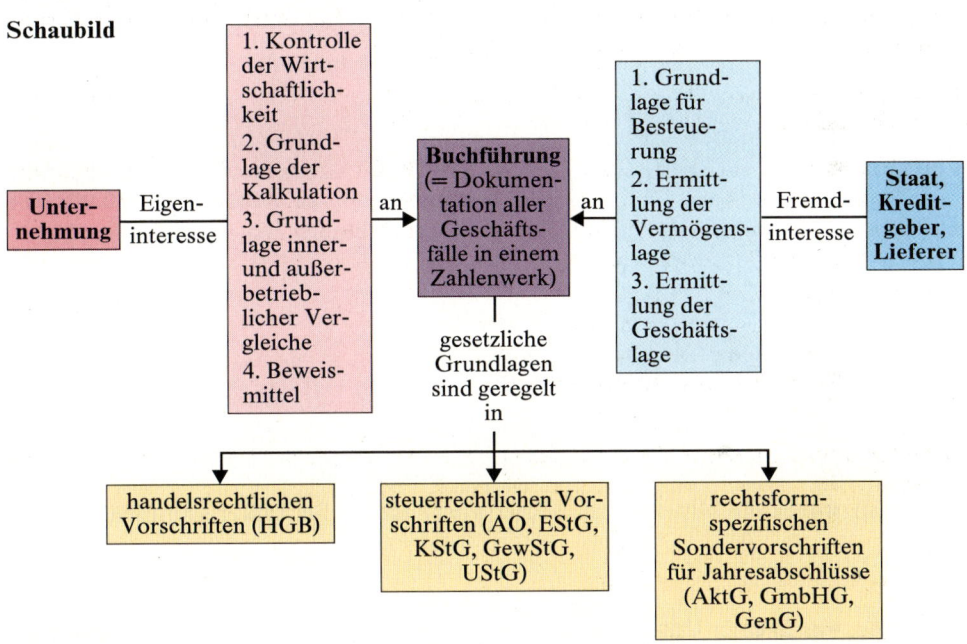

Merksätze

1. Die Buchführung ist ein Zahlenwerk, das alle Geschäftsfälle einer Unternehmung in einer bestimmten Ordnung systematisch und vollständig erfasst, verarbeitet und verwaltet.
2. Die Buchführung stellt für die Unternehmung Daten zur Kontrolle der Wirtschaftlichkeit, Daten für die Kalkulation, Daten für inner- und außerbetriebliche Vergleiche und Daten für Beweisführungen bereit.
3. Für den Staat liefert die Buchführung insbesondere Besteuerungsgrundlagen.
4. Kreditgeber können aus der Buchführung die Geschäftslage und die Vermögensverhältnisse ersehen.
5. Handelsrechtliche, steuerrechtliche Vorschriften und rechtsformspezifische Sondervorschriften schreiben die Buchführung vor bzw. regeln sie.

1 Nennen Sie Geschäftsfälle, die in einer Unternehmung anfallen.

2 Definieren Sie den Begriff „Buchführung".

3 Nennen Sie innerbetriebliche Aufgaben der Buchführung.

4 Begründen Sie, weshalb
  a) der Staat,
  b) die Kreditgeber und
  c) die Lieferanten
  Interesse an einer aussagefähigen Buchführung haben.

5 Nennen Sie
  a) das Gesetzbuch, das die handelsrechtlichen Buchführungsvorschriften regelt,
  b) die Verordnung bzw. die Gesetzbücher, die die steuerrechtlichen Buchführungsvor-
     schriften regeln und
  c) die Gesetzbücher, die die rechtsformspezifischen Buchführungssondervorschriften
     regeln.

6 Eine Unternehmung weist aus:

	a)	b)	c)
Umsatz	245.000,00 €	260.000,00 €	220.000,00 €
Gewinn	15.000,00 €	20.000,00 €	30.000,00 €

Besteht eine steuerrechtliche Pflicht zur doppelten Buchführung in den Fällen a) – c)?

2.2 Kapital und Vermögen

Das Kapital ist – im buchhalterischen Sinne – die Finanzierungsquelle des in einem Unternehmen vorhandenen Vermögens.

Es gibt an, **woher** die Mittel der im Betrieb vorhandenen Sachgüter stammen.

Das Vermögen ist die Gesamtheit aller in Geld bewerteten Sachwerte einer Unternehmung.

Es gibt an, **was** in einer Unternehmung vorhanden ist bzw. **wohin** das Kapital geflossen ist.

Da zu allen Sachwerten eine Finanzierungsquelle gehört bzw. umgekehrt sich Kapital immer in Vermögen umwandelt, sind Vermögen und Kapital zwangsläufig identisch.

Vermögen = Kapital

Das Kapital wird in das **Eigenkapital** und in das **Fremdkapital** unterteilt.

Das Eigenkapital ist der vom Unternehmer bzw. von den Gesellschaftern selbst eingebrachte Teil des Kapitals.

Das Fremdkapital ist die Gesamtheit der Schulden einer Unternehmung. Hierzu gehören z. B. Hypothekenschulden, Darlehensschulden, Lieferer-schulden.

646746L

Auch der Gegenwert des Kapitals, das Vermögen, wird in zwei Arten, in das **Anlagevermögen** und in das **Umlaufvermögen,** untergliedert.

> **Zum Anlagevermögen gehören alle Vermögensteile, die langfristig im Unternehmen gebunden sind, z. B. Gebäude, Grundstücke, Maschinen (Industrie), Ladenausstattung, Kassensysteme, Betriebsfahrzeuge und Büroausstattung. Das Anlagevermögen schafft die Grundvoraussetzung für die betriebliche Tätigkeit wie Einkauf, Produktion (Industrie), Lagerung und Verkauf.**

> **Zum Umlaufvermögen gehören alle Vermögensteile, die nicht längere Zeit im Betrieb verbleiben, sondern umlaufen bzw. umgesetzt werden, wie z. B. Waren, Forderungen an Kunden, Bargeld (Kasse), Postbankguthaben und Bankguthaben. Die betriebliche Tätigkeit verändert ständig die Positionen des Umlaufvermögens.**

Verfeinern wir die obige Grundgleichung mit diesen vier Unterbegriffen, so erhalten wir:

Anlagevermögen + Umlaufvermögen = Eigenkapital + Fremdkapital

Zusammenfassung

Schaubild

was? (wohin?) = vorhandene Sachwerte, Mittelverwendung	woher? = Finanzierungsquelle, Mittelherkunft

Vermögen { Anlagevermögen / Umlaufvermögen } = Kapital { Eigenkapital / Fremdkapital }

Merksätze

1. Die Summe des Vermögens entspricht der Summe des Kapitals.
2. Das Kapital zeigt an, woher die Mittel des vorhandenen Vermögens kommen (= Mittelherkunft).
3. Das Vermögen zeigt an, wie das in einer Unternehmung eingesetzte Kapital verwendet ist (= Mittelverwendung).
4. Das Kapital unterteilt sich in eigene Finanzierungsmittel, das Eigenkapital, und in Schulden, das Fremdkapital.
5. Das Vermögen unterteilt sich in das langfristig im Unternehmen gebundene Vermögen, das Anlagevermögen, und in das sich kurzfristig ändernde Vermögen, das Umlaufvermömögen.

1. Manfred Fiedler, 30173 Hannover, eröffnet am 1. Mai einen Einzelhandel für Bürobedarfsartikel.

   Herr Fiedler hat 90.000,00 € gespart, 30.000,00 € hat er im Toto gewonnen. Die Stadtsparkasse gibt ihm ein Darlehen über 60.000,00 €.

   Die Ausstattung des Büros kostet 20.000,00 €. Für die Ladenausstattung muss Herr Fiedler 40.000,00 € bezahlen. Er kauft sich ferner einen Geschäfts-Lkw, für den er mit Werbebeschriftung 80.000,00 € aufwenden muss. Für den Erstbedarf deckt er sich mit einem Warenbestand von 40.000,00 € ein.

   a) Was ist in dem neu eröffneten Einzelhandel vorhanden?

   b) Woher stammen die Mittel?

2. Erklären Sie die Begriffe „Vermögen" und „Kapital".

3. Unterscheiden Sie nach Vermögen und Kapital.

   Ladenausstattung, Postbankguthaben, Darlehen, Betriebsfahrzeuge, Waren, Liefererschulden, Forderungen an Kunden, Lottogewinn, Hypothekenschulden, Bargeld (Kasse).

4. Frau Susanne Arend hat, um sich selbstständig zu machen, 30.000,00 € gespart. Ihre Bank gewährt ihr ein Darlehen von 25.000,00 €. Ihr Mann leiht ihr 15.000,00 € und ihre Tante 5.000,00 €. Sie kauft ein Geschäft. Der frühere Inhaber überlässt ihr die Ladenausstattung für 35.000,00 € und den Warenbestand für 30.000,00 €. Außerdem übernimmt Frau Arend die Forderungen an vier Kunden (Außenstände) in Höhe von 10.000,00 €.

   Erstellen Sie die Vermögens- und Kapitalübersicht.

5. Warum müssen Vermögen und Kapital immer gleich groß sein?

6. Herr Klaus Frost hat als Angestellter 40.000,00 € gespart, um einen Zeitschriften- und Tabakwareneinzelhandel zu eröffnen. Er mietet sich einen Laden. Für Installationen gibt er 12.000,00 € und für eine Heizung 9.000,00 € aus. Die Ladenausstattung kostet 15.000,00 €. Für Tabakwaren, Feuerzeuge, Zeitschriften und andere einschlägige Artikel muss er 8.000,00 € aufwenden.

   Das fehlende Kapital leiht ihm ein Freund.

   Stellen Sie mithilfe der Vermögens- und Kapitalübersicht fest, wie viel Geld Herr Frost sich von seinem Freund leiht.

7. Zur Eröffnung eines Textileinzelhandelsbetriebes bringt der Unternehmer 100.000,00 € an eigenem Kapital ein. Seine Bank leiht ihm 50.000,00 €. Für die Ladenausstattung gibt er 60.000,00 €, für den Erstbedarf an Waren 80.000,00 € aus. Das restliche Kapital bleibt auf dem betrieblichen Bankkonto.

   Wie hoch ist das betriebliche Bankguthaben?

8. Erklären Sie

   a) die Begriffe „Eigenkapital" und „Fremdkapital" sowie

   b) die Begriffe „Anlagevermögen" und „Umlaufvermögen".

9. Unterscheiden Sie nach Eigen- und Fremdkapital sowie nach Anlagevermögen und Umlaufvermögen.

   Hypothekenschulden, Warenbestände, Forderungen an Kunden, Lottogewinn, Ladenausstattung, Bargeld (Kasse), Verbindlichkeiten, Postbankguthaben, ins Unternehmen eingebrachte Ersparnisse, Lastkraftwagen, Darlehensschulden.

646748L

10 Erstellen Sie eine Kapitalübersicht, unterteilt nach Eigen- und Fremdkapital, und eine Vermögensübersicht, unterteilt nach Anlage- und Umlaufvermögen.

Das nicht kapitalmäßig gedeckte Vermögen ist durch ein Bankdarlehen finanziert.
Waren 60.000,00 €; Forderungen an Kunden 7.000,00 €; Hypothekenschulden 180.000,00 €; Postbankguthaben 15.000,00 €; ins Unternehmen eingebrachter Lottogewinn 120.000,00 €; Kasse (Bargeld) 4.000,00 €; Fuhrpark 90.000,00 €; ins Unternehmen eingebrachte Ersparnisse 170.000,00 €; bebaute Grundstücke 350.000,00 €; Verbindlichkeiten 30.000,00 €; Ladenausstattung 50.000,00 €.

11 Errechnen Sie die Werte der fehlenden Positionen.

	a) €	b) €	c) €	d) €
Anlagevermögen	520.000,00	850.000,00	?	713.000,00
Umlaufvermögen	380.000,00	618.000,00	543.000,00	?
Eigenkapital	?	597.000,00	1.002.000,00	920.000,00
Fremdkapital	412.000,00	?	650.000,00	539.000,00

2.3 Inventur und Inventar

§ 240 HGB schreibt dem Kaufmann vor,

- beim Beginn seines Handelsgewerbes und
- zum Schluss eines jeden Geschäftsjahres

sein Vermögen und seine Schulden genau zu verzeichnen.

Dazu sind bestimmte Vermögensteile, wie z. B. Fuhrpark, Maschinen, Ladenausstattung, Vorräte und Bargeld, durch

- Messen,
- Zählen,
- Wiegen und
- Schätzen,

also durch **körperliche Bestandsaufnahme**, zu erfassen. Anschließend werden sie bewertet, d. h. in Geldeinheiten ausgedrückt.

Andere Vermögensteile (z. B. Forderungen und Bankguthaben) und die Schulden (z. B. Hypothekenschulden und Liefererschulden) sind anhand von Belegen (z. B. Ausgangsrechnungen, Eingangsrechnungen und Kontoauszügen) durch **buchmäßige Bestandsaufnahme** festzustellen.

> **Die körperliche und buchmäßige Bestandsaufnahme aller Vermögensteile und Schulden nach Art, Menge und Wert ist die Inventur.**

Das Ergebnis der Inventur wird in einem Bestandsverzeichnis, dem Inventar, aufgezeichnet.

> **Das Bestandsverzeichnis aller Vermögensteile und Schulden nach Art, Menge und Wert ist das Inventar.**

2.3.1 Das Inventar

Die folgende Übersicht zeigt die wesentlichen Merkmale eines Inventars.

Definition der Hauptgliederungspunkte	Gliederungskriterien[1]	Konkrete Anordnung der Positionen

Zum **Anlagevermögen**[2] gehören alle Vermögensteile, die langfristig im Unternehmen gebunden sind. Das Anlagevermögen schafft die Grundvoraussetzung der betrieblichen Tätigkeit.
 	
Zum **Umlaufvermögen**[2] gehören alle Vermögensteile, die nicht längere Zeit im Betrieb verbleiben, sondern umlaufen bzw. umgesetzt werden. Die betriebliche Tätigkeit verändert ständig die Positionen des Umlaufvermögens.
	Die Vermögenspositionen werden nach steigender Liquidität (Flüssigkeit) angeordnet, d. h.: Vermögenspositionen, die am schwersten in Geld umzuwandeln (liquide zu machen) sind, stehen oben; Vermögenspositionen, die am leichtesten in Geld umzuwandeln sind, stehen unten.	**A. Vermögen**
		
		  I. Anlagevermögen
		    1. Grundstücke und Bauten
		    2. Maschinen
		    3. Fuhrpark
		    4. Betriebs- und Geschäftsausstattung
		
		  II. Umlaufvermögen
		    1. Waren
		    2. Forderungen
		    3. Bargeld (Kasse)
		    4. Postbankguthaben
		    5. Bankguthaben

Langfristige Schulden
Hierzu zählen insbesondere die Verbindlichkeiten gegenüber Kreditinstituten.
 	
Kurzfristige Schulden
Hierzu zählen insbesondere die Verbindlichkeiten aus Lieferungen und Leistungen.
	Die Schulden werden nach steigender Fälligkeit (= Dringlichkeit der Rückzahlung) angeordnet. Langfristige Schulden stehen oben, kurzfristige Schulden stehen unten.	**B. Schulden**
		
		  I. Langfristige Schulden
		    1. Hypothekenschulden
		    2. Darlehensschulden
		
		  II. Kurzfristige Schulden
		    Liefererschulden

Das **Reinvermögen** (= Eigenkapital) ist der vom Unternehmer bzw. von den Gesellschaftern selbst eingebrachte Teil des Kapitals.		**C. Errechnung des Reinvermögens** (= Eigenkapital) Vermögen – Schulden ——————— = Reinvermögen (= Eigenkapital)

---

1 Für das Inventar gibt es keine Gliederungsvorschrift. In der Praxis haben sich jedoch Gliederungsregeln gebildet, die sich an die Gliederungsgrundsätze der Bilanz anlehnen.

2 vgl. Kapitel 2.2

646750L

Musterbeispiel eines Inventars

Inventar des Textileinzelhandels Konrad Fied KG, Hannover, zum 31. Dez. ..

A. Vermögen			
I. Anlagevermögen			
1. Gebäude, Goseriede 41			650.000,00
2. Ladenausstattung lt. bes. Verzeichnis, Anlage 1 . . .			180.000,00
3. Kassensysteme lt. bes. Verzeichnis, Anlage 2			124.000,00
II. Umlaufvermögen			
1. Waren			
– Stoffe lt. bes. Verzeichnis, Anlage 3	189.002,00		
– Damenoberbekleidung lt. bes. Verzeichnis, Anlage 4	253.000,00		
– Herrenoberbekleidung lt. bes. Verzeichnis, Anlage 5	278.000,00	720.002,00	
2. Forderungen an Kunden			
– Klaus Söffgen, Hannover	328,00		
– Gertrud Schön, Hannover	187,00		
– Reiner Hampe, Hannover	283,00	798,00	
3. Kassenbestand		5.900,00	
4. Bankguthaben			
– Kreissparkasse Hannover	78.700,00		
– Lindener Volksbank	64.200,00	142.900,00	
Summe des Vermögens		1.823.600,00	
B. Schulden			
I. Langfristige Schulden			
1. Hypothek der Kreissparkasse Hannover			525.000,00
2. Darlehen der Lindener Volksbank			245.000,00
II. Kurzfristige Schulden			
Verbindlichkeiten an Lieferer			
– B. Müller OHG, Heidelberg	97.000,00		
– Emut GmbH, Hofgeismar	53.000,00		
– Vödisch AG, Hannover	19.300,00	169.300,00	
Summe der Schulden		939.300,00	
C. Errechnen des Reinvermögens			
Summe des Vermögens			1.823.600,00
– Summe der Schulden			939.300,00
= Reinvermögen (Eigenkapital)			884.300,00

Gemäß § 257 Abs. 3 HGB bzw. § 147 Abs. 2 AO können Inventare mit den zu ihrem Verständnis erforderlichen Anlagen auch auf Bildträgern, z. B. Mikrokopien, oder auf anderen Datenträgern, z. B. Disketten, aufbewahrt werden, wenn sichergestellt ist, dass sie innerhalb angemessener Frist lesbar gemacht werden können.

Inventare sind zehn Jahre aufzubewahren. Die Aufbewahrungsfrist beginnt mit dem Schluss des Kalenderjahres. (§ 257 Abs. 4, 5 HGB bzw. § 147 Abs. 3, 4 AO)

2.3.2 Die Inventur

Die gesetzlichen Vorschriften erlauben mehrere Inventurverfahren.

2.3.2.1 Die zeitnahe Stichtagsinventur

Kleine und mittelgroße Unternehmen sind oft in der Lage, wegen ihrer relativ geringen Lagerbestände die zeitnahe Stichtagsinventur durchzuführen.

Die Finanzverwaltung räumt zur Durchführung der körperlichen Inventur einen Zeitraum von 10 Tagen vor und nach dem Abschluss-Stichtag ein (vgl. Abschnitt 30 Abs. 1 EStR). Die Bestände müssen dann – belegmäßig nachweisbar – auf den Abschluss-Stichtag fortgeschrieben bzw. zurückgerechnet werden.

2.3.2.2 Die permanente Inventur

Die permanente Inventur (§ 241 Abs. 2 HGB) ermöglicht die sonst stoßweise zum Abschluss-Stichtag anfallenden Inventurarbeiten über das ganze Jahr zu verteilen: Es findet eine ständige, meist EDV-mäßige Bestandsfortschreibung aller Bestände nach Art und Menge anhand der Lagerbücher bzw. der Lagerdatei statt.

Diese permanente Bestandsfortschreibung muss belegmäßig nachprüfbar sein.

Außerdem ist mindestens einmal im Jahr – zu einem beliebigen Zeitpunkt – mit einer körperlichen Bestandsaufnahme zu prüfen, ob der Buchbestand (Sollbestand) mit dem tatsächlichen Bestand (Istbestand) übereinstimmt. Die körperliche Bestandsaufnahme braucht nicht für sämtliche Bestände gleichzeitig durchgeführt zu werden. Sollten Abweichungen vorliegen, so wird der Buchbestand dem tatsächlichen Bestand angepasst. Die Durchführung und das Ergebnis der körperlichen Inventur sind zu dokumentieren.

Die einmal jährlich vorzunehmende körperliche Inventur wird, um die Inventurarbeiten so gering wie möglich zu halten, häufig zu Zeiten mit geringen Vorratsbeständen durchgeführt.

2.3.2.3 Die zeitlich verlegte Inventur

Ist eine zeitnahe Stichtagsinventur wegen zu großer Bestände nicht durchführbar und eine permanente Inventur wegen fehlender Bestandsfortschreibung nicht möglich, so wird die zeitlich verlegte Inventur gemäß § 241 Abs. 3 HGB gewählt.

Bei der zeitlich verlegten Inventur wird die körperliche Bestandsaufnahme zu einem Zeitpunkt innerhalb der letzten drei Monate vor oder der ersten zwei Monate nach dem Abschluss-Stichtag durchgeführt.

Der zum Inventurstichtag ermittelte Bestand wird wertmäßig auf den Abschluss-Stichtag fortgeschrieben bzw. zurückgerechnet (Wertnachweisverfahren).

2.3.2.4 Die mathematisch-statistische Stichprobeninventur

Ein besonderes technisches Verfahren der Bestandsaufnahme ist die mathematisch-statistische Stichprobeninventur (§ 241 Abs. 1 HGB). Der Bestand der Wirtschaftsgüter wird mithilfe mathematisch-statistischer Methoden aufgrund von Stichproben ermittelt. Dieses spezielle Verfahren hat eine große Rationalisierungswirkung.

646752L

Schaubild

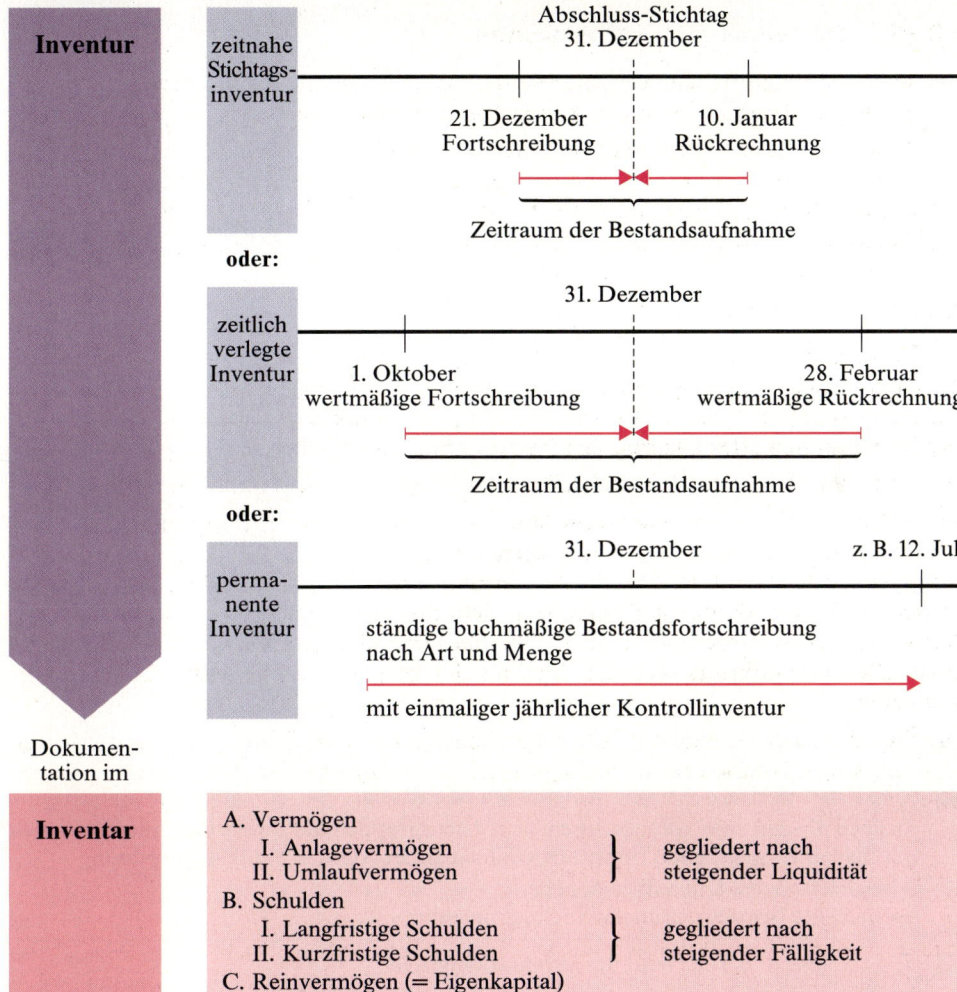

Dokumentation im

Inventar

A. Vermögen
   I. Anlagevermögen
  II. Umlaufvermögen   } gegliedert nach steigender Liquidität
B. Schulden
   I. Langfristige Schulden
  II. Kurzfristige Schulden   } gegliedert nach steigender Fälligkeit
C. Reinvermögen (= Eigenkapital)
  Vermögen
  – Schulden
  = Reinvermögen (= Eigenkapital)

Merksätze

1. Die Bestandsaufnahme aller Vermögensteile und Schulden nach Art, Menge und Wert ist die Inventur.
2. Nach dem Zeitpunkt der Bestandsaufnahme bzw. dem Zeitraum für die Bestandsaufnahme unterscheidet man die zeitnahe Stichtagsinventur, die zeitlich verlegte Inventur und die permanente Inventur.
3. Bei der mathematisch-statistischen Inventur wird der Bestand der Wirtschaftsgüter anhand von Stichproben mathematisch-statistisch ermittelt.

4. Das Bestandsverzeichnis aller Vermögensteile und Schulden nach Art, Menge und Wert ist das Inventar.

5. Das Inventar besteht aus den drei Teilen: Vermögen, Schulden und Reinvermögen (= Eigenkapital), wobei sich das Reinvermögen aus der Differenz zwischen Vermögen und Schulden ergibt.

6. Inventare sind zehn Jahre aufzubewahren.

Aufgaben

Aufgabe 1:	Definitorische Abgrenzung der Begriffe Inventur und Inventar;
Aufgaben 2 bis 5:	Inventur;
Aufgaben 6 bis 11:	Inventar;
Aufgabe 12:	Bestandsfortschreibung/Bestandsrückrechnung.

1 Unterscheiden Sie definitorisch die Begriffe Inventur und Inventar.

2 a) Worin liegt der Unterschied zwischen einer körperlichen und einer buchmäßigen Inventur?

b) Welche verschiedenen Tätigkeiten sind mit der körperlichen Inventur verbunden?

c) Welche Bestände werden mit der buchmäßigen Inventur ermittelt?

3 Erklären Sie

a) die zeitnahe Stichtagsinventur,

b) die permanente Inventur,

c) die zeitlich verlegte Inventur,

d) die mathematisch-statistische Stichprobeninventur.

4 Stellen Sie die Vor- und Nachteile der in Aufgabe 3 genannten Inventurverfahren heraus.

5 Eine Kombination der Inventurmethoden ist zulässig.

Ordnen Sie den zwei vorgegebenen Vermögensgruppen die jeweils besonders geeignete der beiden vorgegebenen Inventurmethoden zu. Begründen Sie Ihre Zuordnung.

Anlagevermögen, Umlaufvermögen,

permanente Inventur, zeitnahe Stichtagsinventur.

6 a) In welche drei Teile wird das Inventar unterteilt?

b) Stellen Sie eine Gleichung auf, die die Beziehungen zwischen den drei Teilen des Inventars wiedergibt.

7 a) Unterscheiden Sie definitorisch Anlagevermögen und Umlaufvermögen.

b) Nach welchem Gliederungskriterium werden die Vermögensteile im Inventar angeordnet?

8 Nach welchem Gliederungskriterium werden die Schuldenteile im Inventar angeordnet?

9 Ordnen Sie die unten stehenden Inventarpositionen dem Anlagevermögen, dem Umlaufvermögen, den langfristigen Schulden und den kurzfristigen Schulden zu.

Forderungen an Kunden, Verbindlichkeiten an Lieferer, Bankguthaben, bebaute Grundstücke, unbebaute Grundstücke, Darlehensschulden, Warenbestände, Kassenbestand, Hypothekenschulden, Fuhrpark, Postbankguthaben, Ladenausstattung.

646754L

10 Der Einzelhandel Heimwerkerbedarf GmbH, Frankfurt, hat die unten stehenden Inven
A turbestände ermittelt. Erstellen Sie das Inventar.

Bebaute Grundstücke (Verwaltungsgebäude 400.000,00 €; Verkaufsraum I 200.000,00 €; Verkaufsraum II 230.000,00 €); Ladenausstattung lt. besonderem Verzeichnis 140.000,00 €; Kassensysteme lt. besonderem Verzeichnis 130.000,00 €; Warenvorräte (Holzartikel lt. besonderem Verzeichnis 648.990,00 €; Werkzeuge lt. besonderem Verzeichnis 320.000,00 €; Kleinmaterialien lt. besonderem Verzeichnis 180.000,00 €); Forderungen (Kunde U. Fielers 780,00 €; Kunde A. Mehlert 640,00 €; Kunde J. Kretzer 590,00 €); Kassenbestand 8.200,00 €; Bankguthaben (Stadtsparkasse Frankfurt 111.000,00 €; Frankfurter Volksbank 98.000,00 €); Hypothekenschulden bei der Frankfurter Volksbank 480.000,00 €; Darlehensschulden (Stadtsparkasse Frankfurt 350.000,00 €; Frankfurter Volksbank 260.000,00 €); Verbindlichkeiten (Lieferer Yildiz OHG 92.000,00 €; Lieferer Eitner KG 61.000,00 €; Lieferer Goll GmbH 48.000,00 €).

11 Der Möbeleinzelhandel Mobilia GmbH, München, hat die unten stehenden Inventur
A bestände ermittelt.

a) Ordnen Sie die unten stehenden Inventarpositionen nach den Gliederungskriterien des Inventars.

b) Erstellen Sie das Inventar.

Kassenbestand 14.000,00 €, Ladenausstattung lt. besonderem Verzeichnis 138.000,00 €; Hypothekenschulden bei der Deutschen Bank 730.000,00 €; Warenvorräte (Polstermöbel lt. besonderem Verzeichnis 850.000,00 €; Schränke lt. besonderem Verzeichnis 735.000,00 €; Tische lt. besonderem Verzeichnis 650.000,00 €; Betten lt. besonderem Verzeichnis 430.000,00 €; Stühle lt. besonderem Verzeichnis 120.000,00 €); bebaute Grundstücke (Verwaltungsgebäude 600.000,00 €; Verkaufsräume 400.000,00 €); Darlehensschulden (Deutsche Bank 650.000,00 €; Dresdner Bank 620.000,00 €); Fuhrpark (4 Lkw 190.000,00 €; 1 Pkw 16.000,00 €); Verbindlichkeiten (Lieferer Warda OHG 280.000,00 €; Lieferer Schulz KG 197.000,00 €; Lieferer Biskup GmbH 167.000,00 €; Lieferer Schenk KG 155.000,00 €); Forderungen (Kunde R. Richter 25.000,00 €; Kunde R. Engelke 18.000,00 €); Bankguthaben (Deutsche Bank 102.000,00 €; Dresdner Bank 96.000,00 €).

12 Die Teppicheinzelhandlung Seifert KG, Lübeck, macht eine zeitlich verlegte Inventur.

a) Die körperliche Bestandsaufnahme nach Art, Menge und Wert erfolgt am 20. Oktober .. (Abschlussjahr).

Wertmäßig werden folgende Warenbestände festgestellt:

Perserteppiche	650.000,00 €
inländische Teppiche	228.000,00 €

In der Zeit bis zum Abschluss-Stichtag sind folgende Bestandsveränderungen zu verzeichnen:

Perserteppiche

Einkäufe	58.000,00 €
Verkäufe	93.000,00 €

inländische Teppiche

Einkäufe	87.000,00 €
Verkäufe	71.000,00 €

Ermitteln Sie die Inventurbestände zum Abschluss-Stichtag.

b) Die körperliche Bestandsaufnahme nach Art, Menge und Wert erfolgt am 5. Februar .. (Folgejahr).

Wertmäßig werden folgende Warenbestände festgestellt:

Perserteppiche	590.000,00 €
inländische Teppiche	254.000,00 €

In der Zeit vom Abschluss-Stichtag bis zum Inventurtag sind folgende Bestandsveränderungen zu verzeichnen:

Perserteppiche

Einkäufe	61.000,00 €
Verkäufe	47.000,00 €

inländische Teppiche

Einkäufe	72.000,00 €
Verkäufe	55.000,00 €

Ermitteln Sie die Inventurbestände zum Abschluss-Stichtag.

2.3.3 Erfolgsermittlung durch Eigenkapitalvergleich

Der Vergleich des Eigenkapitals am Anfang des Jahres mit dem Eigenkapital am Ende des Jahres zeigt an, ob ein **Gewinn** oder ein **Verlust** erzielt wurde.

Beispiel

	Fall 1 €	Fall 2 €
Eigenkapital am Ende des Jahres	500.000,00	500.000,00
– Eigenkapital am Anfang des Jahres	400.000,00	560.000,00
Eigenkapitalmehrung = Gewinn	+ 100.000,00	
Eigenkapitalminderung = Verlust		– 60.000,00

Eine Eigenkapitalveränderung wird auch durch **Privatentnahmen** und **Privateinlagen** hervorgerufen.

Bringt der Unternehmer Vermögensgegenstände (z. B. Geld, Auto, PC) in den Betrieb ein, so spricht man von einer **Privateinlage**. Eine Privateinlage führt zu einer **Eigenkapitalmehrung**.

Entnimmt der Unternehmer dem Betrieb Vermögensgegenstände (z. B. Geld, Waren), so liegt eine **Privatentnahme** vor. Diese führt zu einer **Eigenkapitalminderung**.

Soll der reine Unternehmenserfolg (Gewinn oder Verlust) ermittelt werden, so müssen Privateinlagen von der Eigenkapitalveränderung abgezogen und Privatentnahmen müssen zur Eigenkapitalveränderung hinzuaddiert werden.

Beispiel

Eigenkapital am Ende des Geschäftsjahres	1.000.000,00 €
– Eigenkapital am Anfang des Geschäftsjahres	800.000,00 €
Eigenkapitalmehrung	200.000,00 €
– Privateinlagen während des Geschäftsjahres	10.000,00 €
+ Privatentnahmen während des Geschäftsjahres	80.000,00 €
Gewinn	270.000,00 €

646756L

1. Das Inventar des Textileinzelhandels Konrad Fied KG, Hannover, weist am Geschäftsjahresanfang ein Eigenkapital von 980.000,00 € aus. Am Geschäftsjahresende ergibt sich aus dem Inventar ein Eigenkapital von 1.030.000,00 €. Während des Geschäftsjahres hat Herr Fied der Unternehmung 90.000,00 € entnommen. Ermitteln Sie den Erfolg (Gewinn oder Verlust) des Unternehmens.

2. Am Geschäftsjahresanfang beträgt das Eigenkapital eines Handelsbetriebes 250.000,00 €. Durch Inventur werden am Geschäftsjahresende eine Vermögenssumme von 470.000,00 € und eine Schuldensumme von 320.000,00 € ermittelt. Dem Betrieb wurden während des Geschäftsjahres 80.000,00 € entnommen. Wie hoch ist der Erfolg (Gewinn oder Verlust) des Handelsbetriebes?

3. Werte am **Geschäftsjahresanfang**

   Summe des Vermögens . . . . 680.000,00 €
   Summe der Schulden . . . . 410.000,00 €
   Privateinlagen . . . . 30.000,00 €
   Privatentnahmen . . . . 110.000,00 €

   Werte am **Geschäftsjahresende**

   Summe des Vermögens . . . . 770.000,00 €
   Summe der Schulden . . . . 440.000,00 €
   Errechnen Sie den Gewinn bzw. Verlust.

2.4 Bilanz

Inventare liefern Detailinformationen über Menge, Art und Wert aller Vermögensteile und Schulden. Sie haben den Nachteil aufgrund ihrer Ausführlichkeit unübersichtlich zu sein. Aus diesem Grund schreibt § 242 Abs. 1 HGB dem Kaufmann vor, neben dem Inventar eine Bilanz aufzustellen.

Eine Bilanz ist ein kurz gefasstes Inventar.

Die folgende Tabelle stellt die Unterschiede zwischen einer Bilanz und einem Inventar heraus:

	Inventar	Bilanz
Umfang	Einzelpositionen und Hauptpositionen	Hauptpositionen
Maßangabe	Mengen- und Wertangabe	Wertangabe
äußere Form	Anordnung der Positionen untereinander (Staffelform)	Anordnung von Vermögen[1] und Kapital[1] nebeneinander (Kontenform)

In der Bilanz werden Vermögen und Kapital gegenübergestellt. Das Vermögen (= Mittelverwendung) steht auf der linken Seite der Bilanz und wird als **Aktiva** bezeichnet. Das Kapital (= Mittelherkunft) steht auf der rechten Seite der Bilanz und wird als **Passiva** bezeichnet.

Da Vermögen und Kapital gleich groß sind,[1] müssen die Summen der **Aktivseite** und der **Passivseite** zwingend identisch sein. Aus der Gleichheit von Aktiva (Vermögen) und Passiva (Kapital) ist der Begriff Bilanz abgeleitet (italienisch: bilancia = Waage).

---

1 vgl. Kapitel 2.2

Ebenso wie im Inventar wird in der Bilanz das Vermögen in Anlagevermögen und Umlaufvermögen untergliedert. Die Anordnung der einzelnen Vermögenspositionen erfolgt nach **steigender Liquidität**[1]. Das Kapital untergliedert sich in Eigenkapital und Schulden. Die Anordnung der einzelnen Kapitalpositionen wird nach **steigender Dringlichkeit (Fälligkeit)** der Schuld[1] vorgenommen.

Beispiel

Aktiva	Bilanz zum 31. Dezember ..		Passiva
A. Anlagevermögen		A. Eigenkapital	884.300,00
1. Gebäude	650.000,00	B. Schulden	
2. Ladenausstattung	180.000,00	1. Hypotheken	525.000,00
3. Kassensysteme	124.000,00	2. Darlehen	245.000,00
B. Umlaufvermögen		3. Verbindl. a. LL[2]	169.300,00
1. Waren	720.002,00		
2. Ford. a. LL[2]	798,00		
3. Kasse	5.900,00		
4. Kreditinstitute	142.900,00		
	1.823.600,00		1.823.600,00

Hannover, 5. Januar ..

Fied

Wie die Bilanz aufzustellen ist, ergibt sich aus einer Reihe handelsrechtlicher Vorschriften:

HGB	Vorschrift
§ 243 Abs. 1, 2	Der Jahresabschluss ist nach den Grundsätzen ordnungsmäßiger Buchführung aufzustellen. Er muss klar und übersichtlich sein.
§ 244	Der Jahresabschluss ist in deutscher Sprache und in Euro[3] aufzustellen.
§ 245	Der Jahresabschluss ist vom Kaufmann unter Angabe des Datums zu unterzeichnen. Sind mehrere persönlich haftende Gesellschafter vorhanden, so haben sie alle zu unterzeichnen.
§ 247 Abs. 1	Nur für Einzelkaufleute und Personengesellschaften (z. B. OHG, KG): In der Bilanz sind das Anlage- und das Umlaufvermögen, das Eigenkapital, die Schulden sowie die Rechnungsabgrenzungsposten gesondert auszuweisen und hinreichend aufzugliedern.
§ 266 Abs. 1, 2, 3	Nur für Kapitalgesellschaften (z. B. AG, GmbH): Siehe Rückseite des Kontenrahmens. (Obwohl § 266 HGB sich nur auf Kapitalgesellschaften bezieht, ist das in diesem Paragrafen vorgegebene Bilanzschema grundsätzlich als ordnungsmäßige Bilanzgliederung anzusehen.)
§ 257 Abs. 4, 5	Bilanzen sind zehn Jahre aufzubewahren. Die Aufbewahrungsfrist beginnt mit dem Schluss des Kalenderjahres.

1 Vereinfachte Aussage, vgl. § 247 HGB bzw. § 266 HGB.   2 a. LL = aus Lieferungen und Leistungen
3 Vom 1. Jan. 1999 bis 31. Dez. 2001 existiert der Euro ausschließlich als Buchgeld. In dieser Übergangsphase haben die Unternehmen das Wahlrecht, in Euro oder in € zu bilanzieren (Artikel 42 Einführungsgesetz zum HGB). Nach dem 31. Dez. 2001 muss in Euro bilanziert werden.

646758L

Schaubild

Aktiva	**Bilanz**	Passiva

gegliedert nach steigender Liquidität

A. Anlagevermögen	A. Eigenkapital
B. Umlaufvermögen	B. Schulden

gegliedert nach steigender Fälligkeit

Summe Vermögen = **Summe Kapital**

Merksätze

1. Die Bilanz wird aufgrund des Inventars erstellt. Sie ist ein kurz gefasstes Inventar.
2. In der Bilanz werden Vermögen (= Aktiva) und Kapital (= Passiva) gegenübergestellt.
3. Einzelkaufleute und Personengesellschaften (z. B. OHG, KG) haben in der Bilanz das Anlage- und das Umlaufvermögen, das Eigenkapital und die Schulden gesondert auszuweisen und hinreichend aufzugliedern (§ 247 Abs. 1 HGB).
4. Kapitalgesellschaften (z. B. AG, GmbH) ist die Bilanzgliederung handelsrechtlich detailliert vorgeschrieben (vgl. § 266 Abs. 1, 2, 3 HGB).
5. Bilanzen sind zehn Jahre aufzubewahren.

Aufgaben

1 Stellen Sie die Unterschiede zwischen einer Bilanz und einem Inventar heraus.

2 Welche Fehler enthält die unten stehende Bilanz? Erstellen Sie eine korrekte Bilanz.

Ⓐ
Aktiva	**Bilanz zum 31. Dezember ..**		Passiva
A. Eigenkapital	568.000,00	A. Umlaufvermögen	
B. Schulden		1. Gebäude	580.000,00
1. Hypotheken	410.000,00	2. Ladenausstattung	145.000,00
2. Darlehen	250.000,00	3. Kassensysteme	120.000,00
3. Verb. a. LL	118.000,00	B. Anlagevermögen	
		1. Waren	429.370,00
		2. Ford. a. LL	1.630,00
		3. Kasse	18.000,00
		4. Kreditinstitute	52.000,00
	1.346.000,00		1.346.000,00

Hannover, 31. Dezember ..

i. V. Wouthe

3 Erstellen Sie aus den Inventaren der Aufgaben 10 und 11 des Kapitels „2.3 Inventur und Inventar" die entsprechenden Bilanzen.

4 Erstellen Sie aufgrund der unten stehenden Angaben eine Bilanz.

	a)	b)
Gebäude	680.000,00	720.000,00
Ladenausstattung	162.000,00	198.000,00
Kassensysteme	145.000,00	171.000,00
Waren	497.220,00	513.870,00
Forderungen a. LL	1.780,00	1.130,00
Kasse	11.000,00	9.000,00
Kreditinstitute	178.000,00	81.000,00
Hypotheken	585.000,00	630.000,00
Darlehen	320.000,00	380.000,00
Verbindlichkeiten a. LL	251.000,00	349.000,00

5 Ordnen Sie die unten stehenden Bilanzpositionen nach den Gliederungskriterien der Bilanz. Erstellen Sie die Bilanz.

	a)	b)
Hypotheken	480.000,00	50.000,00
Kreditinstitute	0,00	135.000,00
Bebaute Grundstücke	610.000,00	200.000,00
Waren	521.070,00	422.670,00
Verbindlichkeiten a. LL	287.000,00	180.000,00
Forderungen a. LL	1.930,00	1.330,00
Postbank	98.000,00	0,00
Ladenausstattung	230.000,00	189.000,00
Darlehen	251.000,00	190.000,00
Kassensysteme	163.000,00	138.000,00

6 Welche Aussagen sind richtig bzw. falsch? Begründen Sie Ihre Meinung.

1. Bilanzen sind zwölf Jahre und Inventare acht Jahre aufzubewahren.
2. Ein Inventar enthält detailliertere Angaben als eine Bilanz.
3. Das Vermögen wird in der Bilanz als Passiva bezeichnet.
4. Auf der Aktivseite steht die Position Waren über der Position Geschäftsausstattung.
5. In der Bilanz stehen Mengen- und Wertangaben.
6. In der Bilanz werden Vermögen und Kapital in Kontenform gegenübergestellt.
7. Die rechte Seite der Bilanz ist die Aktivseite.
8. Bilanzen können von Prokuristen unterschrieben werden.

646760L

2.5 Das System der doppelten Buchführung

2.5.1 Die vier Möglichkeiten der Bilanzveränderung

Die Bilanz verändert sich durch Geschäftsfälle. Da Vermögen (Aktiva) und Kapital (Passiva) zwingend gleich groß sind, bleibt dabei das Bilanzgleichgewicht gewahrt.

Man unterscheidet grundsätzlich vier Möglichkeiten der Bilanzveränderung.

Aktivtausch, Passivtausch, Aktiv-Passiv-Mehrung, Aktiv-Passiv-Minderung.

Beispiel

Am Anfang des Geschäftsjahres stellt der Textileinzelhandel Konrad Fied KG folgende Ausgangsbilanz auf:

Aktiva	Ausgangsbilanz	Passiva	
Ladenausstattung	183.000,00	Eigenkapital	169.000,00
Waren	110.000,00	Darlehen	155.000,00
Kasse	18.000,00	Verbindlichkeiten a. LL	19.000,00
Kreditinstitute	32.000,00		
	343.000,00		343.000,00

Geschäftsfall 1: Der Textileinzelhandel Konrad Fied KG kauft Verkaufseinrichtungen bar für 10.000,00 €. Die Ausgangsbilanz ändert sich folgendermaßen:

Aktiva	Bilanz 1	Passiva	
Ladenausstattung	193.000,00	Eigenkapital	169.000,00
Waren	110.000,00	Darlehen	155.000,00
Kasse	8.000,00	Verbindlichkeiten a. LL	19.000,00
Kreditinstitute	32.000,00		
	343.000,00		343.000,00

Durch den Kauf der Verkaufseinrichtungen wächst die Position Ladenausstattung um **10.000,00 €** auf **193.000,00 €**. Die Kasse vermindert sich im selben Maß auf **8.000,00 €**.

Da ein Werttausch lediglich auf der Aktivseite der Bilanz stattfindet, bezeichnet man diese Bilanzveränderung als **Aktivtausch.**

Geschäftsfall 2: Verbindlichkeiten a. LL beim Lieferer in Höhe von 8.000,00 € werden in langfristige Darlehensschulden umgewandelt.
Die Bilanz 1 ändert sich folgendermaßen:

Aktiva	Bilanz 2	Passiva	
Ladenausstattung	193.000,00	Eigenkapital	169.000,00
Waren	110.000,00	Darlehen	163.000,00
Kasse	8.000,00	Verbindlichkeiten a. LL	11.000,00
Kreditinstitute	32.000,00		
	343.000,00		343.000,00

Die Darlehensschulden wachsen um **8.000,00 €** auf **163.000,00 €** und die Verbindlichkeiten a. LL vermindern sich um denselben Betrag auf **11.000,00 €**.

In diesem Fall findet ein Werttausch auf der Passivseite der Bilanz statt. Man spricht von einem **Passivtausch.**

Geschäftsfall 3: Der Textileinzelhandel Konrad Fied KG kauft Waren auf Ziel für 6.300,00 €.

Die Bilanz 2 ändert sich folgendermaßen:

Aktiva	Bilanz 3		Passiva
Ladenausstattung	193.000,00	Eigenkapital	169.000,00
Waren	116.300,00	Darlehen	163.000,00
Kasse	8.000,00	Verbindlichkeiten a. LL	17.300,00
Kreditinstitute	32.000,00		
	349.300,00		349.300,00

Der Warenbestand erhöht sich um **6.300,00 €** auf **116.300,00 €**. Um denselben Betrag steigen die Verbindlichkeiten a. LL auf **17.300,00 €**.

Da sich Positionen der Aktivseite und der Passivseite mehren, nennt man diese Bilanzveränderungen **Aktiv-Passiv-Mehrung.**

Geschäftsfall 4: Der Textileinzelhandel Konrad Fied KG begleicht Liefererverbindlichkeiten in Höhe von 5.500,00 € durch Banküberweisung.

Die Bilanz 3 ändert sich folgendermaßen:

Aktiva	Bilanz 4		Passiva
Ladenausstattung	193.000,00	Eigenkapital	169.000,00
Waren	116.300,00	Darlehen	163.000,00
Kasse	8.000,00	Verbindlichkeiten a. LL	11.800,00
Kreditinstitute	26.500,00		
	343.800,00		343.800,00

Das Bankguthaben mindert sich um **5.500,00 €** auf **26.500,00 €**. Die Verbindlichkeiten a. LL sinken im selben Maß auf **11.800,00 €**.

Positionen der Aktivseite und der Passivseite mindern sich. Man spricht von einer **Aktiv-Passiv-Minderung.**

Zusammenfassung

Schaubild

1. Aktivtausch

Aktiva	Bilanz	Passiva
Mehrung einer Position	+	
Minderung einer Position	−	

2. Passivtausch

Aktiva	Bilanz	Passiva
		Mehrung einer Position +
		Minderung einer Position −

3. Aktiv-Passiv-Mehrung

Aktiva	Bilanz	Passiva
Mehrung einer Position +	Mehrung einer Position +	

4. Aktiv-Passiv-Minderung

Aktiva	Bilanz	Passiva
Minderung einer Position −	Minderung einer Position −	

Merksatz

> Die Gleichheit von Aktiva (Vermögen) und Passiva (Kapital) wird durch Bilanzveränderungen nicht beeinträchtigt.

646762L

1 Nennen Sie
a) zum Aktivtausch,
b) zum Passivtausch,
c) zur Aktiv-Passiv-Mehrung und
d) zur Aktiv-Passiv-Minderung
je zwei Beispiele.

2 Geben Sie zu den unten stehenden Geschäftsfällen an,
a) welche Bilanzpositionen berührt werden,
b) ob eine Minderung oder Mehrung der jeweiligen Bilanzposition bewirkt wird und
c) welche Art der Bilanzveränderung vorliegt.
  1. Ein Kunde begleicht unsere Forderung a. LL durch Postbanküberweisung.
  2. Wir zahlen ein Darlehen durch Banküberweisung zurück.
  3. Wir zahlen Bargeld auf unser Bankkonto ein.
  4. Wir wandeln ein Darlehen in eine Hypothek um.
  5. Wir kaufen Waren auf Ziel.
  6. Wir heben Geld von unserem Postbankkonto ab.
  7. Wir verkaufen Waren bar.
  8. Wir begleichen Liefererverbindlichkeiten durch Banküberweisung.
  9. Wir wandeln eine Liefererverbindlichkeit in ein Darlehen um.
  10. Wir verkaufen eine gebrauchte Computerkasse bar.

3 Erstellen Sie nach den folgenden Angaben die Bilanz.

Ⓐ Kassensysteme 78.000,00 €; Waren 110.000,00 €; Forderungen a. LL 10.000,00 €; Kasse 9.000,00 €; Postbank 14.000,00 €; Kreditinstitute 16.000,00 €; Eigenkapital ?; Darlehen 40.000,00 €; Verbindlichkeiten a. LL 19.000,00 €.
a) Erstellen Sie nach jedem der folgenden Geschäftsfälle die neue Bilanz.
b) Geben Sie zu jedem Geschäftsfall an, welche Möglichkeit der Bilanzveränderung vorliegt.
  1. Verkauf einer gebrauchten Computerkasse bar . . . . 450,00 €
  2. Wareneinkauf auf Ziel . . . . 6.500,00 €
  3. Warenverkauf auf Ziel . . . . 8.100,00 €
  4. Tilgung eines Darlehens durch Banküberweisung . . . . 4.500,00 €
  5. Überweisung vom Postbankkonto auf das Bankkonto . . . . 5.000,00 €

4 Erstellen Sie nach den folgenden Angaben die Bilanz.

Ⓐ Bebaute Grundstücke 250.000,00 €; Ladenausstattung 80.000,00 €; Waren 115.000,00 €; Forderungen a. LL 11.000,00 €; Kasse 10.000,00 €; Kreditinstitute 17.000,00 €; Eigenkapital ?; Hypotheken 120.000,00 €; Darlehen 38.000,00 €; Verbindlichkeiten a. LL 20.000,00 €.
a) Erstellen Sie nach jedem der folgenden Geschäftsfälle die neue Bilanz.
b) Geben Sie zu jedem Geschäftsfall an, welche Möglichkeit der Bilanzveränderung vorliegt.
  1. Umwandlung einer Darlehensschuld in eine Hypothek . . . . 16.000,00 €
  2. Kunde begleicht Rechnung durch Banküberweisung . . . . 3.600,00 €
  3. Wir begleichen Liefererrechnung durch Banküberweisung . . . . . . 3.000,00 €
  4. Wir wandeln kurzfristige Liefererschulden
     in eine langfristige Darlehensschuld um . . . . 8.500,00 €
  5. Wir tilgen eine Hypothekenschuld durch Banküberweisung . . . . . 7.000,00 €

2.5.2 Von der Eröffnung der Bestandskonten bis zum Abschluss der Bestandskonten

Jeder Geschäftsfall ändert die Bilanz. Nach jedem Geschäftsfall eine neue Bilanz zu erstellen, wäre ein zu aufwändiges Verfahren. Man löst daher die Bilanz in einzelne Verrechnungsstellen, so genannte Konten, auf.

Für jeden Bilanzposten wird ein Konto geführt.

Aus der Aktivseite der Bilanz werden die **„aktiven Bestandskonten"** (oder auch **„Aktivkonten"**) abgeleitet, aus der Passivseite der Bilanz die **„passiven Bestandskonten"** (oder auch **„Passivkonten"**).

1. Erstellen der Bilanz am Geschäftsjahresanfang

Zum Geschäftsjahresanfang wird aufgrund der Inventurwerte die Bilanz erstellt. Die Inventurwerte sind zugleich die Anfangsbestände der aktiven und passiven Bestandskonten.

Schemadarstellung

Aktiva	Bilanz[1]	Passiva
Inventurwerte	Inventurwerte	
= Anfangsbestände der aktiven Bestandskonten	= Anfangsbestände der passiven Bestandskonten	

Beispiel

A	Bilanz		P
Ladenausstattung	40.000,00	Eigenkapital	50.000,00
Waren	20.000,00	Darlehen	30.000,00
Kasse	10.000,00	Verbindl. a. LL	5.000,00
Kreditinstitute	15.000,00		
	85.000,00		85.000,00

Aus der Bilanz werden die Anfangsbestände auf die aktiven und passiven Bestandskonten vorgetragen.

Dabei trägt man die Anfangsbestände der **aktiven Bestandskonten** auf der **linken Kontoseite,** genannt **Sollseite (S),** ein. Begründung: Die Anfangsbestände der aktiven Bestandskonten stehen in der Bilanz auch auf der linken Seite.

Entsprechend werden die Anfangsbestände der **passiven Bestandskonten** auf der **rechten Kontoseite,** genannt **Habenseite (H),** vorgetragen.

2. Übertragen der Anfangsbestände auf die Bestandskonten am Geschäftsjahresanfang

Schemadarstellung

Soll	aktives Bestandsk.	Haben
Anfangsbestand		

Soll	passives Bestandsk.	Haben
		Anfangsbestand

Beispiel

S	Waren	H
AB	20.000,00	

S	Verbindl. a. LL	H
		AB	5.000,00

---

1 Ab Kapitel 2.5.4 wird die Bilanz durch das Eröffnungsbilanzkonto bzw. durch das Schlussbilanzkonto ersetzt.

646764L

Die Geschäftsfälle, die während der Rechnungsperiode anfallen, mehren oder mindern die Anfangsbestände der aktiven und passiven Bestandskonten.

Bestandsmehrungen werden auf aktiven Bestandskonten im Soll, auf passiven Bestandskonten im Haben gebucht.

Schemadarstellung

Soll	aktives Bestandsk.	Haben
Anfangsbestand		
+ Bestands- mehrung		

Soll	passives Bestandsk.	Haben
		Anfangsbestand
		+ Bestands- mehrung

Beispiel

Wareneinkauf auf Ziel 3.000,00 €. (Es ist eine **Bestandsmehrung** sowohl auf dem aktiven Bestandskonto „Waren" als auch auf dem passiven Bestandskonto „Verbindlichkeiten a. LL" zu buchen.)

S	Waren		H
AB	20.000,00		
Verb.	3.000,00		

S	Verbindl. a. LL		H
		AB	5.000,00
		Waren	3.000,00

Vor die gebuchten Beträge werden die Gegenkonten eingetragen, um die Gegenbuchungen kenntlich zu machen.

Bestandsminderungen werden auf aktiven Bestandskonten im Haben, auf passiven Bestandskonten im Soll gebucht.

Schemadarstellung

Soll	aktives Bestandsk.	Haben
Anfangsbestand		− Bestands- minderung
+ Bestands- mehrung		

Soll	passives Bestandsk.	Haben
− Bestands- minderung		Anfangsbestand
		+ Bestands- mehrung

Beispiel

Tilgung eines Darlehens durch Banküberweisung 4.000,00 €. (Es ist eine **Bestandsminderung** sowohl auf dem aktiven Bestandskonto „Kreditinstitute" als auch auf dem passiven Bestandskonto „Darlehen" zu buchen.)

S	Kreditinstitute		H
AB	15.000,00	Darl.	4.000,00

S	Darlehen		H
KI	4.000,00	AB	30.000,00

3. Buchen der Geschäftsfälle im Laufe des Geschäftsjahres

Am Geschäftsjahresende ergeben sich aus den Anfangsbeständen, den Bestandsmehrungen und den Bestandsminderungen die Schlussbestände. Diese werden rechnerisch wie folgt ermittelt:

$$\textbf{Anfangs-} + \textbf{Bestands-} - \textbf{Bestands-} = \textbf{Schluss-}$$
$$\textbf{bestand} \quad \textbf{mehrungen} \quad \textbf{minderungen} \quad \textbf{bestand}$$

Auf aktiven Bestandskonten werden die Schlussbestände im Haben, auf passiven Bestandskonten im Soll gebucht.

Schemadarstellung

Soll	**aktives Bestandsk.**	Haben
Anfangsbestand + Bestands- mehrung		– Bestands- minderung = Schluss- bestand

Soll	**passives Bestandsk.**	Haben
– Bestands- minderung = Schluss- bestand		Anfangsbestand + Bestands- mehrung

Beispiel

S		Waren		H
AB	20.000,00	–		5.000,00
+	3.000,00	SB		22.000,00
+	4.000,00			
	27.000,00			27.000,00

S		Verbindl. a. LL		H
–		6.000,00	AB	5.000,00
SB	10.000,00		+	3.000,00
			+	8.000,00
	16.000,00			16.000,00

4. Abschluss der Bestandskonten mit Ermittlung der Schlussbestände am Geschäftsjahresende

Beim Kontoabschluss wird in folgender Reihenfolge vorgegangen:

❶ Die Buchstaben SB für Schlussbestand werden auf die entsprechende Kontoseite eingetragen.

❷ Die Kontoseite, auf der der Anfangsbestand und die Bestandsmehrungen gebucht sind, wird addiert.

❸ Die Kontensumme wird auf die andere Kontenseite übertragen.

❹ Der Schlussbestand wird als Differenz (= Saldo) auf der wertmäßig schwächeren Kontoseite ermittelt.

❺ Falls sich ein Leerraum auf einer Kontoseite ergibt, so wird dieser durch einen Schrägstrich, die sog. Buchhalternase, entwertet.

Beispiel

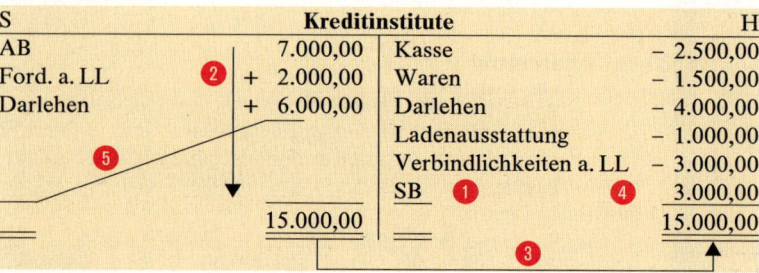

S		Kreditinstitute		H
AB	7.000,00	Kasse	–	2.500,00
Ford. a. LL	❷ + 2.000,00	Waren	–	1.500,00
Darlehen	+ 6.000,00	Darlehen	–	4.000,00
		Ladenausstattung	–	1.000,00
❺		Verbindlichkeiten a. LL	–	3.000,00
		SB ❶	❹	3.000,00
	15.000,00			15.000,00

646766L

Mit den ermittelten Schlussbeständen wird am Geschäftsjahresende die Bilanz erstellt.

Beide Seiten der Bilanz müssen in der Summe identisch sein, da Vermögen (Aktiva) und Kapital (Passiva) gleich groß sind.[1]

5. Erstellen der Bilanz am Geschäftsjahresende

Schemadarstellung

Aktiva	Bilanz	Passiva
Schlussbestände der aktiven Bestandskonten	Schlussbestände der passiven Bestandskonten	

Beispiel

A		Bilanz		P
Ladenausstattung	42.000,00	Eigenkapital		50.000,00
Waren	22.000,00	Darlehen		28.000,00
Kasse	6.000,00	Verbindlichkeiten a. LL		10.000,00
Kreditinstitute	18.000,00			
	88.000,00			88.000,00

Zusammenfassung

Schaubild

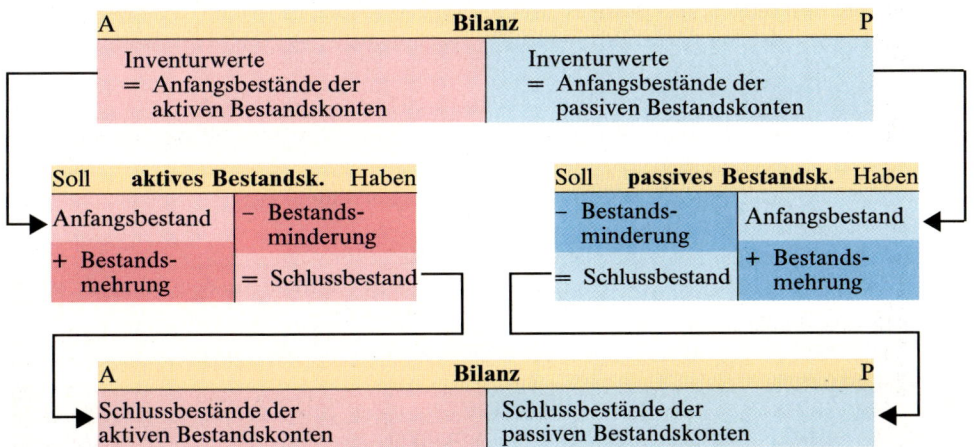

---

1 vgl. Kapitel 2.2

Merksätze

1. Aktive Bestandskonten werden aus der Aktivseite der Bilanz abgeleitet. Passive Bestandskonten werden aus der Passivseite der Bilanz abgeleitet.

2. Auf aktiven Bestandskonten werden die Anfangsbestände im Soll gebucht. Auf passiven Bestandskonten werden die Anfangsbestände im Haben gebucht.

3. Auf aktiven Bestandskonten wird die Bestandsmehrung im Soll, die Bestandsminderung im Haben gebucht. Auf passiven Bestandskonten wird die Bestandsmehrung im Haben, die Bestandsminderung im Soll gebucht.

4. Auf aktiven Bestandskonten werden die Schlussbestände im Haben ermittelt. Auf passiven Bestandskonten werden die Schlussbestände im Soll ermittelt.

5. Die Schlussbestände der aktiven Bestandskonten werden auf der Aktivseite der Bilanz gegengebucht. Die Schlussbestände der passiven Bestandskonten werden auf der Passivseite der Bilanz gegengebucht.

Aufgaben

Aufgaben 1 und 2: Regeln für das Buchen auf Bestandskonten;
Aufgabe 3: Führen eines aktiven Bestandskontos;
Aufgabe 4: Führen eines passiven Bestandskontos;
Aufgaben 5 bis 7: Geschäftsgänge;
Aufgaben 8 und 9: Deutung von Buchungen.

1 Geben Sie an, ob im Soll oder im Haben gebucht wird.
1. Der Anfangsbestand auf aktiven Bestandskonten.
2. Die Bestandsmehrung auf passiven Bestandskonten.
3. Die Bestandsminderung auf aktiven Bestandskonten.
4. Der Anfangsbestand auf passiven Bestandskonten.
5. Die Bestandsmehrung auf aktiven Bestandskonten.
6. Der Schlussbestand auf aktiven Bestandskonten.
7. Die Bestandsminderung auf passiven Bestandskonten.
8. Der Schlussbestand auf passiven Bestandskonten.

2 Übertragen Sie die unten stehenden Konten in Ihr Arbeitsheft und setzen Sie folgende
Ⓐ Wörter auf die (mit Fragezeichen versehenen) Zeilen ein.

aktives Bestandskonto, passives Bestandskonto, Anfangsbestand, Anfangsbestand, Bestandsminderung, Bestandsminderung, Bestandsmehrung, Schlussbestand.

S	?	H	S	?	H
?	?		?	?	
?	Schlussbestand		?	Bestandsmehrung	

3 Führen Sie das Konto „Kreditinstitute" (ohne Gegenkonten).
Ⓐ a) Tragen Sie den Anfangsbestand ein.
b) Buchen Sie die unten stehenden Geschäftsfälle.
c) Schließen Sie das Konto „Kreditinstitute" ab und ermitteln Sie den Schlussbestand.

Anfangsbestand €
Kreditinstitute 9.000,00

Geschäftsfälle €
1. Aufnahme eines Darlehens bei der Bank 6.000,00
2. Ausgleich einer Liefererrechnung durch Banküberweisung 3.000,00
3. Kauf einer Computerkasse gegen Bankscheck 3.000,00
4. Kunde überweist auf unser Bankkonto 2.000,00

646768L

5. Tilgung eines Darlehens durch Banküberweisung 4.000,00
6. Bareinzahlung auf Bankkonto 1.500,00
7. Barabhebung vom Bankkonto 2.500,00

4 Führen Sie das Verbindlichkeitenkonto (ohne Gegenkonten).

A a) Tragen Sie den Anfangsbestand ein.
b) Buchen Sie die unten stehenden Geschäftsfälle.
c) Schließen Sie das Verbindlichkeitenkonto ab und ermitteln Sie den Schlussbestand.

Anfangsbestand	€
Verbindlichkeiten a. LL	8.000,00

Geschäftsfälle	€
1. Zieleinkauf von Waren	3.000,00
2. Umwandlung einer Liefererschuld in eine Darlehensschuld	2.000,00
3. Ausgleich einer Liefererrechnung durch Banküberweisung	1.000,00
4. Zieleinkauf von Waren	1.500,00
5. Postbanküberweisung an einen Lieferer	2.500,00
6. Zieleinkauf von Waren	3.500,00

Der Weg von der Eröffnung der Bestandskonten bis zum Abschluss der Bestandskonten vollzieht sich in folgenden Schritten:

1. Erstellen der Bilanz aufgrund der Anfangsbestände (Inventurwerte).
2. Übertragen der Anfangsbestände auf die Bestandskonten.
3. Buchen der Geschäftsfälle.
4. Abschluss der Bestandskonten mit Ermittlung der Schlussbestände.
5. Erstellen der Bilanz aufgrund der Schlussbestände.

Erstellen Sie die Aufgaben 5–7 in diesen Ablaufschritten.

5

A

Anfangsbestände	€		€
Kassensysteme	115.000,00	Eigenkapital	?
Waren	92.000,00	Darlehensschulden	96.000,00
Kasse	30.000,00	Verbindlichkeiten a. LL	78.000,00
Kreditinstitute	67.000,00		

Geschäftsfälle	€
1. Zieleinkauf von Waren	12.000,00
2. Kauf eines Kassensystems gegen Bankscheck	21.000,00
3. Umwandlung einer Liefererschuld in eine Darlehensschuld	32.500,00
4. Barverkauf von Waren	3.000,00
5. Ausgleich einer Liefererrechnung durch Banküberweisung	11.500,00

6

A

Anfangsbestände	€		€
Ladenausstattung	120.000,00	Eigenkapital	?
Waren	162.000,00	Darlehensschulden	110.000,00
Kasse	12.000,00	Verbindlichkeiten a. LL	79.000,00
Kreditinstitute	55.000,00		

Geschäftsfälle	€
1. Kauf einer Ladeneinrichtung gegen Bankscheck	21.500,00
2. Zieleinkauf von Waren	12.000,00
3. Barverkauf gebrauchter Ladeneinrichtungsgegenstände	4.500,00
4. Umwandlung einer Liefererschuld in eine Darlehensschuld	11.000,00

		€
5. Bareinzahlung auf Bankkonto		2.500,00
6. Tilgung eines Darlehens durch Banküberweisung		2.000,00
7. Barverkauf von Waren		4.000,00
8. Ausgleich einer Liefererrechnung durch Banküberweisung		22.500,00

7
Ⓐ Anfangsbestände

	€		€
Bebaute Grundstücke	195.000,00	Kreditinstitute	38.000,00
Ladenausstattung	125.000,00	Eigenkapital	?
Waren	155.000,00	Hypothekenschulden	150.000,00
Forderungen a. LL	10.000,00	Darlehensschulden	115.000,00
Kasse	15.000,00	Verbindlichkeiten a. LL	72.000,00
Postbank	27.000,00		

Geschäftsfälle

		€
1. Überweisung vom Postbankkonto auf das Bankkonto		12.000,00
2. Barabhebung vom Bankkonto		1.500,00
3. Teilrückzahlung der Hypothekenschuld durch Banküberweisung		2.500,00
4. Kauf von Ladeneinrichtungsgegenständen gegen Bankscheck		9.500,00
5. Barverkauf von Waren		5.000,00
6. Zieleinkauf von Waren		8.500,00
7. Ausgleich einer Liefererrechnung durch Banküberweisung		7.000,00
8. Aufnahme eines Darlehens bei der Bank		15.000,00
9. Umwandlung eines Darlehens in eine Hypothek		24.000,00
10. Kunde begleicht unsere Rechnung durch Postbanküberweisung		9.500,00

8
9
a) Welche Geschäftsfälle liegen den Buchungen in den unten stehenden Konten zugrunde? (Die Gegenkonten sind aus Vereinfachungsgründen nicht vorgegeben.)
b) Geben Sie zu jeder Buchung an, welche Möglichkeit der Bilanzveränderung vorliegt.

8.

S		Postbank		H
AB	10.000,00	2. Kreditinstitute		4.000,00
1. Kasse	2.000,00	3. Darlehen		5.000,00
4. Forderungen a. LL	8.000,00	6. Ladenausstattung		1.500,00
5. Waren	1.000,00	7. Waren		2.500,00
8. Ladenausstattung	500,00	SB		8.500,00
	21.500,00			21.500,00

9.

S		Darlehen		H
2. Postbank	3.000,00	AB		12.000,00
4. Kreditinstitute	4.500,00	1. Kreditinstitute		5.000,00
SB	11.500,00	3. Verbindlichkeiten a. LL		2.000,00
	19.000,00			19.000,00

646770L

2.5.3 Der Buchungssatz

2.5.3.1 Der einfache Buchungssatz

Beim Geschäftsfall[1] „Wareneinkauf auf Ziel bei der Bernhard Müller OHG für 3.500,00 €" wird folgende Buchung vorgenommen:

Auf dem aktiven Bestandskonto Waren wird der Rechnungsbetrag von 3.500,00 € als Bestandsmehrung im Soll gebucht. Auf dem passiven Bestandskonto Verbindlichkeiten a. LL wird derselbe Betrag als Bestandsmehrung im Haben gebucht.

Eine derartige Ausdrucksweise für eine Buchungsanweisung ist zu ausführlich, zu wortreich. Man verwendet daher eine kurze eindeutige Form für die Buchungsanweisung, den so genannten **Buchungssatz**. Für den Buchungssatz gilt folgende Regel:

Zuerst wird das Konto aufgerufen, auf dem die Sollbuchung erfolgt, dann folgt das Wörtchen „an" und schließlich wird das im Haben berührte Konto genannt.

Für unseren oben genannten Zieleinkauf von Waren lautet demnach der Buchungssatz:

	Soll	Haben
Waren	3.500,00	
an Verbindlichkeiten a. LL		3.500,00

Bevor der Kaufmann die Geschäftsfälle auf den Konten bucht, erfasst er sie zunächst in Form von Buchungssätzen mit erklärendem Buchungstext im **Grundbuch (Journal)**:

Buchungstext	Soll	Haben
.	.	.
Waren an Verbindlichk. a. LL Wareneinkauf auf Ziel bei der B. Müller OHG	. 3.500,00	. 3.500,00
.		.

Im Grundbuch werden alle Geschäftsfälle in **zeitlicher (chronologischer) Reihenfolge** fortlaufend aufgezeichnet. Danach erfolgt die Buchung auf den Konten des **Hauptbuches**:

Konten				
S Waren H		S Verbindlichkeiten a. LL H		
AB 10.000,00			AB	8.000,00
Verb. a. LL 3.500,00			Waren	3.500,00
S ... H		S ... H		

Im Hauptbuch werden die Geschäftsfälle in **sachlicher (systematischer) Ordnung** auf Sachkonten erfasst.

---

1 Grundlage eines jeden Geschäftsfalles ist ein Beleg (vgl. Kapitel 2.14).

2.5.3.2 Der zusammengesetzte Buchungssatz

Werden durch einen Geschäftsfall mehr als zwei Konten berührt, so liegt ein **zusammengesetzter Buchungssatz** vor.

Beispiele

1. Geschäftsfall: Einkauf von Waren bei der Emut GmbH
   bar .... 1.000,00 €
   auf Ziel .... 2.000,00 € 3.000,00 €

2. Geschäftsfall: Verkauf einer gebrauchten Computerkasse
   bar .... 500,00 €
   auf Ziel .... 1.000,00 € 1.500,00 €

Grundbuch

Nr.	Buchungstext	Soll	Haben
1.	Waren	3.000,00	
	an Kasse		1.000,00
	an Verbindlichkeiten a. LL		2.000,00
	Wareneinkauf		
	bei der Emut GmbH		
2.	Kasse	500,00	
	Forderungen a. LL	1.000,00	
	an Kassensysteme		1.500,00
	Verkauf einer gebrauchten		
	Computerkasse		

Hauptbuch

S	Waren		H
AB	12.000,00		
1. Ka/Verb.	3.000,00		

S	Kasse		H
AB	4.000,00	1. Waren	1.000,00
2. Kassen-			
systeme	500,00		

S	Forderungen a. LL		H
AB	8.000,00		
2. Kassen-			
systeme	1.000,00		

S	Verbindlichkeiten a. LL		H
		AB	6.000,00
		1. Waren	2.000,00

S	Kassensysteme		H
AB	20.000,00	2. Ka/Ford.	1.500,00

Bei jedem Buchungssatz muss die Summe der im Soll gebuchten Beträge der Summe der im Haben gebuchten Beträge entsprechen.

646772L

Schaubild

| Geschäftsfall | → | z. B. Zieleinkauf von Waren bei der Emut GmbH 8.500,00 |

| Formulierung als Buchungssatz | ↘ | |

im **Soll** berührtes Konto — z. B. Waren 8.500,00

an im **Haben** berührtes Konto — an Verbindlichkeiten a. LL 8.500,00

Erfassung im Grundbuch

Nr.	Buchungstext	Soll	Haben
	.	.	.
	.	.	.
	.		
	Waren	8.500,00	
	an Verbindlichkeiten a. LL		8.500,00
	Zieleinkauf von Waren		
	bei der Emut GmbH		

(zeitliche [chronologische] Ordnung)

Niederschlag im Hauptbuch

S	Waren	H		S	Verbindlichkeiten a. LL	H
AB	...				AB	...
Verb. a. LL 8.500,00					Waren	8.500,00
S	...	H		S	...	H

(sachliche [systematische] Ordnung)

Merksätze

1. Ein Buchungssatz ist die sprachliche Kurzfassung eines Geschäftsfalles. Er definiert eindeutig eine vorzunehmende Buchung.
2. Der Buchungssatz nennt zuerst das im Soll berührte Konto, dann folgt das Wörtchen „an", und schließlich wird das im Haben berührte Konto aufgerufen.
3. Buchungssätze mit erklärendem Buchungstext werden zunächst im Grundbuch (Journal) in zeitlicher (chronologischer) Reihenfolge erfasst.
4. Nach der Erfassung im Grundbuch werden die Buchungen in sachlicher (systematischer) Ordnung auf den Sachkonten des Hauptbuches vorgenommen.

Aufgaben 1 bis 5: einfacher Buchungssatz;
Aufgaben 6 bis 8: zusammengesetzter Buchungssatz.

1 Richten Sie sich ein Grundbuch ein und buchen Sie darin folgende Geschäftsfälle:

1. Barverkauf eines gebrauchten Pkw	5.000,00 €
2. Zieleinkauf von Waren	3.500,00 €
3. Bareinzahlung auf Bankkonto	2.100,00 €
4. Barverkauf gebrauchter Ladeneinrichtungsgegenstände	300,00 €
5. Tilgung eines Darlehens durch Banküberweisung	4.800,00 €
6. Wir begleichen Liefererrechnung durch Banküberweisung	1.400,00 €
7. Kunde begleicht Rechnung durch Postbanküberweisung	3.900,00 €
8. Postbanküberweisung auf Bankkonto	3.800,00 €
9. Aufnahme eines Darlehens bei der Bank	6.300,00 €
10. Umwandlung einer Liefererschuld in eine Darlehensschuld	2.500,00 €
11. Kauf eines Autos gegen Bankscheck	18.000,00 €
12. Barabhebung vom Bankkonto	1.000,00 €
13. Barverkauf von Waren	500,00 €
14. Aufnahme einer Hypothek bei der Sparkasse	30.000,00 €
15. Barzahlung an einen Lieferer	1.200,00 €
16. Tilgung einer Hypothek durch Postbanküberweisung	2.000,00 €
17. Kauf einer Computerkasse gegen Bankscheck	1.500,00 €

2 Welche Geschäftsfälle liegen den folgenden Buchungssätzen zugrunde?

1. Waren an Verbindlichkeiten a. LL
2. Forderungen a. LL an Fuhrpark
3. Fuhrpark an Kreditinstitute
4. Kreditinstitute an Kasse
5. Langfr. Bankverb.[1] an Kreditinstitute
6. Verbindlichkeiten a. LL an Postbank
7. Kreditinstitute an Ladenausstattung
8. Verbindl. a. LL an Langfr. Bankverb.[1]
9. Kasse an Postbank
10. Kreditinstitute an Langfr. Bankverb.[1]
11. Kreditinstitute an Postbank
12. Postbank an Forderungen a. LL
13. Waren an Kasse
14. Ladenausstattung an Kasse
15. Kreditinstitute an Waren
16. Verb. a. LL an Kreditinstitute

3 Nennen Sie

a) die Buchungssätze,   b) die Geschäftsfälle, die den Buchungen 1.–7. zugrunde liegen.

S	Waren		H
AB	10.000,00	4. KI[2]	3.000,00
2. Verb.	2.500,00		

S	Kreditinstitute		H
AB	11.000,00	1. L.-Ausst.	1.000,00
4. Waren	3.000,00	3. L. BV[1]	3.000,00
7. L.-Ausst.	500,00	5. Verb.	2.500,00

S	Verbindlichkeiten a. LL		H
5. KI[2]	2.500,00	AB	8.000,00
6. L. BV[1]	3.500,00	2. Waren	2.500,00

S	Langfristige Bankverbindlichkeiten[1]		H
3. KI[2]	3.000,00	AB	12.000,00
		6. Verb.	3.500,00

S	Ladenausstattung		H
AB	22.500,00	7. KI[2]	500,00
1. KI[2]	1.000,00		

---

1 Langfristige Bankverbindlichkeiten (= Darlehens- oder Hypothekenschulden)
2 Kreditinstitute

646774L

4 Sie sind Angestellte(r) des Textileinzelhandels Konrad Fied KG, Goseriede 41, 30159 Hannover.

Die folgenden Belege liegen Ihnen zur Buchung vor.

a) Welche Geschäftsfälle liegen den Belegen zugrunde?

b) Nennen Sie die Buchungssätze.

Beleg 1

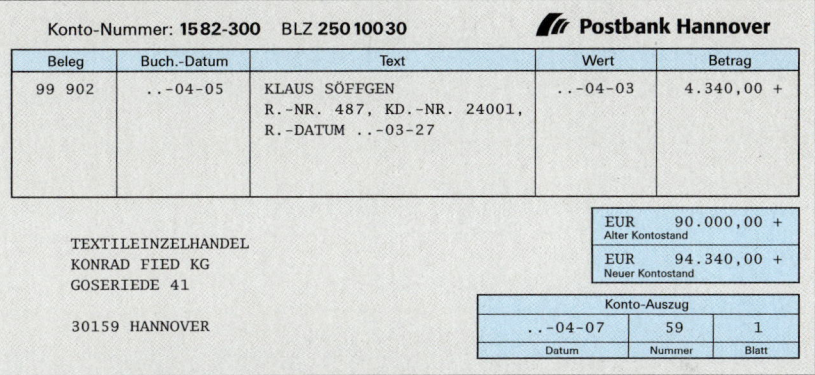

Beleg 2

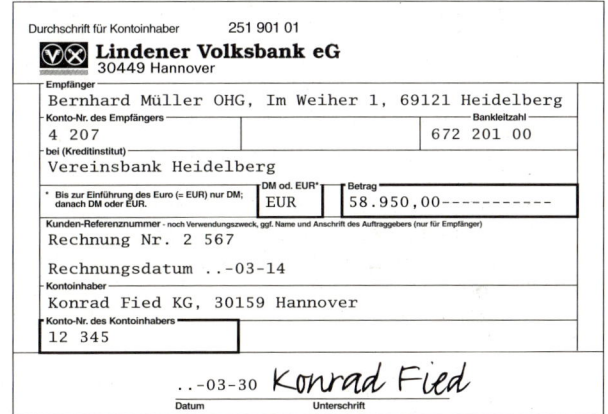

Beleg 3

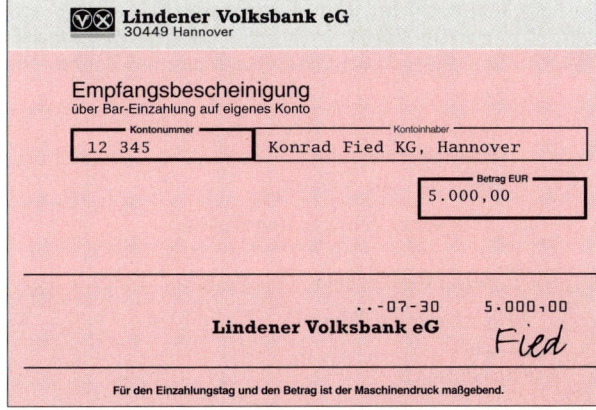

Beleg 4

EMUT GmbH • Damenoberbekleidung

EMUT GmbH • Postfach 3 46/3 47 • 34369 Hofgeismar

Textileinzelhandel
Konrad Fied KG
Goseriede 41

30159 Hannover

Ihr Zeichen, Ihre Nachricht vom tel. ..-01-10	Unser Zeichen, unsere Nachricht vom bi-he	Telefon, Name (0 56 71) 3 03- 213 Frau Biedenstein	Datum ..-01-20

Doppelzahlung, Rechnung Nr. 947

Sehr geehrte Damen und Herren,

Ihre Frau Kibat teilte uns am ..-01-10 telefonisch mit, dass Sie
unsere Rechnung Nr. 947 doppelt bezahlt haben.

Unsere Überprüfung hat dies bestätigt.

Den Betrag von 8.786,00 € haben wir deshalb auf Ihr Konto bei der
Lindener Volksbank zurücküberwiesen.

Bitte buchen Sie entsprechend.

Mit freundlichen Grüßen

EMUT GmbH

i. V.

Biedenstein

EINGEGANGEN
22. Jan. ..
Erl. ....

Hinweis: Unser Kontoauszug bestätigt die Rücküberweisung.

5 a) Wie bucht die Bernhard Müller OHG den Beleg 2 der Aufgabe 4?
  b) Wie bucht die Emut GmbH den Beleg 4 der Aufgabe 4 (Banküberweisung)?

6 Richten Sie sich ein Grundbuch ein und buchen Sie darin folgende Geschäftsfälle:

	€	€
1. Kunde begleicht Rechnung durch		
Banküberweisung	2.000,00	
Postbanküberweisung	3.000,00	5.000,00
2. Kauf eines gebrauchten Autos		
bar	1.500,00	
gegen Bankscheck	10.000,00	11.500,00
3. Einkauf von Waren		
bar	1.000,00	
auf Ziel	3.000,00	4.000,00

646776L

4. Tilgung eines Darlehens durch
   Banküberweisung 2.500,00
   Postbanküberweisung 1.500,00   4.000,00

5. Verkauf eines gebrauchten Autos
   bar 1.000,00
   gegen Bankscheck 7.000,00   8.000,00

6. Einkauf von Waren
   bar 500,00
   gegen Bankscheck 2.000,00
   auf Ziel 3.500,00   6.000,00

7. Wir begleichen Liefererrechnung
   bar 1.000,00
   durch Postbanküberweisung 2.000,00
   durch Banküberweisung 3.000,00   6.000,00

8. Verkauf einer gebrauchten Computerkasse
   bar 200,00
   gegen Bankscheck 300,00   500,00

9. Kauf eines Grundstücks
   bar 2.000,00
   gegen Bankscheck 150.000,00   152.000,00

10. Tilgung einer Hypothek
    durch Banküberweisung 3.000,00
    bar 1.000,00
    durch Postbanküberweisung 6.000,00   10.000,00

11. Kauf eines Verkaufsregals
    bar 500,00
    gegen Postscheck 1.000,00   1.500,00

7 Nennen Sie

a) die Buchungssätze und

b) die Geschäftsfälle, die den Buchungen 1.–5. zugrunde liegen.

S	Waren	H
AB	10.000,00	
1. Ka./Verb.	5.000,00	

S	Ladenausstattung	H
AB	30.000,00	4. KI/Ford. 1.000,00
3. Ka./Post	2.000,00	

S	Forderungen a. LL	H
AB	9.000,00	2. KI/Post 4.000,00
4. L.-Ausst.	600,00	

S	Verbindlichkeiten a. LL	H
5. KI/Post 5.000,00		AB 11.000,00
		1. Waren 4.000,00

S	Kasse	H
AB	5.000,00	1. Waren 1.000,00
		3. L.-Ausst. 500,00

S	Postbank	H
AB	4.000,00	3. L.-Ausst. 1.500,00
2. Ford.	2.500,00	5. Verb. a.LL 1.500,00

S	Kreditinstitute	H
AB	8.000,00	5. Verb. a.LL 3.500,00
2. Ford.	1.500,00	
4. L.-Ausst.	400,00	

8 Sie sind Angestellte(r) des Textileinzelhandels Konrad Fied KG, Goseriede 41, 30159 Hannover. Der folgende Beleg liegt Ihnen zur Buchung vor.

a) Welcher Geschäftsfall liegt dem Beleg zugrunde?

b) Wie lautet der Buchungssatz?

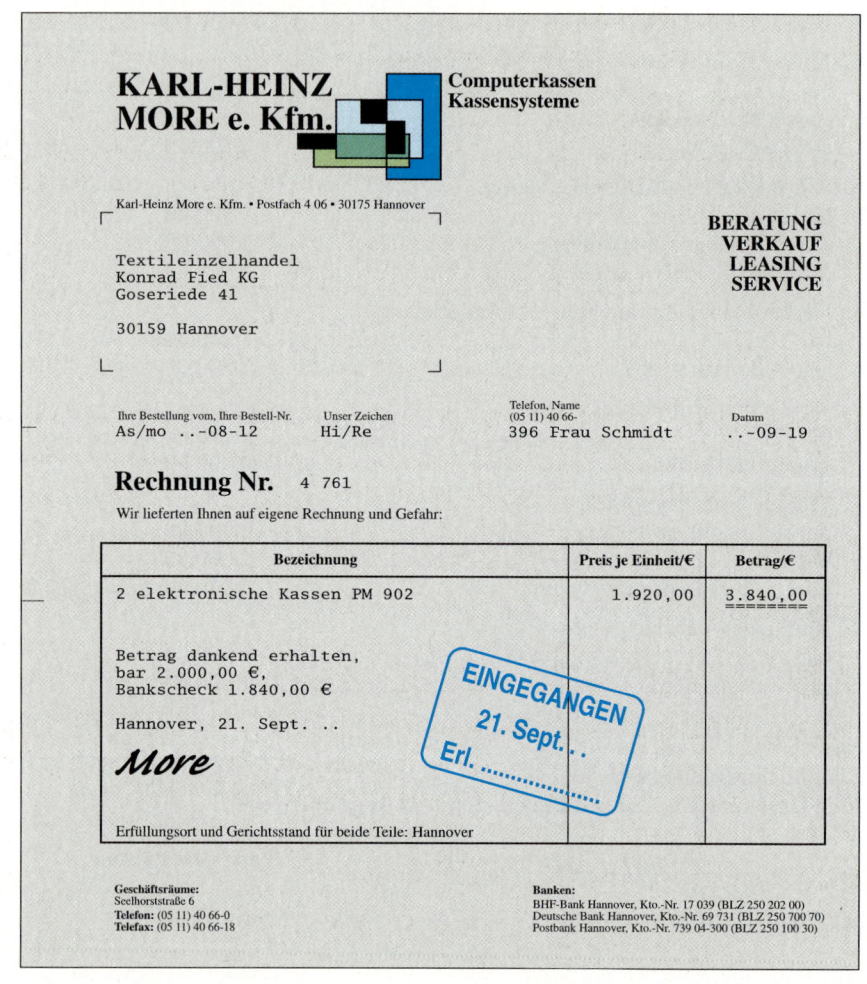

646778L

2.5.4   Eröffnungsbilanzkonto und Schlussbilanzkonto

Für die doppelte Buchführung gilt der Grundsatz, dass jeder Sollbuchung eine Habenbuchung in gleicher Höhe gegenübersteht (Doppik). Dieser Grundsatz wurde bisher bei den Konteneröffnungen nicht eingehalten: Die Anfangsbestände wurden auf den Konten auf der Seite gebucht, auf der sie auch in der Bilanz stehen.

Um den oben beschriebenen Grundsatz der doppelten Buchführung auch bei den Eröffnungsbuchungen zu wahren, wird ein Hilfskonto, das so genannte **Eröffnungsbilanzkonto (EBK)**, eingerichtet.

Dieses Eröffnungsbilanzkonto nimmt die Aktivposten der Bilanz im Haben und die Passivposten der Bilanz im Soll auf. Somit ist das Eröffnungsbilanzkonto das **Spiegelbild** der Bilanz.

Aktiva	**Bilanz**	Passiva
Aktivposten		Passivposten

Soll	**Eröffnungsbilanzkonto**	Haben
Passivposten		Aktivposten

Mit den folgenden Eröffnungsbuchungen werden die Anfangsbestände auf die aktiven und passiven Bestandskonten vorgetragen.

1. **Eröffnungsbuchungen für aktive Bestandskonten**

   > aktive Bestandskonten an Eröffnungsbilanzkonto

2. **Eröffnungsbuchungen für passive Bestandskonten**

   > Eröffnungsbilanzkonto an passive Bestandskonten

Am Ende des Geschäftsjahres werden die Schlussbestände der aktiven und passiven Bestandskonten ermittelt. Auch für die Schlussbestände werden Gegenbuchungen vorgenommen, und zwar über das so genannte **Schlussbilanzkonto (SBK).**

Die Abschlussbuchungen für die aktiven und passiven Bestandskonten lauten:

1. **Abschlussbuchungen für aktive Bestandskonten**

   > Schlussbilanzkonto an aktive Bestandskonten

2. **Abschlussbuchungen für passive Bestandskonten**

   > passive Bestandskonten an Schlussbilanzkonto

Die durch die Inventur ermittelten Bestände werden im Inventar und in der Bilanz dokumentiert. Diese tatsächlichen Bestände (Istbestände) sollten mit den Buchbeständen (Sollbeständen) der aktiven und passiven Bestandskonten übereinstimmen.

Liegen Abweichungen vor, so werden die Buchbestände den tatsächlichen Beständen buchhalterisch angepasst.

Das Eröffnungsbilanzkonto, die Sachkonten und das Schlussbilanzkonto werden im **Hauptbuch** geführt, das Inventar und die Bilanz im **Inventar- und Bilanzbuch.**

Schaubild

Grundbuch		
	S	H
A. Eröffnungsbuchungen		
Aktivkonten an EBK		
EBK an Passivkonten		
B. Laufende Buchungen		
Buchung der Geschäftsfälle		
C. Abschlussbuchungen		
SBK an Aktivkonten		
Passivkonten an SBK		

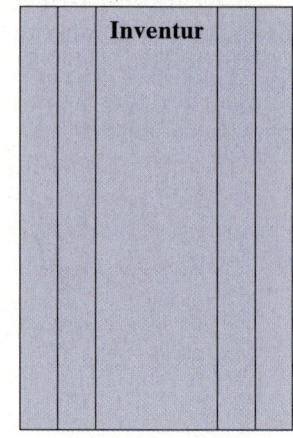

Inventur

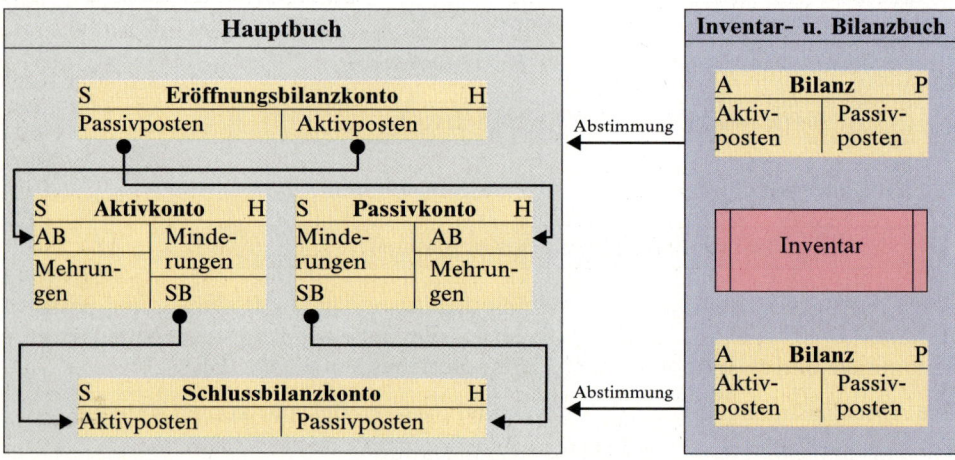

Merksätze

1. Das Eröffnungsbilanzkonto ist ein Hilfskonto, das bei den Eröffnungsbuchungen das Prinzip der Doppik (jeder Sollbuchung steht eine Habenbuchung in gleicher Höhe gegenüber) wahrt. Es ist das Spiegelbild der Bilanz: Auf der Sollseite stehen die Passivposten, auf der Habenseite die Aktivposten.
2. Das Schlussbilanzkonto ist ebenso aufgebaut wie die Bilanz: Auf der Sollseite stehen die Aktivposten, auf der Habenseite die Passivposten.
3. Die Bilanzkonten (EBK und SBK) ergeben sich aus den Schlussbeständen der Bestandskonten. Sie werden im Hauptbuch geführt.
4. Die Bilanzen werden aufgrund von Inventaren erstellt. Sie werden im Inventar- und Bilanzbuch geführt.

1 Vergleichen Sie
Eröffnungsbilanzkonto und Bilanz,
Schlussbilanzkonto und Bilanz.

2 Erklären Sie, inwiefern das Eröffnungsbilanzkonto bei den Eröffnungsbuchungen das Prinzip der Doppik wahrt.

> Gehen Sie bei den Geschäftsgängen der Aufgaben 3 und 4 in folgenden Schritten vor:
>
> 1. Erstellen Sie die Bilanz.
> 2. Erstellen Sie das Eröffnungsbilanzkonto und nehmen Sie die Eröffnungsbuchungen vor.
> 3. Buchen Sie die Geschäftsfälle.
> 4. Schließen Sie die Konten ab und nehmen Sie die Abschlussbuchungen über das Schlussbilanzkonto vor.
> 5. Erstellen Sie die Bilanz. (Unterstellung: Die Buchwerte stimmen mit den Istwerten der Inventur überein.)

3 **Anfangsbestände** €

Ⓐ

	€
Ladenausstattung	90.000,00
Waren	95.000,00
Forderungen a. LL	30.000,00
Kasse	5.600,00
Kreditinstitute	45.000,00
Eigenkapital	?
Langfristige Bankverbindlichkeiten	110.000,00
Verbindlichkeiten a. LL	42.000,00

Geschäftsfälle	a) €	b) €
1. Barabhebung vom Bankkonto	5.000,00	7.000,00
2. Zieleinkauf von Waren	6.000,00	8.000,00
3. Kunde begleicht Rechnung per Banküberweisung	3.000,00	5.000,00
4. Barverkauf gebrauchter Ladeneinrichtungsgegenstände	2.500,00	2.400,00
5. Bareinzahlung auf Bankkonto	1.000,00	1.500,00
6. Wir zahlen an Lieferer per Banküberweisung	5.000,00	7.000,00
7. Aufnahme eines Darlehens		
Bankgutschrift	7.000,00	8.000,00
Barauszahlung	3.000,00	4.000,00

4 **Anfangsbestände** €

Ⓐ

	€
Ladenausstattung	85.000,00
Fuhrpark	120.000,00
Waren	110.000,00
Forderungen a. LL	19.000,00
Kasse	10.000,00
Kreditinstitute	25.000,00
Eigenkapital	?
Langfristige Bankverbindlichkeiten	160.000,00
Verbindlichkeiten a. LL	78.000,00

Geschäftsfälle	a) €	b) €
1. Wareneinkauf		
auf Ziel	2.500,00	3.500,00
bar	500,00	800,00
gegen Bankscheck	2.000,00	1.500,00
2. Darlehenstilgung durch Banküberweisung	5.000,00	7.000,00
3. Kauf eines Verkaufsregals		
bar	800,00	900,00
gegen Bankscheck	1.000,00	700,00
4. Verkauf eines gebrauchten PKWs		
auf Ziel	1.800,00	1.500,00
bar	900,00	800,00
gegen Bankscheck	1.200,00	1.300,00
5. Umwandlung einer Lieferverbindlichkeit in		
eine Darlehensschuld	3.000,00	2.500,00
6. Kunde begleicht Rechnung per Banküberweisung	1.800,00	2.100,00
7. Wir begleichen Liefererrechnung		
bar	900,00	1.200,00
per Banküberweisung	2.000,00	2.400,00

2.5.5 Erfolgsvorgänge

2.5.5.1 Buchen auf den Erfolgskonten

Bei allen bisherigen Geschäftsfällen ist das Konto Eigenkapital unberührt geblieben. Das Konto Eigenkapital ändert sich durch **Aufwendungen und Erträge.**

Aufwendungen mindern das Eigenkapital. Hierzu gehören z. B.: Personalkosten, Mietaufwendungen, Materialaufwendungen und Betriebssteuern.

Erträge mehren das Eigenkapital. Hierzu gehören z. B.: Umsatzerlöse, Mieteinnahmen, Provisionserträge und Zinserträge.

Erträge könnten als Bestandsmehrungen im Haben und Aufwendungen als Bestandsminderungen im Soll auf dem passiven Bestandskonto Eigenkapital gebucht werden.

S	Eigenkapital	H
Bestandsminderungen = Aufwendungen	Anfangsbestand	
Schlussbestand	Bestandsmehrungen = Erträge	

646782L

Damit nun aber
1. die sachliche Herkunft der einzelnen Erträge und Aufwendungen zu erkennen ist und
2. das Eigenkapitalkonto nicht zu unübersichtlich wird,
werden für gleichartige Erträge und Aufwendungen spezielle **Erfolgskonten** angelegt.

Ihrem Aufwands- oder Ertragscharakter entsprechend unterteilt man die Erfolgskonten in **Aufwandskonten und Ertragskonten.**

Im Gegensatz zu den Bestandskonten haben die Erfolgskonten keinen Anfangsbestand.

Die Erfolgskonten sind Unterkonten des Eigenkapitals. Auf ihnen muss ebenso gebucht werden wie auf dem Eigenkapitalkonto:

Aufwendungen (= Eigenkapitalminderungen) werden auf Aufwandskonten im Soll gebucht. Erträge (= Eigenkapitalmehrungen) werden auf Ertragskonten im Haben gebucht.

S	Aufwandskonto	H	S	Ertragskonto	H
Aufwendungen				Erträge	

Beispiel

1. Löhne werden durch Banküberweisung gezahlt .... 14.000,00 €

Buchungssatz	Löhne	14.000,00	
	an Kreditinstitute		14.000,00

Buchung

S	Löhne	H	S	Kreditinstitute	H
KI	14.000,00		AB	...	Löhne 14.000,00

Beispiel

2. Wir erhalten eine Zinsgutschrift auf unserem Bankkonto .... 700,00 €

Buchungssatz	Kreditinstitute	700,00	
	an Zinserträge		700,00

Buchung

S	Kreditinstitute	H	S	Zinserträge	H
AB	...			KI	700,00
Zinserträge	700,00				

2.5.5.2 Das Gewinn- und Verlustkonto

Am Geschäftsjahresende werden die Aufwands- und Ertragskonten über ein Sammelkonto, das so genannte **Gewinn- und Verlustkonto (GuV),** abgeschlossen.

Auf dem Gewinn- und Verlustkonto wird als Saldo aller Erträge und Aufwendungen ein **Gewinn** bzw. **Verlust** ermittelt.

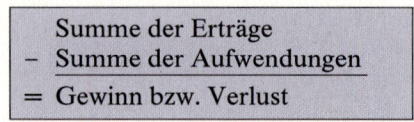

Summe der Erträge
− Summe der Aufwendungen
= Gewinn bzw. Verlust

Beispiel

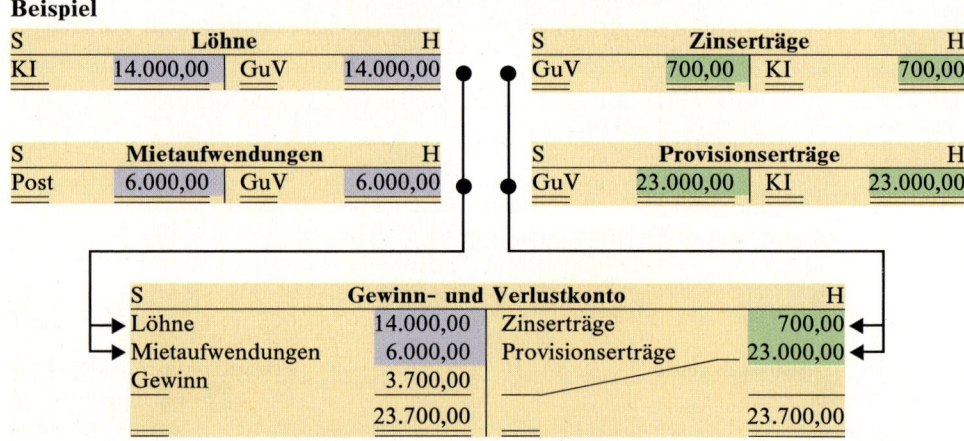

S	Löhne		H
KI	14.000,00	GuV	14.000,00

S	Zinserträge		H
GuV	700,00	KI	700,00

S	Mietaufwendungen		H
Post	6.000,00	GuV	6.000,00

S	Provisionserträge		H
GuV	23.000,00	KI	23.000,00

S	Gewinn- und Verlustkonto		H
Löhne	14.000,00	Zinserträge	700,00
Mietaufwendungen	6.000,00	Provisionserträge	23.000,00
Gewinn	3.700,00		
	23.700,00		23.700,00

Sind die Erträge größer als die Aufwendungen, so ergibt sich im Soll des Gewinn- und Verlustkontos ein Gewinn.

Sind die Aufwendungen größer als die Erträge, so ergibt sich im Haben des Gewinn- und Verlustkontos ein Verlust.

Der Gewinn bzw. Verlust, der auf dem Gewinn- und Verlustkonto ermittelt wird, gelangt in das Eigenkapitalkonto und mehrt bzw. mindert den Eigenkapitalbestand.

Beispiel

S	GuV		H
Löhne	14.000,00	Zinserträge	700,00
Mietaufw.	6.000,00	Prov.-Ertr.	23.000,00
EK	3.700,00		
	23.700,00		23.700,00

S	Eigenkapital		H
SB	103.700,00	AB	100.000,00
		GuV	3.700,00
	103.700,00		103.700,00

Großen Kapitalgesellschaften (AG, GmbH, KGaA) schreibt § 275 HGB die Gliederung der offenlegungspflichtigen GuV-Rechnung detailliert vor.

84

Schaubild

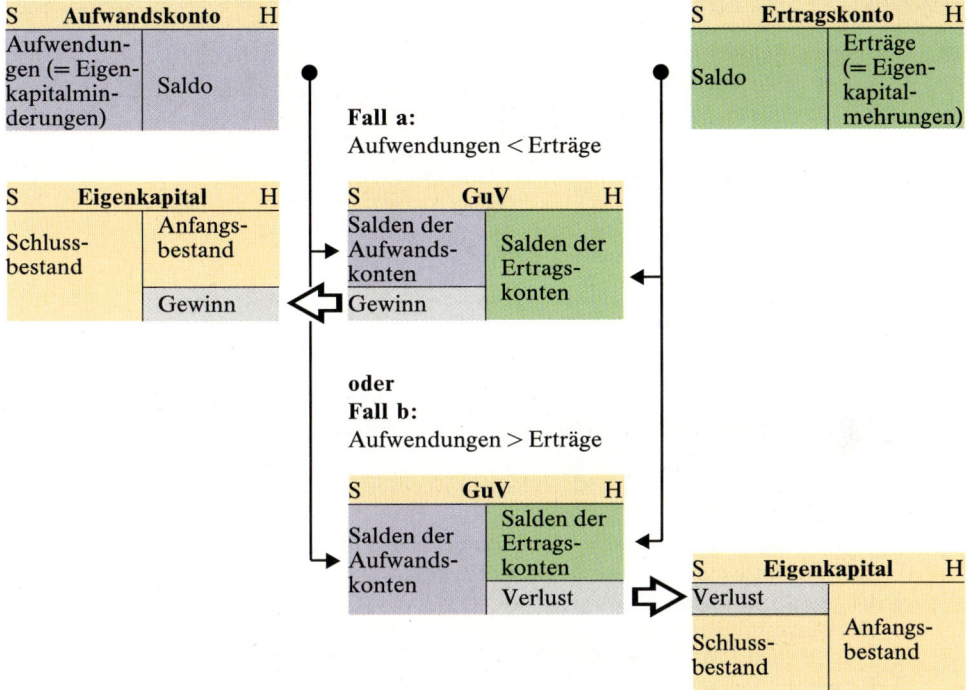

Merksätze

1. Neben dem Bestandskontenkreis gibt es den Erfolgskontenkreis.
2. Im Gegensatz zu den Bestandskonten weisen die Erfolgskonten keinen Anfangsbestand auf.
3. Die Erfolgskonten werden in die Aufwandskonten und Ertragskonten unterteilt.
4. Aufwendungen werden auf Aufwandskonten im Soll gebucht.
5. Erträge werden auf Ertragskonten im Haben gebucht.
6. Die Aufwandskonten und Ertragskonten werden über das Gewinn- und Verlustkonto (GuV) abgeschlossen.
7. Ist die Summe der Erträge größer als die Summe der Aufwendungen, so ergibt sich im Soll des Gewinn- und Verlustkontos ein Gewinn. Umgekehrt ergibt sich im Haben des Gewinn- und Verlustkontos ein Verlust, wenn die Summe der Aufwendungen größer ist als die Summe der Erträge.
8. Das Gewinn- und Verlustkonto wird über das Eigenkapitalkonto abgeschlossen. Ein Gewinn führt zu einer Eigenkapitalmehrung, ein Verlust zu einer Eigenkapitalminderung.

Aufgaben

Aufgaben 1 und 2: Einführung in die Thematik;
Aufgabe 3: Buchungsregeln;
Aufgabe 4: Buchen auf Erfolgskonten;
Aufgabe 5: Belegbuchungen;
Aufgaben 6 und 7: Geschäftsgänge.

1 Wie lauten die Buchungssätze, wenn direkt über das Konto Eigenkapital gebucht wird?

1. Stromkosten werden per Banküberweisung gezahlt . . . .   1.800,00 €
2. Wir erhalten eine Zinsgutschrift auf unserem Bankkonto . . . .   900,00 €
3. Banküberweisung der betrieblichen Telefongebühren . . . .   770,00 €
4. Löhne werden durch Banküberweisung gezahlt . . . . 12.500,00 €
5. Barzahlung für Inserate . . . .   420,00 €
6. Wir erhalten Provision per Postbanküberweisung . . . .   5.100,00 €
7. Wir zahlen Darlehenszinsen per Banküberweisung . . . .   850,00 €
8. Wir kaufen Büromaterial bar . . . .   95,00 €

2 Warum ist es unzweckmäßig, Erträge und Aufwendungen direkt über das Konto Eigenkapital zu buchen?

3 Geben Sie an, ob im Soll oder im Haben gebucht wird:

a) Der Anfangsbestand auf aktiven Bestandskonten.
b) Einen Aufwand auf Aufwandskonten.
c) Der Schlussbestand auf passiven Bestandskonten.
d) Einen Ertrag auf Ertragskonten.
e) Der Schlussbestand auf aktiven Bestandskonten.
f) Eine Bestandsminderung auf aktiven Bestandskonten.
g) Der Saldo auf Ertragskonten.
h) Der Anfangsbestand auf passiven Bestandskonten.
i) Der Saldo auf Aufwandskonten.
j) Eine Bestandsmehrung auf passiven Bestandskonten.
k) Der Gewinn auf dem Gewinn- und Verlustkonto.
l) Eine Bestandsmehrung auf aktiven Bestandskonten.
m) Der Verlust auf dem Gewinn- und Verlustkonto.
n) Eine Bestandsminderung auf passiven Bestandskonten.

4 a) Richten Sie sich die Konten Löhne, Mietaufwendungen, Büromaterial, Zinserträge
Ⓐ und Provisionserträge ein. Buchen Sie auf diesen Konten, ohne die Gegenkonten zu führen, die folgenden Geschäftsfälle:

1. Bank schreibt uns Zinsen gut . . . .   950,00 €
2. Lohnzahlung per Banküberweisung . . . .   3.000,00 €
3. Barzahlung für Büromaterial . . . .   120,00 €
4. Wir zahlen Miete für Geschäftsräume per Postbanküberweisung . . . .   1.100,00 €
5. Wir erhalten Provision durch Banküberweisung . . . .   4.300,00 €

b) Richten Sie sich ein Gewinn- und Verlustkonto ein. Schließen Sie die Konten ab und ermitteln Sie den Gewinn bzw. Verlust.

5[1] Sie sind Angestellte(r) des Textileinzelhandels Konrad Fied KG, Goseriede 41, 30159 Hannover. Die folgenden Belege liegen Ihnen zur Buchung vor.
a) Welche Geschäftsfälle liegen den Belegen zugrunde?
b) Wie lauten die Buchungssätze?

---

1 **Konten:** Büromaterial, Postgebühren, Zinsaufwendungen, Langfristige Bankverbindlichkeiten, Kreditinstitute, Aufwendungen für Betriebsstoffe, Kasse, Nebenerlöse aus Vermietung und Verpachtung, Versicherungsbeiträge, Aufwendungen des Geldverkehrs, Zinserträge.

646786L

Beleg 1

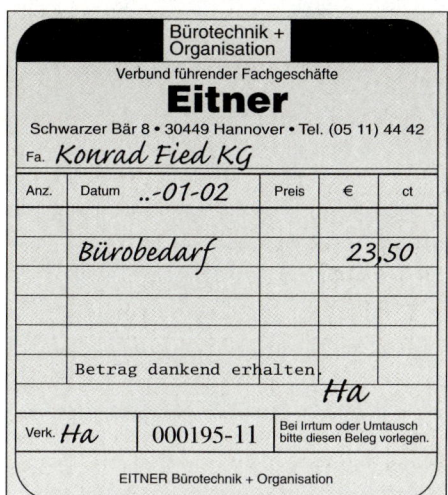

Beleg 2

```
AUTO - CENTER
KLAUS CIANCIARUSO
BLUMENAUER STR. 10
30449 HANNOVER T. 44 73

0117A            ..-01-03

*  NR 03
*  SUP BLEIFREI          *
*              54,27 l   *
*          €   53,69     *
*************************

TOTAL      €   53,69

BAR        €   53,69
```

Buchungsvermerk: Tankquittung unseres Einkäufers R. Ramm

Beleg 3

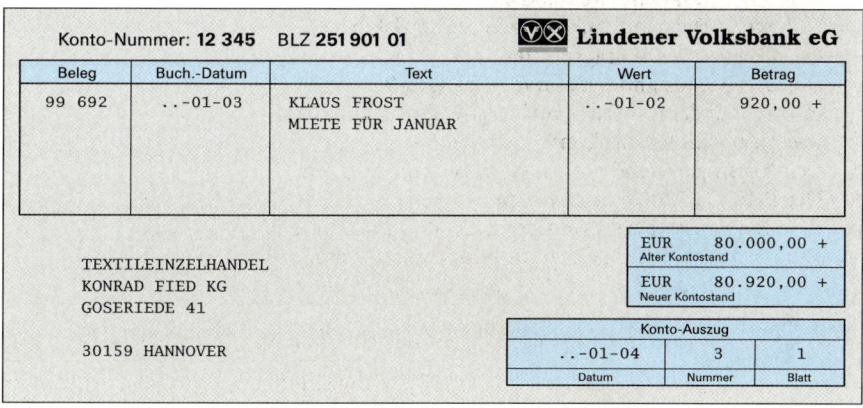

Konto-Nummer: **12 345**   BLZ **251 901 01**   **Lindener Volksbank eG**

Beleg	Buch.-Datum	Text	Wert	Betrag
99 692	..-01-03	KLAUS FROST MIETE FÜR JANUAR	..-01-02	920,00 +

TEXTILEINZELHANDEL
KONRAD FIED KG
GOSERIEDE 41

30159 HANNOVER

EUR 80.000,00 + Alter Kontostand	
EUR 80.920,00 + Neuer Kontostand	

Konto-Auszug		
..-01-04	3	1
Datum	Nummer	Blatt

Beleg 4

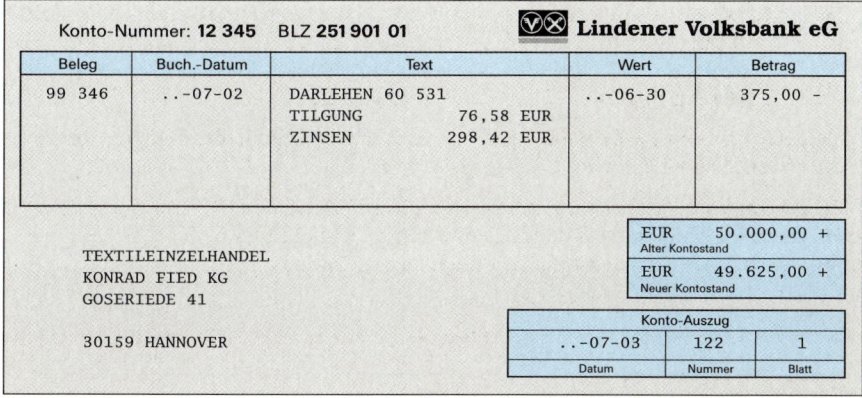

Konto-Nummer: **12 345**   BLZ **251 901 01**   **Lindener Volksbank eG**

Beleg	Buch.-Datum	Text	Wert	Betrag
99 346	..-07-02	DARLEHEN 60 531 TILGUNG 76,58 EUR ZINSEN 298,42 EUR	..-06-30	375,00 -

TEXTILEINZELHANDEL
KONRAD FIED KG
GOSERIEDE 41

30159 HANNOVER

EUR 50.000,00 + Alter Kontostand	
EUR 49.625,00 + Neuer Kontostand	

Konto-Auszug		
..-07-03	122	1
Datum	Nummer	Blatt

Beleg 5[1]

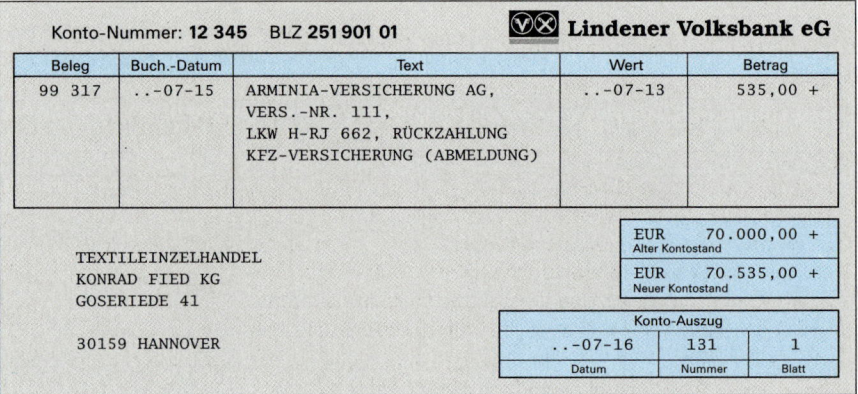

	Konto-Nummer: **12 345** BLZ **251 901 01**			**Lindener Volksbank eG**	

Beleg	Buch.-Datum	Text		Wert	Betrag
99 758	..-07-02	KONTO-ABSCHLUSSRECHNUNG		..-06-30	573,00 -
		3 % HABEN-ZINSEN	75,00 +		
		9 % SOLL-ZINSEN	468,00 -		
		0,25 % KREDIT-PROV.	55,00 -		
		3 % ÜBERZIEHG.-PROV.	57,00 -		
		1 % UMSATZ-PROV.	30,00 -		
		GEBÜHREN	38,00 -		

TEXTILEINZELHANDEL
KONRAD FIED KG
GOSERIEDE 41

30159 HANNOVER

EUR	60.000,00 +
Alter Kontostand	
EUR	59.427,00 +
Neuer Kontostand	

Konto-Auszug		
..-07-04	123	1
Datum	Nummer	Blatt

Beleg 6

	Konto-Nummer: **12 345** BLZ **251 901 01**			**Lindener Volksbank eG**	

Beleg	Buch.-Datum	Text	Wert	Betrag
99 317	..-07-15	ARMINIA-VERSICHERUNG AG,	..-07-13	535,00 +
		VERS.-NR. 111,		
		LKW H-RJ 662, RÜCKZAHLUNG		
		KFZ-VERSICHERUNG (ABMELDUNG)		

TEXTILEINZELHANDEL
KONRAD FIED KG
GOSERIEDE 41

30159 HANNOVER

EUR	70.000,00 +
Alter Kontostand	
EUR	70.535,00 +
Neuer Kontostand	

Konto-Auszug		
..-07-16	131	1
Datum	Nummer	Blatt

Anmerkung: Der Rückzahlungsbetrag beinhaltet die Kfz-Versicherung des laufenden Geschäftsjahres.

Beleg 7   *Hinweis:* Barzahlung

```
Deutsche Post AG
30449 Hannover
81301811 7024        ..-01-31


     *30,60 €


Postwertzeichen ohne Zuschlag


Vielen Dank fuer Ihren Besuch.
Ihre Deutsche Post AG
```

Beleg 8

```
       TURN-ELECTRO
         Handels GmbH
  Ihmezentrum, Spinnereistr. 14
        30449 Hannover
-----------------------------
4901780385164  12,95 x 1
MF 2 HD 3,5" Disketten   12,95
===› TOTAL          €    12,95

---› BAR            €   103,00
===› RÜCKGELD       €   -90,05
-----------------------------
Vielen Dank für Ihren Einkauf.
-----------------------------
331     45001       6     2142
..-01-17   15:38:54
```

---

1 Buchung mit hohem Schwierigkeitsgrad.

646788L

6 **Anfangsbestände**

A

	€		€
Ladenausstattung	79.000,00	Kreditinstitute	9.000,00
Waren	45.000,00	Eigenkapital	?
Forderungen a. LL	13.000,00	Langfristige Bankverb.	42.000,00
Kasse	2.500,00	Verbindlichkeiten a. LL	8.000,00

Erfolgskonten
Büromaterial, Zinsaufwendungen, Löhne, Zinserträge, Provisionserträge.

Eröffnungs- bzw. Abschlusskonten
Eröffnungsbilanzkonto, Gewinn- und Verlustkonto, Schlussbilanzkonto.

Geschäftsfälle €

1. Zinsgutschrift der Bank 850,00
2. Zieleinkauf von Waren 3.000,00
3. Bareinkauf von Büromaterial 120,00
4. Tilgung eines Darlehens durch Banküberweisung 2.000,00
5. Darlehenszinsen werden vom Bankkonto abgebucht 350,00
6. Kunde begleicht Rechnung durch Banküberweisung 4.000,00
7. Lohnzahlung per Banküberweisung 4.500,00
8. Wir erhalten Provision durch Banküberweisung 1.200,00
9. Barverkauf gebrauchter Verkaufseinrichtungen 3.500,00
10. Ausgleich einer Liefererrechnung durch Banküberweisung 2.000,00

7 **Anfangsbestände**

A

	€		€
Kassensysteme	25.000,00	Kreditinstitute	10.000,00
Fuhrpark	70.000,00	Eigenkapital	?
Waren	80.000,00	Langfristige Bankverb.	50.000,00
Forderungen a. LL	18.000,00	Verbindlichkeiten a. LL	20.000,00
Kasse	9.000,00		

Erfolgskonten
Aufwendungen für Betriebsstoffe, Beiträge zu Wirtschaftsverbänden und Berufsvertretungen, Zinsaufwendungen, Mietaufwendungen, Büromaterial, Nebenerlöse aus Vermietung und Verpachtung, Provisionserträge.

Eröffnungs- bzw. Abschlusskonten
Eröffnungsbilanzkonto, Gewinn- und Verlustkonto, Schlussbilanzkonto.

Geschäftsfälle €

1. Barzahlung der monatlichen Benzinrechnung 700,00
2. Banküberweisung eines Kunden 5.000,00

3. Wir erhalten Miete per Banküberweisung 1.000,00
4. Ausgleich einer Liefererrechnung per Banküberweisung 3.000,00
5. Zieleinkauf von Waren 4.000,00
6. Provisionseingang per Bankscheck 5.000,00
7. Zahlung des Industrie- und Handelskammerbeitrages
   per Banküberweisung 800,00
8. Kunde begleicht Rechnung per Banküberweisung 6.000,00
9. Banküberweisung für Darlehenstilgung 1.000,00
   und für Darlehenszinsen 500,00
10. Barkauf einer elektronischen Kasse 1.500,00
11. Wir zahlen Miete per Banküberweisung 2.000,00
12. Barkauf von Büromaterial 200,00
13. Verkauf eines gebrauchten Autos gegen Bankscheck 5.000,00

2.6 Die Warenkonten

2.6.1 Die Trennung des Warenkontos

Bisher haben wir Wareneinkäufe und Warenverkäufe wertgleich auf dem Warenkonto gebucht. Eine buchhalterische Trennung ist jedoch zweckmäßig, weil Wareneinkäufe und Warenverkäufe eine andere Wertbasis haben.

In einem Handelsbetrieb (Großhandel, Einzelhandel) liegt der Verkaufspreis einer Ware in der Regel über ihrem Einstandspreis (Bezugspreis)[1]. Die Differenz zwischen dem Verkaufspreis und dem Einstandspreis soll dem Handelsbetrieb

- die Kosten decken und
- einen Gewinn erwirtschaften.

Das folgende Kalkulationsschema zeigt die Wertbasis der Wareneinkäufe und Warenverkäufe eines Handelsbetriebes auf:

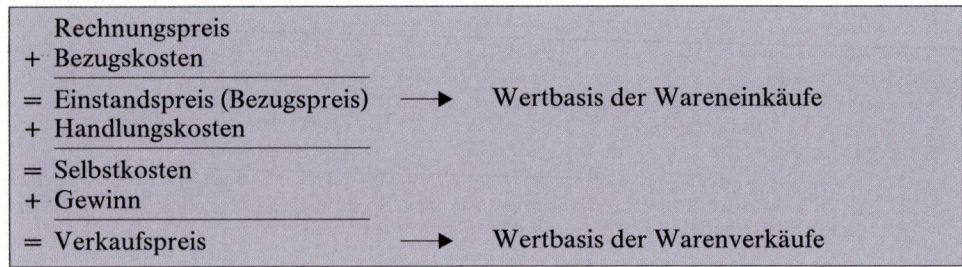

Die buchhalterische Trennung von Wareneinkäufen und Warenverkäufen vollzieht sich durch die Einrichtung unterschiedlicher Konten.

---

1 Preis, der für den Erwerb der Ware gezahlt werden muss. Er ergibt sich aus dem Rechnungspreis zuzüglich der Bezugskosten (Verpackung, Transportkosten usw.).

646790L

2.6.2　Buchen auf den Warenkonten

2.6.2.1　Die Warenverkaufsseite

Die Warenverkäufe werden auf dem Konto **„Umsatzerlöse für Waren"** gebucht.

Das Konto „Umsatzerlöse für Waren" ist ein Ertragskonto.

Beispiel

Wir verkaufen Waren bar .... 80.000,00 €

Buchungssatz	Kasse	80.000,00	
	an Umsatzerlöse für Waren		80.000,00

Buchung

S	Kasse		H		S	Umsatzerlöse für Waren	H
AB		...				Kasse	80.000,00
U.f.W.	80.000,00						

2.6.2.2　Warenbestände und Wareneinkäufe

Wareneinkäufe und Warenbestände werden auf den Konten **„Aufwendungen für Waren"** und **„Waren"** gebucht.

Das Konto „Aufwendungen für Waren" ist ein reines Aufwandskonto. Auf ihm werden zunächst nur die Wareneinkäufe erfasst.

Das Konto „Waren" ist ein aktives Bestandskonto. Es erfasst ausschließlich den Warenanfangsbestand, den Warenschlussbestand, der durch Inventur ermittelt wird, und als Saldo die Bestandsveränderung.

Die **Bestandsveränderung** (also der Saldo des Kontos Waren) kann

- eine **Bestandsmehrung** (Warenschlussbestand ist größer als der Warenanfangsbestand) oder
- eine **Bestandsminderung** (Warenschlussbestand ist kleiner als der Warenanfangsbestand)

sein.

Die Bestandsveränderung (die Bestandsmehrung oder die Bestandsminderung) wird auf das Konto **„Aufwendungen für Waren"** umgebucht. Auf diese Weise ergibt sich auf diesem Konto als Saldo der **Wareneinsatz**.

Als Wareneinsatz bezeichnet man die verkauften Waren bewertet zum Einstandspreis.

Wareneinkäufe		Wareneinkäufe	
+ Bestandsminderung		− Bestandsmehrung	
= Wareneinsatz (= verkaufte Waren bewertet zum Einstandspreis)	**oder**	= Wareneinsatz (= verkaufte Waren bewertet zum Einstandspreis)	

Beispiel

Warenanfangsbestand .... 200.000,00 €
Warenschlussbestand laut Inventur .... 190.000,00 €
Wareneinkäufe .... 50.000,00 €

Buchungen

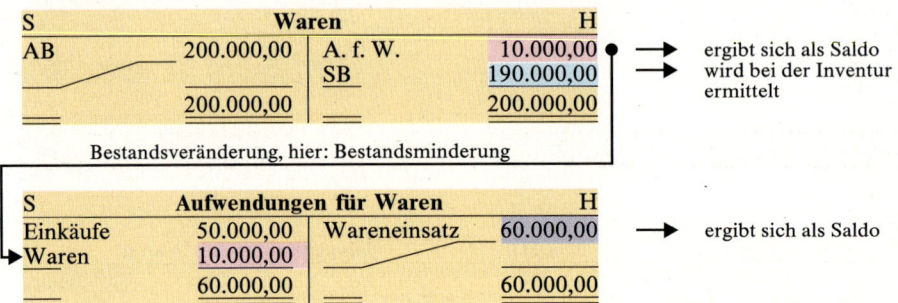

S	Waren		H	
AB	200.000,00	A. f. W.	10.000,00	→ ergibt sich als Saldo
		SB	190.000,00	→ wird bei der Inventur ermittelt
	200.000,00		200.000,00	

Bestandsveränderung, hier: Bestandsminderung

S	Aufwendungen für Waren		H	
Einkäufe	50.000,00	Wareneinsatz	60.000,00	→ ergibt sich als Saldo
Waren	10.000,00			
	60.000,00		60.000,00	

2.6.3 Der Abschluss der Warenkonten

Der Wareneinsatz ist der Aufwand an Waren, der erforderlich ist, um die Umsatzerlöse zu erzielen. Der Wareneinsatz hat Aufwandscharakter.

Er gelangt deshalb auf die Sollseite des GuV-Kontos. Dort wird er den Umsatzerlösen gegenübergestellt.

Beispiel

Abschluss der Konten „Waren", „Aufwendungen für Waren" und „Umsatzerlöse für Waren".

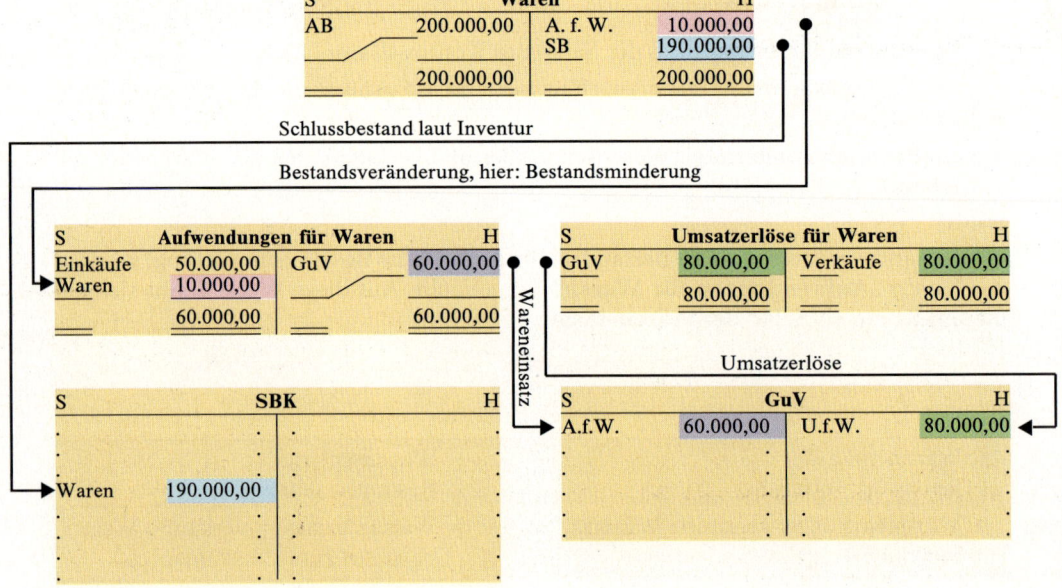

646792L

Die Differenz zwischen den Umsatzerlösen (= verkaufte Waren bewertet zum Verkaufspreis) und dem Wareneinsatz (= Aufwendungen für Waren, = verkaufte Waren bewertet zum Einstandspreis) ergibt das **Rohergebnis**, in unserem Beispiel einen **Rohgewinn** von 20.000,00 € (= 80.000,00 € – 60.000,00 €).

Schaubild

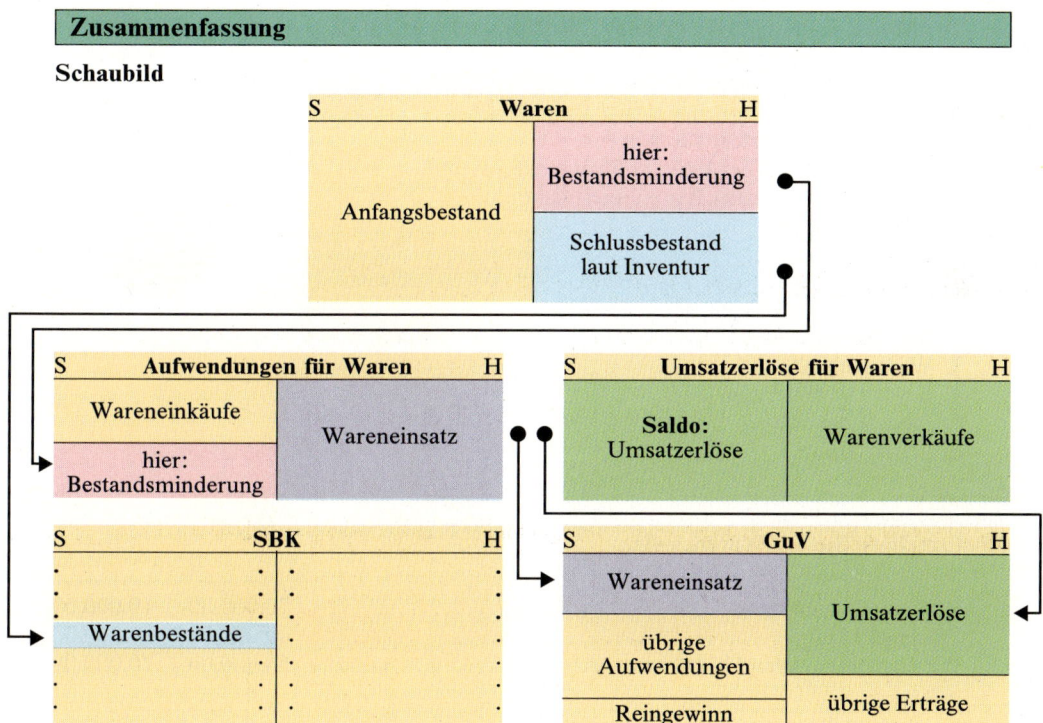

Merksätze

1. Das Konto „Waren" ist ein aktives Bestandskonto. Es erfasst ausschließlich den Warenanfangsbestand, den Warenschlussbestand, der durch Inventur ermittelt wird, und als Saldo die Bestandsveränderung.
2. Das Konto „Aufwendungen für Waren" ist ein Aufwandskonto. Es erfasst die Wareneinkäufe und die Gegenbuchung der Bestandsveränderung (Bestandsmehrung oder Bestandsminderung). Der Saldo des Kontos „Aufwendungen für Waren" ist der Wareneinsatz (= verkaufte Waren bewertet zum Einstandspreis).
3. Das Konto „Umsatzerlöse für Waren" ist ein Ertragskonto. Es erfasst die Warenverkäufe.

Aufgabe 1:   Buchhalterische Begriffe zu den Warenkonten;
Aufgaben 2 bis 4:   Ermittlung des Wareneinsatzes, des Schlussbestandes an Waren und des Warenroh-
                                ergebnisses;
Aufgabe 5:   Buchen auf den Warenkonten;
Aufgaben 6 und 7: Geschäftsgänge.

---

1 Jede der unter A stehenden Angaben passt inhaltlich zu einem der unter B aufgeführten Begriffe. Nehmen Sie die jeweiligen Zuordnungen vor.

A

1. Konto „Aufwendungen für Waren",
2. Bestandsveränderung, die auf der Sollseite des Wareneingangskontos gegengebucht wird,
3. Konto „Umsatzerlöse für Waren",
4. verkaufte Waren bewertet zu Einstandspreisen,
5. Sollbuchung auf dem Warenbestandskonto,
6. Konto „Waren".

B

1. Aktives Bestandskonto,
2. Bestandsmehrung,
3. Wareneinsatz,
4. Bestandsminderung,
5. Aufwandskonto,
6. Ertragskonto.

---

2 Errechnen Sie den Wareneinsatz.

	a) €	b) €
Warenanfangsbestand	70.000,00	10.000,00
Wareneinkäufe	90.000,00	80.000,00
Warenschlussbestand lt. Inventur	60.000,00	20.000,00

---

3 Errechnen Sie den (wertmäßigen) Schlussbestand an Waren.

	a) Stück	zu €	b) kg	zu €
Warenanfangsbestand	2 000	50,00	100	100,00
Wareneinkäufe	5 000	50,00	500	100,00
Warenverkäufe	6 000	70,00	400	120,00

---

4 Errechnen Sie den Warenrohgewinn bzw. Warenrohverlust.

	a) €	b) €
Warenanfangsbestand	80.000,00	50.000,00
Wareneinkäufe	250.000,00	130.000,00
Warenschlussbestand lt. Inventur	70.000,00	60.000,00
Umsatzerlöse für Waren	300.000,00	100.000,00

5

A

a) Richten Sie sich die Konten „Waren", „Aufwendungen für Waren", „Umsatzerlöse für Waren", „GuV" und „SBK" ein.

b) Buchen Sie auf diesen Konten (ohne Gegenkonten) die folgenden Geschäftsfälle.

c) Schließen Sie die Konten ab.

d) Nennen Sie den Warenrohgewinn bzw. den Warenrohverlust.

Anfangsbestand	I €	II €
Waren	25.000,00	20.000,00

Geschäftsfälle

1. Bareinkauf von Waren	5.000,00	5.000,00
2. Barverkauf von Waren	7.000,00	3.000,00
3. Zieleinkauf von Waren	12.000,00	7.000,00
4. Zielverkauf von Waren	13.000,00	16.000,00
Warenschlussbestand lt. Inventur	27.000,00	12.000,00

6

A

Anfangsbestände der Bestandskonten €

	€		€
		Kreditinstitute	30.000,00
Ladenausstattung	60.000,00	Eigenkapital	?
Waren	80.000,00	Langfristige Bankverbindlich-	
Forderungen a. LL	20.000,00	keiten	60.000,00
Kasse	9.000,00	Verbindlichkeiten a. LL	40.000,00

Erfolgskonten

Gehälter; Zinsaufwendungen; Büromaterial; Postgebühren, Telefon, Telefax; Aufwendungen für Waren; Mietaufwendungen; Umsatzerlöse für Waren; Zinserträge.

Abschlusskonten

Gewinn- und Verlustkonto, Schlussbilanzkonto.

Geschäftsfälle €

1. Zieleinkauf von Waren	70.000,00
2. Banküberweisung für Gehälter	18.000,00
3. Zielverkauf von Waren	8.000,00
4. Kunde zahlt auf unser Bankkonto ein	20.000,00
5. Banküberweisung	
für Darlehenstilgung	5.000,00
für Darlehenszinsen	2.000,00
6. Barkauf von Büromaterial	500,00
7. Barverkauf von Waren	91.500,00
8. Telefonrechnung wird per Banküberweisung bezahlt	800,00
9. Wir begleichen Liefererrechnung per Banküberweisung	8.000,00
10. Zinsgutschrift der Bank	1.000,00
11. Banküberweisung für Miete der Geschäftsräume	2.000,00
12. Verkauf eines gebrauchten Verkaufsregals gegen Bankscheck	500,00
13. Bareinkauf von Waren	2.000,00

Abschlussangaben

1. Warenschlussbestand lt. Inventur 92.000,00

2. Die Schlussbestände der anderen Bestandskonten entsprechen den Inventurbeständen.

---

7 **Anfangsbestände der Bestandskonten**

Ⓐ

	€		€
Ladenausstattung	80.000,00	Kreditinstitute	28.000,00
Waren	70.000,00	Eigenkapital	?
Forderungen a. LL	25.000,00	Langfristige Bankverbindlich-	
Kasse	10.000,00	keiten	90.000,00
Postbank	20.000,00	Verbindlichkeiten a. LL	50.000,00

Erfolgskonten

Löhne, Beiträge zu Wirtschaftsverbänden und Berufsvertretungen, Mietaufwendungen, Zinsaufwendungen, Büromaterial, Aufwendungen für Waren, Provisionserträge, Umsatzerlöse für Waren.

Abschlusskonten

Gewinn- und Verlustkonto, Schlussbilanzkonto.

Geschäftsfälle €

		€
1.	Banküberweisung auf Postbankkonto	5.000,00
2.	Zieleinkauf von Waren	80.000,00
3.	Kunde zahlt auf unser Bankkonto ein	20.000,00
4.	Banküberweisung für Lohnzahlung	15.000,00
5.	Zielverkauf von Waren	5.000,00
6.	IHK-Beitrag wird per Postbanküberweisung bezahlt	500,00
7.	Warenverkauf, bar	91.000,00
	gegen Bankscheck	5.000,00
8.	Bareinzahlung auf Bankkonto	1.000,00
9.	Wir erhalten Provision durch Bankscheck	5.000,00
10.	Banküberweisung für Miete der Büroräume	1.800,00
11.	Banküberweisung an Lieferer	15.000,00
12.	Barkauf von Büromaterial	400,00
13.	Wareneinkauf, bar	1.200,00
	gegen Bankscheck	4.000,00
14.	Banküberweisung	
	für Darlehenstilgung	2.000,00
	für Darlehenszinsen	1.000,00

Abschlussangaben €

		€
1.	Warenschlussbestand lt. Inventur	85.000,00
2.	Die Schlussbestände der anderen Bestandskonten entsprechen den Inventurbeständen.	

2.7 Die Umsatzsteuer

2.7.1 Steuerbare Umsätze

Die **steuerbaren Umsätze** sind Gegenstand der Umsatzsteuer. Sie können **steuerpflichtig** oder **steuerfrei** sein.

Der **Steuerbarkeit** unterliegen nach dem Umsatzsteuergesetz[1]

● **alle Lieferungen und sonstige Leistungen, die von einem Unternehmer im Inland gegen Entgelt erbracht werden** (§ 1 Abs. 1 UStG) (z. B. Verkauf von Waren, Durchführung von Reparaturen, Vermittlung von Vertragsabschlüssen usw.),

---

[1] *Hinweis für die Schülerin/den Schüler:* Hier sind die recht komplizierten steuerrechtlichen Bestimmungen detailliert aufgeführt. Für das Verständnis ist zunächst nur der erste Punkt wesentlich.

646796L

- der **Import von Gegenständen aus Nicht-EU-Mitgliedstaaten in das Zollgebiet** (§ 1 Abs. 1 UStG) (z. B. Einfuhr von Textilien aus China usw.),

- der **innergemeinschaftliche Erwerb im Inland gegen Entgelt**[1] (§ 1 Abs. 1 UStG),

- die **Gegenstandsentnahme für private Zwecke, wenn zuvor ein voller oder teilweiser Vorsteuerabzug**[2] **möglich war** (§ 3 Abs. 1 b Nr. 1 UStG) (z. B. Entnahme von Waren),

- die **private Verwendung betrieblicher Gegenstände, wenn zuvor ein voller oder teilweiser Vorsteuerabzug**[2] **möglich war** (§ 3 Abs. 9 a Nr. 1 UStG) (z. B. die private Nutzung des betrieblichen Telefons durch den Unternehmer) und

- die **Entnahme von Dienst- oder Werkleistungen für private Zwecke, unabhängig davon, ob zuvor ein Vorsteuerabzug**[2] **möglich war** (§ 3 Abs. 9 a Nr. 2 UStG) (z. B. Reparaturarbeiten am Privathaus durch Beschäftigte des Betriebes).

Aus wirtschafts-, kultur- und sozialpolitischen Gründen sind einige steuerbare Umsätze **steuerfrei**. Hierzu zählen (§ 4 UStG) z. B.:

- Ausfuhrlieferungen,
- Entgelte für Kreditgewährung,
- Entgelte für Versicherungsverhältnisse,
- Umsätze aus der Tätigkeit als Versicherungsvertreter,
- Entgelte für Vermietung und Verpachtung von Grundstücken und
- Umsätze aus der Tätigkeit als Arzt, Zahnarzt, Heilpraktiker, Hebamme oder aus vergleichbaren heilberuflichen Tätigkeiten.

Die Bemessungsgrundlage der Besteuerung ist in der Regel der Wert des steuerpflichtigen Umsatzes (§§ 10 und 11 UStG); auf sie wird der Steuersatz berechnet. Der **Regelsteuersatz** beträgt 16 % der Bemessungsgrundlage. Bestimmte Umsätze, z. B. Lebensmittel und Bücher, unterliegen dem **ermäßigten Steuersatz** von 7 %.

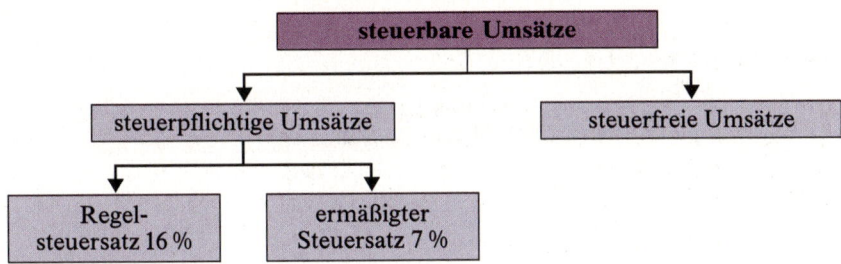

2.7.2 Die Umsatzsteuerkonten

2.7.2.1 Buchen auf dem Umsatzsteuerkonto

Ein Einzelhandel schickt die folgende Ausgangsrechnung an seinen Kunden:

Ausgangsrechnung	
Warenwert	10.000,00 €
+ 16 % USt	1.600,00 €
Rechnungsbetrag	11.600,00 €

---

1   siehe Hermsen, RW im Groß- und Außenhandel, 6. Auflage, Winklers Verlag, Darmstadt 2000, Kapitel 3.3.2.2
2   siehe Erklärung S. 98 ff.

Dieser Einzelhandel bucht den Zielverkauf von Waren wie folgt:

Forderungen a. LL	11.600,00	
an Umsatzerlöse für Waren		10.000,00
an Umsatzsteuer		1.600,00

S	Forderungen a. LL	H
U.f.W./USt 11.600,00		

S	Umsatzerlöse für Waren	H
	Ford. a. LL	10.000,00

S	Umsatzsteuer	H
	Ford. a. LL	1.600,00

Der Kunde wird mit dem vollen Rechnungsbetrag belastet. Er muss neben dem Preis für die Waren die Umsatzsteuer an den Einzelhandel entrichten.

Auf dem Konto „Umsatzerlöse für Waren" wird der Nettoverkaufspreis gebucht, die Umsatzsteuer wird gesondert auf dem Konto „Umsatzsteuer" erfasst.

Der Einzelhandel kann nun die Umsatzsteuer, die er seinem Kunden in Rechnung stellt, selbstverständlich nicht einbehalten, sondern muss sie an das Finanzamt weiterleiten.

Die Kunden in Rechnung gestellte Umsatzsteuer wird auf dem Konto „Umsatzsteuer" erfasst. Sie stellt eine Verbindlichkeit an das Finanzamt dar. Das Konto „Umsatzsteuer" hat daher den Charakter eines Verbindlichkeitenkontos. Es ist ein passives Bestandskonto.

2.7.2.2 Buchen auf dem Vorsteuerkonto

Die Waren, die unser Einzelhandel mit oben stehender Ausgangsrechnung verkauft hat, hat er seinerseits mit folgender Eingangsrechnung eingekauft:

Eingangsrechnung	
Warenwert	7.000,00 €
+ 16 % USt	1.120,00 €
Rechnungsbetrag	8.120,00 €

Den Wareneinkauf bucht der Einzelhandel wie folgt:

Aufwendungen für Waren	7.000,00	
Vorsteuer	1.120,00	
an Verbindlichkeiten a. LL		8.120,00

S	Aufwendungen für Waren	H
Verb. a. LL 7.000,00		

S	Verbindlichkeiten a. LL	H
	A.f.W./VSt	8.120,00

S	Vorsteuer	H
Verb. a. LL 1.120,00		

Das Einzelhandelsunternehmen muss den vollen Rechnungsbetrag einschließlich Umsatzsteuer an seinen Lieferer entrichten.

Auf dem Konto „Aufwendungen für Waren" wird der Nettowarenwert gebucht, die zu zahlende Umsatzsteuer wird gesondert auf dem Konto „Vorsteuer" erfasst.

Die ihm in Rechnung gestellte Umsatzsteuer (= Vorsteuer) kann unser Einzelhandel vom Finanzamt zurückverlangen.

646798L

Die an Lieferer zu zahlende Umsatzsteuer wird auf dem Konto „Vorsteuer" erfasst. Sie stellt eine Forderung an das Finanzamt dar. Das Konto „Vorsteuer" hat daher den Charakter eines Forderungskontos. Es ist ein aktives Bestandskonto.

2.7.2.3 Die Verrechnung der Umsatzsteuerschuld gegen die Vorsteuerforderung

Die Umsatzsteuerschuld und die Vorsteuerforderung werden gegeneinander verrechnet, d. h., die Konten „Umsatzsteuer" und „Vorsteuer" werden übereinander abgeschlossen.

2.7.2.3.1 Die Zahllast

Im obigen Beispiel hat unser Einzelhandel eine Umsatzsteuerschuld von 1.600,00 € und eine Vorsteuerforderung von 1.120,00 €.
Die Verrechnung erfolgt buchhalterisch folgendermaßen:

Umsatzsteuer	1.120,00	
an Vorsteuer		1.120,00

S	Umsatzsteuer		H	S	Vorsteuer		H
VSt	1.120,00	Ford. a. LL	1.600,00	Verb. a. LL	1.120,00	USt	1.120,00

Es ergibt sich in unserem Fall auf dem Umsatzsteuerkonto ein **Überhang an Umsatzsteuerschulden** an das Finanzamt in Höhe von **480,00 €,** der als **Zahllast** bezeichnet wird.

S	Umsatzsteuer		H
VSt	1.120,00	Ford. a. LL	1.600,00
Zahllast	**480,00**		

Die Zahllast wird wie folgt errechnet:

> Umsatzsteuerschulden gemäß Ausgangsrechnungen
> – Vorsteuerforderungen gemäß Eingangsrechnungen
> = Zahllast

Die Zahllast muss als Umsatzsteuerrestverbindlichkeit an das Finanzamt abgeführt werden, z. B. per Banküberweisung:

Umsatzsteuer	480,00	
an Kreditinstitute		480,00

S	Umsatzsteuer		H	S	Kreditinstitute		H
VSt	1.120,00	Ford. a. LL	1.600,00	AB	...	USt	480,00
KI	480,00						

Überweisung der Zahllast

Die Zahllast wird i. d. R. monatlich ermittelt. Bis zum 10. des Folgemonats muss eine Umsatzsteuervoranmeldung auf amtlichen Vordrucken an das Finanzamt eingereicht werden.

Gleichzeitig ist eine entsprechende Vorauszahlung der Zahllast zu leisten. Der Gesetzgeber hat eine Schonfrist von 5 Tagen ohne Säumniszuschlag eingeräumt.

Hat die Umsatzsteuerzahllast des vergangenen Kalenderjahres 12.000,00 DM (entspricht 6.135,50 €) oder weniger betragen, so gelten statt der Monatsfristen Vierteljahresfristen.

Betrag der Vorjahres- steuer	Ermittlung der Zahllast	Voranmeldung und Überweisung der Zahllast	Voranmeldung und Überweisung der Zahllast einschl. Schonfrist
mehr als 12.000,00 DM (6.135,50 €)	zum Ende eines jeden Monats	bis zum 10. des Folgemonats	bis zum 15. des Folgemonats
12.000,00 DM (6.135,50 €) und weniger	zum Ende eines jeden Quartals	10 Tage nach Quartalsende	15 Tage nach Quartalsende

Für das ganze Kalenderjahr hat der Unternehmer eine Jahreserklärung abzugeben. Waren die Vorauszahlungen nicht richtig, so muss der Unternehmer eine Abschlusszahlung leisten bzw. das Finanzamt eine Rückzahlung erstatten.

2.7.2.3.2 Der Vorsteuerüberhang

Sind z. B. bei hohen saisonal bedingten Einkäufen die Vorsteuerforderungen eines Umsatzsteuer-Voranmeldezeitraumes höher als die Umsatzsteuerschulden, so liegt ein **Vorsteuerüberhang** vor.

Beispiel:

Es sind insgesamt 8.000,00 € an Umsatzsteuerschulden und 10.000,00 € an Vorsteuerforderungen in einem Umsatzsteuer-Voranmeldezeitraum gebucht worden.

Die Verrechnung erfolgt folgendermaßen:

Umsatzsteuer	8.000,00	
an Vorsteuer		8.000,00

S	Umsatzsteuer	H	S	Vorsteuer	H
VSt	8.000,00	Ford. a. LL 8.000,00	Verb. a. LL 10.000,00	USt	8.000,00

In diesem Fall sind die Vorsteuerforderungen höher als die Umsatzsteuerschulden. Es ergibt sich ein **Vorsteuerüberhang** von **2.000,00 €.**

S	Vorsteuer		H
Verb. a. LL 10.000,00	USt	8.000,00	
	Vorsteuer- überhang	2.000,00	

Das Finanzamt erstattet diesen Überschuss bzw. verrechnet ihn gegebenenfalls mit Steuerschulden.

2.7.2.4 Bilanzierung von Zahllast bzw. Vorsteuerüberhang

Ist am Abschluss-Stichtag die Zahllast für den letzten Voranmeldezeitraum noch nicht an das Finanzamt überwiesen (Zahlung muss bis zum 10. Januar erfolgen), so wird diese als Schlussbestand des passiven Bestandskontos „Umsatzsteuer" **passiviert.** Man nennt diesen Vorgang entsprechend **Passivierung der Zahllast.**

Beispiel

Die Zahllast beträgt für den Monat Dezember 4.000,00 €.

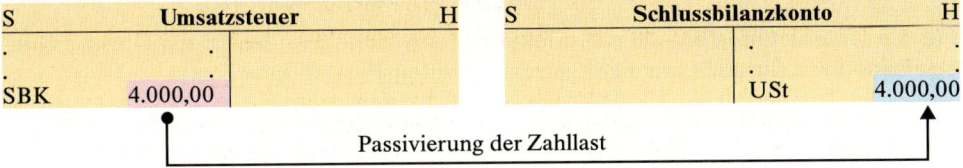

S	Umsatzsteuer	H	S	Schlussbilanzkonto	H
.	.			.	.
.	.			.	.
SBK	4.000,00			USt	4.000,00

Passivierung der Zahllast

Im Falle eines Vorsteuerüberhanges wird dieser beim Abschluss **aktiviert**.

2.7.3 Die Versteuerung des Mehrwertes

In unserem Beispiel hat der Einzelhandel durch seine Lagerungs- und Verteilungsfunktion an der Ware einen **Mehrwert** geschaffen. Dieser Mehrwert ergibt sich aus der Differenz zwischen dem Nettoverkaufspreis und dem Nettoeinkaufspreis.

Nettoverkaufspreis	–	Nettoeinkaufspreis	=	Mehrwert
(der erbrachten Leistung)		(der bezogenen Leistung)		
10.000,00 €[1]	– 7.000,00 €[2]		= 3.000,00 €	

Die Zahllast stellt eine Versteuerung des Mehrwertes dar.

Zahllast (480,00 €)[3] = 16 % des Mehrwertes (3.000,00 €)

Dem Unternehmer wird also nicht für seinen vollen Verkaufspreis eine Zahllast aufgebürdet, sondern lediglich für seine Wertschöpfung, d. h. für den Mehrwert auf seiner Produktions- bzw. Handelsstufe. Daher kommt die Bezeichnung **Mehrwertsteuer.**

Die folgende Darstellung zeigt auf, wie sich die Verrechnung der Zahllasten über mehrere Produktions- bzw. Handelsstufen vollzieht.

Produktions- bzw. Handelsstufen	Ausgangsrechnung (= Eingangsrechnung der nachfolgenden Umsatzstufe) (€)	Umsatzsteuer (€)	Vorsteuer (€)	Zahllast (= 16 % vom Mehrwert) (€)	Mehrwert (€)
Urerzeuger	Nettopreis 10.000,00 + 16 % USt 1.600,00 Bruttopreis 11.600,00	1.600,00	0,00	1.600,00	10.000,00
verarbeitende Industrie	Nettopreis 25.000,00 + 16 % USt 4.000,00 Bruttopreis 29.000,00	4.000,00	1.600,00	2.400,00	15.000,00
Großhandel	Nettopreis 30.000,00 + 16 % USt 4.800,00 Bruttopreis 34.800,00	4.800,00	4.000,00	800,00	5.000,00
Einzelhandel	Nettopreis 34.000,00 + 16 % USt 5.440,00 Bruttopreis 39.440,00	5.440,00	4.800,00	640,00	4.000,00
Summe				5.440,00	34.000,00

1 vgl. Kapitel 2.7.2.1   2 vgl. Kapitel 2.7.2.2   3 vgl. Kapitel 2.7.2.3.1

Der nicht vorsteuerabzugsberechtigte Endverbraucher trägt die Umsatzsteuer. Sein Umsatzsteueranteil (im obigen Beispiel 5.440,00 €) entspricht der Summe der an das Finanzamt abgeführten Zahllasten (im obigen Beispiel 5.440,00 €).

Für die Unternehmen auf allen Produktions- und Handelsstufen ist die Umsatzsteuer **erfolgsneutral.** Sie stellt nur einen **durchlaufenden Posten** dar.

Der Gesetzgeber könnte den Einzug der Umsatzsteuer vereinfachen, indem er nur den Umsatz der letzten Stufe der Handelskette (im obigen Beispiel: Einzelhandel) besteuert. Um jedoch zu vermeiden, dass nur eine Absatzstufe von dem Besteuerungsverfahren betroffen ist, wurde die Umsatzsteuer als Mehrwertsteuer mit dem oben beschriebenen Verrechnungs- und Einzugsverfahren ausgestaltet.

Zusammenfassung

Schaubild

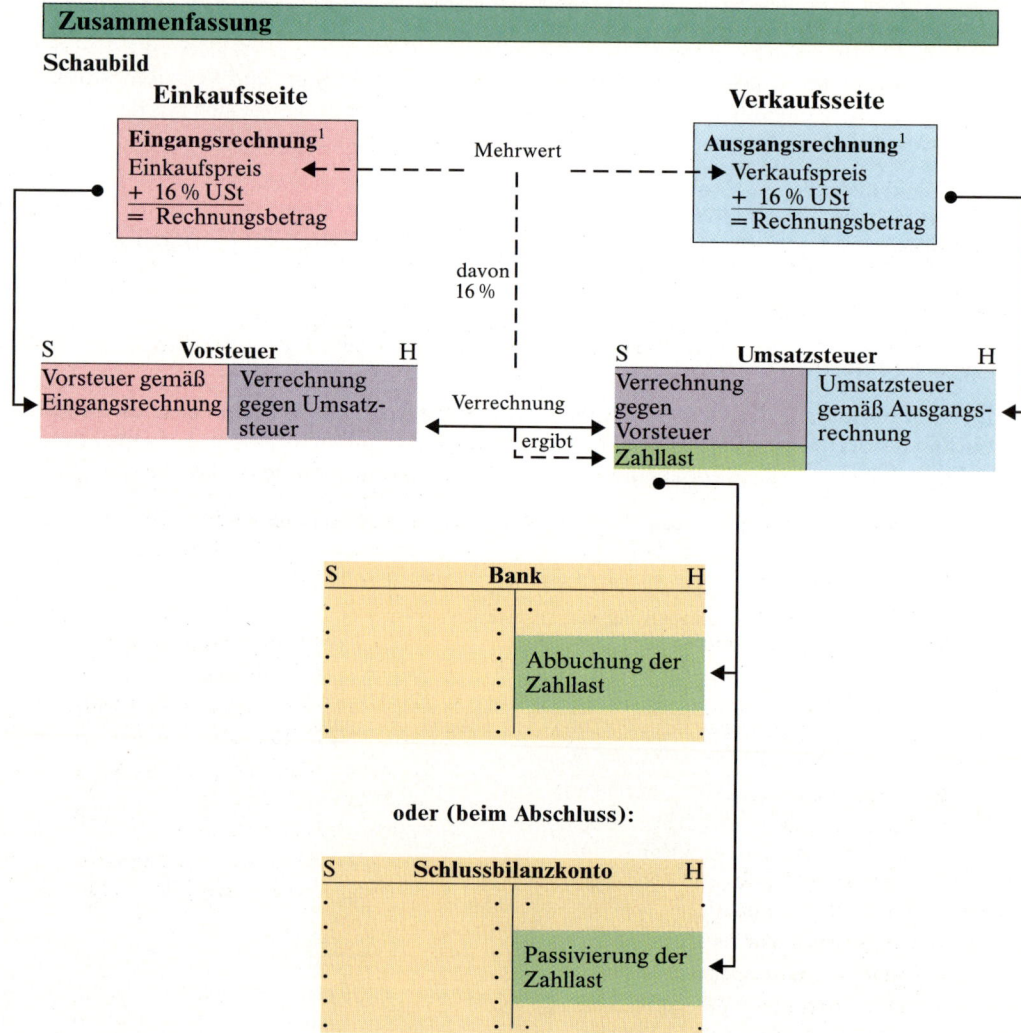

---

1 Liegt der Gesamtbetrag (Entgelt und Umsatzsteuer) unter 200,00 DM (entspricht 102,26 €), so brauchen Entgelt und Umsatzsteuer nicht getrennt ausgewiesen zu werden (Kleinbetragsrechnung).

6467102L

Merksätze

1. Die Umsatzsteuer für bezogene „steuerpflichtige Umsätze" wird beim leistungsempfangenden Unternehmen im Soll des aktiven Bestandskontos Vorsteuer erfasst. Die gebuchte Vorsteuer stellt eine Forderung an das Finanzamt dar.
2. Die Umsatzsteuer für erbrachte „steuerpflichtige Umsätze" wird beim leistungsabgebenden Unternehmen im Haben des passiven Bestandskontos Umsatzsteuer erfasst. Die gebuchte Umsatzsteuer stellt eine Verbindlichkeit an das Finanzamt dar.
3. Die Vorsteuerforderung wird mit der Umsatzsteuerschuld verrechnet. Überwiegen die Umsatzsteuerschulden, so ergibt sich eine Restverbindlichkeit an das Finanzamt, die so genannte Zahllast. Überwiegen die Vorsteuerforderungen, so ergibt sich eine Restforderung an das Finanzamt, der so genannte Vorsteuerüberhang.
4. Auf jeder Produktions- und Handelsstufe ist die Zahllast die Versteuerung der Wertschöpfung (des Mehrwertes).

Aufgaben

Aufgabe 1: Verständnisaufgabe zum Lernstoff;
Aufgaben 2 und 3: Belegbuchungen;
Aufgabe 4: buchhalterische Behandlung von Umsatzsteuer und Vorsteuer;
Aufgabe 5: Versteuerung des Mehrwertes auf mehreren Produktions- und Handelsstufen;
Aufgabe 6: Geschäftsgang.

1 Jede der unter A stehenden Angaben passt inhaltlich zu einer der unter B stehenden Angaben. Nehmen Sie die jeweiligen Zuordnungen vor.

A	B
1. Buchung der Umsatzsteuer für bezogene Lieferungen und sonstige Leistungen.	1. Beim Abschluss wird die Umsatzsteuerschuld in der Bilanz ausgewiesen.
2. Vorsteuerkonto.	2. Zahllast.
3. Aktivierung des Vorsteuerüberhanges.	3. Im Soll des Vorsteuerkontos.
4. Buchung der Umsatzsteuer für erbrachte Lieferungen und sonstige Leistungen.	4. Passives Bestandskonto.
5. Umsatzsteuerkonto.	5. Im Haben des Umsatzsteuerkontos.
6. Nach der monatlichen Verrechnung von Umsatzsteuer und Vorsteuer ergibt sich eine Restverbindlichkeit an das Finanzamt.	6. Vorsteuerüberhang.
7. Passivierung der Zahllast.	7. Nicht vorsteuerabzugsberechtigter Endverbraucher.
8. Träger der Umsatzsteuer.	8. Aktives Bestandskonto.
9. Nach der monatlichen Verrechnung von Umsatzsteuer und Vorsteuer ergibt sich eine Restforderung an das Finanzamt.	9. Beim Abschluss wird die Umsatzsteuerforderung in der Bilanz ausgewiesen.

2 [1] a) Wie bucht der Textileinzelhandel Konrad Fied KG die Belege 1 und 2?

b) Wie bucht die Emut GmbH den Beleg 1 und das Unternehmen Heinrich Paulmann e. K. den Beleg 2?

Beleg 1

Beleg 2

---

1 **Konten:** Forderungen a. LL, Verbindlichkeiten a. LL, Fremdinstandhaltung, Aufwendungen für Waren, Umsatzerlöse für Waren, Umsatzerlöse für erbrachte Instandsetzung, Vorsteuer, Umsatzsteuer.

6467104L

3 [1] Sie sind Angestellte(r) des Textileinzelhandels Konrad Fied KG, Goseriede 41, 30159 Hannover. Die unten stehenden Belege liegen Ihnen zur Buchung vor.

a) Welche Geschäftsfälle liegen den Belegen zugrunde?

b) Wie lauten die Buchungssätze?

Beleg 1

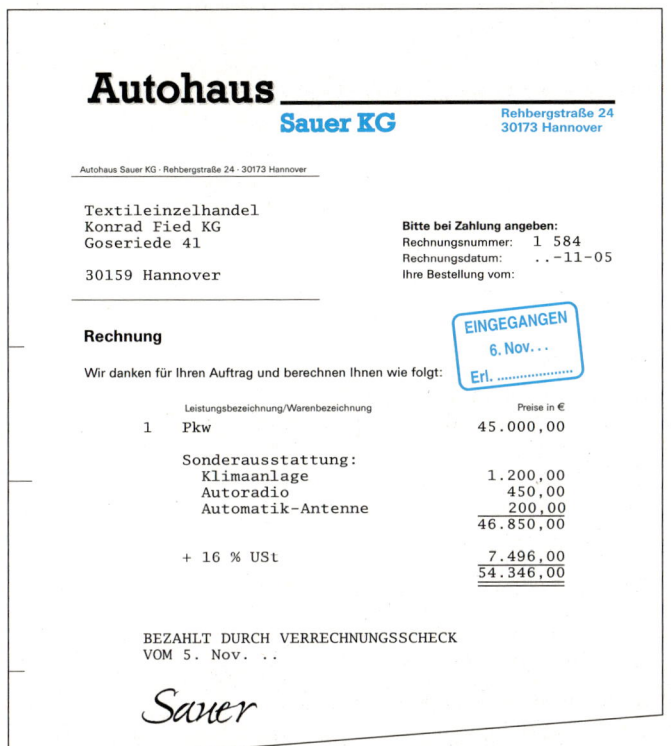

Beleg 2[2]

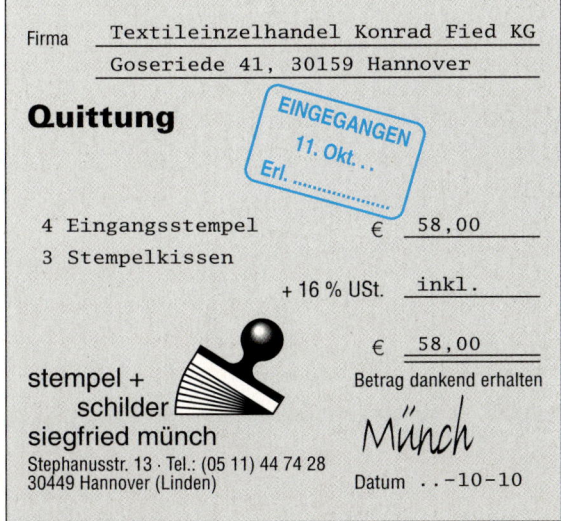

---

[1] **Konten:** Kreditinstitute, Reinigung, Umsatzsteuer, Vorsteuer, Reisekosten, Kasse, Fuhrpark, Büromaterial, Forderungen a. LL.

[2] Liegt der Gesamtbetrag (Entgelt und Umsatzsteuer) unter 200,00 DM (entspricht 102,26 €), so brauchen Entgelt und Umsatzsteuer nicht getrennt ausgewiesen zu werden (Kleinbetragsrechnung).

Beleg 3

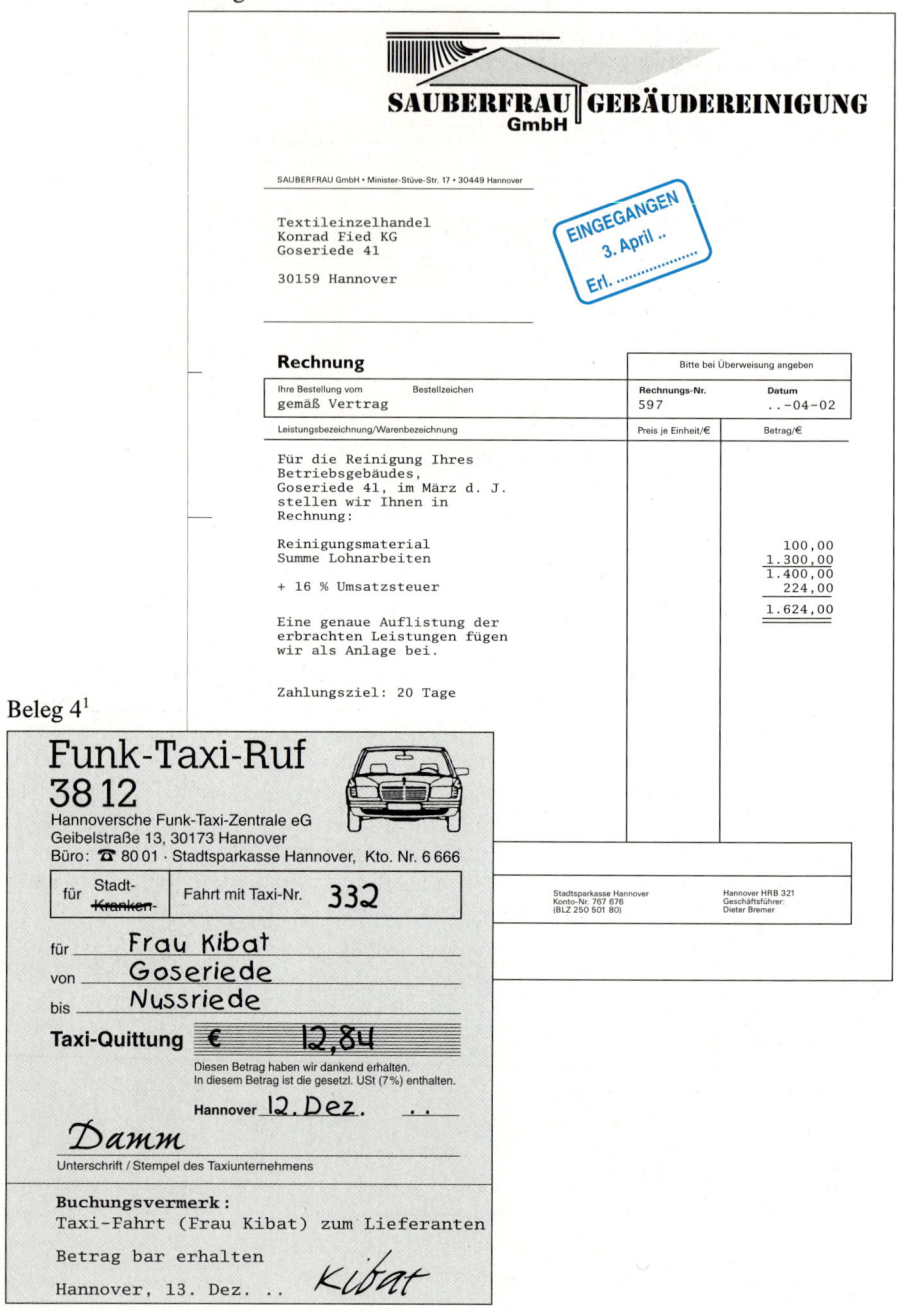

SAUBERFRAU GmbH GEBÄUDEREINIGUNG

SAUBERFRAU GmbH · Minister-Stüve-Str. 17 · 30449 Hannover

Textileinzelhandel
Konrad Fied KG
Goseriede 41

30159 Hannover

EINGEGANGEN 3. April .. Erl. ....

Rechnung

		Bitte bei Überweisung angeben	
Ihre Bestellung vom	Bestellzeichen	Rechnungs-Nr.	Datum
gemäß Vertrag		597	..-04-02
Leistungsbezeichnung/Warenbezeichnung		Preis je Einheit/€	Betrag/€

Für die Reinigung Ihres
Betriebsgebäudes,
Goseriede 41, im März d. J.
stellen wir Ihnen in
Rechnung:

	Betrag/€
Reinigungsmaterial	100,00
Summe Lohnarbeiten	1.300,00
	1.400,00
+ 16 % Umsatzsteuer	224,00
	1.624,00

Eine genaue Auflistung der
erbrachten Leistungen fügen
wir als Anlage bei.

Zahlungsziel: 20 Tage

Stadtsparkasse Hannover
Konto-Nr. 767 676
(BLZ 250 501 80)

Hannover HRB 321
Geschäftsführer:
Dieter Bremer

Beleg 4[1]

Funk-Taxi-Ruf
38 12
Hannoversche Funk-Taxi-Zentrale eG
Geibelstraße 13, 30173 Hannover
Büro: ☎ 80 01 · Stadtsparkasse Hannover, Kto. Nr. 6 666

für Stadt-~~Kranken~~	Fahrt mit Taxi-Nr. 332

für **Frau Kibat**
von **Goseriede**
bis **Nussriede**

Taxi-Quittung € **12,84**

Diesen Betrag haben wir dankend erhalten.
In diesem Betrag ist die gesetzl. USt (7%) enthalten.

Hannover **12. Dez.** ..

Damm

Unterschrift / Stempel des Taxiunternehmens

Buchungsvermerk:
Taxi-Fahrt (Frau Kibat) zum Lieferanten

Betrag bar erhalten

Hannover, 13. Dez. .. *Kibat*

---

1 Bei einer **Personenbeförderung** bis 50 km oder innerhalb einer Gemeinde beträgt der Umsatzsteuersatz 7 %.

6467106L

Beleg 5

Lindener Volksbank eG
30449 Hannover

Empfänger
Finanzamt Hannover-Süd

Konto-Nr. des Empfängers		Bankleitzahl
55 555 555		250 000 00

bei (Kreditinstitut)
Landeszentralbank Hannover

* Bis zur Einführung des Euro (= EUR) nur DM; danach DM oder EUR.	DM od. EUR*	Betrag
	EUR	11.780,00-----------

Kunden-Referenznummer - noch Verwendungszweck, ggf. Name und Anschrift des Auftraggebers (nur für Empfänger)
Umsatzsteuer-Zahllast Okt. ..,

St.-Nr. 27/228/072

Kontoinhaber
Konrad Fied KG, 30159 Hannover

Konto-Nr. des Kontoinhabers
12 345

..-11-08   *Konrad Fied*

Datum   Unterschrift

Beleg 6

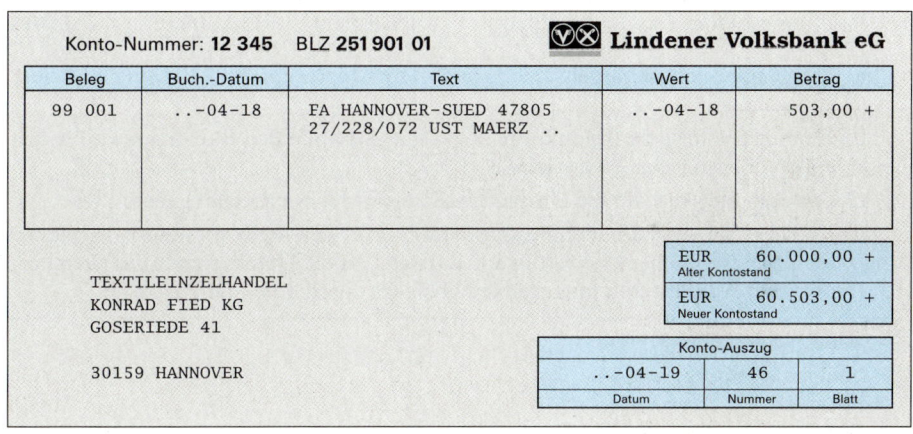

Konto-Nummer: **12 345**   BLZ **251 901 01**   **Lindener Volksbank eG**

Beleg	Buch.-Datum	Text	Wert	Betrag
99 001	..-04-18	FA HANNOVER-SUED 47805 27/228/072 UST MAERZ ..	..-04-18	503,00 +

TEXTILEINZELHANDEL
KONRAD FIED KG
GOSERIEDE 41

30159 HANNOVER

EUR 60.000,00 + Alter Kontostand	
EUR 60.503,00 + Neuer Kontostand	

Konto-Auszug		
..-04-19	46	1
Datum	Nummer	Blatt

4 Im Umsatzsteuervoranmeldezeitraum sind in der Summe folgende Wareneinkäufe und
Ⓐ Warenverkäufe angefallen:

	I	II
Bareinkäufe von Waren	70.000,00 €	80.000,00 €
+ 16 % Umsatzsteuer	11.200,00 €	12.800,00 €
Barverkäufe von Waren	90.000,00 €	60.000,00 €
+ 16 % Umsatzsteuer	14.400,00 €	9.600,00 €

a) Buchen Sie auf den Konten Kasse, Verbindlichkeiten a. LL, Aufwendungen für Waren,
   Umsatzerlöse für Waren, Vorsteuer und Umsatzsteuer die oben stehenden Wareneinkäufe und Warenverkäufe.

b) Ermitteln Sie buchhalterisch die Zahllast bzw. den Vorsteuerüberhang.

c) Nennen Sie den Buchungssatz zur Passivierung der Zahllast bzw. zur Aktivierung des
   Vorsteuerüberhanges.

---

5 Es liegen die folgenden Ausgangsrechnungen eines Betriebes der Grundstoffindustrie,
Ⓐ der verarbeitenden Industrie, des Großhandels und des Einzelhandels vor.

	Grundstoff-industrie	verarbeitende Industrie	Groß-handel	Einzel-handel
Ausgangsrechnung	€	€	€	€
Warenwert	40.000,00	100.000,00	120.000,00	130.000,00
+ 16 % USt	6.400,00	16.000,00	19.200,00	20.800,00
Rechnungsbetrag	46.400,00	116.000,00	139.200,00	150.800,00

a) Richten Sie sich ein Stufenschema nach dem Muster auf Seite 102 ein und füllen Sie es
   ebenso aus.

b) Nennen Sie für jede Produktions- bzw. Handelsstufe den Buchungssatz für den Zieleinkauf und für den Zielverkauf.

c) Erklären Sie, weshalb die Umsatzsteuer auch Mehrwertsteuer genannt wird.

d) Erklären Sie, weshalb die Umsatzsteuer nur für den nicht vorsteuerabzugsberechtig-
   ten Endverbraucher einen Aufwand darstellt, für die Unternehmen auf allen Produkti-
   ons- und Absatzstufen hingegen lediglich ein durchlaufender Posten ist.

---

6 **Anfangsbestände** €
Ⓐ

Ladenausstattung	220.000,00
Fuhrpark	100.000,00
Waren	190.000,00
Forderungen a. LL	40.000,00
Kasse	13.000,00
Postbank	18.000,00
Kreditinstitute	22.000,00
Eigenkapital	?
Langfristige Bankverbindlichkeiten	300.000,00
Verbindlichkeiten a. LL	100.000,00
Umsatzsteuer	6.000,00

Erfolgskonten
Aufwendungen für Waren, Büromaterial, Fremdinstandhaltung, Löhne, Verluste aus
Kassenbeständen, Zinserträge, Umsatzerlöse für Waren.

Abschlusskonten
Gewinn- und Verlustkonto, Schlussbilanzkonto.

6467108L

Geschäftsfälle €

1. Lastschriftanzeige der Bank
1. für Überweisung der Zahllast 6.000,00
2. Lohnzahlung 12.000,00
3. Barabhebung 1.000,00

2. Ausgangsrechnung an Kunden
Nettopreis (Waren) 27.000,00
+ 16 % Umsatzsteuer 4.320,00

Rechnungspreis 31.320,00

3. Barverkäufe von Waren (einschl. 16 % USt) 63.800,00

4. Eingangsrechnung
1. unseres Warenlieferanten
Nettopreis 50.000,00
+ 16 % Umsatzsteuer 8.000,00

Rechnungspreis 58.000,00

2. unseres Warenlieferanten
Nettopreis 10.000,00
+ 16 % Umsatzsteuer 1.600,00

Rechnungspreis 11.600,00

3. unseres Autohändlers
Nettopreis (des PKWs) 20.000,00
+ 16 % Umsatzsteuer 3.200,00

Rechnungspreis 23.200,00

5. Bezahlung einer Liefererrechnung mit einer Gegenlieferung von
Waren, Nettopreis 900,00
+ 16 % Umsatzsteuer 144,00

Rechnungspreis 1.044,00

6. Kassenausgänge für
1. Einkauf von Büromaterial
Nettopreis 400,00
+ 16 % Umsatzsteuer 64,00

Rechnungspreis 464,00

2. Kfz-Reparatur
Nettopreis 700,00
+ 16 % Umsatzsteuer 112,00

Rechnungspreis 812,00

7. Bankgutschrift für
1. Postbanküberweisung auf Bankkonto 5.000,00
2. Zinsgutschrift 800,00
3. Kundenzahlung 18.000,00

8. Barverkäufe von Waren (einschl. 16 % USt) 55.680,00

Abschlussangaben
1. Passivierung der Zahllast
2. Warenschlussbestand lt. Inventur 200.000,00
3. Kassenfehlbestand (Inventurdifferenz) 100,00
4. Die Buchbestände der übrigen Bestandskonten entsprechen den Inventurbeständen.

2.8 Das Privatkonto

Neben Aufwendungen und Erträgen führen auch **Privatentnahmen** und **Privateinlagen** zu **Eigenkapitaländerungen.**
Privatentnahmen mindern das Eigenkapital; Privateinlagen mehren das Eigenkapital.

2.8.1 Privatentnahmen

Im Vorgriff auf den zu erwartenden Gewinn entnimmt ein Unternehmer seinem Betrieb hin und wieder im Laufe des Geschäftsjahres Wirtschaftsgüter. Man spricht hier von **Privatentnahmen.**

Zu den Privatentnahmen zählen nach § 4 Abs. 1 EStG:

- **Barentnahmen** (Beispiele: Ein Unternehmer entnimmt der betrieblichen Kasse 1.000,00 € für eine private Wochenendreise. Ein Unternehmer zahlt seine Einkommensteuer durch Überweisung vom betrieblichen Bankkonto. Ein Unternehmer begleicht den Rechnungsbetrag für private Zeitungsanzeigen per Überweisung vom betrieblichen Postbankkonto.),
- **Warenentnahmen** (Beispiel: Ein Feinkosthändler entnimmt seinem Geschäft Kaviar für eine private Feier.),
- **Erzeugnisentnahmen** (Beispiel: Ein Textilwarenfabrikant entnimmt eine in seinem Betrieb hergestellte Bluse, um sie seiner Frau zu schenken.),
- **Nutzungsentnahmen** (Beispiele: Das Geschäftstelefon wird für Privatgespräche benutzt. Der Geschäftswagen wird für Privatfahrten eingesetzt. Betriebsräume werden als Privatwohnung genutzt.) und
- **Leistungsentnahmen** (Beispiel: Der Inhaber einer Kfz-Werkstatt lässt während der betrieblichen Arbeitszeit seinen Privatwagen von einem angestellten Kfz-Meister reparieren.).

2.8.2 Privateinlagen

Privateinlagen liegen vor, wenn ein Unternehmer seinem Betrieb im Laufe des Geschäftsjahres Wirtschaftsgüter zuführt.

Zu den Privateinlagen zählen nach § 4 Abs. 1 EStG:

- **Bareinzahlungen** (Beispiel: Ein Unternehmer zahlt einen Lottogewinn von 5.000,00 € auf das betriebliche Bankkonto ein.) und
- **sonstige Wirtschaftsgüter** (Beispiele: Der Privatwagen des Unternehmers wird in den Betrieb als Fahrzeug für die Reisenden eingebracht. Die privat entlohnte Putzfrau des Unternehmers reinigt auch das betriebliche Arbeitszimmer.).

2.8.3 Möglichkeit von Privatentnahmen und Privateinlagen bei den Unternehmungsformen

Nur bei den **Einzelunternehmungen** und den **Personengesellschaften** (OHG, KG) sind Privatentnahmen und Privateinlagen möglich.

Bei den **Kapitalgesellschaften** (GmbH, AG) gibt es keine Privatbuchungen. Hier sind die Eigentümer nicht so eng mit dem Unternehmen verbunden (z. B. die Aktionäre einer großen AG), dass sie Privatentnahmen oder Privateinlagen tätigen können. Die Leitung der Kapitalgesellschaften liegt in den Händen des Vorstandes bzw. der Geschäftsführung.

6467110L

2.8.4 Buchhalterische Behandlung von Privatentnahmen und Privateinlagen

Das betriebliche Eigenkapital ändert sich durch Privatentnahmen und Privateinlagen.

Privatentnahmen führen zu Eigenkapitalminderungen. Privateinlagen führen zu Eigenkapitalmehrungen.

Privatentnahmen könnten folglich als Bestandsminderungen im Soll und Privateinlagen als Bestandsmehrungen im Haben des passiven Bestandskontos Eigenkapital gebucht werden.

Damit nun aber das Eigenkapitalkonto nicht zu unübersichtlich wird, werden Privatentnahmen und Privateinlagen auf dem „Privatkonto" erfasst.

Privatentnahmen werden auf dem Privatkonto im Soll gebucht.

Privateinlagen werden auf dem Privatkonto im Haben gebucht.

Das Privatkonto wird über das Eigenkapitalkonto abgeschlossen.

Beispiele

1. Der Unternehmer entnimmt der Kasse 400,00 €, um seiner Frau ein Geschenk zu machen.
2. Der Unternehmer überweist private Ersparnisse von 10.000,00 € auf das betriebliche Bankkonto.
3. Der Unternehmer überweist 20.000,00 € vom betrieblichen Postbankkonto für den Kauf eines Privatwagens.

Buchungssätze			
1.	Privatkonto	400,00	
	an Kasse		400,00
2.	Bank	10.000,00	
	an Privatkonto		10.000,00
3.	Privatkonto	20.000,00	
	an Postbank		20.000,00

Buchungen auf dem Privatkonto

S	Privatkonto			H
1. Kasse	400,00	2. Bank	10.000,00
3. Post	20.000,00		

Der Abschluss des Privatkontos erfolgt über das Eigenkapitalkonto. In unserem Fall sind die Privatentnahmen um 10.400,00 € höher als die Privateinlagen. Das Eigenkapital (angenommener Anfangsbestand: 100.000,00 €) mindert sich folglich um diesen Betrag.

S	Privatkonto		H		S	Eigenkapital		H
1. Kasse	400,00	2. Bank	10.000,00		Privat	10.400,00	AB	100.000,00
3. Post	20.000,00	EK	10.400,00		SB	89.600,00		
	20.400,00		20.400,00			100.000,00		100.000,00

2.8.5 Umsatzsteuerpflicht der Privatentnahmen

Privatentnahmen sind zum Teil umsatzsteuerpflichtig. Der Unternehmer ist bei der Entnahme für private Zwecke Endverbraucher. Würden die Privatentnahmen nicht der Umsatzsteuer unterliegen, so wäre der Unternehmer besser gestellt als alle anderen Konsumenten, die Umsatzsteuer bezahlen müssen.

Nach dem Umsatzsteuergesetz unterliegen der Umsatzsteuer

- **die Gegenstandsentnahme für private Zwecke, wenn zuvor ein voller oder teilweiser Vorsteuerabzug möglich war** (§ 3 Abs. 1 b Nr. 1 UStG) (z. B. Entnahme von Waren),
- **die private Verwendung betrieblicher Gegenstände, wenn zuvor ein voller oder teilweiser Vorsteuerabzug möglich war** (§ 3 Abs. 9 a Nr. 1 UStG) (z. B. die private Nutzung des betrieblichen Telefons durch den Unternehmer) und
- **die Entnahme von Dienst- oder Werkleistungen für private Zwecke, unabhängig davon, ob zuvor ein Vorsteuerabzug möglich war** (§ 3 Abs. 9 a Nr. 2 UStG) (z. B. Reparaturarbeiten am Privathaus durch Beschäftigte des Betriebes).

Die **Entnahme von Geld** (z. B. aus der Kasse, vom Bankkonto usw.) unterliegt nicht der Umsatzsteuer.

Die umsatzsteuerliche Bemessungsgrundlage für Wirtschaftsgüter, die dem Unternehmen entnommen werden, ist der Einkaufspreis (zuzüglich der Nebenkosten) zum Zeitpunkt der Entnahme (= Wiederbeschaffungskosten).

Beispiele

1.	Barentnahme für private Zwecke	500,00 €
2.	Privatentnahme von Waren, Nettowert	5.000,00 €
	+ 16 % Umsatzsteuer	800,00 €
3.	Es sind vom Unternehmer private Telefongespräche mit den betriebseigenen Telefonen geführt worden. Der private Anteil an den telefonischen Grund- und Gesprächsgebühren beträgt	100,00 €
	Darauf 16 % Umsatzsteuer	16,00 €
4.	Der betriebliche Pkw[1] wurde auch privat benutzt. Der private Nutzungsanteil beträgt gemäß Einzelnachweis insgesamt netto	1.500,00 €
	Davon sind mit Vorsteuer belastet	1.000,00 €
	Darauf 16 % Umsatzsteuer	160,00 €
	Mit Vorsteuer unbelastet sind	500,00 €

Buchungssätze	1. Privatkonto	500,00	
	an Kasse		500,00

	2. Privatkonto	5.800,00	
	an Eigenverbrauch		5.000,00
	an Umsatzsteuer		800,00

---

1 Der Entnahmewert für die private Nutzung des betrieblichen Pkw kann auf zwei Arten (Wahlrecht) ermittelt werden:
   1. Durch **Einzelnachweis** des Entnahmewertes (Fahrtenbuch).
   2. Durch **Pauschalierung** des Entnahmewertes mit monatlich 1 % des Listenpreises (einschließlich Umsatzsteuer).
   Bei der Nutzung des betrieblichen Pkw für private Zwecke unterliegen die Aufwendungen, die nicht mit Vorsteuer belastet sind (z. B. Kraftfahrzeugversicherung, Kraftfahrzeugsteuer und steuerfreie Garagenmiete) nicht der Umsatzsteuer.
   Für auch privat genutzte betriebliche Fahrzeuge, die **nach dem 31. März 1999** angeschafft wurden, ist der Vorsteuerabzug aus Anschaffung, Miete und Betriebskosten auf 50 % beschränkt (§ 15 Abs. 1 b UStG). Hier entfällt auf der anderen Seite die Besteuerung der privaten Nutzung.
   Hinweis für die Lehrerin/den Lehrer: Der Vollständigkeit halber sind hier die steuerrechtlichen Tatbestände komplett dargestellt. Im Unterricht sollten Sie u. U. darauf verzichten.

6467112L

3.[1] Privatkonto	116,00	
an Eigenverbrauch		100,00
an Umsatzsteuer		16,00
4. Privatkonto	1.660,00	
an Eigenverbrauch		1.500,00
an Umsatzsteuer		160,00

Das Konto „Eigenverbrauch" ist ein Ertragskonto und wird über das GuV-Konto abgeschlossen.

Zusammenfassung

Schaubild

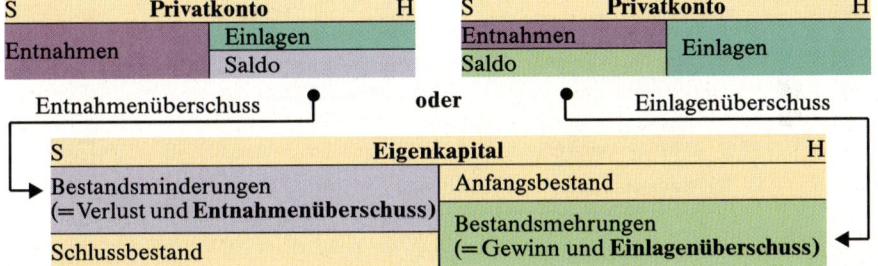

Merksätze

1. Privatentnahmen werden auf dem Privatkonto im Soll gebucht. Privateinlagen werden auf dem Privatkonto im Haben gebucht.
2. Das Privatkonto wird über das Eigenkapitalkonto abgeschlossen.
3. Privatentnahmen mindern das betriebliche Eigenkapital. Privateinlagen mehren das betriebliche Eigenkapital.
4. Die Privatentnahme betrieblicher Gegenstände und sonstiger Leistungen ist umsatzsteuerpflichtig.

Aufgaben

Aufgabe 1:   Arten von Privatentnahmen und Privateinlagen;
Aufgabe 2:   umsatzsteuerpflichtiger Eigenverbrauch;
Aufgabe 3:   Belegbuchungen;
Aufgaben 4 bis 7:   buchmäßige Auswirkungen von Privateinlagen und -entnahmen;
Aufgabe 8:   Buchungssätze;
Aufgabe 9:   Geschäftsgang.

1   Geben Sie an, in welcher Form

    a) Privatentnahmen und   b) Privateinlagen   getätigt werden können.

---

1 Die private Nutzung des betrieblichen Telefons stellt keinen Eigenverbrauch dar (BFH-Urteil vom 23. Sept. 1993), wenn der Unternehmer **gemietete** Fernsprecheinrichtungen benutzt (→ Privatkonto an Postgebühren, Telefon, Telefax und an Vorsteuer).

2 Welche der aufgeführten Privatentnahmen sind umsatzsteuerpflichtig?
- Banküberweisung der Einkommensteuer.
- Textileinzelhändler entnimmt seinem Unternehmen einen Pullover für seine Frau.
- Barentnahme zum Kauf von Sportschuhen.
- Betrieblicher Kraftwagen geht in das Privatvermögen des Unternehmers über.

3 Sie sind Angestellte(r) des Textileinzelhandels Konrad Fied KG, Goseriede 41, 30159 Hannover. Die unten stehenden Belege liegen Ihnen zur Buchung vor.
a) Welche Geschäftsfälle liegen den Belegen zugrunde?
b) Wie lauten die Buchungssätze?

Beleg 1[1]

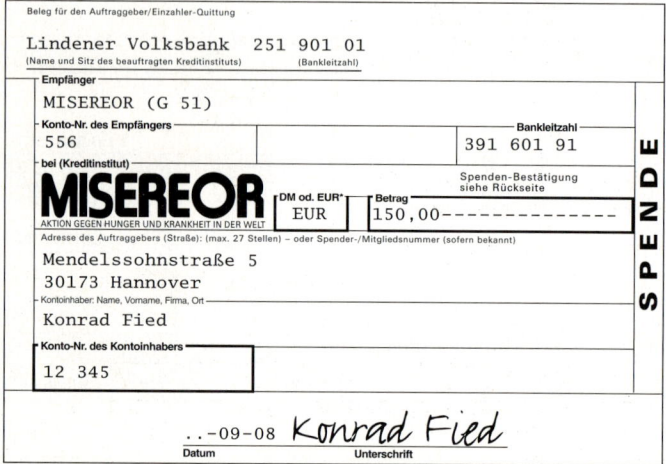

Beleg für den Auftraggeber/Einzahler-Quittung

Lindener Volksbank   251 901 01
(Name und Sitz des beauftragten Kreditinstituts)   (Bankleitzahl)

Empfänger
MISEREOR (G 51)
Konto-Nr. des Empfängers   Bankleitzahl
556   391 601 91
bei (Kreditinstitut)

MISEREOR
AKTION GEGEN HUNGER UND KRANKHEIT IN DER WELT
DM od. EUR*   Betrag   Spenden-Bestätigung siehe Rückseite
EUR   150,00----------

Adresse des Auftraggebers (Straße): (max. 27 Stellen) – oder Spender-/Mitgliedsnummer (sofern bekannt)
Mendelssohnstraße 5
30173 Hannover
Kontoinhaber: Name, Vorname, Firma, Ort
Konrad Fied
Konto-Nr. des Kontoinhabers
12 345

..-09-08 *Konrad Fied*
Datum   Unterschrift

SPENDE

Beleg 2

Warenentnahme

3 Trainingsanzüge, Artikel-Nr. 3210 100,00
2 Herren-Sweatshirts, Artikel-Nr. 3543 ... 50,00
2 Herren-T-Shirts, Artikel-Nr. 5680 28,00
                                           178,00
+ 16 % Umsatzsteuer..................... 28,48
                                           206,48
..-09-28 *Fied*

Beleg 3[2]

Konrad Fied KG Hannover	Buchungsanweisung Buchungsdatum: ..-09-29	Beleg-Nr.: 568

für: Die Grund- u. Gesprächsgebühren d. Monats Aug. betrugen netto 2.199,00 €.

Der private Anteil an den Telefonaten betrug 5 % (= 109,95 €).

Darauf 16 % Umsatzsteuer (= 17,59 €).

---

1 Bei **Einzelunternehmungen** und bei **Personengesellschaften** (OHG, KG) sind Spenden keine Betriebsausgaben. (Sie können hier im Rahmen bestimmter Höchstbeträge steuerlich als **Sonderausgaben** abgesetzt werden.) Nur bei **Kapitalgesellschaften** (AG, GmbH, KGaA) sind Spenden als Betriebsausgaben (**Konto „6880 Spenden"**) zu buchen.

2 Es handelt sich um eine betriebseigene Telefonanlage.

Beleg 4

Durchschrift für Kontoinhaber **250** 100 **30**

Postbank
Hannover

Empfänger

Dr. Kurt Bange, Sommerweg 10, 30173 Hannover

Konto-Nr. des Empfängers		Bankleitzahl
121 212		250 501 80

bei (Kreditinstitut)

Stadtsparkasse Hannover

* Bis zur Einführung des Euro (= EUR) nur DM; danach DM oder EUR.	DM od. EUR* EUR	Betrag 443,00-------------

Kunden-Referenznummer - noch Verwendungszweck, ggf. Name und Anschrift des Auftraggebers (nur für Empfänger)

Arztrechnung Nr. 113 vom 11. Nov. ..
für Anni Fied

Kontoinhaber

Konrad Fied

Konto-Nr. des Kontoinhabers

15 82-300

..-12-10   *Konrad Fied*

Datum   Unterschrift

Beleg 5

Durchschrift für Kontoinhaber   251 901 01

Lindener Volksbank eG
30449 Hannover

Empfänger

Dieht, Bernd, 25980 Westerland

Konto-Nr. des Empfängers		Bankleitzahl
7 77 777		217 300 45

bei (Kreditinstitut)

Vereins- und Westbank AG

* Bis zur Einführung des Euro (= EUR) nur DM; danach DM oder EUR.	DM od. EUR* EUR	Betrag 2.788,00-----------

Kunden-Referenznummer - noch Verwendungszweck, ggf. Name und Anschrift des Auftraggebers (nur für Empfänger)

Ferienwohnung Wohnpark Friesenhain

1. April - 30. April ..

Kontoinhaber

Konrad Fied

Konto-Nr. des Kontoinhabers

12 345

..-02-20   *Konrad Fied*

Datum   Unterschrift

Beleg 6

Lindener Volksbank eG
30449 Hannover

Scheckeinreichung
Quittung für den Kunden

Ziehen Sie zugunsten des unten angegebenen Kontos die beigefügten Schecks ein. Die Gutschrift erfolgt Eingang vorbehalten.

Lfd. Nr.	Scheck-/ggf. Beleg-Nr.	Bankleitzahl d. bezog. Instit./ d. Zahlstelle/Bezogenes Instit.	Betrag*	Vermerke d. Einreichers/ggf. Name, Kto.-Nr. des Scheckausst.
1	88 776 655	217 300 45	2.788,00	7 77 777
2				
3	Rückerstattung der Miete für			
4	die Ferienwohnung auf Sylt.			
5				

*Pro Währung gesondertes Formular benutzen!

Stückzahl	1	Währungsbezeichnung	DM oder EUR* EUR	Betrag 2.788,00

Kontoinhaber: Name, Vorname, Firma (max. 27 Stellen)

Konrad Fied

Konto-Nr. des Kontoinhabers

12 345

..-03-27   *Konrad Fied*

Datum, Unterschrift des Einreichers

Beleg 7

```
Durchschrift für Kontoinhaber          251 901 01
Ⓥ⊗ Lindener Volksbank eG
         30449 Hannover
┌ Empfänger ─────────────────────────────────────────────┐
  Finanzamt Hannover-Süd
┌ Konto-Nr. des Empfängers ──────┐              ┌ Bankleitzahl ┐
  55 555 555                                      250 000 00
└ bei (Kreditinstitut) ──────────┘
  Landeszentralbank Hannover
  * Bis zur Einführung des Euro (= EUR) nur DM;  ┌ DM od. EUR* ┐ ┌ Betrag ┐
    danach DM oder EUR.                            EUR          5.000,00-----------
  Kunden-Referenznummer - noch Verwendungszweck, ggf. Name und Anschrift des Auftraggebers (nur für Empfänger)
  St.-Nr. 27/228/072
  Einkommensteuervorauszahlung IV/..
┌ Kontoinhaber ──────────────────────────────────────────┐
  Konrad Fied
┌ Konto-Nr. des Kontoinhabers ───┐
  12 345

        ..-12-05   Konrad Fied
        Datum              Unterschrift
```

4

	I.	€	II.	€
Ⓐ Anfangsbestand des Eigenkapitalkontos	300.000,00		400.000,00	
Aufwendungen, insgesamt	250.000,00		280.000,00	
Erträge, insgesamt	320.000,00		250.000,00	
Privatentnahmen, insgesamt	70.000,00		40.000,00	
Privateinlagen, insgesamt	50.000,00		80.000,00	

Konten

Eigenkapital, Gewinn- und Verlustkonto, Privatkonto.

a) Buchen Sie die oben stehenden Angaben.

b) Schließen Sie das Gewinn- und Verlustkonto und das Privatkonto ab.

c) Ermitteln Sie den Schlussbestand des Eigenkapitalkontos.

---

5 Wie hoch sind die Eigenkapitalmehrungen bzw. die Eigenkapitalminderungen?

a) Reingewinn = 500.000,00 €; Einlagenüberschuss[1] = 10.000,00 €
b) Reingewinn = 200.000,00 €; Entnahmenüberschuss[2] = 250.000,00 €
c) Reinverlust = 100.000,00 €; Entnahmenüberschuss = 150.000,00 €
d) Reinverlust = 150.000,00 €; Einlagenüberschuss = 50.000,00 €
e) Reingewinn = 180.000,00 €; Entnahmenüberschuss = 150.000,00 €
f) Reinverlust = 60.000,00 €; Einlagenüberschuss = 100.000,00 €

---

6 Geben Sie an, welche Fälle zu einer Eigenkapitalmehrung bzw. -minderung führen.

1. Fall:	Reingewinn	>	Entnahmenüberschuss
2. Fall:	Reinverlust	und	Entnahmenüberschuss
3. Fall:	Reinverlust	>	Einlagenüberschuss
4. Fall:	Reingewinn	und	Einlagenüberschuss
5. Fall:	Reingewinn	<	Entnahmenüberschuss
6. Fall:	Reinverlust	<	Einlagenüberschuss

---

1 Privateinlagen übersteigen die Privatentnahmen.
2 Privatentnahmen übersteigen die Privateinlagen.

6467116L

7 Aus dem Eigenkapitalkonto und aus dem Privatkonto ergeben sich folgende Zahlen:

	I. €	II. €
Anfangsbestand des Eigenkapitalkontos	250.000,00	300.000,00
Schlussbestand des Eigenkapitalkontos	200.000,00	400.000,00
Privatentnahmen, insgesamt	10.000,00	60.000,00
Privateinlagen, insgesamt	30.000,00	20.000,00

Errechnen Sie den Reingewinn bzw. Reinverlust.

8 Nennen Sie die Buchungssätze für die folgenden Geschäftsfälle.

€

1. Hundesteuer für Wachhund des Betriebes 60,00
   für Jagdhund 65,00
   wird per Banküberweisung gezahlt.

2. Der private Anteil an den telefonischen Grund- und Gesprächsgebühren (betriebseigene Telefonanlage) beträgt netto 150,00
   Darauf 16 % Umsatzsteuer 24,00

3. Private Arztrechnungen werden per Banküberweisung beglichen 300,00

4. Die private Krankenkasse erstattet die Arztkosten (Postbankgutschrift) 300,00

5. Ein Lottogewinn wird auf das betriebliche Bankkonto eingezahlt 12.000,00

6. Ein Geburtstagsgeschenk für die Tochter des Unternehmers wird
   mit Bargeld aus der betrieblichen Kasse bezahlt 150,00

7. Entnahme eines Kostüms für die Ehefrau des Unternehmers, netto 200,00
   + 16 % Umsatzsteuer 32,00

8. Banküberweisung für die Miete der Geschäftsräume 3.000,00
   der Privatwohnung 800,00

9. Barentnahme aus der Geschäftskasse für eine private Wochenendreise . 1.000,00

10. Private Ersparnisse werden auf das betriebliche Bankkonto überwiesen 9.000,00

11. Spende für das Müttergenesungswerk wird per Banküberweisung
    bezahlt 300,00

12. Einlage einer Erbschaft auf das Bankkonto 15.000,00

13. Versicherungsbeiträge werden per Banküberweisung gezahlt,
    Ausbildungsversicherung der Tochter 80,00
    Lagerversicherung 1.300,00
    Lebensversicherung 200,00

14. Zahlung der Einkommensteuer 12.000,00
    Kraftfahrzeugsteuer (betrieblicher Fuhrpark) 1.000,00
    durch Banküberweisung.

15. Banküberweisung für Reparatur am Privathaus, netto 1.000,00
    + 16 % Umsatzsteuer (nicht als Vorsteuer absetzen) 160,00

16. Reparaturrechnung für Privatwagen, netto 500,00
    + 16 % Umsatzsteuer (nicht als Vorsteuer absetzen) 80,00
    wird bar bezahlt.

17. Abschlussbuchungssatz des Privatkontos
    – bei Einlagenüberschuss 7.000,00
    – bei Entnahmenüberschuss 60.000,00

9 **Anfangsbestände** €

A Ladenausstattung 510.000,00
Fuhrpark 505.000,00
Waren 570.000,00
Forderungen a. LL 45.000,00
Kreditinstitute 30.000,00
Kasse 10.000,00
Eigenkapital 900.000,00
Langfristige Bankverbindlichkeiten 700.000,00
Verbindlichkeiten a. LL 70.000,00

Konten

Ladenausstattung, Fuhrpark, Waren, Forderungen a. LL, Vorsteuer, Kasse, Kreditinstitute, Eigenkapital, Langfristige Bankverbindlichkeiten, Verbindlichkeiten a. LL, Umsatzsteuer, Privatkonto, Aufwendungen für Waren, Provisionsaufwendungen, Zeitungen und Fachliteratur, Zinsaufwendungen, Gehälter, Büromaterial, Umsatzerlöse für Waren, Eigenverbrauch, Gewinn- und Verlustkonto, Schlussbilanzkonto.

Geschäftsfälle €

1. Barverkäufe von Waren,
   (einschl. 16 % USt) 116.000,00
2. **Lastschriftanzeige der Bank**
   1. für ungedeckten Kundenscheck 5.000,00
   2. für Darlehenstilgung 1.000,00
   3. für Darlehenszinsen 3.000,00
   4. für Banküberweisung an Lieferer 7.000,00
   5. für Gehaltszahlung 8.000,00
3. **Eingangsrechnung**
   1. unseres Vertreters
      Nettoprovision (für den Verkauf von Waren) 4.000,00
      + 16 % Umsatzsteuer 640,00

      Bruttobetrag 4.640,00
   2. unseres Warenlieferanten
      Nettobetrag 60.000,00
      + 16 % Umsatzsteuer 9.600,00

      Bruttobetrag 69.600,00
4. Beleg über Spende von Waren an das Rote Kreuz,
   Nettobetrag 1.000,00
   + 16 % Umsatzsteuer 160,00

   Bruttobetrag 1.160,00
5. **Gutschriftanzeige der Bank für**
   1. Kundenzahlung 2.500,00
   2. Erstattung der im vergangenen Jahr zu viel gezahlten
      Einkommensteuer 4.000,00
   3. zu viel berechnete Darlehenszinsen 500,00
   4. Bareinzahlung aus betrieblicher Kasse 2.000,00
6. **Kassenausgänge für**
   1. Privatentnahme 1.500,00
   2. Bareinkauf von Büromaterial
      Nettobetrag 300,00
      + 16 % Umsatzsteuer 48,00

      Bruttobetrag 348,00

6467118L

3. Bareinkauf betrieblicher Fachliteratur (für Textverarbeitung)

Nettobetrag 200,00

+ 7 % Umsatzsteuer 14,00

Bruttobetrag 214,00

4. Kriminalroman 25,00

7. Beleg über Entnahme von Waren für Privatzwecke

Nettobetrag 800,00

+ 16 % Umsatzsteuer 128,00

Bruttobetrag 928,00

Abschlussangaben

1. Passivierung der Zahllast
2. Warenschlussbestand lt. Inventur 585.000,00
3. Die Schlussbestände der anderen Bestandskonten entsprechen
den Inventurbeständen.

2.9 Grundsätze ordnungsmäßiger Buchführung (GoB)

Die Grundsätze ordnungsmäßiger Buchführung sind im HGB und in der AO gesetzlich verankert.

HGB	AO	Vorschrift
§ 238 Abs. 1	§ 145 Abs. 1	Die Buchführung muss so beschaffen sein, dass sie einem sachverständigen Dritten innerhalb angemessener Zeit einen Überblick über die Geschäftsvorfälle und über die Lage des Unternehmens vermitteln kann. Die Geschäftsvorfälle müssen sich in ihrer Entstehung und Abwicklung verfolgen lassen.
§ 239 Abs. 1	§ 146 Abs. 3	Bei der Führung der Handelsbücher und bei den sonst erforderlichen Aufzeichnungen hat sich der Kaufmann einer lebenden Sprache zu bedienen. Werden Abkürzungen, Ziffern, Buchstaben oder Symbole verwendet, muss im Einzelfall deren Bedeutung eindeutig festliegen.
	§ 146 Abs. 3	Wird eine andere als die deutsche Sprache verwendet, so kann die Finanzbehörde Übersetzungen verlangen.
	§ 146 Abs. 2	Bücher und die sonst erforderlichen Aufzeichnungen sind im Geltungsbereich dieses Gesetzes (Bundesrepublik Deutschland) zu führen und aufzubewahren.
§ 239 Abs. 2	§ 146 Abs. 1	Die Eintragungen in Büchern und die sonst erforderlichen Aufzeichnungen müssen vollständig, richtig, zeitgerecht und geordnet vorgenommen werden.
	§ 146 Abs. 1	Kasseneinnahmen und Kassenausgaben sollen täglich festgehalten werden.
§ 239 Abs. 3	§ 146 Abs. 4	Eine Eintragung oder eine Aufzeichnung darf nicht in einer Weise verändert werden, dass der ursprüngliche Inhalt nicht mehr feststellbar ist. Auch solche Veränderungen dürfen nicht vorgenommen werden, deren Beschaffenheit es ungewiss lässt, ob sie ursprünglich oder erst später gemacht worden sind.
§ 239 Abs. 4	§ 146 Abs. 5	Bei der Führung der Handelsbücher und der sonst erforderlichen Aufzeichnungen auf Datenträgern muss insbesondere sichergestellt sein, dass die Daten während der Dauer der Aufbewahrungsfrist verfügbar sind und jederzeit innerhalb angemessener Frist lesbar gemacht werden können.
§ 257 Abs. 3	§ 147 Abs. 2	Sinngemäß: Mit Ausnahme der Bilanzen können die Buchführungsunterlagen auch als Wiedergabe auf einem Bildträger (Mikrofilm) oder auf anderen Datenträgern aufbewahrt werden.
§ 257 Abs. 4	§ 147 Abs. 3	Sinngemäß: Handelsbücher, Inventare, Bilanzen und Buchungsbelege sind 10 Jahre aufzubewahren.
§ 257 Abs. 5	§ 147 Abs. 4	Verkürzt: Die Aufbewahrungsfrist beginnt mit dem Schluss des Kalenderjahres.

In den unten vorliegenden Fällen a) bis o) wird gegen die Grundsätze ordnungsmäßiger Buchführung (GoB) verstoßen. Geben Sie an, welche Vorschrift des HGB bzw. der AO nicht beachtet wird.

a) Es werden Buchungen vorgenommen, denen kein Beleg zugrunde liegt.

b) Der Inhaber eines gut gehenden Autohauses (Kfz-Verkauf und Kfz-Reparatur) hält sich nahezu ganzjährig in seinem Ferienhaus in Südspanien auf. Dorthin werden ihm die Buchungsbelege übersandt. Er führt in Südspanien die Buchführungsbücher und bewahrt sie dort auch auf.

c) Ein in dem Unternehmen selbst geschriebenes Finanzbuchführungsprogramm ermöglicht das Löschen bereits vorgenommener Buchungen. Auf diese Weise erspart man sich Stornobuchungen.

d) Aufgrund der Unklarheit und Unübersichtlichkeit der Buchführung ist der Außenprüfer des Finanzamtes nicht in der Lage, einzelne Buchungen nachzuvollziehen.

e) Bilanzen werden ausschließlich auf EDV-Disketten gespeichert.

f) Ein französischer Textilfabrikant hat für seinen neuen Betrieb in Rostock einen französischen Buchhalter eingestellt. Er weigert sich gegenüber dem Finanzamt die Buchführungsaufzeichnungen in die deutsche Sprache zu übersetzen.

g) 10 Jahre nach ihrer buchhalterischen Erfassung werden die Buchungsbelege vernichtet.

h) Es wird vergessen, den Bareingang für einen Verkauf zu buchen.

i) Aufgrund der Kündigung des Finanzbuchhalters ist ein Unternehmen nicht in der Lage, die auf EDV-Disketten gespeicherten Buchführungsaufzeichnungen für den Außenprüfer des Finanzamtes innerhalb einer angemessenen Frist lesbar zu machen.

j) Die Bücher, Inventare und Bilanzen werden nach der Aufbewahrungsfrist von 6 Jahren vernichtet.

k) Die Kasseneinnahmen und Kassenausgaben werden einmal wöchentlich festgehalten.

l) Eine unkorrekte Buchung wird überklebt.

m) Eine Ausgangsrechnung wird versehentlich als Eingangsrechnung gebucht.

n) Als Kontenbezeichnungen werden Abkürzungen verwendet, die für den Außenprüfer des Finanzamtes unverständlich sind.

o) Zieleinkäufe werden im falschen Abrechnungszeitraum gebucht.

2.10   Kontenrahmen, Kontenplan

2.10.1   Der Kontenrahmen

2.10.1.1   Definition und Aufgabe des Kontenrahmens

Ein Kontenrahmen ist ein Organisations- und Gliederungsplan der Buchführungskonten. In ihm werden die Konten grundlegend systematisch geordnet.

Der Kontenrahmen schreibt eine einheitliche Kontenbezeichnung vor und ordnet jedem Konto eine bestimmte **Kontonummer** zu.

6467120L

Dadurch ist jedes Konto eindeutig definiert und von den anderen Konten abgegrenzt. Die Einheitlichkeit und Eindeutigkeit der Konten führt zu einer Angleichung der Buchungen in allen nach demselben Kontenrahmen sich richtenden Unternehmen.

Die eindeutige Definition der Konten im Kontenrahmen ermöglicht

- innerbetriebliche Vergleiche verschiedener Rechnungsperioden (**Zeitvergleiche**) und
- Vergleiche mit gleichartigen Betrieben (**Betriebsvergleiche**).

Darüber hinaus werden – bei Buchung nach dem Kontenrahmen – z. B. nicht geschäftsführende Gesellschafter, Gläubiger oder Betriebsprüfer des Finanzamtes in die Lage versetzt, die Buchführung in einer angemessenen Zeit zu überprüfen.

2.10.1.2 Das Nummernsystem des Kontenrahmens

Das Nummernsystem des Kontenrahmens ist nach dem **Zehnersystem** (dekadisches System) aufgebaut. Von links nach rechts gelesen gibt die vierstellige Kontennummer immer detailliertere Informationen über das jeweilige Konto.

- Die erste Ziffer gibt die gröbste Information über die **Kontenklasse (0-9).**

  Beispiel

Kontenklassen des Einzelhandelskontenrahmens (EKR)	
Kontenklasse 0:	Immaterielle Vermögensgegenstände und Sachanlagen
Kontenklasse 1:	Finanzanlagen
Kontenklasse 2:	Umlaufvermögen und aktive Rechnungsabgrenzung
Kontenklasse 3:	Eigenkapital und Rückstellungen
Kontenklasse 4:	Verbindlichkeiten und passive Rechnungsabgrenzung
Kontenklasse 5:	Erträge
Kontenklasse 6:	Betriebliche Aufwendungen
Kontenklasse 7:	Weitere Aufwendungen
Kontenklasse 8:	Ergebnisrechnungen
Kontenklasse 9:	Kosten- und Leistungsrechnung (KLR)

- Die ersten beiden Ziffern geben eine schon feinere Information über die **Kontengruppe (00-99).**

  Beispiel

Kontengruppe 60:	Aufwendungen für Waren
Kontengruppe 61:	Aufwendungen für Material und für bezogene Leistungen
Kontengruppe 62:	Löhne
Kontengruppe 63:	Gehälter
.	
.	
.	
Kontengruppe 68:	Aufwendungen für Kommunikation (Dokumentation, Information, Reisen, Werbung)
Kontengruppe 69:	Aufwendungen für Beiträge und Wertkorrekturen

● Die ersten drei Ziffern differenzieren noch weiter in die **Kontenart (000-999).**

Beispiel

Kontenart 680:	Büromaterial
Kontenart 681:	Zeitungen, Fachliteratur
Kontenart 682:	Postgebühren, Telefon, Telefax
.	
.	
.	
Kontenart 685:	Reisekosten
.	
.	

● Alle vier Ziffern schließlich geben die feinste Information über die **Kontenunterart (0000-9999).**

Beispiel[1]

Kontenunterart 6851:	Tagegeld und Übernachtung
Kontenunterart 6852:	Fahrt- und Flugkosten
Kontenunterart 6853:	Erstattung für private Pkw-Benutzung und Parkgebühren

Jede Kontenklasse ist also in 10 Kontengruppen unterteilt. Die Kontengruppen wiederum werden in je 10 Kontenarten aufgeteilt, welche schließlich in je 10 Kontenunterarten untergliedert sind.

Da es in verschiedenen Wirtschaftsbereichen unterschiedliche buchhalterische Besonderheiten gibt, sind von den einzelnen Wirtschaftsverbänden speziell zugeschnittene Kontenrahmen z. B. für

● Industriebetriebe,
● Großhandelsbetriebe und
● Einzelhandelsbetriebe

geschaffen worden.

2.10.1.3 Der Einzelhandelskontenrahmen (EKR)

Der **Einzelhandelskontenrahmen (EKR)** trennt die **Finanzbuchführung** (Geschäftsbuchführung) in den Klassen 0-8 von der **Kosten- und Leistungsrechnung** (Betriebsbuchführung) in der Klasse 9.

Die **Finanzbuchführung** (Klassen 0 bis 8) erfasst die **Erfolgsrechnung** (Erfolgskonten), die in die Gewinn- und Verlustrechnung mündet, und die **Bestandsrechnung** (Bestandskonten), die in die Bilanz fließt.

In der **Kosten- und Leistungsrechnung** (Klasse 9) wird ein **kalkulatorisches Betriebsergebnis** ermittelt.

---

1 Das Beispiel ist dem vollständigen Einzelhandelskontenrahmen entnommen.

6467122L

Beim EKR wird der Unternehmenserfolg zweigleisig sowohl in der Finanzbuchführung als Gewinn als auch in der Kosten- und Leistungsrechnung als kalkulatorisches Betriebsergebnis festgestellt. Deshalb spricht man hier vom **Zweikreissystem** des EKR.

Die Erfolgselemente der beiden Kreise werden auch terminologisch voneinander abgegrenzt: Während die positiven und negativen Erfolgselemente der Gewinn- und Verlustrechnung **Erträge** und **Aufwendungen** heißen, werden sie als **Leistungen** und **Kosten** in der Kosten- und Leistungsrechnung bezeichnet.

Die Konten der **Finanzbuchführung** sind im EKR nach den handelsrechtlichen Gliederungsvorschriften für die Bilanz (§ 266 HGB) und für die Gewinn- und Verlustrechnung (§ 275 HGB) gegliedert. Man spricht deshalb vom **Abschlussgliederungsprinzip**.

Einen Grobüberblick über die Konten der Finanzbuchführung des Einzelhandelskontenrahmens gibt die folgende Übersicht:

Bestandskonten					Erfolgskonten			
Aktive Bestandskonten			Passive Bestandskonten		Ertrags-konten	Aufwands-konten		Eröff-nungs- und Ab-schluss-konten
Anlage-vermögen		Umlauf-ver-mögen						
Klasse 0	Klasse 1	Klasse 2	Klasse 3	Klasse 4	Klasse 5	Klasse 6	Klasse 7	Klasse 8
Imma-terielle Vermö-gens-gegen-stände und Sach-anlagen	Finanz-anlagen	Umlauf-vermö-gen und aktive Rech-nungs-abgren-zung	Eigen-kapital und Rück-stel-lungen	Verbind-lich-keiten und passive Rech-nungs-abgren-zungs-posten	Erträge	Betrieb-liche Aufwen-dungen	Weitere Aufwen-dungen	Ergeb-nisrech-nungen

Die Erfolgsrechnung der **Finanzbuchführung** wird entscheidend von steuerrechtlichen und handelsrechtlichen Vorschriften (z. B. Abschreibungs- und Bewertungsvorschriften) bestimmt. Den Anforderungen einer betriebswirtschaftlichen Betrachtung wird die Erfolgsrechnung der Finanzbuchführung nicht gerecht.

Aus diesem Grund sieht der EKR in der Kontenklasse 9 eine **Kosten- und Leistungsrechnung** vor. In diesem zweiten eigenständigen Rechnungskreis baut sich jede Unternehmung ein individuelles Abrechnungssystem auf, das sich an betriebswirtschaftlichen Erfordernissen orientiert.

Dieses Abrechnungssystem wird auf die speziellen Bedürfnisse der Unternehmungen ausgerichtet. Es wird geprägt durch die Branchenzugehörigkeit und durch die Eigenart des Betriebsprozesses.

Wie die Finanzbuchführung (Geschäftsbuchführung) in den Kontenklassen 0–8 kann die Kosten- und Leistungsrechnung in der Kontenklasse 9 kontenmäßig nach dem **Prinzip der Doppik** gestaltet werden. Man spricht dann von der Betriebsbuchführung.

In der betrieblichen Praxis werden Kosten und Leistungen allerdings i. d. R. nicht kontenmäßig, sondern **tabellarisch** erfasst. Die tabellarische Kosten- und Leistungsrechnung ist übersichtlicher und weniger arbeitsaufwändig.

2.10.2 Der Kontenplan

Aus dem allgemeinen Kontenrahmen für die Wirtschaftszweige entwickelt letztlich jedes Unternehmen seinen eigenen **Kontenplan.**

Ein Kontenplan stellt die tatsächliche, konkrete, betriebsspezifische Kontenorganisation dar.

Der Kontenplan enthält nur die für das Unternehmen wirklich erforderlichen Konten. Nicht benötigte Konten des Kontenrahmens werden nicht in den Kontenplan aufgenommen. Andererseits können im Kontenplan auch zusätzliche Konten eingerichtet werden, die der Kontenrahmen nicht vorsieht.

2.10.3 Das Buchen mit den Kontennummern

Beim Buchen im Grund- und Hauptbuch tritt an die Stelle der Kontenbezeichnung die das Konto eindeutig definierende Kontennummer.

Beispiel

Zieleinkauf von Waren, Nettowert	10.000,00 €
+ 16 % Umsatzsteuer	1.600,00 €

Buchungssatz

statt: ⟶   nur:

Aufw. f. W.	10.000,00	
Vorsteuer	1.600,00	
an Verb. a. LL		11.600,00

6000[1]	10.000,00	
2600	1.600,00	
an 4400		11.600,00

Buchung

statt: ⟶   nur:

S	Aufwendungen für Waren	H
...	...	
Verb. a. LL 10.000,00		

S	6000	H
...	...	
4400	10.000,00	

S	Vorsteuer	H
...	...	
Verb. a. LL 1.600,00		

S	2600	H
...	...	
4400	1.600,00	

S	Verbindlichkeiten a. LL	H
	...	...
	A.f.W./VSt 11.600,00	

S	4400	H
	...	...
	6000/2600 11.600,00	

Damit im Unterricht nicht nur mit Zahlen gearbeitet wird, sind folgende Bezeichnungen für den schulischen Gebrauch zweckmäßig:

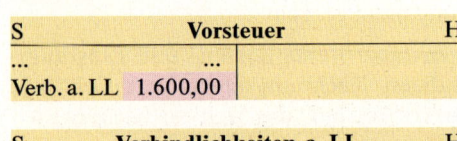

Buchungssatz	6000	Aufwendungen für Waren	10.000,00	
	2600	Vorsteuer	1.600,00	
	an	4400 Verb. a. LL		11.600,00

---

1 In diesem Lehrbuch werden die Kontennummern EDV-gerecht **vierstellig** dargestellt.

6467124L

Buchung

S	6000 Aufwendungen für Waren		H
...	...		
4400	10.000,00		

S	4400 Verbindl. a. LL		H
		...	...
		6000/2600	11.600,00

S	2600 Vorsteuer		H
...	...		
4400	1.600,00		

Zusammenfassung

Schaubild

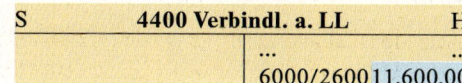

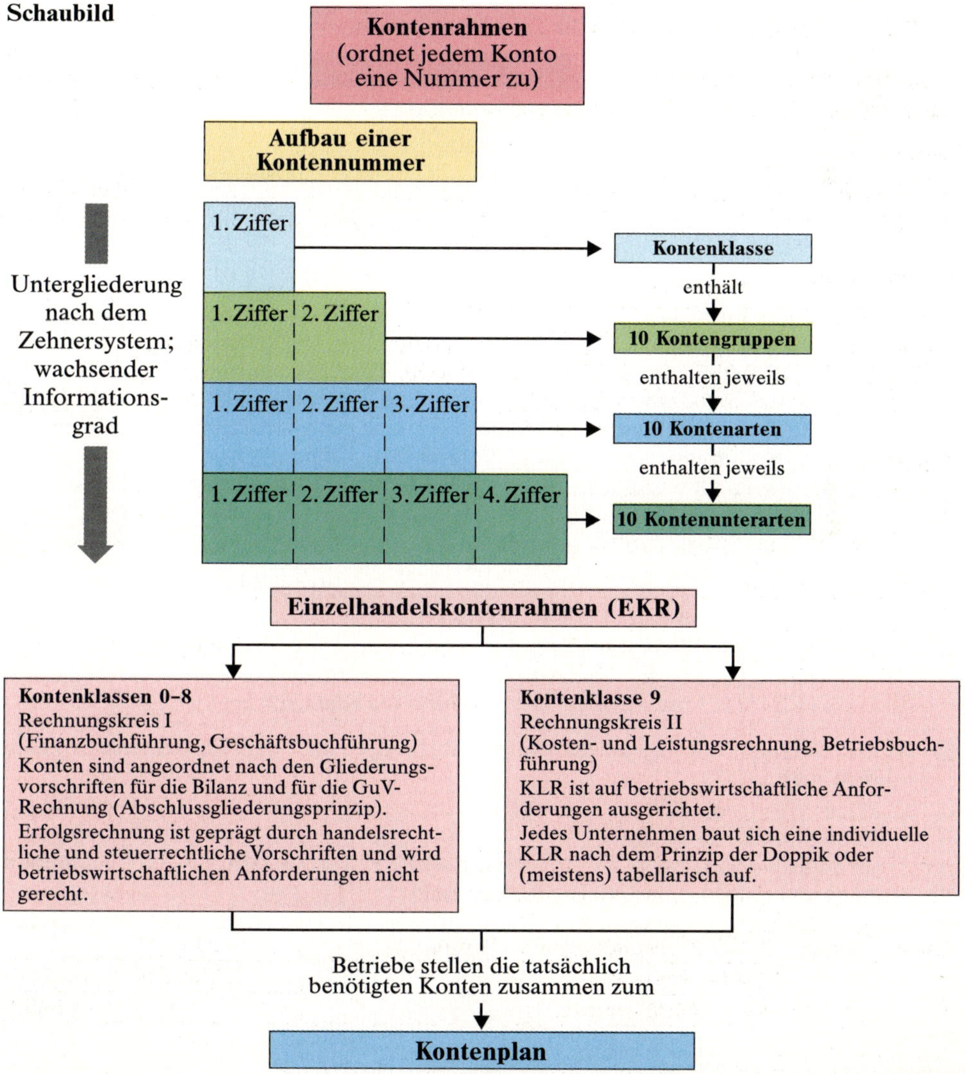

Kontenrahmen
(ordnet jedem Konto
eine Nummer zu)

**Aufbau einer
Kontennummer**

Untergliederung
nach dem
Zehnersystem;
wachsender
Informations-
grad

| 1. Ziffer | | | |

→ **Kontenklasse**

enthält

| 1. Ziffer | 2. Ziffer | | |

→ **10 Kontengruppen**

enthalten jeweils

| 1. Ziffer | 2. Ziffer | 3. Ziffer | |

→ **10 Kontenarten**

enthalten jeweils

| 1. Ziffer | 2. Ziffer | 3. Ziffer | 4. Ziffer |

→ **10 Kontenunterarten**

Einzelhandelskontenrahmen (EKR)

Kontenklassen 0–8
Rechnungskreis I
(Finanzbuchführung, Geschäftsbuchführung)
Konten sind angeordnet nach den Gliederungs-
vorschriften für die Bilanz und für die GuV-
Rechnung (Abschlussgliederungsprinzip).
Erfolgsrechnung ist geprägt durch handelsrecht-
liche und steuerrechtliche Vorschriften und wird
betriebswirtschaftlichen Anforderungen nicht
gerecht.

Kontenklasse 9
Rechnungskreis II
(Kosten- und Leistungsrechnung, Betriebsbuch-
führung)
KLR ist auf betriebswirtschaftliche Anfor-
derungen ausgerichtet.
Jedes Unternehmen baut sich eine individuelle
KLR nach dem Prinzip der Doppik oder
(meistens) tabellarisch auf.

Betriebe stellen die tatsächlich
benötigten Konten zusammen zum

Kontenplan

Merksätze

1. Ein Kontenrahmen ist ein Organisationsmittel, das mit einem Nummernsystem die Konten eines Wirtschaftszweiges gliedert und einheitlich und eindeutig bezeichnet.
2. Das Nummernsystem des Kontenrahmens ist nach dem Zehnersystem aufgebaut.
3. Der Einzelhandelskontenrahmen (EKR) sieht für die Finanzbuchführung die Klassen 0-8 und für die Kosten- und Leistungsrechnung die Klasse 9 vor. Die Konten der Finanzbuchführung sind in den Klassen 0 bis 8 nach dem Abschlussgliederungsprinzip geordnet.
4. Ein Kontenplan ist eine betriebsindividuelle Kontenorganisation. In ihm werden die tatsächlich benötigten Konten geführt.

Aufgaben

Aufgabe 1: Unterschied zwischen Kontenrahmen und Kontenplan;
Aufgabe 2: Erstellen eines Kontenplans;
Aufgabe 3: Verständnisfragen zum EKR;
Aufgabe 4: Interpretation von Kontierungen;
Aufgabe 5: Geschäftsgang.

1 Erklären Sie den Unterschied zwischen dem Kontenrahmen und dem Kontenplan.

2 Ein Textileinzelhandel führt folgende Konten:

Aufwendungen für Waren; Umsatzerlöse für Waren; Bebaute Grundstücke; Fuhrpark; Vorsteuer; Kasse; Umsatzsteuer; Eigenkapital; Werbung, Dekoration; Fremdinstandhaltung; Forderungen a. LL; Kreditinstitute (Bank); Postbank; Büromaterial; Kassensysteme; Langfristige Bankverbindlichkeiten; Löhne für geleistete Arbeit; Verbindlichkeiten a. LL; Gehälter; Reisekosten; Ladenausstattung; Büromaschinen, Organisationsmittel und Kommunikationsanlagen; Vertriebsprovisionen; Grundsteuer; Versicherungsbeiträge; Eröffnungsbilanzkonto; GuV-Konto; Mieten, Pachten; Schlussbilanzkonto; Zinserträge; Waren; Postgebühren, Telefon, Telefax; Zinsaufwendungen.

Erstellen Sie für diesen Betrieb einen Kontenplan, der nach Kontennummern geordnet ist.

3 a) Warum spricht man beim EKR vom Zweikreissystem?
b) Erklären Sie die Unterscheidung des EKR in die Finanzbuchführung (Geschäftsbuchführung) und in die Kosten- und Leistungsrechnung (Betriebsbuchführung).
c) Erklären Sie das Abschlussgliederungsprinzip der Klassen 0 bis 8 im EKR.

4 Welche Geschäftsfälle liegen den folgenden Buchungen nach dem Einzelhandelskontenrahmen zugrunde?

a) 6000
   2600
   an 4400
b) 2400
   an 5000
   an 4800
c) 2800
   an 2880

d) 4800
   an 2850
e) 2880
   an 5000
   an 4800
f) 2850
   an 3001

g) 6111
   2600
   an 2400
   an 2800
h) 3000
   an 3001
i) 2800
   an 2400

j) 3001
   an 5420
   an 4800
k) 4250
   an 2800
l) 6700
   an 2850
m) 6200
   an 2850

n) 4400
   an 5000
   an 4800
o) 4800
   an 2600
p) 6800
   2600
   an 2880

6467126L

5 **Anfangsbestände**

Ⓐ 0810 Ladenausstattung: 800.000,00 €, 0820 Kassensysteme: 150.000,00 €, 0840 Fuhrpark: 100.000,00 €, 2000 Waren: 770.000,00 €, 2400 Forderungen a. LL: 90.000,00 €, 2800 Kreditinstitute: 65.000,00 €, 2880 Kasse: 15.000,00 €, 3000 Eigenkapital: 950.000,00 €, 4250 Langfristige Bankverbindlichkeiten: 800.000,00 €, 4400 Verbindlichkeiten a. LL: 232.000,00 €, 4800 Umsatzsteuer: 8.000,00 €.

Kontenplan

Kontenklasse 0 (Immaterielle Vermögensgegenstände und Sachanlagen):
0810 Ladenausstattung, 0820 Kassensysteme, 0840 Fuhrpark.

Kontenklasse 2 (Umlaufvermögen und aktive Rechnungsabgrenzung):
2000 Waren, 2400 Forderungen a. LL, 2600 Vorsteuer, 2800 Kreditinstitute, 2880 Kasse.

Kontenklasse 3 (Eigenkapital und Rückstellungen):
3000 Eigenkapital, 3001 Privatkonto.

Kontenklasse 4 (Verbindlichkeiten und passive Rechnungsabgrenzung):
4250 Langfristige Bankverbindlichkeiten, 4400 Verbindlichkeiten a. LL, 4800 Umsatzsteuer.

Kontenklasse 5 (Erträge):
5000 Umsatzerlöse für Waren, 5420 Eigenverbrauch.

Kontenklasse 6 (Betriebliche Aufwendungen):
6000 Aufwendungen für Waren, 6104 Aufwendungen für Reparaturmaterial, 6112 Fremdinstandhaltung, 6200 Löhne für geleistete Arbeit, 6800 Büromaterial.

Kontenklasse 8 (Ergebnisrechnungen):
8010 Schlussbilanzkonto, 8020 Gewinn- und Verlustkonto.

Geschäftsfälle

Beleg-Nr.		€
	1. Lastschriftanzeige der Bank	
11	1. für Zahllast	8.000,00
12	2. für Löhne	14.000,00
13	3. für Darlehenstilgung	2.000,00
20	**2. Konrad Fied entnimmt dem Betrieb einen Mantel**	
	für seine Ehefrau	160,00
	+ 16 % USt	25,60
	3. Eingangsrechnung	
31	1. über Reparatur am elektronischen Kassensystem	
	Nettopreis	5.000,00
	+ 16 % USt	800,00
	Rechnungsbetrag	5.800,00
32	2. unseres Warenlieferanten	
	Nettopreis	40.000,00
	+ 16 % USt	6.400,00
	Rechnungsbetrag	46.400,00
40	**4. Barverkäufe von Waren**	
	(einschl. 16 % USt)	104.400,00
	5. Kassenausgänge für	
51	1. Barkauf von Reparaturmaterial	
	Nettopreis	700,00
	+ 16 % USt	112,00
	Rechnungsbetrag	812,00

52	2. Barkauf von Büromaterial	
	Nettopreis	120,00
	+ 16 % USt	19,20
	Rechnungsbetrag	139,20

6. Gutschriftanzeige der Bank

61	1. für zu viel berechnete Darlehenstilgung	500,00
62	2. für im vergangenen Jahr zu viel bezahlte Einkommensteuer	3.000,00
63	3. für Überweisung von Kunden	8.000,00
70	7. Barverkäufe von Waren	
	(einschl. 16 % USt)	127.600,00

Abschlussangaben

80	8. Passivierung der Zahllast	
90	9. Warenschlussbestand lt. Inventur	720.000,00
100	10. Die Schlussbestände der anderen Bestandskonten entsprechen den Inventurbeständen.	

2.11 Die Buchführungsbücher

Der Begriff „Buchführungsbücher" kommt aus einer Zeit, in der der Kaufmann seine Geschäfte handschriftlich in gebundenen Büchern aufzeichnete. Die Buchform verwendet man heute hierfür meistens nicht mehr. Die Bezeichnung „Buchführungsbücher" soll dennoch beibehalten werden, weil damit eine lange Tradition verknüpft ist.

Heute sind die Inhalte der traditionellen Buchführungsbücher i.d.R. auf elektronischen Datenträgern gespeichert.

Bei der Speicherung auf Datenträger muss „sichergestellt sein, dass die Daten während der Dauer der Aufbewahrungsfrist verfügbar sind und jederzeit innerhalb angemessener Frist lesbar gemacht werden können" (§ 239 Abs. 4 HGB; § 146 Abs. 5 AO).

Man unterscheidet zwei Gruppen von Buchführungsbüchern,
- die **Systembücher** und
- die **Nebenbücher.**

Die **Systembücher** sind unverzichtbarer Bestandteil des Systems der doppelten Buchführung. Zu ihnen gehören:

1. das Inventar- und Bilanzbuch,
2. das Grundbuch und
3. das Hauptbuch.

6467128L

Die **Nebenbücher** sind für die Buchführungstechnik nicht erforderlich. Sie werden neben der eigentlichen Buchführung geführt und dienen der laufenden Kontrolle wichtiger Werte und der Erklärung einzelner Hauptbuchkonten. Zu den Nebenbüchern zählen:

1. das Kontokorrent- oder Geschäftsfreundebuch,
2. das Lagerbuch,
3. das Wechselbuch,
4. das Lohn- und Gehaltsbuch,
5. das Anlagenbuch und
6. das Kassenbuch.

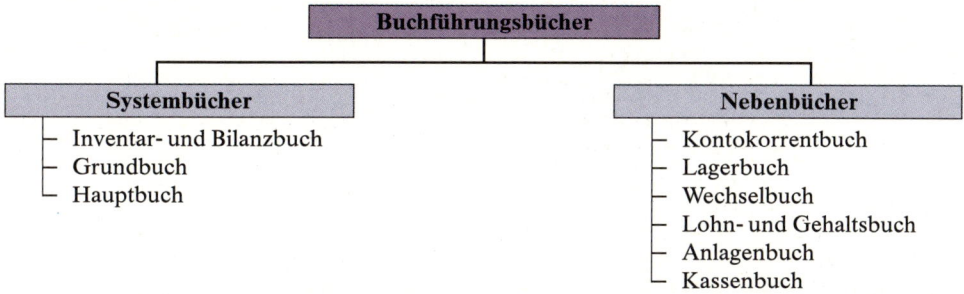

Buchführungsbücher

Systembücher
- Inventar- und Bilanzbuch
- Grundbuch
- Hauptbuch

Nebenbücher
- Kontokorrentbuch
- Lagerbuch
- Wechselbuch
- Lohn- und Gehaltsbuch
- Anlagenbuch
- Kassenbuch

2.11.1 Die Systembücher

2.11.1.1 Das Inventar- und Bilanzbuch

Aus den ermittelten Werten der Inventur wird das Inventarverzeichnis erstellt, das wiederum zur Bilanz zusammengefasst wird.

> **Im Inventar- und Bilanzbuch werden alle Inventare und Bilanzen eines Unternehmens aufbewahrt.**

2.11.1.2 Das Grundbuch

> **Im Grundbuch werden die Buchungssätze aller Geschäftsfälle in zeitlicher Reihenfolge festgehalten.**

Das Grundbuch wird auch **Journal, Memorial** und **Primanota** genannt. Es ist die **Grundlage** der gesamten Buchführung.

Muster eines Grundbuches

Alle Geschäfts-fälle werden in zeitlicher Reihenfolge gebucht.		Tag	Beleg	Buchungstext	Beträge		Kontierung	
					S	H	S	H
	Beispiel	12-05	ER[1] 13	Zieleinkauf von Waren bei Emut GmbH,				
				Nettowert	5.000,00		6000	
				Vorsteuer	800,00		2600	
				Rechnungsbetrag		5.800,00		4400

---

1 ER = Eingangsrechnung

2.11.1.3 Das Hauptbuch

Die Veränderung der einzelnen Konten wird aus den in zeitlicher Reihenfolge vorgenommenen Buchungen im Grundbuch nicht ersichtlich. Hierzu dient das Hauptbuch.

Im Hauptbuch werden alle im Grundbuch vorgenommenen Buchungen nach ihrem sachlichen Zusammenhang auf den so genannten Sachkonten erfasst. Auf jedem einzelnen Sachkonto des Hauptbuches wird ein bestimmter Bestand oder ein bestimmter Erfolg verrechnet.

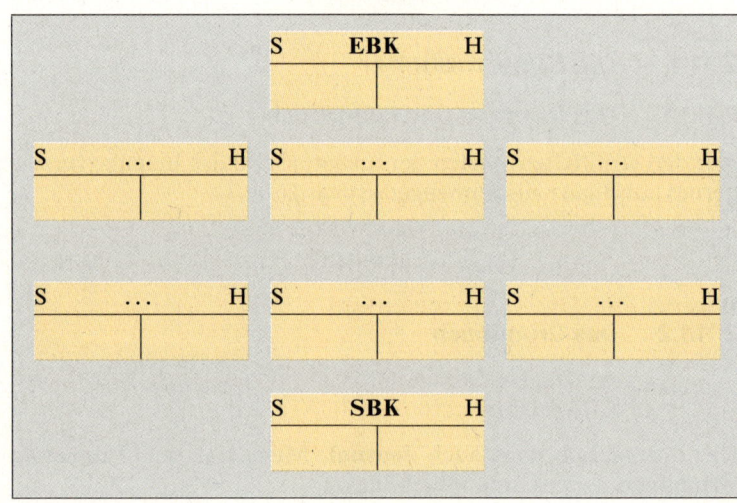

2.11.2 Die Nebenbücher

2.11.2.1 Das Kontokorrentbuch

Die beiden Sachkonten **2400 Forderungen a. LL** und **4400 Verbindlichkeiten a. LL** werden im Kontokorrentbuch in **Personenkonten** aufgeschlüsselt.

Für jeden Kunden, an den Waren auf Ziel verkauft werden, und für jeden Lieferer, bei dem Zieleinkäufe getätigt werden, wird im Kontokorrentbuch ein spezielles Personenkonto geführt.

Die Kundenkonten nennt man auch Debitorenkonten, die Liefererkonten werden auch Kreditorenkonten genannt.

6467130L

Beispiel eines Kundenkontos (Debitorenkontos)

Kunde: Klaus Söffgen, Kd.-Nr. 24 001					
Datum	Beleg	Buchungstext	S	H	Saldo
02-01		Saldovortrag	2.000,00		2.000,00
02-08	AR[1] 78	Zielverkauf	3.500,00		5.500,00
02-17	AR[1] 82	Zielverkauf	1.800,00		7.300,00
02-18	BA[2] 28	Banküberweisung		7.000,00	300,00
02-21	AR[1] 91	Zielverkauf	4.300,00		4.600,00
02-28	BA[2] 31	Verrechnungsscheck		4.500,00	100,00

Beispiel eines Liefererkontos (Kreditorenkontos)

Lieferer: Bernhard Müller OHG, L.-Nr. 44 001					
Datum	Beleg	Buchungstext	S	H	Saldo
02-03		Saldovortrag		7.300,00	7.300,00
02-05	ER[3] 48	Zieleinkauf		3.200,00	10.500,00
02-16	ER[3] 52	Zieleinkauf		5.000,00	15.500,00
02-18	BA[2] 28	Banküberweisung	15.000,00		500,00
02-19	ER[3] 55	Zieleinkauf		3.800,00	4.300,00
02-28	BA[2] 31	Banküberweisung	4.000,00		300,00

Die Salden der Debitoren- und Kreditorenkonten geben den jeweiligen Stand an Forderungen bzw. an Verbindlichkeiten gegenüber einzelnen Kunden bzw. einzelnen Lieferern an. Beim meist monatlichen Abschluss der Personenkonten werden die Salden der Debitoren- und Kreditorenkonten in **Saldenlisten** übertragen.

Beispiel einer Debitorensaldenliste

Konto-Nr.[4]	Kunden	Salden
24 001	Klaus Söffgen	100,00
24 002	Gertrud Schön	22.000,00
24 003	Hampe KG	11.000,00
Saldensumme		**33.100,00**

Beispiel einer Kreditorensaldenliste

Konto-Nr.[5]	Lieferer	Salden
44 001	Bernhard Müller OHG	300,00
44 002	Emut GmbH	14.000,00
44 003	Winter GmbH	3.000,00
Saldensumme		**17.300,00**

---

1   AR = Ausgangsrechnung   2   BA = Bankeinzug   3   ER = Eingangsrechnung
4   Wegen der Vielzahl der Kunden werden in der Praxis die Kundennummern meistens im Bereich der Zahlen 10 000 bis 69 999 vergeben.
5   Wegen der Vielzahl der Lieferanten werden in der Praxis die Lieferernummern meistens im Bereich der Zahlen 70 000 bis 79 999 vergeben.

Die Saldensumme aller Einzelforderungen bzw. aller Einzelverbindlichkeiten muss mit dem Schlussbestand des Hauptbuchkontos Forderungen a. LL bzw. Verbindlichkeiten a. LL übereinstimmen.

S	2400 Forderungen a. LL	H		S	4400 Verbindlichkeiten a. LL	H
.	.	.		.	.	.
.	SB	33.100,00		SB	17.300,00 .	.

2.11.2.2 Das Lagerbuch (Warenbuch)

Im Lagerbuch wird für jeden Artikel ein eigenes Konto geführt, auf dem die Bestandsmehrungen und die Bestandsminderungen erfasst werden.

Auf diese Weise ist der Lagerbestand eines jeden Artikels jederzeit – ohne zeitraubende körperliche Bestandsaufnahme – feststellbar (permanente Inventur).

Mindestens einmal im Jahr werden die Salden der Konten (Sollbestände) anhand der Inventurergebnisse (Istbestände) kontrolliert. Durch falsche Buchung, Verderb, Schwund und Diebstahl können Abweichungen auftreten. Falls dies der Fall ist, so sind die Ursachen zu erforschen. Die Konten sind entsprechend den Istbeständen zu korrigieren.

Beispiel eines Lagerkontos

Artikel-Nr.: 237 (Tennissocken PM)			Bestellbestand: 80 Stück	
Lieferer: 44 009			Eiserne Reserve: 20 Stück	
Datum	Beleg	Bestandsmehrung (Stück)	Bestandsminderung (Stück)	Bestand (Stück)
.	.	.	.	.
06-03	ER[1] 115	150		170
06-06	KB[2] 351		30	140
06-07	KB[2] 373		20	120
06-08	KB[2] 396		40	80
06-09	KB[2] 407		50	30
06-10	ER[1] 158	150		180

Die oben dargestellte Bestandsfortschreibung übernimmt heute i. d. R. das **Warenwirtschaftssystem.**

2.11.2.3 Das Lohn- und Gehaltsbuch

Für jeden Arbeitnehmer wird ein Lohn- oder Gehaltskonto mit Angabe
- der Steuerklasse,
- des Bruttoverdienstes,
- der Steuerabzüge,
- der Sozialversicherungsabgaben und
- des Auszahlungsbetrages
geführt.

---

1 ER = Eingangsrechnung
2 KB = Kassenbeleg (jeweils Summe der Tagesverkäufe)

6467132L

2.11.2.4 Das Anlagenbuch

Im Anlagenbuch werden die Bestände der einzelnen Anlagegüter fortgeschrieben.

2.11.2.5 Das Kassenbuch

Das Kassenbuch erfasst alle baren Zahlungsvorgänge und weist den Kassenbestand aus.

Zusammenfassung

Schaubild

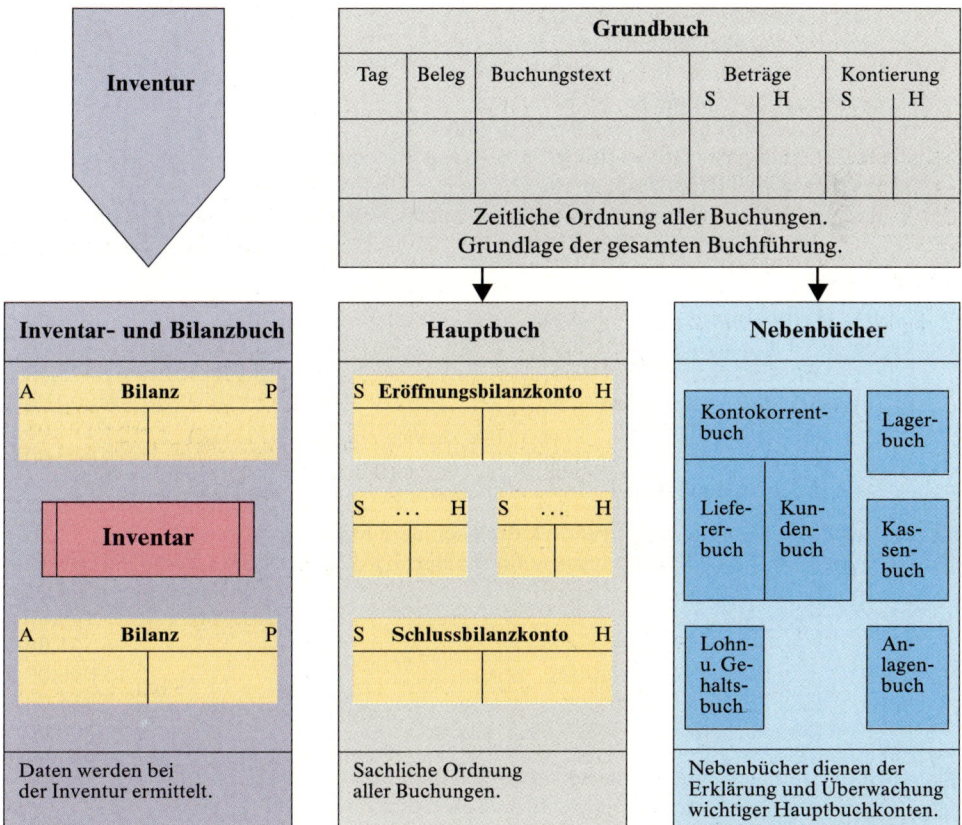

Merksätze

1. Im Inventar- und Bilanzbuch werden die Inventare und Bilanzen – als Ergebnisse der Inventur – aufbewahrt.
2. Im Grundbuch werden in Form von Buchungssätzen alle Geschäftsfälle in zeitlicher Reihenfolge erfasst.
3. Auf den Sachkonten des Hauptbuches werden die Geschäftsfälle nach einer sachlichen Ordnung gebucht.
4. In den Nebenbüchern werden wichtige Hauptbuchkonten erklärt und überwacht.

Aufgaben

Die unten stehenden Abkürzungen bedeuten: AR = Ausgangsrechnung; ER = Eingangsrechnung; BA = Bankauszug; KB = Kassenbeleg.

1 Ordnen Sie jeweils zwei der unten stehenden Aussagen dem Bilanz- und Inventarbuch, dem Grundbuch, dem Hauptbuch und den Nebenbüchern zu.
1. Überwachen wichtiger Sachkonten.
2. Verrechnung aller Bestände und Erfolge.
3. Dokumentation der Inventurergebnisse.
4. Grundlage der doppelten Buchführung.
5. Buchung erfolgt nach sachlicher Ordnung.
6. Aufzeichnung der Geschäftsfälle in zeitlicher Reihenfolge.
7. Erklärung wichtiger Sachkonten.
8. Aufbewahrung der Inventare und der Bilanzen.

2 a) Skizzieren Sie eine Kundenkarteikarte nach dem Muster in Kapitel 2.11.2.1.
Ⓐ b) Führen Sie die Kundenkarteikarte für Klaus Söffgen, Kd.-Nr. 24 001.

08-04	Saldovortrag	4.600,00 €
08-06	AR 812, Zielverkauf	3.450,00 €
08-11	AR 828, Zielverkauf	1.495,00 €
08-14	BA 208, Banküberweisung	9.000,00 €
08-15	AR 839, Zielverkauf	5.175,00 €
08-19	BA 213, Verrechnungsscheck	5.000,00 €
08-30	AR 885, Zielverkauf	2.875,00 €

3 a) Skizzieren Sie eine Liefererkarteikarte nach dem Muster in Kapitel 2.11.2.1.
Ⓐ b) Führen Sie die Liefererkarteikarte für die Bernhard Müller OHG, L.-Nr. 44 001.

03-06	Saldovortrag	4.140,00 €
03-07	ER 313, Zieleinkauf	5.980,00 €
03-09	ER 339, Zieleinkauf	6.555,00 €
03-10	BA 69, Banküberweisung	15.000,00 €
03-21	ER 372, Zieleinkauf	7.015,00 €
03-30	BA 76, Scheck	6.800,00 €

4 a) Skizzieren Sie eine Lagerkarteikarte nach dem Muster in Kapitel 2.11.2.2.
Ⓐ b) Führen Sie die Lagerkarteikarte für die „Herrenkrawatte RJ"
(Bestellbestand: 60, Eiserne Reserve: 20).   Herrenkrawatten RJ

	Saldovortrag	45
04-06	KB 105 (Tagesverkauf)	5
04-07	KB 108 (Tagesverkauf)	18
04-08	ER 64	100
04-08	KB 113 (Tagesverkauf)	18
04-10	KB 122 (Tagesverkauf)	15
04-11	KB 126 (Tagesverkauf)	27
04-12	KB 137 (Tagesverkauf)	35
04-13	ER 72	100
04-13	KB 143 (Tagesverkauf)	13

5 a) Führen Sie das Konto Forderungen a. LL (ohne Gegenkonten).

Ⓐ b) Führen Sie die Kundenkarteikarten[1] für Klaus Söffgen, Kd.-Nr. 24 001, und Gertrud Schön, Kd.-Nr. 24 002.

c) Schließen Sie das Konto Forderungen a. LL zum 31. Dezember ab.

d) Erstellen Sie für die Kundenkonten eine Saldenliste[2] zum 31. Dezember.

Anfangsbestand, Forderungen a. LL		9.660,00 €
12-01	Saldovortrag, 24 001	5.290,00 €
12-01	Saldovortrag, 24 002	4.370,00 €
12-03	AR 583, 24 001, Zielverkauf	3.565,00 €
12-06	AR 584, 24 001, Zielverkauf	1.840,00 €
12-07	AR 585, 24 002, Zielverkauf	5.060,00 €
12-08	BA 301, 24 002, Banküberweisung	9.000,00 €
12-09	BA 302, 24 001, Verrechnungsscheck	10.000,00 €
12-12	AR 586, 24 002, Zielverkauf	2.070,00 €
12-22	AR 587, 24 002, Zielverkauf	4.255,00 €
12-28	AR 588, 24 001, Zielverkauf	5.635,00 €
12-29	BA 317, 24 002, Banküberweisung	6.000,00 €
12-30	BA 318, 24 001, Verrechnungsscheck	5.000,00 €

6 a) Führen Sie das Konto Verbindlichkeiten a. LL (ohne Gegenkonten).

Ⓐ b) Führen Sie die Liefererkarteikarten[1] für die Bernhard Müller OHG, L.-Nr. 44 001, und die Emut GmbH, L.-Nr. 44 002.

c) Schließen Sie das Konto Verbindlichkeiten a. LL zum 31. Dezember ab.

d) Erstellen Sie für die Liefererkonten eine Saldenliste[2] zum 31. Dezember.

Anfangsbestand, Verbindlichkeiten a. LL		12.075,00 €
12-01	Saldovortrag, 44 001	8.050,00 €
12-01	Saldovortrag, 44 002	4.025,00 €
12-04	ER 412, 44 001, Zieleinkauf	5.520,00 €
12-08	ER 413, 44 001, Zieleinkauf	3.795,00 €
12-09	ER 414, 44 002, Zieleinkauf	6.785,00 €
12-10	BA 298, 44 002, Banküberweisung	10.500,00 €
12-11	BA 299, 44 001, Banküberweisung	17.000,00 €
12-20	ER 415, 44 002, Zieleinkauf	2.990,00 €
12-22	ER 416, 44 001, Zieleinkauf	4.945,00 €
12-23	BA 305, 44 001, Verrechnungsscheck	4.500,00 €
12-28	ER 417, 44 002, Zieleinkauf	5.175,00 €
12-30	BA 309, 44 002, Banküberweisung	8.000,00 €

7 Führen Sie das Bilanzbuch, das Grundbuch, das Hauptbuch, das Kundenbuch und das *FIBU möglich*

Ⓐ Liefererbuch.

Anfangsbestände

I. Anfangsbestände der Sachkonten

0510	Bebaute Grundstücke	780.000,00 €
0810	Ladenausstattung	200.000,00 €

---

1 Die Karteikarten sind nach dem Muster in Kapitel 2.11.2.1 zu skizzieren.
2 Die Saldenliste ist nach dem Muster in Kapitel 2.11.2.1 zu skizzieren.

		€
2000	Waren	490.000,00 €
2400	Forderungen a. LL	590,00 €
2800	Kreditinstitute	80.000,00 €
2880	Kasse	30.000,00 €
3000	Eigenkapital	921.590,00 €
4250	Langfristige Bankverbindlichkeiten	602.000,00 €
4400	Verbindlichkeiten a. LL	57.000,00 €

II. Anfangsbestände der Kundenkonten
(Offene-Posten-Liste der Debitoren)

Kd.-Nr.	Debitoren	Beleg-Nr.	Betrag (€)
24 001	Klaus Söffgen	1	310,00
24 002	G. Schön	2	280,00
			590,00

III. Anfangsbestände der Liefererkonten
(Offene-Posten-Liste der Kreditoren)

L.-Nr.	Kreditoren	Beleg-Nr.	Betrag (€)
44 001	B. Müller OHG	3	34.000,00
44 002	Emut GmbH	4	23.000,00
			57.000,00

Kontenplan

Kontenklasse 0 (Immaterielle Vermögensgegenstände und Sachanlagen):
0510 Bebaute Grundstücke, 0810 Ladenausstattung.

Kontenklasse 2 (Umlaufvermögen und aktive Rechnungsabgrenzung):
2000 Waren, 2400 Forderungen a. LL (24001 Forderungen an Klaus Söffgen, 24002 Forderungen an Gertrud Schön), 2600 Vorsteuer, 2800 Kreditinstitute, 2880 Kasse.

Kontenklasse 3 (Eigenkapital und Rückstellungen):
3000 Eigenkapital, 3001 Privatkonto.

Kontenklasse 4 (Verbindlichkeiten und passive Rechnungsabgrenzung):
4250 Langfristige Bankverbindlichkeiten, 4400 Verbindlichkeiten a. LL (44001 Verbindlichkeiten gegenüber der Bernhard Müller OHG, 44002 Verbindlichkeiten gegenüber der Emut GmbH), 4800 Umsatzsteuer.

Kontenklasse 5 (Erträge):
5000 Umsatzerlöse für Waren.

Kontenklasse 6 (Betriebliche Aufwendungen):
6000 Aufwendungen für Waren, 6112 Fremdinstandhaltung, 6300 Gehälter, 6700 Mieten, Pachten.

Kontenklasse 8 (Ergebnisrechnungen):
8010 Schlussbilanzkonto, 8020 Gewinn- und Verlustkonto.

Geschäftsfälle

Beleg-Nr.		€
	1. Eingangsrechnung	
11	1. der Bernhard Müller OHG (L.-Nr. 44 001),	
	Nettopreis (Waren)	70.000,00
	+ 16 % USt	11.200,00
	Rechnungsbetrag	81.200,00
12	2. der Emut GmbH (L.-Nr. 44 002),	
	Nettopreis (Waren)	20.000,00
	+ 16 % USt	3.200,00
	Rechnungsbetrag	23.200,00

6467136L

2. Gutschriftanzeige der Bank für

21   1. Überweisung von Klaus Söffgen (Kd.-Nr. 24 001,
        betrifft: Beleg-Nr. 1) 310,00

22   2. Überweisung von Gertrud Schön (Kd.-Nr. 24 002,
        betrifft: Beleg-Nr. 2) 280,00

30 **3. Barverkäufe**
    (einschl. 16 % USt) 96.628,00

4. Ausgangsrechnung an

41   1. Klaus Söffgen (Kd.-Nr. 24 001),
        Nettopreis (Waren) 900,00
        + 16 % USt 144,00

        Rechnungsbetrag 1.044,00

42   2. Gertrud Schön (Kd.-Nr. 24 002),
        Nettopreis (Waren) 800,00
        + 16 % USt 128,00

        Rechnungsbetrag 928,00

5. Lastschriftanzeige der Bank für

51   1. Miete der Geschäftsräume 8.000,00
52   2. Gehälter 10.000,00
53   3. Überweisung an die Bernhard Müller OHG (L.-Nr. 44 001,
        betrifft: Beleg-Nr. 3) 34.000,00
54   4. Überweisung an die Emut GmbH (L.-Nr. 44 002,
        betrifft: Beleg-Nr. 4) 23.000,00

6. Kassenausgänge für

61   1. Privatentnahme 4.000,00
62   2. Dachreparatur am Geschäftsgebäude, Nettopreis 600,00
        + 16 % USt 96,00

        Rechnungsbetrag 696,00

70 **7. Barverkäufe**
    (einschl. 16 % USt) 98.600,00

Abschlussangaben

80 **8. Passivierung der Zahllast**

90 **9. Warenschlussbestand lt. Inventur** 510.000,00

100 **10. Die Schlussbestände der anderen Bestandskonten entsprechen
        den Inventurbeständen.**

2.12 Warengruppen

Zur **besseren Information** über den Umsatz, den Wareneinsatz und dem daraus resultierenden Warenrohgewinn werden mehrere Wareneinkaufs- und Warenverkaufskonten eingerichtet. Dazu werden in der Regel miteinander verwandte Waren in einer **Warengruppe** geführt.

Beispiel
Warengruppe 1: Herrenoberbekleidung
Warengruppe 2: Damenoberbekleidung

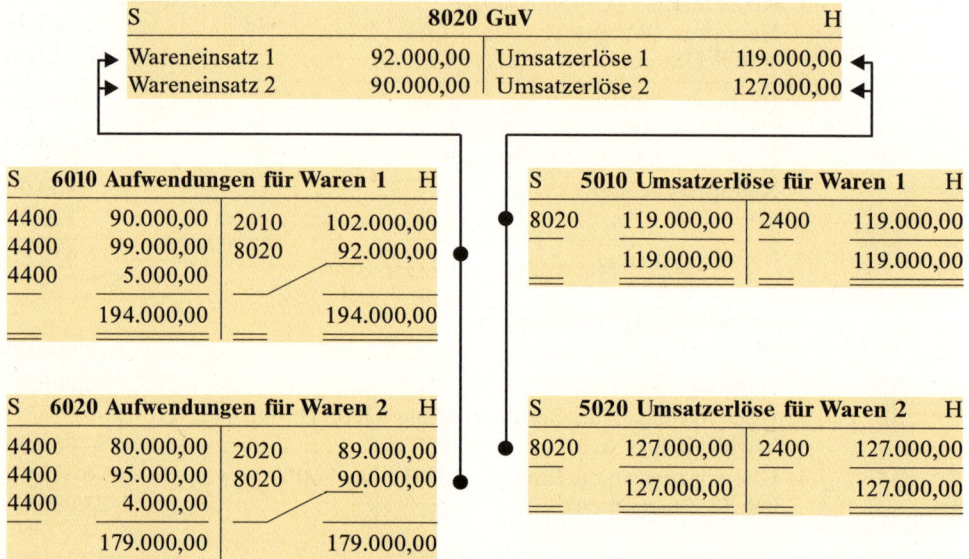

Es sind nun folgende – nach Warengruppen differenzierte – Informationen ersichtlich bzw. errechenbar:

Waren-gruppe	Umsatz-erlöse	Waren-einsatz	Warenroh-gewinn (absolut)	Warenrohgewinn in % von den Umsatzerlösen[1]
1	119.000,00	92.000,00	27.000,00	22,69 %
2	127.000,00	90.000,00	37.000,00	29,13 %

Aufgabe

 a) Nennen Sie die Buchungssätze.

b) Buchen Sie nur auf den unten aufgeführten Konten der Warengruppen 1 und 2 (ohne Gegenkonten).

c) Schließen Sie die Konten ab.

d) Ermitteln Sie den absoluten Warenrohgewinn und den Warenrohgewinn in Prozent von den Umsatzerlösen (= Handelsspanne) je Warengruppe.

---

1 = Handelsspanne

6467138L

Anfangsbestände €

2010 Waren 1 .... 120.000,00
2020 Waren 2 .... 160.000,00

Konten

6010, 2010, 5010 (Warengruppe 1)
6020, 2020, 5020 (Warengruppe 2)
8020

Geschäftsfälle

1. Wareneinkauf auf Ziel,
   Warengruppe 1,
   Warenwert 82.000,00
   + 16 % Umsatzsteuer 13.120,00
   Rechnungsbetrag 95.120,00

2. Barverkäufe, Warengruppe 2
   (einschl. 16 % USt) 185.600,00

3. Wareneinkauf auf Ziel,
   Warengruppe 2,
   Warenwert 90.000,00
   + 16 % Umsatzsteuer 14.400,00
   Rechnungsbetrag 104.400,00

4. Barverkäufe, Warengruppe 1
   (einschl. 16 % USt) 162.400,00

Schlussbestände

2010 Waren 1 .... 110.000,00
2020 Waren 2 .... 140.000,00

2.13 Die artikelgenaue Bestandserfassung im EDV-gestützten Warenwirtschaftssystem[1]

Im vorangehenden Kapitel wird der Warenbereich in Warengruppen unterteilt. Eine noch feinere Differenzierung nehmen die heute in den Einzelhandelsbetrieben eingesetzten EDV-gestützten Warenwirtschaftssysteme (WWS) vor. Sie liefern **artikelgenaue** Informationen über die Wareneinkäufe, die Warenverkäufe und über die Warenbestände.

Die artikelgenaue Wareneingangs- und Warenausgangserfassung wird vom WWS dem Finanzbuchhaltungsprogramm zur Verfügung gestellt. Es erfolgt i. d. R. eine Verdichtung der Artikel zu Warengruppen. Das Finanzbuchhaltungsprogramm nimmt dann automatisch die Buchungen der Wareneinkäufe und der Warenverkäufe (i. d. R. differenziert nach Warengruppen) vor.

Gleichzeitig speichert das Finanzbuchhaltungsprogramm die Daten für die Kreditoren- und Debitorenbuchführung.

---

1 Ausführliche Informationen über Warenwirtschaftssysteme enthalten die Wirtschaftslehrebücher.

2.14 Belegorganisation

Die Grundlage jeder ordnungsmäßigen Buchführung bildet der Beleg. Die Buchführungsrichtlinien verlangen, dass **keine Buchung ohne Beleg** erfasst werden darf.

Für den erfassten Geschäftsfall ist der Beleg einerseits **Buchungsvorlage** und andererseits **Beweismittel**.

2.14.1 Belegarten

Die Belege werden nach **ihrer Entstehung** in **natürliche** und in **künstliche Belege** und. nach der **Anzahl der in ihnen erfassten Geschäftsfälle** in **Einzelbelege** und in **Sammelbelege** untergliedert.

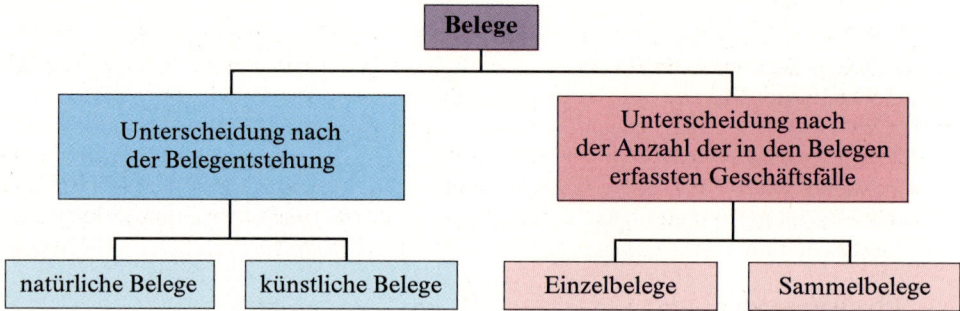

Natürliche Belege entstehen durch außer- und innerbetriebliche Geschäftsvorgänge. Sie werden unterteilt in **externe** und **interne Belege**.

Externe Belege fallen im Geschäftsverkehr mit Außenstehenden an, wie z. B. mit Kunden, Lieferern, Versicherungen, Banken, Post, Finanzamt usw.

Beispiele

Eingangsrechnungen von Lieferern; Ausgangsrechnungen an Kunden; Bank- und Postbankauszüge; Überweisungsträger; Quittungen; Briefe an Kunden über Preisnachlässe, Gutschriften, Rücksendungen; Briefe von Lieferern über Preisnachlässe, Gutschriften, Rücksendungen; Frachtbriefe usw.

Interne Belege resultieren aus innerbetrieblichen Vorgängen.

Beispiele

Gehalts- und Lohnlisten; Quittungen über Privatentnahmen; Reisekostenabrechnungen usw.

Künstliche Belege werden speziell für die Buchführung erstellt.

Beispiele

Anweisungen für Umbuchungen und für Abschlussbuchungen; Anweisungen für Stornobuchungen; Notbehelfe, weil kein natürlicher Beleg erstellt wurde (z. B. bei auswärts geführtem Ferngespräch) oder weil der natürliche Beleg verloren ging usw.

6467140L

Einzelbelege erfassen nur einen Geschäftsfall.

Sammelbelege werden für mehrere gleichartige Geschäftsfälle erstellt, um die Anzahl der Buchungen zu verringern.

2.14.2 Belegbearbeitung

Die Belege werden in drei Arbeitsschritten bearbeitet:

- **Belegvorbereitung**
- **Belegbuchung**
- **Belegablage**

Bei der **Belegvorbereitung** werden die Belege buchungsfertig aufbereitet (s. Abb. S. 142). Hierzu gehören folgende Arbeiten:

1. Die Belege werden auf sachliche und auf wertmäßige Richtigkeit geprüft.
2. Die Belege werden nach Belegarten, wie z. B. nach Ausgangsrechnungen oder nach Gutschriften an Lieferer, sortiert. Hierdurch werden Sammelbuchungen möglich.
3. Innerhalb jeder Belegart werden Belege nummeriert.
4. Die Belege werden vorkontiert. Dazu werden sie in der Regel mit einem Buchungsstempel versehen, in den der entsprechende Buchungssatz eingetragen wird. Die Vorkontierung kann auch auf einem extra dafür vorgesehenen Kontierungszettel erfolgen.

Nach der Belegvorbereitung erfolgt die eigentliche **Belegbuchung.**

Bei der herkömmlichen Buchführung werden die Belege nach der Vorkontierung zunächst nach ihrem zeitlichen Anfall chronologisch im Grundbuch[1] gebucht. Danach erfolgt die Buchung auf den Hauptbuchkonten[1].

Die EDV-mäßige Buchführung vollzieht sich folgendermaßen:
Die Belegdaten werden – entsprechend der Vorkontierung – in ein Datenerfassungsgerät eingegeben und auf einem Datenträger gespeichert.
Das EDV-Programm erstellt eine Niederschrift der eingegebenen Buchungssätze in chronologischer Reihenfolge, das Grundbuch oder die **Primanota.**
Gleichzeitig nimmt das Programm die Buchungen auf den Sachkonten des Hauptbuches vor.
Auf Wunsch können die Primanota (das Grundbuch) und die Hauptbuchkonten auf Bildschirmen sichtbar gemacht oder ausgedruckt werden.

Die gebuchten Belege werden abgelegt und aufbewahrt. Die **Belegaufbewahrung** geschieht in Ordnern oder auch durch Speicherung auf Mikrofilmen[2].
Die Speicherung auf Mikrofilmen bringt den Vorteil, dass Raum für die Schriftgutablage eingespart werden kann. Die Raumeinsparung beträgt etwa 95 % bis 97 %.

Die Belege[3] müssen 10 Jahre, vom Ende des Kalenderjahres gerechnet, aufbewahrt (§ 257 Abs. 4 HGB und § 147 Abs. 3 AO) werden.

---

1   vgl. Kapitel 2.11.1
2   Ein Mikrofilm ist eine stark verkleinerte Fotoaufnahme eines Schriftstückes.
3   Die Buchführungsbücher, Bilanzen und Inventare sind ebenfalls 10 Jahre aufzubewahren.

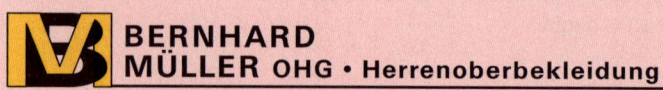

BERNHARD
MÜLLER OHG • Herrenoberbekleidung

Im Weiher 1 • Postfach 2 64 • 69121 Heidelberg • Telefon: (0 62 21) 89 25-0
Telefax: (0 62 21) 89 25-63

Bernhard Müller OHG • Postfach 2 64 • 69121 Heidelberg

Textileinzelhandel
Konrad Fied KG
Goseriede 41

30159 Hannover

Kunden-Nr.	Beleg-Nr.
24 009	489
Bitte stets angeben!	

Ihr Zeichen, Ihre Bestellung vom	Unser Zeichen	Telefon, Name (0 62 21) 89 25-	Datum
..-09-28	mü/kl	456 Herr Wontke	..-10-20

Rechnung

Lfd. Nr.	Stück- zahl	Gegenstand		Preis je Einheit	Betrag/€
1	160	Herrenjeans	XY 321	20,00	3.200,00
2	100	Herrensakkos	CD 128	45,00	4.500,00
3	120	Herrenhemden	KH 443	15,00	1.800,00
					9.500,00
		+ 16 % Umsatzsteuer			1.520,00
					11.020,00

Konto	Soll	Haben
6000	9.500,00	
2600	1.520,00	
4400		11.020,00

Gebucht ..-10-22
Fr

EINGEGANGEN 21. Okt...
Erl. ....

Bankverbindungen:

Dresdner Bank AG Heidelberg
Konto-Nr. 51 620 (BLZ 672 800 51)

Vereinsbank Heidelberg
Konto-Nr. 4 207 (BLZ 672 201 00)

Postbank Karlsruhe
Konto-Nr. 22 00-751 (BLZ 660 100 75)

10 Tage 3 % Skonto, 30 Tage
2 % Skonto, 60 Tage netto Kasse.

Einheitsbedingungen der
deutschen Textilindustrie.

Reklamationen werden nur
innerhalb 8 Tagen nach
Empfang der Ware berücksichtigt.

Gelieferte Ware bleibt bis
zur vollständigen Bezahlung
unser Eigentum.

Amtsgericht Heidelberg HRA 11

Kontierungsstempel,
in dem die Vorkontierung
vorgenommen wird.

Buchungsvermerk
..-10-22 = Buchungsdatum
Fr = Namenszeichen des Buchhalters Frost

6467142L

Schaubild

Belegarten

Untergliederung nach der Entstehung

Untergliederung nach der Anzahl der in den Belegen erfassten Geschäftsfälle

natürliche Belege
(entstehen durch außer- und innerbetriebliche Geschäfts-vorgänge)

künstliche Belege
(werden speziell für die Buch-führung erstellt)

Beispiele:
Umbuchungs-anweisungen, Ab-schlussbuchungs-anweisungen, Stornobuchungs-anweisungen

Einzelbelege
(erfassen nur einen Geschäftsfall)

Sammelbelege
(werden für mehrere gleich-artige Geschäfts-fälle erstellt)

externe Belege
(fallen im Ver-kehr mit Außenstehen-den an)

Beispiele:
Eingangs-rechnungen, Ausgangs-rechnungen, Quittungen, Bankauszüge

interne Belege
(resultieren aus innerbe-trieblichen Ge-schäftsfällen)

Beispiele:
Gehalts- und Lohnlisten, Nachweise über Privat-entnahmen

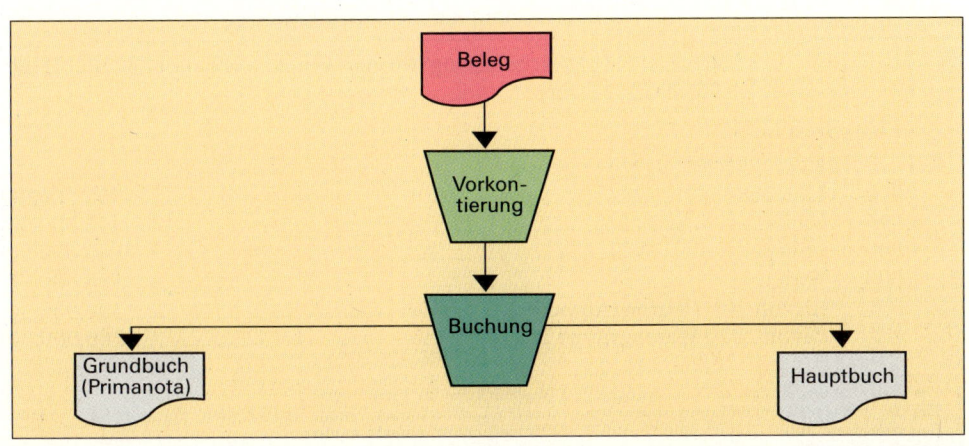

Beleg

Vorkon-tierung

Buchung

Grundbuch
(Primanota)

Hauptbuch

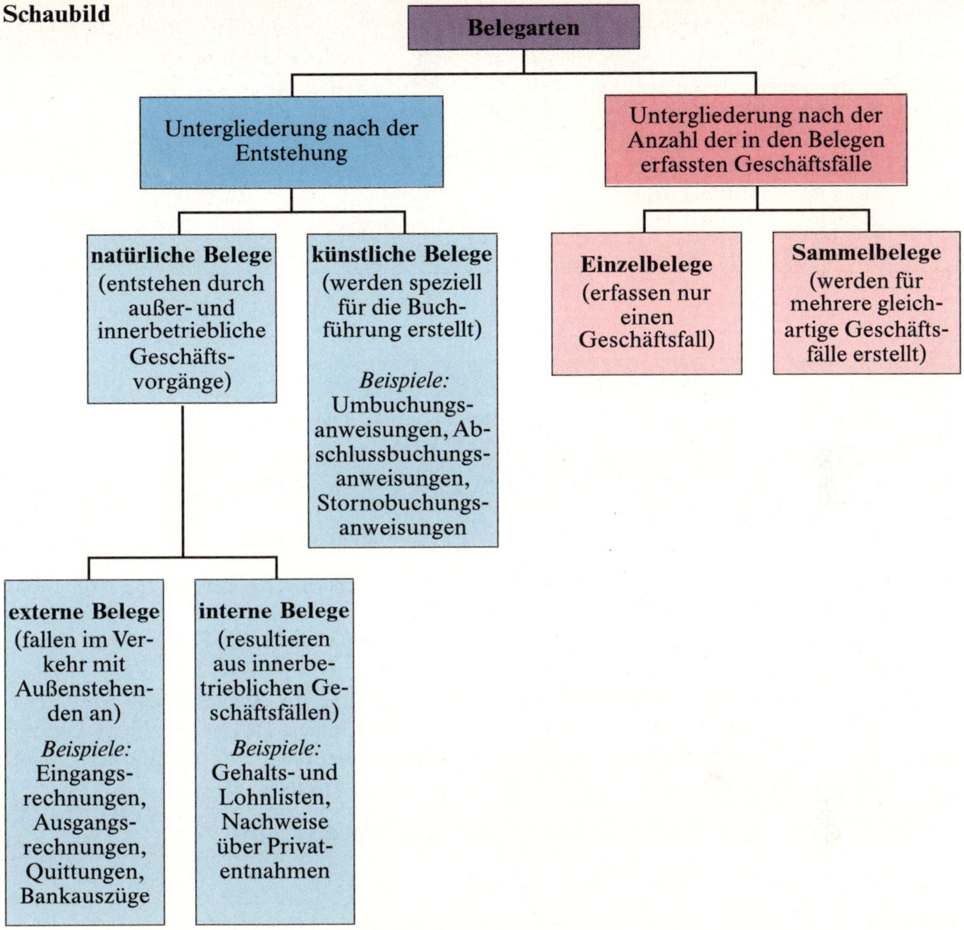

Merksätze

1. Für die Buchführung gilt der Grundsatz: Keine Buchung ohne Beleg.
2. Für den erfassten Geschäftsfall ist der Beleg einerseits Buchungsvorlage und andererseits Beweismittel.
3. Die Belegbearbeitung vollzieht sich in drei Schritten durch
   - die Belegvorbereitung (Belegprüfung, Belegsortierung, Belegnummerierung, Vorkontierung),
   - die Belegbuchung (nach zeitlichem Anfall im Grundbuch, nach sachlicher Zuordnung im Hauptbuch) und
   - die Belegablage (10 Jahre Belegaufbewahrung, gerechnet vom Ende des Kalenderjahres).

Aufgaben

1 Ordnen Sie den folgenden Definitionen die passende Belegart zu.
a) Belege entstehen durch außer- und innerbetriebliche Geschäftsfälle.
b) Belege werden speziell für die Buchführung erstellt.
c) Belege erfassen nur einen Geschäftsfall.
d) Belege werden für mehrere gleichartige Geschäftsfälle erstellt.

2 a) Unterteilen Sie die unten aufgeführten Belege in natürliche Belege und künstliche Belege.
b) Unterteilen Sie die natürlichen Belege nochmals in externe Belege und interne Belege.

Eingangsrechnung, Gehalts- und Lohnliste, Notbeleg für auswärts geführtes Ferngespräch, Nachweis über Privatentnahme eines Kleides, Brief von einem Lieferer über eine Gutschrift, Bankauszug, Reisekostenabrechnung, Umbuchungsanweisung, Ausgangsrechnung, Frachtbrief, Anweisung für Stornobuchung.

3 Welchen Vorteil bringen Sammelbelege gegenüber Einzelbelegen?

4 Was versteht man unter der „Vorkontierung" eines Beleges?

5 Welchen Vorteil bringt die Belegaufbewahrung auf einem Mikrofilm?

6 Wie lange sind Belege nach dem HGB und der AO aufzubewahren?

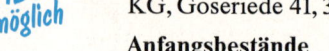

7 Buchen Sie den folgenden Beleggeschäftsgang[1] für den Textileinzelhandel Konrad Fied KG, Goseriede 41, 30159 Hannover.

Anfangsbestände

I. Anfangsbestände der Sachkonten €

0810	Ladenausstattung	700.000,00
0820	Kassensysteme	170.000,00
0840	Fuhrpark	140.000,00
2000	Waren	560.000,00
	(davon 2010 Warengruppe 1	300.000,00
	davon 2020 Warengruppe 2	260.000,00)

---

1 Die Vorkontierung erfolgte auf Kontierungszetteln (deshalb keine Buchungsstempel).
Der Geschäftsgang kann differenziert über Kundenkonten, Liefererkonten, Warengruppenkonten oder vereinfacht über die Sammelkonten „2000", „2400", „4400", „5000", „5420" und „6000" gebucht werden.

6467144L

2100	Betriebsstoffe	5.000,00
2400	Forderungen a. LL	700,00
2800	Kreditinstitute	149.300,00
2880	Kasse	18.000,00
3000	Eigenkapital	978.000,00
4250	Langfristige Bankverbindlichkeiten	680.000,00
4400	Verbindlichkeiten a. LL	85.000,00

II. Anfangsbestände der Kundenkonten (Offene-Posten-Liste der Debitoren)

Rechnungs-datum	Kd.-Nr.	Debitoren	Beleg-Nr.	Betrag (€)
..-10-14	24 001	Klaus Söffgen	50	450,00
..-10-25	24 002	Gertrud Schön	51	250,00
				700,00

III. Anfangsbestände der Liefererkonten (Offene-Posten-Liste der Kreditoren)

Rechnungs-datum	Kd.-Nr.	Kreditoren	Beleg-Nr.	Betrag (€)
..-10-20	44 001	B. Müller OHG	80	50.000,00
..-10-24	44 002	Emut GmbH	81	35.000,00
				85.000,00

Kontenplan

Kontenklasse 0 (Immaterielle Vermögensgegenstände und Sachanlagen):
0810 Ladenausstattung, 0820 Kassensysteme, 0840 Fuhrpark.

Kontenklasse 2 (Umlaufvermögen und aktive Rechnungsabgrenzung):
2000 Waren (2010 Warengruppe 1, 2020 Warengruppe 2), 2100 Betriebsstoffe, 2400 Forderungen a. LL (24001 Forderungen an Klaus Söffgen, 24002 Forderungen an Gertrud Schön), 2600 Vorsteuer, 2800 Kreditinstitute, 2880 Kasse.

Kontenklasse 3 (Eigenkapital und Rückstellungen):
3000 Eigenkapital, 3001 Privatkonto.

Kontenklasse 4 (Verbindlichkeiten und passive Rechnungsabgrenzung):
4250 Langfristige Bankverbindlichkeiten, 4400 Verbindlichkeiten a. LL (44001 Verbindlichkeiten gegenüber der Bernhard Müller OHG, 44002 Verbindlichkeiten gegenüber der Emut GmbH, 44003 Verbindlichkeiten gegenüber der Winter GmbH, 44004 Verbindlichkeiten gegenüber Karl-Heinz More e. Kfm., 44005 Verbindlichkeiten gegenüber der Adsack GmbH), 4800 Umsatzsteuer.

Kontenklasse 5 (Erträge):
5000 Umsatzerlöse für Waren (5010 Umsatzerlöse für Warengruppe 1, 5020 Umsatzerlöse für Warengruppe 2), 5420 Eigenverbrauch (5422 Eigenverbrauch Warengruppe 2).

Kontenklasse 6 (Betriebliche Aufwendungen):
6000 Aufwendungen für Waren (6010 Aufwendungen für Warengruppe 1, 6020 Aufwendungen für Warengruppe 2), 6112 Fremdinstandhaltung, 6700 Mieten, Pachten, 6750 Aufwendungen des Geldverkehrs, 6800 Büromaterial, 6870 Werbung, Dekoration, 6920 Beiträge zu Wirtschaftsverbänden und Berufsvertretungen.

Kontenklasse 8 (Ergebnisrechnungen):
8000 Eröffnungsbilanzkonto, 8010 Schlussbilanzkonto, 8020 Gewinn- und Verlustkonto.

Geschäftsfälle
Die folgenden Belege sind zu buchen.

Beleg 1

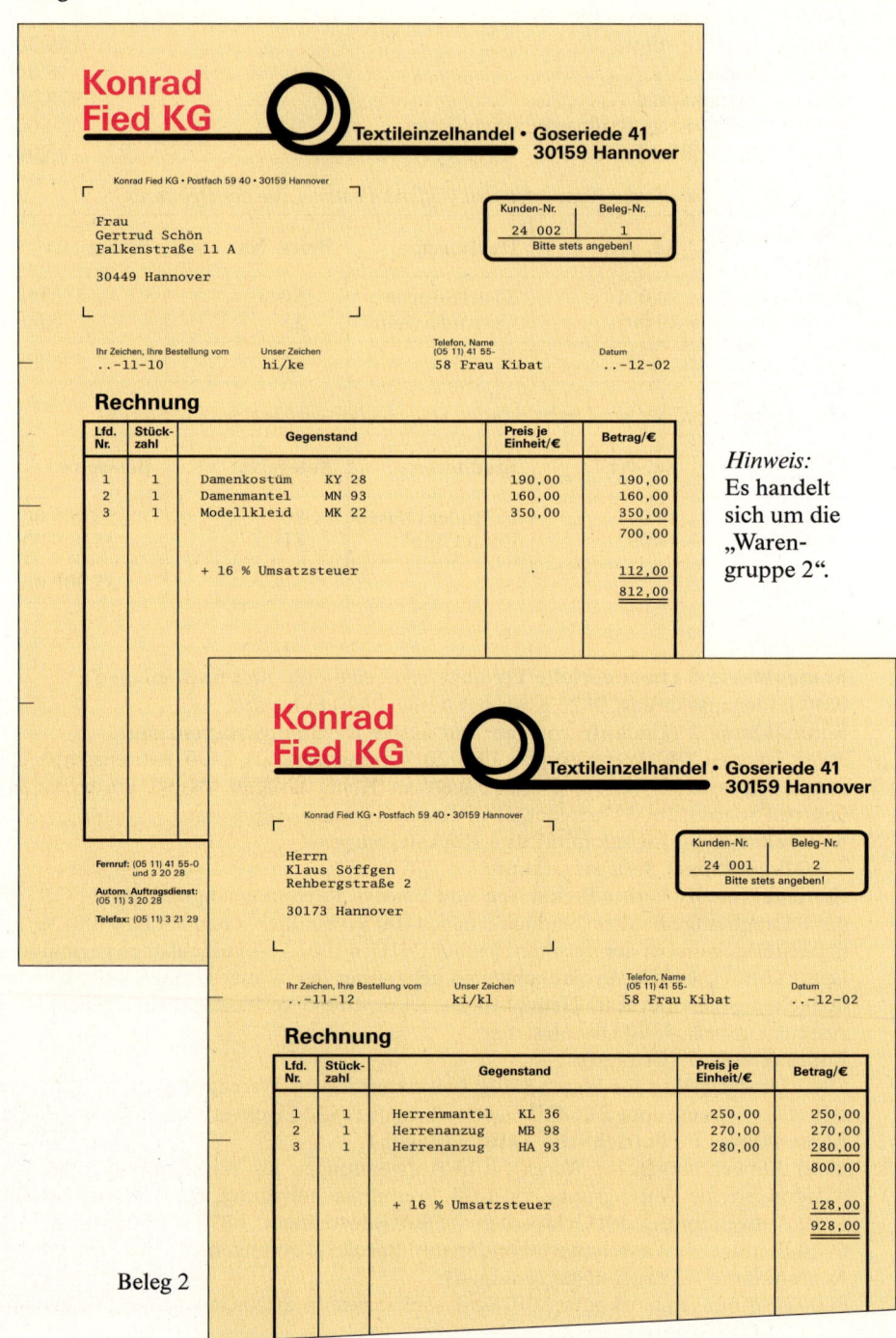

Konrad Fied KG
Textileinzelhandel • Goseriede 41
30159 Hannover

Konrad Fied KG • Postfach 59 40 • 30159 Hannover

Frau
Gertrud Schön
Falkenstraße 11 A

30449 Hannover

Kunden-Nr.	Beleg-Nr.
24 002	1
Bitte stets angeben!	

Ihr Zeichen, Ihre Bestellung vom	Unser Zeichen	Telefon, Name (05 11) 41 55-	Datum
..-11-10	hi/ke	58 Frau Kibat	..-12-02

Rechnung

Lfd. Nr.	Stück-zahl	Gegenstand		Preis je Einheit/€	Betrag/€
1	1	Damenkostüm	KY 28	190,00	190,00
2	1	Damenmantel	MN 93	160,00	160,00
3	1	Modellkleid	MK 22	350,00	350,00
					700,00
		+ 16 % Umsatzsteuer		.	112,00
					812,00

Hinweis:
Es handelt
sich um die
„Waren-
gruppe 2".

Fernruf: (05 11) 41 55-0
und 3 20 28

Autom. Auftragsdienst:
(05 11) 3 20 28

Telefax: (05 11) 3 21 29

Konrad Fied KG
Textileinzelhandel • Goseriede 41
30159 Hannover

Konrad Fied KG • Postfach 59 40 • 30159 Hannover

Herrn
Klaus Söffgen
Rehbergstraße 2

30173 Hannover

Kunden-Nr.	Beleg-Nr.
24 001	2
Bitte stets angeben!	

Ihr Zeichen, Ihre Bestellung vom	Unser Zeichen	Telefon, Name (05 11) 41 55-	Datum
..-11-12	ki/kl	58 Frau Kibat	..-12-02

Rechnung

Lfd. Nr.	Stück-zahl	Gegenstand		Preis je Einheit/€	Betrag/€
1	1	Herrenmantel	KL 36	250,00	250,00
2	1	Herrenanzug	MB 98	270,00	270,00
3	1	Herrenanzug	HA 93	280,00	280,00
					800,00
		+ 16 % Umsatzsteuer			128,00
					928,00

Beleg 2

Hinweis: Es handelt sich um die „Warengruppe 1".

6467146L

Beleg 3

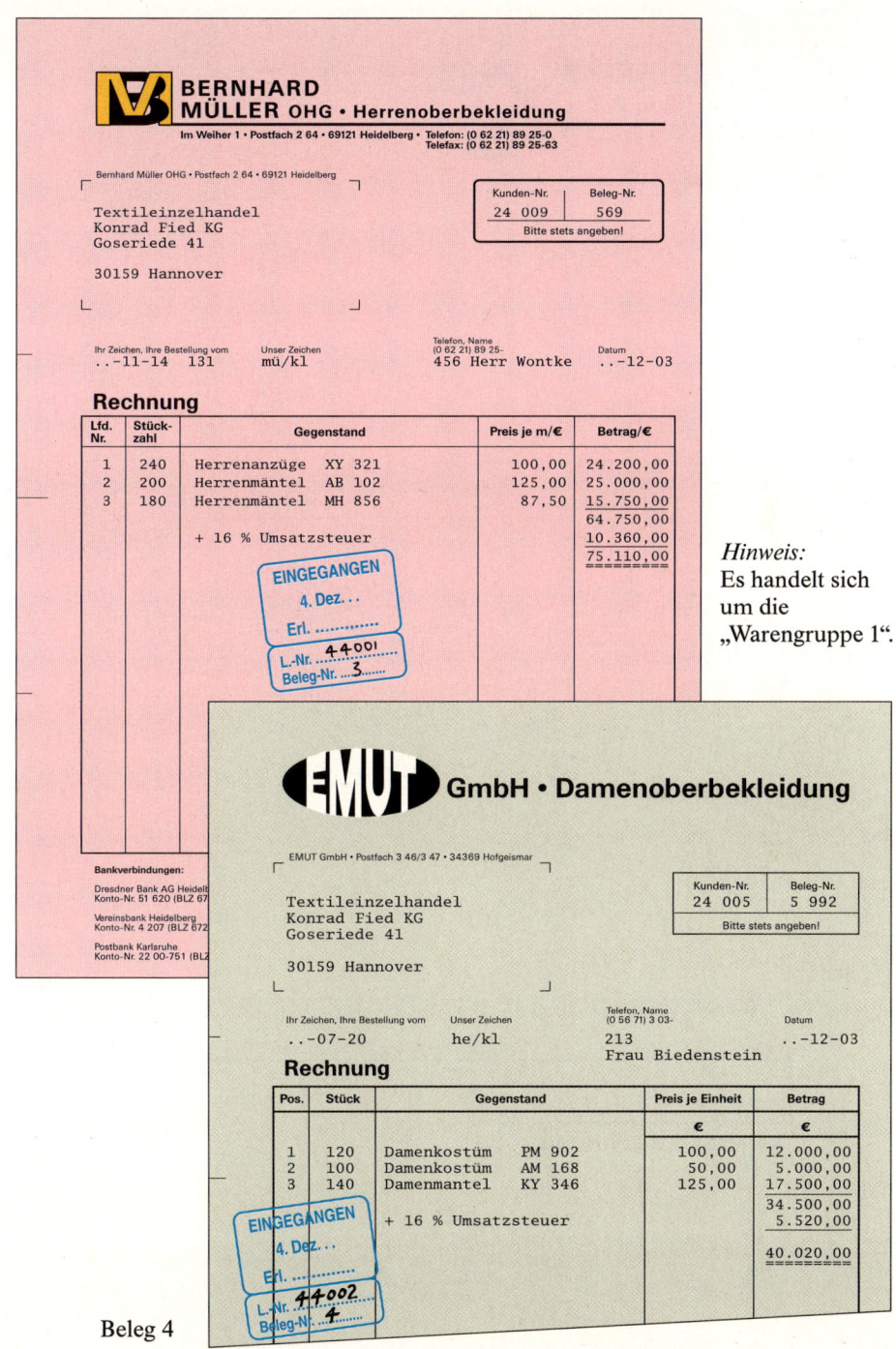

BERNHARD MÜLLER OHG • Herrenoberbekleidung

Im Weiher 1 • Postfach 2 64 • 69121 Heidelberg • Telefon: (0 62 21) 89 25-0
Telefax: (0 62 21) 89 25-63

Bernhard Müller OHG • Postfach 2 64 • 69121 Heidelberg

Textileinzelhandel
Konrad Fied KG
Goseriede 41

30159 Hannover

Kunden-Nr.	Beleg-Nr.
24 009	569
Bitte stets angeben!	

Ihr Zeichen, Ihre Bestellung vom	Unser Zeichen	Telefon, Name (0 62 21) 89 25-	Datum
..-11-14 131	mü/kl	456 Herr Wontke	..-12-03

Rechnung

Lfd. Nr.	Stück-zahl	Gegenstand	Preis je m/€	Betrag/€
1	240	Herrenanzüge XY 321	100,00	24.200,00
2	200	Herrenmäntel AB 102	125,00	25.000,00
3	180	Herrenmäntel MH 856	87,50	15.750,00
				64.750,00
		+ 16 % Umsatzsteuer		10.360,00
				75.110,00

EINGEGANGEN
4. Dez. ..
Erl. ....
L.-Nr. 44001
Beleg-Nr. ...3......

Bankverbindungen:

Dresdner Bank AG Heidelberg
Konto-Nr. 51 620 (BLZ 67...

Vereinsbank Heidelberg
Konto-Nr. 4 207 (BLZ 672...

Postbank Karlsruhe
Konto-Nr. 22 00-751 (BLZ...

Hinweis:
Es handelt sich
um die
„Warengruppe 1".

EMUT GmbH • Damenoberbekleidung

EMUT GmbH • Postfach 3 46/3 47 • 34369 Hofgeismar

Textileinzelhandel
Konrad Fied KG
Goseriede 41

30159 Hannover

Kunden-Nr.	Beleg-Nr.
24 005	5 992
Bitte stets angeben!	

Ihr Zeichen, Ihre Bestellung vom	Unser Zeichen	Telefon, Name (0 56 71) 3 03-	Datum
..-07-20	he/kl	213 Frau Biedenstein	..-12-03

Rechnung

Pos.	Stück	Gegenstand	Preis je Einheit €	Betrag €
1	120	Damenkostüm PM 902	100,00	12.000,00
2	100	Damenkostüm AM 168	50,00	5.000,00
3	140	Damenmantel KY 346	125,00	17.500,00
				34.500,00
		+ 16 % Umsatzsteuer		5.520,00
				40.020,00

EINGEGANGEN
4. Dez. ..
Erl. ....
L.-Nr. 44002
Beleg-Nr. ...4......

Beleg 4

Hinweis: Es handelt sich um die „Warengruppe 2".

Beleg 5

KARL-HEINZ MORE e. Kfm.

Computerkassen
Kassensysteme

Karl-Heinz More e. Kfm. • Postfach 4 06 • 30175 Hannover

BERATUNG
VERKAUF
LEASING
SERVICE

Textileinzelhandel
Konrad Fied KG
Goseriede 41

30159 Hannover

Ihre Bestellung vom, Ihre Bestell-Nr.	Unser Zeichen	Telefon, Name (05 11) 40 66-	Datum
..-11-29	ho/ge	789 Frau Schmidt	..-12-03

Rechnung Nr. 4 321

Wir lieferten Ihnen auf eigene Rechnung und Gefahr:

Bezeichnung	Preis je Einheit/€	Betrag/€
2 elektronische Kassen (PC-gesteuert), Typ L 81	3.250,00	6.500,00
+ 16 % Umsatzsteuer		1.040,00
		7.540,00

EINGEGANGEN
4. Dez...
Erl. ....
L.-Nr. 44 004
Beleg-Nr. 5

Beleg 6

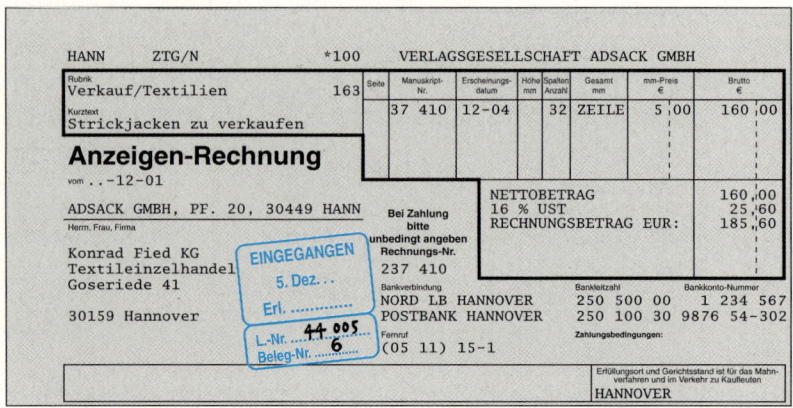

HANN ZTG/N	*100	VERLAGSGESELLSCHAFT ADSACK GMBH						
Rubrik Verkauf/Textilien	163	Seite	Manuskript-Nr.	Erscheinungs-datum	Höhe mm	Spalten Anzahl	Gesamt mm	mm-Preis €	Brutto €

Kurztext
Strickjacken zu verkaufen

	Seite	Manuskript-Nr.	Erscheinungs-datum	Höhe mm	Spalten Anzahl	Gesamt mm	mm-Preis €	Brutto €
		37 410	12-04		32	ZEILE	5,00	160,00

Anzeigen-Rechnung

vom ..-12-01

ADSACK GMBH, PF. 20, 30449 HANN

Herrn, Frau, Firma

Konrad Fied KG
Textileinzelhandel
Goseriede 41

30159 Hannover

Bei Zahlung bitte unbedingt angeben
Rechnungs-Nr.
237 410

NETTOBETRAG   160,00
16 % UST   25,60
RECHNUNGSBETRAG EUR: 185,60

Bankverbindung
NORD LB HANNOVER
POSTBANK HANNOVER

	Bankleitzahl	Bankkonto-Nummer
NORD LB HANNOVER	250 500 00	1 234 567
POSTBANK HANNOVER	250 100 30	9876 54-302

Zahlungsbedingungen:

Fernruf
(05 11) 15-1

EINGEGANGEN
5. Dez...
Erl. ....
L.-Nr. 44 005
Beleg-Nr. 6

Erfüllungsort und Gerichtsstand ist für das Mahn-verfahren und im Verkehr mit Kaufleuten
HANNOVER

6467148L

Beleg 7

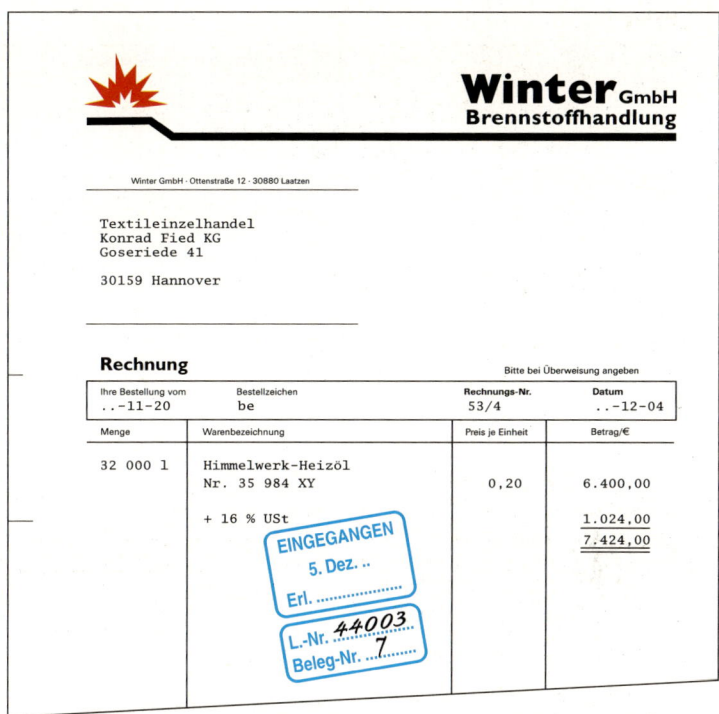

Winter GmbH
Brennstoffhandlung

Winter GmbH · Ottenstraße 12 · 30880 Laatzen

Textileinzelhandel
Konrad Fied KG
Goseriede 41

30159 Hannover

Rechnung

Bitte bei Überweisung angeben

Ihre Bestellung vom	Bestellzeichen	Rechnungs-Nr.	Datum
..-11-20	be	53/4	..-12-04

Menge	Warenbezeichnung	Preis je Einheit	Betrag/€
32 000 l	Himmelwerk-Heizöl Nr. 35 984 XY	0,20	6.400,00
	+ 16 % USt		1.024,00
			7.424,00

EINGEGANGEN
5. Dez. ..
Erl. ....
L.-Nr. 44003
Beleg-Nr. ....

Der Konto-Auszug ist in Zusammenhang mit den Belegen 9 bis 13 zu buchen.[1]

Beleg 8

Konto-Nummer: **12 345** BLZ **251 901 01** **Lindener Volksbank eG**

Beleg	Buch.-Datum	Text	Wert	Betrag
99 100	..-12-07	GERTRUD SCHÖN KD.-NR. 24002 BELEG-NR.51 RECHNUNG VOM 25. OKT.	..-12-05	250,00 +
87 560	..-12-07	KLAUS SÖFFGEN KD.-NR. 24001 BELEG-NR.52 RECHNUNG VOM 14. OKT.	..-12-05	450,00 +
66 823	..-12-07	ÜBERWEISUNG 1210269 ARMINIA VERSICHERUNG	..-12-05	850,00 −
98 750	..-12-07	SCHECKFORMULARGEBÜHREN	..-12-06	20,00 −
99 178	..-12-07	ÜBERWEISUNG 1212715 BERNHARD MÜLLER OHG	..-12-06	50.000,00 −
99 401	..-12-07	ÜBERWEISUNG 1212875 EMUT GMBH	..-12-06	35.000,00 −
99 387	..-12-07	ÜBERWEISUNG 1213902 H. GELTER	..-12-07	3.800,00 −
68 591	..-12-07	EUROCHEQUE 309	..-12-07	670,00 −

TEXTILEINZELHANDEL
KONRAD FIED KG
GOSERIEDE 41

30159 HANNOVER

EUR	149.300,00 +
Alter Kontostand	
EUR	59.660,00 +
Neuer Kontostand	

Konto-Auszug		
..-12-07	93	1
Datum	Nummer	Blatt

---

1 Die erste Buchung des Kontoauszuges ist unter der Belegnummer 8 a, die zweite Buchung des Kontoauszuges unter der Belegnummer 8 b und die vierte Buchung des Kontoauszuges unter der Belegnummer 8 c vorzunehmen. Die übrigen Buchungen des Kontoauszuges sind unter den Belegnummern der jeweiligen Einzelbelege zu erfassen.

Beleg 9

Durchschrift für Kontoinhaber   251 901 01

Ⓥ︎Ⓧ︎ Lindener Volksbank eG
30449 Hannover

Empfänger
Arminia Versicherung AG, Oststr. 5, 30159 Hannover

Konto-Nr. des Empfängers   Bankleitzahl
999 444 422   250 700 70

bei (Kreditinstitut)
Deutsche Bank AG, Hannover

* Bis zur Einführung des Euro (= EUR) nur DM; danach DM oder EUR.   DM od. EUR*   Betrag
EUR   850,00-------------

Kunden-Referenznummer - noch Verwendungszweck, ggf. Name und Anschrift des Auftraggebers (nur für Empfänger)
Lebensversicherung Anni Fied, Vers.-Nr. LVF 33 333
Jahresbeitrag

Kontoinhaber
Konrad Fied

Konto-Nr. des Kontoinhabers
12 345

..-12-05 *Konrad Fied*
Datum   Unterschrift

Beleg 10

Durchschrift für Kontoinhaber   251 901 01

Ⓥ︎Ⓧ︎ Lindener Volksbank eG
30449 Hannover

Empfänger
Bernhard Müller OHG, Im Weiher 1, 69121 Heidelberg

Konto-Nr. des Empfängers   Bankleitzahl
4 207   672 201 00

bei (Kreditinstitut)
Vereinsbank Heidelberg

* Bis zur Einführung des Euro (= EUR) nur DM; danach DM oder EUR.   DM od. EUR*   Betrag
EUR   50.000,00-----------

Kunden-Referenznummer - noch Verwendungszweck, ggf. Name und Anschrift des Auftraggebers (nur für Empfänger)
Ihre Rechnung Nr. 34 vom 20. Okt. ..

Kontoinhaber
Konrad Fied KG, 30159 Hannover

Konto-Nr. des Kontoinhabers
12 345

..-12-06 *Konr*
Datum   Unterschrift

Hinweis:
Beleg 10 betrifft
unsere Kto.-Nr.
44 001, unseren
Beleg 80.

Beleg 11

Durchschrift für Kontoinhaber   251 901 01

Ⓥ︎Ⓧ︎ Lindener Volksbank eG
30449 Hannover

Empfänger
Emut GmbH, Hohler Weg 3, 34369 Hofgeismar

Konto-Nr. des Empfängers   Bankleitzahl
81 160   520 925 00

bei (Kreditinstitut)
Volksbank Hofgeismar

* Bis zur Einführung des Euro (= EUR) nur DM; danach DM oder EUR.   DM od. EUR*   Betrag
EUR   35.000,00-----------

Kunden-Referenznummer - noch Verwendungszweck, ggf. Name und Anschrift des Auftraggebers (nur für Empfänger)
Rechnungs-Nr. 589
Rechnung vom 24. Okt. ..

Kontoinhaber
Konrad Fied KG, 30159 Hannover

Konto-Nr. des Kontoinhabers
12 345

..-12-06 *Konrad Fied*
Datum   Unterschrift

Hinweis:
Beleg 11 betrifft
unsere Kto.-Nr.
44 002, unseren
Beleg 81.

Beleg 12

Durchschrift für Kontoinhaber   251 901 01

Ⓥ︎Ⓧ︎ Lindener Volksbank eG
30449 Hannover

Empfänger
H. Gelter, Geibelstraße 13, 30173 Hannover

Konto-Nr. des Empfängers   Bankleitzahl
223 344   250 501 80

bei (Kreditinstitut)
Stadtsparkasse Hannover

* Bis zur Einführung des Euro (= EUR) nur DM; danach DM oder EUR.   DM od. EUR*   Betrag
EUR   3.800,00-----------

Kunden-Referenznummer - noch Verwendungszweck, ggf. Name und Anschrift des Auftraggebers (nur für Empfänger)
Miete für Geschäftsräume

Kontoinhaber
Konrad Fied KG, 30159 Hannover

Konto-Nr. des Kontoinhabers
12 345

..-12-07 *Konrad Fied*
Datum   Unterschrift

6467150L

Beleg 13

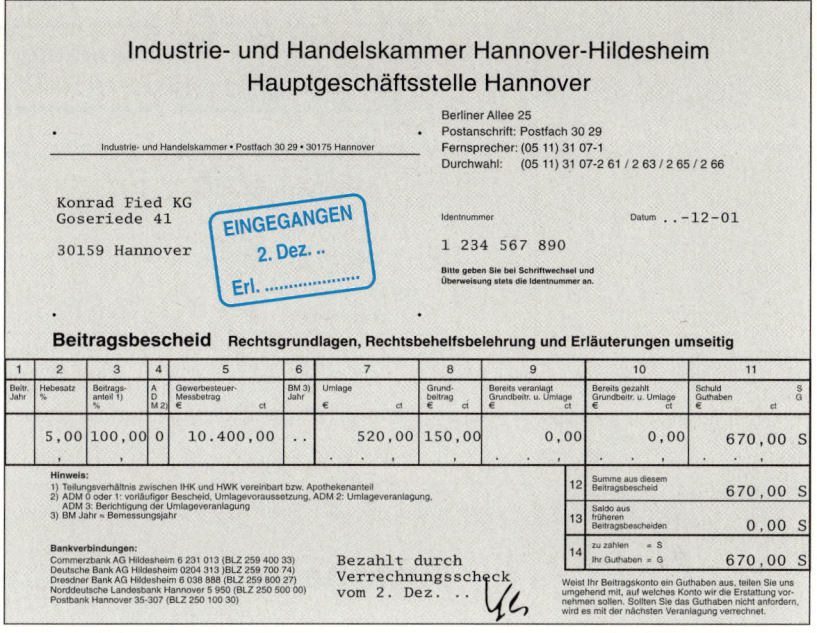

Die Belege 14–17 sind aufgrund des Kassenberichtes zu buchen.

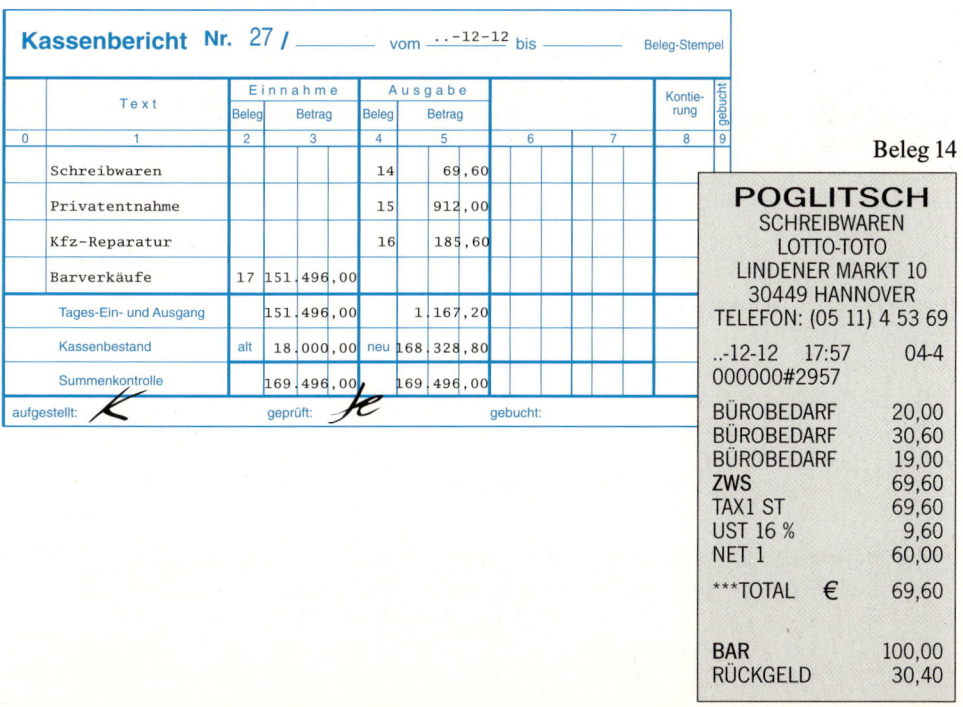

Beleg 15

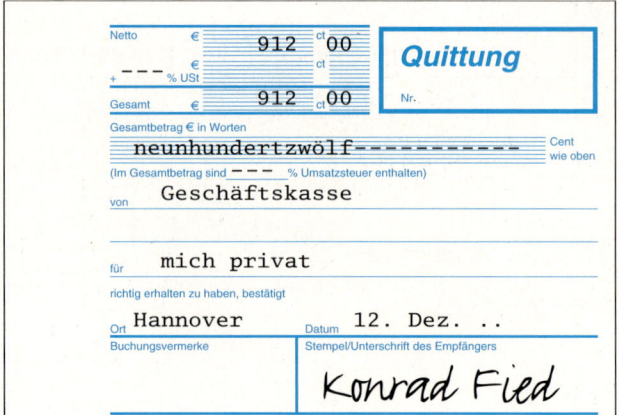

Netto	€	912	ct 00	**Quittung**
+ --- % USt	€		ct	
Gesamt	€	912	ct 00	Nr.

Gesamtbetrag € in Worten

neunhundertzwölf----------- Cent wie oben

(Im Gesamtbetrag sind --- % Umsatzsteuer enthalten)

von Geschäftskasse

für mich privat

richtig erhalten zu haben, bestätigt

Ort Hannover Datum 12. Dez. ..

Buchungsvermerke | Stempel/Unterschrift des Empfängers

Konrad Fied

Beleg 16

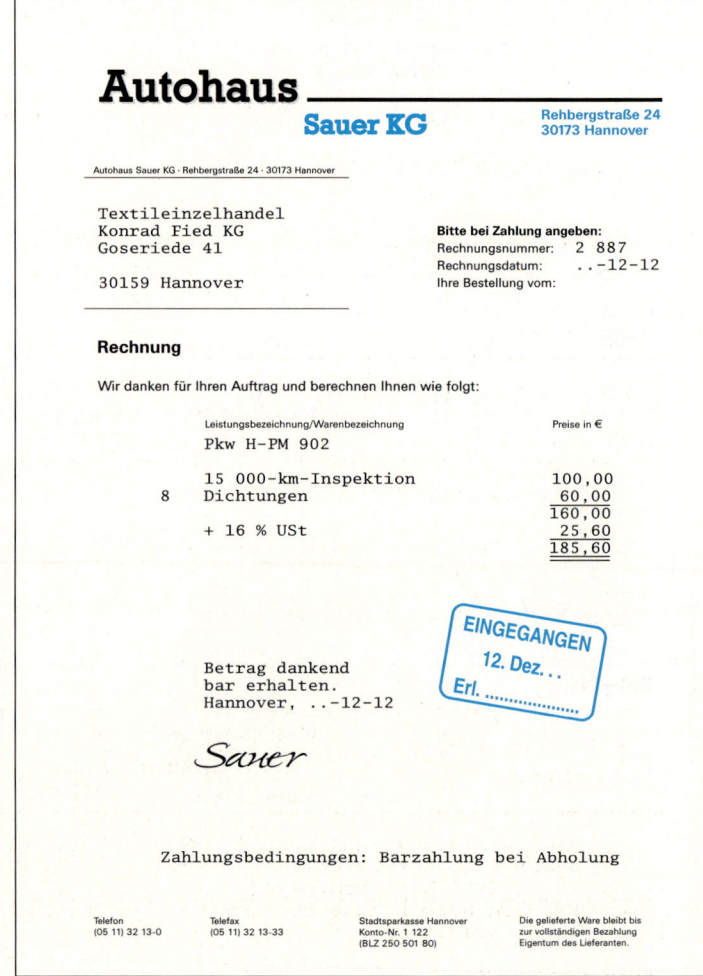

Autohaus
Sauer KG

Rehbergstraße 24
30173 Hannover

Autohaus Sauer KG · Rehbergstraße 24 · 30173 Hannover

Textileinzelhandel
Konrad Fied KG
Goseriede 41

30159 Hannover

Bitte bei Zahlung angeben:
Rechnungsnummer: 2 887
Rechnungsdatum: ..-12-12
Ihre Bestellung vom:

Rechnung

Wir danken für Ihren Auftrag und berechnen Ihnen wie folgt:

Leistungsbezeichnung/Warenbezeichnung	Preise in €
Pkw H-PM 902	
15 000-km-Inspektion	100,00
8 Dichtungen	60,00
	160,00
+ 16 % USt	25,60
	185,60

Betrag dankend
bar erhalten.
Hannover, ..-12-12

EINGEGANGEN
12. Dez. ..
Erl. ....

Sauer

Zahlungsbedingungen: Barzahlung bei Abholung

Telefon
(05 11) 32 13-0

Telefax
(05 11) 32 13-33

Stadtsparkasse Hannover
Konto-Nr. 1 122
(BLZ 250 501 80)

Die gelieferte Ware bleibt bis
zur vollständigen Bezahlung
Eigentum des Lieferanten.

6467152L

Beleg 17

<table>
<tr><td colspan="2">Konrad Fied KG – Textileinzelhandel</td></tr>
<tr><td colspan="2">– Zentralkasse –</td></tr>
<tr><td>Kasseneinnahmen aus
Barverkäufen (brutto,
einschl. 16 % USt). . . . .</td><td>151.496,00 €</td></tr>
<tr><td>Warengruppe 1 . . . .</td><td>87.696,00 €</td></tr>
<tr><td>Warengruppe 2 . . . .</td><td>63.800,00 €</td></tr>
<tr><td colspan="2">Datum ..-12-12</td></tr>
</table>

Beleg 18

Warenentnahme (Warengruppe 2)

Damen-Pullover, Artikel-Nr. 3 231	30,00
Damen-Sweatshirt, Artikel-Nr. 3 354	20,00
Kleid, Artikel-Nr. 4 453	100,00
Rock, Artikel-Nr. 3 332	50,00
Damen-Hose, Artikel-Nr. 5 544	60,00
	260,00
+ 16 % Umsatzsteuer	41,60
	301,60

..-12-20 *Fied*

Beleg 19

<table>
<tr>
<td>Konrad Fied KG
Hannover</td>
<td>Abschluss zum 31. Dez. ..
Buchungsanweisung
Buchungsdatum: ..-12-31</td>
<td>Beleg-Nr.:
19</td>
</tr>
<tr>
<td colspan="3">für: Passivierung der Zahllast.</td>
</tr>
</table>

Beleg 20

<table>
<tr>
<td>Konrad Fied KG
Hannover</td>
<td>Abschluss zum 31. Dez. ..
Buchungsanweisung
Buchungsdatum: ..-12-31</td>
<td>Beleg-Nr.:
20</td>
</tr>
<tr>
<td colspan="3">für: Warenschlussbestand laut Inventur: 585.000,00 €
     davon 2010 Warengruppe 1:   330.000,00 €
         2020 Warengruppe 2:   255.000,00 €
Die Schlussbestände der anderen Bestandskonten entsprechen den
Inventurbeständen.</td>
</tr>
</table>

3 Die Funktionen des Einzelhandelsbetriebes in der Praxis des Rechnungswesens

3.1 Die Warenwirtschaft

3.1.1 Die Bezugskalkulation

Bei der Beschaffung von Waren gilt es, den Lieferanten auszuwählen, der den günstigsten **Bezugspreis/Einstandspreis** bietet.

Der Bezugspreis/Einstandspreis einer Ware ergibt sich aus folgender **Mengen- und Wertrechnung:**

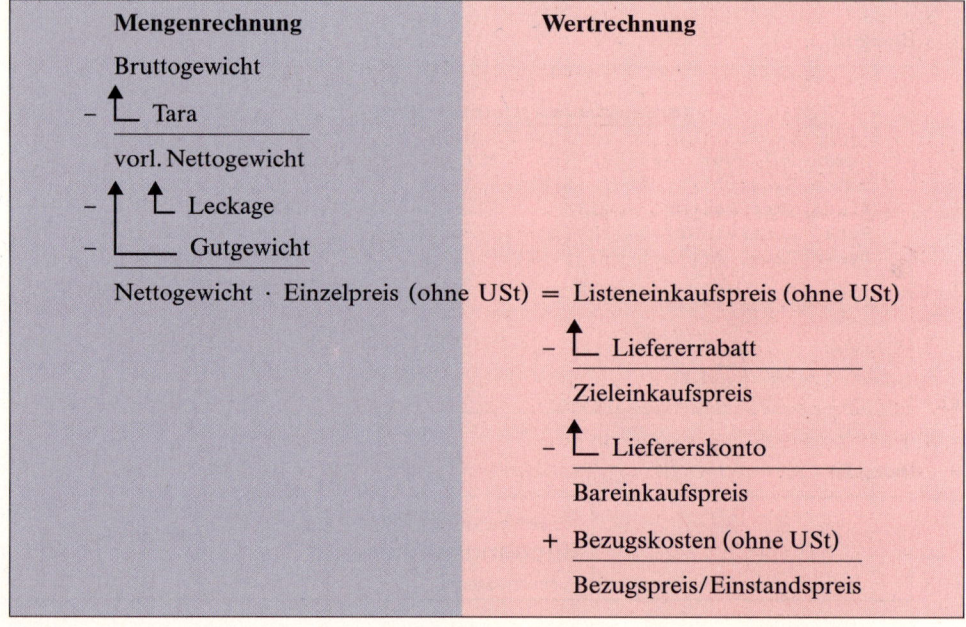

Hinweis: Die Größen, von denen Pfeile ausgehen, werden i. d. R. prozentual berechnet. Die Pfeilspitzen zeigen auf den jeweiligen Grundwert.

Zur Errechnung des Listeneinkaufspreises einer bestimmten Warenmenge **kann** eine **Mengenrechnung** erforderlich sein. Dabei werden **Gewichtsabzüge** vom Bruttogewicht der bezogenen Ware vorgenommen.

Man unterscheidet folgende **Gewichtsabzüge:**
- **Tara:** Gewichtsabzug für die Verpackung;
- **Leckage:** Gewichtsabzug für ausgelaufene Flüssigkeit (Schwund);
- **Gutgewicht:** Gewichtsabzug für Einwiege- und Umpackverluste beim Käufer.

Bei der **Wertrechnung** werden Rabatte und Skonti in Ansatz gebracht.

154

Die wichtigsten **Rabatte** sind:

- **Mengenrabatt:** bei Abnahme größerer Mengen;
- **Wiederverkäuferrabatt:** für den Handel;
- **Treuerabatt:** für langjährige gute Kunden.

Skonto (Mehrzahl: Skonti) ist ein Preisnachlass, der bei vorzeitiger Zahlung innerhalb einer vereinbarten Frist gewährt wird.

Schließlich ist aus dem obigen Kalkulationsschema die Position **Bezugskosten** zu erklären.

Zu den **Bezugskosten** zählen:

1. Transportkosten
   a) Fracht
   b) Rollgeld
   c) Umschlagskosten (z. B. für Be- und Entladen, Kranstunden)
   d) Zwischenlagerkosten (beim Transport)
   e) Entgelte der Post und der privaten Paketdienste
2. Verpackungskosten
3. Transportversicherungsprämien
4. Zoll
5. Einkaufsvermittlungsgebühren[1]
   a) Einkaufsprovision
   b) Maklergebühr

Die Bezugskalkulation wird unterteilt in:

- die einfache Bezugskalkulation und
- die zusammengesetzte Bezugskalkulation.

3.1.1.1 Die einfache Bezugskalkulation

Bei der einfachen Bezugskalkulation wird nur eine Ware bezogen. Die Bezugskosten fallen allein für diese Ware an.

Beispiel

Ein Einzelhandelsbetrieb bezieht eine Ware mit einem Bruttogewicht von 7 850 kg. Die Tara macht 2 % aus. Ein Gutgewicht von 200 kg wird zugestanden. Der Preis pro kg Nettogewicht beträgt 6,10 € (ohne Umsatzsteuer). Der Lieferant gewährt 10 % Rabatt und 2 % Skonto. Die Transportkosten belaufen sich auf 9,60 € (ohne Umsatzsteuer) pro angefangene 100 kg. Wie viel € beträgt der Bezugspreis insgesamt und pro kg?

---

1 Die Einkaufsvermittlungsgebühren werden in Prozent vom Zieleinkaufspreis berechnet.

Lösung

Mengenrechnung		Wertrechnung	
Bruttogewicht	7 850 kg		
– Tara (2 %)	157 kg		
vorl. Nettogewicht	7 693 kg		
– Gutgewicht	200 kg		
Nettogewicht	7 493 kg · 6,10 € =	Listeneinkaufspreis	45.707,30 €
		– Rabatt (10 %)	4.570,73 €
		Zieleinkaufspreis	41.136,57 €
		– Skonto (2 %)	822,73 €
		Bareinkaufspreis	40.313,84 €
		+ Bezugskosten (79 · 9,60)	758,40 €
		Bezugs-/Einstandspreis	41.072,24 €
		pro kg: $\dfrac{41.072,24}{7\,493}$ =	5,48 €

Aufgaben

1 Ein Einzelhandel bezieht Waren mit einem Bruttogewicht von 36 280 kg. Das Verpackungsgewicht beträgt 420 kg. 100 kg der Ware (Nettogewicht) kosten 295,00 € (ohne Umsatzsteuer). Der Lieferant gewährt 20 % Rabatt und 3 % Skonto. An Bahnfracht fallen 7,10 € (ohne Umsatzsteuer) pro 100 kg an. Das Rollgeld II beträgt 522,00 € (einschl. 16 % Umsatzsteuer). Für die Transportversicherung sind 600,00 € zu zahlen.
Berechnen Sie den Bezugspreis für 1 kg der Ware.

2 Ein Einzelhandelskonzern bezieht für eine Jubiläumsfeier 1780 Flaschen Frankenwein zu je 4,60 € (ohne Umsatzsteuer). Die Weingroßhandlung gewährt 15 % Rabatt und 1,5 % Skonto. Die Transportkosten belaufen sich auf 348,00 € einschließlich 16 % Umsatzsteuer. Errechnen Sie den Bezugspreis für 1 Flasche Wein.

3 Wie viel € beträgt der Bezugspreis für die gesamte Sendung und für 1 Einheit?

	Brutto-menge	Gut-gewicht	Preis pro Nettoein-heit (ohne USt)	Rabatt	Skonto	Fracht (ohne USt)	Rollgeld (ohne USt)	Trans-portvers.
a)	6 892 kg	130 kg	82,00 €	15 %	1 %	325,00 €	180,00 €	970,00 €
b)	14 780 l	2 %	16,00 €	20 %	2 %	642,00 €	336,00 €	720,00 €
c)	648 Stück	–	349,00 €	10 %	2,5 %	595,00 €	226,00 €	390,00 €

4 Eine Kaffeerösterei bezieht 76 Säcke Brasilkaffee mit einem Bruttogewicht von insgesamt 2 280 kg. Der Angebotspreis ist 580,00 € (ohne Umsatzsteuer) für 100 kg Nettogewicht. Die Tara beträgt 0,250 kg pro Sack. Der Lieferant bewilligt ein Gutgewicht von 0,150 kg pro Sack. 12,5 % Mengenrabatt und 2 % Skonto werden gewährt. Die Einkaufsprovision beläuft sich auf 3,5 %. Errechnen Sie den Bezugspreis für 1 kg Kaffee.

6467156L

5 Errechnen Sie den Bezugspreis für die gesamte Sendung und für 1 Einheit.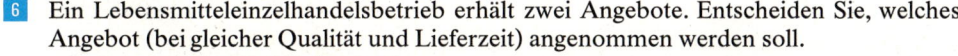

	a)	b)	c)
Bruttogewicht	20 500 kg	12 800 l	8 900 kg
Tara	400 kg	–	2 %
Gutgewicht	3 %	–	260 kg
Leckage	–	2 %	–
Preis pro Nettoeinheit (ohne USt)	4,90 €	7,20 €	8,30 €
Rabatt	12,5 %	10 %	15 %
Skonto	2 %	1,5 %	2,5 %
Fracht (ohne USt)	1.080,00 €	950,00 €	890,00 €
Rollgeld (ohne USt)	400,00 €	540,00 €	650,00 €
Einkaufsprovision	5 %	–	4,5 %
Maklergebühr	–	4 %	–

6 Ein Lebensmitteleinzelhandelsbetrieb erhält zwei Angebote. Entscheiden Sie, welches Angebot (bei gleicher Qualität und Lieferzeit) angenommen werden soll.

Angebot 1: 4 000 Kisten Äpfel; Bruttogewicht: 88 000 kg; Tara: 0,5 kg pro Kiste; Preis (ohne USt) pro 100 kg Nettogewicht: 13,50 €; Mengenrabatt: 10 %; Skonto: 3 %; frachtfrei; Rollgeld (einschl. 16 % USt): 92,80 €.

Angebot 2: 4 000 Kisten Äpfel; Bruttogewicht: 88 000 kg; Tara: 0,5 kg pro Kiste; Preis (ohne USt) pro 100 kg Nettogewicht: 11,50 €; Skonto: 1 %; Fracht (ohne USt): 420,00 €; Rollgeld (ohne USt): 80,00 €.

3.1.1.2 Die zusammengesetzte Bezugskalkulation

Werden mehrere Warenposten gemeinsam bezogen, so entstehen gemeinsame **Gewichtsspesen** und gemeinsame **Wertspesen**. Diese sind anteilmäßig auf die einzelnen Warenposten zu verteilen.

Gewichtsspesen (hauptsächlich: Fracht und Rollgeld) werden mithilfe der Verteilungsrechnung nach dem **Bruttogewicht, Wertspesen** (hauptsächlich: Transportversicherungsprämien und Einkaufsvermittlungsgebühren) nach dem **Zieleinkaufspreis** auf die einzelnen Warenposten umgelegt.

Beispiel

Ein Einzelhandel bezieht mit gleicher Sendung die Ware A und die Ware B.

	Bruttogewicht	Tara	Gutgewicht	Preis für 100 kg (ohne USt)
Ware A	30 000 kg	2 %	400 kg	60,00 €
Ware B	50 000 kg	3 %	500 kg	70,00 €

Es fallen folgende Bezugskosten (ohne USt) an:
- Fracht: 500,00 € — Transportversicherungsprämie: 510,00 €
- Rollgeld: 220,00 € — Vertreterprovision: 2.550,00 €
  a) Errechnen Sie den Gesamtrechnungspreis für Ware A und Ware B.
  b) Verteilen Sie die Gewichtsspesen auf Ware A und Ware B.
  c) Verteilen Sie die Wertspesen auf Ware A und Ware B.
  d) Errechnen Sie den Bezugspreis für 1 kg von Ware A und Ware B.

Lösung

a) **Ermittlung der Gesamtrechnungspreise**

	Ware A	Ware B
Bruttogewicht	30 000 kg	50 000 kg
− Tara	600 kg	1 500 kg
vorl. Nettogewicht	29 400 kg	48 500 kg
− Gutgewicht	400 kg	500 kg
Nettogewicht	29 000 kg	48 000 kg
Gesamtrechnungspreis	29 000 kg · 0,60 € = 17.400,00 €	48 000 kg · 0,70 € = 33.600,00 €

b) **Verteilung der Gewichtsspesen (nach Bruttogewicht)**

Summe der Gewichtsspesen: 500,00 € + 220,00 € = 720,00 €

	Verteilungsbasis	Teile	
Ware A	30 000 kg	3	270,00 €
Ware B	50 000 kg	5	450,00 €
		8 ≙	720,00 €
	1 Teil: 720,00 € : 8 =		90,00 €

c) **Verteilung der Wertspesen (nach Gesamtrechnungspreis)**

Summe der Wertspesen: 510,00 € + 2.550,00 € = 3.060,00 €

	Verteilungsbasis	Teile	
Ware A	17.400,00 €	87	1.044,00 €
Ware B	33.600,00 €	168	2.016,00 €
		255 ≙	3.060,00 €
	1 Teil: 3.060,00 € : 255 =		12,00 €

d) **Berechnung der Bezugspreise pro kg (netto)**

	Ware A	Ware B
Gesamtrechnungspreis	17.400,00 €	33.600,00 €
+ Gewichtsspesen	270,00 €	450,00 €
+ Wertspesen	1.044,00 €	2.016,00 €
Bezugspreis (insgesamt)	18.714,00 €	36.066,00 €
Bezugspreis pro kg	18.714,00 € : 29 000 kg = 0,65 €	36.066,00 € : 48 000 kg = 0,75 €

6467158L

1 Wir beziehen eine Sendung mit 2 verschiedenen Waren.

	Bruttogewicht	Tara	Gutgewicht	Preis für 100 kg (ohne USt)
Ware A	75 t	2 %	500 kg	120,00 €
Ware B	125 t	3 %	250 kg	140,00 €

An Bezugskosten (ohne USt) fallen an:
— Fracht: 1.100,00 €
— Rollgeld: 340,00 €
— Transportversicherungsprämie: 2.570,00 €
— Vertreterprovision: 12.850,00 €
a) Errechnen Sie den Gesamtrechnungspreis für Ware A und für Ware B.
b) Verteilen Sie die Gewichtsspesen auf Ware A und Ware B.
c) Verteilen Sie die Wertspesen auf Ware A und Ware B.
d) Errechnen Sie den Bezugspreis für 1 kg von Ware A und Ware B.

2 Eine Spinnerei bezieht in einer Sendung 12 000 kg der Baumwollsorte I (Güteklasse I) und 16 000 kg der Baumwollsorte II (Güteklasse II). Für die Baumwollsendung fallen 1.120,00 € (ohne USt) Gewichtsspesen und 1.564,00 € (ohne USt) Wertspesen an. Der kg-Preis beträgt für die Baumwollsorte I 3,05 € (ohne USt) und für die Baumwollsorte II 2,60 € (ohne USt).
Errechnen Sie den Bezugspreis für 1 kg der Baumwollsorte I und der Baumwollsorte II.

3 Ein Stoffeinzelhandelsbetrieb in Sachsen bezieht aus den USA 20 Ballen blauen Jeansstoff zu je 40 m und 25 Ballen schwarzen Jeansstoff zu je 45 m. Der Meterpreis des blauen Jeansstoffes beträgt 4,50 US-$ und der des hochwertigen schwarzen Jeansstoffes 6,75 US-$.
Kurs: 1 € = 1,1249 US-$.
Es fallen folgende Bezugskosten (ohne USt) an:
Bahnfracht: 673,75 €; Rollgeld: 89,55 €; Einkaufsprovision: 3 %.
Errechnen Sie jeweils den Bezugspreis pro m in €.
(*Hinweis:* Die Stoffe haben das gleiche spezifische Gewicht.)

4 Eine Kaffeerösterei erhält in einer Lieferung folgende Rohkaffeesendungen:
120 Säcke Brasilien-Kaffee (Sorte I); Bruttogewicht insgesamt: 8 472 kg; Tara: 0,6 kg pro Sack; Nettopreis für 100 kg: 360,00 €.
160 Säcke Brasilien-Kaffee (Sorte II); Bruttogewicht insgesamt: 9 664 kg; Tara: 0,4 kg pro Sack; Nettopreis für 100 kg: 340,00 €.
An Bezugskosten (ohne USt) fallen an:
— Einkaufsprovision: 2,5 %
— Transportversicherungsprämie: 628,80 €
— zu übernehmende Transportkosten: 1.600,00 €
Errechnen Sie den Bezugspreis für jeweils 1 kg der Sorte I und Sorte II.

5 Errechnen Sie den Bezugspreis pro Einheit.

	Brutto-menge	Tara	Gutge-wicht	Leckage	Preis pro Nettoeinheit (einschl. 16 % USt)	Gewichts-spesen (einschl. 16 % USt)	Wert-spesen[1]
a)	8 960 kg 6 420 kg	2 % 1,5 %	150 kg 130 kg	– –	9,28 € 8,12 €	} 3.480,00 €	3 %
b)	4 720 kg 5 790 kg	1 % 2 %	80 kg 110 kg	– –	6,96 € 7,89 €	} 2.320,00 €	2,5 %
c)	7 950 l 4 890 l	– –	– –	80 l 40 l	6,73 € 10,21 €	} 2.088,00 €	3,5 %
d)	50 Säcke zu 80 kg 40 Säcke zu 70 kg	0,6 kg pro Sack 0,5 kg pro Sack	40 kg 28 kg	– –	4,41 € 7,89 €	} 1.392,00 €	4 %

6 Ein Einzelhandelsbetrieb für Malereibedarf bezieht von einer Farben- und Lackfabrik:
– 90 l Speziallack, seidenmatt schwarz, 0,75-l-Dose zu 14,00 € (ohne USt) und
– 60 l Speziallack, seidenmatt moosgrün, 0,75-l-Dose, zu 15,00 € (ohne USt).
Die Farben- und Lackfabrik gewährt einen Treuerabatt von 10 % und 2 % Skonto.
An Bezugskosten (ohne USt) fallen an:
– Fracht: 80,00 €,
– Rollgeld: 25,00 €,
– Transportversicherung: 28,00 €.
Errechnen Sie den Bezugspreis pro Dose.

3.1.2 Die buchhalterische Erfassung der Bezugskosten

Nach steuerrechtlichen und handelsrechtlichen Vorschriften sind die eingekauften Waren zu **Anschaffungskosten** zu aktivieren.

Die Anschaffungskosten ergeben sich aus dem Anschaffungspreis und den Anschaffungsnebenkosten. Die Bezugskosten gehören zu den Anschaffungsnebenkosten.

> Anschaffungspreis
> + Anschaffungsnebenkosten (Bezugskosten)
> = Anschaffungskosten

Die Anschaffungskosten bilden die Wertbasis für die Wareneinkäufe. Die Bezugskosten müssen daher auf dem Wareneingangskonto erfasst werden.

Dies könnte durch eine direkte Buchung auf dem Wareneingangskonto geschehen.

Um aber die Bezugskosten verursachungsgerecht auszuweisen und um einen detaillierten Überblick über den Wareneinkaufsbereich zu erhalten, werden die Bezugskos-

---

1 in Prozent vom Gesamtrechnungspreis

ten in der Regel zunächst auf einem Unterkonto des Wareneinkaufskontos gesammelt. Am Ende der Rechnungsperiode wird dieses Unterkonto, das **Bezugskostenkonto**[1], über sein Hauptkonto, das Wareneinkaufskonto („Aufwendungen für Waren"), abgeschlossen.

Beispiel

Unser Lieferer stellt uns neben dem Warenwert Frachtkosten und Verpackungskosten in Rechnung:

Waren	10.000,00 €
+ Fracht	200,00 €
+ Verpackung (Kunststoffbehälter)	100,00 €
	10.300,00 €
+ 16 % Umsatzsteuer	1.648,00 €
Rechnungsbetrag	11.948,00 €

Buchung bei Rechnungseingang

6000	Aufwendungen für Waren	10.000,00	
6001	Bezugskosten	300,00	
2600	Vorsteuer	1.648,00	
an	4400 Verbindlichkeiten a. LL		11.948,00

Abschluss des Warenbezugskostenkontos

6000	Aufwendungen für Waren	300,00	
an	6001 Bezugskosten		300,00

Buchungen auf dem Wareneinkaufskonto:

S	6000 Aufwendungen für Waren		H
4400	10.000,00		
6001	300,00		

3.1.3 Gutschriften für Bezugskosten

Besteht die in Rechnung gestellte Verpackung z. B. aus Kunststoffbehältern, Fässern oder Holzkisten, so hat der Käufer häufig die Möglichkeit, seinem Lieferer diese gegen eine entsprechende Gutschrift zurückzugeben. Die Konten „Bezugskosten" und „Vorsteuer" sind dann durch Habenbuchungen zu korrigieren.

Beispiel

In Rechnung gestellte Kunststoffbehälter werden an den Lieferer zurückgesandt	100,00 €
darauf 16 % Umsatzsteuer	16,00 €

Buchungssatz	4400 Verbindlichkeiten a. LL	116,00	
	an 6001 Bezugskosten		100,00
	an 2600 Vorsteuer		16,00

---

1 Für jede Warengruppe wird ein Warenbezugskostenkonto geführt.

Schaubild

S	6001 Bezugskosten	H

zu buchen sind:
– Transportkosten,
– Verpackungs-
  kosten,
– Transportver-
  sicherungs-
  prämien,
– Zölle,
– Einkaufsver-
  mittlungs-
  gebühren
	Gutschriften
	
	Abschluss über
	Wareneingang	

→

S	6000 Aufwendungen für Waren	H
Wareneinkäufe (Anschaffungs- preis) Bezugskosten (Anschaffungs- nebenkosten)	Anschaffungskosten	

Merksätze

1. Beim Wareneinkauf fallen Bezugskosten an. Diese werden auf dem Konto „6001 Bezugskosten" gesammelt.
2. Die Summe aus Einkaufspreis und Bezugskosten ergibt die Anschaffungskosten einer Ware. Kalkulatorisch bezeichnet man diesen Wert als Einstandspreis (Bezugspreis).
3. Um auf dem Konto „6000 Aufwendungen für Waren" die Anschaffungskosten (Einstandspreis, Bezugspreis) auszuweisen, muss auf diesem Konto der Einkaufspreis zuzüglich der Bezugskosten erfasst werden. Dies geschieht durch den Abschluss des Bezugskostenkontos über das Konto „6000 Aufwendungen für Waren".

Aufgaben

Aufgabe 1: Verständnisaufgabe;
Aufgabe 2: Buchungen auf dem Wareneingangskonto und auf dem Warenbezugskostenkonto;
Aufgabe 3: Abschluss des Warenbezugskostenkontos;
Aufgabe 4: Belegbuchungen.

1 Welche Aussagen sind richtig bzw. falsch? Begründen Sie Ihre Meinung.
   a) Nach der gesetzlichen Regelung hat der Verkäufer die Transportkosten bis zum Empfangsbahnhof zu tragen.
   b) Die Anschaffungskosten enthalten die Bezugskosten.
   c) Die Bezugskostenkonten werden über das Gewinn- und Verlustkonto abgeschlossen.
   d) Die Bezugskostenkonten sind Unterkonten der Wareneinkaufskonten.
   e) Die Bezugskostenkonten weisen am Anfang der Rechnungsperiode einen Anfangsbestand auf.

2 Ⓐ Bilden Sie die Buchungssätze, buchen Sie auf den Konten „2000 Waren", „6000 Aufwendungen für Waren" und „6001 Bezugskosten" (ohne Gegenkonten) und schließen Sie diese Konten ab.

Anfangsbestand	€
Waren	80.000,00

Geschäftsfälle

	€
1. Zieleinkauf von Waren, Warenwert	20.000,00
+ 16 % Umsatzsteuer	3.200,00
	23.200,00
2. Barzahlung für Rollgeld, netto	100,00
+ 16 % Umsatzsteuer	16,00
(zu Geschäftsfall 1)	116,00

3. Rechnung des Lieferers für Fracht und Verpackung, netto 200,00
   + 16 % Umsatzsteuer 32,00
   (zu Geschäftsfall 1) 232,00
4. Wareneinkauf auf Ziel, Warenwert 25.000,00
   Fracht und Transportversicherung 200,00
   Verpackungsmaterial 300,00
   + 16 % Umsatzsteuer 4.080,00
   29.580,00
5. Vereinbarungsgemäß erteilt uns unser Lieferant für zurückgeschicktes Verpackungsmaterial (Geschäftsfall 4)
   eine Gutschrift über netto 300,00
   + 16 % Umsatzsteuer 48,00
   348,00

Schlussbestand
Schlussbestand an Waren lt. Inventur 70.000,00

---

3 Nennen Sie den Abschlussbuchungssatz des nebenstehenden Kontos.

S	6001 Bezugskosten		H
4400	200,00	4400	200,00
4400	160,00		
4400	400,00		
4400	300,00		

---

4 Sie sind Angestellte(r) des Textileinzelhandels Konrad Fied KG, Goseriede 41, 30159 Hannover. Die folgenden Belege liegen Ihnen zur Buchung vor.
a) Welche Geschäftsfälle liegen den Belegen zugrunde?
b) Wie lauten die Buchungssätze?

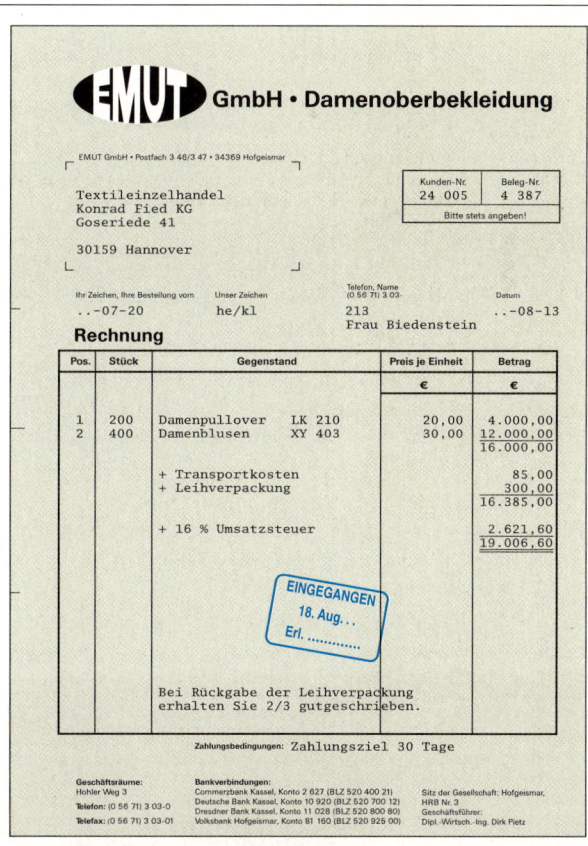

Beleg 1

Beleg 2

Hinweis: Es handelt sich um die Leihverpackung, die in Beleg 1 in Rechnung gestellt wurde.

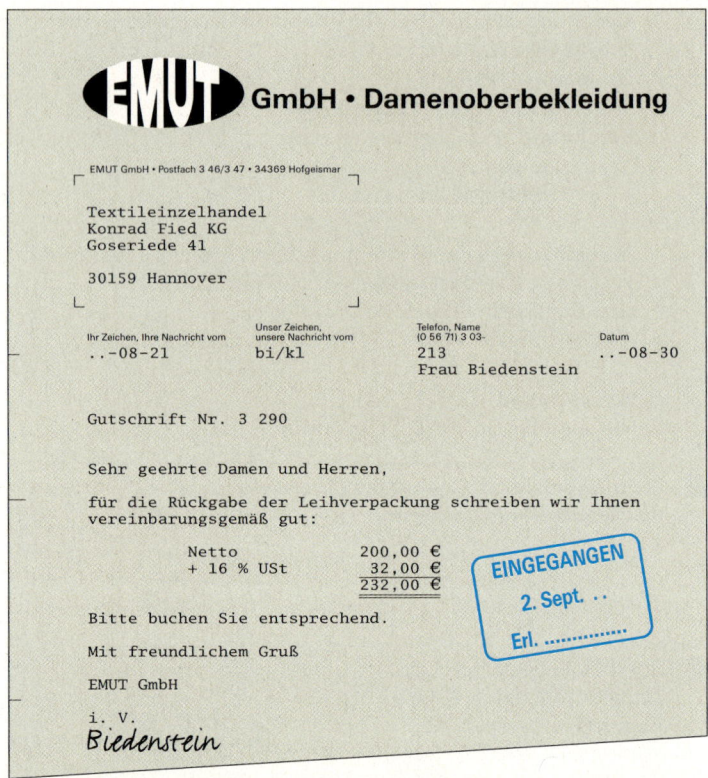

Beleg 3

Hinweis: Der Betrag wird bar bezahlt.

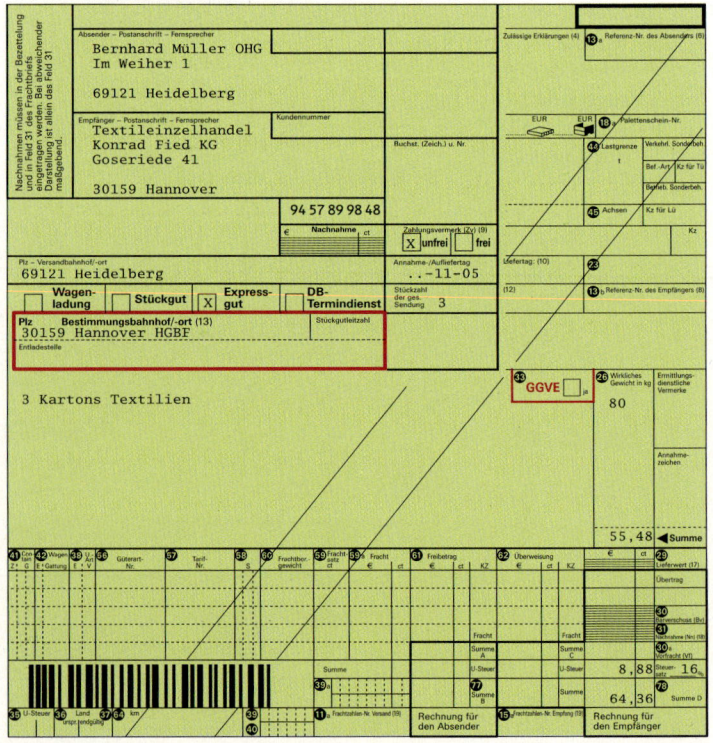

6467164L

Beleg 4

Spedition Küchler

Küchler
Speditionsgesellschaft mbH
Export – Import – Spedition
Nussriede 4
30627 Hannover

Küchler Speditionsgesellschaft mbH, Postfach 11 15 52, 30627 Hannover

Textileinzelhandel
Konrad Fied KG
Goseriede 41

30159 Hannover

Kunden-Nr.	Rechnungs-Nr.
24 009	6 291
Bitte stets angeben!	

Ihr Zeichen, Ihre Nachricht vom	Unser Zeichen	Telefon, Name (05 11) 26 41-	Datum
ki ..-04-13	we	321 Herr Werner	..-04-15

Rechnung

In Ihrem Auftrag stellten wir Ihnen im 1. Quartal d. J.
diverse Textilien von Ihrem Lieferanten, der Emut
GmbH, zu (siehe beigefügte Auflistung).

Transportkosten, netto   3.000,00 €
16 % Umsatzsteuer   480,00 €
                            _____
                             3.480,00 €
                            ==========

Zahlbar binnen 14 Tagen ohne Abzug.

EINGEGANGEN
16. Apr. ..
Erl. ....

Telefon (05 11) 26 41-0
Telefax (05 11) 26 41-3 29

Hannover HRB 123

Geschäftsführerin:
Kornelia Küchler

Bankverbindung: Stadtsparkasse Hannover
Konto-Nr. 222 484
(BLZ 250 501 80)

Beleg 5

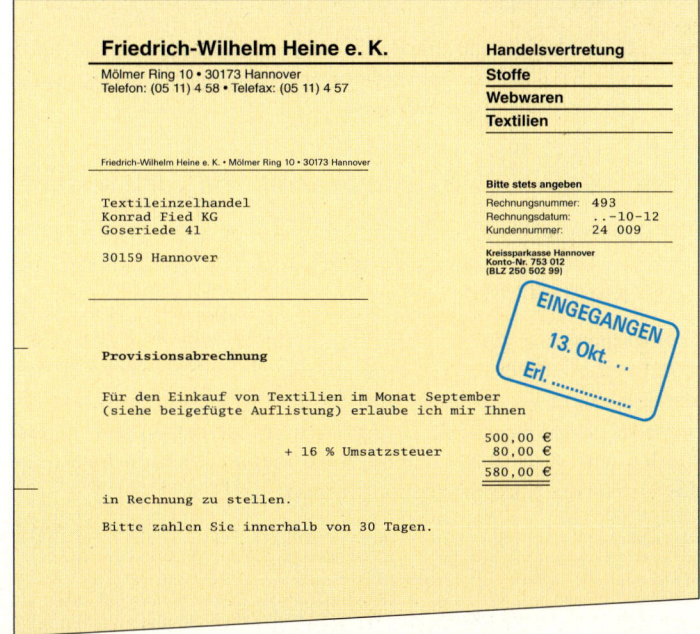

Friedrich-Wilhelm Heine e. K.

Handelsvertretung

Mölmer Ring 10 • 30173 Hannover
Telefon: (05 11) 4 58 • Telefax: (05 11) 4 57

Stoffe

Webwaren

Textilien

Friedrich-Wilhelm Heine e. K. • Mölmer Ring 10 • 30173 Hannover

Textileinzelhandel
Konrad Fied KG
Goseriede 41

30159 Hannover

Bitte stets angeben
Rechnungsnummer: 493
Rechnungsdatum: ..-10-12
Kundennummer: 24 009

Kreissparkasse Hannover
Konto-Nr. 753 012
(BLZ 250 502 99)

EINGEGANGEN
13. Okt. ..
Erl. ....

Provisionsabrechnung

Für den Einkauf von Textilien im Monat September
(siehe beigefügte Auflistung) erlaube ich mir Ihnen

                              500,00 €
          + 16 % Umsatzsteuer   80,00 €
                              _____
                              580,00 €

in Rechnung zu stellen.

Bitte zahlen Sie innerhalb von 30 Tagen.

3.1.4 Die buchhalterische Erfassung der Vertriebskosten

Auf der Beschaffungsseite entstehen Bezugskosten, auf der Absatzseite **Vertriebskosten.**
Es handelt sich um dieselben Positionen (siehe Seite 155).

Der EKR sieht für diese **Aufwendungen** die folgenden Konten vor:

> 6101 Aufwendungen für Verpackungsmaterial
> 6110 Frachten und Fremdlager
> 6111 Vertriebsprovisionen

Beispiele

1. Wir verkaufen an einen Kunden Waren „frei Haus". Für Rollgeld und
   Bahnfracht zahlen wir bar .... 20,00 €
   + 16 % Umsatzsteuer .... 3,20 €

   23,20 €

2. Zur Verpackung werden eigens für diesen Verkauf Kunststoffboxen bar
   gekauft .... 40,00 €
   + 16 % Umsatzsteuer .... 6,40 €

   46,40 €

Buchungssätze

6110 Frachten und Fremdlager	20,00	
2600 Vorsteuer	3,20	
an 2880 Kasse		23,20

6101 Aufwendungen für Verpackungsmaterial	40,00	
2600 Vorsteuer	6,40	
an 2880 Kasse		46,40

Die Konten „6101 Aufwendungen für Verpackungsmaterial", „6110 Frachten und
Fremdlager" und „6111 Vertriebsprovisionen" werden als Aufwandskonten über das
Gewinn- und Verlustkonto abgeschlossen.

3.1.5 Die Belastung des Kunden mit den Vertriebskosten

Hat gemäß Kaufvertrag der Käufer sämtliche oder einen Teil der zunächst beim Verkäufer angefallenen Vertriebskosten zu tragen, so stellt der Lieferer diese verauslagten
Kosten seinem Kunden in Rechnung.

Das **Verrechnungsverbot** von Aufwendungen und Erträgen (§ 246 Abs. 2 HGB) erlaubt
für diesen Fall keine Korrekturbuchung auf der Habenseite der Vertriebskostenkonten.
Die umsatzsteuerliche Verprobung und die EDV-Buchführung verlangen darüber hinaus, dass das **umsatzsteuerliche Entgelt**[1] einem **Ertragskonto**[2] zugeordnet wird. Aus
diesen Gründen wird die Buchung der den Kunden in Rechnung gestellten Vertriebskosten über das Umsatzerlöskonto vorgenommen.

---

1 Zur umsatzsteuerlichen Verprobung werden die umsatzsteuerlichen Entgelte ermittelt. Für die steuerliche Außenprüfung
  müssen die Konten gekennzeichnet sein, bei denen das umsatzsteuerliche Entgelt berührt wird.
2 Die EDV-Programme ermöglichen den problemlosen Einsatz von Umsatzsteuerschlüsseln nur bei Ertragskonten. (Um-
  satzsteuerschlüssel rechnen den Umsatzsteueranteil automatisch aus einem erfassten Betrag heraus bzw. zu einem erfassten
  Betrag hinzu und buchen ihn entsprechend.)

6467166L

Beispiel

Die im obigen Beispiel verauslagten Verpackungskosten werden dem Kunden zusammen mit den Waren in Rechnung gestellt.

Zielverkauf von Waren, netto	200,00 €
+ Verpackung (Kunststoffboxen)	40,00 €
	240,00 €
+ 16 % Umsatzsteuer	38,40 €
	278,40 €

Buchungssatz	2400	Forderungen a. LL	278,40	
	an	5000 Umsatzerlöse für Waren		240,00
	an	4800 Umsatzsteuer		38,40

Häufig gibt der Lieferer seinem Kunden die Möglichkeit, Verpackungsmaterial gegen eine entsprechende Gutschrift zurückzuschicken.

In diesem Fall muss eine Teilstornierung der obigen Buchung vorgenommen werden.

Beispiel

Unser Kunde schickt die ihm in Rechnung gestellten Kunststoffboxen an uns zurück. Vereinbarungsgemäß erteilen wir ihm eine Gutschrift über 75 % des Wertes

der Kunststoffboxen	30,00 €
darauf 16 % Umsatzsteuer	4,80 €
	34,80 €

Buchungssatz	5000	Umsatzerlöse für Waren	30,00	
	4800	Umsatzsteuer	4,80	
	an	2400 Forderungen a. LL		34,80

Zusammenfassung

Merksätze

1. Die beim Verkauf von Waren anfallenden Vertriebskosten werden auf den Konten „6101 Aufwendungen für Verpackungsmaterial", „6110 Frachten und Fremdlager" und „6111 Vertriebsprovisionen" erfasst.
2. Die Kunden in Rechnung gestellten Vertriebskosten werden auf den Umsatzerlöskonten gebucht.

Aufgabe 1: Belegbuchungen; *Aufgabe 2:* Buchung von Geschäftsfällen; *Aufgabe 3:* Geschäftsgang.

1 Sie sind Angestellte(r) des Textileinzelhandels Konrad Fied KG, Goseriede 41, 30159 Hannover.

Die folgenden Belege liegen Ihnen zur Buchung vor.

a) Welche Geschäftsfälle liegen den Belegen zugrunde?

b) Wie lauten die Buchungssätze?

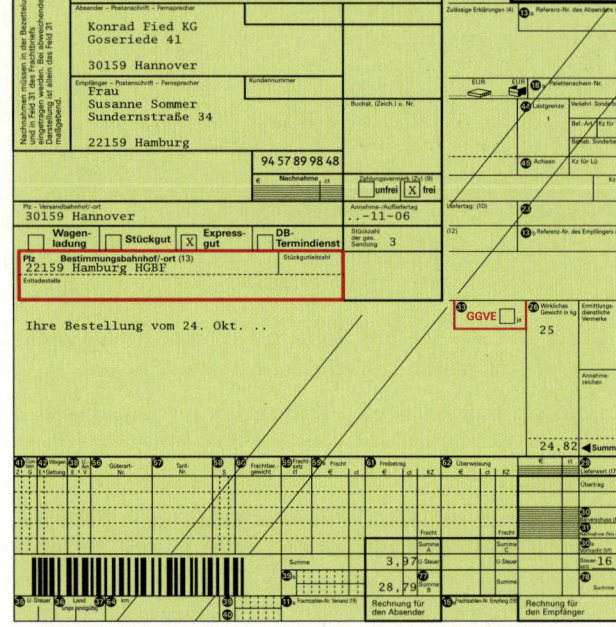

Beleg 1

Hinweis: Der Betrag wurde bar bezahlt.

Beleg 2

6467168L

Beleg 3

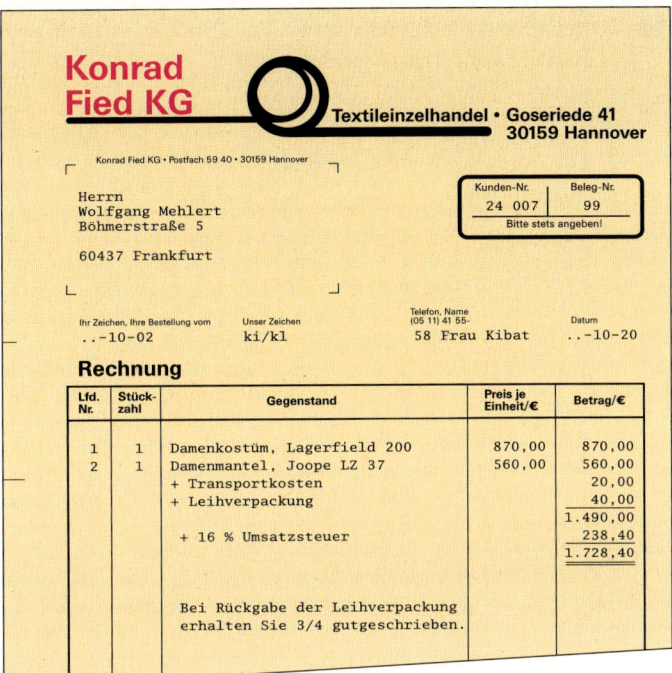

Konrad Fied KG

Textileinzelhandel • Goseriede 41
30159 Hannover

Konrad Fied KG • Postfach 59 40 • 30159 Hannover

Herrn
Wolfgang Mehlert
Böhmerstraße 5

60437 Frankfurt

Kunden-Nr.	Beleg-Nr.
24 007	99
Bitte stets angeben!	

Ihr Zeichen, Ihre Bestellung vom	Unser Zeichen	Telefon, Name (05 11) 41 55-	Datum
..-10-02	ki/kl	58 Frau Kibat	..-10-20

Rechnung

Lfd. Nr.	Stück-zahl	Gegenstand	Preis je Einheit/€	Betrag/€
1	1	Damenkostüm, Lagerfield 200	870,00	870,00
2	1	Damenmantel, Joope LZ 37	560,00	560,00
		+ Transportkosten		20,00
		+ Leihverpackung		40,00
				1.490,00
		+ 16 % Umsatzsteuer		238,40
				1.728,40
		Bei Rückgabe der Leihverpackung erhalten Sie 3/4 gutgeschrieben.		

Beleg 4

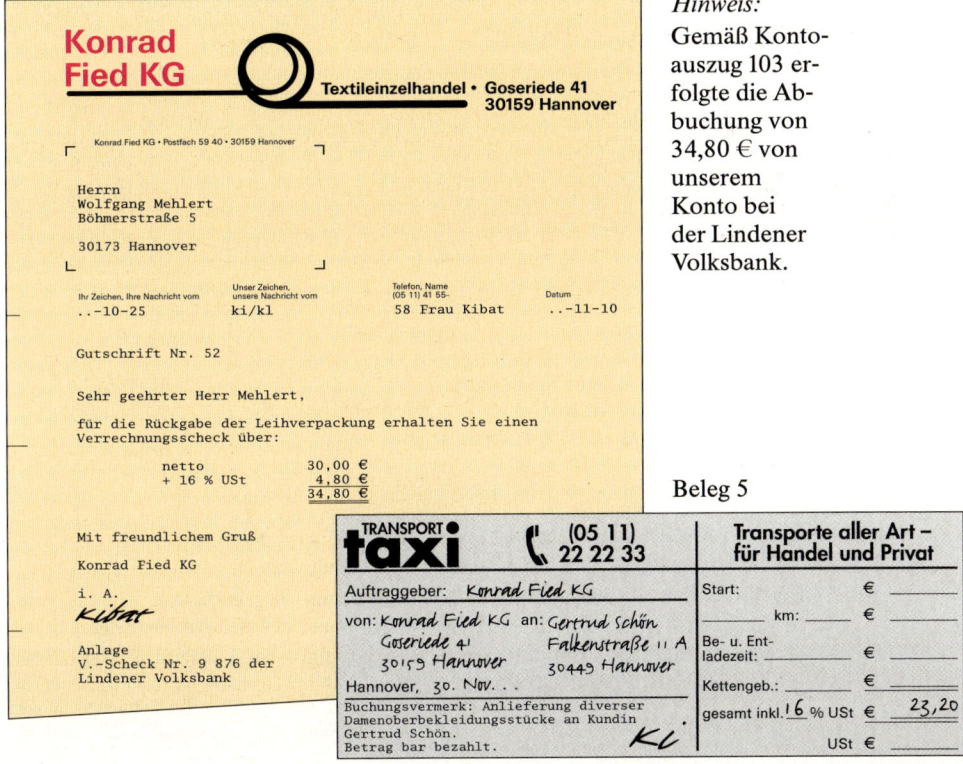

Konrad Fied KG

Textileinzelhandel • Goseriede 41
30159 Hannover

Konrad Fied KG • Postfach 59 40 • 30159 Hannover

Herrn
Wolfgang Mehlert
Böhmerstraße 5

30173 Hannover

Ihr Zeichen, Ihre Nachricht vom	Unser Zeichen, unsere Nachricht vom	Telefon, Name (05 11) 41 55-	Datum
..-10-25	ki/kl	58 Frau Kibat	..-11-10

Gutschrift Nr. 52

Sehr geehrter Herr Mehlert,

für die Rückgabe der Leihverpackung erhalten Sie einen
Verrechnungsscheck über:

netto	30,00 €
+ 16 % USt	4,80 €
	34,80 €

Mit freundlichem Gruß

Konrad Fied KG

i. A.
Kibat

Anlage
V.-Scheck Nr. 9 876 der
Lindener Volksbank

Hinweis:

Gemäß Konto-
auszug 103 er-
folgte die Ab-
buchung von
34,80 € von
unserem
Konto bei
der Lindener
Volksbank.

Beleg 5

TRANSPORT **taxi** ☎ (05 11) 22 22 33 | Transporte aller Art – für Handel und Privat

Auftraggeber: Konrad Fied KG

von: Konrad Fied KG
Goseriede 41
30159 Hannover
an: Gertrud Schön
Falkenstraße 11 A
30449 Hannover

Hannover, 30. Nov. ..

Buchungsvermerk: Anlieferung diverser
Damenoberbekleidungsstücke an Kundin
Gertrud Schön.
Betrag bar bezahlt. Ki

Start:	€ _____
km:	€ _____
Be- u. Ent-ladezeit:	€ _____
Kettengeb.:	€ _____
gesamt inkl. 16 % USt	€ 23,20
USt	€ _____

2 Nennen Sie die Buchungssätze.

1. Barkauf von Verpackungsmaterial .... 30,00 €
   + 16 % USt .... 4,80 €

   34,80 €

2. Für Ausgangsfracht entrichten wir bar .... 20,00 €
   + 16 % USt .... 3,20 €

   23,20 €

3. Zielverkauf von Waren gemäß AR 862,
   Warenwert .... 300,00 €
   Verpackungsmaterial .... 30,00 €
   Transportkosten .... 20,00 €
   + 16 % USt .... 56,00 €

   406,00 €

4. Vereinbarungsgemäß erteilen wir unserem Kunden für an uns
   zurückgeschicktes Verpackungsmaterial eine Gutschrift über .... 30,00 €
   darauf 16 % USt .... 4,80 €

   34,80 €

3 [1] **Anfangsbestände**

I. Anfangsbestände der Sachkonten

FIBU
möglich

0810 Ladenausstattung: 800.000,00 €, 0820 Kassensysteme: 230.000,00 €, 0840 Fuhrpark: 170.000,00 €, 2000 Waren: 605.000,00 € (davon 2010 Warengruppe 1: 350.000,00 €, 2020 Warengruppe 2: 255.000,00 €), 2400 Forderungen a. LL: 900,00 €, 2800 Kreditinstitute: 189.100,00 €, 2880 Kasse: 40.000,00 €, 3000 Eigenkapital: 990.000,00 €, 4250 Langfristige Bankverbindlichkeiten: 975.000,00 €, 4400 Verbindlichkeiten a. LL: 70.000,00 €.

II. Anfangsbestände der Kundenkonten (Offene-Posten-Liste der Debitoren)

Kd.-Nr.	Debitoren	Beleg-Nr.	Betrag (€)
24001	Klaus Söffgen	1	500,00
24002	Gertrud Schön	2	400,00
			900,00

III. Anfangsbestände der Liefererkonten (Offene-Posten-Liste der Kreditoren)

L.-Nr.	Kreditoren	Beleg-Nr.	Betrag (€)
44001	B. Müller OHG	3	40.000,00
44002	Emut GmbH	4	30.000,00
			70.000,00

Kontenplan

Kontenklasse 0 (Immaterielle Vermögensgegenstände und Sachanlagen):
0810 Ladenausstattung, 0820 Kassensysteme, 0840 Fuhrpark.

Kontenklasse 2 (Umlaufvermögen und aktive Rechnungsabgrenzung):
2000 Waren (2010 Warengruppe 1, 2020 Warengruppe 2), 2400 Forderungen a. LL (24001 Forderungen an Klaus Söffgen, 24002 Forderungen an Gertrud Schön), 2600 Vorsteuer, 2800 Kreditinstitute, 2880 Kasse.

---

1 Der Geschäftsgang kann differenziert über Kundenkonten, Liefererkonten, Warengruppenkonten oder vereinfacht über die Sammelkonten „2000", „2400", „4400", „5000", „6000" und „6001" gebucht werden.

Kontenklasse 3 (Eigenkapital und Rückstellungen):
3000 Eigenkapital.

Kontenklasse 4 (Verbindlichkeiten und passive Rechnungsabgrenzung):
4250 Langfristige Bankverbindlichkeiten, 4400 Verbindlichkeiten a. LL (44001 Verbindlichkeiten gegenüber der Bernhard Müller OHG, 44002 Verbindlichkeiten gegenüber der Emut GmbH), 4800 Umsatzsteuer.

Kontenklasse 5 (Erträge):
5000 Umsatzerlöse für Waren (5010 Umsatzerlöse Warengruppe 1, 5020 Umsatzerlöse Warengruppe 2).

Kontenklasse 6 (Betriebliche Aufwendungen):
6000 Aufwendungen für Waren (6010 Aufwendungen für Warengruppe 1, 6020 Aufwendungen für Warengruppe 2), 6001 Bezugskosten (6011 Bezugskosten Warengruppe 1, 6021 Bezugskosten Warengruppe 2), 6101 Aufwendungen für Verpackungsmaterial, 6300 Gehälter, 6700 Mieten, Pachten, 6710 Leasing, 6820 Postgebühren, Telefon, Telefax, 6900 Versicherungsbeiträge.

Kontenklasse 7 (Weitere Aufwendungen):
7030 Kraftfahrzeugsteuer.

Kontenklasse 8 (Ergebnisrechnungen):
8000 Eröffnungsbilanzkonto, 8010 Schlussbilanzkonto, 8020 Gewinn- und Verlustkonto.

Geschäftsfälle

Beleg-Nr.		€
	1. Lastschriftanzeige der Bank für	
11	1. Gehälter	12.000,00
12	2. Kfz-Steuer (Dauerauftrag)	1.000,00
13	3. Kfz-Versicherung (Dauerauftrag)	2.000,00
14	4. Miete der Verkaufsräume (Dauerauftrag)	8.000,00
15	5. Überweisung an die Bernhard Müller OHG (L.-Nr. 44001; betrifft: Beleg 3)	40.000,00
16	6. Leasinggebühr für Lkw (Dauerauftrag),	
	Nettopreis	800,00
	+ 16 % Umsatzsteuer	128,00
	Bruttopreis	928,00
	2. Eingangsrechnung der	
21	1. Emut GmbH (L.-Nr. 44002)[1],	
	Nettopreis (Warengruppe 2)	70.000,00
	+ Fracht	800,00
	+ Leihverpackung	600,00
	+ 16 % Umsatzsteuer	11.424,00
	Rechnungsbetrag	82.824,00
22	2. Bernhard Müller OHG (L.-Nr. 44001)[2],	
	Nettopreis (Warengruppe 1)	40.000,00
	+ Rollgeld	500,00
	+ 16 % Umsatzsteuer	6.480,00
	Rechnungsbetrag	46.980,00

---

1 Für Bruttosteuerschlüssel (EDV-Buchführung):
Bruttowert der Waren: 81.200,00 €
Bruttowert der Bezugskosten: 1.624,00 €

2 Für Bruttosteuerschlüssel (EDV-Buchführung):
Bruttowert der Waren: 46.400,00 €
Bruttowert der Bezugskosten: 580,00 €

23	3. Emut GmbH (L.-Nr. 44002), die für uns Waren (Warengruppe 2) eingekauft hat und dafür eine Provision erhält.	
	Einkaufsprovision	500,00
	+ 16 % Umsatzsteuer	80,00
	Rechnungsbetrag	580,00

3. Kassenausgänge für

31	1. Barkauf von Freistemplerkarten (für Frankierung)	1.000,00
32	2. Rollgeld (Lieferung der Emut GmbH, Warengruppe 2),	
	Nettopreis	700,00
	+ 16 % Umsatzsteuer	112,00
	Bruttopreis	812,00
33	3. den Einkauf von Kartons für den Versand von Waren,	
	Nettopreis	1.000,00
	+ 16 % Umsatzsteuer	160,00
	Bruttopreis	1.160,00

4. Gutschriftanzeige der Emut GmbH (L.-Nr. 44002)

41	1. für die an sie zurückgesandte Leihverpackung (betrifft: Beleg 21), netto (Warengruppe 2)	600,00
	darauf 16 % Umsatzsteuer	96,00
		696,00
42	2. für uns irrtümlich zu viel in Rechnung gestellte Frachtkosten (betrifft: Beleg 21), netto (Warengruppe 2)	100,00
	darauf 16 % Umsatzsteuer	16,00
		116,00

5. Barverkäufe von Waren

51	1. Warengruppe 1 (brutto, einschl. 16 % USt)	58.000,00
52	2. Warengruppe 2 (brutto, einschl. 16 % USt)	232.000,00

60	6. Gutschriftanzeige der Bank für Überweisung von Gertrud Schön (Kd.-Nr. 24 002, betrifft: Beleg 2)	400,00

Abschlussangaben

70	7. Passivierung der Zahllast	

80	8. Warenschlussbestand lt. Inventur	595.000,00
	davon Warengruppe 1	365.000,00
	Warengruppe 2	230.000,00

90	9. Die Schlussbestände der anderen Bestandskonten entsprechen den Inventurbeständen.	

6467172L

3.1.6 Rückgaben und Gutschriften

Die von einem Handelsbetrieb eingekauften bzw. verkauften Waren können folgende Mängel aufweisen:

- **Qualitätsmängel** (Waren sind fehlerhaft [schadhaft] oder es fehlen zugesicherte Eigenschaften.)
- **Quantitätsmängel** (Es wird mengenmäßig zu viel oder zu wenig geliefert.)
- **Gattungsmängel** (Es wird eine falsche Warenart geliefert.)

Werden mangelhafte Waren geliefert, so stehen dem Käufer nach dem BGB wahlweise folgende Rechte (Gewährleistungsansprüche) zu:

- **Wandelung** (Rücktritt bzw. Teilrücktritt vom Kaufvertrag)
- **Minderung** (Preisnachlass)
- **Ersatzlieferung** (Umtausch) (nur beim Gattungskauf)
- **Schadenersatz wegen Nichterfüllung,** wenn
  - zugesicherte Eigenschaften fehlen und/oder
  - arglistig getäuscht wurde.

Bei den häufig in Anspruch genommenen Rechten auf Wandelung oder auf Minderung werden Waren **zurückgegeben** bzw. **in ihrem Preis ermäßigt.**

In einem solchen Fall werden Korrekturbuchungen (Stornierungen bzw. Teilstornierungen) vorgenommen. Diese können sich sowohl auf der Beschaffungsseite als auch auf der Absatzseite ergeben.

3.1.6.1 Buchhalterische Behandlung von Rückgaben (Wandelungen)

3.1.6.1.1 Rückgaben auf der Beschaffungsseite

Rückgaben von Waren an Lieferanten mindern die aufgrund der Eingangsrechnungen gebuchten Beträge.

Es sind zu korrigieren:
- das Verbindlichkeitenkonto durch eine Sollbuchung (Minderung der Verbindlichkeiten),
- das Wareneinkaufskonto durch eine Habenbuchung und
- das Vorsteuerkonto durch eine Habenbuchung (Minderung der Vorsteuer; Bemessungsgrundlage hat sich geändert).

Beispiel

1. Zieleinkauf von Waren, Nettowert	20.000,00 €
+ 16 % Umsatzsteuer	3.200,00 €
	23.200,00 €

Buchungssatz				
	6000	Aufwendungen für Waren	20.000,00	
	2600	Vorsteuer	3.200,00	
	an	4400 Verbindlichkeiten a. LL		23.200,00

2. Es ist zum Teil eine falsche Warenart geliefert worden. Wir nehmen das Recht auf Wandelung in Anspruch und senden Waren an
den Lieferer zurück im Wert von . . . . 3.000,00 €
+ 16 % Umsatzsteuer . . . . 480,00 €

Buchungssatz	4400	Verbindlichkeiten a. LL	3.480,00	
	an	6000 Aufwendungen für Waren		3.000,00
	an	2600 Vorsteuer		480,00

3.1.6.1.2 Rückgaben auf der Absatzseite

Bei Inanspruchnahme des Rechts auf Wandelung geben Kunden beanstandete Waren an uns zurück.

Zu korrigieren sind:
— das Forderungskonto durch eine Habenbuchung (Minderung der Forderungen),
— das Umsatzerlöskonto durch eine Sollbuchung (Erlösschmälerung) und
— das Umsatzsteuerkonto durch eine Sollbuchung (Minderung der Umsatzsteuerschuld; Bemessungsgrundlage hat sich geändert).

Beispiel

1. Barverkauf von Waren, Nettowert . . . . 500,00 €
+ 16 % Umsatzsteuer . . . . 80,00 €

580,00 €

Buchungssatz	2880	Kasse	580,00	
	an	5000 Umsatzerlöse für Waren		500,00
	an	4800 Umsatzsteuer		80,00

2. Unser Kunde gibt fehlerhafte Waren an uns zurück (Wandelung).
Nettowert . . . . 100,00 €
+ 16 % Umsatzsteuer . . . . 16,00 €

Buchungssatz	5000	Umsatzerlöse für Waren	100,00	
	4800	Umsatzsteuer	16,00	
	an	2880 Kasse		116,00

Aufgaben folgen nach Abschnitt 3.1.6.2.

3.1.6.2 Buchhalterische Behandlung von Gutschriften (Minderungen)

3.1.6.2.1 Gutschriften auf der Beschaffungsseite

Gutschriften von Lieferanten aufgrund von Mängelrügen (Minderungen) könnten – ebenso wie Rückgaben an Lieferanten (Wandelungen) – direkt über das Konto „6000 Aufwendungen für Waren" gebucht werden.

Zur besseren Information sieht hier der Einzelhandelskontenrahmen das Konto „6002 Nachlässe" vor. Dieses Konto wird als **Unterkonto** über das Konto „6000 Aufwendungen für Waren" abgeschlossen.

Beispiel

1. Zieleinkauf von Waren, Nettopreis	30.000,00 €
+ 16 % Umsatzsteuer	4.800,00 €
	34.800,00 €

Buchungssatz				
	6000	Aufwendungen für Waren	30.000,00	
	2600	Vorsteuer	4.800,00	
	an	4400 Verbindlichkeiten a. LL		34.800,00

2. Es sind fehlerhafte Waren geliefert worden. Wir nehmen unser Recht auf Minderung in Anspruch. Unser Lieferant erteilt uns eine Gutschrift.

Nettopreisnachlass	5.000,00 €
+ 16 % Umsatzsteuer	800,00 €
	5.800,00 €

Buchungssatz				
	4400	Verbindlichkeiten a. LL	5.800,00	
	an	6002 Nachlässe		5.000,00
	an	2600 Vorsteuer		800,00

3. Das Unterkonto „6002 Nachlässe" wird über sein Hauptkonto, das Konto „6000 Aufwendungen für Waren", abgeschlossen.

Buchungssatz				
	6002 Nachlässe		5.000,00	
	an	6000 Aufwendungen für Waren		5.000,00

3.1.6.2.2 Gutschriften auf der Absatzseite

Gutschriften an Kunden aufgrund von Mängelrügen (Minderungen) könnten – ebenso wie Rückgaben von Kunden (Wandelungen) – direkt über das Konto „5000 Umsatzerlöse für Waren" gebucht werden.

Zur besseren Information sieht hier der Einzelhandelskontenrahmen das Konto „**5001 Erlösberichtigungen**" vor. Dieses Konto wird als **Unterkonto** über das Konto „**5000** Umsatzlöse für Waren" abgeschlossen.

Beispiel

1. Barverkauf von Waren, Nettowert . . . . 400,00 €
   + 16 % Umsatzsteuer . . . . 64,00 €

   464,00 €

Buchungssatz	2880 Kasse		464,00	
	an	5000 Umsatzlöse für Waren		400,00
	an	4800 Umsatzsteuer		64,00

2. Wir haben fehlerhafte Waren verkauft. Unser Kunde nimmt sein Recht auf Minderung (Preisnachlass) in Anspruch. Wir zahlen den Preisnachlass bar aus.

   Nettopreisnachlass . . . . 70,00 €
   + 16 % Umsatzsteuer . . . . 11,20 €

   81,20 €

Buchungssatz	5001 Erlösberichtigungen		70,00	
	4800 Umsatzsteuer		11,20	
	an	2880 Kasse		81,20

3. Das Unterkonto „5001 Erlösberichtigungen" wird über sein Hauptkonto, das Konto „5000 Umsatzlöse für Waren", abgeschlossen.

Buchungssatz	5000 Umsatzlöse für Waren		70,00	
	an	5001 Erlösberichtigungen		70,00

Zusammenfassung

Merksätze

1. Preisnachlässe aufgrund von Mängelrügen (Minderungen) werden auf der **Beschaffungsseite** auf dem Konto „6002 Nachlässe" erfasst.
2. Das Konto „6002 Nachlässe" wird über das Konto „6000 Aufwendungen für Waren" abgeschlossen.
3. Preisnachlässe aufgrund von Mängelrügen (Minderungen) werden auf der **Absatzseite** auf dem Konto „5001 Erlösberichtigungen" erfasst.
4. Das Konto „5001 Erlösberichtigungen" wird über das Konto „5000 Umsatzlöse für Waren" abgeschlossen.

6467176L

Aufgabe 1:   Rechtliche Tatbestände zur Lieferung mangelhafter Waren;
Aufgabe 2:   Wandelungen auf der Beschaffungsseite;
Aufgabe 3:   Wandelungen auf der Absatzseite;
Aufgaben 4 und 5:   Minderungen auf der Beschaffungsseite;
Aufgaben 6 und 7:   Minderungen auf der Absatzseite;
Aufgaben 8 und 9:   Belegbuchungen;
Aufgaben 10 und 11: Buchungen mit Umsatzsteuerberechnung;
Aufgabe 12:   Geschäftsgang.

---

1 a) Welche drei Arten von Mängeln an der gelieferten Ware unterscheidet man bei der gestörten Erfüllung des Kaufvertrages?
b) Welche Rechte kann der Käufer in Anspruch nehmen, wenn ihm mangelhafte Ware geliefert wird?
c) Nennen Sie die Prüf- und Rügefristen beim Bürgerkauf und einseitigen Handelskauf sowie beim zweiseitigen Handelskauf.

---

2 Bilden Sie die Buchungssätze und buchen Sie auf den entsprechenden Konten.

Ⓐ Anfangsbestand   €
4400 Verbindlichkeiten a. LL 40.000,00

Konten: 2600, 4400, 6000

Geschäftsfälle	a) €	b) €
1. Wareneinkauf auf Ziel, Nettowert	20.000,00	25.000,00
+ 16 % Umsatzsteuer	3.200,00	4.000,00
2. Rücksendung mangelhafter Waren an unseren		
Lieferanten (Wandelung), netto	1.500,00	2.000,00
darauf 16 % Umsatzsteuer	240,00	320,00

---

3 Bilden Sie die Buchungssätze und buchen Sie auf den entsprechenden Konten.

Ⓐ Anfangsbestand   €
2880 Kasse 20.000,00

Konten: 2880, 4800, 5000

Geschäftsfälle	a) €	b) €
1. Barverkauf von Waren, Nettowert	150,00	120,00
+ 16 % Umsatzsteuer	24,00	19,20
2. Kunde gibt mangelhafte Waren zurück		
(Wandelung), netto	25,00	30,00
darauf 16 % Umsatzsteuer	4,00	4,80

---

4 Bilden Sie die Buchungssätze und buchen Sie auf den entsprechenden Konten. Schließen
Ⓐ Sie das Konto 6002 ab.

Anfangsbestand   €
4400 Verbindlichkeiten a. LL 50.000,00

Konten: 2600, 4400, 6000, 6002

Geschäftsfälle	a) €	b) €
1. Zieleinkauf von Waren, Nettowert	15.000,00	18.000,00
+ 16 % Umsatzsteuer	2.400,00	2.880,00
2. Preisnachlass des Warenlieferanten aufgrund unserer		
Mängelrüge (Minderung), netto	2.000,00	3.000,00
darauf 16 % Umsatzsteuer	320,00	480,00

5 Wie lautet der Abschlussbuchungssatz des unten stehenden Kontos?

S	6002 Nachlässe		H
	4400	1.800,00	
	4400	2.600,00	
	4400	4.100,00	
	4400	3.900,00	

6 **Ⓐ** Bilden Sie die Buchungssätze und buchen Sie auf den entsprechenden Konten. Schließen Sie das Konto 5001 ab.

Anfangsbestand €

2880 Kasse 30.000,00

Konten: 2880, 4800, 5000, 5001

Geschäftsfälle	a) €	b) €
1. Barverkauf von Waren, Nettowert	250,00	300,00
+ 16 % Umsatzsteuer	40,00	48,00
2. Preisnachlass an unseren Kunden aufgrund seiner		
Mängelrüge (Minderung), netto	20,00	22,00
darauf 16 % Umsatzsteuer	3,20	3,52

7 Wie lautet der Abschlussbuchungssatz des unten stehenden Kontos?

S	5001 Erlösberichtigungen		H
2880	2.400,00		
2880	1.800,00		
2880	5.500,00		
2880	7.200,00		

8 Sie sind Angestellte(r) des Textileinzelhandels Konrad Fied KG, Goseriede 41, 30159 Hannover. Die folgenden Belege liegen Ihnen zur Buchung vor.
a) Welche Geschäftsfälle liegen den Belegen zugrunde?
b) Wie lauten die Buchungssätze?

Beleg 1

EMUT GmbH • Damenoberbekleidung

EMUT GmbH • Postfach 3 46/3 47 • 34369 Hofgeismar

Textileinzelhandel
Konrad Fied KG
Goseriede 41

30159 Hannover

Ihr Zeichen, Ihre Nachricht vom	Unser Zeichen, unsere Nachricht vom	Telefon, Name (0 56 71) 3 03-	Datum
..-11-10	bi/gs	213 Frau Biedenstein	..-11-20

Gutschrift, Rechnung Nr. 947

Sehr geehrte Damen und Herren,

wir erkennen Ihre Mängelrüge an und erteilen Ihnen
die nachstehende Gutschrift für die zurückgesandten
Damenblusen (330 Fr):

Nettowert	3.000,00 €
+ 16 % USt	480,00 €
	3.480,00 €

Bitte buchen Sie entsprechend.

Mit freundlichen Grüßen

EMUT GmbH

i. V.

Biedenstein

EINGEGANGEN
22. Nov. ..
Erl. ....

Beleg 2

Warenrückgabe

Konrad Fied KG
30159 Hannover

Verk.-Nr.: | 0 | 0 | 1 | 3 | 5

Artikel-Nr.: | 0 | 2 | 3 | 8 | 9 | 4 | 2 | 6   Datum: | . | . | 1 | 1 | 2 | 3
                                                              Jahr | Monat | Tag

Größe: | 0 | 3 | 8

Auftr.-Nr.: | 0 | 8 | 9 | 2 | 7 | 8 | 2 | 4

Kontroll-Nr.: | 0 | 0 | 1 | 9 | 2

Betrag bar erhalten

Betrag: € | ct
| 0 | 1 | 3 | 9 | 2 | 0

(inkl. 16 % USt)

Helga Schmidt
Unterschrift der Kundin/des Kunden

Beleg 3

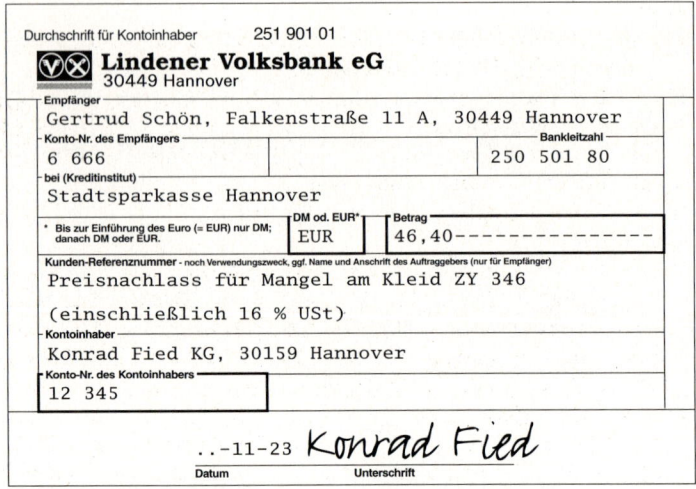

Durchschrift für Kontoinhaber   251 901 01

ⓋⓍ Lindener Volksbank eG
30449 Hannover

Empfänger
Gertrud Schön, Falkenstraße 11 A, 30449 Hannover

Konto-Nr. des Empfängers —   Bankleitzahl —
6 666   250 501 80

bei (Kreditinstitut)
Stadtsparkasse Hannover

* Bis zur Einführung des Euro (= EUR) nur DM; danach DM oder EUR.   DM od. EUR* EUR   Betrag 46,40---------------

Kunden-Referenznummer - noch Verwendungszweck, ggf. Name und Anschrift des Auftraggebers (nur für Empfänger)
Preisnachlass für Mangel am Kleid ZY 346

(einschließlich 16 % USt)

Kontoinhaber
Konrad Fied KG, 30159 Hannover

Konto-Nr. des Kontoinhabers
12 345

..-11-23 *Konrad Fied*
Datum   Unterschrift

---

9   Wie bucht die Emut GmbH, Hoher Weg 3, 34369 Hofgeismar, den auf der vorhergehenden Seite stehenden Beleg 1?

---

10   Ein Einzelhändler sendet beschädigte Waren an seinen Lieferanten zurück (Wandelung) über brutto
a) 18.560,00 € (einschließlich 16 % Umsatzsteuer),
b) 15.080,00 € (einschließlich 16 % Umsatzsteuer).
Wie bucht der Lieferant? Wie bucht der Einzelhändler?

---

11   Ein Großhandelsbetrieb erteilt seinem Kunden (Einzelhandelsbetrieb) einen Preisnachlass auf fehlerhafte Waren (Minderung) über brutto
a) 13.920,00 € (einschließlich 16 % Umsatzsteuer),
b) 16.240,00 € (einschließlich 16 % Umsatzsteuer).
Wie bucht der Großhandelsbetrieb?
Wie bucht der Einzelhandelsbetrieb?

FIBU möglich   **12**[1]   **Anfangsbestände**

I. Anfangsbestände der Sachkonten
0810 Ladenausstattung: 700.000,00 €, 0820 Kassensysteme: 240.000,00 €, 0840 Fuhrpark: 110.000,00 €, 2000 Waren: 540.000,00 € (davon 2010 Warengruppe 1: 300.000,00 €, 2020 Warengruppe 2: 240.000,00 €), 2400 Forderungen a. LL: 600,00 €, 2800 Kreditinstitute: 125.000,00 €, 2880 Kasse: 59.400,00 €, 3000 Eigenkapital: 900.000,00 €, 4250 Langfristige Bankverbindlichkeiten: 775.500,00 €, 4400 Verbindlichkeiten a. LL: 90.000,00 €, 4800 Umsatzsteuer: 9.500,00 €.

II. Anfangsbestände der Kundenkonten
(Offene-Posten-Liste der Debitoren)

Kd.-Nr.	Debitoren	Beleg-Nr.	Betrag (€)
24 001	Söffgen OHG	1	400,00
24 002	Gertrud Schön	2	200,00
			600,00

III. Anfangsbestände der Liefererkonten
(Offene-Posten-Liste der Kreditoren)

L.-Nr.	Kreditoren	Beleg-Nr.	Betrag (€)
44 001	B. Müller OHG	3	48.000,00
44 006	Vödisch AG	4	42.000,00
			90.000,00

---

1   Der Geschäftsgang kann differenziert über Kundenkonten, Liefererkonten, Warengruppenkonten oder vereinfacht über die Sammelkonten „2000", „2400", „4400", „5000", „5001", „6000", „6001" und „6002" gebucht werden.

6467180L

Kontenplan

Kontenklasse 0 (Immaterielle Vermögensgegenstände und Sachanlagen):
0810 Ladenausstattung, 0820 Kassensysteme, 0840 Fuhrpark.

Kontenklasse 2 (Umlaufvermögen und aktive Rechnungsabgrenzung):
2000 Waren (2010 Warengruppe 1, 2020 Warengruppe 2), 2400 Forderungen a. LL (24001 Forderungen an Klaus Söffgen, 24002 Forderungen an Gertrud Schön), 2600 Vorsteuer, 2800 Kreditinstitute, 2880 Kasse.

Kontenklasse 3 (Eigenkapital und Rückstellungen):
3000 Eigenkapital.

Kontenklasse 4 (Verbindlichkeiten und passive Rechnungsabgrenzung):
4250 Langfristige Bankverbindlichkeiten, 4400 Verbindlichkeiten a. LL (44001 Verbindlichkeiten gegenüber der Bernhard Müller OHG, 44002 Verbindlichkeiten gegenüber der Emut GmbH, 44006 Verbindlichkeiten gegenüber der Vödisch AG, 44008 Verbindlichkeiten gegenüber Anke Mattke e. Kfr.), 4800 Umsatzsteuer.

Kontenklasse 5 (Erträge):
5000 Umsatzerlöse für Waren (5010 Umsatzerlöse Warengruppe 1, 5020 Umsatzerlöse Warengruppe 2), 5001 Erlösberichtigungen (5011 Erlösberichtigungen Warengruppe 1), 5100 Sonstige Umsatzerlöse.

Kontenklasse 6 (Betriebliche Aufwendungen):
6000 Aufwendungen für Waren (6010 Aufwendungen für Warengruppe 1, 6020 Aufwendungen für Warengruppe 2), 6001 Bezugskosten (6011 Bezugskosten Warengruppe 1, 6021 Bezugskosten Warengruppe 2), 6002 Nachlässe (6012 Nachlässe Warengruppe 1), 6111 Vertriebsprovisionen, 6300 Gehälter.

Kontenklasse 8 (Ergebnisrechnungen):
8000 Eröffnungsbilanzkonto, 8010 Schlussbilanzkonto, 8020 Gewinn- und Verlustkonto.

Geschäftsfälle

Beleg-Nr.		€
	1. Lastschriftanzeige der Bank für	
11	1. Zahllast	9.500,00
12	2. Gehälter	14.000,00
13	3. Überweisung an die Bernhard Müller OHG (L.-Nr. 44001; betrifft: Beleg 3)	48.000,00
	2. Eingangsrechnung der	
21	1. Emut GmbH (L.-Nr. 44002), Nettopreis[1] (Warengruppe 2) . . .	70.000,00
	+ Verpackung	500,00
	16 % Umsatzsteuer	11.280,00
	Rechnungsbetrag	81.780,00
22	2. Vödisch AG (L.-Nr. 44006), Nettopreis[2] (Warengruppe 1)	9.000,00
	+ Fracht	200,00
	16 % Umsatzsteuer	1.472,00
	Rechnungsbetrag	10.672,00
	3. Gutschriftanzeige der	
31	1. Emut GmbH (L.-Nr. 44002; betrifft: Beleg 21) für zurückgesandte mangelhafte Waren (Wandelung), Nettobetrag (Warengruppe 2) . .	3.000,00
	+ 16 % Umsatzsteuer	480,00
	Bruttobetrag	3.480,00

---

1 Für Bruttosteuerschlüssel (EDV-Buchführung): Bruttowert der Waren: 81.200,00 € Bruttowert der Bezugskosten: 580,00 €

2 Für Bruttosteuerschlüssel (EDV-Buchführung): Bruttowert der Waren: 10.440,00 € Bruttowert der Bezugskosten: 232,00 €

32	2. Vödisch AG (L.-Nr. 44006; betrifft: Beleg 22) für mangelhafte Waren (Minderung), Nettobetrag (Warengruppe 1)	1.000,00
	+ 16 % Umsatzsteuer	160,00
	Bruttobetrag	1.160,00

33	3. Emut GmbH (L.-Nr. 44002) für Verkaufsprovision. (Wir sind als Verkaufskommissionär tätig geworden.) (Verrechnung gegen Beleg 21)	
	Verkaufsprovision	3.000,00
	+ 16 % Umsatzsteuer	480,00
	Gutschrift	3.480,00

40	**4.** Unsere Provisionsabrechnung für Anke Mattke e. Kfr. (L.-Nr. 44008), die für uns als Versandhandelsvertreterin tätig ist.	
	Nettoprovisionsgutschrift für Anke Mattke e. Kfr.	15.000,00
	+ 16 % Umsatzsteuer	2.400,00
	Bruttoprovisionsgutschrift für Anke Mattke e. Kfr.	17.400,00

50	**5.** Korrektur der Provisionsabrechnung für Anke Mattke e. Kfr. (L.-Nr. 44008; betrifft: Beleg 40),	
	fehlerhafte Provisionsgutschrift	15.000,00
	korrekte Provisionsgutschrift	13.000,00
	Differenzbetrag	2.000,00
	+ 16 % Umsatzsteuer	320,00
	Lastschrift für Anke Mattke e. Kfr.	2.320,00

6. Barverkäufe von Waren

| 61 | 1. Warengruppe 1 (brutto, einschl. 16 % USt) .... | 46.748,00 |
| 62 | 2. Warengruppe 2 (brutto, einschl. 16 % USt) .... | 174.000,00 |

7. Unsere Barauszahlung

71	1. für zurückerhaltene mangelhafte Waren (Wandelung),	
	Nettobetrag (Warengruppe 2)	500,00
	+ 16 % Umsatzsteuer	80,00
	Bruttobetrag	580,00

72	2. für mangelhafte Waren (Minderung),	
	Nettobetrag (Warengruppe 1)	300,00
	+ 16 % Umsatzsteuer	48,00
	Bruttobetrag	348,00

Abschlussangaben

| 80 | **8.** Passivierung der Zahllast | |

90	**9.** Warenschlussbestand lt. Inventur	530.000,00
	davon Warengruppe 1	288.000,00
	Warengruppe 2	242.000,00

| 100 | **10.** Die Schlussbestände der anderen Bestandskonten entsprechen den Inventurbeständen. | |

6467182L

3.1.7 Rabatte

Rabatte sind Preisnachlässe, die
- an Stammkunden (Treuerabatt),
- bei Abnahme größerer Mengen (Mengenrabatt),
- an den Handel (Wiederverkäuferrabatt),
- an Betriebsangehörige (Personalrabatt) und
- bei besonderen Anlässen (Sonderrabatt), z. B. bei Räumungsverkäufen,

gewährt werden.

Auf den Rechnungen werden Rabatte direkt ausgewiesen und sofort vom Rechnungspreis abgezogen. Daher kommt der Name **„Sofortrabatt".**

3.1.7.1 Rabatte auf der Beschaffungsseite

Sofortrabatte, die schon in der Eingangsrechnung berücksichtigt sind, werden in der Regel **buchhalterisch nicht erfasst.**

Beispiel

Wir erhalten von einem Lieferer die folgende Eingangsrechnung:

Listenpreis (für Waren)	40.000,00 €
– 25 % Mengenrabatt	10.000,00 €
Nettorechnungsbetrag	30.000,00 €
+ 16 % Umsatzsteuer	4.800,00 €
Bruttorechnungsbetrag	34.800,00 €

Buchungssatz	6000 Aufwendungen für Waren	30.000,00	
	2600 Vorsteuer	4.800,00	
	an 4400 Verbindlichkeiten a. LL		34.800,00

3.1.7.2 Rabatte auf der Absatzseite

Ebenso wie auf der Beschaffungsseite werden auf der Absatzseite **Sofortrabatte** in der Regel **buchhalterisch nicht erfasst.**

Beispiel

Wir schicken an einen Kunden die folgende Ausgangsrechnung:

Listenpreis (für Waren)	20.000,00 €
– 20 % Mengenrabatt	4.000,00 €
Nettorechnungsbetrag	16.000,00 €
+ 16 % Umsatzsteuer	2.560,00 €
Bruttorechnungsbetrag	18.560,00 €

Buchungssatz	2400 Forderungen a. LL	18.560,00	
	an 5000 Umsatzerlöse für Waren		16.000,00
	an 4800 Umsatzsteuer		2.560,00

Zusammenfassung

Schaubild

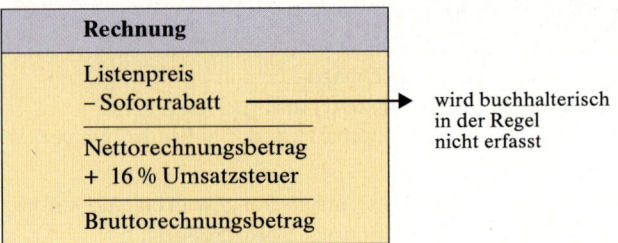

Rechnung
Listenpreis
– Sofortrabatt ———→ wird buchhalterisch in der Regel nicht erfasst
Nettorechnungsbetrag
+ 16 % Umsatzsteuer
Bruttorechnungsbetrag

Merksatz

Sofortrabatte werden in der Regel buchhalterisch weder auf der Beschaffungsseite noch auf der Absatzseite erfasst.

Aufgaben

Aufgabe 1:   Arten von Rabatten;
Aufgabe 2:   buchhalterische Behandlung von Rabatten;
Aufgabe 3:   irrtümlich nicht in Abzug gebrachter Rabatt;
Aufgaben 4 und 5: Belegbuchungen.

1 Welche Rabatte kennen Sie?

2

Listenpreis (Waren)	50.000,00 €
– 20 % Sonderrabatt	10.000,00 €
Nettorechnungsbetrag	40.000,00 €
+ 16 % Umsatzsteuer	6.400,00 €
Bruttorechnungsbetrag	46.400,00 €

a) Wie bucht der Lieferer die obige Rechnung als Ausgangsrechnung?
b) Wie bucht der Kunde die obige Rechnung als Eingangsrechnung?

3 In einer Rechnung (Zielverkauf von Waren) wurde irrtümlicherweise ein im Kaufvertrag vereinbarter Rabatt nicht in Abzug gebracht. Nach Reklamation gewährt der Lieferer seinem Kunden nachträglich eine entsprechende Gutschrift über 3.480,00 € (einschließlich 16 % Umsatzsteuer).
a) Wie bucht der Lieferer die nachträglich erteilte Gutschrift?
b) Wie bucht der Kunde die nachträglich erhaltene Gutschrift?

4 Sie sind Angestellte(r) des Textileinzelhandels Konrad Fied KG, Goseriede 41, 30159 Hannover. Die auf Seite 185 folgenden Belege liegen Ihnen zur Buchung vor.
a) Welche Geschäftsfälle liegen den Belegen zugrunde?
b) Wie lauten die Buchungssätze?

5 a) Wie bucht die Winkler KG den auf der folgenden Seite stehenden Beleg 1?
b) Wie bucht die Bernhard Müller OHG den auf der folgenden Seite stehenden Beleg 2?

           6467184L

Beleg 1

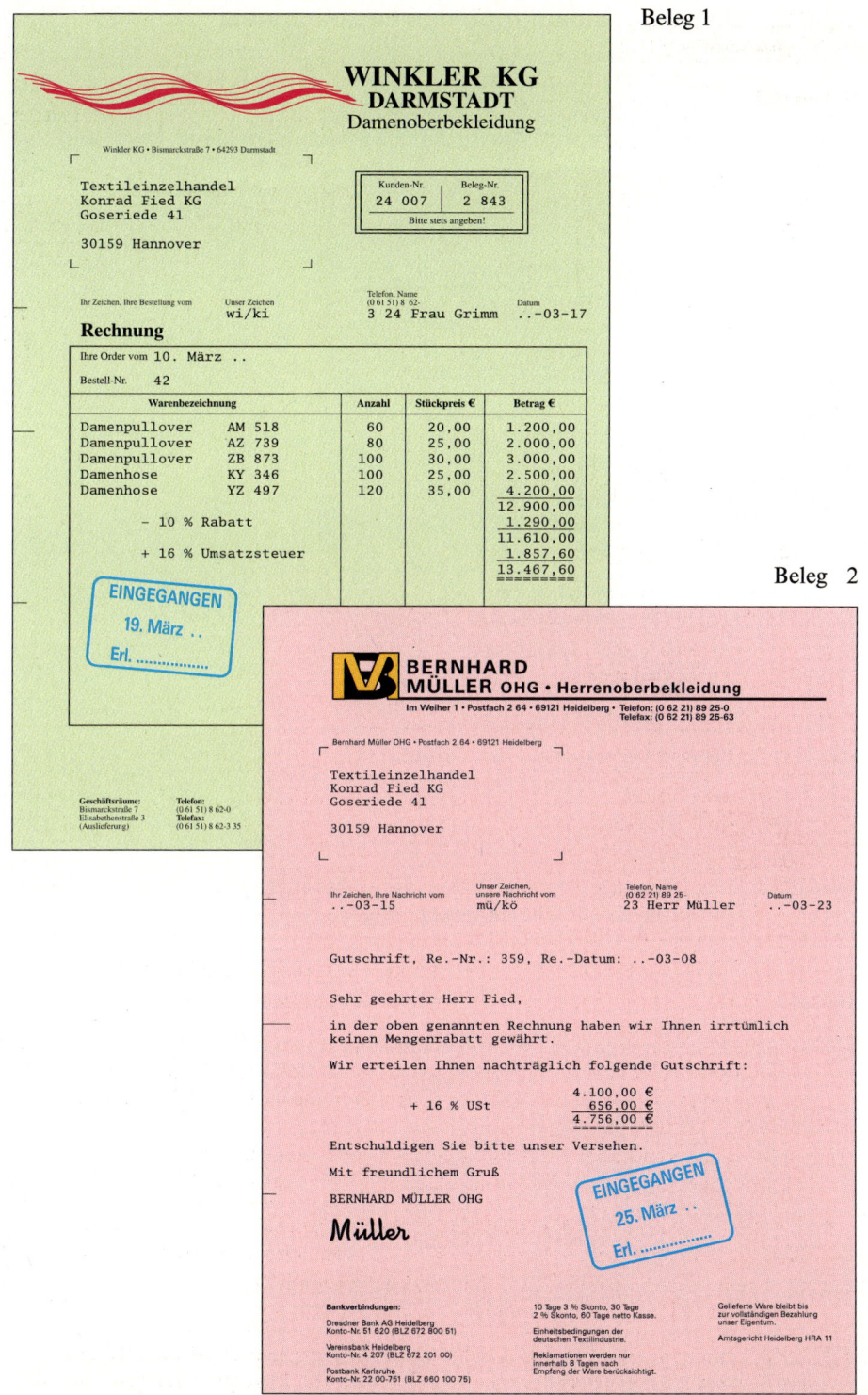

WINKLER KG
DARMSTADT
Damenoberbekleidung

Winkler KG • Bismarckstraße 7 • 64293 Darmstadt

Textileinzelhandel
Konrad Fied KG
Goseriede 41

30159 Hannover

Kunden-Nr.	Beleg-Nr.
24 007	2 843
Bitte stets angeben!	

Ihr Zeichen, Ihre Bestellung vom	Unser Zeichen wi/ki	Telefon, Name (0 61 51) 8 62- 3 24 Frau Grimm	Datum ..-03-17

Rechnung

Ihre Order vom 10. März ..

Bestell-Nr. 42

Warenbezeichnung	Anzahl	Stückpreis €	Betrag €
Damenpullover AM 518	60	20,00	1.200,00
Damenpullover AZ 739	80	25,00	2.000,00
Damenpullover ZB 873	100	30,00	3.000,00
Damenhose KY 346	100	25,00	2.500,00
Damenhose YZ 497	120	35,00	4.200,00
			12.900,00
– 10 % Rabatt			1.290,00
			11.610,00
+ 16 % Umsatzsteuer			1.857,60
			13.467,60

EINGEGANGEN
19. März ..
Erl. ....

Geschäftsräume:	Telefon:
Bismarckstraße 7	(0 61 51) 8 62-0
Elisabethenstraße 3	Telefax:
(Auslieferung)	(0 61 51) 8 62-3 35

Beleg 2

BERNHARD
MÜLLER OHG • Herrenoberbekleidung
Im Weiher 1 • Postfach 2 64 • 69121 Heidelberg • Telefon: (0 62 21) 89 25-0
Telefax: (0 62 21) 89 25-63

Bernhard Müller OHG • Postfach 2 64 • 69121 Heidelberg

Textileinzelhandel
Konrad Fied KG
Goseriede 41

30159 Hannover

Ihr Zeichen, Ihre Nachricht vom ..-03-15	Unser Zeichen, unsere Nachricht vom mü/kö	Telefon, Name (0 62 21) 89 25- 23 Herr Müller	Datum ..-03-23

Gutschrift, Re.-Nr.: 359, Re.-Datum: ..-03-08

Sehr geehrter Herr Fied,

in der oben genannten Rechnung haben wir Ihnen irrtümlich
keinen Mengenrabatt gewährt.

Wir erteilen Ihnen nachträglich folgende Gutschrift:

	4.100,00 €
+ 16 % USt	656,00 €
	4.756,00 €

Entschuldigen Sie bitte unser Versehen.

Mit freundlichem Gruß

BERNHARD MÜLLER OHG

Müller

EINGEGANGEN
25. März ..
Erl. ....

Bankverbindungen:

Dresdner Bank AG Heidelberg
Konto-Nr. 51 620 (BLZ 672 800 51)

Vereinsbank Heidelberg
Konto-Nr. 4 207 (BLZ 672 201 00)

Postbank Karlsruhe
Konto-Nr. 22 00-751 (BLZ 660 100 75)

10 Tage 3 % Skonto, 30 Tage
2 % Skonto, 60 Tage netto Kasse.

Einheitsbedingungen der
deutschen Textilindustrie.

Reklamationen werden nur
innerhalb 8 Tagen nach
Empfang der Ware berücksichtigt.

Gelieferte Ware bleibt bis
zur vollständigen Bezahlung
unser Eigentum.

Amtsgericht Heidelberg HRA 11

3.1.8 Die Warenkalkulation des Einzelhandels

Die Kalkulation ermittelt für jede Ware Kosten und Preise.

In Einzelhandelsbetrieben wird das folgende Kalkulationsschema[1] angewandt:

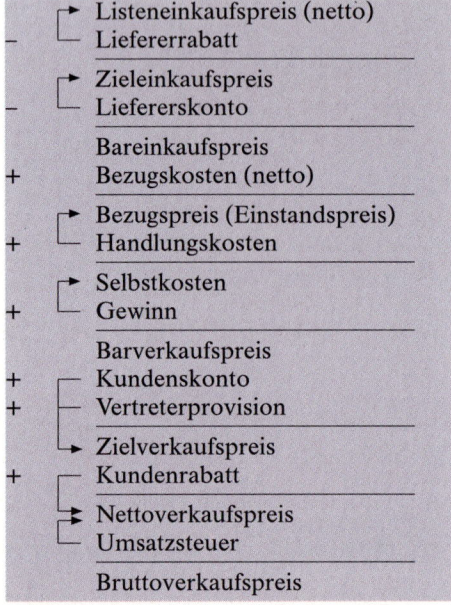

	Listeneinkaufspreis (netto)
−	Liefererrabatt
	Zieleinkaufspreis
−	Liefererskonto
	Bareinkaufspreis
+	Bezugskosten (netto)
	Bezugspreis (Einstandspreis)
+	Handlungskosten
	Selbstkosten
+	Gewinn
	Barverkaufspreis
+	Kundenskonto
+	Vertreterprovision
	Zielverkaufspreis
+	Kundenrabatt
	Nettoverkaufspreis
	Umsatzsteuer
	Bruttoverkaufspreis

(Pfeilspitzen zeigen auf den Grundwert.)

Die im Einzelhandel angefallenen Kosten, die so genannten **Handlungskosten,** werden durch den **Handlungskostenzuschlagssatz** abgedeckt.

Beispiel

Es liegt das folgende Gewinn- und Verlustkonto vor:

S	8020 GuV	H
6000 Aufwendungen für Waren	400.000,00	
6300 Gehälter	75.000,00	
6700 Mieten, Pachten	25.000,00	
6800 Büromaterial	5.000,00	
6870 Werbung, Dekoration	15.000,00	

Errechnen Sie den Handlungskostenzuschlagssatz.

---

1 Hier ist das komplette Kalkulationsschema dargestellt. Im Einzelhandel entfallen häufig die Positionen „Kundenskonto", „Vertreterprovision" und „Kundenrabatt".

6467186L

Lösung

1. Schritt: Die Summe der Handlungskosten wird ermittelt:

6300 Gehälter	75.000,00 €	⎫
6700 Mieten, Pachten	25.000,00 €	⎬ Handlungskosten
6800 Büromaterial	5.000,00 €	⎪
6870 Werbung, Dekoration	15.000,00 €	⎭
Summe der Handlungskosten	120.000,00 €	

2. Schritt: Die Handlungskosten werden in Prozent vom Wareneinsatz ausgedrückt.

Wareneinsatz: $\quad$ 400.000,00 € $\;\widehat{=}\;$ 100 %
Handlungskosten: $\quad$ 120.000,00 € $\;\widehat{=}\;$ x %

$$x = \frac{100 \cdot 120.000}{400.000} = \underline{\underline{30\,\%}}$$

Der Handlungskostenzuschlagssatz beträgt 30 %.

Aus der obigen Rechnung ergibt sich die Formel für den Handlungskostenzuschlagssatz[1]:

$$\text{Handlungskostenzuschlagssatz} = \frac{\text{Handlungskosten} \cdot 100}{\text{Wareneinsatz}}$$

Mithilfe des Kalkulationsschemas berechnen Einzelhandelsbetriebe für ihre Waren

1. bei (durch den Einkaufsmarkt) vorgegebenen Einkaufspreisen den Verkaufspreis (=**Vorwärtskalkulation**),
2. bei (durch den Verkaufsmarkt) vorgegebenen Verkaufspreisen den Einkaufspreis (=**Rückwärtskalkulation**) und
3. bei (durch den Einkaufsmarkt) vorgegebenen Einkaufspreisen und (durch den Verkaufsmarkt) vorgegebenen Verkaufspreisen die Gewinnspanne (=**Differenzkalkulation**).

3.1.8.1 Die Vorwärtskalkulation

Der Einkaufspreis einer Ware ist durch den Markt vorgegeben.

Mithilfe der Vorwärtskalkulation wird ausgehend vom Einkaufspreis der Preis kalkuliert, zu dem die Ware mindestens verkauft werden muss.

Beispiel[2]

Der Textileinzelhandel Konrad Fied KG kalkuliert den Bruttoverkaufspreis des hochwertigen Modellkleides LM 973.
Der Listeneinkaufspreis beträgt 450,00 € (netto).
Der Liefererrabatt beträgt 20 %, der Liefererskonto 3 %. Die Bezugskosten belaufen sich auf 5,40 € (netto).
Die Berechnung des Handlungskostenzuschlagssatzes ergibt 32,15 %.
Der Textileinzelhandel Konrad Fied KG kalkuliert mit 15 % Gewinn. Er gewährt seinen Kunden auf das Modellkleid LM 973 2 % Skonto und 10 % Rabatt. Die Vertreterprovision (Versandhandelsvertreterin Anke Mattke e. Kfr.) beträgt 5 %.
Umsatzsteuersatz: 16 %

---

1 Siehe auch Kapitel 4.5.2 Kostenträgerstückrechnung (Handlungskostenzuschlagssatz differenziert nach Warengruppen)
2 Im Einzelhandel entfallen in der Regel die Positionen „Kundenskonto", „Vertreterprovision" und „Kundenrabatt".
  Hier soll jedoch schulmäßig das komplette Kalkulationsschema durchgerechnet werden.

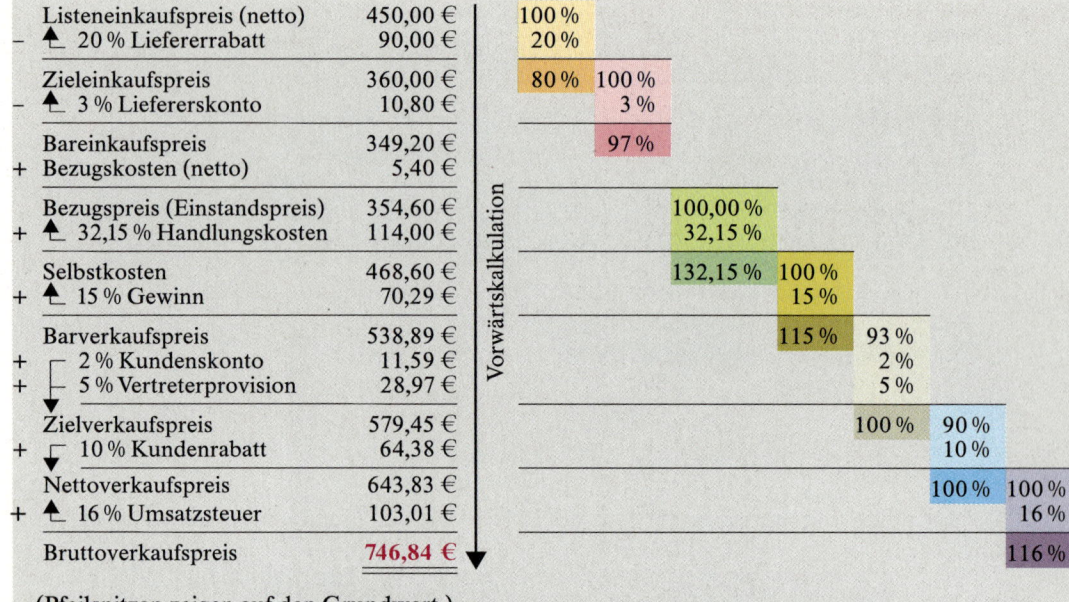

	Listeneinkaufspreis (netto)	450,00 €
−	20 % Liefererrabatt	90,00 €
	Zieleinkaufspreis	360,00 €
−	3 % Liefererskonto	10,80 €
	Bareinkaufspreis	349,20 €
+	Bezugskosten (netto)	5,40 €
	Bezugspreis (Einstandspreis)	354,60 €
+	32,15 % Handlungskosten	114,00 €
	Selbstkosten	468,60 €
+	15 % Gewinn	70,29 €
	Barverkaufspreis	538,89 €
+	2 % Kundenskonto	11,59 €
+	5 % Vertreterprovision	28,97 €
	Zielverkaufspreis	579,45 €
+	10 % Kundenrabatt	64,38 €
	Nettoverkaufspreis	643,83 €
+	16 % Umsatzsteuer	103,01 €
	Bruttoverkaufspreis	**746,84 €**

(Pfeilspitzen zeigen auf den Grundwert.)

Das hochwertige Modellkleid muss mindestens für **746,84 €** verkauft werden.

Aufgaben folgen auf Seite 191 ff.

3.1.8.2 Die Rückwärtskalkulation

Der Verkaufspreis einer Ware ist durch den Markt vorgegeben (z. B.: durch den Verkaufspreis der Konkurrenz oder aufgrund gesetzlicher Preisvorschriften). In diesem Fall muss ermittelt werden, zu welchem Bezugspreis bzw. Einkaufspreis ein Geschäft noch lohnend ist.

> **Mithilfe der Rückwärtskalkulation wird ausgehend vom Verkaufspreis der Preis kalkuliert, zu dem die Ware höchstens eingekauft werden darf.**

Beispiel[1]

Der Bruttoverkaufspreis des Kostüms SR 508 ist durch den Angebotspreis der Konkurrenz vorgegeben und beträgt 232,00 €.

Es ist zu ermitteln, zu welchem Preis das Kostüm SR 508 höchstens eingekauft werden darf, damit das Geschäft lohnend ist.

Der Textileinzelhandel Konrad Fied KG rechnet mit 10 % Liefererrabatt und 3 % Liefererskonto.

Die Bezugskosten belaufen sich auf 2,82 € (netto).

Der Handlungskostenzuschlagssatz beträgt 28,10 %.

Es wird mit einem Gewinnzuschlag von 20 % kalkuliert.

Der Textileinzelhandel Konrad Fied KG gewährt seinen Kunden auf das Kostüm SR 508 25 % Kundenrabatt und 2 % Kundenskonto.

Die Vertreterprovision (Versandhandelsvertreterin Anke Mattke e. Kfr.) beträgt 8 %.

Umsatzsteuersatz: 16 %.

---

1 Im Einzelhandel entfallen in der Regel die Positionen „Kundenskonto", „Vertreterprovision" und „Kundenrabatt". Hier soll jedoch schulmäßig das komplette Kalkulationsschema durchgerechnet werden.

6467188L

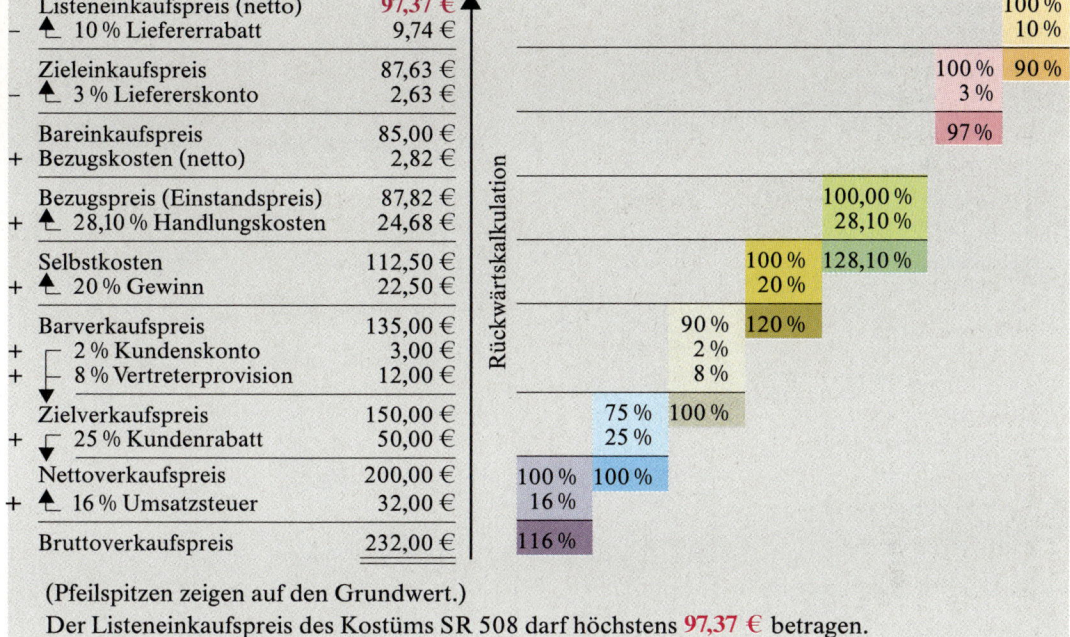

Listeneinkaufspreis (netto)	97,37 €	100 %
− 10 % Liefererrabatt	9,74 €	10 %
Zieleinkaufspreis	87,63 €	100 % 90 %
− 3 % Liefererskonto	2,63 €	3 %
Bareinkaufspreis	85,00 €	97 %
+ Bezugskosten (netto)	2,82 €	
Bezugspreis (Einstandspreis)	87,82 €	100,00 %
+ 28,10 % Handlungskosten	24,68 €	28,10 %
Selbstkosten	112,50 €	100 % 128,10 %
+ 20 % Gewinn	22,50 €	20 %
Barverkaufspreis	135,00 €	90 % 120 %
+ 2 % Kundenskonto	3,00 €	2 %
+ 8 % Vertreterprovision	12,00 €	8 %
Zielverkaufspreis	150,00 €	75 % 100 %
+ 25 % Kundenrabatt	50,00 €	25 %
Nettoverkaufspreis	200,00 €	100 % 100 %
+ 16 % Umsatzsteuer	32,00 €	16 %
Bruttoverkaufspreis	232,00 €	116 %

Rückwärtskalkulation

(Pfeilspitzen zeigen auf den Grundwert.)
Der Listeneinkaufspreis des Kostüms SR 508 darf höchstens 97,37 € betragen.

Aufgaben folgen auf Seite 191 ff.

3.1.8.3 Die Differenzkalkulation

In manchen Fällen stehen sowohl der Einkaufs- als auch der Verkaufspreis fest. In einem solchen Fall muss geprüft werden, ob es sich lohnt, den entsprechenden Artikel ins Sortiment aufzunehmen. Es muss also festgestellt werden, ob bei den gegebenen Kalkulationssätzen ein angemessener Gewinn erzielt wird.

> **Bei vorgegebenem Einkaufspreis und Verkaufspreis wird – zur Ermittlung des Gewinns – mit der Vorwärtskalkulation der Selbstkostenpreis und mit der Rückwärtskalkulation der Barverkaufspreis errechnet. Da sich der Gewinn als Differenz zwischen dem Barverkaufspreis und dem Selbstkostenpreis ergibt, spricht man von Differenzkalkulation.**

Beispiel[1]

Vom Einkaufsmarkt ist der Einkaufspreis des Damenmantels AM 27 vorgegeben. Er beträgt 100,00 € (netto).
Vom Verkaufsmarkt ist der Verkaufspreis dieses Damenmantels ebenfalls vorgegeben. Er beträgt 203,00 € (brutto).
Der Lieferant gewährt 10 % Liefererrabatt und 2 % Skonto.
Die Bezugskosten belaufen sich auf 1,30 € (netto).
Es wird mit einem Handlungskostenzuschlagssatz von 25 % kalkuliert.
Der Textileinzelhandel Konrad Fied KG gewährt seinen Kunden 3 % Kundenskonto und 20 % Kundenrabatt. Die Vertreterprovision (Versandhandelsvertreterin Anke Mattke e. Kfr.) beträgt 10 %. Umsatzsteuersatz: 16 %.
Lohnt sich die Aufnahme dieses Damenmantels ins Sortiment, wenn ein Gewinn von mindestens 12 % erzielt werden soll?

---

1 Im Einzelhandel entfallen in der Regel die Positionen „Kundenskonto", „Vertreterprovision" und „Kundenrabatt". Hier soll jedoch schulmäßig das komplette Kalkulationsschema durchgerechnet werden.

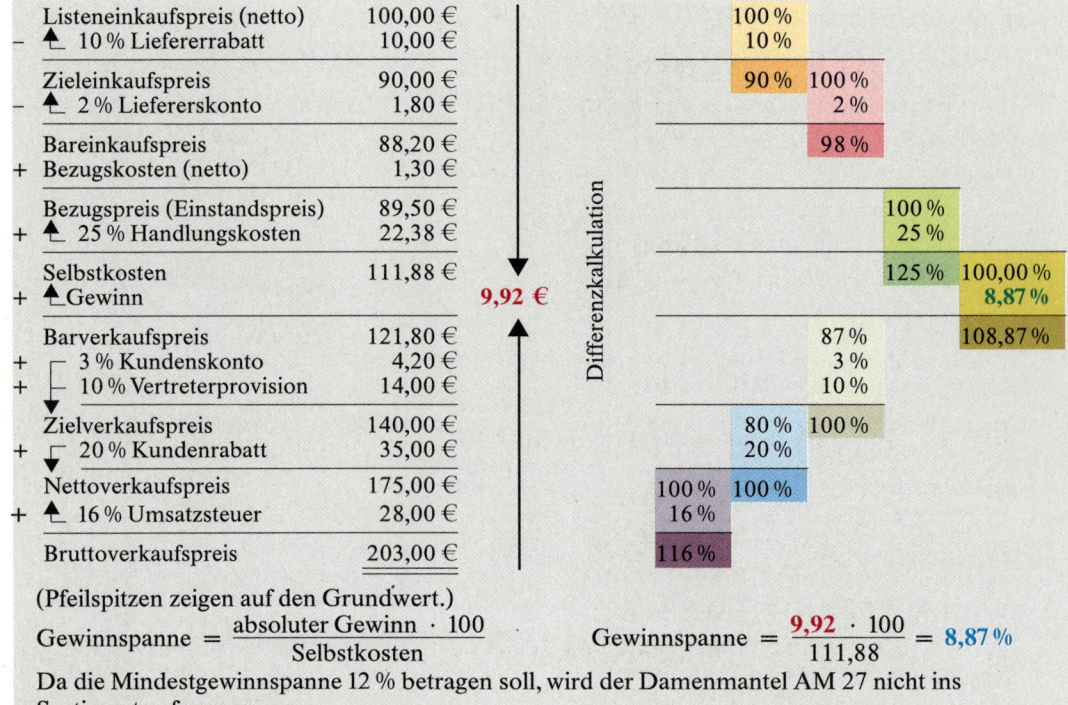

Listeneinkaufspreis (netto)	100,00 €			100 %	
− 10 % Liefererrabatt	10,00 €			10 %	
Zieleinkaufspreis	90,00 €			90 %	100 %
− 2 % Liefererskonto	1,80 €				2 %
Bareinkaufspreis	88,20 €				98 %
+ Bezugskosten (netto)	1,30 €				
Bezugspreis (Einstandspreis)	89,50 €			100 %	
+ 25 % Handlungskosten	22,38 €			25 %	
Selbstkosten	111,88 €			125 %	100,00 %
+ Gewinn		9,92 €			8,87 %
Barverkaufspreis	121,80 €			87 %	108,87 %
+ 3 % Kundenskonto	4,20 €			3 %	
+ 10 % Vertreterprovision	14,00 €			10 %	
Zielverkaufspreis	140,00 €		80 %	100 %	
+ 20 % Kundenrabatt	35,00 €		20 %		
Nettoverkaufspreis	175,00 €	100 %	100 %		
+ 16 % Umsatzsteuer	28,00 €	16 %			
Bruttoverkaufspreis	203,00 €	116 %			

Differenzkalkulation

(Pfeilspitzen zeigen auf den Grundwert.)

$$\text{Gewinnspanne} = \frac{\text{absoluter Gewinn} \cdot 100}{\text{Selbstkosten}} \qquad \text{Gewinnspanne} = \frac{9{,}92 \cdot 100}{111{,}88} = 8{,}87\,\%$$

Da die Mindestgewinnspanne 12 % betragen soll, wird der Damenmantel AM 27 nicht ins Sortiment aufgenommen.

3.1.8.4 Die Kalkulationsvereinfachung

Zur Vereinfachung der Kalkulation werden die prozentualen Einzelzuschläge, die zwischen dem Bezugspreis und dem Angebotspreis liegen, zu einem Gesamtzuschlag zusammengefasst.

3.1.8.4.1 Der Kalkulationszuschlag

Der Kalkulationszuschlag drückt die Differenz zwischen dem Bezugspreis (Einstandspreis) und dem Bruttoverkaufspreis in Prozent vom Bezugspreis (Bezugspreis ≙ 100 %) aus.

Beispiel

Bruttoverkaufspreis	1.240,00 €
− Bezugspreis	680,00 €
Differenz	560,00 €

$$680{,}00\ € ≙ 100\ \% $$
$$560{,}00\ € ≙ \quad x\ \% $$

$$\text{Kalkulationszuschlag} = \frac{100 \cdot 560}{680} = 82{,}35\,\%$$

3.1.8.4.2 Die Handelsspanne

Die Handelsspanne drückt die Differenz zwischen dem Bezugspreis (Einstandspreis) und dem Nettoverkaufspreis in Prozent vom Nettoverkaufspreis (Nettoverkaufspreis ≙ 100 %) aus.

Beispiel

Nettoverkaufspreis	1.068,97 €	1.068,97 € ≙ 100 %	
− Bezugspreis	680,00 €	388,97 € ≙ x %	
Differenz	388,97 €		

$$\text{Handelsspanne} = \frac{100 \cdot 388,97}{1.068,97} = 36,39\,\%$$

3.1.8.4.3 Der Kalkulationsfaktor

Eine weitere Vereinfachung der Kalkulation ergibt sich bei Zuhilfenahme des **Kalkulationsfaktors.**

Der Kalkulationsfaktor ist die Zahl, mit der man den Bezugspreis multiplizieren muss, um den Bruttoverkaufspreis zu erhalten.

$$\text{Bezugspreis} \cdot \text{Kalkulationsfaktor} = \text{Bruttoverkaufspreis}$$

$$\textbf{oder: } \text{Bezugspreis} = \frac{\text{Bruttoverkaufspreis}}{\text{Kalkulationsfaktor}}$$

$$\textbf{oder: } \text{Kalkulationsfaktor} = \frac{\text{Bruttoverkaufspreis}}{\text{Bezugspreis}}$$

Beispiel

Bruttoverkaufspreis: 1.240,00 €; Bezugspreis: 680,00 €

$$\text{Kalkulationsfaktor} = \frac{1.240,00}{680,00} = 1,8235$$

Zusammenhang zwischen Kalkulationszuschlag und Kalkulationsfaktor:

Versetzt man das Komma beim Kalkulationszuschlag um zwei Stellen nach links und addiert eine 1 hinzu, so erhält man aus dem Kalkulationszuschlag (im obigen Beispiel: 82,35) den Kalkulationsfaktor (im obigen Beispiel: 1,8235). Geht man umgekehrt vor, so erhält man aus dem Kalkulationsfaktor den Kalkulationszuschlag.

Aufgaben

Aufgaben 1 bis 7:	Vorwärtskalkulation;
Aufgaben 8 bis 13:	Rückwärtskalkulation;
Aufgaben 14 bis 19:	Differenzkalkulation;
Aufgaben 20 bis 35:	Kalkulationsvereinfachung mit Kalkulationszuschlag, Kalkulationsfaktor und Handelsspanne.

1 Berechnen Sie den Bruttoverkaufspreis.

	a)	b)	c)	d)	e)
Listeneinkaufspreis (ohne USt)	65,00 €	112,00 €	2.310,00 €	480,00 €	320,00 €
Liefererrabatt	20 %	15 %	25 %	10 %	12,5 %
Liefererskonto	2 %	2,5 %	3 %	2 %	3 %
Bezugskosten (ohne USt)	5,80 €	7,40 €	40,00 €	6,00 €	5,00 €
Handlungskosten	22 %	34 %	28 %	35 %	30 %
Gewinn	15 %	10 %	12 %	20 %	15 %
Kundenskonto	–	–	2 %	3 %	2 %
Vertreterprovision	–	–	–	–	10 %
Kundenrabatt	–	–	–	12,5 %	15 %
Umsatzsteuer	16 %	7 %	16 %	16 %	16 %

2 Ihnen liegt das unten stehende Gewinn- und Verlustkonto vor. Errechnen Sie den Handlungskostenzuschlagssatz.

S	8020 GuV		H
6000 Aufwendungen		5000 Umsatzerlöse	
für Waren	900.000,00	für Waren	1.400.000,00
6300 Gehälter	180.000,00		
6700 Mieten, Pachten	60.000,00		
6800 Büromaterial	10.000,00		
6870 Werbung, Dekoration	50.000,00		
3000 Eigenkapital	200.000,00		
	1.400.000,00		1.400.000,00

3 Der Bruttoverkaufspreis (Umsatzsteuersatz: 16 %) eines hochwertigen Modellkleides beträgt in der Textileinzelhandlung Konrad Fied KG 696,00 €. Der Handlungskostenzuschlagssatz beträgt $66\frac{2}{3}$ %. Die Handlungskosten belaufen sich auf 200,00 €. Kundenskonto und Kundenrabatt werden nicht gewährt.
Errechnen Sie den Gewinn (in €) und die Gewinnspanne.

4 Dem GuV-Konto entnehmen Sie folgende Zahlen:
Summe der Handlungskosten . . . . 100.000,00 €
Wareneinsatz . . . . 400.000,00 €
Verkaufserlöse (netto) . . . . 550.000,00 €
Gewinn . . . . 50.000,00 €
Errechnen Sie den Handlungskostenzuschlagssatz.

5 Der Listeneinkaufspreis eines Herrenanzuges (100 % Kaschmir) beträgt 240,00 € (netto). Unser Lieferer gewährt uns 12,5 % Liefererrabatt und 2 % Liefererskonto. Die Bezugskosten betragen 6,96 € (einschließlich 16 % Umsatzsteuer). Wir kalkulieren mit 32 % Handlungskosten. Unser Gewinnzuschlagssatz beläuft sich auf 15 %. Kundenskonto und Kundenrabatt gewähren wir nicht. Errechnen Sie den Bruttoverkaufspreis (Umsatzsteuersatz = 16 %).

6 Bei einer Ware erzielen wir einen Gewinn von 60,00 €. Dies entspricht einer Gewinnspanne von 20 %. Kundenskonto und Kundenrabatt gewähren wir nicht.
Errechnen Sie den Bruttoverkaufspreis (Umsatzsteuersatz = 16 %).

7 Die auf eine Ware umgelegten Handlungskosten betragen 45,00 €. Dies entspricht einem Handlungskostenzuschlagssatz von 30 %. Wir kalkulieren mit 20 % Gewinnzuschlag. Kundenskonto und Kundenrabatt gewähren wir nicht.
Errechnen Sie den Bruttoverkaufspreis (Umsatzsteuersatz = 16 %).

8 Berechnen Sie den Listeneinkaufspreis.

	a)	b)	c)	d)	e)
Liefererrabatt	10 %	20 %	15 %	10 %	25 %
Liefererskonto	3 %	2,5 %	3 %	2 %	2 %
Bezugskosten (ohne USt)	12,30 €	25,00 €	48,00 €	2,00 €	3,00 €
Handlungskosten	28 %	33 %	37 %	32 %	40 %
Gewinn	12 %	20 %	15 %	25 %	10 %
Kundenskonto	–	–	–	2 %	3 %
Vertreterprovision	–	–	–	–	15 %
Kundenrabatt	–	–	10 %	–	12,5 %
Umsatzsteuer	16 %	16 %	16 %	7 %	7 %
Bruttoverkaufspreis	986,00 €	1.948,80 €	7.553,92 €	64,20 €	85,60 €

9 In der Textileinzelhandlung Konrad Fied KG beträgt der Selbstkostenpreis eines hochwertigen Anzuges 185,00 €. Die Textileinzelhandlung Konrad Fied KG kalkuliert mit 48 % Handlungskosten.
Errechnen Sie den Bezugspreis.

10 Ein Handelsbetrieb kalkuliert mit 2 % Kundenskonto, 25 % Handlungskosten, 12,5 % Gewinn und 20 % Kundenrabatt. Der Bruttoverkaufspreis beträgt 348,00 €.
Errechnen Sie den Barverkaufspreis (Umsatzsteuersatz: 16 %).

11 Es wird mit 20 % Gewinn und 50 % Handlungskosten kalkuliert. Den Kunden wird weder Rabatt noch Skonto gewährt. Der Bruttoverkaufspreis beträgt 1.044,00 € (Umsatzsteuersatz = 16 %).
Errechnen Sie den Bezugspreis.

12 Die Selbstkosten eines Damenledermantels betragen 153,70 €. Wir kalkulieren mit einem Handlungskostenzuschlagssatz von 52 %. Unser Lieferer, die Emut GmbH, gewährt uns 3 % Skonto und 20 % Rabatt. An Bezugskosten sind 9,28 € (einschließlich 16 % Umsatzsteuer) angefallen.
Errechnen Sie den Listeneinkaufspreis.

13 Der Bruttoverkaufspreis eines Markenherrenanzugs ist durch den Bruttoverkaufspreis der Konkurrenz vorgegeben und beträgt 348,00 € (einschließlich 16 % Umsatzsteuer). Unser Lieferant gewährt uns 12,5 % Liefererrabatt und 3 % Liefererskonto. Die Bezugskosten betragen 11,60 € (einschließlich 16 % Umsatzsteuer). Wir kalkulieren mit 32 % Handlungskosten und 25 % Gewinn. Skonto und Rabatt gewähren wir nicht.
Errechnen Sie, zu welchem Listeneinkaufspreis der Markenherrenanzug höchstens eingekauft werden darf, damit die Aufnahme ins Sortiment lohnend ist.

14 Berechnen Sie den Gewinn in € und in Prozent.

	a)	b)	c)	d)	e)
Listeneinkaufspreis (ohne USt)	980,00 €	2.900,00 €	5.780,00 €	60,00 €	40,00 €
Liefererrabatt	20 %	25 %	10 %	20 %	12,5 %
Liefererskonto	3 %	2,5 %	2 %	3 %	2 %
Bezugskosten (ohne USt)	18,00 €	45,00 €	68,00 €	4,00 €	3,00 €
Handlungskosten	29 %	35 %	22 %	30 %	25 %
Kundenskonto	–	–	3 %	2 %	3 %
Vertreterprovision	–	–	–	–	10 %
Kundenrabatt	–	–	–	10 %	15 %
Umsatzsteuer	16 %	16 %	16 %	7 %	7 %
Bruttoverkaufspreis	1.445,36 €	3.740,25 €	7.413,91 €	95,00 €	75,00 €

15 Die folgenden Werte sind Ihnen bekannt:

Bezugspreis .... 320,00 €
Handlungskostenzuschlagssatz .... 30 %
Kundenskonto .... 2 %
Kundenrabatt .... 20 %
Bruttoverkaufspreis .... 769,39 €
Umsatzsteuersatz .... 16 %
Errechnen Sie den Gewinn (in €) und die Gewinnspanne.

16 Unser größter Konkurrent bietet den Herrenledermantel XY 212 zu einem Bruttover-kaufspreis von 278,40 € (einschließlich 16 % Umsatzsteuer) an. Der Listeneinkaufspreis dieses Herrenledermantels beträgt 135,00 €. Unser Lieferant gewährt uns 10 % Liefererrabatt und 2 % Kundenskonto. Die Bezugskosten belaufen sich auf 10,44 € (einschließlich 16 % Umsatzsteuer). Wir kalkulieren mit 28 % Handlungskosten. Unsere Kunden erhalten 3 % Kundenskonto und 12,5 % Kundenrabatt.
Welchen Gewinn (in €) und welche Gewinnspanne können wir erzielen?

17 Die Handlungskosten einer Ware betragen 60,00 €. Dies entspricht einem Handlungs-kostenzuschlagssatz von 30 %. Der Bruttoverkaufspreis dieser Ware beträgt 361,92 € (einschließlich 16 % Umsatzsteuer). Skonto und Rabatt gewähren wir unseren Kunden nicht.
Errechnen Sie den Gewinn (in €) und die Gewinnspanne.

18 Der Selbstkostenpreis eines hochwertigen Herrenanzuges beträgt 240,00 €. Aufgrund der Marktsituation müssen wir diesen Anzug für 299,00 € (= Bruttoverkaufspreis, ein-schl. 16 % USt) verkaufen. Kundenskonto und Kundenrabatt gewähren wir nicht.
Errechnen Sie den Gewinn (in €) und die Gewinnspanne.

19 Wir verkaufen eine Ware zu einem Bruttoverkaufspreis (einschließlich 16 % Umsatz-steuer) von 452,40 €. Der Bezugspreis dieser Ware beträgt 286,00 €. Wir kalkulieren mit einem Handlungskostenzuschlagssatz von 24 %. Kundenskonto und Kundenrabatt gewähren wir nicht.
Errechnen Sie die Gewinnspanne.

20 Berechnen Sie Kalkulationszuschlag, Kalkulationsfaktor und Handelsspanne (Umsatz-steuersatz: 16 %).

	a)	b)	c)
Bezugspreis	72,00 €	4.218,00 €	216,00 €
Nettoverkaufspreis	103,00 €	4.901,00 €	324,00 €

21 Berechnen Sie den Bruttoverkaufspreis, den Kalkulationsfaktor und die Handelsspanne (Umsatzsteuersatz: 16 %).

	a)	b)	c)
Bezugspreis	482,00 €	1.235,00 €	43,00 €
Kalkulationszuschlag	68 %	85 %	72 %

22 Berechnen Sie den Bezugspreis, den Kalkulationszuschlag und den Kalkulationsfaktor (Umsatzsteuersatz: 16 %).

	a)	b)	c)
Nettoverkaufspreis	78,00 €	813,00 €	3.497,00 €
Handelsspanne	30 %	42 %	47 %

23 Die Handelsspanne beträgt
a) $16\frac{2}{3}$ %   b) 25 %   c) 20 %   d) 30 %
Errechnen Sie den Kalkulationsfaktor und den Kalkulationszuschlag (Umsatzsteuersatz: 16 %).

24 Der Kalkulationszuschlag beträgt
a) 50,8 %   b) 45 %   c) 39,2 %
Errechnen Sie die Handelsspanne (Umsatzsteuersatz: 16 %).

25 Der Textileinzelhandel Konrad Fied KG bezieht das Hochzeitskleid „Anke" zu 580,00 € (= Bezugspreis). Es wird mit einem Kalkulationszuschlag von 52 % kalku-liert.
Errechnen Sie den Bruttoverkaufspreis.

6467194L

26 Die folgenden Werte sind Ihnen bekannt:
Zieleinkaufspreis .... 170,26 €
Bezugspreis .... 175,64 €
Selbstkosten .... 225,00 €
Barverkaufspreis .... 270,00 €
Nettoverkaufspreis .... 400,00 €
Errechnen Sie die Handelsspanne.

27 Eine Textilfabrik bietet mehreren Einzelhändlern einen Herrenanzug zu einem Bezugspreis von 70,00 € an. Ein Konkurrenzhändler verkauft diesen Anzug zu einem Bruttoverkaufspreis (einschließlich 16 % Umsatzsteuer) von 144,90 €.
Errechnen Sie den Kalkulationsfaktor dieses Konkurrenten.

28 Ein Konkurrenzhändler verkauft einen Artikel für 580,00 € (einschließlich 16 %
Umsatzsteuer).
Welchen Bezugspreis können wir höchstens für diesen Artikel aufwenden, wenn unsere
Handelsspanne 40 % beträgt?

29 Wir beziehen ein Herren-Sakko aus Kaschmir zu 120,00 € (= Bezugspreis). Unser Kalkulationsfaktor beträgt 1,7. Wir passen uns dem Bruttoverkaufspreis der Konkurrenz von
199,00 € an.
Um wie viel € haben wir den Preis herabgesetzt?

30 Der Listeneinkaufspreis eines Damenlederkostüms beträgt 220,00 €. Unser Lieferant
gewährt uns 10 % Liefererrabatt und 3 % Liefererskonto. Die Bezugskosten betragen 9,28
€ (einschließlich 16 % Umsatzsteuer). Wir kalkulieren mit einer Handelsspanne von
45 %.
Errechnen Sie den Nettoverkaufspreis.

31 Der Listeneinkaufspreis eines Smokings beträgt 240,00 €. Der Liefererrabatt
beträgt 12,5 %, der Liefererskonto 2 %, Die Bezugskosten belaufen sich auf 10,44 €
(einschließlich 16 % Umsatzsteuer). Unser Kalkulationszuschlag beträgt 52 %.
Errechnen Sie den Bruttoverkaufspreis.

32 Wir verkaufen einen Damenmantel des bekannten Modeschöpfers „Armano" zu
324,80 € (= Bruttoverkaufspreis, einschl. 16 % Umsatzsteuer). Unsere Handelsspanne
beträgt 40 %.
Errechnen Sie den Bezugspreis.

33 Wir bieten einen Herrenmantel des bekannten Modeschöpfers „Jaap" zu 315,00 €
(= Bruttoverkaufspreis) an. Unser Kalkulationszuschlag beträgt 50 %.
Errechnen Sie den Bezugspreis.

34 Die folgenden Werte sind Ihnen bekannt:
Selbstkosten .... 390,00 €
Kalkulationsfaktor 1,8
Bruttoverkaufspreis .... 540,00 €
Errechnen Sie die Handlungskosten (in €) und den Handlungskostenzuschlagssatz.

35 Der Textileinzelhandel Konrad Fied KG kalkuliert in der Warengruppe 2 mit folgenden
Zuschlagssätzen:
Handlungskostenzuschlagssatz: 25 %
Gewinnzuschlagssatz: 20 %
Kundenskonto und Kundenrabatt werden nicht gewährt. Umsatzsteuersatz: 16 %.
Errechnen Sie den Kalkulationszuschlag, den Kalkulationsfaktor und die Handels-
spanne.

3.1.9 Die Lagerkennziffern

Im Einzelhandel bildet die Lagerhaltung einen Schwerpunkt der Betriebsorganisation.

Einerseits ist zur **Sicherstellung der Verkaufsbereitschaft** eine entsprechende Vorratshaltung mit einem breiten und tiefen Sortiment erforderlich.

Andererseits müssen die **Lagerkosten** (Raumkosten, Energiekosten, Versicherungskosten, Personalkosten, Zinskosten für das im Lager gebundene Kapital) in gewissen Grenzen gehalten werden.

Zur Überwachung der Lagerhaltung werden die so genannten Lagerkennziffern herangezogen. Hier unterscheidet man

- den durchschnittlichen Lagerbestand,
- die Lagerumschlagshäufigkeit,
- die durchschnittliche Lagerdauer und
- den Lagerzinssatz.

3.1.9.1 Der durchschnittliche Lagerbestand

Die Ein- und Verkäufe von Waren verändern im Einzelhandel ständig den Lagerbestand.

Als Messwert für den Lagerbestand muss deshalb eine **Durchschnittsgröße,** der so genannte durchschnittliche Lagerbestand, herangezogen werden.

In der Praxis wird der durchschnittliche Lagerbestand mit folgenden zwei Formeln ermittelt:

$$\text{Durchschnittlicher Lagerbestand} = \frac{\text{Anfangsbestand} + \text{Endbestand}}{2}$$

oder (genauer):

$$\text{Durchschnittlicher Lagerbestand} = \frac{\text{Anfangsbestand} + 12 \text{ Monatsendbestände}}{13}$$

Beispiel

Der Textileinzelhandel Konrad Fied KG hat im letzten Geschäftsjahr für Herrenanzüge folgende Bestände ermittelt.

Jan. (AB)	120.000,00 €	Juli (EB)	95.000,00 €
Jan. (EB)	100.000,00 €	Aug. (EB)	105.000,00 €
Febr. (EB)	95.000,00 €	Sept. (EB)	160.000,00 €
März (EB)	140.000,00 €	Okt. (EB)	150.000,00 €
April (EB)	135.000,00 €	Nov. (EB)	135.000,00 €
Mai (EB)	115.000,00 €	Dez. (EB)	110.000,00 €
Juni (EB)	100.000,00 €		

Errechnen Sie den durchschnittlichen Lagerbestand (mit der genaueren Formel).

Lösung

$$\text{Durchschnittlicher Lagerbestand} = \frac{1.560.000}{13} = \underline{\underline{120.000,00 \text{ €}}}$$

64671961L

3.1.9.2 Die Lagerumschlagshäufigkeit

Die Lagerumschlagshäufigkeit gibt an, wie oft der durchschnittliche Lagerbestand im Jahr umgesetzt wird.

$$\text{Lagerumschlagshäufigkeit} = \frac{\text{Wareneinsatz}}{\text{durchschnittlicher Lagerbestand}}$$

Beispiel

Im Textileinzelhandel Konrad Fied KG beträgt der Wareneinsatz bei Herrenanzügen für das vergangene Geschäftsjahr 720.000,00 €. Als durchschnittlicher Lagerbestand wurden 120.000,00 € (siehe oben) ermittelt.
Errechnen Sie die Lagerumschlagshäufigkeit.

Lösung

$$\text{Lagerumschlagshäufigkeit} = \frac{720.000}{120.000} = \underline{\underline{6}}$$

3.1.9.3 Die durchschnittliche Lagerdauer

Die durchschnittliche Lagerdauer gibt an, wie lange die Ware durchschnittlich lagert.

$$\text{Durchschnittliche Lagerdauer} = \frac{360}{\text{Lagerumschlagshäufigkeit}}$$

Beispiel

Errechnen Sie für den Textileinzelhandel Konrad Fied KG die durchschnittliche Lagerdauer für Herrenanzüge, wenn die Lagerumschlagshäufigkeit 6 (siehe oben) beträgt.

Lösung

$$\text{Durchschnittliche Lagerdauer} = \frac{360}{6} = \underline{\underline{60 \text{ Tage}}}$$

3.1.9.4 Die Lagerzinsen

Die eingelagerten Waren verursachen **Kapitalkosten.**

Sind sie mit **Fremdkapital** (Krediten) finanziert, so sind Zinsen zu zahlen, es entstehen **Zinsaufwendungen.**

Ist das im Lager gebundene Kapital mit **Eigenkapital** finanziert, so hat man einen **Zinsentgang.** (Man hätte das entsprechende Kapital zinsbringend anlegen können.)

Im Einzelhandel stellen die Lagerzinsen einen erheblichen Kostenfaktor dar. Sie ergeben sich aus folgender Formel (entsprechend der Zinsformel [$z = \frac{k \cdot p \cdot t}{100 \cdot 360}$]):

$$\text{Lagerzinsen} =$$
$$\frac{\text{durchschnittlicher Lagerbestand} \cdot \text{Marktzinssatz} \cdot \text{durchschnittliche Lagerdauer}}{100 \cdot 360}$$

Beispiel

Berechnen Sie für den Textileinzelhandel Konrad Fied KG die Lagerzinsen für den durchschnittlichen Lagerbestand an Herrenanzügen von 120.000,00 € (siehe oben) bei einer durchschnittlichen Lagerdauer von 60 Tagen (siehe oben). Der Marktzinssatz beträgt 8 %.

Lösung $\quad \text{Lagerzinsen} = \dfrac{120.000 \cdot 8 \cdot 60}{100 \cdot 360} = \underline{\underline{1.600,00\ \text{€}}}$

Die obige Formel für die Lagerzinsen kann auch wie folgt formuliert werden:

$$\text{Lagerzinsen} = \underbrace{\frac{\text{durchschnittlicher Lagerbestand}}{100}}_{\substack{= 1\,\% \text{ des im Lager gebundenen} \\ \text{Kapitals}}} \cdot \underbrace{\frac{\text{Marktzinssatz} \cdot \text{durchschnittliche Lagerdauer}}{360}}_{= \text{Lagerzinssatz}}$$

Den Faktor, mit dem man 1 % des im Lager gebundenen Kapitals multipliziert, bezeichnet man (wie oben bereits definiert) als **Lagerzinssatz**.

$$\text{Lagerzinssatz} = \frac{\text{Marktzinssatz} \cdot \text{durchschnittliche Lagerdauer}}{360}$$

Beispiel

Errechnen Sie für den Textileinzelhandel Konrad Fied KG den Lagerzinssatz bei einer durchschnittlichen Lagerdauer von 60 Tagen und bei einem landesüblichen Zinssatz von 8 %.

Lösung $\quad \text{Lagerzinssatz} = \dfrac{8 \cdot 60}{360} = \underline{\underline{1{,}33\,\%}}$

Der Lagerzinssatz gibt an, wie viel Prozent des Wertes der eingelagerten Waren die Lagerkosten ausmachen.

Aufgaben

1 Der Textileinzelhandel Konrad Fied KG hat im letzten Geschäftsjahr für Kleider folgende Bestände ermittelt:

Jan. (AB)	130.000,00 €	Juli (EB)	105.000,00 €
Jan. (EB)	110.000,00 €	Aug. (EB)	115.000,00 €
Febr. (EB)	105.000,00 €	Sept. (EB)	170.000,00 €
März (EB)	150.000,00 €	Okt. (EB)	160.000,00 €
April (EB)	145.000,00 €	Nov. (EB)	145.000,00 €
Mai (EB)	125.000,00 €	Dez. (EB)	120.000,00 €
Juni (EB)	110.000,00 €		

Der Jahresumsatz zu Nettoverkaufspreisen ist 40 % höher als der Jahresumsatz zu Einstandspreisen, er beläuft sich auf 1.456.000,00 €.

Errechnen Sie
a) den durchschnittlichen Lagerbestand (mit der genaueren Formel),
b) die Lagerumschlagshäufigkeit,
c) die durchschnittliche Lagerdauer,
d) den Lagerzinssatz (Marktzinssatz = 9 %).

6467198L

2 Der Buchführung entnehmen Sie die folgenden Kontenstände:

S	2000 Waren	H
AB	420.000,00	EB	380.000,00

S	6000 Aufwendungen für Waren	H		S	6001 Bezugskosten	H
4400	700.000,00			2880	3.000,00	
4400	800.000,00			2880	2.000,00	
4400	450.000,00			2880	5.000,00	

Errechnen Sie
a) den durchschnittlichen Lagerbestand (mit der ungenaueren Formel),
b) die Lagerumschlagshäufigkeit,
c) die durchschnittliche Lagerdauer,
d) den Lagerzinssatz (Marktzinssatz = 10 %).

3 Im Branchendurchschnitt haben Uhren- und Schmuckgeschäfte eine Lagerumschlags-häufigkeit von 2, Lebensmitteleinzelhandelsgeschäfte von 15 und Blumengeschäfte von 30.
a) Errechnen Sie jeweils die durchschnittliche Lagerdauer.
b) Erklären Sie die Unterschiede bei der Lagerumschlagshäufigkeit bzw. bei der durch-schnittlichen Lagerdauer.

4 Der durchschnittliche Lagerbestand (bewertet zu Nettoverkaufspreisen) von drei Lebensmitteleinzelhandelsgeschäften beträgt jeweils 100.000,00 €. Bei allen drei Betrieben beläuft sich der Gewinn auf 10 % vom Nettoumsatz. Die Lebensmitteleinzel-handelsgeschäfte unterscheiden sich hinsichtlich der Lagerumschlagshäufigkeit. Sie beläuft sich bei Betrieb A auf 12, bei Betrieb B auf 15 und bei Betrieb C auf 18.
a) Errechnen Sie für die drei Betriebe jeweils den Nettoumsatz und den Gewinn.
b) Werten Sie die Ergebnisse von a) aus.

5 Die Einzelhandelsfachgeschäfte I, II und III weisen jeweils einen durchschnittlichen Lagerbestand von 150.000,00 € auf. Die Lagerumschlagshäufigkeiten betragen bei Betrieb I 6, bei Betrieb II 8 und bei Betrieb III 12. Der Marktzinssatz beläuft sich auf 9 %.
a) Errechnen Sie für jeden Betrieb die durchschnittliche Lagerdauer.
b) Errechnen Sie für jeden Betrieb die Lagerzinsen.
c) Errechnen Sie für jeden Betrieb den Lagerzinssatz.
d) Erklären Sie den Zusammenhang zwischen Lagerumschlagshäufigkeit und Lagerzins-satz.

6 In einem Computerfachgeschäft beläuft sich die durchschnittliche Lagerdauer einer EDV-Anlage, deren Einstandspreis 3.000,00 € beträgt, auf 45 Tage.
a) Errechnen Sie die Lagerzinsen, die das in einer EDV-Anlage gebundene Kapital verursacht (Marktzinssatz: 10 %).
b) Errechnen Sie den Lagerzinssatz.

7 Die Lagerumschlagshäufigkeit einer bestimmten Einzelhandelsbranche beträgt durch-schnittlich 6. Die „Wille KG", die in dieser Branche tätig ist, hat eine Lagerumschlagshäu-figkeit von 4,5 und einen durchschnittlichen Lagerbestand von 900.000,00 €. Der Marktzinssatz beläuft sich auf 8 %.
a) Errechnen Sie für die „Wille KG" und für die Branche die durchschnittliche Lager-dauer.
b) Errechnen Sie die Lagerzinsen, die im Branchendurchschnitt bei dem o. g. durch-schnittlichen Lagerbestand entstehen würden.

c) Errechnen Sie die Lagerzinsen, die der „Wille KG" entstehen.

d) Errechnen Sie die zusätzlichen Lagerzinsen, die der „Wille KG" gegenüber dem Branchendurchschnitt pro durchschnittliche Lagerdauer entstehen.

e) Errechnen Sie die zusätzlichen Lagerzinsen, die der „Wille KG" gegenüber dem Branchendurchschnitt jährlich entstehen.

f) Welche betrieblichen Gründe können die Abweichung der Lagerumschlagshäufigkeit vom Branchendurchschnitt verursacht haben?

---

8 Die folgenden Daten liegen Ihnen vor:

Anfangsbestand Januar . . . . 126.728,00 €
Summe der 12 Monatsendbestände . . . . 1.601.063,00 €
Umschlagshäufigkeit 9

Errechnen Sie den Wareneinsatz.

---

9 Die Lagerumschlagshäufigkeit sinkt von 9 auf 6. Der Wareneinsatz von 900.000,00 € bleibt konstant. Errechnen Sie die Änderung des durchschnittlichen Lagerbestandes, die durch die Senkung der Lagerumschlagshäufigkeit hervorgerufen wird.

---

10 Die folgenden Daten liegen Ihnen vor:

Anfangsbestand Januar . . . . 98.634,00 €
Summe der 12 Monatsendbestände . . . . 1.282.798,00 €
Wareneinsatz . . . . 850.112,00 €

Errechnen Sie die Lagerumschlagshäufigkeit und die durchschnittliche Lagerdauer.

---

11 Der durchschnittliche Lagerbestand beträgt 100.000,00 €, der Wareneinsatz 1.200.000,00 €. Der Marktzinssatz beläuft sich auf 9 %.
Errechnen Sie den Lagerzinssatz.

---

12 Der Marktzinssatz beträgt 12 %. Der Lagerzinssatz beläuft sich auf 3 %.
Errechnen Sie die durchschnittliche Lagerdauer.

---

13 Welche Aussagen sind richtig bzw. falsch? Begründen Sie Ihre Meinung.

a) Die Lagerumschlagshäufigkeit wird mit folgendem Quotienten errechnet:
$$\frac{\text{durchschnittlicher Lagerbestand}}{\text{Wareneinsatz}}$$

b) Die durchschnittliche Lagerdauer gibt an, wie lange die Ware im ungünstigsten Fall lagert.

c) Der Lagerzinssatz gibt an, wie viel Prozent des Wertes der eingelagerten Waren die Lagerkosten ausmachen.

d) Bei gleich bleibendem durchschnittlichem Lagerbestand steigen die Lagerkosten, wenn sich die Lagerumschlagshäufigkeit erhöht.

e) Wenn in einem Einzelhandelsbetrieb die Lagerumschlagshäufigkeit geringer ist als die des Branchendurchschnittes, so wirtschaftet der Einzelhändler schlechter als der Branchendurchschnitt. Er sollte sein Warensortiment neu zusammenstellen.

f) Die durchschnittliche Lagerdauer ergibt sich aus folgendem Quotienten:
$$\frac{360}{\text{Lagerumschlagshäufigkeit}}$$

g) Die Lagerzinsen steigen, wenn die durchschnittliche Lagerdauer sinkt.

h) Die Lagerumschlagshäufigkeit gibt an, wie oft der durchschnittliche Lagerbestand im Jahr umgesetzt wird.

i) Bei der Berechnung der Lagerzinsen wird der Lagerhöchstbestand zugrunde gelegt.

j) Eine Verringerung des durchschnittlichen Lagerbestandes führt bei gleich bleibendem Wareneinsatz zu einer Erhöhung der Umschlagshäufigkeit.

6467200L

3.2 Zahlungsverkehr/Finanzwirtschaft

3.2.1 Zinsrechnung

Zinsen stellen den Preis für die zeitweilige Überlassung von Kapital (Geld) dar. Sie fallen an bei Darlehen, Zielgeschäften, Überziehung von Zahlungszielen usw.

Zusätzlich zu den aus der Prozentrechnung bekannten Größen spielt in der Zinsrechnung die **Zeit** eine Rolle.

Beispiel

10 %	von	2.000,00 €	erbringen in	180 Tagen	100,00 €
Zinssatz		Kapital		Zeit	Zinsen
p		k		t (Tage)	z
				m (Monate)	
				j (Jahre)	

Die Höhe der Zinsen hängt also ab vom **Zinssatz**, vom **Kapital** und von der **Zeit**.

3.2.1.1 Die Berechnung der Zinsen

3.2.1.1.1 Die Berechnung der Jahreszinsen

Beispiel

Ein Einzelhandelsbetrieb nimmt einen Kredit über 400.000,00 € auf.
Zinssatz: 8 %, Laufzeit: 4 Jahre. Wie viel Zinsen sind zu zahlen?

Lösung

Das Kapital beträgt:	400.000
1 % von 400.000,00 € sind:	$\dfrac{400.000}{100}$
8 % Zinsen von 400.000,00 € sind: (= Zinsen pro Jahr)	$\dfrac{400.000 \cdot 8}{100}$
8 % Zinsen von 400.000,00 € für 4 Jahre sind:	$\dfrac{400.000 \cdot 8 \cdot 4}{100} = \underline{\underline{128.000,00\ €}}$

Der Einzelhandelsbetrieb hat 128.000,00 € an Zinsen zu zahlen.

Es ergibt sich die Formel:

$$\text{Jahreszinsen} = \frac{\text{Kapital} \cdot \text{Zinssatz} \cdot \text{Jahre}}{100} = \frac{k \cdot p \cdot j}{100}$$

Aufgaben

1 Errechnen Sie die Zinsen für 1 Jahr.

	Kapital	Zinssatz		Kapital	Zinssatz
a)	38.560,00 €	4 %	d)	54.930,00 €	$9\frac{1}{11}$ %
b)	25.490,00 €	5,5 %	e)	68.440,00 €	$6\frac{2}{3}$ %
c)	12.380,00 €	8,2 %	f)	4.280,00 €	$8\frac{3}{7}$ %

2 Errechnen Sie die Zinsen.

Kapital	Zinssatz	Jahre	Kapital	Zinssatz	Jahre
a) 12.430,00 €	6 %	3	f) 13.420,00 €	$3\frac{1}{3}$ %	5,5
b) 98.520,00 €	4,5 %	6	g) 28.490,00 €	$9\frac{1}{11}$ %	4
c) 22.810,00 €	3,8 %	5	h) 52.360,00 €	$8\frac{1}{3}$ %	6
d) 34.990,00 €	5,3 %	4,5	i) 33.320,00 €	$4\frac{1}{16}$ %	7
e) 47.590,00 €	4,6 %	3	j) 20.410,00 €	$5\frac{3}{8}$ %	8

3.2.1.1.2 Die Berechnung der Monatszinsen

Beispiel

Ein Einzelhandelsbetrieb nimmt bei seiner Bank einen kurzfristigen Kredit über 80.000,00 € auf. Zinssatz: 8 %, Laufzeit: 9 Monate. Errechnen Sie die zu zahlenden Zinsen.

Lösung

Das Kapital beträgt: $\qquad$ 80.000

1 % von 80.000,00 € sind: $\qquad \dfrac{80.000}{100}$

8 % Zinsen von 80.000,00 € sind:
(= Zinsen pro Jahr) $\qquad \dfrac{80.000 \cdot 8}{100}$

8 % Zinsen von 80.000,00 €
für 1 Monat sind: $\qquad \dfrac{80.000 \cdot 8}{100 \cdot 12}$

8 % Zinsen von 80.000,00 €
für 9 Monate sind: $\qquad \dfrac{80.000 \cdot 8 \cdot 9}{100 \cdot 12} = 4.800,00$ €

Der Einzelhandelsbetrieb hat 4.800,00 € an Zinsen zu zahlen.

Es ergibt sich die Formel:

$$\text{Monatszinsen} = \frac{\text{Kapital} \cdot \text{Zinssatz} \cdot \text{Monate}}{100 \cdot 12} = \frac{k \cdot p \cdot m}{100 \cdot 12}$$

Aufgaben

1 Wie hoch sind die Zinsen?

Kapital	Zinssatz	Monate	Kapital	Zinssatz	Monate
a) 13.580,00 €	6 %	8	e) 12.990,00 €	$6\frac{3}{4}$ %	4
b) 24.930,00 €	5 %	6	f) 28.430,00 €	$6\frac{2}{3}$ %	11
c) 80.240,00 €	7 %	9	g) 49.270,00 €	$9\frac{1}{11}$ %	9
d) 38.790,00 €	4,5 %	10	h) 30.410,00 €	$8\frac{1}{3}$ %	8

2 Wir sind bei einem Lieferanten in Zahlungsverzug geraten. Folgende Verbindlichkeiten sind noch nicht ausgeglichen:

1. 25.482,00 €, fällig seit 4 Monaten.
2. 38.543,00 €, fällig seit 6 Monaten.
3. 40.138,00 €, fällig seit 5 Monaten.

Im Kaufvertrag haben wir 8 % Verzugszinsen vereinbart.

Wie hoch sind unsere Verbindlichkeiten einschließlich Verzugszinsen?

6467202L

3 Wir haben einem Kunden für einen Forderungsbetrag von 80.500,00 € ein Zahlungsziel von 5 Monaten gewährt. Hierfür verlangen wir 8 % Zinsen.

Kurz vor Ablauf des Zahlungsziels bittet uns unser Kunde um einen Zahlungsaufschub von weiteren 3 Monaten. Er ist bereit für diesen Zeitraum 12 % Zinsen zu zahlen.

Da nur eine vorübergehende Liquiditätsschwäche unseres Kunden vorliegt, akzeptieren wir. Wie viel € hat unser Kunde einschließlich Zinsen an uns zu zahlen?

3.2.1.1.3 Die Berechnung der Tageszinsen

Beispiel

Eine Bank gewährt einem Kunden einen Kredit über 40.000,00 € für 220 Tage. Zinssatz: 9 %. Errechnen Sie die Zinsen.

Lösung

Das Kapital beträgt:	40.000
1 % von 40.000,00 € sind:	$\dfrac{40.000}{100}$
9 % Zinsen von 40.000,00 € sind: (= Zinsen pro Jahr)	$\dfrac{40.000 \cdot 9}{100}$
9 % Zinsen von 40.000,00 € für 1 Tag sind:	$\dfrac{40.000 \cdot 9}{100 \cdot 360}$
9 % von 40.000,00 € für 220 Tage sind:	$\dfrac{40.000 \cdot 9 \cdot 220}{100 \cdot 360} = \underline{2.200,00\ €}$

Der Kunde hat 2.200,00 € an Zinsen zu zahlen.

Es ergibt sich die Formel:

$$\text{Tageszinsen} = \frac{\text{Kapital} \cdot \text{Zinssatz} \cdot \text{Tage}}{100 \cdot 360} = \frac{k \cdot p \cdot t}{100 \cdot 360}$$

Für die Berechnung der Zinstage gilt in Deutschland (kaufmännische Zinsrechnung):
- 1 Jahr = 360 Tage
- 1 Monat = 30 Tage
- Monate mit 31 Tagen gelten als Monate mit 30 Tagen.
- Endet der Zinszeitraum „Ende Februar", so werden die Tage des Monats Februar genau berechnet, d. h., es werden 28 bzw. 29 Tage angesetzt.
- Bei der Berechnung der Zinstage wird der 1. Tag nicht mitgezählt. Der letzte Tag hingegen, der Rückzahlungszeitpunkt, zählt mit.

Beispiel zur Errechnung der Zinstage

Es sind die Zinstage vom 27. Mai bis 6. Oktober zu errechnen.

1. Lösungsmöglichkeit:		2. Lösungsmöglichkeit:	
27. Mai bis 30. Mai →	3 Tage	27. Mai bis 27. September →	120 Tage
30. Mai bis 30. September →	120 Tage	27. September bis 30. September →	3 Tage
30. September bis 6. Oktober →	6 Tage	30. September bis 6. Oktober →	6 Tage
	129 Tage		**129 Tage**

Es liegen 129 Zinstage zwischen dem 27. Mai und dem 6. Oktober.

Die Berechnung der Zinstage erfolgt in einigen Ländern anders als in der Bundesrepublik Deutschland. Die folgende Tabelle gibt eine Übersicht.

	gilt für	Monatstage	Jahr	Formel
deutsche Berechnungs-art	Bundesrepublik Deutschland (kaufmännische Zinsrechnung), Norwegen, Schweiz, Schweden, Dänemark, GUS	30 Tage	360 Tage	$z = \dfrac{k \cdot p \cdot t}{100 \cdot 360}$
französische Berechnungs-art[1]	Frankreich, Belgien, Holland, Italien, Spanien, Österreich	genau	360 Tage	$z = \dfrac{k \cdot p \cdot t}{100 \cdot 360}$
englische Berechnungs-art	Großbritannien, USA, Portugal, deutsche bürgerliche Zinsrechnung	genau	365 Tage	$z = \dfrac{k \cdot p \cdot t}{100 \cdot 365}$

Aufgaben

1

a) 3. April   – 12. Dezember
b) 27. März   – 19. September
c)   1. Februar –   4. Juni
d) 28. Februar – 13. Oktober
e)   2. Januar   – Ende Februar
f)   8. April   – 31. Dezember
g) 13. August   – Ende Februar (Schaltjahr)
h)   2. März   – 24. Juli

i) 13. April   –   2. Juli
j)   2. Mai   – 31. Juli
k)   6. Januar   –   2. August
l)   1. Januar   – 31. August
m) 8. Mai   – 22. Oktober
n)   3. Januar   – Ende Februar
o)   1. April   – 30. September
p) 24. August – 26. November

Errechnen Sie die Zinstage
1. nach deutscher Art (kaufmännische Zinsrechnung),
2. nach französischer Art (Exkurs),
3. nach englischer Art (Exkurs).

2

	Kapital	Zinssatz	Zeitraum
a)	98.430,00 €	8 %	2. März – 19. September
b)	14.390,00 €	9 %	24. April – 20. Oktober
c)	33.360,00 €	6 %	17. März – 1. Oktober
d)	45.270,00 €	5 %	1. April – 31. Juli
e)	9.940,00 €	7 %	2. März – 20. August
f)	12.430,00 €	$6\frac{2}{3}$ %	8. April – 28. Dezember
g)	56.960,00 €	$9\frac{1}{11}$ %	20. März – 19. November
h)	87.710,00 €	$8\frac{1}{3}$ %	11. Mai – 1. Dezember

Berechnen Sie die Zinsen
1. nach der deutschen kaufmännischen Zinsrechnung,
2. nach der französischen Art,
3. nach der englischen Art.

---

1   Die französische Berechnungsart wird auch als „Euro-Zinsmethode" bezeichnet.

3 Die Kibat GmbH ist bei 3 Lieferanten in Zahlungsverzug geraten.

Lieferanten	Fälligkeitsdatum	Rechnungsbeträge	Zinssatz
Thren KG	27. März	34.830,00 €	8 %
Muche GmbH	9. April	45.780,00 €	9 %
Bothe OHG	2. Mai	57.420,00 €	6 %

Am 8. August ist die Kibat GmbH aufgrund eines Zahlungseinganges von 230.560,00 € in der Lage, ihre Lieferantenverbindlichkeiten zu begleichen.
a) Wie viel € sind an die 3 Lieferanten jeweils zu zahlen?
b) Wie viel € verbleiben der Kibat GmbH an flüssigen Mitteln?

4 Errechnen Sie die Rückzahlungsbeträge einschließlich Zinsen.

Darlehen	Zinssatz	Laufzeit
a) 4.560,00 €	8 %	1. Februar–29. Oktober
b) 6.790,00 €	9 %	3. März –13. Dezember
c) 2.430,00 €	5 %	25. Januar – 2. Dezember
d) 9.380,00 €	6 %	13. Februar–11. November
e) 8.620,00 €	$8\frac{1}{3}$ %	14. Januar – 9. Dezember

5 Wir nehmen am 4. Januar ein Darlehen mit einem variablen Zinssatz über 80.560,00 € auf. Der Zinssatz beträgt:

vom   4. Januar   bis   8. März   6 %
vom   9. März   bis 12. Juni $7\frac{1}{2}$ %
vom 13. Juni   bis 28. August   8 %
vom 29. August   bis   4. November $8\frac{2}{3}$ %
vom   5. November bis 13. Dezember   9 %

Wie hoch ist am 13. Dezember der Rückzahlungsbetrag einschließlich Zinsen?

6 Am 1. März nehmen wir eine Hypothek über 230.500,00 € auf.
Wie viel Zinsen haben wir am 31. Dezember bei den folgenden Zinssätzen zu zahlen?
a) 6,5 %   b) 8 %   c) $9\frac{1}{11}$ %   d) $7\frac{3}{4}$ %

7 Bei einem Warenhandelsgeschäft über 120.630,00 € wurde folgende Zahlungsbedingung vereinbart: „Zahlungsziel 50 Tage, bei Zahlung innerhalb von 10 Tagen 1 % Skonto." Bei Inanspruchnahme von Skonto müsste der Käufer sein Bankkonto um den Zahlungsbetrag überziehen. Errechnen Sie, ob es bei den folgenden Überziehungszinssätzen vorteilhaft ist, Skonto auszunutzen.
a) 6 %   b) 10 %   c) $9\frac{3}{4}$ %   d) 7 %

8 Wir haben ein Mietwohnhaus zu 900.000,00 € erworben. 40 % des Kaufpreises haben wir mit Eigenkapital finanziert, 60 % mit einer Hypothek. Die Hypothekenzinsen betragen 6 %. An Kosten fallen jährlich 15.000,00 € an.
Wie hoch müssen unsere monatlichen Mieteinnahmen sein, wenn wir eine 8%ige Verzinsung unseres Eigenkapitals anstreben?

3.2.1.2 Die Berechnung des Kapitals

Beispiel

Für ein Darlehen, das wir vom 1. April bis zum 1. Juli aufgenommen haben, müssen wir bei einem Zinssatz von 9 % 1.620,00 € Zinsen zahlen. Wie hoch ist das Darlehen?

Lösung

Wir wandeln die Zinsformel in eine Formel für das Kapital um:

$$z = \frac{k \cdot p \cdot t}{100 \cdot 360} \quad \Big| \cdot 100 \cdot 360$$

$$z \cdot 100 \cdot 360 = k \cdot p \cdot t \quad \Big| : p : t$$

$$\frac{z \cdot 100 \cdot 360}{p \cdot t} = k$$

$$\text{Kapital} = \frac{\text{Zinsen} \cdot 100 \cdot 360}{\text{Zinssatz} \cdot \text{Tage}} = \frac{z \cdot 100 \cdot 360}{p \cdot t}$$

In die Formel setzen wir entsprechend ein:

$$k = \frac{z \cdot 100 \cdot 360}{p \cdot t} = \frac{1.620 \cdot 100 \cdot 360}{9 \cdot 90} = \underline{\underline{72.000,00 \text{ €}}}$$

Das Darlehen beträgt 72.000,00 €.

Aufgaben

1 Errechnen Sie das Kapital.

Zinsen	Zinssatz	Laufzeit
a) 120,00 €	8 %	1. März – 19. Dezember
b) 270,00 €	9 %	26. Februar – 11. Oktober
c) 84,00 €	7 %	10. Januar – 9. August
d) 140,00 €	10 %	22. April – 18. Dezember
e) 120,00 €	4 %	18. Februar – 13. August

2 Ein Mieter zahlt für seine Wohnung 720,00 € Kaltmiete. Wie hoch ist der Wert der Wohnung, wenn der Vermieter mit einer Rendite von 6 % kalkuliert?

3 Ein Einzelhandelskaufmann gibt aus Altersgründen sein Gewerbe auf. Er möchte in Zukunft nur noch von Zinsen leben, wobei er an einen monatlichen Betrag von 2.500,00 € denkt. Wie viel € müssen ihm aus der Veräußerung seines Geschäftes verbleiben, damit er seinen Plan realisieren kann? Zinssatz: 8 %.

4 30.000,00 € werden vom 3. Februar bis zum 19. August zu einem Zinssatz von 6 % angelegt. Ein weiterer Geldbetrag soll vom 20. Juni bis zum 4. Dezember zu 8 % angelegt werden. Wie hoch muss dieser Betrag sein, damit er denselben Zinsertrag erbringt wie die erste Kapitalanlage?

6467206L

5 Für die 8%ige Hypothek auf unser Grundstück zahlen wir vierteljährlich 3.200,00 €
Hypothekenzinsen. Auf welchen Betrag beläuft sich die Hypothek?

6 Unserer Unternehmung wird ein Wohnhaus zum Kauf angeboten. Eine Hypothek über
600.000,00 € können wir günstig zu 5 % Zinsen übernehmen. Die monatlichen Mieteinnahmen belaufen sich auf 7.000,00 €. Die laufenden Kosten betragen jährlich
14.400,00 €.
   a) Wie viel Eigenkapital können wir höchstens einsetzen, wenn wir eine Eigenkapitalverzinsung von 6 % anstreben?
   b) Welchen Kaufpreis können wir höchstens akzeptieren?

3.2.1.3 Die Berechnung des Zinssatzes

Beispiel

14.400,00 € erbrachten vom 2. April bis zum 8. November einen Zinsertrag von
432,00 €. Errechnen Sie den Zinssatz.

Lösung

Wir wandeln die Zinsformel in eine Formel für den Zinssatz um:

$$z = \frac{k \cdot p \cdot t}{100 \cdot 360} \quad \Big| \cdot 100 \cdot 360$$

$$z \cdot 100 \cdot 360 = k \cdot p \cdot t \quad \Big| : k : t$$

$$\frac{z \cdot 100 \cdot 360}{k \cdot t} = p$$

$$\boxed{\text{Zinssatz} = \frac{\text{Zinsen} \cdot 100 \cdot 360}{\text{Kapital} \cdot \text{Tage}} = \frac{z \cdot 100 \cdot 360}{k \cdot t}}$$

In die Formel setzen wir entsprechend ein:

$$p = \frac{z \cdot 100 \cdot 360}{k \cdot t} = \frac{432 \cdot 100 \cdot 360}{14.400 \cdot 216} = \underline{\underline{5\,\%}}$$

Der Zinssatz beträgt 5 %.

Aufgaben

1 Errechnen Sie den Zinssatz.

Kapital	Zinsen	Tage
a) 52.800,00 €	721,60 €	82
b) 36.400,00 €	379,17 €	75
c) 84.900,00 €	905,60 €	96
d) 27.300,00 €	546,76 €	103
e) 67.500,00 €	1.147,50 €	68
f) 13.900,00 €	869,72 €	265
g) 25.400,00 €	403,58 €	88
h) 34.900,00 €	1.343,17 €	163

2 Am 27. März nehmen wir ein Darlehen auf. Einschließlich der Zinsen von 1.740,00 € zahlen wir am 18. Dezember 31.740,00 € zurück. Zu welchem Zinssatz haben wir das Darlehen aufgenommen?

3 Ein Lieferant berechnet seinem Kunden für einen Rechnungsbetrag über 22.000,00 € 198,00 € Verzugszinsen. Der Kunde hat den Zahlungstermin um 36 Tage überschritten. Welchen Verzugszinssatz verlangt der Lieferant?

4 Zu welchem Zinssatz muss ein Kapital angelegt werden, damit es sich in 15 Jahren verdoppelt?

5 Unser Einzelhandelsbetrieb beabsichtigt Kapital in Immobilien anzulegen. Von einem Makler erhalten wir ein Angebot über ein Mietwohnhaus. Der Kaufpreis soll 950.000,00 € betragen. Die monatlichen Mieteinnahmen belaufen sich auf 5.000,00 €. Unsere jährlichen Aufwendungen für Steuern, Reparaturen und Abschreibungen betragen 12.000,00 €. Zur Finanzierung des Hauses müssten wir eine Hypothek über 500.000,00 € zu 6 % aufnehmen.
a) Mit wie viel Prozent würde sich das angelegte Eigenkapital verzinsen?
b) Mit wie viel Prozent würde sich das eingesetzte Gesamtkapital verzinsen?

6 40.000,00 € wachsen auf unserem Bankkonto vom 1. März bis zum 19. Dezember auf 41.920,00 € an. Ein weiterer Geldbetrag soll zum gleichen Zinssatz angelegt werden. Wie hoch muss dieser Betrag sein, damit er in 216 Tagen 1.800,00 € Zinsen erbringt?

3.2.1.4 Die Berechnung der Zeit

Beispiel

Wir berechnen einem Geschäftspartner, an den wir eine Forderung von 12.000,00 € haben, 5 % Verzugszinsen. Dies macht 80,00 € aus. Um wie viel Tage hat der Geschäftspartner das Zahlungsziel überzogen?

Lösung

Wir wandeln die Zinsformel in eine Formel für die Zeit um:

$$z = \frac{k \cdot p \cdot t}{100 \cdot 360} \qquad \Big| \cdot 100 \cdot 360$$

$$z \cdot 100 \cdot 360 = k \cdot p \cdot t \qquad \Big| : k : p$$

$$\frac{z \cdot 100 \cdot 360}{k \cdot p} = t$$

$$\boxed{\text{Tage} = \frac{\text{Zinsen} \cdot 100 \cdot 360}{\text{Kapital} \cdot \text{Zinssatz}} = \frac{z \cdot 100 \cdot 360}{k \cdot p}}$$

In die Formel setzen wir entsprechend ein:

$$t = \frac{z \cdot 100 \cdot 360}{k \cdot p} = \frac{80 \cdot 100 \cdot 360}{12.000 \cdot 5} = \underline{\underline{48 \text{ Tage}}}$$

Der Geschäftspartner hat das Zahlungsziel um 48 Tage überzogen.

1 Errechnen Sie die Tage.

Kapital	Zinsen	Zinssatz
a) 32.600,00 €	391,20 €	8 %
b) 43.800,00 €	788,40 €	9 %
c) 54.200,00 €	745,25 €	5 %
d) 21.900,00 €	949,00 €	4 %
e) 13.100,00 €	1.506,50 €	6 %
f) 8.400,00 €	653,10 €	3 %
g) 49.500,00 €	2.695,00 €	7 %

2 Am 1. April nehmen wir einen Kredit über 45.000,00 € auf. Der Zinssatz beträgt 8 %. Es sind 960,00 € Zinsen zu zahlen. Bis zu welchem Tag (Datum) läuft der Kredit?

3 Wir haben einem Geschäftspartner ein Darlehen über 8.500,00 € gewährt. Am 17. Dezember zahlt er uns einschließlich Zinsen (6 %) 8.806,00 € zurück. An welchem Tag haben wir dem Geschäftspartner den Kredit eingeräumt?

4 Ein kaufmännischer Angestellter legt am 1. Februar 9.000,00 € bei seiner Bank zu 8 % an. Wie lange muss er warten (Datum), bis sein Kapital auf 10.000,00 € angewachsen ist?

5 Am 18. Dezember zahlt ein Kunde an uns 14.105,00 € einschließlich 105,00 € Verzugszinsen (Zinssatz: 6 %). Wir hatten diesem Kunden ein Zahlungsziel von 30 Tagen eingeräumt. Ermitteln Sie das Ausstellungsdatum der Rechnung.

6 8.514,78 € sollen ab 2. März zu 8 % so lange angelegt werden, bis sie so viele Zinsen erbringen wie 9.600,00 €, die vom 5. Januar bis zum 7. Oktober zu 6 % verzinst werden. Bis zu welchem Tag muss der Betrag von 8.514,78 € angelegt werden?

3.2.1.5 Die summarische Zinsrechnung

Sollen mehrere Beträge bis zu einem Stichtag zum gleichen Zinssatz verzinst werden, so kann die Rechenarbeit durch die so genannte **„summarische Zinsrechnung"** vereinfacht werden.

Dazu wird zunächst die Zinsformel umgestellt:

$$z = \frac{k \cdot p \cdot t}{100 \cdot 360} = \frac{k \cdot t}{100} \cdot \frac{p}{360} = \frac{k \cdot t}{100} : \frac{360}{p}$$

$$z = \frac{k \cdot t}{100} : \frac{360}{p}$$

$$z = \text{Zinszahl} : \text{Zinsteiler}$$

$$z = \# : Zt$$

Beispiel

Bei unserer Hausbank zahlen wir folgende Beträge ein:

1. am   4. März   12.800,00 €
2. am   8. Juni   13.200,00 €
3. am 11. August   10.500,00 €
4. am 20. Oktober 15.600,00 €

Wir erhalten 6 % Zinsen. Wie hoch ist unser Guthaben am 31. Dezember?

Lösung

Abrechnungstag: 31. Dezember

Kapital	Wertstellung	Zinstage	#
12.800,00 €	4. März	296	37 888
① 13.200,00 €	8. Juni	202	26 664
② 10.500,00 €	11. August	139	14 595
15.600,00 €	20. Oktober	70	10 920
③ 52.100,00 €			90 067 ④
+ 1.501,12 €	Zinsen	⑤ 90 067 : 60 = 1.501,12 €	
⑥ 53.601,12 €	Guthaben am 31. Dezember		

Das Guthaben beträgt am 31. Dezember 53.601,12 €.

Lösungsweg

① Aufstellung des Rechenschemas.
② Eintragen der Beträge einschließlich der ermittelten Zinstage und der errechneten Zinszahlen (#).
③ Errechnung der Summe der Kapitalien.
④ Errechnung der Summe der Zinszahlen (#).
⑤ Errechnung der Zinsen. Dazu wird die Summe der Zinszahlen (#) durch den Zinsteiler dividiert. (Im obigen Beispiel ergibt sich der Zinsteiler wie folgt: 360 : 6 = 60.)
⑥ Ermittlung des Guthabens.

Beachten Sie:
Zinszahlen haben keine Dezimalstellen. Es wird immer auf ganze Zahlen auf- oder abgerundet (kaufmännische Rundungsregel).

Bequeme Zinssätze

Zinssätze, die in 360 ohne Rest enthalten sind, bezeichnet man als **bequeme Zinssätze**. Sie führen zu ganzen Zinsteilern.

6467210L

Die folgende Übersicht enthält die bequemen Zinssätze.

Zinssatz p	Zinsteiler $\dfrac{360}{p}$	Zinssatz p	Zinsteiler $\dfrac{360}{p}$
$^3/_8$	960	$4^2/_7$	84
$^1/_2$	720	$4^1/_2$	80
1	360	$4^4/_5$	75
$1^1/_4$	288	5	72
$1^1/_3$	270	6	60
$1^1/_2$	240	$6^2/_3$	54
2	180	$7^1/_5$	50
$2^1/_4$	160	$7^1/_2$	48
$2^2/_5$	150	8	45
$2^1/_2$	144	9	40
$2^2/_3$	135	10	36
3	120	12	30
$3^1/_3$	108	15	24
$3^3/_5$	100	18	20
$3^3/_4$	96	20	18
4	90	24	15

Unbequeme Zinssätze

Zinssätze, die in 360 nicht glatt enthalten sind, werden als **unbequeme Zinssätze** bezeichnet.

Beispiel

Aus der Zinszahl (#) 7 200 sollen Zinsen berechnet werden. Der Zinssatz beträgt 6,5 %.

Es bietet sich in diesem Fall an, die Zinszahl mit dem Kehrwert des Zinsteilers zu multiplizieren.

$$z = \# : \frac{360}{p}$$

$$z = \# \cdot \frac{p}{360}$$

$$z = 7\,200 \cdot \frac{6,5}{360} = \underline{\underline{130,00 \,€}}$$

Aufgaben

1 Errechnen Sie aus der Zinszahl (#) 9 000 die Zinsen bei folgenden Zinssätzen:

a)	$3^1/_3$ %	g)	4 %	l)	7 %	q)	5,23 %	v) 7,71 %
b)	$7^1/_2$ %	h)	$3^3/_4$ %	m)	4,5 %	r)	4,97 %	w) 9,13 %
c)	$2^2/_3$ %	i)	$7^1/_5$ %	n)	8,3 %	s)	9,32 %	x) 3,42 %
d)	$3^3/_5$ %	j)	$1^1/_3$ %	o)	6,8 %	t)	5,34 %	y) 5,49 %
e)	9 %	k)	$4^4/_5$ %	p)	3,9 %	u)	6,27 %	z) 7,08 %
f)	$6^2/_3$ %							

2 Wir eröffnen bei unserer Hausbank ein neues Konto und zahlen die folgenden Beträge ein:

a) 8.960,00 € am 22. März
   7.280,00 € am 8. April
   5.430,00 € am 18. September
   9.870,00 € am 2. November
   Zinssatz: 6 %

b) 4.390,00 € am 1. Februar
   6.220,00 € am 27. März
   8.170,00 € am 11. Mai
   7.710,00 € am 19. September
   Zinssatz: 8 %

c) 1.280,00 € am 10. Februar
   2.730,00 € am 1. März
   4.920,00 € am 12. Juni
   9.310,00 € am 2. November
   Zinssatz: 5 %

d) 2.420,00 € am 14. März
   8.300,00 €am 1. Juli
   7.410,00 € am 8. August
   9.920,00 € am 22. Oktober
   Zinssatz: 6,43 %

Wie hoch ist unser Bankguthaben am 31. Dezember?

---

3 Wir schulden einem Lieferanten die folgenden Beträge:

4.921,00 €, fällig am 20. Januar
5.622,00 €, fällig am 19. Februar
6.431,00 €, fällig am 1. März
8.938,00 €, fällig am 5. April

Wir möchten die offenen Rechnungen mit einer Gesamtzahlung am 30. Juni ausgleichen. Wie viel müssen wir am 30. Juni bei folgenden Verzugszinssätzen zahlen:

a) 9 %   b) $4^4/_5$ %   c) 6,57 %   d) $7^4/_7$ %

---

4 Folgende Eingangsrechnungen haben wir noch nicht ausgeglichen:

ER 512 vom   2. März über 4.983,00 €; Zahlungsziel: 2 Monate
ER 783 vom   8. April über 6.714,00 €; zahlbar sofort
ER 851 vom   7. Mai   über 9.491,00 €; Zahlungsziel: 70 Tage
ER 942 vom 29. Juni über 7.320,00 €; Zahlungsziel: 40 Tage

Welchen Betrag (einschließlich Verzugszinsen) müssen wir am 30. September zahlen, wenn unser Lieferant mit folgenden Verzugszinssätzen rechnet:

a) 4 %   b) 6 %   c) $7^1/_5$ %   d) $8^1/_7$ %   e) 7,27 %

---

5 Eine Autovertretung beabsichtigt ihre Reparaturwerkstatt weiter auszubauen. Zur Finanzierung wird eine Hypothek über 200.000,00 € aufgenommen.
Die Bank zahlt die Hypothek nach Baufortschritt in folgenden Teilbeträgen aus:

      30.000,00 €   am 8. Februar
      40.000,00 €   am 22. März
      20.000,00 €   am 19. April
      35.000,00 €   am 2. Juni
      50.000,00 €   am 8. September
      Restbetrag   am 10. Oktober

Errechnen Sie die bis zum 31. Dezember angefallenen Hypothekenzinsen bei folgenden Zinssätzen:

a) 5 %   b) 6 %   c) $6^2/_3$ %   d) 7,34 %   e) $8^1/_3$ %

6467212L

6 Ein Sparer eröffnet ein Konto und nimmt während des Jahres folgende Einzahlungen vor:

am	23. Februar	1.500,00 €
am	27. April	800,00 €
am	5. August	1.200,00 €
am	10. September	900,00 €
am	25. November	2.000,00 €

Wie hoch ist sein Sparguthaben am 31. Dezember, wenn die Bank ihm folgende Zinssätze gewährt:

a) $2\frac{1}{2}$ %   b) $3\frac{1}{3}$ %   c) $4\frac{2}{7}$ %   d) 5,41 %   e) $5\frac{1}{7}$ %

3.2.1.6   Die Zinsrechnung vom vermehrten und verminderten Wert

3.2.1.6.1   Die Zinsrechnung vom vermehrten Wert

Beispiel

Für einen Kredit, den uns unsere Hausbank vom 1. März bis zum 1. Juli zu einem Zinssatz von 6 % gewährt hat, zahlen wir einschließlich Zinsen 40.800,00 € zurück. Wie hoch ist der Kredit und wie viel Zinsen haben wir gezahlt?

Lösung

1. *Umrechnung des Jahreszinssatzes (Bezug: 360 Tage) auf einen Zinssatz, der sich auf den Kreditzeitraum (hier: 120 Tage) bezieht:*

$$360 \text{ Tage} \triangleq 6\,\%$$

$$120 \text{ Tage} \triangleq x\,\%$$

$$x = \frac{6 \cdot 120}{360} = \underline{\underline{2\,\%}}$$

2. *Berechnung des Kapitals mit vermehrtem Grundwert:*

$$102\,\% \triangleq 40.800,00 \text{ €}$$

$$100\,\% \triangleq \quad\quad x \text{ €}$$

$$x = \frac{40.800 \cdot 100}{102} = \underline{\underline{40.000,00 \text{ €}}}$$

Der Kredit beträgt 40.000,00 €.

3. *Berechnung der Zinsen:*

$$40.800,00 \text{ €} - 40.000,00 \text{ €} = \underline{\underline{800,00 \text{ €}}}$$

Wir haben 800,00 € Zinsen gezahlt.

1 Wie hoch ist der Kredit und wie viel Zinsen sind gezahlt worden?

Rückzahlung einschließlich Zinsen	Laufzeit	Zinssatz
a) 31.350,00 €	270 Tage	6 %
b) 37.152,00 €	288 Tage	4 %
c) 20.680,00 €	200 Tage	8 %
d) 25.185,60 €	240 Tage	9 %
e) 26.827,50 €	310 Tage	7,5 %
f) 32.400,00 €	90 Tage	5 %
g) 44.263,80 €	197 Tage	4,5 %
h) 52.920,00 €	250 Tage	$7\frac{1}{5}$ %
i) 65.628,75 €	168 Tage	$3\frac{3}{4}$ %

2 In der Zeit vom 13. Februar bis 18. September wuchs ein Bankguthaben bei einem Zinssatz von $3\frac{3}{5}$ % auf 15.077,34 € an.
Errechnen Sie das Guthaben am 13. Februar und die Zinsen.

3 Ein Kredit zu 8 % Zinsen wird vom 27. März bis zum 18. September gewährt. Einschließlich Zinsen zahlt der Kreditnehmer 49.720,20 € zurück.
Errechnen Sie die Höhe des Kredites und die Höhe der Zinsen.

3.2.1.6.2 Die Zinsrechnung vom verminderten Wert

Beispiel

Wir nehmen einen Kredit zu 6 % Zinsen vom 1. Februar bis 1. November auf. Unsere Bank zahlt uns abzüglich Zinsen 23.875,00 € aus. Berechnen Sie die Höhe des Kredites und die Höhe der Zinsen.

Lösung

1. Umrechnung des Jahreszinssatzes (Bezug: 360 Tage) auf einen Zinssatz, der sich auf den Kreditzeitraum (hier: 270 Tage) bezieht:

$$360 \text{ Tage} \; \widehat{=} \; 6\,\%$$

$$\underline{270 \text{ Tage} \; \widehat{=} \; x\,\%}$$

$$x = \frac{6 \cdot 270}{360} = \underline{\underline{4,5\,\%}}$$

2. Berechnung des Kapitals mit vermindertem Grundwert:

$$95,5\,\% \triangleq 23.875,00 \ €$$

$$100\ \ \% \triangleq \qquad x \ €$$

$$x = \frac{23.875 \cdot 100}{95,5} = 25.000,00 \ €$$

Der Kredit beträgt 25.000,00 €.

3. Berechnung der Zinsen:

$$25.000,00 \ € - 23.875,00 \ € = 1.125,00 \ €$$

Die Zinsen betragen 1.125,00 €.

Aufgaben

1 Errechnen Sie die Höhe des Kredites und die Höhe der Zinsen.

Auszahlung (= Kredit abzüglich Zinsen)	Laufzeit	Zinssatz
a) 29.992,50 €	195 Tage	6 %
b) 39.040,00 €	108 Tage	8 %
c) 27.020,00 €	315 Tage	4 %
d) 23.451,84 €	168 Tage	9 %
e) 12.425,40 €	297 Tage	5 %
f) 31.400,00 €	90 Tage	7,5 %
g) 8.586,00 €	345 Tage	$4^4/_5$ %
h) 42.646,50 €	123 Tage	$3^3/_4$ %
i) 49.965,30 €	69 Tage	$4^1/_2$ %
j) 27.187,20 €	280 Tage	$7^1/_5$ %

2 Wir nehmen bei unserer Bank vom 25. Februar bis zum 25. November einen Kredit auf. Der Zinssatz beträgt 8 %. Unsere Bank zahlt uns abzüglich Zinsen 6.392,00 € aus. Auf wie viel € beläuft sich der Kredit? Wie viel € Zinsen haben wir zu zahlen?

3 Für die Erweiterung und den Ausbau der Verkaufsfläche nimmt ein Einzelhandel für die Zeit vom 5. Februar bis zum 13. September einen Zwischenfinanzierungskredit auf. Abzüglich 9 % Zinsen zahlt die Bank 567.300,00 € aus. Errechnen Sie die Höhe des Kredites und die Höhe der Zinsen.

3.2.1.7 Die Umrechnung eines Skontoprozentsatzes auf einen Zinssatz

Beispiel

In einem Angebot heißt es: „Zahlungsziel 30 Tage, bei Zahlung innerhalb von 10 Tagen 3 % Skonto." Welchem Zinssatz entsprechen die 3 % Skonto?

$$20\,\text{Tage} \;\hat{=}\; 3\,\%$$

10. Tag 30. Tag
↑ ↑
Zahlungsziel bei Zahlungsziel
Inanspruchnahme ohne Inanspruchnahme
von Skonto von Skonto

Für die 20-tägige vorzeitige Zahlung werden 3 % Skonto eingeräumt.

Damit besteht für den Skontoprozentsatz ein Zeitbezug ($\Rightarrow$ 20 Tage $\hat{=}$ 3 %).

Ein Zinssatz bezieht sich auf 360 Tage.

Mit der Dreisatzrechnung erfolgt nun die Umrechnung des Skontoprozentsatzes auf einen Zinssatz:

$$
\begin{array}{ll}
20 & \text{Tage} \;\hat{=}\; 3\,\% \\
360 & \text{Tage} \;\hat{=}\; \text{x}\,\%
\end{array}
\qquad
x = \frac{3 \cdot 360}{20} = \underline{\underline{54\,\%}}
$$

In unserem Beispiel entspricht der Skontoprozentsatz einem Zinssatz von 54 %.

Hinweis: Diese Lösung beinhaltet eine **kaufmännische Überschlagsrechnung**, die in der betrieblichen Praxis herangezogen wird und meistens ausreichend ist.

In den unten folgenden Ausführungen wird der Skontoprozentsatz **mathematisch korrekt** in einen **effektiven Zinssatz** umgerechnet.

Beispiel

Wir haben eine Rechnung über 13.000,00 € zu begleichen. Die Zahlungsbedingung lautet (wie oben): „Zahlungsziel 30 Tage, bei Zahlung innerhalb von 10 Tagen 3 % Skonto." Welchem **effektiven** Zinssatz entsprechen die 3 % Skonto?

Wenn Skonto ausgenutzt wird, sind **12.610,00** € (= **97** % von 13.000,00 €) zu zahlen. Wir ziehen **390,00** € Skonto (= **3** % von 13.000,00 €) vom Rechnungsbetrag ab.

Entsprechend setzen wir in die Formel für den Zinssatz (p) ein:

$$
p_{\text{eff}} = \frac{z \cdot 100 \cdot 360}{k \cdot t} = \frac{390 \cdot 100 \cdot 360}{12.610 \cdot 20} = \underline{\underline{55{,}67\,\%}}
$$

$$
\textbf{oder} \left(\text{da} \;\; \frac{390{,}00\,€ \,\hat{=}\, 3\,\%}{12.610{,}00\,€ \,\hat{=}\, 97\,\%}\right) \; p_{\text{eff}} = \frac{3 \cdot 100 \cdot 360}{97 \cdot 20} = \underline{\underline{55{,}67\,\%}}
$$

Aufgaben

1 Mit einem Lieferanten wird ein Zahlungsziel von 40 Tagen vereinbart. Bei Zahlung innerhalb von 10 Tagen gewährt uns unser Lieferant 2 % Skonto. Rechnungsbetrag: 15.000,00 €.
Welchem Zinssatz entspricht der Skontoprozentsatz (nach der Überschlagsrechnung und nach der mathematisch korrekten Rechnung)?

6467216L

2 Rechnen Sie bei den folgenden Zahlungsbedingungen die Skontoprozentsätze in Zinssätze um (nach der Überschlagsrechnung und nach der mathematisch korrekten Rechnung).

Skonto-prozentsatz	Zahlungsziel ohne Inanspruch-nahme von Skonto	Zahlungsziel bei Inanspruch-nahme von Skonto
a) 1 %	60 Tage	10 Tage
b) 3 %	30 Tage	5 Tage
c) 2,5 %	30 Tage	10 Tage
d) 1,5 %	40 Tage	10 Tage

3 Wird von einem Lieferanten die Möglichkeit der vorzeitigen Skontozahlung angeboten, so stellt sich häufig die Frage, ob zur Ausnutzung von Skonto ein Überziehungskredit in Anspruch genommen werden soll.

1. Entscheiden Sie durch den Vergleich des umgerechneten Skontozinssatzes (nach der Überschlagsrechnung und nach der mathematisch korrekten Rechnung) mit dem Kreditzinssatz, ob es günstig ist, die vorzeitige Skontozahlung zu wählen.
2. Errechnen Sie den Skontoabzug und den Zahlungsbetrag bei Skontoinanspruchnahme.
3. Errechnen Sie den Finanzierungsgewinn bzw. -verlust bei Inanspruchnahme von Skonto.

Rechnungs-betrag (€)	Skonto-prozent-satz (%)	Zahlungsziel ohne Inanspruchnahme von Skonto (Tage)	Zahlungsziel bei Inanspruchnahme von Skonto (Tage)	Kredit-zinssatz (%)
a) 120.000,00	3	60	20	8
b) 50.000,00	1	45	5	10
c) 60.000,00	2,5	50	20	6
d) 40.000,00	1,5	60	10	12
e) 80.000,00	3	40	5	9

3.2.1.8 Der Effektivzinssatz bei Darlehen

Verschiedene Banken bieten bei der Darlehensgewährung i. d. R. unterschiedliche Konditionen an. So können sich die Kreditbedingungen hinsichtlich der Zinsen, des Disagios (Abgeld), der Bearbeitungsgebühren und der Spesen unterscheiden. Um Darlehensangebote vergleichbar zu machen, wird der so genannte **Effektivzinssatz** herangezogen.

Beispiel[1]

Wir beabsichtigen ein Darlehen über 120.000,00 € aufzunehmen.
Unsere Hausbank macht uns folgendes Angebot: Zinssatz: 9 %, Auszahlung: 96 %, 1 % Bearbeitungsgebühren, 100,00 € Spesen, Laufzeit: 5 Jahre.
Um dieses Darlehensangebot mit anderen Darlehensangeboten zu vergleichen, gilt es, den Effektivzinssatz zu errechnen.

1. Ermittlung des Auszahlungsbetrages

Darlehensbetrag	120.000,00 €
– 4 % Disagio	4.800,00 €
– 1 % Bearbeitungsgebühren	1.200,00 €
– Spesen	100,00 €
Auszahlungsbetrag	113.900,00 €

---

1 Die hier dargebotene Lösung beinhaltet eine kaufmännische Überschlagsrechnung.

2. Ermittlung der effektiven Kreditkosten

4 % Disagio	4.800,00 €
1 % Bearbeitungsgebühren	1.200,00 €
Spesen	100,00 €

$$\text{Zinsen} = \frac{120.000 \cdot 9 \cdot 1\,800}{100 \cdot 360} = \text{.............................} \qquad 54.000,00\ €$$

effektive Kreditkosten	60.100,00 €

3. Ermittlung des Effektivzinssatzes

Zur Ermittlung des Effektivzinssatzes wird die Zinssatzformel herangezogen. Für das Kapital wird der Auszahlungsbetrag (113.900,00 €), für die Zinsen werden die effektiven Kreditkosten (60.100,00 €) eingesetzt.

$$p = \frac{z \cdot 100 \cdot 360}{k \cdot t} = \frac{60.100 \cdot 100 \cdot 360}{113.900 \cdot 1\,800} = \underline{10,55\,\%}$$

(Im obigen Beispiel hätte man auch mit der Jahresformel rechnen können.)

Der Effektivzinssatz beträgt 10,55 %.

Aufgaben

1 Zur Restfinanzierung einer Erweiterungsinvestition beabsichtigen wir ein Darlehen über 320.000,00 € aufzunehmen. Laufzeit: 6 Jahre.
Drei Banken haben uns Darlehensangebote unterbreitet.

	Bank I	Bank II	Bank III
Zinssatz	6 %	6,5 %	5,5 %
Disagio	4 %	3 %	5 %
Bearbeitungsgebühren	1 %	0,5 %	1,5 %
Spesen	120,00 €	100,00 €	140,00 €

Entscheiden Sie auf der Grundlage des Effektivzinssatzes, welches Darlehensangebot das günstigste ist.

2 Berechnen Sie den Effektivzinssatz.

	a)	b)	c)
Darlehen	90.000,00 €	70.000,00 €	120.000,00 €
Zinssatz	6,2 %	7,4 %	8,1 %
Auszahlung	98 %	96 %	95 %
Bearbeitungsgebühren	0,5 %	1 %	1,5 %
Spesen	50,00 €	100,00 €	—
Laufzeit	1. Febr. – 30. Nov.	62 Monate	1 980 Tage

3 Zur Finanzierung eines vom Staat geförderten Investitionsvorhabens erhalten wir ein Darlehen über 200.000,00 € zu folgenden Konditionen:

Laufzeit: $6\frac{1}{2}$ Jahre
Zinssatz: 5 % (die ersten 1 000 Tage sind zinsfrei)
Disagio: 2 %
Errechnen Sie den Effektivzinssatz.

Vermischte Aufgaben zur Zinsrechnung

1 Wie viel € Zinsen erbringt ein Kapital von 8.600,00 €, wenn es vom 3. März bis zum 8. Dezember zu 6 % Zinsen angelegt ist?

2 Ein Kredit, der am 5. Februar aufgenommen wurde, wird am 28. August einschließlich Zinsen mit 9.029,76 € zurückgezahlt. Zinssatz: 8 %.
a) Auf wie viel € beläuft sich der Kredit?
b) Wie viel € betragen die Zinsen?

3 Welches Kapital erbringt bei einem Zinssatz von 5 % in 212 Tagen 402,80 € Zinsen?

4 Die folgenden Kapitalien werden bis zum 31. Dezember zu 7,5 % angelegt.
1. 9.600,00 € am 20. Februar
2. 8.900,00 € am 3. März
3. 7.480,00 € am 21. April
4. 6.590,00 € am 12. Mai
5. 5.930,00 € am 8. August
Wie hoch ist das Guthaben am 31. Dezember?

5 In einer Rechnung steht folgende Klausel: „Zahlungsziel 40 Tage, bei Zahlung innerhalb von 10 Tagen 3 % Skonto."
Welchem Zinssatz entsprechen die 3 % Skonto (nach der Überschlagsrechnung und nach der mathematisch korrekten Rechnung)?

6 Ein Darlehen über 7.920,00 € wird einschließlich Zinsen mit 8.085,00 € zurückgezahlt. Laufzeit: 125 Tage.
Wie hoch ist der Zinssatz?

7 Zur Finanzierung eines Investitionsvorhabens benötigen wir einen Bankkredit über 380.000,00 €. Von zwei Banken holen wir Angebote ein.

	Angebot Bank 1	Angebot Bank 2
Zinssatz	5,5 %	5,9 %
Auszahlung	94 %	96 %
Bearbeitungsgebühren	0,5 %	0,6 %
Spesen	100,00 €	150,00 €
Laufzeit	2 010 Tage	2 010 Tage

a) Errechnen Sie für beide Angebote den Effektivzinssatz.
b) Welches Angebot ist das günstigere?

8 An die Brandes GmbH haben wir eine Forderung über 24.840,00 €. Am 3. September berechnen wir 828,00 € Verzugszinsen (vereinbarter Verzugszinssatz: 8 %).
Wann geriet die Brandes GmbH in Zahlungsverzug?

9 Unser Geschäftshaus ist mit folgenden Hypotheken belastet:
1. 120.000,00 € zu $4^4/_5$ %
2. 100.000,00 € zu 5,1 %
3. 80.000,00 € zu 5,9 %
4. 50.000,00 € zu $6^2/_3$ %
Wie viel € sind an Hypothekenzinsen vierteljährlich zu zahlen?

10 In welcher Zeit wächst eine Spareinlage von 10.000,00 € auf 10.500,00 € (Zinssatz: 6 %)?

11 Auf ein Sparkonto wurden im Laufe des Jahres insgesamt 48.600,00 € eingezahlt. Zur Berechnung der Zinsen bis zum 31. Dezember wird die summarische Zinsrechnung herangezogen. Es ergibt sich eine Summe der Zinszahlen von 87 480. Errechnen Sie das Sparguthaben einschließlich Zinsen am 31. Dezember bei folgenden Zinssätzen:

a) 5 %
d) 8 %
b) 6 %
e) 4,73 %
c) 7,5 %

12 Die Breitfeld OHG nimmt einen Kredit über 150.000,00 € auf. Laufzeit: 15 Monate; Zinssatz: 7,5 %. Zusätzlich muss die Breitfeld OHG eine Kreditbereitstellungsprovision von 1.800,00 € bezahlen.
Errechnen Sie den Effektivzinssatz.

13 Am 30. Juni schuldet die Kibat KG der Thren GmbH noch folgende Beträge:
4.380,00 €, fällig am 10. Januar
5.920,00 €, fällig am   2. März
6.730,00 €, fällig am 12. April
8.960,00 €, fällig am 28. April
Es wurde ein Verzugszinssatz von 8 % vereinbart. Wie viel € Verzugszinsen hat die Kibat KG zu zahlen?

14 Ein Darlehen über 15.120,00 € wurde am 12. März aufgenommen. Am 6. August wurde es einschließlich Zinsen mit 15.482,88 € zurückgezahlt.
Errechnen Sie den Zinssatz.

15 Die Berufsgenossenschaft zahlt an einen Rentner eine monatliche Unfallrente von 720,00 €. Der Rentner möchte denselben Ertrag durch eine Anlage in festverzinslichen Wertpapieren (Zinssatz: 8 %) erzielen.
Wie viel Kapital muss er anlegen?

16 Ein Kaufmann nimmt einen Kredit zu einem Zinssatz von 7,5 % vom 6. März bis zum 30. Juli auf. Seine Bank zahlt ihm abzüglich Zinsen 5.432,00 € aus. Errechnen Sie die Höhe des Kredites und die Höhe der Zinsen.

17 Ein Kunde begleicht die Rechnung seines Lieferanten über 19.800,00 € erst 30 Tage nach dem vereinbarten Zahlungsziel. Der Kunde hat 148,50 € Verzugszinsen und 11,50 € Mahngebühren zu zahlen.
Welchem Effektivzinssatz entspricht die Gesamtbelastung?

18 Am 22. August wird ein Kredit zu 10 % aufgenommen. Am 7. Juli des nächsten Jahres wird der Kredit einschließlich Zinsen mit 24.468,75 € zurückgezahlt.
Wie hoch war der Kredit?

6467220L

19 Die Emut GmbH gewährt uns auf einen Rechnungsbetrag von 23.760,00 € ein Zahlungsziel von 50 Tagen. Bei Zahlung innerhalb von 10 Tagen erhalten wir 3 % Skonto. Um Skonto ausnutzen zu können, müssten wir einen Kontokorrentkredit (Zinssatz: 10 %) in Anspruch nehmen.

a) Rechnen Sie den Skontoprozentsatz auf einen Jahreszinssatz um (nach der Überschlagsrechnung und nach der mathematisch korrekten Rechnung). Entscheiden Sie, ob die vorzeitige Skontozahlung günstig ist.

b) Errechnen Sie die Zinsen, die für den Kontokorrentkredit zu zahlen sind.

c) Errechnen Sie den Finanzierungsgewinn bzw. -verlust bei Inanspruchnahme von Skonto.

20 Einem Einzelhandelsunternehmen wurde für die Zeit vom 10. April bis 28. Oktober ein Überbrückungskredit zu 8 % gewährt. Abzüglich Zinsen wurden am 10. April 33.268,80 € ausgezahlt.

Errechnen Sie die Höhe des Überbrückungskredites und die Höhe der Zinsen.

21 Unserem Einzelhandelsunternehmen wird ein 20-Familien-Haus zum Kauf angeboten. Der Kaufpreis beträgt 1,2 Mio. €. Die Finanzierung könnte über eine 1. Hypothek über 400.000,00 € zu 6 % und eine 2. Hypothek über 300.000,00 € zu 7 % erfolgen. Die geschätzten jährlichen Kosten (Reparaturkosten, Abschreibungen, Steuern, Abgaben) belaufen sich auf 44.000,00 €. Die monatlichen Mieteinnahmen betragen 9.500,00 €.

Errechnen Sie die Eigenkapitalverzinsung.

22 Wir sind Eigentümer einer vermieteten Lagerhalle im Wert von 900.000,00 €. Die Lagerhalle ist belastet mit einer 8%igen Hypothek über 500.000,00 €. Neben den Hypothekenzinsen fallen jährlich Aufwendungen von durchschnittlich 14.000,00 € an. Wie hoch müssen die monatlichen Mieteinnahmen sein, wenn unser eingesetztes Eigenkapital eine Rendite von 6 % erbringen soll?

3.2.2 Skontibuchungen

Skonto (Mehrzahl: Skonti) ist ein Preisnachlass, der zur schnelleren Zahlung veranlassen soll. Er wird gewährt bei Begleichung einer Rechnung innerhalb einer vereinbarten vorzeitigen Frist.

Ein Einzelhandelsbetrieb kann einerseits auf der Beschaffungsseite den von seinen Lieferern angebotenen Skonto in Anspruch nehmen und andererseits auf der Absatzseite seinen Kunden Skonto gewähren. Letzteres kommt im Einzelhandel relativ selten vor, da die Warenverkäufe in der Regel bar erfolgen.

3.2.2.1 Skontibuchungen auf der Beschaffungsseite

Auf der Beschaffungsseite kürzt ein Einzelhandelsbetrieb bei der Inanspruchnahme von Skonto den zu entrichtenden Rechnungsbetrag. Es ergibt sich dadurch nachträglich eine **Anschaffungspreisminderung.** Ferner mindert sich nachträglich die Bemessungsgrundlage der Umsatzsteuer, sodass die auf die Entgeltsminderung entfallende **Vorsteuer** zu **korrigieren** ist.

Der EKR sieht zur Erfassung der Skontibeträge auf der Beschaffungsseite das Konto **„6002 Nachlässe"** vor.

Beispiel

Zieleinkauf von Waren, Nettowert	20.000,00 €
+ 16 % Umsatzsteuer	3.200,00 €

Buchungssatz	6000 Aufwendungen für Waren		20.000,00	
	2600 Vorsteuer		3.200,00	
	an	4400 Verbindlichkeiten a. LL		23.200,00

Der Lieferer gewährt uns bei vorzeitiger Zahlung auf den Rechnungsbetrag von 23.200,00 € 2 % Skonto. Wir nehmen Skonto in Anspruch und zahlen den verminderten Rechnungsbetrag durch Banküberweisung.

Berechnung

Bruttorechnungs-betrag	Bruttoskonto-nachlass (2 %)	Nettoskonto-nachlass	im Bruttoskontonachlass enthaltene Vorsteuer
23.200,00 €	464,00 €	400,00 €	64,00 €
	(≙116 %)	(≙100 %)	(≙16 %)

Überweisungsbetrag: 23.200,00 € – 464,00 € = 22.736,00 €

Buchungssatz	4400	Verbindlichkeiten a. LL	23.200,00	
	an	2800 Kreditinstitute		22.736,00
	an	6002 Nachlässe		400,00
	an	2600 Vorsteuer		64,00

Durch das Begleichen der Rechnung nehmen die Verbindlichkeiten um den vollen Rechnungsbetrag von 23.200,00 € ab.

Das Konto „2800 Kreditinstitute" mindert sich nur um den tatsächlich überwiesenen – um Skonto geminderten – Betrag von 22.736,00 €.

Der abgezogene Bruttoskontonachlass ist aufzuteilen in den Nettoskontonachlass, der sich auf den Warenwert bezieht, und in den Umsatzsteueranteil.

Der Nettoskontonachlass in Höhe von 400,00 € stellt eine Anschaffungspreisminderung dar, die im Haben auf dem Konto **„6002 Nachlässe"** gebucht wird.

Bedingt durch den Skontoabzug wird die Vorsteuer nicht in ihrer ursprünglich gebuchten vollen Höhe an den Lieferer entrichtet. Daher ist das Vorsteuerkonto um den im Bruttoskontonachlass enthaltenen Umsatzsteueranteil im Haben zu korrigieren.

6467222L

Grundsätzlich sind die Warenbestände zu **Anschaffungskosten** zu bewerten. **Anschaffungspreisminderungen,** wozu die Skontiabzüge gehören, sind nach § 255 Abs. 1 HGB abzusetzen. Dies geschieht durch den Abschluss des Kontos „6002 Nachlässe" (= Unterkonto) über das Konto „6000 Aufwendungen für Waren" (= Hauptkonto).

Buchungssatz	6002	Nachlässe	400,00	
	an	6000 Aufwendungen für Waren		400,00

3.2.2.2   Skontibuchungen auf der Absatzseite

Bei Inanspruchnahme von Skonto entrichtet ein Kunde nicht den beim Verkauf ursprünglich gebuchten vollen Rechnungsbetrag. Dadurch entsteht nachträglich eine **Erlösschmälerung.** Außerdem mindert sich nachträglich die Bemessungsgrundlage der Umsatzsteuer. Die **Umsatzsteuer** ist daher anteilig zu **korrigieren.**

Der EKR sieht zur Erfassung der Skontibeträge auf der Absatzseite das Konto **„5001 Erlösberichtigungen"** vor. Dieses wird als Unterkonto über sein Hauptkonto, das Konto „5000 Umsatzerlöse für Waren", abgeschlossen.

Beispiel

Zielverkauf von Waren, Nettowert	30.000,00 €
+ 16 % Umsatzsteuer	4.800,00 €

Buchungssatz	2400	Forderungen a. LL	34.800,00	
	an	5000 Umsatzerlöse für Waren		30.000,00
	an	4800 Umsatzsteuer		4.800,00

Der Kunde nimmt Skonto in Anspruch und zahlt per Banküberweisung den um 2 % Skonto verminderten Rechnungsbetrag.

Berechnung

Bruttorechnungs-betrag	**Bruttoskonto-nachlass (2 %)**	**Nettoskonto-nachlass**	**im Bruttoskontonachlass enthaltene Umsatzsteuer**
34.800,00 €	696,00 €	600,00 €	96,00 €
	(≙ 116 %)	(≙ 100 %)	(≙ 16 %)

Überweisungsbetrag: 34.800,00 € − 696,00 € = 34.104,00 €

Buchungssatz	2800	Kreditinstitute	34.104,00	
	5001	Erlösberichtigungen	600,00	
	4800	Umsatzsteuer	96,00	
	an	2400 Forderungen a. LL		34.800,00

Durch den Rechnungsausgleich nimmt der Forderungsbestand um den ganzen Rechnungsbetrag von 34.800,00 € ab.

Da der Kunde Skonto in Anspruch nimmt, werden dem Konto „2800 Kreditinstitute" aber nur 34.104,00 € gutgeschrieben.

Der abgezogene Bruttoskontonachlass ist zu zerlegen in den Nettoskontonachlass und in den Umsatzsteueranteil.

Der Nettoskontonachlass in Höhe von 600,00 € stellt eine Erlösschmälerung dar, die auf dem Konto **„5001 Erlösberichtigungen"** im Soll gebucht wird.

Da der Kunde Skonto in Anspruch genommen hat, entrichtet er nicht die ganze – beim Warenverkauf ursprünglich gebuchte – Umsatzsteuer. Die Umsatzsteuerschuld ist daher um den im Bruttoskontonachlass enthaltenen Umsatzsteueranteil zu berichtigen.

Am Ende der Rechnungsperiode wird das Erlösberichtigungskonto über das Umsatzerlöskonto abgeschlossen.

Buchungssatz	5000 Umsatzerlöse für Waren	600,00	
	an 5001 Erlösberichtigungen		600,00

Zusammenfassung

Schaubild

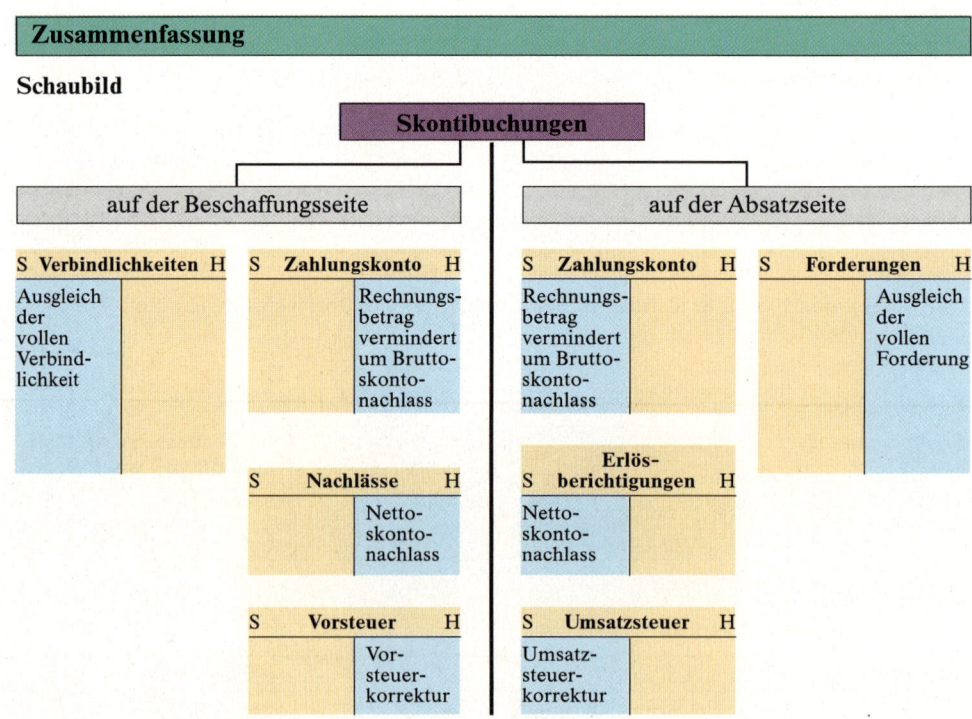

Aufgaben 1 und 2:	Skontibuchungen;
Aufgabe 3:	Abschluss des Nachlass- und des Erlösberichtigungskontos;
Aufgaben 4 bis 6:	ungerechtfertigter Skontoabzug;
Aufgabe 7:	Geschäftsgang.

1 Sie sind Angestellte(r) des Textileinzelhandels Konrad Fied KG, Goseriede 41, 30159 Hannover. Die unten stehenden Belege liegen Ihnen zur Buchung vor.

a) Welche Geschäftsfälle liegen den Belegen zugrunde?

b) Wie lauten die Buchungssätze?

Beleg 1

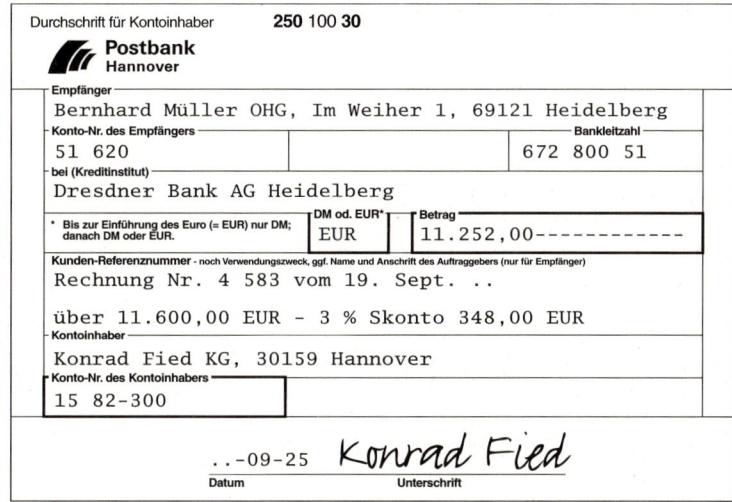

Hinweis: Die Bernhard Müller OHG ist ein Warenlieferant (Lieferer-Nr.: 44 001).

Beleg 2

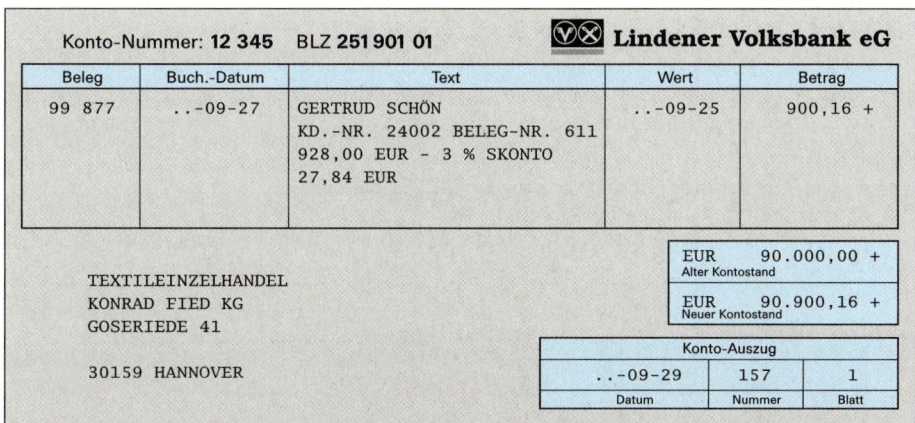

Hinweis: Dem Zahlungseingang liegen „Umsatzerlöse für Waren" zugrunde.

2 Die Lüders GmbH begleicht bei der Killinger KG eine Rechnung über 34.800,00 € (einschließlich 16 % Umsatzsteuer) abzüglich 2 % Skonto durch Banküberweisung.

a) Errechnen Sie ausgehend vom Bruttoskontoabzug den Nettoskontoabzug und die anteilige Umsatzsteuer.

b) Wie bucht die Lüders GmbH diesen Zahlungsvorgang?

c) Wie bucht die Killinger KG diesen Zahlungsvorgang?

3

S	5001 Erlösberichtigungen	H		S	6002 Nachlässe	H
2400	1.000,00				4400	1.200,00
2400	500,00				4400	2.300,00
2400	2.340,00				4400	3.500,00
2400	3.400,00				4400	1.600,00

a) Nennen Sie den Abschlussbuchungssatz des Kontos „5001 Erlösberichtigungen".

b) Nennen Sie den Abschlussbuchungssatz des Kontos „6002 Nachlässe".

4 1. Ausgleich einer Rechnung durch Banküberweisung,

Bruttorechnungsbetrag .... 29.000,00 €

– 2 % Skonto, netto .... 500,00 €

– anteilige Steuerberichtigung .... 80,00 €

2. Der Kunde hat den Skontoabzug zu Unrecht in Anspruch genommen, da er das Skontozahlungsziel überschritten hat. Der Lieferer belastet ihn mit dem

Skontoabzug, netto .... 500,00 €

anteilige Steuerberichtigung .... 80,00 €

Nennen Sie die Buchungssätze der Geschäftsfälle 1. und 2.

a) aus der Sicht des Kunden und

b) aus der Sicht des Lieferers.

5 Die Marten GmbH gewährt ihrem Kunden, der Gust OHG, bei Zahlung innerhalb von 10 Tagen 2 % Skonto, bei Zahlung innerhalb von 20 Tagen 1,5 % Skonto und bei Zahlung innerhalb von 30 Tagen 1 % Skonto.

Die Gust OHG begleicht eine Rechnung per Banküberweisung über 58.000,00 € nach 22 Tagen unter Inanspruchnahme von 2 % Skonto. Die Marten GmbH besteht auf Einhaltung des richtigen Skontoabzuges und belastet die Gust OHG entsprechend. Steuersatz: 16 %.

Buchen Sie 1. den Zahlungsvorgang und 2. die Belastung

a) aus Sicht der Marten GmbH und

b) aus Sicht der Gust OHG.

6 Der Kunde, die Müller OHG, zieht sich ungerechtfertigt Skonto ab in Höhe von

netto .... 700,00 €

+ 16 % Steuerkorrektur .... 112,00 €

Der Lieferer, die Mobilia GmbH, beanstandet die Minderzahlung telefonisch. Daraufhin überweist die Müller OHG an die Mobilia GmbH den ungerechtfertigten Skontoabzug von 812,00 € (Banküberweisung).

a) Wie bucht die Mobilia GmbH (Verkauf von „Waren") den Zahlungseingang von 812,00 € bei folgenden Sachverhalten:

1. Beim Rechnungsausgleich hat die Mobilia GmbH den ungerechtfertigten Skontoabzug nicht gebucht.
2. Beim Rechnungsausgleich hat die Mobilia GmbH den Skontonachlass gebucht.

b) Wie bucht die Müller OHG (Einkauf von „Waren") den Zahlungsausgang von 812,00 €?

7[1] **Anfangsbestände**

FIBU möglich

I. Anfangsbestände der Sachkonten

0810 Ladenausstattung: 800.000,00 €, 0820 Kassensysteme: 200.000,00 €, 0840 Fuhrpark: 100.000,00 €, 2000 Waren: 510.000,00 € (davon 2010 Warengruppe 1: 280.000,00 €, 2020 Warengruppe 2: 230.000,00 €), 2400 Forderungen a. LL: 880,00 €, 2850 Postbank: 205.375,00 €, 2880 Kasse: 20.000,00 €, 3000 Eigenkapital: 906.255,00 €, 4250 Langfristige Bankverbindlichkeiten: 848.800,00 €, 4400 Verbindlichkeiten a. LL: 81.200,00 €.

II. Anfangsbestände der Kundenkonten (Offene-Posten-Liste der Debitoren)

Kd.-Nr.	Debitoren	Beleg-Nr.	Betrag (€)
24 001	Klaus Söffgen	1	580,00
24 002	Gertrud Schön	2	300,00
			880,00

III. Anfangsbestände der Liefererkonten (Offene-Posten-Liste der Kreditoren)

L.-Nr.	Kreditoren	Beleg-Nr.	Betrag (€)
44 001	B. Müller OHG	3	46.400,00
44 002	Emut GmbH	4	34.800,00
			81.200,00

Kontenplan

Kontenklasse 0 (Immaterielle Vermögensgegenstände und Sachanlagen):
0810 Ladenausstattung, 0820 Kassensysteme, 0840 Fuhrpark.

Kontenklasse 2 (Umlaufvermögen und aktive Rechnungsabgrenzung):
2000 Waren (2010 Warengruppe 1, 2020 Warengruppe 2), 2400 Forderungen a. LL (24001 Forderungen an Klaus Söffgen, 24002 Forderungen an Gertrud Schön), 2600 Vorsteuer, 2850 Postbank, 2880 Kasse.

Kontenklasse 3 (Eigenkapital und Rückstellungen):
3000 Eigenkapital.

Kontenklasse 4 (Verbindlichkeiten und passive Rechnungsabgrenzung):
4250 Langfristige Bankverbindlichkeiten, 4400 Verbindlichkeiten a. LL (44001 Verbindlichkeiten gegenüber der Bernhard Müller OHG, 44002 Verbindlichkeiten gegenüber der Emut GmbH), 4800 Umsatzsteuer.

Kontenklasse 5 (Erträge):
5000 Umsatzerlöse für Waren (5010 Umsatzerlöse für Warengruppe 1, 5020 Umsatzerlöse für Warengruppe 2), 5001 Erlösberichtigungen (5021 Erlösberichtigungen Warengruppe 2), 5400 Nebenerlöse aus Vermietung und Verpachtung, 5410 Sonstige Erlöse.

Kontenklasse 6 (Betriebliche Aufwendungen):
6000 Aufwendungen für Waren (6010 Aufwendungen für Warengruppe 1, 6020 Aufwendungen für Warengruppe 2), 6001 Bezugskosten (6011 Bezugskosten Warengruppe 1, 6021 Bezugskosten Warengruppe 2), 6002 Nachlässe (6012 Nachlässe Warengruppe 1, 6022 Nachlässe Warengruppe 2), 6114 Reinigung, 6300 Gehälter.

Kontenklasse 8 (Ergebnisrechnungen):
8000 Eröffnungsbilanzkonto, 8010 Schlussbilanzkonto, 8020 Gewinn- und Verlustkonto.

---

1 Der Geschäftsgang kann differenziert über Kundenkonten, Liefererkonten und Warengruppenkonten oder vereinfacht über die Sammelkonten „2000", „2400", „4400", „5000", „5001", „6000", „6001" und „6002" gebucht werden.

Geschäftsfälle

1. Ausgangsrechnung an €

		€
11	1. Gertrud Schön (Kd.-Nr. 24002),	
	Nettopreis (Warengruppe 1)	600,00
	+ 16 % Umsatzsteuer	96,00
	Rechnungsbetrag	696,00
12	2. Klaus Söffgen (Kd.-Nr. 24001),	
	Nettopreis (Warengruppe 2)	400,00
	+ 16 % Umsatzsteuer	64,00
	Rechnungsbetrag	464,00

2. Gutschriftanzeige auf dem Postbankkonto für

		€
21	1. Kundenzahlung (Klaus Söffgen,	
	Kd.-Nr. 24001, betrifft: Beleg 1)[1],	
	Bruttorechnungsbetrag (Warengruppe 2)	580,00
	– 3 % Skonto (netto)	15,00
	– 16 % Umsatzsteuer	2,40
	Gutschrift	562,60
22	2. Mieteinnahmen	8.000,00

3. Kasseneingänge für

		€
31	1. Barverkäufe	
	– Warengruppe 1 (70.200,00 + 11.232,00 [= 16 % USt]) ...	81.432,00
	– Warengruppe 2 (232.600,00 + 37.216,00 [= 16 % USt]) ..	269.816,00
32	2. 300 verkaufte Einheiten aus dem Getränkeautomaten in der	
	Kantine, netto	300,00
	+ 16 % Umsatzsteuer	48,00
		348,00

4. Eingangsrechnung der

		€
41	1. Bernhard Müller OHG (L.-Nr. 44001)[2],	
	Nettopreis (Warengruppe 1)	60.000,00
	+ Verpackung	400,00
	+ 16 % Umsatzsteuer	9.664,00
	Rechnungsbetrag	70.064,00
42	2. Emut GmbH (L.-Nr. 44002)[3],	
	Nettopreis (Warengruppe 2)	110.000,00
	+ Rollgeld	400,00
	+ 16 % Umsatzsteuer	17.664,00
	Rechnungsbetrag	128.064,00

---

1 Zahlungseingang innerhalb des Skontozahlungsziels.
2 Für Bruttosteuerschlüssel (EDV-Buchführung):
  Bruttowert der Waren .... 69.600,00 €
  Bruttowert der Bezugskosten .... 464,00 €
3 Für Bruttosteuerschlüssel (EDV-Buchführung):
  Bruttowert der Waren .... 127.600,00 €
  Bruttowert der Bezugskosten .... 464,00 €

5. Lastschriftanzeige auf dem Postbankkonto für

51   1. Überweisung an die Bernhard Müller OHG
     (L.-Nr. 44001, betrifft: Beleg 3)[1],
     Bruttorechnungsbetrag (Warengruppe 1) 46.400,00
     – 2 % Skonto (netto) 800,00
     – 16 % Umsatzsteuer 128,00

     Lastschrift 45.472,00

52   2. Überweisung an die Emut GmbH
     (L.-Nr. 44002, betrifft: Beleg 4)[1],
     Bruttorechnungsbetrag (Warengruppe 2) 34.800,00
     – 3 % Skonto (netto) 900,00
     – 16 % Umsatzsteuer 144,00

     Lastschrift 33.756,00

53   3. Gehälter 72.000,00

54   4. Überweisung an die Gebäudereinigungsfirma
     Sauberfrau GmbH (Dauerauftrag) 2.320,00
     (einschließlich 16 % Umsatzsteuer)

6. Unsere Gutschriftanzeige (Verrechnung gegen Forderung) an

61   1. Gertrud Schön (Kd.-Nr. 24002; betrifft: Beleg 11) für
     zurückerhaltene mangelhafte Waren (Wandelung),
     Nettobetrag (Warengruppe 1) 50,00
     + 16 % Umsatzsteuer 8,00

     Bruttobetrag 58,00

62   2. Klaus Söffgen (Kd.-Nr. 24001; betrifft: Beleg 12) für
     mangelhafte Waren (Minderung),
     Nettobetrag (Warengruppe 2) 80,00
     + 16 % Umsatzsteuer 12,80

     Bruttobetrag 92,80

Abschlussangaben

70   **7.** Passivierung der Zahllast

80   **8.** Warenschlussbestand laut Inventur 530.000,00
     davon Warengruppe 1 .... 310.000,00
     Warengruppe 2 .... 220.000,00

90   **9.** Die Schlussbestände der anderen Bestandskonten entsprechen
     den Inventurbeständen.

---

1   Zahlungsausgang innerhalb des Skontozahlungsziels.

3.2.3 Bonibuchungen

Ein Bonus (Mehrzahl: Boni) ist eine Vergütung, die viele Lieferer ihren Kunden bei Überschreiten einer festgelegten Umsatzhöhe in einem bestimmten Zeitraum (Monat, Vierteljahr, Halbjahr, Jahr) **nachträglich** gewähren. Die Vergütung kann geleistet werden in Form einer Geldzahlung oder einer Gutschrift.

Ein Einzelhandel kann einerseits auf der Beschaffungsseite Boni von seinen Lieferern erhalten und andererseits auf der Absatzseite seinen Kunden Boni gewähren.

3.2.3.1 Bonibuchungen auf der Beschaffungsseite

Ein Einzelhandel, dem auf der Beschaffungsseite ein Bonus gewährt wurde, erhält im Nachhinein eine Vergütung, die sich bei ihm buchhalterisch als **Anschaffungspreisminderung** niederschlägt.

Die Bonivergütung mindert nachträglich die Bemessungsgrundlage der Umsatzsteuer. Die auf die Entgeltsminderung entfallende **Vorsteuer** ist folglich zu **berichtigen.**

Beispiel

Ein Lieferant gewährt uns bei Überschreiten einer Umsatzhöhe von 300.000,00 € jährlich einen Bonus von 3 % auf den Gesamtumsatz. Im betrachteten Jahr tätigen wir einen Umsatz von 464.000,00 € (Nettowert 400.000,00 € + Umsatzsteuer 64.000,00 €). Wir erhalten den Bonus in Form einer Banküberweisung.

Berechnung

Gesamteinkäufe, brutto	Bruttobonus-vergütung (3 %)	Nettobonus-vergütung	in der Bruttobonusvergütung enthaltene Vorsteuer
464.000,00 €	13.920,00 €	12.000,00 €	1.920,00 €
	(≙ 116 %)	(≙ 100 %)	(≙ 16 %)

Buchungssatz	2800	Kreditinstitute		13.920,00	
	an	6002	Nachlässe		12.000,00
	an	2600	Vorsteuer		1.920,00

3.2.3.2 Bonibuchungen auf der Absatzseite

Gewährt ein Einzelhandelsunternehmen auf der Absatzseite einem Kunden einen Bonus, so ergibt sich nachträglich eine **Erlösschmälerung.**

Außerdem mindert sich nachträglich die Bemessungsgrundlage der Umsatzsteuer. Die **Umsatzsteuerschuld** ist daher anteilig zu **berichtigen.**

Beispiel

Wir gewähren einem Kunden 3 % Bonus, wenn er die Umsatzhöhe von 20.000,00 € pro Jahr überschreitet. Im betrachteten Jahr tätigt der Kunde einen Umsatz von 29.000,00 € (Warenwert 25.000,00 € + Umsatzsteuer 4.000,00 €). Unser Kunde erhält eine entsprechende Vergütung in Form einer Banküberweisung.

6467230L

Berechnung

Gesamtumsatz, brutto	Bruttobonus-vergütung (3 %)	Nettobonus-vergütung	in der Bruttobonusvergütung enthaltene Umsatzsteuer
29.000,00 €	870,00 €	750,00 €	120,00 €
	(≙ 116 %)	(≙ 100 %)	(≙ 16 %)

Buchungssatz

5001	Erlösberichtigungen	750,00	
4800	Umsatzsteuer	120,00	
an	2800 Kreditinstitute		870,00

Zusammenfassung

Schaubild

Aufgaben

Aufgabe 1:   Erklärung Bonus;
Aufgaben 2 und 3:   Belegbuchungen;
Aufgabe 4:   Boniberechnung und -buchung.

1 a) Wann wird ein Bonus gewährt?
    b) Warum gewähren Lieferer ihren Kunden einen Bonus?

2 Sie sind Angestellte(r) des Textileinzelhandels Konrad Fied KG, Goseriede 41, 30159 Hannover. Die auf Seite 232 stehenden Belege liegen Ihnen zur Buchung vor.
    a) Welche Geschäftsfälle liegen den Belegen zugrunde?
    b) Wie lauten die Buchungssätze?

3 a) Wie bucht die Emut GmbH, 34369 Hofgeismar, als Zahlungsabsender den auf Seite 232 stehenden Beleg 1?
    b) Wie bucht die Bernhard Müller OHG, 69121 Heidelberg, den auf Seite 232 stehenden Beleg 2?

Beleg 1

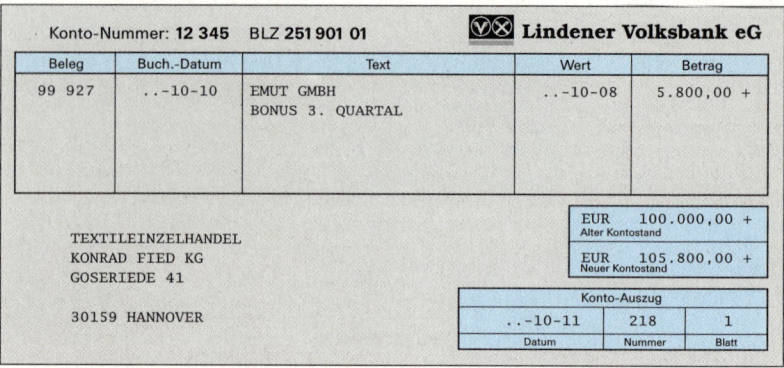

Beleg	Buch.-Datum	Text	Wert	Betrag
99 927	..-10-10	EMUT GMBH BONUS 3. QUARTAL	..-10-08	5.800,00 +

Konto-Nummer: **12 345**   BLZ **251 901 01**   Lindener Volksbank eG

TEXTILEINZELHANDEL
KONRAD FIED KG
GOSERIEDE 41

30159 HANNOVER

EUR 100.000,00 +	Alter Kontostand
EUR 105.800,00 +	Neuer Kontostand

Konto-Auszug		
..-10-11	218	1
Datum	Nummer	Blatt

Beleg 2

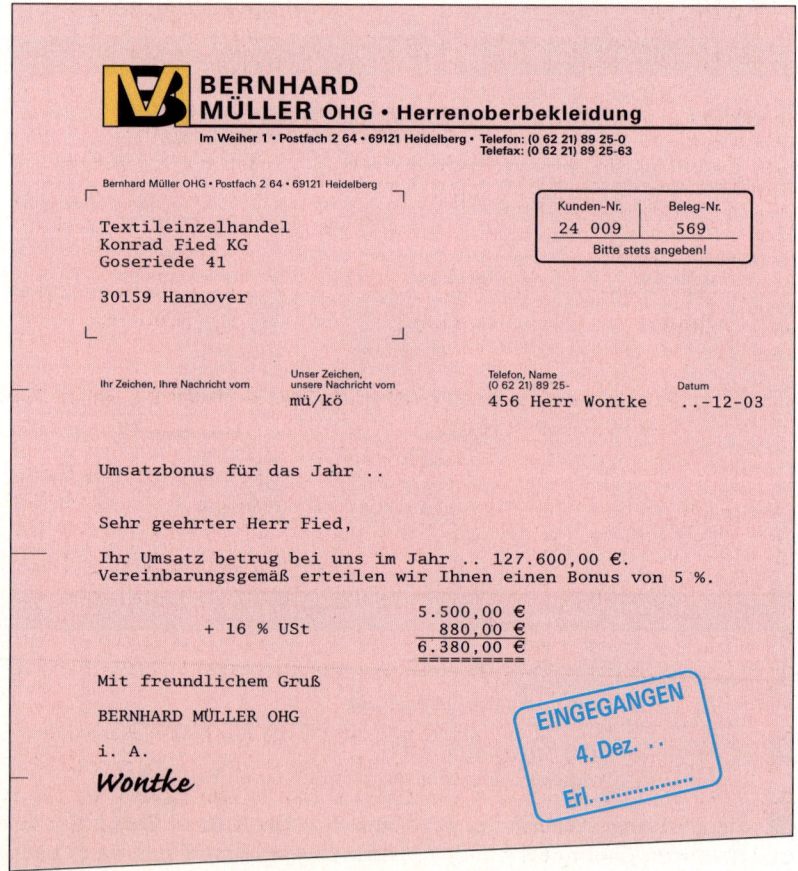

BERNHARD MÜLLER OHG • Herrenoberbekleidung

Im Weiher 1 • Postfach 2 64 • 69121 Heidelberg • Telefon: (0 62 21) 89 25-0
Telefax: (0 62 21) 89 25-63

Bernhard Müller OHG • Postfach 2 64 • 69121 Heidelberg

Textileinzelhandel
Konrad Fied KG
Goseriede 41

30159 Hannover

Kunden-Nr.	Beleg-Nr.
24 009	569
Bitte stets angeben!	

Ihr Zeichen, Ihre Nachricht vom	Unser Zeichen, unsere Nachricht vom mü/kö	Telefon, Name (0 62 21) 89 25- 456 Herr Wontke	Datum ..-12-03

Umsatzbonus für das Jahr ..

Sehr geehrter Herr Fied,

Ihr Umsatz betrug bei uns im Jahr .. 127.600,00 €.
Vereinbarungsgemäß erteilen wir Ihnen einen Bonus von 5 %.

	5.500,00 €
+ 16 % USt	880,00 €
	6.380,00 €

Mit freundlichem Gruß

BERNHARD MÜLLER OHG

i. A.

Wontke

EINGEGANGEN
4. Dez. ..
Erl. ....

---

4 Die Winkler KG gewährt uns auf den halbjährlichen Umsatz von 603.200,00 € (520.000,00 € netto + 83.200,00 € Umsatzsteuer) eine Bonusgutschrift von 3 %.

a) Errechnen Sie die Nettobonusvergütung und die Steuerberichtigung.
b) Wie buchen wir die Bonusgutschrift?
c) Wie bucht die Winkler KG die Bonusgutschrift?

6467232L

3.2.4 Diskontrechnung

Die Diskontrechnung ist ein Anwendungsgebiet der Zinsrechnung. Die Rechengrößen der Diskontrechnung entsprechen den Rechengrößen der Zinsrechnung. Begrifflich unterscheiden sie sich jedoch:

Begriffe der Diskontrechnung	korrespondierende Begriffe der Zinsrechnung
Diskont (d)	Zinsen (z)
Diskontsatz (p)	Zinssatz (p)
Wechselsumme/-betrag (w)	Kapital (k)
Wechselbarwert	(Kapital abzüglich Zinsen)
Restlaufzeit (t)	Zeit (t)
Diskontzahlen (#)	Zinszahlen (#)
Diskontteiler (Dt)	Zinsteiler (Zt)

Die Diskontrechnung kann in zwei Rechengebiete (Grobunterscheidung) unterteilt werden:

1. Errechnung von Diskont und Barwert ausgehend von der Wechselsumme.
2. Errechnung von Diskont und Wechselsumme ausgehend vom Barwert.

3.2.4.1 Errechnung von Diskont und Wechselbarwert ausgehend von der Wechselsumme

Der Inhaber eines Wechsels hat drei Wechselverwendungsmöglichkeiten:

1. Aufbewahrung bis zum Verfalltag.
2. Wechseldiskontierung (= Wechselverkauf an eine Bank vor dem Verfalltag).
3. Weitergabe als Zahlungsmittel.

Bei den oben aufgeführten Wechselverwendungsmöglichkeiten 2. und 3. ist es erforderlich, den Diskont (Zinsen) und den Wechselbarwert (= Wechselsumme − Diskont) zu errechnen.

Sowohl die Bank (bei der „Diskontierung") als auch der Wechselempfänger (bei der „Weitergabe") gewähren bis zum Verfalltag des Wechsels einen Kredit. Hierfür gilt es, den Diskont zu ermitteln. Ausgezahlt bzw. gutgeschrieben wird der Wechselbarwert. (Bei der „Weitergabe" besteht auch die Möglichkeit, die Wechselsumme gutzuschreiben und den Schuldner mit Diskont zu belasten.)

Der Diskontsatz, mit dem die Geschäftsbanken angekaufte Wechsel abzinsen, ist abhängig von der Qualität der Wechsel (notenbankfähige Wechsel[1], nicht notenbankfähige Wechsel[1]).

---

1 Eine Rediskontierung ist seit dem 1. Januar 1999 nicht mehr möglich. Stattdessen können die Geschäftsbanken die aufgekauften Wechsel bei der Europäischen Zentralbank zur Refinanzierung **verpfänden**. Die Europäische Zentralbank stellt gewisse Anforderungen an **notenbankfähige Wechsel**. Diese werden von den Geschäftsbanken zu günstigeren Bedingungen diskontiert.

Bei der Ermittlung der Diskonttage wenden die Banken ab 2. Nov. 1994 die französische Methode (Euro-Zinsmethode) an. Danach werden die Monatstage taggenau berechnet und das Jahr wird mit 360 Tagen angesetzt (siehe Kapitel 3.2.1.1.3).

Zusätzlich ist zu beachten:

1. Liegt der Verfalltag auf einem Samstag, Sonntag oder Feiertag, dann sind die Diskonttage bis zum nächsten folgenden Werktag zu berechnen.
2. Diskontzahlen haben keine Dezimalstellen. Es wird immer auf ganze Zahlen auf- oder abgerundet.

Neben dem Diskont können die Banken ihre Kunden auch mit Spesen belasten.

Je nachdem, ob nun einzelne Wechsel abgerechnet werden oder mehrere, unterscheidet man die Rechengebiete:

1. Abrechnung einzelner Wechsel.
2. Abrechnung mehrerer Wechsel (summarische Diskontrechnung).

3.2.4.1.1 Die Abrechnung einzelner Wechsel

Eine Einzelabrechnung eines Wechsels weist folgenden Aufbau auf:

	Wechselsumme
–	Diskont
–	Spesen (Auslagen)
(–	USt auf Diskont und Spesen)[1]
=	Wechselbarwert

Beispiel

Bei einer Bank wird am 12. April ein Wechsel über 10.080,00 €, fällig am 10. August, zum Diskont eingereicht. Die Bank berechnet einen Diskontsatz von 8 % und 5,00 € Auslagen. Errechnen Sie den Wechselbarwert.

---

1   Für **Kreditinstitute** ist die Wechseldiskontierung **umsatzsteuerfrei.** Es wird keine Umsatzsteuer auf den Diskont und die Spesen erhoben (§ 4 Nr. 8 a UStG).
 Bei Wechselzahlung **unter Kaufleuten** sind der Diskont und die Spesen **umsatzsteuerpflichtig,** wenn die Kreditgewährung durch Wechselzahlung als Nebenleistung zur Warenlieferung (= Hauptleistung) anzusehen ist. (Nach UStR Abschnitt 29 Abs. 3 teilen die Nebenleistungen das Schicksal der Hauptleistung.)
 Wird bei einer Wechselzahlung **unter Kaufleuten** eine Trennung zwischen dem Waren- und Kreditgeschäft vorgenommen, erfolgt also die Wechselzahlung als selbstständige Leistung mit gesondert vereinbarten Kreditbedingungen, so sind der Diskont und die Spesen **umsatzsteuerfrei** (§ 4 Nr. 8 a UStG).

Lösung

Wechselsumme [= w] am 10. August	10.080,00 €
− Diskont [= d] (120 Tage/8 %)	268,80 €
− Spesen (Auslagen)	5,00 €
Wechselbarwert am 12. April	9.806,20 €

Der Diskont ergibt sich folgendermaßen:

$$d = \frac{w \cdot t \cdot p}{100 \cdot 360} = \frac{w \cdot t}{100} \cdot \frac{p}{360} = \underbrace{\frac{w \cdot t}{100}}_{\#} : \underbrace{\frac{360}{p}}_{Dt}$$

$$d = \frac{\#}{Dt} = \frac{\text{Diskontzahl}}{\text{Diskontteiler}} \qquad\qquad d = \frac{12\,096}{45} = \underline{\underline{268,80\ \text{€}}}$$

Aufgaben[1]

1 Ermitteln Sie die Diskonttage.

Tag der Diskontierung	Verfalltag
a) 29. März	10. Juni (Sonntag)
b) 22. August	18. November (Samstag)
c) 5. Januar	6. April (Karfreitag)
d) 7. Oktober	25. Dezember (1. Weihnachtstag = Montag)
. e) 19. März	20. Mai (Pfingstsamstag)

2 Bei der Leipziger Bank werden folgende Wechsel diskontiert.
Erstellen Sie die Einzelabrechnungen.

Wechsel-summe	Tag der Diskontierung	Verfall-tag	Diskont-satz	Spesen
€			%	€
a) 9.800,00	10. März	16. Juli	8	3,50
b) 8.600,00	11. April	2. August	9	2,50
c) 12.500,00	17. August	19. Oktober	6	3,00
d) 10.600,00	2. Januar	22. April	5	1,50

3 Die Wontke KG reicht ihrer Hausbank am 4. Februar ein am 19. Januar ausgestelltes und am 21. Januar angenommenes Dreimonatsakzept über 24.800,00 € zum Diskont ein. Der Diskontsatz beträgt 8 %. Zusätzlich berechnet die Bank 4,00 € Spesen. Erstellen Sie die Diskontabrechnung.

4 Am 24. April begleichen wir bei unserem Lieferanten, der Emut GmbH, eine Verbindlichkeit mit einem Akzept über 32.600,00 €. Der Wechsel wurde von der Sonnenberg GmbH am 2. April ausgestellt und von der Just OHG am 4. April angenommen. Er ist am 20. August fällig.
Wie vereinbart, schreibt uns unser Lieferant, die Emut GmbH, den Wechselbarwert (Diskontsatz: 7,5 %) gut.
Auf welchen Betrag beläuft sich die Gutschrift?[2]

---

1 Bei allen Aufgaben ist die Euro-Zinsmethode zugrunde zu legen.
2 Die Kreditgewährung durch Wechselzahlung erfolgt als selbstständige Leistung mit gesondert vereinbarten Kreditbedingungen. Der Diskont ist deshalb umsatzsteuerfrei.

5 Wir haben eine Verbindlichkeit gegenüber unserem Lieferanten, der Bernhard Müller OHG, von 45.900,00 €, die am 20. September fällig ist. Wir indossieren zum teilweisen Ausgleich unserer Verbindlichkeit einen Wechsel (Ausstellungstag: 2. September; Verfalltag: 2. Dezember) über 30.500,00 €. Unser Lieferant, die Bernhard Müller OHG, berechnet 6 % Diskont[1]. Unsere Restverbindlichkeit soll mit einem Verrechnungsscheck beglichen werden.

Errechnen Sie den Scheckbetrag. (Die Bernhard Müller OHG schreibt uns lediglich den Wechselbarwert gut.)

6 Die Kuhlmann KG schuldet der Biedenstein GmbH aus einem Handelsgeschäft 42.400,00 € zum 5. August. Die Biedenstein GmbH erhält von der Kuhlmann KG am 5. August ein Wechselakzept über 42.400,00 €, das am 12. Dezember fällig ist.

Die beiden Unternehmen kommen überein den Wechsel mit 9 % zu diskontieren. Die Biedenstein GmbH schreibt der Kuhlmann KG lediglich den Wechselbarwert gut (= Alternative zur Diskontbelastung).

Auf welchen Betrag beläuft sich die Gutschrift?[1]

7 Von unserer Bank erhalten wir die folgende Wechselabrechnung:

Wechselsumme, fällig am 28. November	58.680,00 €
– Diskont	1.108,40 €
Wechselbarwert am 4. September	57.571,60 €

Mit welchem Diskontsatz hat unsere Bank gerechnet?

8 Unsere Bank hat uns für einen Wechsel über 60.840,00 € eine Gutschrift von 59.851,35 € erteilt.

Verfalltag: 8. Dezember; Diskontsatz: 7,5 %. Ermitteln Sie den Diskontierungstag. (Unsere Bank hat keine Spesen berechnet.)

3.2.4.1.2   Die Abrechnung mehrerer Wechsel (summarische Diskontrechnung)

Werden mehrere Wechsel am selben Tag zum gleichen Diskontsatz diskontiert, so kann die Rechenarbeit durch die so genannte **„summarische Diskontrechnung"** vereinfacht werden.

Beispiel

Am 27. August reichen wir bei unserer Hausbank vier Kundenwechsel zum Diskont ein. Unsere Hausbank berechnet 8 % Diskont und für den 3. und 4. Wechsel je 3,50 € Spesen.

Wechselsumme

1. 10.800,00 €, fällig am 6. September
2. 30.900,00 €, fällig am 27. Oktober
3. 25.300,00 €, fällig am 11. November
4. 18.100,00 €, fällig am 8. Dezember

Errechnen Sie den Barwert der Wechsel.

---

1 Die Kreditgewährung durch Wechselzahlung erfolgt als selbstständige Leistung mit gesondert vereinbarten Kreditbedingungen. Der Diskont ist deshalb umsatzsteuerfrei.

6467236L

Lösung

Diskontierungstag: 27. August

Wechselsumme	Verfalltag	Tage	#	Spesen
10.800,00 €	6. September	10	1 080	—
① 30.900,00 €	27. Oktober	61	18 849	—
② 25.300,00 €	11. November	76	19 228	3,50 €
18.100,00 €	8. Dezember	103	18 643	3,50 €

③ 85.100,00 € ④ 57 800 ⑥ 7,00 €
   − 1.284,44 €
   −   7,00 € ⑤ 57 800 : 45 = 1.284,44 €
⑦ 83.808,56 € Barwert am 27. August

Lösungsweg

① Aufstellen des Rechenschemas.
② Eintragen der Beträge einschließlich der ermittelten Diskontierungstage und der errechneten Diskontzahlen (#).
③ Errechnung der Summe der Wechselbeträge.
④ Errechnung der Summe der Diskontzahlen.
⑤ Errechnung des Diskontes. Dazu wird die Summe der Diskontzahlen durch den Diskontteiler dividiert (in unserem Beispiel ergibt sich der Diskontteiler wie folgt: 360 : 8 = 45).
⑥ · Errechnung der Summe der Spesen.
⑦ Errechnung des Barwertes der Wechsel.

Aufgaben[1]

1 Erstellen Sie die summarische Diskontabrechnung (Diskontierung bei der Lindener Volksbank).

a) 18.752,00 €, fällig am 27. April
   19.443,00 €, fällig am 19. Mai
    9.376,00 €, fällig am 2. Juni
    8.589,00 €, fällig am 11. Juli
   Diskontierungstag: 14. März
   Diskontsatz: 8 %
   Spesen: 2,00 € pro Wechsel

c)   618,00 €, fällig am 8. Juli
   1.223,00 €, fällig am 15. Juli
  13.638,00 €, fällig am 1. September
  25.771,00 €, fällig am 11. November
   Diskontierungstag: 1. Juli
   Diskontsatz: 4,5 %
   Spesen: —

b)   500,00 €, fällig am 4. September
   2.812,00 €, fällig am 11. Oktober
  13.191,00 €, fällig am 1. November
  20.426,00 €, fällig am 13. Dezember
   Diskontierungstag: 28. August
   Diskontsatz: 9 %
   Spesen: 3,00 € pro Wechsel

d)   800,00 €, fällig am 4. März
  11.435,00 €, fällig am 16. März
  22.711,00 €, fällig am 9. Mai
  18.918,00 €, fällig am 19. Juli
   Diskontierungstag: 25. Februar
   Diskontsatz: 11 %
   Spesen: —

---

1 Bei allen Aufgaben ist die Euro-Zinsmethode zugrunde zu legen.

2 Die Möbelhandlung Bothe GmbH, Rostock, diskontiert bei der Städtischen Sparkasse Rostock am 25. April folgende Wechsel: .

1. 32.800,00 €, fällig am 28. Mai
2. 40.238,00 €, fällig am 2. Juni
3. 21.442,00 €, fällig am 9. Juli
4. 18.574,00 €, fällig am 26. August

Die Städtische Sparkasse Rostock berechnet 9,5 % Diskont. Für den 1. Wechsel und den 2. Wechsel fallen jeweils 3,50 € Einzugsspesen an.
Errechnen Sie den Barwert der Wechsel.

3 Wir übergeben unserer Bank die folgenden Wechsel zum Diskont.
Berechnen Sie die Gutschrift.

a) 1. 22.392,00 €, fällig am 1. Juni   (notenbankfähig)
   2. 13.941,00 €, fällig am 2. Juli   (nicht notenbankfähig)
   3. 28.438,00 €, fällig am 21. Juli   (nicht notenbankfähig)
   4. 41.535,00 €, fällig am 27. Juli   (notenbankfähig)
   5. 10.942,00 €, fällig am 2. August   (notenbankfähig)
   6. 8.753,00 €, fällig am 26. August   (nicht notenbankfähig)

   Diskontierungstag: 10. Mai
   Diskontsatz: notenbankfähiger Wechsel: 6,5 %
             nicht notenbankfähiger Wechsel: 8 %

b) 1. 18.451,00 €, fällig am 7. August   (nicht notenbankfähig)
   2. 22.596,00 €, fällig am 12. August   (notenbankfähig)
   3. 38.673,00 €, fällig am 6. September   (nicht notenbankfähig)
   4. 9.728,00 €, fällig am 20. September   (notenbankfähig)
   5. 40.564,00 €, fällig am 26. September   (nicht notenbankfähig)
   6. 5.782,00 €, fällig am 1. Oktober   (notenbankfähig)

   Diskontierungstag: 5. Juli
   Diskontsatz: notenbankfähiger Wechsel: 7,5 %
             nicht notenbankfähiger Wechsel: 9 %
   Spesen: jeweils 4,00 € für den 5. und 6. Wechsel

4 Wir schulden der Emut GmbH 54.890,00 € zum 20. August. Zum Ausgleich unserer Verbindlichkeit indossieren wir folgende vier Kundenwechsel:

1. 8.942,00 €, fällig am 24. September   3. 11.080,00 €, fällig am 13. Oktober
2. 13.431,00 €, fällig am 2. Oktober   4. 14.758,00 €, fällig am 13. November

Die Emut GmbH berechnet 7 % Diskont. Der Diskont ist umsatzsteuerfrei.
Sie schreibt uns die Wechselbarwerte gut.
Unsere Restschuld wollen wir durch Banküberweisung begleichen.
Errechnen Sie die Höhe des Überweisungsbetrages.

5 Die Thren KG schuldet der Kibat GmbH 60.540,00 € zum 8. April. Zur teilweisen Begleichung der Verbindlichkeit übersendet die Thren KG der Kibat GmbH folgende 4 Wechsel:

1. 10.790,00 €, fällig am 27. April   3. 9.930,00 €, fällig am 20. Juni
2. 13.874,00 €, fällig am 3. Mai   4. 20.844,00 €, fällig am 26. Juni

Die Kibat GmbH berechnet 9,5 % Diskont und erteilt der Thren KG eine Gutschrift über die Summe der Wechselbarwerte. Der Diskont ist umsatzsteuerfrei.
Errechnen Sie die Restschuld der Thren KG.

6467238L

6 Die Fehse KG, Magdeburg, besitzt die folgenden vier Kundenwechsel:

1. 1.835,00 €, fällig am 23. April
2. 13.988,00 €, fällig am 3. Mai
3. 43.513,00 €, fällig am 29. Mai
4. 28.271,00 €, fällig am 8. Juli

Wie viel Bargeld könnte sich die Fehse KG beschaffen, wenn sie die vier Kundenwechsel am 3. Februar diskontiert?

Die Hausbank der Fehse KG würde 6,5 % Diskont berechnen.

7 Die Mock GmbH erhält von ihrem Kunden, der Zills KG, folgende sechs Wechsel zum Ausgleich einer Forderung über 114.000,00 €, die am 20. Juni fällig ist:

1. 9.430,00 €, fällig am 27. Juli   (nicht notenbankfähig)
2. 12.784,00 €, fällig am 7. August   (notenbankfähig)
3. 8.435,00 €, fällig am 1. September   (notenbankfähig)
4. 26.729,00 €, fällig am 7. September   (nicht notenbankfähig)
5. 16.186,00 €, fällig am 13. September   (notenbankfähig)
6. 24.841,00 €, fällig am 25. September   (nicht notenbankfähig)

Die Mock GmbH berechnet für notenbankfähige Wechsel 8 % Diskont und für nicht notenbankfähige Wechsel $9\frac{1}{2}$ % Diskont. Der Diskont ist umsatzsteuerfrei.

a) Auf wie viel € beläuft sich die Restforderung der Mock GmbH am 20. Juni, wenn sie der Zills KG die Wechselbarwerte gutschreibt?

b) Die Zills KG gerät in Zahlungsverzug. Auf wie viel € beläuft sich die Restforderung der Mock GmbH am 22. Juli, wenn 8 % Verzugszinsen berechnet werden?

8 Die Hansen OHG hat eine Forderung in Höhe von 34.450,00 € zum 21. August an die Jonas GmbH. Zum teilweisen Forderungsausgleich erhält die Hansen OHG folgende vier Wechsel:

1. 8.720,00 €, fällig am 3. September
2. 9.830,00 €, fällig am 18. September
3. 5.385,00 €, fällig am 27. September
4. 6.794,00 €, fällig am 5. Oktober

Die Hansen OHG schreibt der Jonas GmbH die Summe der Wechselbarwerte gut. Diskontsatz: 9 %.

Am 28. August diskontiert sie die vier Wechsel bei ihrer Hausbank. Diskontsatz: 9 %.

a) Errechnen Sie die Restforderung der Hansen OHG. Der Diskont ist umsatzsteuerfrei.

b) Errechnen Sie die Gutschrift der Hausbank.

3.2.4.2 Errechnung von Diskont und Wechselsumme ausgehend vom Wechselbarwert

Bisher haben wir den Diskont und den Wechselbarwert ausgehend von der Wechselsumme berechnet.

Hin und wieder ist es aber auch erforderlich, umgekehrt vorzugehen. Wird z. B. eine Forderung mit einem später fälligen Wechselakzept beglichen, so kann der Gläubiger seinen Zinsnachteil auch dadurch ausgleichen, dass er in die Wechselsumme den Diskont von vornherein einrechnet.

Es sind dann der Diskont[1] und die Wechselsumme ausgehend vom Wechselbarwert zu berechnen.

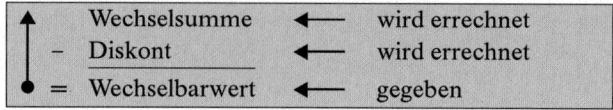

	Wechselsumme	← wird errechnet
−	Diskont	← wird errechnet
=	Wechselbarwert	← gegeben

Beispiel

Gegenüber unserem Lieferanten, der Emut GmbH, haben wir eine Verbindlichkeit von 28.860,50 €, die am 27. März fällig ist.
Es wird vereinbart, mit einem Akzept (Verfalltag 25. Juni) zu zahlen.
Um ihren Zinsnachteil auszugleichen, rechnet die Emut GmbH in die Wechselsumme 6 % Diskont ein.
Errechnen Sie die Wechselsumme und den Diskont.

Lösung

①
		③	
	Wechselsumme am 25. Juni		29.300,00 €
−	Diskont (6 %/90 Tage)		439,50 €
	Wechselbarwert am 27. März	②	28.860,50 €

Lösungsweg

① Rechenschema aufstellen.
② Wechselbarwert (= Verbindlichkeit) eintragen.
③ Wechselsumme und Diskont errechnen.

Schritt a: Umrechnung des Diskontsatzes von 6 % (Bezug: 360 Tage) auf die Wechsellaufzeit (Bezug: 90 Tage)

$$360 \text{ Tage} \ \triangleq \ 6\%$$
$$90 \text{ Tage} \ \triangleq \ x\%$$

$$x = \frac{6 \cdot 90}{360} = \underline{\underline{1,5\%}}$$

---

1 Es wird davon ausgegangen, dass die Wechselzahlung eine selbstständige umsatzsteuerfreie Leistung darstellt. Umsatzsteuer auf den Diskont ist folglich nicht zu berechnen (siehe Kapitel 3.2.4.1.1).

6467240L

Fortsetzung Lösungsweg

Schritt b: Errechnung der Wechselsumme

$$100\% - 1,5\% = 98,5\%$$

$$98,5\% \triangleq 28.860,50 \text{ €}$$
$$100\% \triangleq x \text{ €}$$

$$x = \frac{28.860,50 \cdot 100}{98,5} = \underline{\underline{29.300,00 \text{ €}}}$$

Schritt c: Errechnung des Diskontes

$$98,5\% \triangleq 28.860,50 \text{ €}$$
$$1,5\% \triangleq x \text{ €}$$

$$x = \frac{28.860,50 \cdot 1,5}{98,5} = \underline{\underline{439,50 \text{ €}}}$$

Probe: Wechselsumme – Diskont = Wechselbarwert
29.300,00 € – 439,50 € = 28.860,50 €

Aufgaben[1]

1 Die Hansen GmbH bittet ihren Lieferanten, die Aust AG, zum Ausgleich einer Warenverbindlichkeit über 95.844,00 € einen Wechsel auf sie zu ziehen. Die Warenverbindlichkeit ist am 7. Juli fällig. Der Verfalltag des Wechsels soll der 5. Oktober sein.
Die Aust AG ist einverstanden. Um den Zinsnachteil auszugleichen, soll in die Wechselsumme ein Diskont von 8 % eingerechnet werden.
Errechnen Sie die Wechselsumme und den Diskont.

2 Errechnen Sie die Wechselsumme und den Diskont.

Forderungs-betrag (€)	Fälligkeitstag der Forderung	Verfalltag des Wechsels	Diskontsatz (%)
a) 82.560,00	14. März	27. Mai	7,5
b) 65.720,00	22. März	3. Juni	8
c) 48.295,00	8. Mai	9. Juli	6
d) 79.687,00	15. Mai	22. Juli	9
e) 50.960,00	20. Mai	8. August	8,5
f) 94.235,00	5. Juni	8. September	7

3 Unsere Kreditoren-Buchhaltung ermittelt folgende bereits angemahnte Verbindlichkeiten:

Eingangsrechnung	Rechnungsbetrag
a) ER 2351	28.593,00 €
b) ER 2498	40.782,00 €
c) ER 3574	35.478,00 €
d) ER 4103	80.772,00 €
e) ER 4155	12.560,00 €

Die offenen Verbindlichkeiten sollen durch 90-Tage-Wechsel beglichen werden.
Errechnen Sie unter Einbeziehung von 9 % Diskont die Wechselsummen.

---

1 Bei allen Aufgaben wird davon ausgegangen, dass die Wechselzahlung eine selbstständige umsatzsteuerfreie Kreditleistung darstellt (siehe Kapitel 3.2.4.1.1). Bei allen Aufgaben ist die Euro-Zinsmethode zugrunde zu legen.

4 Die Zinke KG (= Bezogener) bittet die Wuttke OHG (= Aussteller) um 60-tägige Prolongation eines Wechsels über 25.830,00 €. Die Wuttke OHG ist einverstanden.

Über wie viel € ist der Prolongationswechsel auszustellen, wenn in die Wechselsumme 7,5 % Diskont eingerechnet werden sollen?

---

5 Die Freudenreich GmbH hat an die Wada KG eine Forderung von 22.680,00 €. Die Wada KG gerät in Zahlungsverzug. Die Freudenreich GmbH belastet die Wada KG mit 8 % Verzugszinsen für 16 Zinstage. Zur Absicherung ihrer Forderung zieht die Freudenreich GmbH einen 90-Tage-Wechsel auf die Wada KG.

Auf welchen Betrag ist der Wechsel auszustellen, wenn in die Wechselsumme die Verzugszinsen und 6 % Diskont einzurechnen sind?

6

Wechselsumme des alten Wechsels	Prolongationstage	Diskont
a) 9.450,00 €	90	10 %
b) 8.936,00 €	90	9 %
c) 7.842,00 €	90	12 %
d) 6.768,00 €	60	8 %

In die Wechselsumme des jeweiligen Prolongationswechsels ist der Diskont einzurechnen. Auf welche Beträge sind die Wechsel auszustellen?

---

7 Die Fielers KG schuldet der Gleitsmann OHG zum 12. Juni 68.750,00 €. Zum teilweisen Rechnungsausgleich übersendet die Fielers KG der Gleitsmann OHG folgende vier Wechsel:

1. 12.650,00 €, fällig am 27. August
2. 15.980,00 €, fällig am 3. September
3. 18.460,00 €, fällig am 17. September
4. 10.590,00 €, fällig am 4. Oktober

Die Gleitsmann OHG schreibt der Fielers KG die Wechselbarwerte gut. Sie rechnet mit 7,5 % Diskont.

Über die Restforderung soll ein Ausgleichswechsel (Laufzeit: 90 Tage) ausgestellt werden. In die Wechselsumme sollen 9 % Diskont eingerechnet werden.

a) Errechnen Sie den Barwert der vier zum teilweisen Rechnungsausgleich übersandten Wechsel.

b) Errechnen Sie die Restforderung.

c) Errechnen Sie die Wechselsumme des Ausgleichswechsels.

---

8 Gegenüber der Emut GmbH haben wir eine Verbindlichkeit aus einem Wareneinkauf von 56.990,00 €. Die Rechnung wurde am 20. März mit einem Zahlungsziel von 30 Tagen (fällig am 19. April) ausgestellt. Zum teilweisen Rechnungsausgleich überreichen wir der Emut GmbH die folgenden vier Wechsel:

1. 10.570,00 €, fällig am 1. Juni
2. 13.480,00 €, fällig am 8. Juni
3. 14.910,00 €, fällig am 23. Juni
4. 9.730,00 €, fällig am 1. Juli

a) Die Emut GmbH schreibt uns die Wechselbarwerte gut. Dabei rechnet sie mit 8 % Diskont. Errechnen Sie die Restverbindlichkeit.

b) Die Restverbindlichkeit soll mit einem Ausgleichswechsel (Laufzeit: 90 Tage) beglichen werden. Die Wechselsumme des Ausgleichswechsels soll neben der Restverbindlichkeit den Diskont (9 %) abdecken.

Über welchen Betrag ist der Ausgleichswechsel auszustellen?

6467242L

3.2.5　Wechselbuchungen

Der Wechsel ist eine Urkunde, in der der Aussteller eine Person auffordert einen bestimmten Betrag zu einem bestimmten Zeitpunkt an ihn oder an einen Dritten zu zahlen.

Ein Handelswechsel überbrückt den Interessengegensatz zwischen dem Lieferer und dem Kunden hinsichtlich der Zahlung. Der Lieferer möchte die sofortige Bezahlung nach der Lieferung bzw. mindestens eine besondere Absicherung seiner Forderung. Der Kunde wiederum wünscht ein Zahlungsziel.

Durch eine Wechselziehung werden die gegensätzlichen Interessen des Verkäufers und des Käufers in Einklang gebracht: Der Käufer erhält sein angestrebtes Zahlungsziel. Der Verkäufer erhält ein Wechselakzept, das ihm als Kreditmittel, Zahlungsmittel und als Forderungssicherungsmittel dienen kann.

3.2.5.1　Wechselziehung und -akzeptierung

Beispiel

Ein Lieferer verkauft an seinen Kunden Waren auf Ziel für .... 20.000,00 €
+ 16 % Umsatzsteuer .... 3.200,00 €

Buchung beim

Lieferer				
2400	Forderungen a. LL		23.200,00	
an	5000 Umsatzerlöse für Waren			20.000,00
an	4800 Umsatzsteuer			3.200,00

Kunden				
6000	Aufwendungen für Waren		20.000,00	
2600	Vorsteuer		3.200,00	
an	4400 Verbindlichkeiten a. LL			23.200,00

Der Kunde glaubt das Zahlungsziel nicht einhalten zu können und bittet um Wechselzahlung. Der Lieferer ist einverstanden und zieht einen Wechsel. Der Kunde akzeptiert den Wechsel und schickt das Akzept an den Lieferer zurück.

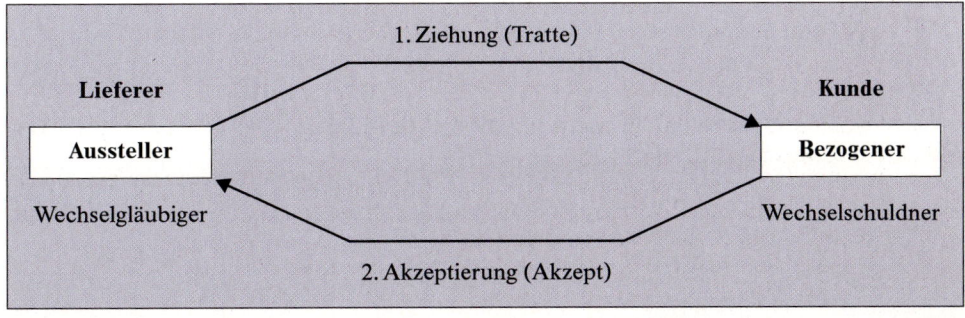

Buchung beim

Lieferer (Aussteller, Wechselgläubiger)

2450 Besitzwechsel	23.200,00	
an 2400 Forderungen a. LL		23.200,00

Kunden (Bezogenen, Wechselschuldner)

4400 Verbindlichkeiten a. LL	23.200,00	
an 4500 Schuldwechsel		23.200,00

Die Buchung **beim Lieferer** wandelt die **Forderungen a. LL** in eine **Wechselforderung** um.

Das Konto „2450 Besitzwechsel" ist ein aktives Bestandskonto.

Die Buchung beim Lieferer ist folglich ein Aktivtausch.

Die Buchung **beim Kunden** bewirkt eine Umwandlung der **Verbindlichkeiten a. LL** in **Wechselverbindlichkeiten.**

Das Konto „4500 Schuldwechsel" ist ein passives Bestandskonto.

Die Buchung beim Kunden ist demnach ein Passivtausch.

Liegt der Fälligkeitstag des Wechsels zeitlich nach dem Fälligkeitstag der Forderung a. LL, so entsteht dem Aussteller (Lieferer) ein **Zinsnachteil**.

Falls die Wechselsumme nicht ohnehin schon um einen entsprechenden Betrag erhöht ist, stellt der Aussteller – um eine Schlechterstellung zu vermeiden – dem Bezogenen so genannte **Diskontzinsen** in Rechnung.

Beispiel

Der Aussteller belastet den Bezogenen mit 8 % Diskont für 90 Tage.

$$d = \frac{w \cdot p \cdot t}{100 \cdot 360} = \frac{23.200 \cdot 8 \cdot 90}{100 \cdot 360} = 464{,}00 \text{ €}$$

Buchung[1] beim

Aussteller (Lieferer)

2400 Forderungen a. LL	464,00	
an 5730 Diskonterträge		464,00

Bezogenen (Kunden)

7530 Diskontaufwendungen	464,00	
an 4400 Verbindlichkeiten a. LL		464,00

---

1 Es wird im Lehrbuch in allen Fällen davon ausgegangen, dass die Wechselzahlung eine selbstständige umsatzsteuerfreie Kreditleistung darstellt (siehe Kapitel 3.2.4.1.1).

3.2.5.2   Die Verwendungsmöglichkeiten des Wechsels

Der Wechselinhaber kann

1. den Wechsel als Zahlungsmittel weitergeben (Wechselindossierung),
2. den Wechsel bis zum Verfalltag aufbewahren und ihn dann selbst einlösen bzw. durch eine Bank einziehen lassen (Wechselinkasso) und
3. den Wechsel diskontieren, d. h. ihn an eine Bank verkaufen (Wechseldiskontierung).

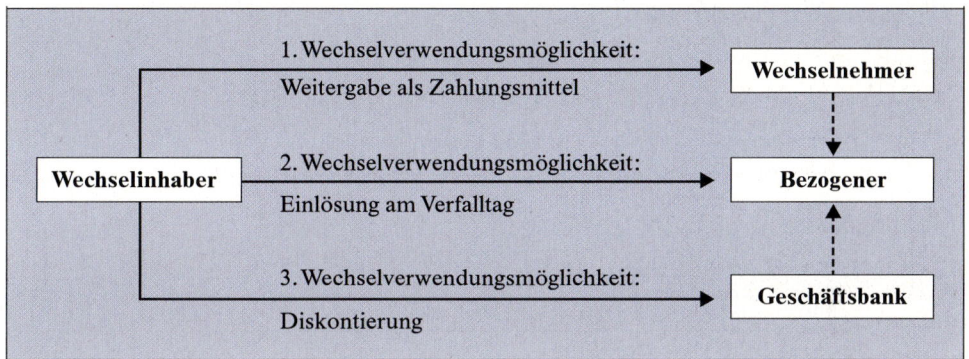

3.2.5.2.1   Weitergabe des Wechsels als Zahlungsmittel (Wechselindossierung)

Der Wechsel ist ein Geldersatzmittel und kann dem Wechselinhaber als Zahlungsmittel dienen.

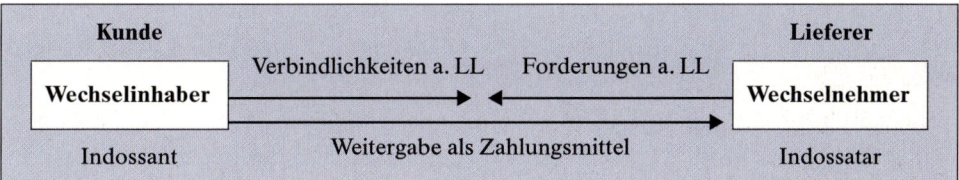

Beispiel

Der Wechselinhaber begleicht mit dem Akzept über . . . . 23.200,00 €
Liefererschulden.

Buchung beim

Kunden (Wechselinhaber, Indossanten)

4400	Verbindlichkeiten a. LL	23.200,00	
an	2450 Besitzwechsel		23.200,00

Lieferer (Wechselnehmer, Indossatar)

2450	Besitzwechsel	23.200,00	
an	2400 Forderungen a. LL		23.200,00

Beim Kunden mindern sich mit dieser Buchung die Verbindlichkeiten a. LL und die Wechselforderungen (Aktiv-Passiv-Minderung).

Der Lieferer wandelt mit obiger Buchung eine Forderung a. LL in eine Wechselforderung um (Aktivtausch).

Liegt der Fälligkeitstag des Wechsels zeitlich nach dem Fälligkeitstag der Forderung a. LL, so entsteht dem Wechselnehmer (Lieferer) ein **Zinsnachteil.** Er kann wegen der späteren Zahlung den Indossanten (Kunden) mit Diskont belasten oder ihm nur den Wechselbarwert gutschreiben.

Beispiel

Der Wechselnehmer belastet den Indossanten mit 8 % Diskont für 60 Tage.

$$d = \frac{w \cdot p \cdot t}{100 \cdot 360} = \frac{23.200 \cdot 8 \cdot 60}{100 \cdot 360} = 309{,}33 \ €$$

Buchung beim

Lieferer (Wechselnehmer, Indossatar)

2400	Forderungen a. LL	309,33	
an	5730 Diskonterträge		309,33

Kunden (Wechselinhaber, Indossanten)

7530	Diskontaufwendungen	309,33	
an	4400 Verbindlichkeiten a. LL		309,33

3.2.5.2.2 Einlösung des Wechsels am Verfalltag (Wechselinkasso)

Der Wechselinhaber kann den Wechsel bis zum Verfalltag aufbewahren und die Wechselsumme dann beim Bezogenen selbst einlösen bzw. einziehen lassen.

Meistens gibt der Bezogene – zur Vereinfachung des Einzugsverfahrens – seine Bank als Zahlstelle an. Der letzte Wechselinhaber beauftragt dann in der Regel wiederum seine Bank mit dem Inkasso (Einzug) des Wechsels.

Die mit dem Wechseleinzug beauftragte Bank berechnet eine **Inkassoprovision** und schreibt dem Wechseleinreicher die Wechselsumme **abzüglich** Inkassospesen gut. Für die Bank ist die Inkassoprovision **umsatzsteuerfrei** (§ 4 Nr. 8 UStG).

Die als Zahlstelle angegebene Bank löst den Wechsel ein und belastet das Konto des Bezogenen mit der Wechselsumme **zuzüglich Domizilgebühren.** Auch die Domizilgebühren sind für die Bank **umsatzsteuerfrei** (§ 4 Nr. 8 UStG).

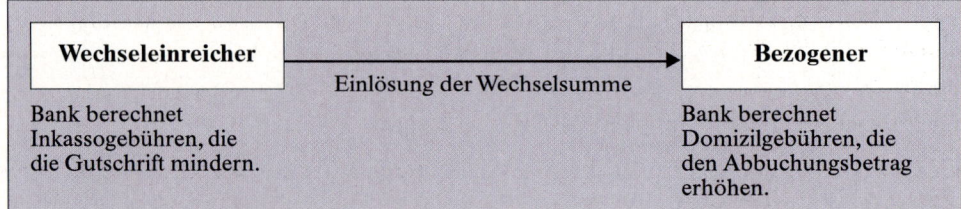

6467246L

Beispiel

Der letzte Wechselinhaber beauftragt sein Kreditinstitut eine Wechselforderung über 23.200,00 € bei der Bank des Bezogenen einzuziehen.

Die beauftragte Bank schreibt dem Wechseleinreicher die Wechselsumme abzüglich 23,20 € Inkassospesen gut.

Wechselsumme	23.200,00 €
− Inkassospesen	23,20 €
= Gutschrift (beim Wechseleinreicher)	23.176,80 €

Die Bank des Bezogenen löst den Wechsel ein und belastet sein Konto mit der Wechselsumme zuzüglich 30,00 € Domizilgebühren.

Wechselsumme	23.200,00 €
+ Domizilgebühren	30,00 €
= Abbuchungsbetrag (beim Bezogenen)	23.230,00 €

Buchung beim

Wechseleinreicher

2800	Kreditinstitute	23.176,80	
6750	Aufwendungen des Geldverkehrs	23,20	
an	2450 Besitzwechsel		23.200,00

Bezogenen

4500	Schuldwechsel	23.200,00	
6750	Aufwendungen des Geldverkehrs	30,00	
an	2800 Kreditinstitute		23.230,00

3.2.5.2.3 Wechseldiskontierung

Ein Wechselinhaber kann einen Wechsel vor seinem Fälligkeitstag an eine Geschäftsbank verkaufen, d. h. diskontieren lassen.

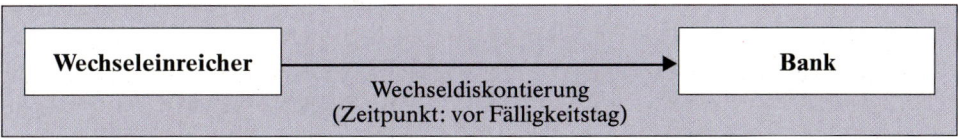

Vom Diskontierungstag bis zum Fälligkeitstag gewährt die Bank dem Wechseleinreicher einen Kredit, für den sie Diskont (Vorauszinsen) berechnet.

Die Bank subtrahiert von der Wechselsumme den Diskont und außerdem Bankspesen für Provisionen, Bearbeitungsgebühren und Auslagen.

Gemäß § 4 Nr. 8 UStG ist für die Kreditinstitute die Wechseldiskontierung **umsatzsteuerfrei**.

Dem Wechseleinreicher wird der Wechselbarwert gutgeschrieben.

> Wechselsumme
> – Diskont
> – Bankspesen
> ─────────────
> = Wechselbarwert

Beispiel

Der Wechselinhaber diskontiert den Wechsel über 23.200,00 € bei seiner Bank. Die Bank schreibt ihm den Wechselbarwert, der sich aus der unten stehenden Abrechnung ergibt, gut.

Wechselsumme	23.200,00 €
– Diskont (8 %, 50 Tage)	257,78 €
– Bankspesen	20,00 €
= Wechselbarwert	22.922,22 €

Buchung beim Wechseleinreicher

2800	Kreditinstitute	22.922,22	
7530	Diskontaufwendungen	257,78	
6750	Aufwendungen des Geldverkehrs	20,00	
an	2450 Besitzwechsel		23.200,00

Gewöhnlich hat der Wechseleinreicher seinen Kunden bereits bei Empfang des Wechsels mit Diskont belastet, sodass er nun bei der tatsächlichen Diskontierung keine Diskontforderungen mehr geltend machen kann.

Zusammenfassung

Merksätze

1. Der Wechsel verbrieft eine Schuld des Bezogenen, die dieser auf dem passiven Bestandskonto „4500 Schuldwechsel" buchhalterisch erfasst.
2. Für den Aussteller und für alle Wechselnehmer verbrieft der Wechsel eine Wechselforderung, die sie auf dem aktiven Bestandskonto „2450 Besitzwechsel" buchhalterisch erfassen.
3. Dem Wechselinhaber kann der Wechsel als Zahlungsmittel dienen. Liegt dabei der Fälligkeitstag des Wechsels zeitlich nach dem Fälligkeitstag der Schuld, so wird der Wechselzahler vom Wechselempfänger mit Diskont belastet (oder dem Wechselzahler wird lediglich der Wechselbarwert gutgeschrieben).
4. Beim Wechselinkasso berechnet die beauftragte Bank eine Inkassoprovision und schreibt dem Wechseleinreicher die Wechselsumme abzüglich Inkassospesen gut. Die als Zahlstelle angegebene Bank löst den Wechsel ein und belastet das Konto des Bezogenen mit der Wechselsumme zuzüglich Domizilgebühren.
5. Bei der Wechseldiskontierung schreibt die Bank dem Wechseleinreicher nur den Wechselbarwert gut, d. h., sie mindert die Wechselsumme um den Diskont und die Bankspesen.

6467248L

Schaubild

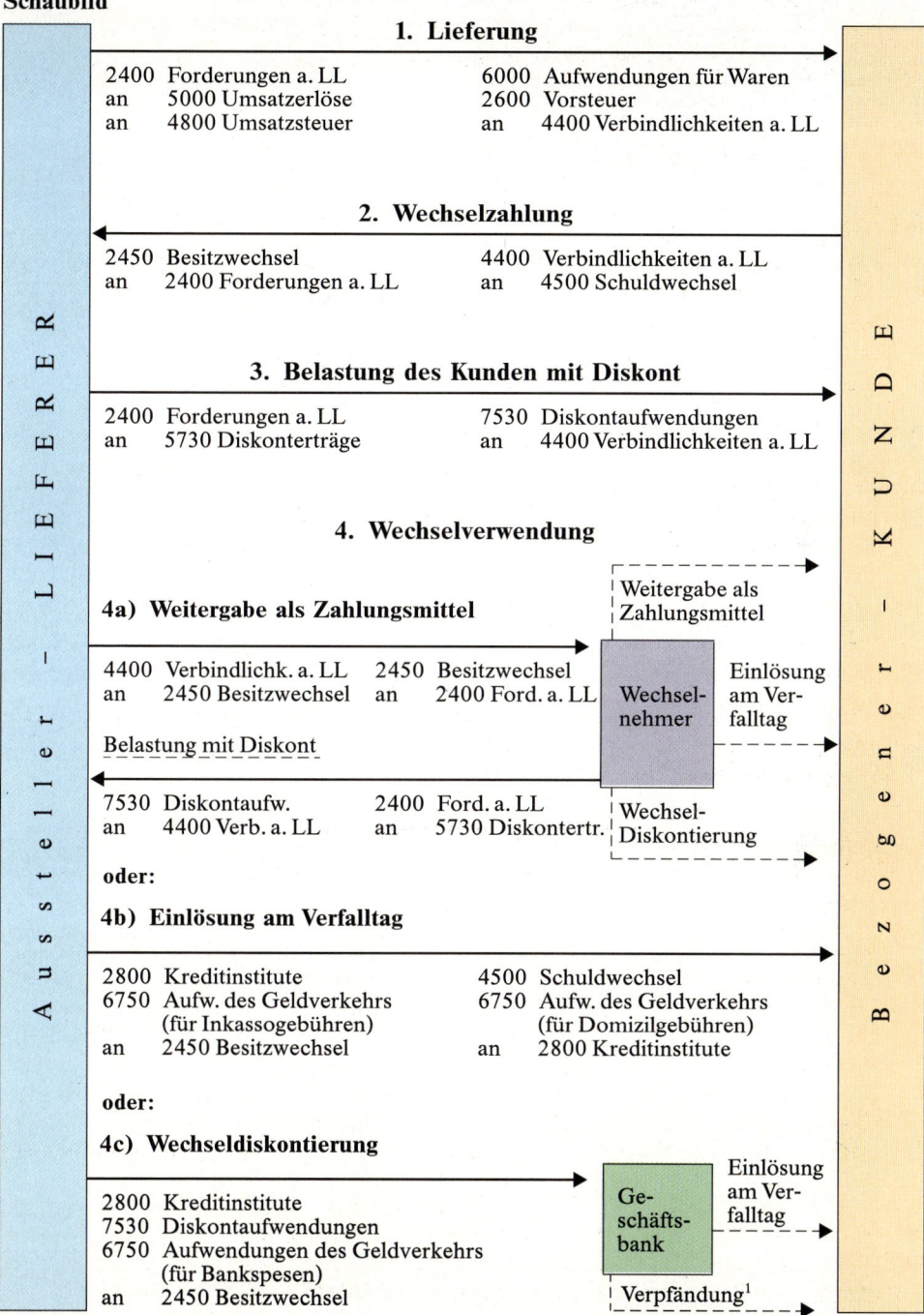

LIEFERER – Aussteller

KUNDE – Bezogener

1. Lieferung

2400 Forderungen a. LL	6000 Aufwendungen für Waren
an 5000 Umsatzerlöse	2600 Vorsteuer
an 4800 Umsatzsteuer	an 4400 Verbindlichkeiten a. LL

2. Wechselzahlung

2450 Besitzwechsel	4400 Verbindlichkeiten a. LL
an 2400 Forderungen a. LL	an 4500 Schuldwechsel

3. Belastung des Kunden mit Diskont

2400 Forderungen a. LL	7530 Diskontaufwendungen
an 5730 Diskonterträge	an 4400 Verbindlichkeiten a. LL

4. Wechselverwendung

4a) Weitergabe als Zahlungsmittel

Weitergabe als Zahlungsmittel

4400 Verbindlichk. a. LL	2450 Besitzwechsel
an 2450 Besitzwechsel	an 2400 Ford. a. LL

Wechsel-nehmer

Einlösung am Verfalltag

Belastung mit Diskont

7530 Diskontaufw.	2400 Ford. a. LL
an 4400 Verb. a. LL	an 5730 Diskontertr.

Wechsel-Diskontierung

oder:

4b) Einlösung am Verfalltag

2800 Kreditinstitute	4500 Schuldwechsel
6750 Aufw. des Geldverkehrs (für Inkassogebühren)	6750 Aufw. des Geldverkehrs (für Domizilgebühren)
an 2450 Besitzwechsel	an 2800 Kreditinstitute

oder:

4c) Wechseldiskontierung

Einlösung am Verfalltag

2800 Kreditinstitute
7530 Diskontaufwendungen
6750 Aufwendungen des Geldverkehrs (für Bankspesen)
an 2450 Besitzwechsel

Ge-schäfts-bank

Verpfändung[1]

---

1 Eine Rediskontierung ist seit dem 1. Januar 1999 nicht mehr möglich. Stattdessen können die Geschäftsbanken die aufge-kauften Wechsel bei der Europäischen Zentralbank zur Refinanzierung **verpfänden**. Die Europäische Zentralbank stellt gewisse Anforderungen an **notenbankfähige Wechsel**. Diese werden von den Geschäftsbanken zu günstigeren Bedingun-gen diskontiert.

1   Wie lauten die Buchungssätze?

    1. Wir kaufen Waren auf Ziel, Nettowert ....   10.000,00 €
    + 16 % Umsatzsteuer ....   1.600,00 €

    2. Unser Lieferer zieht in Höhe des Rechnungsbetrages von ....   11.600,00 €
    einen Wechsel auf uns, den wir akzeptieren.

    3. Unser Lieferer belastet uns mit Diskont (90 Tage, 8 %) ....   ? €

2   Wie bucht der Lieferer (Aussteller) die Geschäftsfälle der Aufgabe 1? (Beim 1. Geschäftsfall handelt es sich um einen Warenverkauf auf Ziel.)

3   Wie lauten die Buchungssätze?

    1. Wir kaufen Waren gegen Akzept, Nettowert ....   25.000,00 €
    + 16 % Umsatzsteuer ....   4.000,00 €

    2. Unser Lieferer belastet uns mit Diskont (90 Tage, 4 %) ....   ? €

4   Wie bucht der Lieferer (Aussteller) die Geschäftsfälle der Aufgabe 3? (Beim 1. Geschäftsfall handelt es sich um einen Verkauf von Waren.)

5   Sie sind Angestellte(r) des Textileinzelhandels Konrad Fied KG, Goseriede 41, 30159 Hannover. Die nachstehenden Belege liegen Ihnen zur Buchung vor.

    a) Welche Geschäftsfälle liegen den Belegen zugrunde?
    b) Wie lauten die Buchungssätze?

Beleg 1

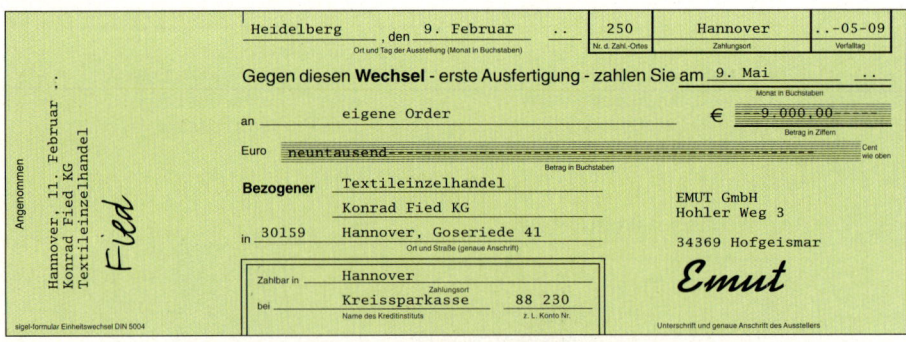

Hinweis: Ein Wareneinkauf auf Ziel ist der Wechselakzeptierung vorausgegangen.

---

1   Es wird bei allen Aufgaben davon ausgegangen, dass die Wechselzahlung eine selbstständige umsatzsteuerfreie Kreditleistung darstellt (siehe Kapitel 3.2.4.1.1).

Beleg 2

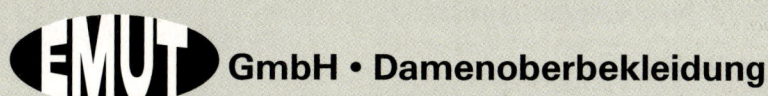
GmbH • Damenoberbekleidung

EMUT GmbH • Postfach 3 46/3 47 • 34369 Hofgeismar

Textileinzelhandel
Konrad Fied KG
Goseriede 41

30159 Hannover

Ihr Zeichen, Ihre Nachricht vom	Unser Zeichen, unsere Nachricht vom	Telefon, Name (0 56 71) 3 03-	Datum
	he/gs	78 Herr Henze	..-02-15

Diskontbelastung

Sehr geehrte Damen und Herren,

für das Wechselakzept über 9.000,00 € belasten wir Sie mit:

8 % Diskont für 90 Tage = 180,00 €

Bitte zahlen Sie den Betrag unverzüglich.

Mit freundlichen Grüßen

EMUT GmbH

i. V.

Henze

EINGEGANGEN
17. Febr...
Erl. ....

Geschäftsräume:
Hohler Weg 3

Telefon: (0 56 71) 3 03-0

Telefax: (0 56 71) 3 03-01

Bankverbindungen:
Commerzbank Kassel, Konto 2 627 (BLZ 520 400 21)
Deutsche Bank Kassel, Konto 10 920 (BLZ 520 700 12)
Dresdner Bank Kassel, Konto 11 028 (BLZ 520 800 80)
Volksbank Hofgeismar, Konto 81 160 (BLZ 520 925 00)

Sitz der Gesellschaft: Hofgeismar,
HRB Nr. 3
Geschäftsführer:
Dipl.-Wirtsch.-Ing. Dirk Pietz

6 Sie sind Angestellte(r) des Textileinzelhandels Konrad Fied KG, Goseriede 41, 30159 Hannover. Die unten stehenden Belege liegen Ihnen zur Buchung vor.
a) Welche Geschäftsfälle liegen den Belegen zugrunde?
b) Wie lauten die Buchungssätze?

Beleg 1

Hinweis: Ein Zielverkauf von Waren ist der Wechselziehung vorausgegangen.

Beleg 2

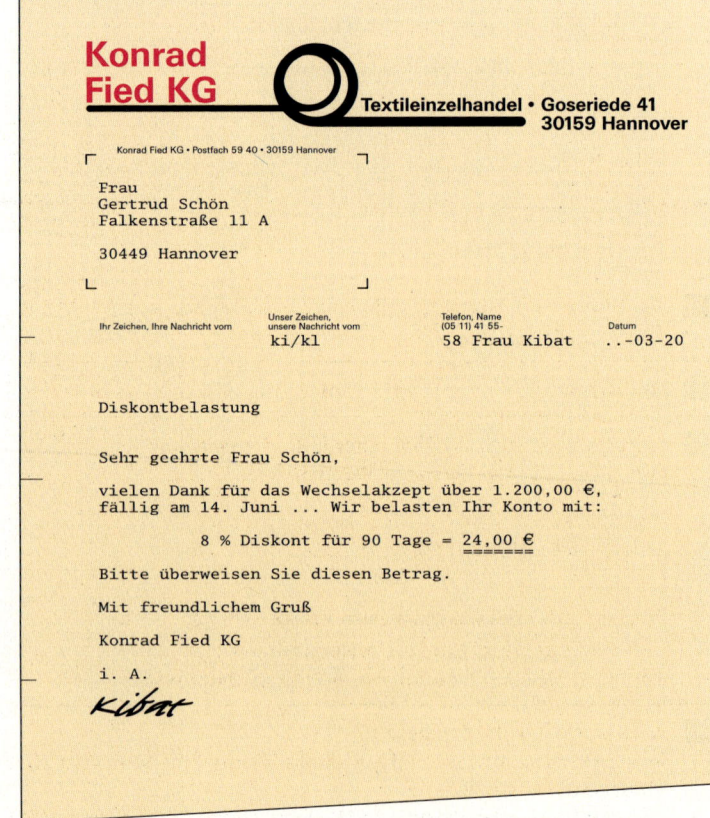

7 Wie lauten die Buchungssätze?

1. Zum Ausgleich einer Liefererrechnung
   indossieren wir einen Wechsel .... 8.000,00 €

2. Unser Lieferer belastet uns mit Diskont (90 Tage, 8 %) .... ? €

---

8 Wie bucht der Lieferer (Indossatar) die Geschäftsfälle der Aufgabe 7?

---

9 Sie sind Angestellte(r) des Textileinzelhandels Konrad Fied KG,
Goseriede 41, 30159 Hannover.
Der nebenstehende Beleg
liegt Ihnen zur Buchung vor.

a1) Welcher Geschäftsfall liegt
dem 1. Indossament
zugrunde?

a2) Wie lautet der Buchungssatz?

b1) Welcher Geschäftsfall liegt
dem 2. Indossament
zugrunde?

b2) Wie lautet der Buchungssatz?

```
Für uns an die Order des
Textileinzelhandels
Konrad Fied KG, Hannover.

München, 2. März ..

                Textileinzelhandel
                Tina Hempe e. Kfr.

                81541 München

                Hempe


Für uns an die Order der
Emut GmbH, Hofgeismar.

Hannover, 10. März ..

                Textileinzelhandel
                Konrad Fied KG

                30159 Hannover


                Fied
```

---

10 Wie bucht der Textileinzelhandel Tina Hempe e. Kfr., München, den oben stehenden
Beleg (Aufgabe 9)?

---

11 Wie bucht die Emut GmbH, Hofgeismar, den oben stehenden Beleg (Aufgabe 9)?

---

12 Zum teilweisen Ausgleich einer Liefererrechnung über .... 28.000,00 €
indossiert der Kunde einen Wechsel über .... 24.000,00 €

Die Restschuld von .... 4.000,00 €
sowie Diskont (80 Tage, 6 %) .... 320,00 €

                                                              4.320,00 €

begleicht der Kunde mit einem Verrechnungsscheck.
a) Wie bucht der Kunde den Rechnungsausgleich?
b) Wie bucht der Lieferer den Rechnungsausgleich?

---

13 Wie lautet der Buchungssatz?
Wir beauftragen unsere Bank einen Wechsel über 18.000,00 € beim Kreditinstitut des
Bezogenen einzuziehen.
Unsere Bank schreibt uns die Wechselsumme abzüglich 18,00 € Inkassospesen gut.

---

14 Wie lautet der Buchungssatz?
Unsere Bank löst unser Akzept über 28.000,00 € ein und belastet unser Konto mit der Wechselsumme zuzüglich 28,00 € Domizilgebühren.

15 Sie sind Angestellte(r) des Textileinzelhandels Konrad Fied KG, Goseriede 41, 30159 Hannover. Die unten stehenden Belege liegen Ihnen zur Buchung vor.
a) Welche Geschäftsfälle liegen den Belegen zugrunde?
b) Wie lauten die Buchungssätze?

Beleg 1

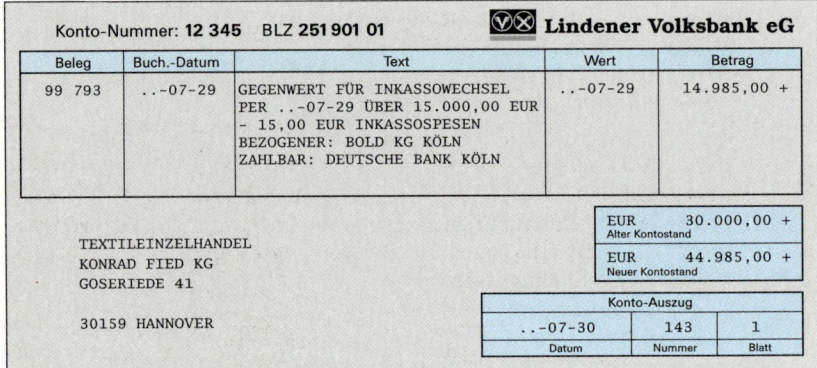

Beleg 2   Wechselrückseite

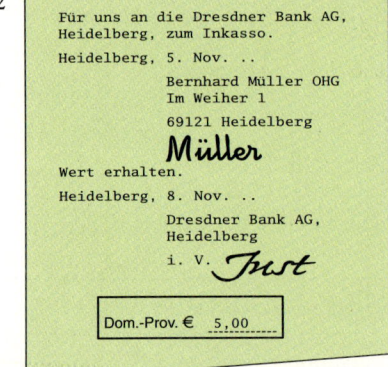

Wechselvorderseite

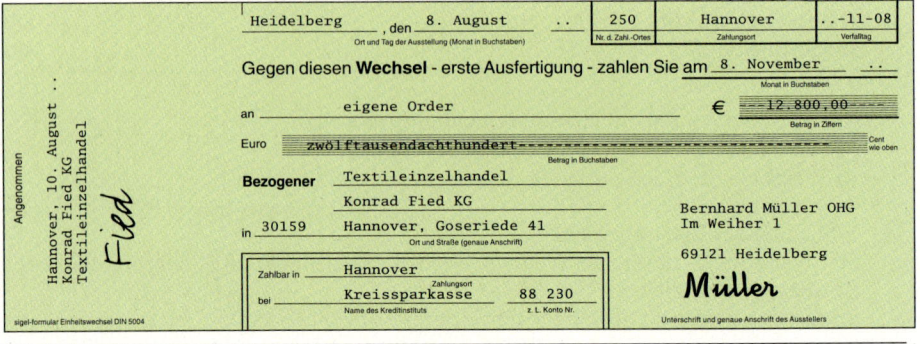

6467254L

16 Wie lauten die Buchungssätze?

1. Zielverkauf von Waren, Nettowert .... 10.000,00 €
   + 16 % Umsatzsteuer .... 1.600,00 €
2. Unser Kunde bezahlt mit Akzept .... 11.600,00 €
3. Wir belasten den Kunden mit Diskont (90 Tage, 8 %) .... ? €
4. Kunde zahlt den in Rechnung gestellten
   Diskont per Banküberweisung .... ? €
5. Wir diskontieren den Wechsel bei unserer Bank,
   Wechselsumme .... 11.600,00 €
   – Diskont (60 Tage, 8 %) .... ? €
   – Ankaufspesen .... 5,00 €

   Wechselbarwert .... ? €

17 Sie sind Angestellte(r) des Textileinzelhandels Konrad Fied KG, Goseriede 41, 30159
Hannover. Die unten stehenden Belege liegen Ihnen zur Buchung vor.
a) Welche Geschäftsfälle liegen den Belegen zugrunde?
b) Wie lauten die Buchungssätze?

Beleg 1

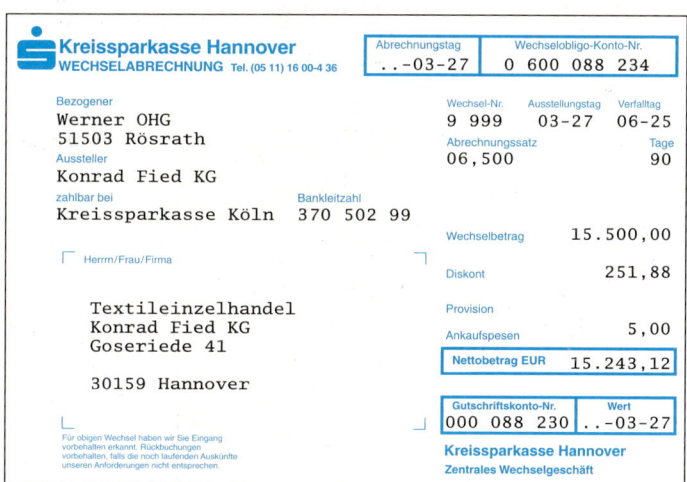

Beleg 2

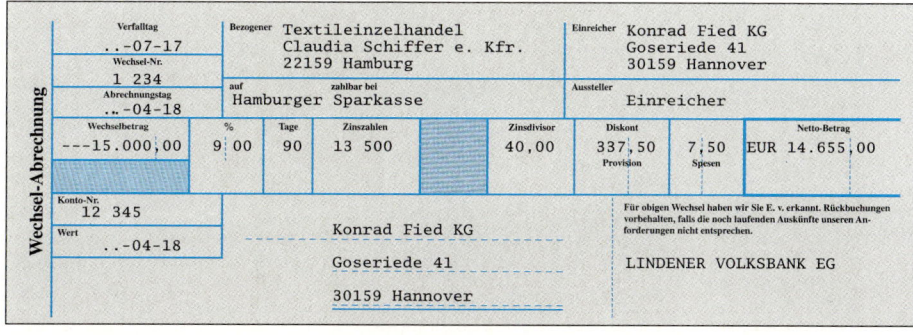

18 Wie lauten die Buchungssätze?

1. Zielverkauf von Waren, Nettowert .... 20.000,00 €
   + 16 % Umsatzsteuer .... 3.200,00 €
2. Kunde übersendet uns zum Rechnungsausgleich 4 Wechsel:
   1. Wechsel, Wechselsumme .... 8.000,00 €
   2. Wechsel, Wechselsumme .... 6.000,00 €
   3. Wechsel, Wechselsumme .... 5.000,00 €
   4. Wechsel, Wechselsumme .... 3.000,00 €
   Zum Ausgleich des restlichen Rechnungsbetrages übersendet uns
   der Kunde einen Verrechnungsscheck über .... 1.200,00 €
3. Wir belasten unseren Kunden mit Diskont .... 315,00 €
4. Den ersten Wechsel reichen wir bei unserer Bank zum Diskont ein,
   Wechselsumme .... 8.000,00 €
   Die Bank berechnet Diskont (60 Tage, 6 %) .... – ? €
   und Ankaufspesen .... – 10,00 €

   Wechselbarwert .... ? €
5. Den zweiten Wechsel geben wir zum Ausgleich einer Verbindlichkeit an einen Lieferer weiter .... 6.000,00 €
6. Der Lieferer belastet uns mit Diskont (60 Tage, 6 %) .... ? €
7. Den dritten Wechsel ziehen wir selbst am Verfalltag beim
   Bezogenen bar ein .... 5.000,00 €
8. Den vierten Wechsel lassen wir von unserer Bank einziehen .... 3.000,00 €
   Die Bank berechnet an Inkassogebühren .... – 5,00 €

   Gutschrift .... 2.995,00 €

19 Wie lauten die Buchungssätze?

1. Wir begleichen eine fällige Verbindlichkeit über .... 18.000,00 €
   mit unserem Wechselakzept über .... 12.000,00 €
   und mit einem Verrechnungsscheck über .... 6.000,00 €
2. Unser Lieferer belastet uns mit Diskont (90 Tage, 6 %) .... ? €
3. Am Verfalltag löst unsere Bank den Wechsel ein.
   Bankabrechnung: Wechselsumme .... 12.000,00 €
   + Domizilgebühren .... 24,00 €

   Lastschrift .... 12.024,00 €

20

Hofgeismar , den 6. August ..	250	Hannover	..-11-06

Ort und Tag der Ausstellung (Monat in Buchstaben) — Nr. d. Zahl.-Ortes — Zahlungsort — Verfalltag

Gegen diesen **Wechsel** - erste Ausfertigung - zahlen Sie am 6. November ..
Monat in Buchstaben

an eigene Order — € =22.000,00=
Betrag in Ziffern

Euro zweiundzwanzigtausend-------------------------------------- Cent wie oben
Betrag in Buchstaben

Bezogener Textileinzelhandel
Konrad Fied KG
in 30159 Hannover, Goseriede 41
Ort und Straße (genaue Anschrift)

EMUT GmbH
Hohler Weg 3

34369 Hofgeismar

Emut
Unterschrift und genaue Anschrift des Ausstellers

Zahlbar in Hannover
Zahlungsort
bei Kreissparkasse 88 230
Name des Kreditinstituts z. L. Konto Nr.

sigel-formular Einheitswechsel DIN 5004

Angenommen
Hannover, 8. August ..
Konrad Fied KG
Textileinzelhandel
Fied

Hinweis: Ein Wareneinkauf auf Ziel ist der Wechselakzeptierung vorausgegangen.

6467256L

a) Wie bucht der Textileinzelhandel Konrad Fied KG, Goseriede 41, 30159 Hannover, den vorstehenden Beleg?

b) Wie bucht die Emut GmbH, 34369 Hofgeismar, den vorstehenden Beleg?

c) Wie bucht die Emut GmbH, 34369 Hofgeismar, das 1. Indossament?

d) Wie bucht die Gust OHG, 70499 Stuttgart, das 1. Indossament?

e) Wie bucht die Gust OHG, 70499 Stuttgart, den Wechselinkasso (5,00 € Inkassogebühren)?

f) Wie bucht der Textileinzelhandel Konrad Fied KG, 30159 Hannover (= Bezogener), den Wechselinkasso (6,00 € Domizilgebühren)?

```
Für uns an die Order der
Gust OHG, Stuttgart.
Hofgeismar, 18. Aug. ..
              Damenoberbekleidung
              Emut GmbH
              34369 Hofgeismar

        Emut


Für uns an die Dresdner Bank AG,
Stuttgart, zum Inkasso.
Stuttgart, 3. Nov. ..
              Gust OHG
              70499 Stuttgart

        Gust


Wert erhalten.
Stuttgart, 6. Nov. ..
              Dresdner Bank AG,
              Stuttgart
              i. V.

        Hermsen
```

Wechselrückseite

21[1] **Anfangsbestände**

FIBU möglich

I. Anfangsbestände der Sachkonten

0810 Ladenausstattung: 800.000,00 €, 0820 Kassensysteme: 200.000,00 €, 0840 Fuhrpark: 100.000,00 €, 2000 Waren: 530.000,00 € (davon: 2010 Warengruppe 1: 310.000,00 €, 2020 Warengruppe 2: 220.000,00 €), 2400 Forderungen a. LL: 1.051,00 €, 2450 Besitzwechsel: 46.400,00 €, 2800 Kreditinstitute: 203.356,00 €, 2880 Kasse: 80.000,00 €, 3000 Eigenkapital: 949.507,00 €, 4250 Langfristige Bankverbindlichkeiten: 883.200,00 €, 4400 Verbindlichkeiten a. LL: 93.300,00 €, 4500 Schuldwechsel: 34.800,00 €.

II. Anfangsbestände der Kundenkonten (Offene-Posten-Liste der Debitoren)

Kd.-Nr.	Debitoren	Beleg-Nr.	Betrag (€)
24 001	Klaus Söffgen	1	812,00
24 002	Gertrud Schön	2	239,00
			1.051,00

III. Anfangsbestände der Liefererkonten (Offene-Posten-Liste der Kreditoren)

L.-Nr.	Kreditoren	Beleg-Nr.	Betrag (€)
44 002	Emut GmbH	3	58.000,00
44 006	Vödisch AG	4	35.300,00
			93.300,00

Kontenplan

Kontenklasse 0 (Immaterielle Vermögensgegenstände und Sachanlagen):
0810 Ladenausstattung, 0820 Kassensysteme, 0840 Fuhrpark.

Kontenklasse 2 (Umlaufvermögen und aktive Rechnungsabgrenzung):
2000 Waren (2010 Warengruppe 1, 2020 Warengruppe 2), 2400 Forderungen a. LL (24001 Forderungen a. LL an Klaus Söffgen, 24002 Forderungen a. LL an Gertrud Schön), 2450 Besitzwechsel, 2600 Vorsteuer, 2800 Kreditinstitute, 2880 Kasse.

---

1 Der Geschäftsgang kann differenziert über Kundenkonten, Liefererkonten und Warengruppenkonten oder vereinfacht über die Sammelkonten „2000", „2400", „4400", „5000", „5001", „6000", „6001" und „6002" gebucht werden.

Kontenklasse 3 (Eigenkapital und Rückstellungen):
3000 Eigenkapital.

Kontenklasse 4 (Verbindlichkeiten und passive Rechnungsabgrenzung):
4250 Langfristige Bankverbindlichkeiten, 4400 Verbindlichkeiten a. LL (44002 Verbindlichkeiten a. LL gegenüber der Emut GmbH, 44006 Verbindlichkeiten gegenüber der Vödisch AG), 4500 Schuldwechsel, 4800 Umsatzsteuer.

Kontenklasse 5 (Erträge):
5000 Umsatzerlöse für Waren (5010 Umsatzerlöse für Warengruppe 1, 5020 Umsatzerlöse für Warengruppe 2), 5001 Erlösberichtigungen (5021 Erlösberichtigungen für Warengruppe 2), 5730 Diskonterträge.

Kontenklasse 6 (Betriebliche Aufwendungen):
6000 Aufwendungen für Waren (6010 Aufwendungen für Warengruppe 1, 6020 Aufwendungen für Warengruppe 2), 6001 Bezugskosten (6011 Bezugskosten für Warengruppe 1, 6021 Bezugskosten für Warengruppe 2), 6002 Nachlässe (6012 Nachlässe für Warengruppe 1, 6022 Nachlässe für Warengruppe 2), 6112 Fremdinstandhaltung, 6300 Gehälter, 6750 Aufwendungen des Geldverkehrs, 6900 Versicherungsbeiträge.

Kontenklasse 7 (Weitere Aufwendungen):
7530 Diskontaufwendungen.

Kontenklasse 8 (Ergebnisrechnungen):
8000 Eröffnungsbilanzkonto, 8010 Schlussbilanzkonto, 8020 Gewinn- und Verlustkonto.

Geschäftsfälle

Beleg-Nr.		€
	1. Eingangsrechnung der	
11	1. Emut GmbH (L.-Nr. 44002)[1],	
	Nettopreis (Warengruppe 2)	60.000,00
	− Rabatt (20 %)	12.000,00
	+ Fracht	500,00
	+ 16 % Umsatzsteuer	7.760,00
	Rechnungsbetrag	56.260,00
12	2. Vödisch AG (L.-Nr. 44006)[2],	
	Nettopreis (Warengruppe 1)	10.000,00
	− Rabatt (10 %)	1.000,00
	+ Fracht	100,00
	+ Leihverpackung	200,00
	+ 16 % Umsatzsteuer	1.488,00
	Rechnungsbetrag	10.788,00
	2. Ausgangsrechnung an	
20	Gertrud Schön (Kd.-Nr. 24002),	
	Nettopreis (Warengruppe 1)	600,00
	+ 16 % Umsatzsteuer	96,00
	Rechnungsbetrag	696,00
	3. Barverkauf von Waren	
31	1. Warengruppe 1 (einschl. 16 % USt)	68.904,00
32	2. Warengruppe 2 (einschl. 16 % USt)	209.960,00

1 Für Bruttosteuerschlüssel (EDV-Buchführung):
Bruttowert der Waren .... 55.680,00 €
Bruttowert der Bezugskosten .... 580,00 €

2 Für Bruttosteuerschlüssel (EDV-Buchführung):
Bruttowert der Waren .... 10.440,00 €
Bruttowert der Bezugskosten .... 348,00 €

4. Banklastschrift für

41   1. Gebäudeversicherung 900,00

42   2. unser Wechselakzept (Wechselinkasso),
        Wechselsumme 10.000,00
        Domizilgebühren 10,00

43   3. Überweisung an die Emut GmbH
        (L.-Nr. 44002, betrifft: Beleg 3),[1]
        Bruttorechnungsbetrag (Warengruppe 2) 58.000,00
        – 2 % Skonto (netto) 1.000,00
        – 16 % Umsatzsteuer (auf Skonto) 160,00

        Lastschrift 56.840,00

44   4. Gehälter 36.000,00

45   5. monatliche Wartungspauschale für das Kassensystem (Einzugsermächtigung), brutto (einschl. 16 % Umsatzsteuer) 406,00

50   **5. Die Emut GmbH (L.-Nr. 44002) zieht auf uns einen Wechsel** (betrifft: Beleg 11), den wir akzeptieren 56.260,00

   6. Die Vödisch AG (L.-Nr. 44006) erteilt uns eine Gutschrift (betrifft: Beleg 12) für

61   1. zurückgeschickte Leihverpackung (Warengruppe 1),
        Nettobetrag 200,00
        + 16 % Umsatzsteuer 32,00

        Gutschrift 232,00

62   2. mangelhafte Waren (Minderung), (Warengruppe 1),
        Nettobetrag 3.000,00
        + 16 % Umsatzsteuer 480,00

        Gutschrift 3.480,00

70   **7.** Die Emut GmbH (L.-Nr. 44002) belastet uns mit Diskont 900,00

80   **8.** Wir ziehen auf Gertrud Schön (Kd.-Nr. 24002) einen Wechsel (betrifft: Beleg 20) über 696,00

90   **9.** Wir belasten Gertrud Schön (Kd.-Nr. 24002) mit Diskont 15,00

   10. Bankgutschrift für

101   1. Diskontabrechnung,
        Wechselsumme 8.000,00
        – Diskont 400,00
        – Bankspesen 20,00

        Wechselbarwert 7.580,00

102   2. Kundenzahlung (Klaus Söffgen, Kd.-Nr. 24001,
        betrifft: Beleg 1),[2]
        Bruttorechnungsbetrag (Warengruppe 2) 812,00
        – 3 % Skonto (netto) 21,00
        – 16 % Umsatzsteuer (auf Skonto) 3,36

        Gutschrift 787,64

103   3. Wechselinkasso,
        Wechselsumme 18.000,00
        Inkassospesen 10,00

---

1 Zahlungsausgang innerhalb des Skontozahlungsziels.   2 Zahlungseingang innerhalb des Skontozahlungsziels.

Abschlussangaben

110	**11.** Passivierung der Zahllast
120	**12.** Warenschlussbestand lt. Inventur 460.000,00
	davon Warengruppe 1 .... 280.000,00
	Warengruppe 2 .... 180.000,00
130	**13.** Die Schlussbestände der anderen Bestandskonten entsprechen den Inventurbeständen.

3.3 Personalwirtschaft

Personalkosten ist der Oberbegriff für sämtliche das Personal betreffende Kosten. Löhne sind das Arbeitsentgelt von Arbeitern. Gehälter erhalten kaufmännische und technische Angestellte.

Tarifverträge sind in der Regel die Grundlage des Arbeitsentgeltes. Häufig werden die sozialen Verhältnisse und die Leistungen der Arbeitnehmer berücksichtigt. Mit leitenden Angestellten schließen die Arbeitgeber meistens Einzelarbeitsverträge ab.

Der Einzelhandelskontenrahmen differenziert bei den Personalkosten sehr fein. Er sieht hierfür folgende Kontengruppen vor:

62 Löhne
63 Gehälter
64 Soziale Abgaben und Aufwendungen für Altersversorgung und für Unterstützung
66 Sonstige Personalaufwendungen
(Ein Blick in den Kontenrahmen zeigt die weitere Unterteilung in die Kontenarten.)

3.3.1 Die Lohn- und Gehaltsabrechnung

Eine Lohn- und Gehaltsabrechnung vollzieht sich nach folgendem Schema:

Bruttogehalt bzw. -lohn		
– Abzüge	Arbeitnehmeranteil zur Sozialversicherung	– Krankenversicherung – Pflegeversicherung – Rentenversicherung – Arbeitslosenversicherung
	Steuern	– Lohnsteuer – Solidaritätszuschlag – Kirchensteuer
= Nettogehalt bzw. -lohn (Auszahlung)		

6467260L

Vom Bruttoverdienst behält der Arbeitgeber zum Zeitpunkt der Lohn- bzw. Gehaltszahlung die im vorstehenden Schema dargestellten Abzüge ein.

Die monatlich einbehaltenen Steuern müssen an das zuständige Finanzamt bis zum
10. des Folgemonats abgeführt werden. Vom Finanzamt wird die Kirchensteuer weiter-
geleitet.

Die monatlich einbehaltenen Sozialversicherungsbeiträge hat der Arbeitgeber bis zum
15. des Folgemonats an die jeweilige Krankenkasse zu überweisen. Die Krankenkasse
leitet die Sozialversicherungsbeiträge an die entsprechenden Versicherungsträger weiter.

Der Gesetzgeber schreibt vor (§ 41 EStG), dass der Arbeitgeber für jeden Arbeitnehmer
einen Einzelnachweis über das Arbeitsentgelt führen muss. In der Lohn- und Gehalts-
buchhaltung wird daher für jeden Arbeitnehmer ein Lohn- bzw. Gehaltskonto geführt.

In Lohn- und Gehaltslisten werden die Beträge der einzelnen Konten zusammengestellt.

Die Summenzeile der Lohn- bzw. Gehaltsliste wird an die Hauptbuchhaltung weiterge-
leitet.

3.3.2 Die Buchung der Lohn- bzw. Gehaltszahlung

Beispiel: Gehaltsliste[1] April

Lfd. Nr.	Name	Lohn-steuer-klasse	Brutto-gehälter	Abzüge							Netto-gehälter (Bank-überweisung)
				Steuern			Sozialversicherung				
				LSt	SoZ	KiSt	KV	PV	RV	AV	
1	Alt, Klaus	II/1,0	2.500,00	405,88	17,14	28,04	165,00	21,25	241,25	81,25	1.540,19
2	Berg, Tina	IV/3,0	2.800,00	592,16	24,09	39,42	184,80	23,80	270,20	91,00	1.574,53
3	Surk, Anna	I	2.000,00	322,41	17,73	29,02	132,00	17,00	193,00	65,00	1.223,84
Summe			7.300,00	1.320,45	58,96	96,48	481,80	62,05	704,45	237,25	4.338,56

Sonstige Verbindlichkeiten gegenüber Finanzbehörden:	1.320,45 € + 58,96 € + 96,48 € = 1.475,89 €
Verbindlichkeiten gegenüber Sozialversicherungsträgern:	481,80 € + 62,05 € + 704,45 € + 237,25 € = 1.485,55 €

Die Summenzeile der Gehaltsliste für den Monat April wird in der Hauptbuchhaltung
gebucht.

Buchungssatz	6300 Gehälter	7.300,00	
	an 2800 Kreditinstitute		4.338,56
	an 4830 Sonst. Verb. ggü. Finanzbehörden		1.475,89
	an 4840 Verb. ggü. Sozialversicherungsträgern		1.485,55

---

1 Wegen der ständigen kurzfristigen Änderungen (Sozialversicherungsbeiträge, Solidaritätszuschlag) wird diese Gehaltsliste
  nur in größeren Abständen aktualisiert.

**Die Konten „4830 Sonstige Verbindlichkeiten gegenüber Finanzbehörden"
und „4840 Verbindlichkeiten gegenüber Sozialversicherungsträgern" sind
passive Bestandskonten.**

Auf diesen Konten werden die einbehalten Steuern bzw. die einbehalten Sozialversicherungsbeiträge gebucht. Zum Zeitpunkt der Gehaltszahlung stellen diese Positionen Verbindlichkeiten gegenüber dem Staat, der Kirche und den Sozialversicherungsträgern dar. Bis zum Zahlungstermin im Folgemonat werden die einbehaltenen Abzüge vom Unternehmen treuhänderisch verwaltet.

3.3.3 Die Buchung des Arbeitgeberanteils zur Sozialversicherung

Die Sozialversicherungsbeiträge der Angestellten und Arbeiter werden von den Arbeitgebern und Arbeitnehmern gemeinsam zu je 50 % getragen.

Der **Arbeitnehmeranteil** zur Sozialversicherung wird – wie oben dargestellt – vom Arbeitgeber vom Bruttoverdienst einbehalten.

Der **Arbeitgeberanteil** zur Sozialversicherung wird auf dem Aufwandskonto „6400 Arbeitgeberanteil zur Sozialversicherung" erfasst. Da der Betrag zum Zeitpunkt der Lohn- bzw. Gehaltszahlung noch nicht an die Krankenkasse abgeführt wird, erfolgt die Gegenbuchung auf dem passiven Bestandskonto „4840 Verbindlichkeiten gegenüber Sozialversicherungsträgern."

Beispiel

Der Arbeitgeberanteil zur Sozialversicherung der obigen Gehaltsliste für den Monat April beträgt 1.485,55 €.

Buchungssatz	6400 Arbeitgeberanteil zur Sozialversicherung	1.485,55	
	an 4840 Verb. ggü. Sozialversicherungsträgern		1.485,55

3.3.4 Die Buchung der Überweisung der einbehaltenen Abzüge

Beispiel

Die einbehalten
– Steuern in Höhe von .... 1.475,89 €
– Arbeitnehmeranteile zur Sozialversicherung in Höhe von .... 1.485,55 €
– Arbeitgeberanteile zur Sozialversicherung in Höhe von .... 1.485,55 €
für den Monat April werden am 8. Mai an das Finanzamt und an die
Krankenkasse überwiesen.

Buchungssatz	4830 Sonst. Verb. gegenüber Finanzbehörden	1.475,89	
	4840 Verb. ggü. Sozialversicherungsträgern	2.971,10	
	an 2800 Kreditinstitute		4.446,99

Die passiven Bestandskonten „4830 Sonstige Verbindlichkeiten gegenüber Finanzbehörden" und „4840 Verbindlichkeiten gegenüber Sozialversicherungsträgern" haben den Charakter von **Durchlaufkonten.** Die einbehaltenen Steuern sowie der Arbeitnehmeranteil und Arbeitgeberanteil zur Sozialversicherung werden hier als **durchlaufende Posten** gebucht.

Zusammenfassung

Schaubild

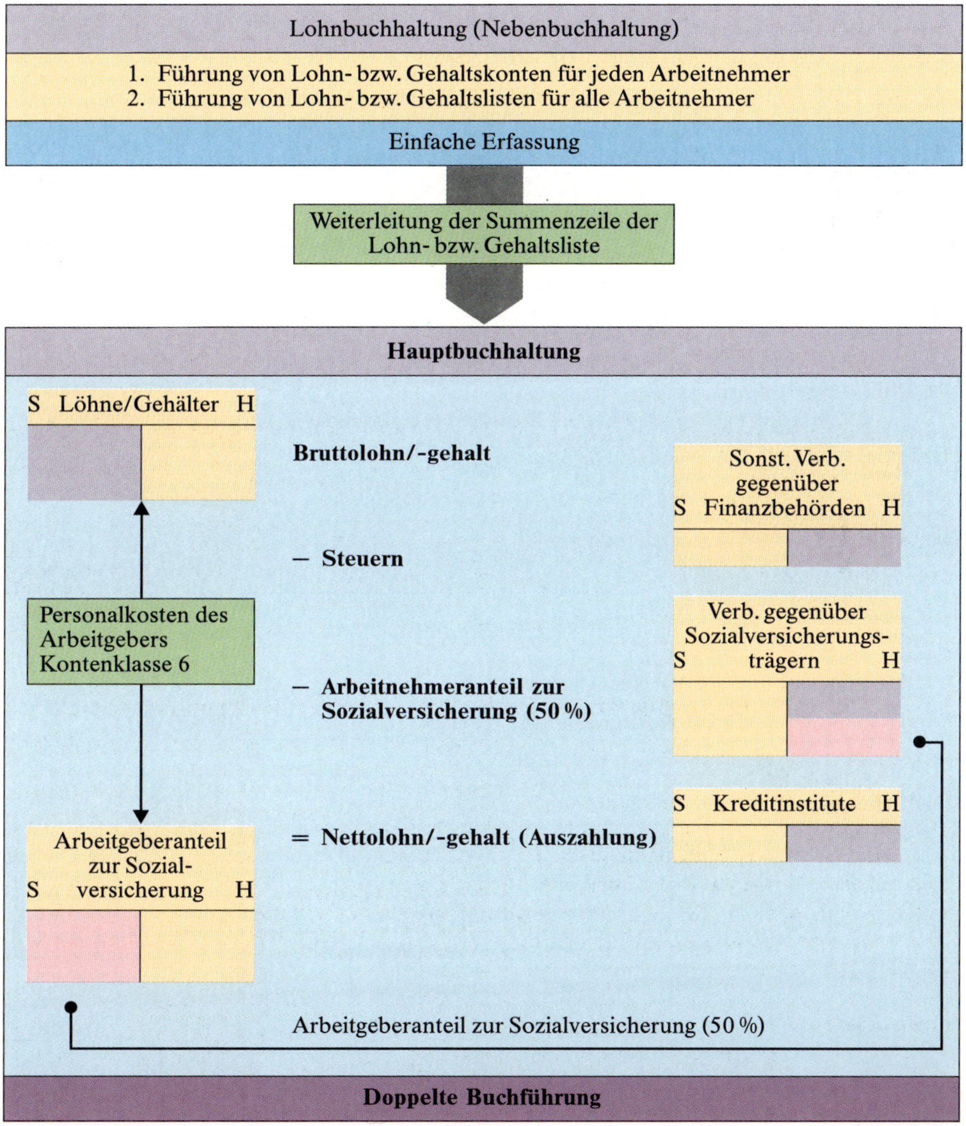

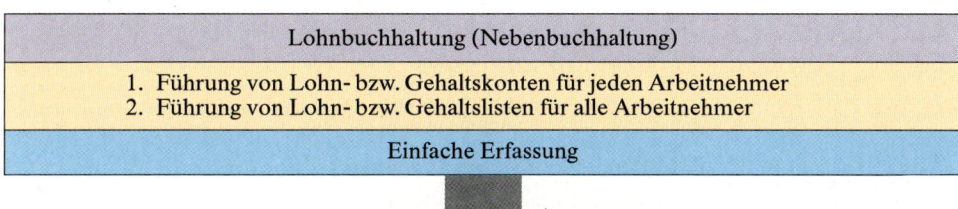

Lohnbuchhaltung (Nebenbuchhaltung)

1. Führung von Lohn- bzw. Gehaltskonten für jeden Arbeitnehmer
2. Führung von Lohn- bzw. Gehaltslisten für alle Arbeitnehmer

Einfache Erfassung

Weiterleitung der Summenzeile der Lohn- bzw. Gehaltsliste

Hauptbuchhaltung

| S Löhne/Gehälter H | **Bruttolohn/-gehalt** | Sonst. Verb. gegenüber S Finanzbehörden H |

— **Steuern**

Personalkosten des Arbeitgebers Kontenklasse 6

Verb. gegenüber Sozialversicherungs- S trägern H

— **Arbeitnehmeranteil zur Sozialversicherung (50 %)**

S Kreditinstitute H

Arbeitgeberanteil zur Sozial- S versicherung H

= **Nettolohn/-gehalt (Auszahlung)**

Arbeitgeberanteil zur Sozialversicherung (50 %)

Doppelte Buchführung

Merksätze

1. Die Personalkosten setzen sich zusammen aus den Bruttolöhnen bzw. -gehältern sowie aus den Arbeitgeberanteilen zur Sozialversicherung.
2. Die vom Bruttoverdienst einbehaltenen Arbeitnehmeranteile zur Sozialversicherung und die einbehaltenen Steuern sowie die Arbeitgeberanteile zur Sozialversicherung werden bis zu ihrer Abführung an das Finanzamt bzw. an die Krankenkasse als durchlaufende Posten auf den Konten „4830 Sonstige Verbindlichkeiten gegenüber Finanzbehörden" und „4840 Verbindlichkeiten gegenüber Sozialversicherungsträgern" erfasst.

Aufgaben folgen auf Seite 268 ff.

3.3.5 Die Buchung von Vorschüssen

Mit einem Vorschuss erhält ein Arbeitnehmer Zahlungsmittel, auf die er noch keinen Rechtsanspruch hat. Ein Vorschuss auf das Arbeitsentgelt hat daher den Charakter eines kurzfristigen Kredites. Aus diesem Grund wird ein Vorschuss zum Zeitpunkt der Auszahlung nicht auf einem Aufwandskonto, sondern auf dem **aktiven Bestandskonto** „2650 Forderungen an Mitarbeiter" gebucht.

Bei der Buchung der Lohn- bzw. Gehaltszahlung werden die Vorschüsse verrechnet.

Beispiel

Es sind aufgrund der unten stehenden Informationen zu buchen:
1. die Vorschusszahlung, 2. die Lohnabrechnung und 3. der Arbeitgeberanteil zur Sozialversicherung.

Lohnvorschüsse zum 15. des Monats: 3.800,00 € (Banküberweisung).

Brutto-löhne	Abzüge		Gesamt-abzüge	Vor-schüsse	Aus-zahlung (Bank-über-weisung)	Arbeit-geberanteil zur Sozialver-sicherung
	Steuern	Sozialver-sicherung				
65.900,00	14.390,00	13.180,00	27.570,00	3.800,00	34.530,00	13.180,00

1. Buchungssatz für die Vorschusszahlung

2650 Forderungen an Mitarbeiter		3.800,00	
an	2800 Kreditinstitute		3.800,00

2. Buchungssatz für die Lohnzahlung

6200 Löhne		65.900,00	
an	2800 Kreditinstitute		34.530,00
an	2650 Forderungen an Mitarbeiter		3.800,00
an	4830 Sonst. Verb. ggü. Finanzbehörden		14.390,00
an	4840 Verb. ggü. Sozialversicherungsträgern		13.180,00

3. Buchungssatz für den Arbeitgeberanteil zur Sozialversicherung

6400 Arbeitgeberanteil zur Sozialversicherung		13.180,00	
an	4840 Verb. ggü. Sozialversicherungsträgern		13.180,00

6467264L

3.3.6 Die entgeltliche Warenlieferung an Arbeitnehmer

Eine Warenlieferung an Arbeitnehmer wird häufig gegen den Arbeitslohn verrechnet. Zum Zeitpunkt der Lieferung an den Arbeitnehmer entsteht der Unternehmung – ebenso wie bei der Vorschusszahlung – eine sonstige kurzfristige Forderung. Diese wird mit der Buchung der Lohn- bzw. Gehaltszahlung ausgeglichen.

Beispiel

Anfang des Monats erhält ein Angestellter einen Anzug aus hochwertigem Kaschmir	200,00 €
+ 16 % Umsatzsteuer	32,00 €

Der Preis des Anzuges soll mit der Gehaltszahlung verrechnet werden.

Buchungssatz für die Warenlieferung an den Arbeitnehmer

2650	Forderungen an Mitarbeiter	232,00	
an	5000 Umsatzerlöse für Waren		200,00
an	4800 Umsatzsteuer		32,00

Am Monatsende ist folgende Gehaltsabrechnung zu buchen:

Brutto- gehalt	Steuern	Sozialvers.	Warenbezug	Auszahlung (Banküber- weisung)	Arbeitgeber- anteil
2.800,00	462,00	560,00	232,00	1.546,00	560,00

1. Buchungssatz für die Gehaltszahlung

6300	Gehälter	2.800,00	
an	2800 Kreditinstitute		1.546,00
an	2650 Forderungen an Mitarbeiter		232,00
an	4830 Sonst. Verb. ggü. Finanzbehörden		462,00
an	4840 Verb. ggü. Sozialversicherungsträgern		560,00

2. Buchungssatz für den Arbeitgeberanteil zur Sozialversicherung

6400	Arbeitgeberanteil zur Sozialversicherung	560,00	
an	4840 Verb. ggü. Sozialversicherungsträgern		560,00

3.3.7 Die buchhalterische Behandlung von vermögenswirksamen Leistungen

Nach dem Vermögensbildungsgesetz erhalten die Arbeitnehmer vom **Staat** eine **Arbeitnehmer-Sparzulage**.

Übersicht über die staatliche Förderung (gilt ab 1. Januar 1999)

	Bausparen	Beteiligungssparen	Summe
Geförderte Anlageformen	Bausparvertrag	Aktien, Aktienfonds, GmbH-Anteile	
Zulagenbegünstigter Höchstbetrag	936,00 DM/ 478,57 € jährlich	800,00 DM/ 409,03 € jährlich	1.736,00 DM/ 887,60 € jährlich
Arbeitnehmer- sparzulage	10 % (max. 93,60 DM/ 47,86 € jährlich)	20 % (max. 160,00 DM/81,81 € jährlich) [in den neuen Bundes- ländern[1]: 25 % (max. 200,00 DM/102,26 € jährlich)]	max. 253,60 DM/ 129,66 € jährlich [in den neuen Bundesländern[1]: max. 293,60 DM/ 150,12 € jährlich]
Förderungswürdige Einkommensgrenzen (maßgeblich ist das zu versteuernde Einkommen)	35.000,00 DM/17.895,22 € für Ledige 70.000,00 DM/35.790,43 € für Verheiratete		

Die Arbeitnehmer-Sparzulage wird durch das Finanzamt des Arbeitnehmers festgesetzt. Sie wird ausgezahlt, nachdem die Sperrfristen nach dem Vermögensbildungsgesetz abgelaufen sind oder der Bausparvertrag zugeteilt worden ist.

Das vermögenswirksame Sparen der Arbeitnehmer kann aufgrund von Tarifverträgen, Betriebsvereinbarungen oder Einzelarbeitsverträgen bezuschusst werden. Der Zuschuss des Arbeitgebers stellt ein **zusätzliches Arbeitsentgelt** dar, das **steuer-** und **sozialversicherungspflichtig** ist.

Beispiel

Die folgende Gehaltsabrechnung ist zu buchen:

```
Bruttogehalt .....................................................    1.600,00 €
+ Arbeitgeberzuschuss zur vermögensw. Anlage .........................   26,00 €
= steuer- und sozialversicherungspflichtiges Gehalt ..................  1.626,00 €
– Steuern ...............................  270,00 €
– Sozialversicherungsanteil ...............  320,00 €
– vermögenswirks. Anlage .................   39,00 € ...........     629,00 €
= Auszahlungsbetrag .................................................     997,00 €
Arbeitgeberanteil zur Sozialversicherung ............................     320,00 €
```

1. Buchungssatz für die Gehaltszahlung

6300	Gehälter	1.600,00	
6310	Sonstige Gehaltsaufwendungen	26,00	
an	2800 Kreditinstitute		997,00
an	4830 Sonst. Verb. ggü. Finanzbehörden		270,00
an	4840 Verb. ggü. Sozialversicherungsträgern		320,00
an	4860 Verb. aus vermögensw. Leistungen		39,00

---

1 Die höhere Zulage für Beteiligungssparen in den neuen Bundesländern gilt bis Ende 2004.

6467266L

2. Buchungssatz für den Arbeitgeberanteil zur Sozialversicherung

6400	Arbeitgeberanteil zur Sozialversicherung	320,00	
an	4840 Verb. ggü. Sozialversicherungsträgern		320,00

3. Buchungssatz für die Überweisung der einbehaltenen Abzüge

4860	Verb. aus vermögensw. Leistungen	39,00	
4830	Sonst. Verb. ggü. Finanzbehörden	270,00	
4840	Verb. ggü. Sozialversicherungsträgern	640,00	
an	2800 Kreditinstitute		949,00

Zusammenfassung (vermögenswirksame Leistungen)

Schaubild

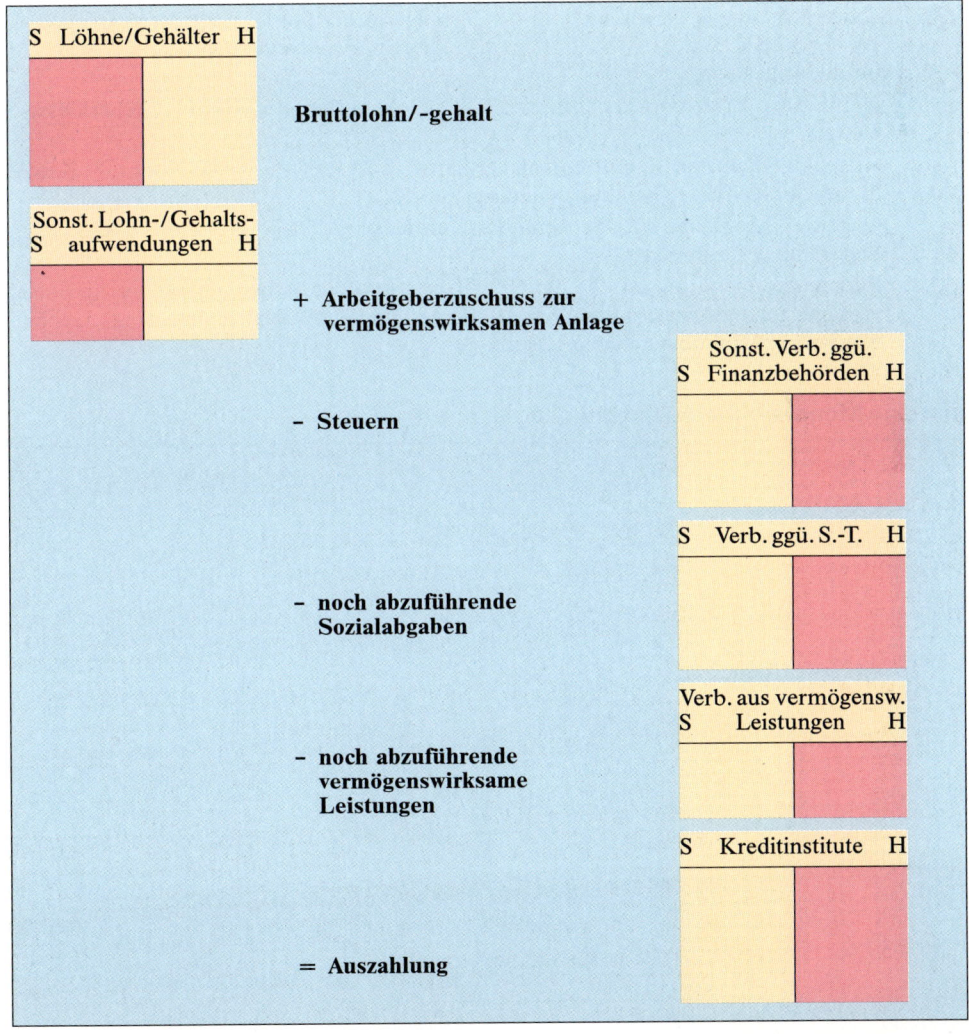

Merksätze

1. Der Staat begünstigt vermögenswirksames Bausparen und Beteiligungssparen mit der Arbeitnehmer-Sparzulage.
2. Die vermögenswirksame Anlage wird häufig vom Arbeitgeber bezuschusst.

Aufgaben

Aufgaben 1 bis 3:   Einfache Lohn- und Gehaltsbuchungen (mit Belegen);
Aufgaben 4 bis 7:   Vorschüsse und entgeltliche Warenlieferungen an Arbeitnehmer (mit Belegen);
Aufgaben 8 und 9:   Vermögenswirksame Leistungen (mit Belegen);
Aufgabe 10:   Überweisungsaufträge (Belegbuchungen);
Aufgabe 11:   Geschäftsgang.

1 €a) Erstellen Sie mithilfe der unten stehenden Auszüge aus der Lohnsteuertabelle (Kirchensteuersatz: 9 %) und anhand der Sozialversicherungsbeitragssätze (KV: 13,2 %, PV: 1,7 %, RV: 19,3 %, AV: 6,5 %) eine Gehaltsliste (nach dem Muster auf Seite 261) für die Angestellten:

Heinz Aust, Bruttomonatsverdienst 2.383,69 €, verheiratet, 1 Kind, Steuerklasse 3, ev.-luth.

Angelika Schuster, Bruttomonatsverdienst 2.385,51 €, verheiratet, 2 Kinder, Steuerklasse 4, keine Kirchenzugehörigkeit.

Gabriele Mönkemeyer, Bruttomonatsverdienst 2.391,74 €, ledig, kein Kind, Steuerklasse 1, röm.-kath.

b) Buchen Sie die Summenzeile der Gehaltsliste und den Arbeitgeberanteil zur Sozialversicherung (entspricht dem Arbeitnehmeranteil zur Sozialversicherung). Gehälter werden per Banküberweisung gezahlt.

Allgemeine Monatslohnsteuertabelle

Lohn/Gehalt bis EURO/DM	Steuerklasse	Lohnsteuer	ohne Kinderfreibeträge SolZ 5,5%	K 8%	K 9%	0,5 SolZ 5,5%	K 8%	K 9%	1,0 SolZ 5,5%	K 8%	K 9%	1,5 SolZ 5,5%	K 8%	K 9%	2,0 SolZ 5,5%	K 8%	K 9%	2,5 SolZ 5,5%	K 8%	K 9%	3,0 SolZ 5,5%	K 8%	K 9%
2.383,72 / 4.662,15	I	446,49	24,55	35,72	40,18	21,86	31,80	35,78	19,25	28,00	31,50	16,70	24,30	27,34	14,24	20,72	23,31	11,85	17,24	19,39	9,54	13,87	15,60
	II	367,66	20,22	29,41	33,09	17,65	25,68	28,88	15,15	22,05	24,80	12,74	18,53	20,85	10,39	15,12	17,01	8,12	11,82	13,30	5,93	8,63	9,71
	III	180,49	4,81	14,44	16,24		11,38	12,80		8,37	9,41		5,42	6,10		2,57	2,89						
	IV	446,49	24,55	35,72	40,18	23,20	33,75	37,96	21,86	31,80	35,78	20,55	29,89	33,62	19,25	28,00	31,50	17,97	26,14	29,40	16,70	24,30	27,34
	V	797,87	43,88	63,83	71,81																		
	VI	840,22	46,21	67,21	75,61																		
2.386,02 / 4.666,65	I	447,25	24,60	35,78	40,25	21,90	31,86	35,85	19,29	28,06	31,57	16,74	24,36	27,41	14,28	20,77	23,37	11,89	17,29	19,45	9,57	13,92	15,66
	II	368,43	20,26	29,47	33,16	17,69	25,73	28,95	15,20	22,10	24,86	12,78	18,59	20,91	10,43	15,18	17,07	8,16	11,87	13,35	5,96	8,68	9,76
	III	180,49	4,81	14,44	16,24		11,38	12,80		8,37	9,41		5,42	6,10		2,57	2,89						
	IV	447,25	24,60	35,78	40,25	23,24	33,81	38,04	21,90	31,86	35,85	20,58	29,95	33,69	19,29	28,06	31,57	18,01	26,19	29,47	16,74	24,36	27,41
	V	799,06	43,95	63,92	71,91																		
	VI	841,41	46,28	67,31	75,72																		
2.388,32 / 4.671,15	I	448,02	24,64	35,84	40,32	21,94	31,93	35,91	19,33	28,12	31,63	16,79	24,42	27,47	14,32	20,83	23,43	11,92	17,34	19,51	9,61	13,97	15,72
	II	369,15	20,30	29,53	33,22	17,73	25,79	29,02	15,24	22,16	24,93	12,81	18,64	20,97	10,47	15,23	17,13	8,20	11,92	13,41	6,00	8,73	9,82
	III	181,68	5,04	14,53	16,35		11,47	12,91		8,47	9,53		5,51	6,20		2,66	2,99						
	IV	448,02	24,64	35,84	40,32	23,28	33,87	38,10	21,94	31,93	35,91	20,63	30,00	33,76	19,33	28,12	31,63	18,05	26,25	29,53	16,79	24,42	27,47
	V	800,11	44,01	64,01	72,02																		
	VI	842,52	46,34	67,40	75,82																		
2.390,62 / 4.675,65	I	448,79	24,68	35,90	40,39	21,99	31,99	35,98	19,37	28,17	31,69	16,82	24,47	27,53	14,36	20,88	23,49	11,96	17,40	19,57	9,64	14,02	15,78
	II	369,87	20,34	29,59	33,29	17,77	25,85	29,08	15,27	22,22	24,99	12,85	18,69	21,03	10,50	15,28	17,19	8,23	11,97	13,47	6,03	8,77	9,87
	III	181,68	5,04	14,53	16,35		11,47	12,91		8,47	9,53		5,51	6,20		2,66	2,99						
	IV	448,79	24,68	35,90	40,39	23,33	33,93	38,17	21,99	31,99	35,98	20,67	30,06	33,82	19,37	28,17	31,69	18,08	26,31	29,60	16,82	24,47	27,53
	V	801,28	44,07	64,10	72,11																		
	VI	843,71	46,40	67,50	75,93																		
2.392,92 / 4.680,15	I	449,55	24,72	35,96	40,46	22,03	32,04	36,05	19,41	28,23	31,76	16,86	24,53	27,59	14,39	20,94	23,56	12,00	17,46	19,63	9,67	14,08	15,83
	II	370,64	20,39	29,65	33,36	17,81	25,91	29,14	15,31	22,27	25,05	12,88	18,74	21,09	10,54	15,33	17,25	8,27	12,03	13,53	6,06	8,82	9,92
	III	182,87	5,28	14,63	16,45		11,57	13,01		8,55	9,62		5,60	6,30		2,75	3,09						
	IV	449,55	24,72	35,96	40,46	23,37	33,99	38,24	22,03	32,04	36,05	20,71	30,13	33,89	19,41	28,23	31,76	18,13	26,37	29,66	16,86	24,53	27,59
	V	802,47	44,13	64,20	72,22																		
	VI	844,82	46,46	67,58	76,03																		

aus: Jehle Rehm Euro-Lohnsteuertabelle 2000, München/Berlin

---

1 Um eine gewisse Konstanz bei dieser Aufgabe zu erreichen, wird diese Aufgabe nur in größeren Abständen aktualisiert.

Gehaltsliste der leitenden Angestellten für März

Lfd. Nr.	Name	Lohn-steuer-klasse	Brutto-gehälter	Abzüge			Netto-gehälter (Bank-überwei-sung)
				Steuern	Sozial-versiche-rung	Gesamt-abzüge	
1	Aldo, Mark	IV	4.600,00	840,00	920,00	1.760,00	2.840,00
2	Berg, Jana	III/1,0	4.700,00	650,00	940,00	1.590,00	3.110,00
3	Conrad, Tina	I	3.300,00	550,00	660,00	1.210,00	2.090,00
4	Dunst, Klaus	III/2,0	4.400,00	500,00	880,00	1.380,00	3.020,00
	Summe		17.000,00	2.540,00	3.400,00	5.940,00	11.060,00

Arbeitgeberanteil zur Sozialversicherung: 3.400,00 €

a) Buchen Sie aufgrund der Gehaltsliste
   – die Gehaltszahlung und
   – den Arbeitgeberanteil zur Sozialversicherung.
b) Buchen Sie am Anfang des Folgemonats das Abführen (Banküberweisung) der noch abzuführenden Steuern und der noch abzuführenden Sozialabgaben.

3

Bruttolöhne	Abzüge		Nettolöhne (Banküberw.)
	Steuern	Sozialvers.	
13.800,00	1.940,00	2.760,00	9.100,00

Arbeitgeberanteil zur Sozialversicherung: 2.760,00 €

a) Buchen Sie die Lohnzahlung und den Arbeitgeberanteil zur Sozialversicherung.
b) Buchen Sie am Anfang des Folgemonats das Abführen (Banküberweisung) der noch abzuführenden Abgaben.

---

4 15. Januar: Lohnvorschüsse durch Banküberweisung: 3.000,00 €.

Brutto-löhne	Steuern	Sozial-vers.	Vor-schüsse	Netto-löhne (Banküber-weisung)	Arbeit-geber-anteil zur Sozialvers.
33.900,00	4.780,00	6.800,00	3.000,00	19.320,00	6.800,00

a) Buchen Sie die Banküberweisung der Vorschusszahlungen.
b) Buchen Sie die Lohnzahlung und den Arbeitgeberanteil zur Sozialversicherung.
c) Buchen Sie am Anfang des Folgemonats das Abführen (Banküberweisung) der noch abzuführenden Abgaben.

5 Sie sind Angestellte(r) des Textileinzelhandels Konrad Fied KG, Goseriede 41, 30159 Hannover. Der unten stehende Beleg liegt Ihnen zur Buchung vor.

a) Welcher Geschäftsfall liegt dem Beleg zugrunde?

b) Wie lautet der Buchungssatz?

Ausgabebeleg		Kassenbeleg-Nr. 181	
Ausgezahlt wurden an		netto	€ ---800 ct 00
Herrn		% € USt	ct
August Pieper		gesamt	€ ---800 ct 00
im Hause			

Tausender	Hunderter	Zehner	Einer	
----------	acht----	-------- --	-----	Cent wie oben
Gesamtbetrag in Worten			Freie Felder durchstreichen	

für Gehaltsvorschuss für August ..

zulasten

Ort Hannover   Datum 10. Aug. ..

Gesamtbetrag dankend erhalten

Pieper

Unterschrift des Empfängers

---

6 Buchen Sie folgende Geschäftsfälle:

1. Entgeltliche Warenlieferung an Angestellte .... 1.000,00 €
   + 16 % Umsatzsteuer .... 160,00 €
   (Verrechnung erfolgt bei der Gehaltszahlung)

2.

Brutto-gehälter	Steuern	Sozial-vers.	Waren-lieferung	Gesamt-abzüge	Netto-gehälter (Bank-überw.)	Arbeit-geber-anteil
25.900,00	3.500,00	5.200,00	1.160,00	9.860,00	16.040,00	5.200,00

3. Abführen der Sozialversicherungsbeiträge und der Steuern durch Banküberweisung (siehe 2.).

---

7 Buchen Sie folgende Geschäftsfälle:

1. Vorschusszahlung an Angestellte, bar .... 2.000,00 €
2. Entgeltliche Warenlieferung an Angestellte .... 1.500,00 €
   + 16 % Umsatzsteuer .... 240,00 €
   (Verrechnung erfolgt bei der Gehaltszahlung)

3.

Brutto-gehälter	Steuern	Sozial-vers.	Vorschuss	Waren-lieferung	Netto-gehälter (Bank-überw.)	Arbeit-geber-anteil
50.400,00	6.580,00	10.100,00	2.000,00	1.740,00	29.980,00	10.100,00

4. Postbanküberweisung der Sozialversicherungsbeiträge sowie der Steuern (siehe 3.).

8 Bilden Sie zu der unten stehenden Lohnliste die Buchungssätze für

1. die Lohnzahlung,
2. den Arbeitgeberanteil zur Sozialversicherung,
3. die Banküberweisung der einbehaltenen vermögenswirksamen Anlagen,
4. die Banküberweisung der einbehaltenen Steuern und
5. die Banküberweisung der einbehaltenen Sozialabgaben.

Lohnliste: Monat Mai

Name	Steuer-klasse	Brutto-löhne	Zuschuss z. ver-mögensw. Anlage	Steuern	Sozial-vers.	ver-mögens-wirks. Anlage	Aus-zahlung (Bank)
Harms, R.	III/1,0	3.200,00	26,00	555,00	640,00	39,00	1.992,00
Ihde, M.	I	2.900,00	26,00	478,00	580,00	39,00	1.829,00
Kuld, S.	IV	2.700,00	13,00	421,00	540,00	26,00	1.726,00
Lag, A.	II/1,0	3.100,00	13,00	563,00	620,00	26,00	1.904,00
Summe		11.900,00	78,00	2.017,00	2.380,00	130,00	7.451,00

Arbeitgeberanteil zur Sozialversicherung: 2.380,00 €.

9

Be-trieb	Brutto-löhne	Zuschuss z. ver-mögensw. Anlage	Steuern	Sozial-vers.	ver-mögens-wirks. Anlage	Aus-zahlung (Bank)	Arbeit-geber-anteil
1	47.500,00	338,00	8.230,00	9.500,00	676,00	?	9.500,00
2	30.200,00	234,00	5.180,00	6.100,00	468,00	?	6.100,00
3	68.700,00	640,00	11.790,00	13.800,00	832,00	?	13.800,00

a) Errechnen Sie für jeden Betrieb den Auszahlungsbetrag.
b) Bilden Sie für jeden Betrieb die Buchungssätze für
   1. die Lohnzahlung,
   2. den Arbeitgeberanteil zur Sozialversicherung,
   3. die Banküberweisung der einbehaltenen vermögenswirksamen Anlagen,
   4. die Banküberweisung der einbehaltenen Steuern und
   5. die Banküberweisung der einbehaltenen Sozialabgaben.

10 Sie sind Angestellte(r) des Textileinzelhandels Konrad Fied KG, Goseriede 41, 30159 Hannover. Die nachstehenden Belege liegen Ihnen zur Buchung vor.

a) Welche Geschäfts-
   fälle liegen den
   Belegen zu-
   grunde?
b) Wie lauten die
   Buchungssätze?

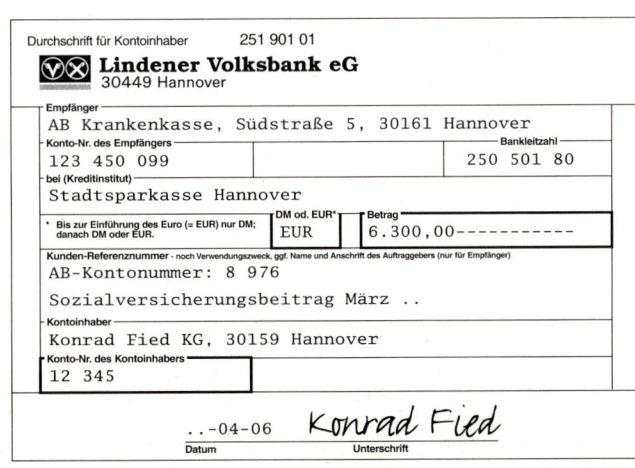

Beleg 1

Beleg 2

Ⓥ Ⓧ Lindener Volksbank eG
30449 Hannover

Empfänger
Lindener Volksbank AG

Konto-Nr. des Empfängers
98 765

Bankleitzahl
251 901 00

bei (Kreditinstitut)
selbst

* Bis zur Einführung des Euro (= EUR) nur DM; danach DM oder EUR.

DM od. EUR*
EUR

Betrag
538,00----------

Kunden-Referenznummer - noch Verwendungszweck, ggf. Name und Anschrift des Auftraggebers (nur für Empfänger)
Vermögenswirksame Sparleistungen unserer Arbeit-
nehmer, März .., gemäß Liste

Kontoinhaber
Konrad Fied KG, 30159 Hannover

Konto-Nr. des Kontoinhabers
12 345

..-04-08   *Konrad Fied*
Datum   Unterschrift

Beleg 3

Ⓥ Ⓧ Lindener Volksbank eG
30449 Hannover

Empfänger
Finanzkasse, Finanzamt Hannover-Süd

Konto-Nr. des Empfängers
55 555 555

Bankleitzahl
250 000 00

bei (Kreditinstitut)
Landeszentralbank Hannover

* Bis zur Einführung des Euro (= EUR) nur DM; danach DM oder EUR.

DM od. EUR*
EUR

Betrag
4.900,00-----------

Kunden-Referenznummer - noch Verwendungszweck, ggf. Name und Anschrift des Auftraggebers (nur für Empfänger)
Lohn- und Kirchensteuer, Solidaritätszuschlag
März ..

Kontoinhaber
Konrad Fied KG, 30159 Hannover

Konto-Nr. des Kontoinhabers
12 345

..-04-09   *Konrad Fied*
Datum   Unterschrift

Beleg 4

Ⓥ Ⓧ Lindener Volksbank eG
30449 Hannover

Empfänger
Textil-Berufsgenossenschaft, Hannover

Konto-Nr. des Empfängers
445 566

Bankleitzahl
250 501 80

bei (Kreditinstitut)
Stadtsparkasse Hannover

* Bis zur Einführung des Euro (= EUR) nur DM; danach DM oder EUR.

DM od. EUR*
EUR

Betrag
998,00-----------

Kunden-Referenznummer - noch Verwendungszweck, ggf. Name und Anschrift des Auftraggebers (nur für Empfänger)
Beitrag für das Jahr .., Mitglieds-Nr. AB/345XY

Kontoinhaber
Konrad Fied KG, 30159 Hannover

Konto-Nr. des Kontoinhabers
12 345

..-04-15   *Konrad Fied*
Datum   Unterschrift

Beleg 5

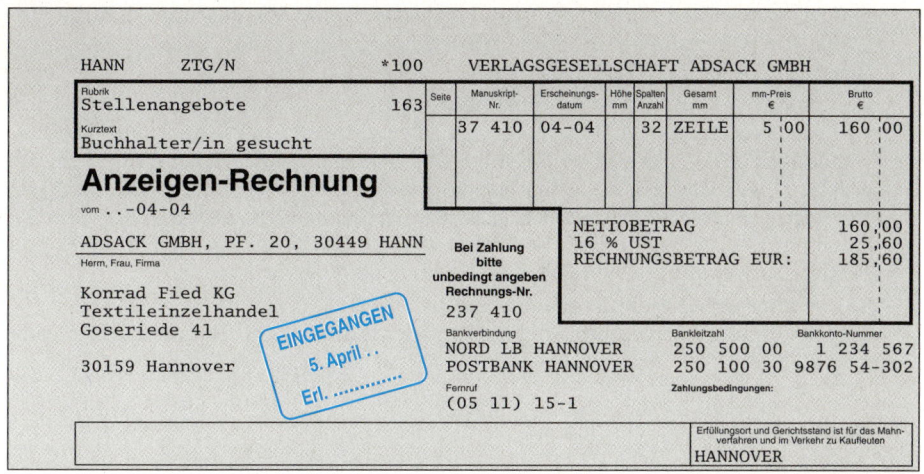

HANN   ZTG/N   *100   VERLAGSGESELLSCHAFT ADSACK GMBH

Rubrik: Stellenangebote	163	Seite	Manuskript-Nr.	Erscheinungs-datum	Höhe mm	Spalten Anzahl	Gesamt mm	mm-Preis €	Brutto €
Kurztext: Buchhalter/in gesucht			37 410	04-04		32	ZEILE	5 00	160 00

Anzeigen-Rechnung

vom ..-04-04

ADSACK GMBH, PF. 20, 30449 HANN
Herrn, Frau, Firma

Bei Zahlung bitte unbedingt angeben Rechnungs-Nr.

	NETTOBETRAG	160 00
	16 % UST	25 60
	RECHNUNGSBETRAG EUR:	185 60

Konrad Fied KG
Textileinzelhandel
Goseriede 41

30159 Hannover

EINGEGANGEN
5. April ..
Erl. ....

Rechnungs-Nr. 237 410

Bankverbindung / Bankleitzahl / Bankkonto-Nummer
NORD LB HANNOVER   250 500 00   1 234 567
POSTBANK HANNOVER   250 100 30   9876 54-302

Fernruf
(05 11) 15-1

Zahlungsbedingungen:

Erfüllungsort und Gerichtsstand ist für das Mahn-verfahren und im Verkehr zu Kaufleuten
HANNOVER

11[1] **Anfangsbestände**

FIBU möglich

I. Anfangsbestände der Sachkonten

0810 Ladenausstattung: 900.000,00 €, 0820 Kassensysteme: 200.000,00 €, 0840 Fuhrpark: 150.000,00 €, 2000 Waren: 490.000,00 € (davon 2010 Warengruppe 1: 270.000,00 €, 2020 Warengruppe 2: 220.000,00 €), 2400 Forderungen a. LL: 1.200,00 €, 2800 Kreditinstitute: 318.800,00 €, 2880 Kasse: 9.000,00 €, 3000 Eigenkapital: 979.400,00 €, 4250 Langfristige Bankverbindlichkeiten: 973.000,00 €, 4400 Verbindlichkeiten a. LL: 116.600,00 €.

II. Anfangsbestände der Kundenkonten (Offene-Posten-Liste der Debitoren)

Kd.-Nr.	Debitoren	Beleg-Nr.	Betrag (€)
24 001	Klaus Söffgen	1	800,00
24 002	Gertrud Schön	2	400,00
			1.200,00

III. Anfangsbestände der Liefererkonten (Offene-Posten-Liste der Kreditoren)

L.-Nr.	Kreditoren	Beleg-Nr.	Betrag (€)
44 002	Emut GmbH	3	69.600,00
44 006	Vödisch AG	4	47.000,00
			116.600,00

Kontenplan

Kontenklasse 0 (Immaterielle Vermögensgegenstände und Sachanlagen):
0810 Ladenausstattung, 0820 Kassensysteme, 0840 Fuhrpark.

Kontenklasse 2 (Umlaufvermögen und aktive Rechnungsabgrenzung):
2000 Waren (2010 Warengruppe 1, 2020 Warengruppe 2), 2400 Forderungen a. LL (24001 Forderungen a. LL an Klaus Söffgen, 24002 Forderungen a. LL an Gertrud Schön), 2600 Vorsteuer, 2650 Forderungen an Mitarbeiter, 2800 Kreditinstitute, 2880 Kasse.

Kontenklasse 3 (Eigenkapital und Rückstellungen):
3000 Eigenkapital, 3001 Privatkonto.

Kontenklasse 4 (Verbindlichkeiten und passive Rechnungsabgrenzung):
4250 Langfristige Bankverbindlichkeiten, 4400 Verbindlichkeiten a. LL (44002 Verbind-lichkeiten a. LL gegenüber der Emut GmbH, 44006 Verbindlichkeiten a. LL gegenüber der Vödisch AG), 4800 Umsatzsteuer, 4830 Sonstige Verbindlichkeiten gegenüber Finanzbehörden, 4840 Verbindlichkeiten gegenüber Sozialversicherungsträgern.

---

1 Der Geschäftsgang kann differenziert über Kundenkonten, Liefererkonten und Warengruppenkonten oder vereinfacht über die Sammelkonten „2000", „2400", „4400", „5000", „5001", „6000", „6001" und „6002" gebucht werden.

Kontenklasse 5 (Erträge):
5000 Umsatzerlöse für Waren (5010 Umsatzerlöse für Warengruppe 1, 5020 Umsatzerlöse für Warengruppe 2), 5001 Erlösberichtigungen (5021 Erlösberichtigungen für Warengruppe 2), 5420 Eigenverbrauch.

Kontenklasse 6 (Betriebliche Aufwendungen):
6000 Aufwendungen für Waren (6010 Aufwendungen für Warengruppe 1, 6020 Aufwendungen für Warengruppe 2), 6001 Bezugskosten (6011 Bezugskosten für Warengruppe 1, 6021 Bezugskosten für Warengruppe 2), 6002 Nachlässe (6022 Nachlässe für Warengruppe 2), 6200 Löhne für geleistete Arbeit, 6300 Gehälter, 6400 Arbeitgeberanteil zur Sozialversicherung, 6420 Beiträge zur Berufsgenossenschaft, 6600 Sonstige Personalaufwendungen, 6700 Mieten, Pachten, 6800 Büromaterial.

Kontenklasse 8 (Ergebnisrechnungen):
8000 Eröffnungsbilanzkonto, 8010 Schlussbilanzkonto, 8020 Gewinn- und Verlustkonto.

Geschäftsfälle

Beleg-Nr.		€
	1. Eingangsrechnung der	
11	1. Emut GmbH (L.-Nr. 44002)[1], Nettopreis (Warengruppe 2)	150.000,00
	– 10 % Rabatt	15.000,00
	+ Rollgeld	800,00
	+ 16 % Umsatzsteuer	21.728,00
	Rechnungsbetrag	157.528,00
12	2. Vödisch AG (L.-Nr. 44006)[2], Nettopreis (Warengruppe 1)	20.000,00
	– 15 % Rabatt	3.000,00
	+ Rollgeld	400,00
	+ 16 % Umsatzsteuer	2.784,00
	Rechnungsbetrag	20.184,00
	2. Der Geschäftsinhaber hat	
21	1. dem Betrieb Waren für private Zwecke entnommen, netto	500,00
	+ 16 % Umsatzsteuer	80,00
22	2. Waren für das Müttergenesungswerk gespendet, netto	2.000,00
	+ 16 % Umsatzsteuer	320,00
	3. Ausgangsrechnung an	
30	Gertrud Schön (Kd.-Nr. 24002), Nettopreis (Warengruppe 1)	900,00
	+ 16 % Umsatzsteuer	144,00
	Rechnungsbetrag	1.044,00
	4. Barverkauf von Waren	
41	1. Warengruppe 1 (einschl. 16 % USt)	103.356,00
42	2. Warengruppe 2 (einschl. 16 % USt)	230.840,00

---

1 Für Bruttosteuerschlüssel (EDV-Buchführung):
Bruttowert der Waren . . . . . . 156.600,00 €
Bruttowert der Bezugskosten . . 928,00 €

2 Für Bruttosteuerschlüssel (EDV-Buchführung):
Bruttowert der Waren . . . . 19.720,00 €
Bruttowert der Bezugskosten . . 464,00 €

6467274L

50	**5.** Angestellter erhält Waren, die mit seinem Gehalt verrechnet werden.	
	Nettowert (Warengruppe 1)	400,00
	+ 16 % Umsatzsteuer	64,00

6. Kassenausgänge für

61	1. Bareinkauf von Büromaterial, Nettopreis	500,00
	+ 16 % Umsatzsteuer	80,00
	Rechnungsbetrag	580,00
62	2. Vorschusszahlung an Arbeiter	800,00
63	3. Zuschuss für die Betriebssportgruppe	200,00

7. Banklastschrift für

71	1. Lohnzahlung	
	Bruttolöhne	40.500,00
	einbehaltene Steuern	7.900,00
	einbehaltener Sozialversicherungsanteil	8.100,00
	Vorschuss (Verrechnung)	800,00
	Auszahlung (Banküberweisung)	23.700,00
	Arbeitgeberanteil zur Sozialversicherung	8.100,00
72	2. Gehaltszahlung	
	Bruttogehälter	48.700,00
	einbehaltene Steuern	9.200,00
	einbehaltener Sozialversicherungsanteil	9.800,00
	Bezug von Waren (Verrechnung)	464,00
	Auszahlung (Banküberweisung)	29.236,00
	Arbeitgeberanteil zur Sozialversicherung	9.800,00
73	3. die Leasinggebühr des Lkw (Dauerauftrag), netto	600,00
	+ 16 % Umsatzsteuer	96,00
74	4. Überweisung an die Emut GmbH	
	(L.-Nr. 44002, betrifft: Beleg 3)[1],	
	Bruttorechnungsbetrag (Warengruppe 2)	69.600,00
	– 3 % Skonto (netto)	1.800,00
	– 16 % Umsatzsteuer (auf Skonto)	288,00
	Lastschrift	67.512,00
75	5. einbehaltene Steuern	
	(Lohnzahlung)	7.900,00
76	6. Sozialversicherungsbeiträge (Lohnzahlung)	16.200,00
77	7. Beiträge an die Berufsgenossenschaft	
	(Einzugsermächtigung)	1.200,00
78	8. einbehaltene Steuern	
	(Gehaltszahlung)	9.200,00
79	9. Sozialversicherungsbeiträge (Gehaltszahlung)	19.600,00
710	10. Zeitungsanzeigen für unsere Stellenangebote (Einzugs-ermächtigung), brutto (einschl. 16 % Umsatzsteuer)	348,00

---

1 Zahlungsausgang innerhalb des Skontozahlungsziels.

Abschlussangaben

80	**8.**	Passivierung der Zahllast
90	**9.**	Warenschlussbestand lt. Inventur 485.000,00
		davon Warengruppe 1 .... 235.000,00
		Warengruppe 2 .... 250.000,00
100	**10.**	Die Schlussbestände der anderen Bestandskonten entsprechen den Inventurbeständen.

3.4 Anlagenwirtschaft

3.4.1 Ursachen der Wertminderung des Anlagevermögens

Anlagegüter (z. B. Gebäude, Maschinen, Kraftfahrzeuge, Betriebs- und Geschäftsausstattung) stehen den Unternehmen längerfristig zur Verfügung. Ihre Nutzungsdauer ist jedoch zeitlich begrenzt. Der Wert der Anlagegüter[1] nimmt im Zeitablauf ab.

Die **Ursachen der Wertminderung** der Anlagegüter liegen hauptsächlich begründet

- im **technischen Verschleiß** (verursacht durch Gebrauch, Abgabe von Nutzungen),
- im **natürlichen Verschleiß** (z. B. Verrosten, Verwitterung) und
- im **technischen Fortschritt** (ein neues – technisch verbessertes – Produkt kommt auf den Markt).

3.4.2 Die buchhalterische Behandlung der Wertminderung des Anlagevermögens

Der buchhalterische Vorgang, Wertminderungen der Anlagegüter zu erfassen, wird Abschreibung genannt.
Im Einkommensteuergesetz spricht man von „Absetzung für Abnutzung" (= AfA).

Buchmäßig werden die Wertminderungen des Anlagevermögens auf dem **Aufwandskonto „Abschreibungen"** erfasst.

Beispiel

Ein Lkw, der mit 100.000,00 € auf dem Konto Fuhrpark geführt wird, hat im Betrachtungsjahr 20.000,00 € an Wert verloren. Er ist entsprechend abzuschreiben.

---

1 Ausnahme: Grund und Boden

6467276L

Buchungssatz

	6520 Abschreibungen auf SA	20.000,00	
an	0840 Fuhrpark		20.000,00

Buchung

S	6520 Abschreibungen auf SA	H		S	0840 Fuhrpark		H
0840	20.000,00			AB	100.000,00	6520	20.000,00

Abschlussbuchungssatz des Abschreibungskontos

	8020 Gewinn- und Verlustkonto	20.000,00	
an	6520 Abschreibungen auf SA		20.000,00

Abschlussbuchungssatz des Fuhrparkkontos

	8010 Schlussbilanzkonto	80.000,00	
an	0840 Fuhrpark		80.000,00

Buchungen

S	6520 Abschreibungen auf SA		H		S	0840 Fuhrpark		H
0840	20.000,00	GuV	20.000,00		AB	100.000,00	6520	20.000,00
							SB	80.000,00
						100.000,00		100.000,00

S	8020 Gewinn- und Verlustkonto	H		S	8010 Schlussbilanzkonto	H
Abschr.	20.000,00			Fuhrpark 80.000,00		

3.4.3 Abschreibungsmethoden

3.4.3.1 Die lineare Abschreibungsmethode

Bei der linearen Abschreibungsmethode wird mit gleich bleibenden Beträgen von den Anschaffungs- oder Herstellungskosten abgeschrieben.

Abschreibungsprozentsatz und Abschreibungsbetrag werden nach folgenden Formeln ermittelt:

$$\text{Abschreibungsprozentsatz} = \frac{100}{\text{Nutzungsdauer}} \qquad \text{Abschreibungsbetrag} = \frac{\text{Anschaffungswert}}{\text{Nutzungsdauer}}$$

Beispiel

Ein Pkw mit einem Anschaffungswert von 50.000,00 € soll abgeschrieben werden. Die voraussichtliche Nutzungsdauer beträgt 5 Jahre.

Abschreibungs- prozentsatz $= \dfrac{100}{5} = 20\,\%$	Abschreibungs- betrag $= \dfrac{50.000}{5} = 10.000,00$ €

Die folgende Tabelle zeigt den linearen Abschreibungsplan vom 1. bis zum 5. Nutzungsjahr.

	lineare Abschreibung (20 %)
Anschaffungswert – Abschreibung 1. Jahr	50.000,00 € 10.000,00 €
Buchwert am Ende des 1. Jahres – Abschreibung 2. Jahr	40.000,00 € 10.000,00 €
Buchwert am Ende des 2. Jahres – Abschreibung 3. Jahr	30.000,00 € 10.000,00 €
Buchwert am Ende des 3. Jahres – Abschreibung 4. Jahr	20.000,00 € 10.000,00 €
Buchwert am Ende des 4. Jahres – Abschreibung 5. Jahr	10.000,00 € 10.000,00 € (9.999,00 €)
Buchwert am Ende des 5. Jahres	0,00 € (1,00 €)

Nach 5 Jahren erreicht die lineare Abschreibung den Nullwert. Falls der Pkw weiterhin betrieblich genutzt wird, so wird er mit **1,00 € Erinnerungswert** in den Büchern weitergeführt. Der Abschreibungsbetrag beträgt dann im letzten Jahr **9.999,00 €**.

Betriebswirtschaftlich empfehlenswert ist die lineare Abschreibungsmethode bei gleichmäßiger Wertminderung des Anlagegutes während der einzelnen Nutzungsjahre.

3.4.3.2   Die degressive Abschreibungsmethode

Die degressive Abschreibungsmethode (vgl. § 7 Abs. 2 EStG) schreibt mit fallenden Beträgen vom Buch- oder Restwert ab. Der Abschreibungsbetrag wird mithilfe eines gleich bleibenden Prozentsatzes vom Buch- oder Restwert errechnet.

$$\text{Abschreibungsbetrag} \;=\; \frac{\text{Buchwert} \cdot \text{Abschreibungssatz}}{100}$$

Beispiel

Ein Pkw mit einem Anschaffungswert von 50.000,00 € ist mit 30 % degressiv abzuschreiben.
Die folgende Tabelle zeigt einen degressiven Abschreibungsplan für 5 Jahre.

	degressive Abschreibung (30 %)
Anschaffungswert – Abschreibung 1. Jahr	50.000,00 € 15.000,00 €
Buchwert am Ende des 1. Jahres – Abschreibung 2. Jahr	35.000,00 € 10.500,00 €
Buchwert am Ende des 2. Jahres – Abschreibung 3. Jahr	24.500,00 € 7.350,00 €
Buchwert am Ende des 3. Jahres – Abschreibung 4. Jahr	17.150,00 € 5.145,00 €
Buchwert am Ende des 4. Jahres – Abschreibung 5. Jahr	12.005,00 € 3.601,50 €
Buchwert am Ende des 5. Jahres	8.403,50 €

Der Nullwert wird bei der degressiven Abschreibungsmethode nach 5 Nutzungsjahren nicht erreicht. Um in der Nutzungszeit zum Nullwert zu gelangen, wird in der Regel von der degressiven zur linearen Abschreibungsmethode übergegangen.[1] Wird nicht zur linearen Abschreibungsmethode gewechselt, so wird im letzten Nutzungsjahr auf 0,00 € bzw. 1,00 € Erinnerungswert abgeschrieben.

3.4.3.3 Der Wechsel der Abschreibungsmethode

Nach § 7 Abs. 2 EStG darf der degressive Abschreibungsprozentsatz
- **nicht größer sein als der dreifache lineare Satz und**
- **30 % nicht überschreiten.**

Ein Übergang von der degressiven Abschreibungsmethode zur linearen Abschreibungsmethode ist möglich. Umgekehrt ist es nicht zulässig, von der linearen Abschreibungsmethode auf die degressive Abschreibungsmethode überzugehen (§ 7 Abs. 3 EStG).

Abschreibungen stellen einen betrieblichen Aufwand dar und **schmälern den steuerpflichtigen Gewinn.** Um den steuerpflichtigen Gewinn gering zu halten, wird – im Rahmen der steuerrechtlichen Vorschriften – Jahr für Jahr[2] angestrebt möglichst **hohe Abschreibungsbeträge Gewinn mindernd anzusetzen.**

Da der degressive Abschreibungsprozentsatz höher ist als der lineare, ist die degressive Abschreibungsmethode unter steuerlichen Gesichtspunkten in den ersten Jahren günstiger. Ein Wechsel von der degressiven Abschreibung zur linearen ist dann sinnvoll, wenn die linearen Abschreibungsbeträge die degressiven übersteigen.

Von der degressiven zur linearen Abschreibungsmethode wird in dem Nutzungsjahr übergegangen, in dem folgende Bedingungen erstmals erfüllt sind:

---

1 siehe Kapitel 3.4.3.3
2 Auf die gesamte Nutzungsdauer bezogen gleichen sich hohe und geringe Abschreibungsbeträge wieder aus. Hohe Abschreibungsbeträge in den ersten Nutzungsjahren führen allerdings zu einem Zinsvorteil wegen der geringeren Steuerzahlungen in den ersten Nutzungsjahren.

$$\frac{\text{Buchwert bei degressiver Abschreibung}}{\text{Restnutzungsdauer}} \gtreqqless \begin{array}{l}\text{Abschreibungsbetrag} \\ \text{bei degressiver Abschreibung}\end{array}$$

bzw.

$$\begin{array}{l}\text{linearer Abschreibungsprozentsatz} \\ \text{(bezogen auf die Restnutzungsdauer)}\end{array} \gtreqqless \text{degressiver Abschreibungsprozentsatz}$$

Beispiel

Die Anschaffungskosten der Lagereinrichtung belaufen sich auf 150.000,00 €. Die Nutzungsdauer gemäß AfA-Tabellen der Finanzverwaltung[1] beträgt 10 Jahre.

Für jedes Jahr soll die Abschreibungsmethode gewählt werden, die den steuerlich höchstzulässigen Abschreibungsbetrag gewährleistet.

Es ergibt sich folgender Abschreibungsplan:

	degressiv (30 %)	linearer Abschreibungsprozentsatz (bezogen auf die Restnutzungsdauer)	linear
Anschaffungskosten – AfA 1. Jahr	150.000,00 45.000,00	$\frac{100}{10} = 10\ \%$	–
Wert am Ende des 1. Jahres – AfA 2. Jahr	105.000,00 31.500,00	$\frac{100}{9} = 11\frac{1}{9}\,\%$	–
Wert am Ende des 2. Jahres – AfA 3. Jahr	73.500,00 22.050,00	$\frac{100}{8} = 12\frac{1}{2}\,\%$	–
Wert am Ende des 3. Jahres – AfA 4. Jahr	51.450,00 15.435,00	$\frac{100}{7} = 14\frac{2}{7}\,\%$	–
Wert am Ende des 4. Jahres – AfA 5. Jahr	36.015,00 10.805,00	$\frac{100}{6} = 16\frac{2}{3}\,\%$	–
Wert am Ende des 5. Jahres – AfA 6. Jahr	25.210,00 7.563,00	$\frac{100}{5} = 20\ \%$	–
Wert am Ende des 6. Jahres – AfA 7. Jahr	17.647,00 5.294,00	$\frac{100}{4} = 25\ \%$	–
Wert am Ende des 7. Jahres – AfA 8. Jahr	12.353,00 –	$\frac{100}{3} = 33\frac{1}{3}\,\%$ Übergang (linearer Abschreibungsprozentsatz > degressiver Abschreibungsprozentsatz)	12.353,00 4.118,00
Wert am Ende des 8. Jahres – AfA 9. Jahr	– –	$33\frac{1}{3}\,\%$	8.235,00 4.118,00
Wert am Ende des 9. Jahres – AfA 10. Jahr	– –	$33\frac{1}{3}\,\%$	4.117,00 4.117,00
Wert am Ende des 10. Jahres	–		0,00

Im 8. Abschreibungsjahr wird von der degressiven zur linearen AfA gewechselt, da die Abschreibungsbeträge bei der linearen AfA nun größer sind. Der Restbuchwert wird linear mit gleichen Beträgen in den letzten drei Nutzungsjahren abgeschrieben.

1   vgl. Kapitel 3.4.4

6467280L

3.4.4 Die Nutzungszeit von abnutzbaren Anlagegütern

Abschreibungen stellen einen betrieblichen Aufwand dar und schmälern den steuerpflichtigen Gewinn. Die Höhe der Abschreibungen muss daher in einem von der Finanzverwaltung anerkannten Rahmen liegen.

Das Bundesministerium der Finanzen hat AfA-Tabellen herausgegeben. In diesen Tabellen sind für die Nutzungsdauer einzelner Wirtschaftsgüter Erfahrungswerte angegeben, die Richtgrößen darstellen. In begründeten Fällen kann hiervon abgewichen werden.

Beispiele

Anlagegut	Nutzungsdauer in Jahren	linearer AfA-Satz
Ladeneinrichtungen	7	$14\,^2/_7\,\%$
Computerkassen	5	20 %
Kraftwagen – Lastwagen	7	$14\,^2/_7\,\%$
– Personenwagen	5	20 %

3.4.5 Die Abschreibung Geringwertiger Wirtschaftsgüter

Bewegliche Wirtschaftsgüter des abnutzbaren Anlagevermögens können (Wahlrecht) im Anschaffungs- oder Herstellungsjahr vollständig abgeschrieben werden (vgl. § 6 Abs. 2 EStG), wenn
– die Anschaffungs- oder Herstellungskosten 800,00 DM (entspricht 409,03 €) nicht übersteigen und wenn
– sie selbstständig bewertbar und nutzbar sind.

Werden Geringwertige Wirtschaftsgüter im Anschaffungs- oder Herstellungsjahr nicht vollständig abgeschrieben, so müssen sie durch Abschreibungen aufwandsmäßig auf die betriebsgewöhnliche Nutzungsdauer verteilt werden.

Liegen die Anschaffungs- oder Herstellungskosten unter 100,00 DM (entspricht 51,13 €), so kann der gesamte Betrag sofort als Aufwand gebucht werden.

Beispiele

1. Kauf eines Büroschranks gegen Bankscheck .... 375,00 €
   + 16 % Umsatzsteuer .... 60,00 €

2. Barkauf eines Büroschreibtisches .... 350,00 €
   + 16 % Umsatzsteuer .... 56,00 €

3. Barkauf einer Büroschreibtischlampe .... 25,00 €
   + 16 % Umsatzsteuer .... 4,00 €

Buchungssätze

1.	0890	Geringwertige Wirtschaftsgüter	375,00	
	2600	Vorsteuer	60,00	
an		2800 Kreditinstitute		435,00

2.	0890 Geringwertige Wirtschaftsgüter	350,00	
	2600 Vorsteuer	56,00	
	an 2880 Kasse		406,00

3.	6800 Büromaterial	25,00	
	2600 Vorsteuer	4,00	
	an 2880 Kasse		29,00

Buchungssatz für die vollständige Abschreibung der Geringwertigen Wirtschaftsgüter:

6540 Abschreibungen auf GWG	725,00	
an 0890 Geringwertige Wirtschaftsgüter		725,00

Das Konto „0890 Geringwertige Wirtschaftsgüter" hat am Ende des Geschäftsjahres folgendes Aussehen:

S	0890 Geringwertige Wirtschaftsgüter		H
1. 2800	375,00	6540	725,00
2. 2880	350,00		
	725,00		725,00

3.4.6 Zeitanteilige Abschreibungen

Anlagegüter, die während des Wirtschaftsjahres
- **angeschafft** bzw. **hergestellt (= Zugang)** oder
- **veräußert** bzw. **entnommen (= Abgang)**

werden, sind grundsätzlich **zeitanteilig** abzuschreiben (Abschnitt 44 Abs. 2 EStR und Abschnitt 44 Abs. 9 EStR).

In der Praxis wird dabei nach **Nutzungsmonaten** abgeschrieben.

1. Zugang von Anlagegütern

Im Zugangsjahr wird die zeitanteilige Abschreibung so gehandhabt, dass das angeschaffte bzw. hergestellte Anlagegut **ab dem Monat des Zugangs** abgeschrieben wird.

Beispiel

Bei Anschaffung eines Betriebsgebäudes am 27. März werden $^{10}/_{12}$ der Jahresabschreibung angesetzt (Annahme: Wirtschaftsjahr entspricht Kalenderjahr).

Bewegliche Wirtschaftsgüter des Anlagevermögens **können** aus **Vereinfachungsgründen** mit dem **vollen Jahresbetrag** abgeschrieben werden, wenn sie in der **1. Hälfte eines Wirtschaftsjahres** angeschafft wurden.

Bei Anschaffung in der **2. Hälfte eines Wirtschaftsjahres können** die **beweglichen** Wirtschaftsgüter entsprechend mit dem **halben Jahresbetrag** abgeschrieben werden (Abschnitt 44 Abs. 2 EStR, Vereinfachungsregelung).

6467282L

Beispiel

Ein PC, der am 28. Dezember angeschafft wird, kann mit dem halben Jahresbetrag abgeschrieben werden (Annahme: Wirtschaftsjahr entspricht Kalenderjahr).

2. Abgang von Anlagegütern

In der Praxis wird die zeitanteilige Abschreibung veräußerter oder entnommener Anlagegüter im Abgangsjahr so gehandhabt, dass auf volle Monate abgeschrieben wird. Endet die Nutzung eines Anlagegutes im Laufe eines Monats, so ist es nach herrschender Rechtsauffassung zulässig, **wahlweise auf volle Monate auf- oder abzurunden.**

Beispiel

Eine Maschine wird am 3. August veräußert. Der Abschreibungsbetrag beträgt nun im Jahr des Ausscheidens $^7/_{12}$ oder $^8/_{12}$ der Jahresabschreibung (Annahme: Wirtschaftsjahr entspricht Kalenderjahr).

Eine Vereinfachungsregelung für die zeitanteilige Abschreibung gibt es für das Abgangsjahr nicht.

3.4.7 Das Anlagenverzeichnis (Anlagenbuch)

Im Hauptbuch werden die Anlagekonten i. d. R. als **Sammelkonten** gemäß Kontenrahmen geführt. In jedem Sammelkonto wird eine Vielzahl von einzelnen Anlagegütern erfasst.

Um nun die Abschreibungen pro Sammelkonto exakt ermitteln zu können, ist das Führen eines **Anlagenbuches** (= Nebenbuch) erforderlich.

Dieses Anlagenbuch kann in Form einer **Anlagenkartei** angelegt sein. Für jeden Gegenstand des Anlagevermögens wird dann eine **Anlagenkarteikarte** geführt.

Bei der EDV-Buchführung erfolgt die Speicherung (Anlagendatei) auf einem elektronischen Datenträger.

Muster einer Anlagenkarteikarte

Inventar-Nr.: 662	Bezeichnung: vollautomatische Verpackungsmaschine		Kostenstelle: Versand	
Anlagenkonto: 0830	Abschreibungskonto: 6520		Abschreibungsbeginn: 1. Juli Jahr 1	
Voraussichtliche Nutzungsdauer: 10 Jahre	Abschreibung: linear degressiv 30%		Anschaffungskosten: 340.000,00 € Wiederbeschaffungswert: 420.000,00 € Versicherungswert: 340.000,00 €	
Datum	**Buchwert (AB)**	**jährliche AfA**	**Σ AfA**	
31. Dez. Jahr 1	340.000,00 €	51.000,00 €	51.000,00 €	
31. Dez. Jahr 2	289.000,00 €	86.700,00 €	137.700,00 €	
31. Dez. Jahr 3	202.300,00 €	60.690,00 €	198.390,00 €	
31. Dez. Jahr 4	141.610,00 €	42.483,00 €	240.873,00 €	
31. Dez. Jahr 5				
31. Dez. Jahr 6				
31. Dez. Jahr 7				
31. Dez. Jahr 8				
31. Dez. Jahr 9				
31. Dez. Jahr 10				

Aufgrund der Daten der Anlagenkartei wird ein **Anlagenverzeichnis** erstellt. In dieses Bestandsverzeichnis müssen – mit Ausnahme der geringwertigen Wirtschaftsgüter – alle beweglichen Gegenstände des Anlagevermögens, auch wenn sie bereits voll abgeschrieben sind, aufgenommen werden (Abschnitt 31 Abs. 1 EStR).

Die Kopfzeile eines Anlagenverzeichnisses könnte folgendermaßen aufgebaut sein:

Nr.	Bezeichnung des Anlagegutes	Bilanz-wert 1. Januar	Anschaffungs-/ Herstellungs-tag	kosten	Ab-gangs-tag	Nut-zungs-dauer	AfA			Bilanz-wert 31. Dez.
							Methode	Satz	Betrag	
1	2	3	4	5	6	7	8	9	10	11

Die Spalten 2 und 11 beinhalten die steuerlichen Mindestanforderungen. Enthält das Bestandsverzeichnis nur diese Informationen, so ist es jährlich aufgrund einer körperlichen Bestandsaufnahme zu erstellen (Abschnitt 31 Abs. 1 EStR).

Die Spalten 4 bis 6 sind erforderlich, wenn auf die jährliche körperliche Bestandsaufnahme der Gegenstände des beweglichen Anlagevermögens verzichtet werden soll (Abschnitt 31 Abs. 5 EStR).

Die Spalten 3 und 7 bis 10 stellen sinnvolle betriebswirtschaftliche Ergänzungsinformationen dar.

Zusammenfassung

Schaubild

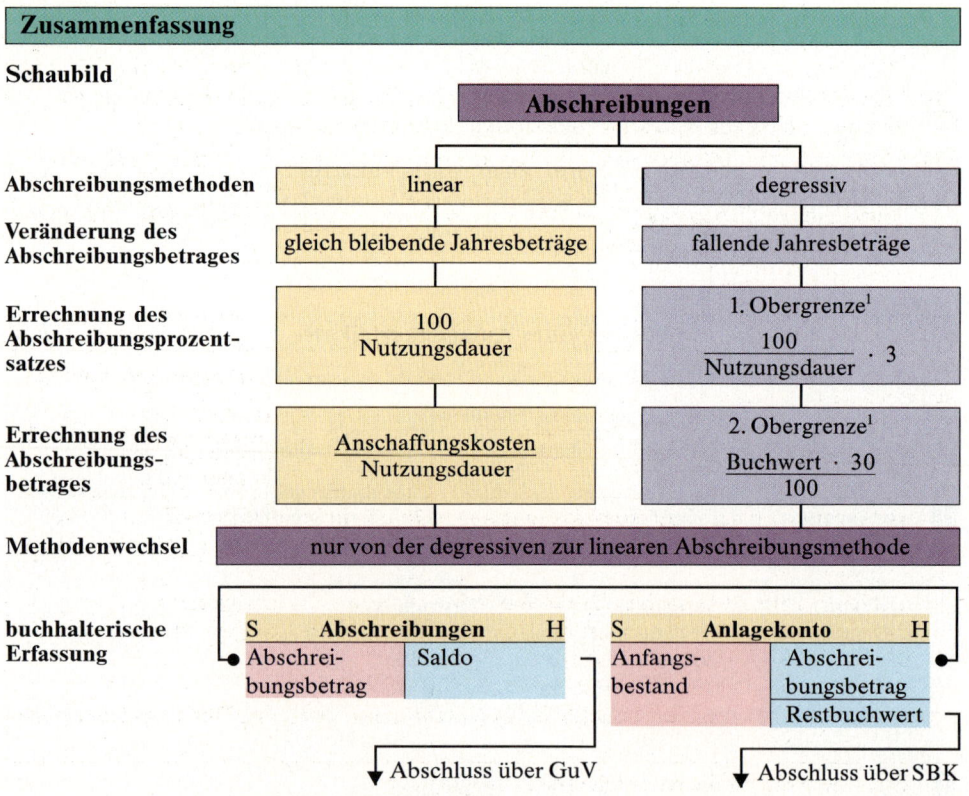

---

1 Die Obergrenzen legen die höchstzulässige degressive Abschreibung fest.

6467284L

Merksätze

1. Wertminderungen der Anlagegüter werden durch Abschreibungen buchhalterisch erfasst.

2. Abschreibungen werden als Aufwendungen im Soll des Aufwandskontos „Abschreibungen" und als Bestandsminderungen im Haben der Anlagekonten gebucht.

3. Bei der linearen Abschreibungsmethode wird mit gleich bleibenden Beträgen vom Anschaffungs- oder Herstellungswert abgeschrieben.

4. Bei der degressiven Abschreibungsmethode wird mit fallenden Beträgen vom Buchwert abgeschrieben.

5. Bleibt ein Anlagegut nach seiner vollständigen buchmäßigen Abschreibung weiterhin Bestandteil des Betriebsvermögens, so muss es mit 1,00 € Erinnerungswert auf dem jeweiligen Anlagekonto weitergeführt werden.

6. Geringwertige Wirtschaftsgüter sind bewegliche Anlagegüter, die selbstständig bewertbar und nutzbar sind und deren Anschaffungs- oder Herstellungskosten 800,00 DM (entspricht 409,03 €) nicht übersteigen. Sie können im Anschaffungs- bzw. Herstellungsjahr nach vorläufiger Aktivierung vollständig abgeschrieben werden.

7. Liegen die Anschaffungs- oder Herstellungskosten unter 100,00 DM (entspricht 51,13 €), so kann der gesamte Betrag sofort als Aufwand gebucht werden.

8. Anlagegüter, deren Zugang oder Abgang während des Wirtschaftsjahres erfolgt, sind zeitanteilig abzuschreiben.

9. Bei beweglichen Anlagegütern kann – zur Vereinfachung – bei Anschaffung bzw. Herstellung im 1. Halbjahr die volle Jahresabschreibung und bei Anschaffung bzw. Herstellung im 2. Halbjahr die halbe Jahresabschreibung vorgenommen werden.

10. Jedes Anlagegut wird einzeln in einer Anlagenkartei geführt (und abgeschrieben). Die Anlagekonten des Hauptbuches ergeben sich aus diesen Anlagenkarteien.

11. Aufgrund der Anlagenkartei wird zusätzlich ein Anlagenverzeichnis (Bestandsverzeichnis) erstellt, in das – mit Ausnahme der geringwertigen Wirtschaftsgüter – alle beweglichen Gegenstände des Anlagevermögens, auch wenn sie bereits voll abgeschrieben sind, aufgenommen werden.

Aufgaben

Aufgabe 1:	Einführung ins Thema;	*Aufgabe 8:*	Wechsel der Abschreibungsmethode;
Aufgaben 2 bis 4:	lineare AfA;		
Aufgabe 5:	Gegenüberstellung der linearen und degressiven AfA;	*Aufgaben 9 bis 11:*	GWG;
		Aufgaben 12 bis 14:	zeitanteilige Abschreibungen (mit Belegbuchungen);
Aufgaben 6 und 7:	degressive AfA;	*Aufgabe 15:*	Geschäftsgang.

1 a) Warum wird der Kauf eines Anlagegutes nicht als Aufwand gebucht?

b) Welche Möglichkeit der Bilanzveränderung liegt z. B. beim Barkauf einer Computerkasse vor?

c) Nennen Sie die Ursachen für die Wertminderungen von Anlagegütern.

d) Wie werden die Wertminderungen des Anlagevermögens buchhalterisch erfasst?

e) Was für ein Konto ist das Abschreibungskonto?

f) Welchen Vorteil bringen hohe Abschreibungen?

g) Wie wird ein Anlagegut buchhalterisch erfasst, das über seine Nutzungsdauer hinaus benutzt wird?

2 Errechnen Sie für die nachstehenden Anlagegüter

a) den linearen Abschreibungsprozentsatz und

b) den linearen Abschreibungsbetrag.

	betriebsgewöhnliche Nutzungsdauer	Anschaffungswert
Klimaanlage	8 Jahre	80.000,00 €
Fuhrpark	6 Jahre	120.000,00 €
Geschäftsausstattung	5 Jahre	20.000,00 €

3 Anfangsbestände

Ⓐ 0510 Bebaute Grundstücke .... 470.000,00 €
0810 Ladenausstattung .... 180.000,00 €
0820 Kassensysteme .... 120.000,00 €
0840 Fuhrpark .... 85.000,00 €

Die **Anschaffungskosten** betrugen:

0510 Bebaute Grundstücke .... 500.000,00 €
0810 Ladenausstattung .... 250.000,00 €
0820 Kassensysteme .... 200.000,00 €
0840 Fuhrpark .... 150.000,00 €

a) Buchen Sie die Abschreibungen nach der linearen Methode bei folgenden AfA-Sätzen:

0510 Bebaute Grundstücke .... 2 %
0810 Ladenausstattung .... 10 %
0820 Kassensysteme .... 20 %
0840 Fuhrpark .... 20 %

b) Schließen Sie die Konten ab.

4 Der Anfangsbestand auf dem Konto „0860 Büromaschinen, Organisationsmittel und Kommunikationsanlagen" beträgt 40.000,00 € (48.000,00 €). Der Anschaffungswert, der bereits zwei Jahre linear abgeschrieben wurde, betrug 80.000,00 € (72.000,00 €). Der Kauf von 12 PCs bewirkt eine Bestandsmehrung auf dem Konto „0860" von insgesamt 20.000,00 € (18.000,00 €). Für die PCs gilt eine betriebsgewöhnliche Nutzungsdauer von 5 Jahren (4 Jahren).

a) Wie hoch sind der Abschreibungsprozentsatz und der jährliche Abschreibungsbetrag für den bereits 2 Jahre abgeschriebenen Anfangsbestand des Kontos „0860" bei linearer Abschreibung?

b) Wie hoch sind der Abschreibungsprozentsatz und der jährliche Abschreibungsbetrag für die 12 neu angeschafften PCs bei linearer Abschreibung?

c) Wie hoch ist der Abschreibungsbetrag des Kontos „0860" insgesamt nach der Neuanschaffung der 12 PCs?

5 Die Anschaffungskosten eines Lastkraftwagens betragen 100.000,00 €.
Ⓐ Betriebsgewöhnliche Nutzungsdauer: 5 Jahre.

a) Errechnen Sie den linearen Abschreibungsprozentsatz und den maximal möglichen degressiven Abschreibungsprozentsatz.

b) Stellen Sie in einer Abschreibungstabelle die lineare und die degressive Abschreibungsmethode mit den unter a) errechneten Abschreibungssätzen gegenüber.
(Bis zum Ende des 5. Jahres.)

c) Erstellen Sie das Fuhrparkkonto mit Anfangsbestand, Abschreibungsbetrag und Schlussbestand am Ende des 3. Nutzungsjahres bei linearer Abschreibung.

d) Erstellen Sie das Fuhrparkkonto mit Anfangsbestand, Abschreibungsbetrag und Schlussbestand am Ende des 3. Nutzungsjahres bei degressiver Abschreibung.

6467286L

e) Wie lautet der Abschreibungsbuchungssatz am Ende des 3. Nutzungsjahres bei linearer und bei degressiver Abschreibung?

f) Wie lautet der Abschlussbuchungssatz des Kontos Fuhrpark am Ende des 3. Nutzungsjahres bei linearer und bei degressiver Abschreibung?

g) Wie lautet der Abschreibungsbuchungssatz am Ende des 5. Jahres bei linearer Abschreibung, wenn der Lastkraftwagen weiterhin genutzt wird?

---

6 Wie hoch sind nach der derzeitigen gültigen Regelung (vgl. § 7 Abs. 2 EStG) die degressiven Abschreibungssätze höchstens

a) bei folgenden linearen Abschreibungssätzen:

5 %,   10 %,   20 %,   12 %,   8 %,   15 %,   6 %,   2 %,   18 %,

b) bei folgenden betriebsgewöhnlichen Nutzungsdauern:

50 Jahre,   5 Jahre,   25 Jahre,   4 Jahre,   10 Jahre,   8 Jahre,   20 Jahre?

---

7 Erklären Sie den konjunkturpolitischen Grund einer Änderung der Obergrenzen der degressiven AfA.[1]

---

8 Die Anschaffungskosten betragen: a) 100.000,00 €   b) 120.000,00 €

Ⓐ Die betriebliche Nutzungsdauer beträgt: a) 12 Jahre   b) 10 Jahre

Es wird angestrebt, Jahr für Jahr den steuerlich höchstmöglichen Abschreibungsbetrag in Anspruch zu nehmen.

Erstellen Sie einen entsprechenden Abschreibungsplan.

---

9 a) Welche Anlagegüter gehören zu den Geringwertigen Wirtschaftsgütern?

b) Wie werden Geringwertige Wirtschaftsgüter buchhalterisch behandelt?

c) In welcher betriebswirtschaftlichen Situation wird man Geringwertige Wirtschaftsgüter im Anschaffungsjahr nicht vollständig abschreiben?

d) Wie werden Wirtschaftsgüter mit Anschaffungskosten bis zu 100,00 DM (entspricht 51,13 €) buchhalterisch behandelt?

---

10 Sie sind Angestellte(r) des Textileinzelhandels Konrad Fied KG, Goseriede 41, 30159 Hannover. Die folgenden Belege liegen Ihnen zur Buchung vor.

a) Welche Geschäftsfälle liegen den Belegen zugrunde?

b) Wie lauten die Buchungssätze?

Beleg 1

```
         Ernst Brink KG
   Georgstr. 18   *  30159 HANNOVER
         Tel: (05 11) 30 20
         Fax:          30 22

     1909 BAR-1   2875 0015 095

   432 Schreibtischlampe VK 1A 45,00
                    SUMME  EUR 45,00

   xxxxxxxxxxxxxxxxxxxxxxxxxxxxxxxxxx
   16 % USt                      6,21
   xxxxxxxxxxxxxxxxxxxxxxxxxxxxxxxxxx
             BARGELD          100,00
             RÜCKGELD          55,00

   VIELEN DANK FÜR IHREN EINKAUF

     KENNEN SIE SCHON UNSERE
           BRINK-CARD?
     ..-11-01        14:13
```

---

[1] Der degressive AfA-Satz für Anlagegüter, die vor dem 31. August 1977 angeschafft wurden, durfte höchstens das Zweifache des linearen Satzes betragen und 20 % nicht übersteigen. Anlagegüter, die in der Zeit vom 1. September 1977 bis 29. Juli 1981 angeschafft wurden, unterlagen einem degressiven Abschreibungsprozentsatz von höchstens dem Zweieinhalbfachen des entsprechenden linearen AfA-Satzes. Der degressive AfA-Satz durfte in jener Zeit 25 % nicht überschreiten.

Beleg 2

Beleg 3

Geschäftsfälle €

A 1. Kauf eines Fotokopierers gegen Bankscheck zum Listenpreis von 500,00

    − 25 % Rabatt 125,00

    + 16 % Umsatzsteuer 60,00

  2. Barkauf eines Schreibtisches zum Listenpreis von 300,00

    + 16 % Umsatzsteuer 48,00

3. Kauf eines Telefaxgerätes gegen Postscheck zum Listenpreis von 375,00
   + 16 % Umsatzsteuer 60,00
4. Barkauf einer Schreibtischauflage für 25,00
   + 16 % Umsatzsteuer 4,00
a) Wie lauten die Buchungssätze?
b) Buchen Sie die Geschäftsfälle auf dem Konto „0890 Geringwertige Wirtschaftsgüter" (ohne Gegenkonten), soweit dieses Konto berührt wird.
c) Schließen Sie das Konto „0890" ab und nennen Sie den entsprechenden Abschluss-buchungssatz (bei größtmöglicher Minderung des steuerpflichtigen Gewinns).

12 Berechnen Sie bei Anwendung der Vereinfachungsregelung die linearen Abschreibungs-beträge für das Anschaffungsjahr.

Anlagegut	Anschaffungsdatum	Anschaffungskosten	Nutzungsdauer
Bürogebäude	28. April	400.000,00 €	25 Jahre
Pkw	27. Juni	40.000,00 €	5 Jahre
Fernsprechanlage	9. Dezember	8.000,00 €	8 Jahre
Verkaufsgebäude	2. August	200.000,00 €	25 Jahre

13 Sie sind Angestellte(r) des Textileinzelhandels Konrad Fied KG, Goseriede 41, 30159 Hannover. Die folgenden Belege liegen Ihnen zur Buchung vor.
a) Welche Geschäftsfälle liegen den Belegen zugrunde?
b) Wie lauten die Buchungssätze?

Autohaus
Sauer KG
Rehbergstraße 24
30173 Hannover

Autohaus Sauer KG · Rehbergstraße 24 · 30173 Hannover

Textileinzelhandel
Konrad Fied KG
Goseriede 41

30159 Hannover

Bitte bei Zahlung angeben:
Rechnungsnummer: 4 153
Rechnungsdatum: ..-12-22
Ihre Bestellung vom: ..-06-20

Rechnung

Wir danken für Ihren Auftrag und berechnen Ihnen wie folgt:

	Leistungsbezeichnung/Warenbezeichnung	Preise in €
1	Pkw, Kombi 20 GS fabrikneu Fahrgestell-Nr. 506 748	
	zum Preis von	36.000,00
	+ 16 % USt	5.760,00
		41.760,00

EINGEGANGEN
23. Dez...
Erl. ....

Zahlungsbedingungen: 4 Wochen nach Erhalt der Rechnung

Telefon
(05 11) 32 13-0

Telefax
(05 11) 32 13-33

Stadtsparkasse Hannover
Konto-Nr. 1 122
(BLZ 250 501 80)

Die gelieferte Ware bleibt bis
zur vollständigen Bezahlung
Eigentum des Lieferanten.

Beleg 1

Beleg 2

Konrad Fied KG Hannover	**Buchungsanweisung** Buchungsdatum: ..-12-30	**Beleg-Nr.:** 4 298

für: anteilige Jahresabschreibung Pkw, Kombi 20 GS (506 748).

Abschreibung für 2. Halbjahr ..

1/2 von 20 % aus 36.000,00 € . . . . . . 3.600,00 €

---

14 Berechnen Sie die linearen Abschreibungsbeträge für das Veräußerungsjahr.

Anlagegut	Veräußerungsdatum	Anschaffungskosten	Nutzungsdauer
Pkw	11. Juli	40.000,00 €	5 Jahre
Ladenausstattung	2. März	100.000,00 €	10 Jahre
Schreibtisch	21. September	1.500,00 €	8 Jahre
Lagerhalle	4. April	260.000,00 €	25 Jahre

FIBU möglich

15 [1] **Anfangsbestände**

I. Anfangsbestände der Sachkonten

0810 Ladenausstattung: 1.150.000,00 €, 0820 Kassensysteme: 200.000,00 €, 0840 Fuhrpark: 100.000,00 €, 2000 Waren: 410.000,00 € (davon 2010 Warengruppe 1: 180.000,00 €, 2020 Warengruppe 2: 230.000,00 €), 2400 Forderungen a. LL: 1.202,80 €, 2800 Kreditinstitute: 298.800,00 €, 2880 Kasse: 20.000,00 €, 3000 Eigenkapital: 944.602,80 €, 4250 Langfristige Bankverbindlichkeiten: 985.000,00 €, 4400 Verbindlichkeiten a. LL: 250.400,00 €.

II. Anfangsbestände der Kundenkonten (Offene-Posten-Liste der Debitoren)

Kd.-Nr.	Debitoren	Beleg-Nr.	Betrag (€)
24 001	Klaus Söffgen	1	324,80
24 002	Gertrud Schön	2	878,00
			1.202,80

III. Anfangsbestände der Liefererkonten (Offene-Posten-Liste der Kreditoren)

L.-Nr.	Kreditoren	Beleg-Nr.	Betrag (€)
44 001	B. Müller OHG	3	46.400,00
44 002	Emut GmbH	4	204.000,00
			250.400,00

Kontenplan

Kontenklasse 0 (Immaterielle Vermögensgegenstände und Sachanlagen):
0810 Ladenausstattung, 0820 Kassensysteme, 0840 Fuhrpark, 0890 Geringwertige Wirtschaftsgüter.

Kontenklasse 2 (Umlaufvermögen und aktive Rechnungsabgrenzung):
2000 Waren (2010 Warengruppe 1, 2020 Warengruppe 2), 2400 Forderungen a. LL (24001 Forderungen a. LL an Klaus Söffgen, 24002 Forderungen a. LL an Gertrud Schön), 2600 Vorsteuer, 2800 Kreditinstitute, 2880 Kasse.

Kontenklasse 3 (Eigenkapital und Rückstellungen):
3000 Eigenkapital.

---

1 Der Geschäftsgang kann differenziert über Kundenkonten, Liefererkonten und Warengruppenkonten oder vereinfacht über die Sammelkonten „2000", „2400", „4400", „5000", „5001", „6000", „6001" und „6002" gebucht werden.

6467290L

Kontenklasse 4 (Verbindlichkeiten und passive Rechnungsabgrenzung):
4250 Langfristige Bankverbindlichkeiten, 4400 Verbindlichkeiten a. LL (44001 Verbindlichkeiten a. LL gegenüber der Bernhard Müller OHG, 44002 Verbindlichkeiten a. LL gegenüber der Emut GmbH, 44004 Verbindlichkeiten a. LL gegenüber Karl-Heinz More e. Kfm., 44007 Verbindlichkeiten a. LL gegenüber der Sauer KG, 44010 Verbindlichkeiten a. LL gegenüber F.-W. Heine e. K.), 4800 Umsatzsteuer.

Kontenklasse 5 (Erträge):
5000 Umsatzerlöse für Waren (5010 Umsatzerlöse für Warengruppe 1, 5020 Umsatzerlöse für Warengruppe 2), 5001 Erlösberichtigungen (5021 Erlösberichtigungen für Warengruppe 2), 5410 Sonstige Erlöse, 5710 Zinserträge.

Kontenklasse 6 (Betriebliche Aufwendungen):
6000 Aufwendungen für Waren (6010 Aufwendungen für Warengruppe 1, 6020 Aufwendungen für Warengruppe 2), 6001 Bezugskosten (6021 Bezugskosten für Warengruppe 2), 6002 Nachlässe (6012 Nachlässe für Warengruppe 1), 6300 Gehälter, 6400 Arbeitgeberanteil zur Sozialversicherung, 6520 Abschreibungen auf Sachanlagen, 6540 Abschreibungen auf GWG.

Kontenklasse 8 (Ergebnisrechnungen):
8000 Eröffnungsbilanzkonto, 8010 Schlussbilanzkonto, 8020 Gewinn- und Verlustkonto.

Geschäftsfälle

Beleg-Nr.			€
	1. Kasseneingänge für		
11	1. 280 verkaufte Einheiten aus dem Getränkeautomaten in der Kantine, netto		280,00
	+ 16 % Umsatzsteuer		44,80
			324,80
12	2. Barverkäufe		
	– Warengruppe 1 (einschl. 16 % USt)		240.120,00
	– Warengruppe 2 (einschl. 16 % USt)		325.728,00
	2. Ausgangsrechnung an		
20	Gertrud Schön (Kd.-Nr. 24002), Nettopreis (Warengruppe 1)		2.000,00
	+ 16 % Umsatzsteuer		320,00
	Rechnungsbetrag		2.320,00
	3. Gutschrift der Bank für		
31	1. Kundenzahlung (Klaus Söffgen, Kd.-Nr. 24001, betrifft Beleg 1)[1], Bruttorechnungsbetrag (Warengruppe 2)		324,80
	– 3 % Skonto (netto)		8,40
	– 16 % Umsatzsteuer (auf Skonto)		1,34
	Gutschrift		315,06
32	2. Zinsen		200,00

---

1 Zahlungseingang innerhalb des Skontozahlungsziels.

4. Eingangsrechnung der

41

1. Emut GmbH (L.-Nr. 44002)[1], Nettopreis (Warengruppe 2) | 60.000,00
  − 20 % Rabatt .... | 12.000,00
  + Rollgeld .... | 800,00
  + 16 % Umsatzsteuer .... | 7.808,00

Rechnungsbetrag .... | 56.608,00

42

2. Sauer KG (L.-Nr. 44007) für gekauften Pkw, Nettopreis | 30.000,00
  + 16 % Umsatzsteuer .... | 4.800,00

Rechnungsbetrag .... | 34.800,00

43

3. Computerkassenverkaufsgesellschaft K.-H. More e. Kfm.
  (L.-Nr. 44004) für Computerkasse, Nettopreis .... | 390,00
  + 16 % Umsatzsteuer .... | 62,40

Rechnungsbetrag .... | 452,40

44

4. Bernhard Müller OHG (L.-Nr. 44001),
  Nettopreis (Warengruppe 1) .... | 150.000,00
  + 16 % Umsatzsteuer .... | 24.000,00

Rechnungsbetrag .... | 174.000,00

45

5. Handelsvertretung F.-W. Heine e. K. (L.-Nr. 44010)
  über Provision für eingekaufte Waren (Warengruppe 2) ... | 1.000,00
  + 16 % Umsatzsteuer .... | 160,00

Rechnungsbetrag .... | 1.160,00

5. Lastschrift der Bank für

51

1. Überweisung an Lieferanten (Bernhard Müller OHG,
  L.-Nr. 44001, betrifft: Beleg 3)[2],
  Bruttorechnungsbetrag (Warengruppe 1) .... | 46.400,00
  − 3 % Skonto (netto) .... | 1.200,00
  − 16 % Umsatzsteuer (auf Skonto) .... | 192,00

Lastschrift .... | 45.008,00

52

2. Gehälter
  Bruttogehälter .... | 47.000,00
  einbehaltene Steuern .... | 7.960,00
  Sozialversicherung .... | 9.800,00
  Auszahlung (Banküberweisung) .... | 29.240,00
  Arbeitgeberanteil .... | 9.800,00

53

3. einbehaltene Steuern .... | 7.960,00

54

4. Sozialversicherungsbeiträge .... | 19.600,00

---

1 Für Bruttosteuerschlüssel (EDV-Buchführung):
Bruttowert der Waren .... 55.680,00 €
Bruttowert der Bezugskosten .. 928,00 €

2 Zahlungsausgang innerhalb des Skontozahlungsziels.

Abschlussangaben

60	**6.** Abschreibungen auf	
	1. 0810 Ladenausstattung	100.000,00
	2. 0820 Kassensysteme	40.000,00
	3. 0840 Fuhrpark	20.000,00
70	**7.** Geringwertige Wirtschaftsgüter werden im Anschaffungsjahr voll abgeschrieben.	
80	**8.** Passivierung der Zahllast.	
90	**9.** Warenschlussbestand lt. Inventur	400.000,00
	davon Warengruppe 1	240.000,00
	Warengruppe 2	160.000,00
100	**10.** Die Schlussbestände der anderen Bestandskonten entsprechen den Inventurbeständen.	

3.4.8 Die Beschaffung und der Verkauf von Sachanlagegütern

3.4.8.1 Die Beschaffung von Sachanlagegütern

Die gekauften Sachanlagegüter sind zum Zeitpunkt der Anschaffung grundsätzlich zu Anschaffungskosten zu bewerten.

Den Begriff „**Anschaffungskosten**" gibt es sowohl im Steuerrecht als auch im Handelsrecht.

Zu den Anschaffungskosten gehören auch die **Anschaffungsnebenkosten. Anschaffungspreisminderungen** sind abzusetzen.
(§ 255 Abs. 1 HGB)

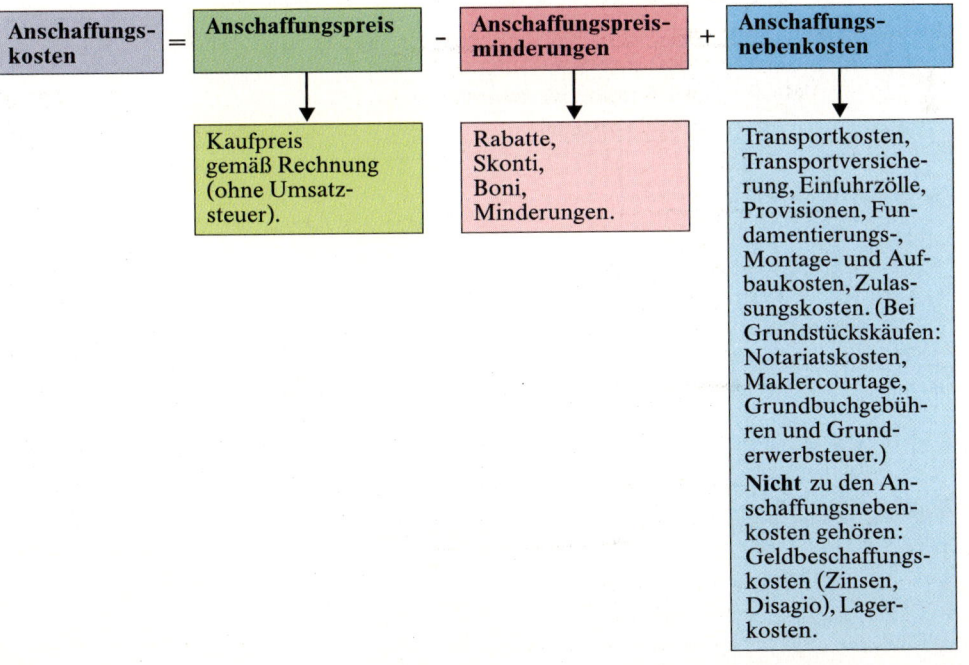

Anschaffungskosten = **Anschaffungspreis** − **Anschaffungspreisminderungen** + **Anschaffungsnebenkosten**

Kaufpreis gemäß Rechnung (ohne Umsatzsteuer).

Rabatte, Skonti, Boni, Minderungen.

Transportkosten, Transportversicherung, Einfuhrzölle, Provisionen, Fundamentierungs-, Montage- und Aufbaukosten, Zulassungskosten. (Bei Grundstückskäufen: Notariatskosten, Maklercourtage, Grundbuchgebühren und Grunderwerbsteuer.)
Nicht zu den Anschaffungsnebenkosten gehören: Geldbeschaffungskosten (Zinsen, Disagio), Lagerkosten.

Beispiel

Wir kaufen eine Ladeneinrichtung. Der Listenpreis beträgt 50.000,00 € (ohne Umsatzsteuer). Der Lieferer gewährt uns auf den Listenpreis 10 % Rabatt. Er stellt uns ferner die Transportkosten in Höhe von 1.900,00 € (ohne Umsatzsteuer) und die Aufbaukosten in Höhe von 2.000,00 € (ohne Umsatzsteuer) in Rechnung.

Listenpreis	50.000,00 €
– Rabatt (10 %)	5.000,00 €
Zieleinkaufspreis	45.000,00 €
+ Transportkosten	1.900,00 €
+ Aufbaukosten	2.000,00 €
Anschaffungskosten	**48.900,00 €**
+ 16 % Umsatzsteuer	7.824,00 €
	56.724,00 €

Buchungssatz (für Eingangsrechnung)

0810	Ladenausstattung	48.900,00	
2600	Vorsteuer	7.824,00	
an	4400 Verbindlichkeiten a. LL		56.724,00

Die Lieferrechnung wird unter Abzug von 2 % Skonto (2 % von 56.724,00 € $\longrightarrow$ 1.134,48 € $\longrightarrow$ 978,00 € netto + 156,48 € USt) per Banküberweisung bezahlt.
Der Skontonettobetrag mindert die Anschaffungskosten:

48.900,00 €	**(ursprüngliche Anschaffungskosten)**
– **978,00 €**	**(2 % Nettoskontonachlass)**
47.922,00 €	**(korrigierte Anschaffungskosten)**

Buchungssatz

4400	Verbindlichkeiten a. LL	56.724,00	
an	2800 Kreditinstitute		55.589,52
an	0810 Ladenausstattung		978,00
an	2600 Vorsteuer		156,48

Aufgaben folgen auf Seite 297 ff.

3.4.8.2 Der Verkauf gebrauchter Sachanlagegüter

3.4.8.2.1 Die buchhalterische Erfassung eines Buchgewinnes/Buchverlustes beim Verkauf gebrauchter Sachanlagegüter

Gebrauchte Anlagegüter können

1. zum Buchwert,
2. unter Buchwert oder
3. über Buchwert

verkauft werden.

Beim Verkauf über Buchwert bzw. unter Buchwert ergibt sich ein **Buchgewinn** bzw. **Buchverlust**.

Beispiel

Am 5. Mai verkaufen wir einen gebrauchten Pkw gegen Bankscheck.

Buchwert am 1. Januar	12.000,00 €
– Abschreibung vom 1. Januar bis 31. Mai[1]	1.500,00 €
Restbuchwert am 5. Mai	10.500,00 €

Fall a) Verkauf über Buchwert

Nettoverkaufspreis	15.000,00 €
+ 16 % Umsatzsteuer	2.400,00 €
Bruttoverkaufspreis	17.400,00 €

Es ergibt sich folgender Buchgewinn:

Nettoverkaufspreis	15.000,00 €
– Restbuchwert am 5. Mai	10.500,00 €
Buchgewinn	4.500,00 €

Der Buchgewinn wird auf dem Konto „5430 Andere sonstige betriebliche Erträge" ausgewiesen.

1. Buchung der Abschreibung

6520	Abschreibungen auf Sachanlagen	1.500,00	
an	0840 Fuhrpark		1.500,00

2. Buchung des Verkaufserlöses

2800	Kreditinstitute	17.400,00	
an	5410 Sonstige Erlöse		15.000,00
an	4800 Umsatzsteuer		2.400,00

3. Ausbuchung des Restbuchwertes und Erfassung des Buchgewinnes

5410	Sonstige Erlöse	15.000,00	
an	0840 Fuhrpark		10.500,00
an	5430 Andere sonstige betriebliche Erträge		4.500,00

---

1 hier: Abschreibung bis einschließlich Monat der Veräußerung (vgl. Kapitel 3.4.6)

Fall b) Verkauf unter Buchwert
(Buchwert und Abschreibung des gebrauchten Pkw wie vorstehend)

Nettoverkaufspreis	8.500,00 €
+ 16 % Umsatzsteuer	1.360,00 €
Bruttoverkaufspreis	9.860,00 €

Es ergibt sich folgender Buchverlust:

Nettoverkaufspreis	8.500,00 €
− Restbuchwert am 5. Mai	10.500,00 €
Buchverlust	2.000,00 €

Der Buchverlust wird auf dem Konto „6930 Andere sonstige betriebliche Aufwendungen" ausgewiesen.

1. Buchung der Abschreibung

6520 Abschreibungen auf Sachanlagen	1.500,00	
an 0840 Fuhrpark		1.500,00

2. Buchung des Verkaufserlöses

2800 Kreditinstitute	9.860,00	
an 5410 Sonstige Erlöse		8.500,00
an 4800 Umsatzsteuer		1.360,00

3. Ausbuchung des Restbuchwertes und Erfassung des Buchverlustes

5410 Sonstige Erlöse	8.500,00	
6930 Andere sonstige betriebliche Aufwendungen	2.000,00	
an 0840 Fuhrpark		10.500,00

Zusammenfassung

Schaubild

Fall a) Verkauf über Buchwert

Umsatzsteuerliches Entgelt aus dem Verkaufserlös

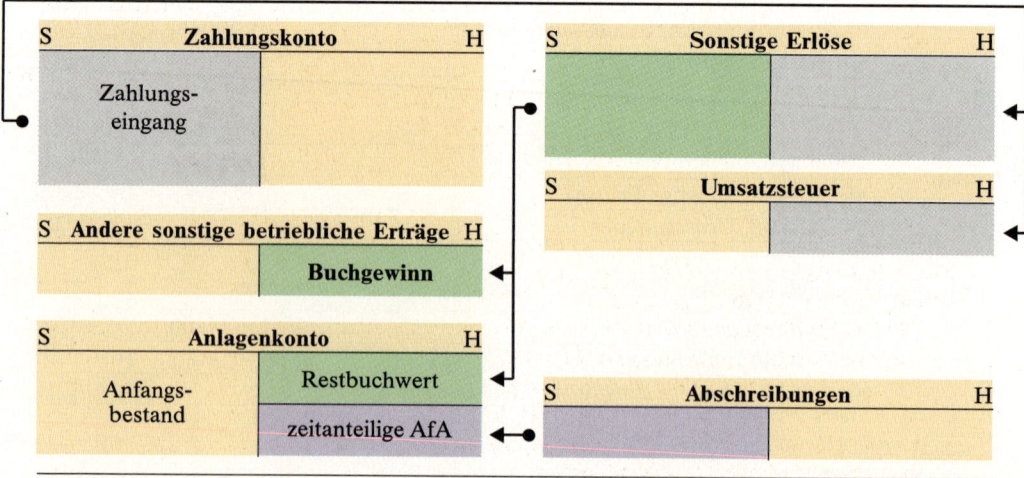

Fall b) Verkauf unter Buchwert

Umsatzsteuerliches Entgelt aus dem Verkaufserlös

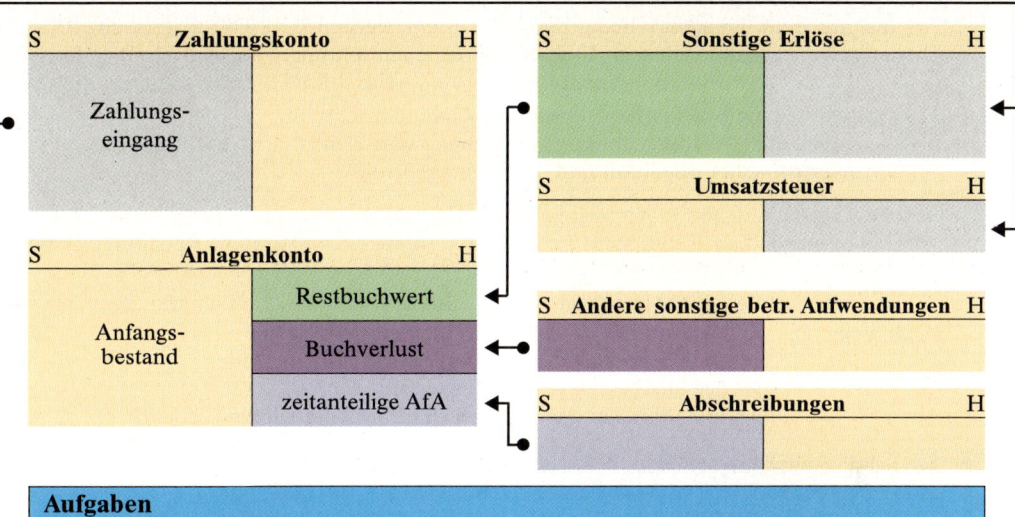

Aufgaben

1 bis 8: Beschaffung von Sachanlagegütern; *9 bis 11:* Verkauf gebrauchter Sachanlagegüter.

1 Der Textileinzelhandel Konrad Fied KG kauft ein Verkaufsgebäude einschließlich Grundstück für 250.000,00 €. Die Grunderwerbsteuer beträgt 3,5 % vom Kaufpreis. Der Notar stellt 1.624,00 € (einschließlich 16 % Umsatzsteuer) in Rechnung. An Grundbuchgebühren fallen 280,00 € an. Außerdem sind noch 11.600,00 € (einschließlich 16 % Umsatzsteuer) an Maklergebühren zu zahlen.

Im Anschaffungsjahr fallen 14.000,00 € an Hypothekenzinsen an. 200.000,00 € der Anschaffungskosten werden mit einer Hypothek (100 % Auszahlung) finanziert.

a) Ermitteln Sie die Anschaffungskosten.

b) Nennen Sie den Buchungssatz
   – für die Zahlung der Anschaffungskosten (Sammelbuchung. Der Zahlungsausgleich erfolgt durch die Aufnahme der Hypothek und über das Bankkonto.) und
   – für die Zahlung der Hypothekenzinsen.

c) Abweichend vom obigen Geschäftsfall b) wird die Notarrechnung isoliert als Eingangsrechnung auf Ziel (Einzelbuchung) gebucht. Nennen Sie für diesen Fall den Buchungssatz für die Notarrechnung.

2 Wir kaufen ein Grundstück für 180.000,00 €. An Maklercourtage fallen 4 % vom Kaufpreis (+ 16 % USt) an. Die Grunderwerbsteuer beträgt 3,5 % des Kaufpreises. An den Notar entrichten wir 1.484,80 € (einschl. 16 % USt). Die Grundbuchkosten belaufen sich auf 250,00 €.

150.000,00 € der Anschaffungskosten finanzieren wir mit einer Hypothek (100 % Auszahlung). 6.000,00 € sind im Anschaffungsjahr an Hypothekenzinsen zu zahlen.

a) Ermitteln Sie die Anschaffungskosten.

b) Nennen Sie den Buchungssatz
   – für die Zahlung der Anschaffungskosten (Sammelbuchung. Der Zahlungsausgleich erfolgt durch die Aufnahme der Hypothek und über das Bankkonto.) und
   – für die Zahlung der Hypothekenzinsen.

c) Abweichend vom obigen Geschäftsfall b) wird die Maklerrechnung isoliert als Eingangsrechnung auf Ziel (Einzelbuchung) gebucht. Nennen Sie für diesen Fall den Buchungssatz für die Maklerrechnung.

[3] Wir kaufen eine Ladeneinrichtung zum Listenpreis von 180.000,00 € (netto). Der Lieferer gewährt einen Rabatt von 10 %.

An die mit dem Transport beauftragte Spedition werden 3.480,00 € (einschl. 16 % Umsatzsteuer) gezahlt. Mit dem Einbau der Ladeneinrichtung wird eine Montagefirma beauftragt, die für ihre Arbeitsleistung 2.320,00 € (einschl. 16 % Umsatzsteuer) erhält.

a) Ermitteln Sie die Anschaffungskosten der Ladeneinrichtung.

b) Buchen Sie die Eingangsrechnungen (Zahlungsausgleich ist noch nicht erfolgt) der Lieferfirma, der Spedition und der Montagefirma.

[4] Fortsetzung der Aufgabe 3: Wir begleichen die Rechnung an die Lieferfirma (unter Abzug von 2 % Skonto), die Rechnung an die Spedition (ohne Abzug) und die Rechnung an die Montagefirma (unter Abzug von 3 % Skonto).

a) Ermitteln Sie die Anschaffungskosten der Ladeneinrichtung, die sich nun ergeben.

b) Buchen Sie   – das Begleichen der Rechnung der Lieferfirma,
  – das Begleichen der Rechnung der Spedition und
  – das Begleichen der Rechnung der Montagefirma.
(Alle Zahlungen werden über das Bankkonto abgewickelt.)

[5] Sie sind Angestellte(r) des Textileinzelhandels Konrad Fied KG, Goseriede 41, 30159 Hannover. Die folgenden Belege liegen Ihnen zur Buchung vor.

a) Welche Geschäftsfälle liegen den Belegen zugrunde?

b) Wie lauten die Buchungssätze?

Beleg 1

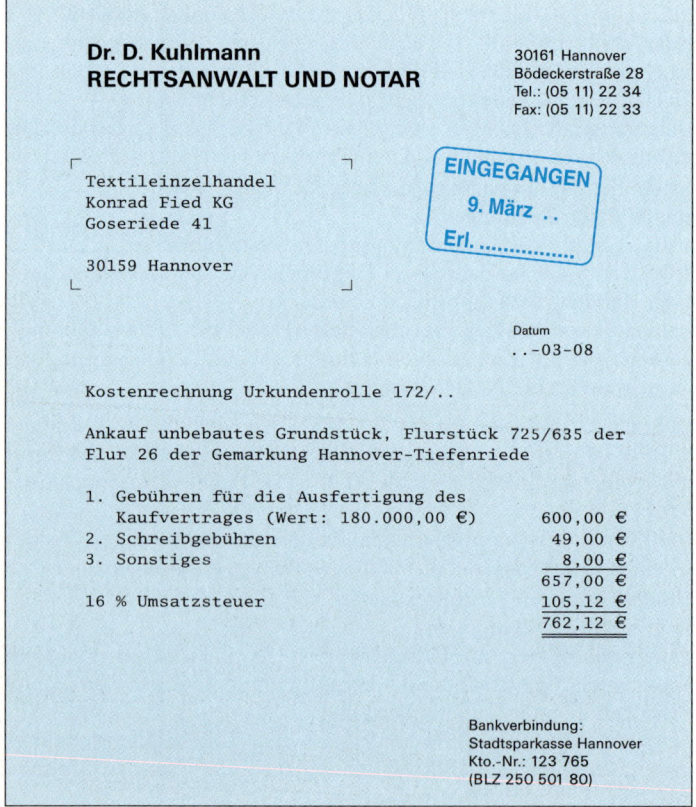

6467298L

Beleg 2

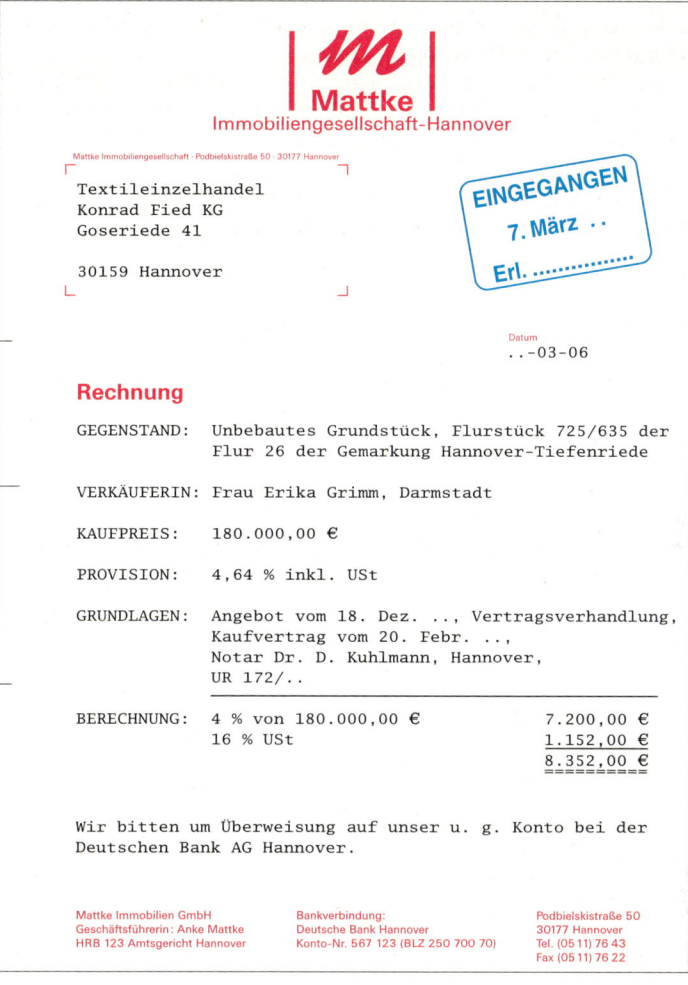

m
Mattke
Immobiliengesellschaft-Hannover

Mattke Immobiliengesellschaft · Podbielskistraße 50 · 30177 Hannover

Textileinzelhandel
Konrad Fied KG
Goseriede 41

30159 Hannover

EINGEGANGEN
7. März ..
Erl. ....

Datum
..-03-06

Rechnung

GEGENSTAND: Unbebautes Grundstück, Flurstück 725/635 der
Flur 26 der Gemarkung Hannover-Tiefenriede

VERKÄUFERIN: Frau Erika Grimm, Darmstadt

KAUFPREIS: 180.000,00 €

PROVISION: 4,64 % inkl. USt

GRUNDLAGEN: Angebot vom 18. Dez. .., Vertragsverhandlung,
Kaufvertrag vom 20. Febr. ..,
Notar Dr. D. Kuhlmann, Hannover,
UR 172/..

BERECHNUNG: 4 % von 180.000,00 €   7.200,00 €
16 % USt   1.152,00 €
      8.352,00 €
      =========

Wir bitten um Überweisung auf unser u. g. Konto bei der
Deutschen Bank AG Hannover.

Mattke Immobilien GmbH   Bankverbindung: Podbielskistraße 50
Geschäftsführerin: Anke Mattke   Deutsche Bank Hannover   30177 Hannover
HRB 123 Amtsgericht Hannover   Konto-Nr. 567 123 (BLZ 250 700 70)   Tel. (05 11) 76 43
                                                              Fax (05 11) 76 22

---

6 Wir kaufen einen Lkw mit Anhänger zu einem Listenpreis von 150.000,00 € (netto).
Das Autohaus berechnet uns 1.508,00 € (einschließlich 16 % Umsatzsteuer) für die
Überführung des Lkw. Auf den Listenpreis werden uns 5 % Rabatt gewährt. Bei der
Zulassungsstelle zahlen wir für den Lkw 75,00 €. Im Anschaffungsjahr betragen Kfz-
Versicherung 1.600,00 € und Kfz-Steuern 1.400,00 €.
a) Ermitteln Sie die Anschaffungskosten.
b) Nennen Sie die Buchungssätze
  – für die Rechnung des Autohauses (Zahlungsausgleich ist noch nicht erfolgt),
  – für die Barzahlung der Zulassungskosten und
  – für die Zahlung der Kfz-Versicherung und der Kfz-Steuern (Banküberweisung).

---

7 Wir begleichen die Rechnung des Autohauses (Fortsetzung der Aufgabe 6) unter Abzug
von 2 % Skonto per Banküberweisung.
a) Ermitteln Sie die Anschaffungskosten des Lkw.
b) Nennen Sie den Buchungssatz für das Begleichen der Rechnung.

---

8 Sie sind Angestellte(r) des Textileinzelhandels Konrad Fied KG, Goseriede 41, 30159 Hannover. Der unten stehende Beleg liegt Ihnen zur Buchung vor.

a) Welcher Geschäftsfall liegt dem Beleg zugrunde?

b) Wie lautet der Buchungssatz?

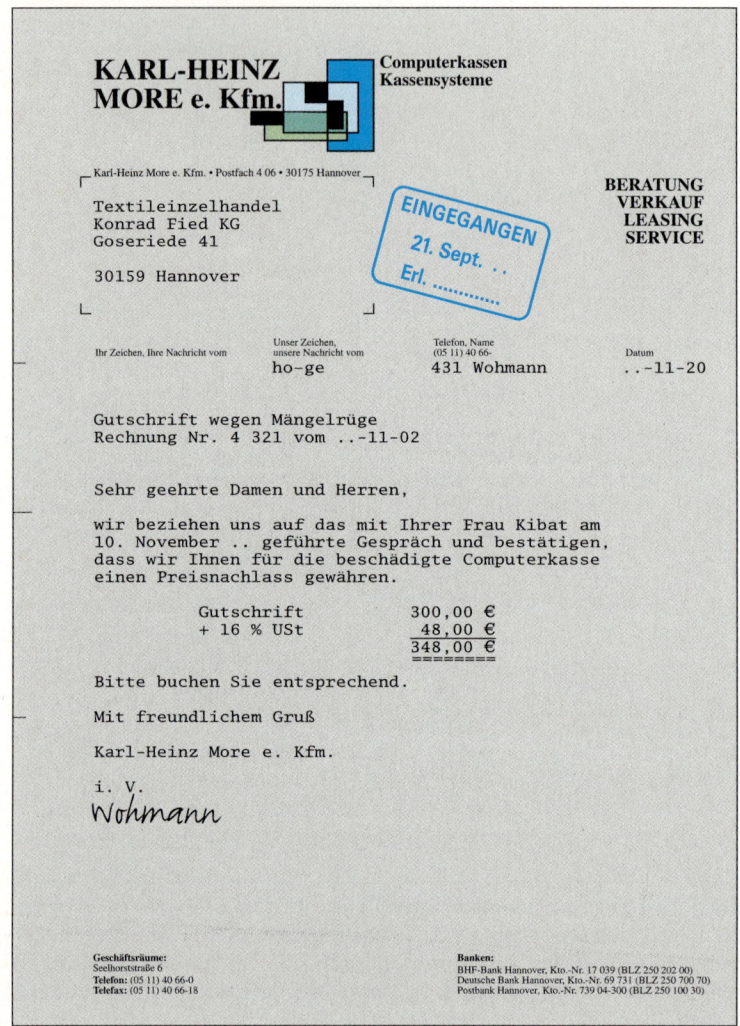

9 Wir verkaufen am 9. September[1] einen gebrauchten Pkw gegen Bankscheck. Der Buchwert dieses Pkw beträgt am 1. Januar 8.000,00 €. Er wird linear mit jährlich 4.000,00 € abgeschrieben. Wir erzielen einen Verkaufspreis von

a) 5.800,00 € (5.000,00 € netto + 800,00 € Umsatzsteuer),

b) 8.120,00 € (7.000,00 € netto + 1.120,00 € Umsatzsteuer),

c) 3.480,00 € (3.000,00 € netto + 480,00 € Umsatzsteuer).

Buchen Sie den Verkauf des Pkw gegen Bankscheck.

---

1 hier: Abschreibung bis einschließlich Monat der Veräußerung (vgl. Kapitel 3.4.6)

10 Nennen Sie die Buchungssätze.

1. Zielkauf eines Lkw .... 100.000,00 €
   + 16 % Umsatzsteuer .... 16.000,00 €
2. Die obige Rechnung wird abzüglich 2 % Skonto durch Banküberweisung beglichen.
3. Nach einigen Jahren wird der Lkw (Buchwert 20.000,00 €) für
   a) 17.400,00 €,
   b) 5.800,00 €,
   c) 25.520,00 €
   (jeweils einschließlich 16 % Umsatzsteuer) gegen Bankscheck verkauft.
   Die anteilige Abschreibung des laufenden Jahres beträgt 5.000,00 €.

11 Wir verkaufen eine gebrauchte Ladeneinrichtung am 5. August[1] d. J. gegen Bankscheck für

a) 31.030,00 €,
b) 20.880,00 €,
c) 34.800,00 €

(jeweils einschließlich 16 % Umsatzsteuer).

Der Buchwert der Ladeneinrichtung beträgt am 1. Januar d. J. 32.000,00 €.

Die Ladeneinrichtung wird mit 9.000,00 € jährlich linear abgeschrieben.

Nennen Sie die Buchungssätze für die zeitanteilige Abschreibung im Verkaufsjahr und für den Verkauf der Ladeneinrichtung (gegen Bankscheck).

---

1 hier: Abschreibung bis zum Monat, der der Veräußerung vorausgeht (vgl. Kapitel 3.4.6)

4 Kosten- und Leistungsrechnung

4.1 Die Abgrenzung zwischen Geschäftsbuchführung und Kosten- und Leistungsrechnung

Der Einzelhandelskontenrahmen trennt die **Geschäftsbuchführung (Finanzbuchführung)** in den Kontenklassen 0–8 von der **Kosten- und Leistungsrechnung (Betriebsbuchführung)** in der Kontenklasse 9. Man spricht deshalb vom **Zweikreissystem.**

Die Geschäftsbuchführung (Kontenklassen 0–8) vollzieht sich im **Rechnungskreis I.** Der Rechnungskreis I stellt ein **geschlossenes Buchführungssystem** dar, dessen **Erfolgsrechnung** (Erfolgskonten) in die Gewinn- und Verlustrechnung mündet und dessen **Bestandsrechnung** (Bestandskonten) in die Bilanz fließt.

Die Erfolgsrechnung der Geschäftsbuchführung wird entscheidend von steuerrechtlichen und handelsrechtlichen Vorschriften (z. B. Abschreibungs- und Bewertungsvorschriften) bestimmt. Den Anforderungen einer betriebswirtschaftlichen Betrachtung wird die Erfolgsrechnung nicht gerecht.

Die positiven und negativen Erfolgselemente der Gewinn- und Verlustrechnung heißen **Erträge** und **Aufwendungen.** Die Gegenüberstellung von Erträgen und Aufwendungen im Gewinn- und Verlustkonto ergibt das **Gesamtergebnis,** einen **Gesamtgewinn** (Erträge > Aufwendungen) oder einen **Gesamtverlust** (Erträge < Aufwendungen).

Rechnungskreis I (Kontenklassen 0–8)

Geschäftsbuchführung (Finanzbuchführung) (beinhaltet Bestandsrechnung und Erfolgsrechnung)

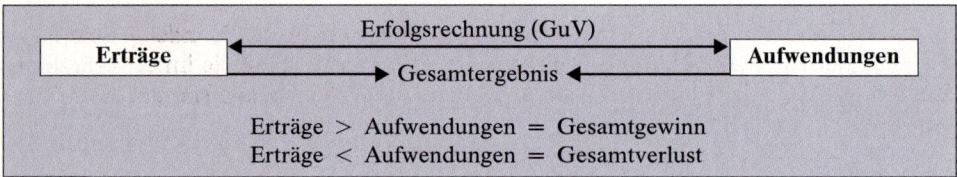

Die Kontenklasse 9 des Einzelhandelskontenrahmens bildet für die Kosten- und Leistungsrechnung einen zweiten **eigenständigen Rechnungskreis.** In diesem **Rechnungskreis II** baut sich jedes Unternehmen ein **individuelles Abrechnungssystem** auf. Dieses wird geprägt durch die Branchenzugehörigkeit und durch die Eigenart des Betriebsprozesses. Der Rechnungskreis II wird also auf die speziellen Bedürfnisse der Unternehmen ausgerichtet.

Wie die Geschäftsbuchführung (Kontenklassen 0–8) kann die Kosten- und Leistungsrechnung (Kontenklasse 9) kontenmäßig nach dem Prinzip der Doppik gestaltet werden. Man bezeichnet sie dann als **Betriebsbuchführung.**

Die positiven und negativen Erfolgselemente des Rechnungskreises II sind **Leistungen** und **Kosten.**

Leistungen sind betriebsbedingte Erträge, die sich aus dem Wertzuwachs und der Veräußerung betrieblicher Sachgüter oder Dienstleistungen ergeben.
Kosten umfassen den Werteverzehr, der zur betrieblichen Leistungserstellung erforderlich ist.

6467302L

Die Gegenüberstellung von Leistungen und Kosten ergibt das **Betriebsergebnis**, einen **Betriebsgewinn** (Leistungen > Kosten) oder einen **Betriebsverlust** (Leistungen < Kosten).

Rechnungskreis II (Kontenklasse 9)

Kosten- und Leistungsrechnung (Betriebsbuchführung)

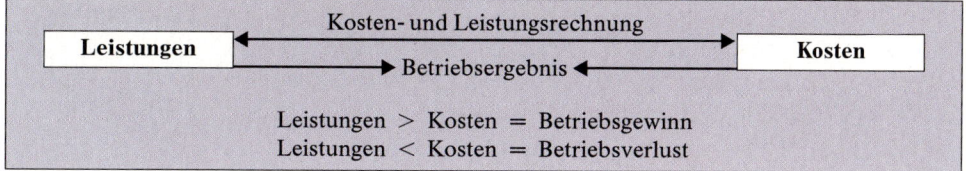

Die Kosten- und Leistungsrechnung orientiert sich an betriebswirtschaftlichen Erfordernissen. Sie bildet die Basis für Planungen und für unternehmerische Entscheidungen.

In der betrieblichen Praxis werden Kosten und Leistungen i. d. R. **nicht kontenmäßig**, sondern **tabellarisch** erfasst. Die tabellarische Kosten- und Leistungsrechnung ist weniger arbeitsaufwändig und übersichtlicher.

4.2 Die Ergebnistabelle

In jedem Unternehmen findet ein Leistungsprozess statt, der einen Gewinn erwirtschaften soll.

In einem Industriebetrieb werden Waren hergestellt und an den Handel geliefert. Der Großhandelsbetrieb kauft die Waren ein, lagert sie und verkauft sie im unveränderten Zustand an den Einzelhandel. Dieser wiederum stellt den Verkaufskontakt zum Endverbraucher her.

Um die Wirtschaftlichkeit eines Unternehmens zu ermitteln, gilt es, speziell für den *betrieblichen Leistungsprozess* einen Gewinn oder Verlust festzustellen. Dies geschieht in der Kosten- und Leistungsrechnung durch die Errechnung des *Betriebsergebnisses.*

Das Betriebsergebnis wird in der kaufmännischen Praxis meistens mithilfe einer **Ergebnistabelle** ermittelt.

Eine Ergebnistabelle weist den auf Seite 304 dargestellten Aufbau auf.

Im linken Teil enthält die Ergebnistabelle die **Erfolgsrechnung der Geschäftsbuchführung** (Rechnungskreis I). Hier wird nach **handelsrechtlichen und steuerrechtlichen Vorschriften** ein **Gesamtergebnis**[1] ermittelt. Für die Kosten- und Leistungsrechnung ist dieses Gesamtergebnis unbrauchbar.

Der rechte Teil der Ergebnistabelle beinhaltet die **Kosten- und Leistungsrechnung** (Rechnungskreis II).
Dieser wird unterteilt in den **Abgrenzungsbereich** und in den **Kosten- und Leistungsbereich**.

---

1   auch: Unternehmensergebnis

Rechnungskreis I				Rechnungskreis II			
Geschäftsbuchführung				Kosten- und Leistungsrechnung			
Erfolgsbereich				Abgrenzungsbereich		Kosten- und Leistungsbereich	
Kto.-Nr.	Konten	Aufwendungen	Erträge	Unternehmensbezogene Abgrenzungen	Kostenrechnerische Korrekturen	Kosten	Leistungen
				Aufwendungen / Erträge	Aufwendungen / Erträge		
				Ergebnis aus unternehmensbezogenen Abgrenzungen	Ergebnis aus kostenrechnerischen Korrekturen	Betriebsergebnis	
				Abgrenzungsergebnis			
		Gesamtergebnis		Gesamtergebnis			

Im **Abgrenzungsbereich** werden **unternehmensbezogene Abgrenzungen** (siehe Kapitel 4.2.1) und **kostenrechnerische Korrekturen** (siehe Kapitel 4.2.2) vorgenommen. Entsprechend ergibt sich hier ein Ergebnis aus unternehmensbezogenen Abgrenzungen[1] bzw. aus kostenrechnerischen Korrekturen. Die Summe dieser Ergebnisse ist das **Abgrenzungsergebnis**.

$$\text{Abgrenzungsergebnis} = \text{Ergebnis aus unternehmensbezogenen Abgrenzungen} + \text{Ergebnis aus kostenrechnerischen Korrekturen}$$

Im **Kosten- und Leistungsbereich** wird aufgrund von Kosten und Leistungen ein **Betriebsergebnis** ausgewiesen.

Die Addition von Abgrenzungsergebnis und Betriebsergebnis ergibt das **Gesamtergebnis**, das auch in der Geschäftsbuchführung ermittelt wird.

$$\text{Gesamtergebnis} = \text{Abgrenzungsergebnis} + \text{Betriebsergebnis}$$

Der Rechnungskreis II weist im Gegensatz zum Rechnungskreis I die Ergebnisse differenziert aus.

Zusammenfassung

Merksätze

1. Die Geschäftsbuchführung ist nach handels- und steuerrechtlichen Vorschriften ausgerichtet.
2. Die Kosten- und Leistungsrechnung wird nach betriebswirtschaftlichen Gesichtspunkten erstellt. Sie liefert die Daten, auf denen unternehmerische Planungen und Entscheidungen basieren.

---

1 auch: neutrales Ergebnis

Schaubild

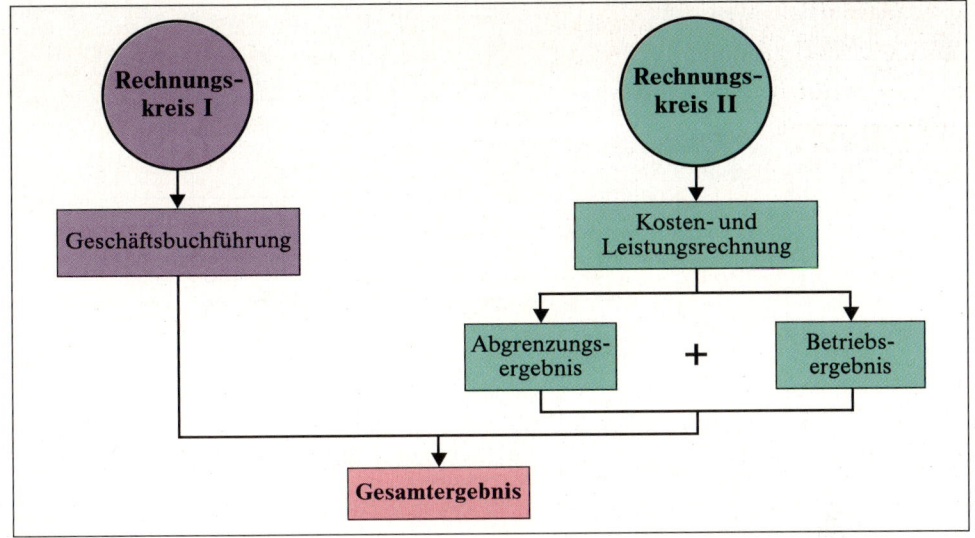

4.2.1 Die unternehmensbezogenen Abgrenzungen in der Ergebnistabelle

Die Ausgangsdaten der Ergebnistabelle liefert die Erfolgsrechnung (GuV-Rechnung) der Geschäftsbuchführung.

Einige dieser Ausgangsdaten sind Erfolgsgrößen, die sowohl in der Geschäftsbuchführung als auch in der Kosten- und Leistungsrechnung in **gleicher Höhe** in Ansatz gebracht werden können. Diese Erfolgselemente passieren den Abgrenzungsbereich unverändert. Sie erscheinen in gleicher Höhe als **Aufwendungen und Erträge in der Geschäftsbuchführung** und als **Kosten und Leistungen im Kosten- und Leistungsbereich**.

In der Spalte mit der Überschrift „Unternehmensbezogene Abgrenzungen" werden **neutrale Aufwendungen und Erträge** abgefiltert. Als neutral ist eine Erfolgsposition anzusehen, wenn auf sie mindestens eines der folgenden Merkmale zutrifft:

- **betriebsfremd** (Die Erfolgsposition hat nichts mit der betrieblichen Tätigkeit zu tun.), z. B.: Nebenerlöse aus Vermietung und Verpachtung, Verluste aus dem Verkauf von gebrauchten Anlagegegenständen unter Buchwert, Zinserträge,
- **untypisch** (Die Erfolgsposition ist außergewöhnlich hoch oder fällt unregelmäßig an.), z. B.: außerordentliche Aufwendungen und Erträge gemäß § 277 Abs. 4 HGB[1],
- **periodenfremd** (Die Erfolgsposition bezieht sich nicht auf den Abrechnungszeitraum.), z. B.: Steuernachzahlungen.

---

1 Hierunter (Konten 7600, 5800) fallen z. B. Gewinne und Verluste aus der Veräußerung ganzer Betriebe oder wesentlicher Betriebsteile, außerplanmäßige Abschreibungen aufgrund von Betriebsstilllegungen oder Enteignungen oder Katastrophen, außergewöhnliche Schadensfälle aufgrund betrügerischer Machenschaften, Entlassungsentschädigungen bei Massenentlassungen (Sozialpläne), Steuererlasse, einmalige staatliche Zuschüsse.

Beispiel[1]

	Geschäftsbuchführung			Kosten- und Leistungsrechnung					
	Erfolgsbereich			Abgrenzungsbereich				Kosten- und Leistungsbereich	
Kto.-Nr.	Konten	Auf-wen-dungen	Erträge	Unternehmens-bez. Abgrenzungen		Kostenrechnerische Korrekturen		Kosten	Leis-tun-gen
				Aufwen-dungen	Erträge	Aufwen-dungen	Erträge		
5000	Umsatzerlöse		36.900						36.900
5400	Nebenerlöse a. V. u. V.		400		400				
5710	Zinserträge		100		100				
6000	Aufw. f. Waren	24.000						24.000	
6200	Löhne	9.000						9.000	
6400	AG-Anteil (Soz.Vers.)	1.500						1.500	
7600	Außerord. Aufw.	700		700					
		35.200 2.200	37.400	700	500 200			34.500 2.400	36.900
		37.400	37.400	700	700			36.900	36.900
		Gesamtgewinn 2.200		Verlust aus unter-nehmensbezogenen Abgrenzungen = − 200				Betriebsgewinn + 2.400	

Anmerkung: Der Vollständigkeit halber beinhaltet diese Ergebnistabelle auch die Doppel-spalte „Kostenrechnerische Korrekturen", obwohl hier zunächst noch keine Eintragungen erfolgen (siehe Kapitel 4.2.2).

Zusammenfassung

Schaubild

	Rechnungskreis I				Rechnungskreis II					
	Geschäftsbuchführung				Kosten- und Leistungsrechnung					
	Erfolgsbereich				Abgrenzungsbereich				Kosten- und Leistungsbereich	
	Kto.-Nr.	Konten	Auf-wen-dungen	Erträge	Unternehmens-bez. Abgrenzungen		Kostenrechnerische Korrekturen		Kosten	Leis-tun-gen
					Aufwen-dungen	Erträge	Aufwen-dungen	Erträge		
1. Direkte Verrech-nung zwischen GB und KLR		Erfolgsgrößen genügen den Vorschriften der GB und den Anforde-rungen der KLR.			betriebsbedingte Erträge / betriebsbedingte Aufwendungen					
2. Unternehmens-bezogene Abgren-zungen		Neutrale Er-folgsgrößen werden abge-grenzt und gelangen nicht in den KL-Bereich.			neutrale Erträge / neutrale Aufwendungen					

1   Alle Beträge in T€.

6467306L

Aufgaben 1 bis 4:   Einführung in die Thematik;
Aufgabe 5:   Errechnung der einzelnen Ergebnisse;
Aufgaben 6 und 7:   Erstellung von Ergebnistabellen.

1   Welche Aussagen sind richtig bzw. falsch? Begründen Sie Ihre Meinung.

a) Im Rechnungskreis I des Einzelhandelskontenrahmens erfolgt die Kosten- und Leistungsrechnung.

b) Der Rechnungskreis I des Einzelhandelskontenrahmens ist nach dem Abschlussgliederungsprinzip aufgebaut.

c) Die Kosten- und Leistungsrechnung, die im Rechnungskreis I vorgenommen wird, ist entscheidend von steuerrechtlichen und handelsrechtlichen Vorschriften (z. B. Abschreibungs- und Bewertungsvorschriften) geprägt.

d) Die Geschäftsbuchführung wird den Anforderungen einer betriebswirtschaftlichen Betrachtung gerecht. Sie liefert die Daten für betriebswirtschaftliche Entscheidungen und Planungen.

e) Die Geschäftsbuchführung wird auch als Finanzbuchführung bezeichnet.

f) Die positiven und negativen Erfolgselemente der Geschäftsbuchführung sind die Erträge und die Aufwendungen.

g) Jedes Unternehmen kann sich seinen eigenen Bedürfnissen entsprechend im Rechnungskreis II ein individuelles Abrechnungssystem aufbauen.

h) Wie die Geschäftsbuchführung muss auch die Kosten- und Leistungsrechnung kontenmäßig nach dem Prinzip der Doppik gestaltet werden.

i) Die Erfolgsgrößen des Rechnungskreises II sind Kosten und Leistungen.

j) Kosten umfassen den Wertezuwachs, der zur betrieblichen Leistungserstellung erforderlich ist.

k) Aus dem Saldo von Kosten und Leistungen ergibt sich das Betriebsergebnis.

l) Die Kosten- und Leistungsrechnung, die nach dem Prinzip der Doppik gestaltet ist, bezeichnet man auch als Betriebsbuchführung.

m) In der Kosten- und Leistungsrechnung ergibt sich das Gesamtergebnis aus der Summe von Abgrenzungsergebnis und Betriebsergebnis.

2   Entscheiden Sie, ob die folgenden Erfolgspositionen unternehmensbezogen abgegrenzt werden. Begründen Sie Ihre Entscheidung.

a) Umsatzerlöse

b) Erträge aus Beteiligungen

c) Steuernachzahlungen

d) Aufwendungen für Energie

e) außerordentliche Erträge gemäß § 277 Abs. 4 HGB (z. B. einmalige staatliche Zuschüsse)

f) Zinserträge

g) Löhne

h) Eigenverbrauch

i) Verluste aus dem Verkauf von gebrauchten Vermögensgegenständen

j) Abschreibungen auf Sachanlagen

k) Büromaterial

l) außerordentliche Aufwendungen gemäß § 277 Abs. 4 HGB (z. B. Entlassungsentschädigungen bei Massenentlassungen)

m) Nebenerlöse aus Vermietung und Verpachtung

n) Beiträge zur Berufsgenossenschaft

o) periodenfremde Aufwendungen

3 Welche unternehmerische Initiative müsste ergriffen werden, wenn sich der Gesamtgewinn über einen langen Zeitraum aus einem Gewinn aus unternehmensbezogenen Abgrenzungen und aus einem Betriebsverlust ergibt?

4 Warum achten die Finanzämter nicht auf eine korrekte unternehmensbezogene Abgrenzung?

5 a) Errechnen Sie das Betriebsergebnis.

	€		€
1. Gesamtgewinn	450.000,00	Gewinn aus unternehmensbezogenen Abgrenzungen	200.000,00
2. Gesamtgewinn	300.000,00	Verlust aus unternehmensbezogenen Abgrenzungen	100.000,00
3. Gesamtverlust	200.000,00	Gewinn aus unternehmensbezogenen Abgrenzungen	50.000,00
4. Gesamtverlust	250.000,00	Verlust aus unternehmensbezogenen Abgrenzungen	350.000,00

b) Errechnen Sie das Gesamtergebnis.

	€		€
1. Betriebsgewinn	300.000,00	Gewinn aus unternehmensbezogenen Abgrenzungen	50.000,00
2. Betriebsgewinn	200.000,00	Verlust aus unternehmensbezogenen Abgrenzungen	150.000,00
3. Betriebsverlust	250.000,00	Gewinn aus unternehmensbezogenen Abgrenzungen	100.000,00
4. Betriebsverlust	100.000,00	Verlust aus unternehmensbezogenen Abgrenzungen	50.000,00

c) Errechnen Sie das Ergebnis aus unternehmensbezogenen Abgrenzungen.

	€		€
1. Gesamtgewinn	500.000,00	Betriebsgewinn	600.000,00
2. Gesamtgewinn	50.000,00	Betriebsverlust	150.000,00
3. Gesamtverlust	250.000,00	Betriebsgewinn	400.000,00
4. Gesamtverlust	450.000,00	Betriebsverlust	200.000,00

6
Ⓐ Erstellen Sie aufgrund des unten stehenden GuV-Kontos die Ergebnistabelle (mit Ausweis der einzelnen Ergebnisse).

S	GuV			H
	T€			**T€**
6000 Aufwendungen für Waren	18.000	5000	Umsatzerlöse für Waren	30.390
6200 Löhne	9.000	5400	Nebenerlöse aus Verm. u. Verp.	300
6400 AG-Anteil zur Sozialversicherung	1.500	5710	Zinserträge	60
6800 Büromaterial	100			
6930 Andere sonst. betriebl. Aufw.[1]	200			
7600 Außerordentliche Aufwendungen	450			
Gesamtgewinn	1.500			
	30.750			30.750

1 Es handelt sich um Verluste aus dem Verkauf von gebrauchten Anlagegegenständen unter Buchwert.

7 Erstellen Sie die Ergebnistabelle mit Ausweis des Gesamtergebnisses, des Ergebnisses
A aus unternehmensbezogenen Abgrenzungen und des Betriebsergebnisses.

Konten	a)[1]		b)[1]	
	Soll	Haben	Soll	Haben
5000	–	47.300	–	47.900
5400	–	–	–	300
5430[2]	–	500	–	–
5500	–	700	–	800
5710	–	100	–	30
5800	–	150	–	600
6000	13.600	–	16.600	–
6101	100	–	–	–
6111	–	–	200	–
6112	500	–	–	–
6200	2.500	–	3.200	–
6300	15.600	–	14.900	–
6400	3.100	–	2.500	–
6420	100	–	80	–
6520	9.300	–	8.900	–
6600	20	–	–	–
6700	–	–	500	–
6800	300	–	200	–
6870	600	–	–	–
6900	400	–	–	–
6930[3]	–	–	600	–
7600	1.800	–	1.480	–

4.2.2 Die kostenrechnerischen Korrekturen in der Ergebnistabelle

4.2.2.1 Die Begriffe Grundkosten, Zusatzkosten und Anderskosten

Man unterscheidet 3 Kostenbegriffe:

- Grundkosten (auch: Zweckaufwendungen), • Anderskosten und • Zusatzkosten.

Die Grundkosten sind die Kosten der Geschäftsbuchführung, die unverändert in die Kosten- und Leistungsrechnung übernommen werden können. Man spricht hier auch von aufwandsgleichen Kosten.

Zu den Grundkosten rechnet man z. B. Personalaufwendungen, Mieten und Pachten, Aufwendungen für Kommunikation usw.

Darüber hinaus gibt es auch **aufwandsungleiche** Kosten. Diese Kosten werden in der Geschäftsbuchführung erfasst; ihre Höhe ist aber für die Kosten- und Leistungsrechnung unbrauchbar. Sie müssen kalkulatorisch **anders** erfasst werden. Man spricht hier von **Anderskosten.**

---

1 Beträge in T€
2 Es handelt sich um Gewinne aus dem Verkauf von gebrauchten Anlagegegenständen über Buchwert.
3 Es handelt sich um Verluste aus dem Verkauf von gebrauchten Anlagegegenständen unter Buchwert.

Anderskosten sind aufwandsungleiche Kosten, deren Werteverzehr in der Kosten- und Leistungsrechnung anders erfasst werden muss als in der Geschäftsbuchführung.

Zu den Anderskosten zählen die kalkulatorischen Abschreibungen, die kalkulatorischen Zinsen für das Fremdkapital und die kalkulatorischen Wagnisse.

Nun gibt es außerdem Kosten, denen keine Aufwandsbuchungen in der Geschäftsbuchführung zugrunde liegen. Dennoch müssen sie in der Kosten- und Leistungsrechnung berücksichtigt werden. Man nennt diese Kosten **Zusatzkosten**.

Den Zusatzkosten gehen keine Aufwandsbuchungen in der Geschäftsbuchführung voraus.

Zu den Zusatzkosten gehören der kalkulatorische Unternehmerlohn in Einzelunternehmungen und in Personengesellschaften sowie die kalkulatorischen Zinsen für das Eigenkapital.

Zusatzkosten und Anderskosten werden unter dem Oberbegriff **kalkulatorische Kosten** zusammengefasst.

Aufwendungen gemäß Geschäftsbuchführung		
betriebsfremde, perioden-fremde, untypische Aufwendungen **= neutrale Aufwendungen = Nicht-Kosten**	**betriebsbedingte Aufwendungen**	
	aufwandsgleiche Kosten **= Grundkosten** (Zweckaufwand)	**aufwandsungleiche Kosten** **= Anderskosten** / **Zusatzkosten**
		kalkulatorische Kosten
	Kosten im Sinne der Kosten- und Leistungsrechnung	

4.2.2.2 Die Erfassung der kalkulatorischen Kosten in der Kosten- und Leistungsrechnung

Die Erfassung der kalkulatorischen Kosten in der KLR ermöglicht:	Begründung:
● Wirtschaftlichkeitsbetrachtungen,	● Aus steuerlichen Gründen vorgenommene überhöhte Abschreibungen werden durch konstante kalkulatorische Abschreibungen ersetzt.
● eine alle Kosten umfassende und keinen Schwankungen unterliegende Preiskalkulation,	● Bei Einzelunternehmungen und bei Personengesellschaften wird ein kalkulatorischer Unternehmerlohn berücksichtigt.
● innerbetriebliche Wirtschaftlichkeitsvergleiche (Zeitvergleiche),	● Die gesamten betriebsbedingten Zinsen auf der Basis des betriebsnotwendigen Kapitals (auch Zinsen für das Eigenkapital) werden einbezogen.
● außerbetriebliche Wirtschaftlichkeitsvergleiche (Betriebsvergleiche).	● Kosten für betriebsbedingte Wagnisse, die nicht durch Fremdversicherungen ausgeschlossen werden können, werden zur Erreichung einer gewissen Beständigkeit in der Kostenstruktur gleichmäßig über einen längeren Betrachtungszeitraum verteilt.

6467310L

Die kalkulatorischen Kosten werden in der Ergebnistabelle in der Spalte „Kosten- und Leistungsbereich" als Kosten erfasst. Damit **mindern** sie das **Betriebsergebnis**.

Im Abgrenzungsbereich (kosten- und leistungsrechnerische Korrekturen) werden sie als Erträge ausgewiesen. Dadurch **verbessern** sie das **Abgrenzungsergebnis**.

Auf das **Gesamtergebnis** (= Betriebsergebnis + Abgrenzungsergebnis) haben die kalkulatorischen Kosten **keinen Einfluss**.

4.2.2.2.1 Kalkulatorischer Unternehmerlohn

Bei **Kapitalgesellschaften** erhalten die Vorstandsmitglieder von Aktiengesellschaften bzw. die Geschäftsführer von GmbHs für ihre leitende Tätigkeit Gehälter, die in die Kosten- und Leistungsrechnung eingehen.

Unternehmer, die in **Einzelunternehmungen** und **Personengesellschaften** (OHG, KG) leitend tätig sind, dürfen dagegen aus steuerrechtlichen Gründen keine Gehälter beziehen. Ihre Lebensführungskosten decken sie durch Privatentnahmen.

In der Kosten- und Leistungsrechnung müssen alle Kosten berücksichtigt werden, die aus dem leistungsbedingten Verzehr von Sachgütern und Dienstleistungen resultieren. Hierzu gehört auch die dispositive Arbeit des Unternehmers in Einzelunternehmungen und Personengesellschaften.

Die planenden und leitenden Arbeitsleistungen des Unternehmers werden deshalb als **kalkulatorische Zusatzkosten** in die Kosten- und Leistungsrechnung einbezogen.

Die Höhe des Unternehmerlohnes bemisst sich am Gehalt eines mit einer vergleichbaren Tätigkeit beauftragten leitenden Angestellten.

Beispiel

Der kalkulatorische Unternehmerlohn in einer OHG (3 Gesellschafter) beträgt im Mai 20.000,00 €.

Der kalkulatorische Unternehmerlohn findet folgendermaßen in der Ergebnistabelle Berücksichtigung:

Geschäftsbuchführung				Kosten- und Leistungsrechnung					
Erfolgsbereich				Abgrenzungsbereich				Kosten- und Leistungsbereich	
Kto.-Nr.	Konten	Aufwendungen	Erträge	Unternehmensbez. Abgrenzungen		Kostenrechnerische Korrekturen		Kosten	Leistungen
				Aufwendungen	Erträge	Aufwendungen	Erträge		
·	·	·	·	·	·	·	·	·	·
·	·	·	·	·	·	·	·	·	·
·	·	·	·	·	·	·	·	·	·
	Kalkulatorische Kosten ● Kalkulatorischer Unternehmerlohn						20.000,00	20.000,00	
·	·	·	·	·	·	·	·	·	·
·	·	·	·	·	·	·	·	·	·

Man sieht, dass der kalkulatorische Unternehmerlohn in die Kosten- und Leistungsrechnung einmal als negatives Erfolgselement (Kosten in der Spalte „Kosten- und Leistungsbereich") und einmal als positives Erfolgselement (Ertrag in der Spalte „Kostenrechnerische Korrekturen") einfließt. Damit verschlechtert er das „Betriebsergebnis" (Kosten- und Leistungsbereich) und verbessert im gleichen Maß das „Ergebnis aus kostenrechnerischen Korrekturen". Auf das „Gesamtergebnis" in der Kosten- und Leistungsrechnung (Rechnungskreis II) wirkt der kalkulatorische Unternehmerlohn **erfolgsneutral.**

Der kalkulatorische Unternehmerlohn stellt Zusatzkosten dar.

Aufgaben folgen auf Seite 318 ff.

4.2.2.2.2 Kalkulatorische Zinsen

Die Eigen- und Fremdkapitalausstattung von Unternehmen ist sehr unterschiedlich. Bei Betriebsvergleichen würde sich daher ein falsches Bild ergeben, wenn lediglich die Fremdkapitalzinsen in der Kosten- und Leistungsrechnung ihren Niederschlag fänden. Außerdem würde der **Zinsentgang für das eingesetzte Eigenkapital** in der **Preisgestaltung** nicht berücksichtigt werden.

Aus diesen Gründen werden die gesamten **betriebsbedingten Zinsen**, die auf der Basis des **betriebsnotwendigen Kapitals** (also unter Einbeziehung des Eigenkapitals) ermittelt werden, in der Kosten- und Leistungsrechnung erfasst.

Für die kalkulatorischen Zinsen wird der **landesübliche Zinssatz für langfristige Darlehen** zugrunde gelegt.

Durch die Festsetzung eines über einen längeren Zeitraum konstant bleibenden kalkulatorischen Zinssatzes wird die Kostenrechnung von zufälligen Zinsschwankungen auf dem Kapitalmarkt befreit.

Das betriebsnotwendige Kapital ergibt sich folgendermaßen:

Unternehmensvermögen[1] (= Anlagevermögen + Umlaufvermögen)
– nicht betriebsnotwendiges Vermögen[2]

= betriebsnotwendiges Vermögen
– zinsfreies Fremdkapital[3]

= betriebsnotwendiges Kapital

Beispiel

Im Betrachtungsmonat sind 5.000,00 € Fremdkapitalzinsen in der Geschäftsbuchführung gebucht worden.
Das betriebsnotwendige Kapital beträgt 1.000.000,00 €. Der landesübliche Zinssatz für langfristige Darlehen beläuft sich auf 9 %.

Errechnung der monatlichen kalkulatorischen Zinsen:

$$Z = \frac{1.000.000 \cdot 9 \cdot 30}{100 \cdot 360} = \underline{\underline{7.500,00\ €}}$$

---

1 Es wird vom tatsächlichen Betriebsvermögen unter Berücksichtigung der kalkulatorischen Abschreibungen ausgegangen.
2 z. B. Wohnhäuser, Beteiligungen, Wertpapiere, Edelmetalle
3 z. B. Verbindlichkeiten a. LL, Anzahlungen von Kunden

6467312L

Die in der Geschäftsbuchführung tatsächlich gebuchten Fremdkapitalzinsen und die kalkulatorischen Zinsen fließen folgendermaßen in die Ergebnistabelle ein:

Geschäftsbuchführung				Kosten- und Leistungsrechnung					
Erfolgsbereich				Abgrenzungsbereich				Kosten- und Leistungsbereich	
Kto.-Nr.	Konten	Aufwendungen	Erträge	Unternehmensbez. Abgrenzungen		Kostenrechnerische Korrekturen		Kosten	Leistungen
				Aufwendungen	Erträge	Aufwendungen	Erträge		
.	.	.	.	.	.	.	.	.	.
					.			.	
7510	Zinsaufwendn.	5.000,00				5.000,00			
	.	.	.	.	.		.	.	.
	Kalkulatorische Kosten ● Kalkulatorische Zinsen						7.500,00	7.500,00	
.		.	.	.	.		.		.

Folgendes wird deutlich:

1. In der Spalte „Kostenrechnerische Korrekturen" werden die in der Geschäftsbuchführung gebuchten Fremdkapitalzinsen für den „Kosten- und Leistungsbereich" abgefiltert. Sie finden nun im „Kosten- und Leistungsbereich" keinen Niederschlag.

2. Die kalkulatorischen Zinsen gehen als negative Erfolgselemente (Kosten) in das „Betriebsergebnis" (Spalte: „Kosten- und Leistungsbereich") und im gleichen Maß als positive Erfolgselemente in das „Ergebnis aus kostenrechnerischen Korrekturen" ein. Auf das Gesamtergebnis der Kosten- und Leistungsrechnung (Rechnungskreis II) haben die kalkulatorischen Zinsen keinen Einfluss. Die positive und negative Erfassung gleicht sich aus.

> **Die kalkulatorischen Zinsen auf das Eigenkapital stellen Zusatzkosten, die kalkulatorischen Zinsen auf das Fremdkapital Anderskosten dar.**

Aufgaben folgen auf Seite 318 ff.

4.2.2.2.3 Kalkulatorische Abschreibungen

In der Kosten- und Leistungsrechnung werden **kalkulatorische Abschreibungen** in Ansatz gebracht. Sie weichen in folgenden Punkten von den **bilanzmäßigen Abschreibungen** der **Geschäftsbuchführung** ab:

1. Die bilanzmäßigen Abschreibungen der Geschäftsbuchführung werden ausschließlich nach **steuerlichen Gesichtspunkten** vorgenommen.

Um in den ersten Nutzungsjahren möglichst hohe Beträge abzuschreiben und damit den steuerlichen Gewinn möglichst niedrig zu halten, wird in der Geschäftsbuchführung deshalb meistens die **degressive Abschreibungsmethode** bevorzugt.

In der Kosten- und Leistungsrechnung gilt − zur Erreichung einer gewissen Konstanz bei der Preiskalkulation − der Grundsatz der Stetigkeit des Kostenansatzes. Außerdem sollte der tatsächliche Werteverzehr erfasst werden. Aus diesen Gründen wird in der Kosten- und Leistungsrechnung **linear** oder nach **Leistungseinheiten**[1] abgeschrieben.

2. In der Geschäftsbuchführung gilt das **Nominalprinzip**. Für die Abschreibungen bedeutet dies, dass sie von den **Anschaffungs-** oder **Herstellungskosten** berechnet werden.

In der Kosten- und Leistungsrechnung hingegen herrscht das **Substanzerhaltungsprinzip** vor. Am Ende der Nutzungsdauer eines Anlagegutes wird ein gleichwertiges Anlagegut gekauft. Die Neuanschaffung muss über die Höhe der Verkaufspreise der verkauften Waren erwirtschaftet werden. Da i. d. R. Anlagegüter Preisschwankungen unterliegen, müssen sich die Abschreibungen in der Kosten- und Leistungsrechnung – mit der Zielsetzung der **Substanzerhaltung** – an den **Wiederbeschaffungskosten** orientieren.

3. Im Gegensatz zur Geschäftsbuchführung werden in der Kosten- und Leistungsrechnung nur Abschreibungen auf **betriebsnotwendige Anlagegüter** vorgenommen. Abschreibungen auf Wohnhäuser gehen so beispielsweise nicht in die Kosten- und Leistungsrechnung ein.

Beispiel

Aus steuerlichen Gründen wird in der Geschäftsbuchführung die Ladenausstattung mit Anschaffungskosten von 400.000,00 € im 1. Nutzungsjahr mit 30 % degressiv abgeschrieben. Der bilanzielle Abschreibungsbetrag beträgt folglich 120.000,00 €.
Es wird mit Wiederbeschaffungskosten von 450.000,00 € gerechnet. Die tatsächliche Nutzungsdauer wird mit 6 Jahren angesetzt. Der lineare Abschreibungsprozentsatz beträgt daher in der Kosten- und Leistungsrechnung 16 2/3 %. Kalkulatorisch werden also 75.000,00 € abgeschrieben.

Die bilanziellen Abschreibungen von 120.000,00 € und die kalkulatorischen Abschreibungen von 75.000,00 € gehen folgendermaßen in die Ergebnistabelle ein:

Geschäftsbuchführung				Kosten- und Leistungsrechnung					
Erfolgsbereich				Abgrenzungsbereich				Kosten- und Leistungsbereich	
Kto.-Nr.	Konten	Aufwendungen	Erträge	Unternehmensbez. Abgrenzungen		Kostenrechnerische Korrekturen		Kosten	Leistungen
				Aufwendungen	Erträge	Aufwendungen	Erträge		
·	·	·	·	·	·	·	·	·	·
6520	Abschreibungen	120.000,00				120.000,00			
·	·	·	·	·	·	·	·	·	·
·	**Kalkulatorische Kosten** ● Kalkulatorische Abschreibungen							75.000,00	75.000,00
·	·	·	·	·	·	·	·	·	·

---

1 siehe Hermsen, RW für Bürokaufleute, 8. Auflage, Darmstadt 2000, Seite 293 f.

Folgendes wird deutlich:

1. In der Spalte „Kostenrechnerische Korrekturen" werden die in der Geschäftsbuchführung gebuchten bilanzmäßigen Abschreibungen für den „Kosten- und Leistungsbereich" abgefiltert. Sie finden nun im „Kosten- und Leistungsbereich" keinen Niederschlag.

2. Die kalkulatorischen Abschreibungen gehen als negative Erfolgselemente (Kosten) in das „Betriebsergebnis" (Spalte: „Kosten- und Leistungsbereich") und im gleichen Maß als positive Erfolgselemente in das „Ergebnis aus kostenrechnerischen Korrekturen" ein. Auf das Gesamtergebnis der Kosten- und Leistungsrechnung (Rechnungskreis II) haben die kalkulatorischen Abschreibungen keinen Einfluss. Die positive und negative Erfassung gleicht sich aus.

Die kalkulatorischen Abschreibungen stellen Anderskosten dar.

Aufgaben folgen auf Seite 318 ff.

4.2.2.2.4 Kalkulatorische Wagnisse

Das **allgemeine Unternehmerwagnis**, das sich z. B. aus Verlusten
- infolge eines konjunkturell bedingten Absatzrückganges,
- infolge einer strukturellen Nachfrageverschiebung (Modewechsel, technischer Fortschritt, Marktsättigung) oder
- infolge eines Betriebsstillstandes aufgrund politischer Unruhen
ergeben kann, wird durch den **Gewinn** abgegolten und kann daher in der Kosten- und Leistungsrechnung nicht berücksichtigt werden.

Im Gegensatz zum allgemeinen Unternehmerwagnis können **besondere betriebsbedingte Einzelwagnisse** in die Kosten- und Leistungsrechnung einbezogen werden, soweit sie nicht durch eine **Fremdversicherung** abgedeckt sind. Hierzu gehören (nach Mellerowicz):

- das **Beständewagnis** (Verlustgefahr durch Diebstahl, Schwund, Verderb usw.),
- das **Anlagewagnis** (Verlustgefahr durch Explosion, Brand usw.),
- das **Gewährleistungswagnis** (Verlustgefahr durch Garantieübernahmen gegenüber den Abnehmern) und
- das **Vertriebswagnis** (Verlustgefahr durch Forderungsausfälle, Währungsverluste usw.).

Die **tatsächlich eingetretenen betriebsbedingten Wagnisverluste** werden in der Geschäftsbuchführung erfasst.

Sie fallen in schwankenden Höhen und in unregelmäßigen Zeitabständen an und sind somit unter dem Gesichtspunkt der Stetigkeit des Kostenansatzes für die Kosten- und Leistungsrechnung unbrauchbar.

Um eine gewisse Konstanz beim Kostenansatz in der Kosten- und Leistungsrechnung zu erreichen, werden hier für die kalkulatorischen Wagnisse Durchschnittswerte angesetzt. Diese werden aufgrund von tatsächlich in den vorausgegangenen Jahren eingetretenen Wagnisverlusten errechnet.

Beispiel

1. **Beständewagnis:** In den letzten 6 Jahren betrug der Verlust durch Diebstahl und Schwund 4 % des durchschnittlichen Lagerbestandes. Für das kommende Geschäftsjahr wird mit einem durchschnittlichen Lagerbestand von 500.000,00 € gerechnet. Das Beständewagnis des kommenden Geschäftsjahres beträgt: 4 % von 500.000,00 € = ... 20.000,00 €

2. **Gewährleistungswagnis:** In den letzten 6 Jahren beliefen sich die Gewährleistungskosten auf 2 % vom Umsatz. Der Umsatz des kommenden Geschäftsjahres wird auf 6.000.000,00 € geschätzt. Das Gewährleistungswagnis des kommenden Geschäftsjahres beträgt: 2 % von 6.000.000,00 € = ... 120.000,00 €

3. **Vertriebswagnis:** In den letzten 6 Jahren machten die Forderungsausfälle 1,5 % vom Umsatz aus. Der Umsatz der kommenden Rechnungsperiode wird auf 6.000.000,00 € geschätzt. Das Vertriebswagnis des kommenden Geschäftsjahres beträgt: 1,5 % von 6.000.000,00 € = ... 90.000,00 €

Summe der zu kalkulierenden Wagniskosten: .... 230.000,00 €

Die kalkulatorischen Wagnisse stellen Anderskosten dar.

In der Ergebnistabelle werden die kalkulatorischen Wagnisse wie die übrigen Anderskosten behandelt.

Aufgaben folgen auf Seite 318 ff.

4.2.2.2.5 Kalkulatorische Miete

Bei Einzelhandelsunternehmen, die eigene Geschäfts-, Lager- und Ladengebäude besitzen, fallen statt Mietzahlungen folgende Aufwendungen an:

- Abschreibungen auf Gebäude,
- Aufwendungen für Gebäudereparaturen,
- Grundsteuerzahlungen,
- Hypothekenzinsen,
- Versicherungsprämien,
- Kaminkehrgebühren, Müllabfuhrgebühren, Straßenreinigungsgebühren usw.

In die Kosten- und Leistungsrechnung sollte aber ein **Mietwert** eingehen, der vergleichsweise für **gemietete Gebäude** hätte bezahlt werden müssen.

Der kalkulatorische Mietwert stellt Anderskosten dar.

Da nun aber die wesentlichen Bestandteile der Gebäudekosten, nämlich die Gebäudeabschreibungen durch die kalkulatorischen Abschreibungen und die Hypothekenzinsen durch die kalkulatorischen Zinsen, bereits in die Kosten- und Leistungsrechnung eingeflossen sind, wird – zur Vereinfachung – in den meisten Betrieben auf die Erfassung einer kalkulatorischen Miete verzichtet.

6467316L

Merksätze

1. Die kalkulatorischen Kosten werden in Zusatzkosten und Anderskosten unterteilt.
2. Den Zusatzkosten gehen keine Aufwendungen voraus. Hierzu zählen der kalkulatorische Unternehmerlohn in Einzelunternehmungen und in Personengesellschaften sowie die kalkulatorischen Zinsen für das Eigenkapital.
3. Anderskosten sind aufwandsungleiche Kosten, die dadurch entstehen, dass der gleiche Werteverzehr in der Kalkulation anders erfasst werden muss als in der Buchführung. Hierzu zählen die kalkulatorischen Zinsen für das Fremdkapital, die kalkulatorischen Abschreibungen und die kalkulatorischen Wagnisse.
4. Auf die Erfassung einer kalkulatorischen Miete wird in den meisten Betrieben verzichtet.

Schaubild

	Rechnungskreis I			Rechnungskreis II					
	Geschäftsbuchführung			Kosten- und Leistungsrechnung					
	Erfolgsbereich			Abgrenzungsbereich				Kosten- und Leistungsbereich	
Kto.-Nr.	Konten	Aufwendungen	Erträge	Unternehmensbez. Abgrenzungen		Kostenrechnerische Korrekturen		Kosten	Leistungen
				Aufwendungen	Erträge	Aufwendungen	Erträge		
1. Direkte Verrechnung zwischen GB u. KLR (s. S. 305 f.)	Erfolgsgrößen genügen den Vorschriften der GB und den Anforderungen der KLR.	●——— betriebsbedingte Erträge ———→							
		●——— aufwandsgleiche Kosten ———→							
2. Unternehmensbez. Abgrenzungen (s. S. 305 f.)	Neutrale Erfolgsgrößen werden abgegrenzt und gelangen nicht in den KL-Bereich.			neutrale Erträge ———→					
		neutrale Aufwendungen ●———→							
3. Kostenrechnerische Korrekturen durch Berücksichtigung kalkulatorischer Kosten (s. S. 310 ff.)	a) **Kalk. Zusatzkosten** werden in der KLR erfolgsneutral erfasst.							kalkulatorische ←——● Zusatzkosten	
	b) **Kalk. Anderskosten** werden in der KLR erfolgsneutral erfasst. Die entspr. Aufwendungen aus der GB werden abgegrenzt und gelangen nicht in den KL-Bereich.	●———————→						kalkulatorische ←——● Anderskosten	

1 Welche Aussagen sind richtig bzw. falsch? Begründen Sie Ihre Meinung.

a) Alle Kosten sind zugleich Aufwendungen.

b) Bei Einzelunternehmen und Personengesellschaften zählt der kalkulatorische Unternehmerlohn zu den Anderskosten.

c) Der Arbeitgeberanteil zur Sozialversicherung gehört zu den Zusatzkosten.

d) Die betriebsfremden Aufwendungen werden auch als Anderskosten bezeichnet.

e) Grundkosten nennt man auch Zweckaufwendungen.

f) Anderskosten sind aufwandsungleiche Kosten.

g) Zusatzkosten und Anderskosten sind kalkulatorische Kosten.

h) Die kalkulatorischen Kosten zählt man zu den Zusatzkosten.

i) Zusatzkosten sind aufwandsgleiche Kosten.

j) Kalkulatorische Wagnisse gehören zu den Anderskosten.

k) Die Erfassung der kalkulatorischen Kosten in der Ergebnistabelle verändert im Rechnungskreis II das Gesamtergebnis.

l) Die kalkulatorischen Kosten finden im Betriebsergebnis ihren Niederschlag.

m) Kalkulatorische Zinsen zählen zu den Grundkosten.

n) Die Höhe des kalkulatorischen Unternehmerlohnes bemisst sich am Gehalt eines mit einer vergleichbaren Tätigkeit beauftragten leitenden Angestellten.

o) Die kalkulatorischen Zinsen werden vom betriebsnotwendigen Kapital berechnet.

p) In der Geschäftsbuchführung wird nach dem Substanzerhaltungsprinzip von den Wiederbeschaffungskosten abgeschrieben.

q) Unter dem Gesichtspunkt der Stetigkeit des Kostenansatzes werden für die kalkulatorischen Wagnisse Durchschnittswerte aus tatsächlich eingetretenen Wagnisverlusten angesetzt.

2 Die Ergebnistabelle weist folgende Zwischensummen für den Monat Mai auf:

Kto.-Nr.	Konten	Geschäftsbuchführung		Kosten- und Leistungsrechnung					
		Erfolgsbereich		Abgrenzungsbereich				Kosten- und Leistungsbereich	
		Aufwendungen	Erträge	Unternehmensbez. Abgrenzungen		Kostenrechnerische Korrekturen		Kosten	Leistungen
				Aufwendungen	Erträge	Aufwendungen	Erträge		
	Zwischensummen ❶	820.000,00	910.000,00	90.000,00	110.000,00	80.000,00	50.000,00	760.000,00	860.000,00
	❷	780.000,00	930.000,00	120.000,00	130.000,00	90.000,00	100.000,00	710.000,00	840.000,00
	❸	690.000,00	640.000,00	70.000,00	80.000,00	70.000,00	50.000,00	580.000,00	540.000,00

Noch nicht berücksichtigt ist der monatliche kalkulatorische Unternehmerlohn von ❶ 10.000,00 €, ❷ 8.000,00 €, ❸ 13.000,00 €.

Wie hoch ist (jeweils für ❶, ❷ und ❸)

a) das Betriebsergebnis,

b) das Ergebnis aus kostenrechnerischen Korrekturen,

c) das Ergebnis aus unternehmensbezogenen Abgrenzungen und

d) das Gesamtergebnis,

wenn der kalkulatorische Unternehmerlohn zusätzlich in die Ergebnistabelle eingeht?

3 **Ⓐ** I. Angaben zur Berechnung des betriebsnotwendigen Kapitals

	①	②	③
Anlagevermögen	3.000.000,00	4.000.000,00	4.400.000,00
Umlaufvermögen	1.000.000,00	1.500.000,00	1.700.000,00
Im Anlagevermögen ist ein vermietetes Wohnhaus enthalten	900.000,00	1.200.000,00	1.400.000,00
Im Umlaufvermögen sind Wertpapiere enthalten	200.000,00	250.000,00	320.000,00
Zinsfreies Fremdkapital	400.000,00	300.000,00	410.000,00
II. Landesüblicher Zinssatz	9 %	8 %	6 %
III. Lastschrift der Bank für tatsächlich gezahlte Fremdkapitalzinsen im Mai	10.000,00	15.000,00	12.000,00

a) Errechnen Sie die monatlichen kalkulatorischen Zinsen (jeweils für ① bis ③).

b) Gehen Sie von den Zwischensummen ① bis ③ der Ergebnistabelle der Aufgabe 2 aus. Noch nicht berücksichtigt sind in den Zwischensummen die tatsächlich gezahlten Fremdkapitalzinsen und die kalkulatorischen Zinsen.
Nehmen Sie die Buchungen für die tatsächlich gezahlten Fremdkapitalzinsen und für die kalkulatorischen Zinsen in der Ergebnistabelle vor (jeweils für ① bis ③).

c) Errechnen Sie (jeweils für ① bis ③)
   – das Betriebsergebnis,
   – das Ergebnis aus kostenrechnerischen Korrekturen,
   – das Ergebnis aus unternehmensbezogenen Abgrenzungen und
   – das Gesamtergebnis.

---

4 **Ⓐ** I. Bilanzmäßige Abschreibungen

	①	②	③
– auf Fuhrpark, 25 % linear, Anschaffungskosten	192.000,00	249.600,00	180.000,00
– auf Büromaschinen, Organisationsmittel und Kommunikationsanlagen, 20 % linear, Anschaffungskosten	144.000,00	180.000,00	114.000,00
II. Kalkulatorische Abschreibungen			
– auf Fuhrpark, 6 Jahre linear, Wiederbeschaffungskosten	216.000,00	288.000,00	201.600,00
– auf Büromaschinen, Organisationsmittel und Kommunikationsanlagen, 7 Jahre linear, Wiederbeschaffungskosten	151.200,00	210.000,00	117.600,00

a) Errechnen Sie für den Monat Mai (jeweils für ① bis ③)
   – die bilanzmäßigen Abschreibungen und
   – die kalkulatorischen Abschreibungen.

b) Gehen Sie von den Zwischensummen ① bis ③ der Ergebnistabelle der Aufgabe 2 aus. Noch nicht berücksichtigt sind in den Zwischensummen sowohl die bilanzmäßigen als auch die kalkulatorischen Abschreibungen. Nehmen Sie die Buchungen für die bilanzmäßigen und für die kalkulatorischen Abschreibungen in der Ergebnistabelle vor (jeweils für ① bis ③).

c) Errechnen Sie (jeweils für ① bis ③)
   – das Betriebsergebnis,
   – das Ergebnis aus kostenrechnerischen Korrekturen,
   – das Ergebnis aus unternehmensbezogenen Abgrenzungen und
   – das Gesamtergebnis.

5 Ein Lkw mit Anschaffungskosten von 80.000,00 € wird bilanzmäßig mit 25 % linear abgeschrieben.
Die tatsächliche Nutzungsdauer des Lkw beträgt 6 Jahre. Die Teuerung des Lkw wird auf jährlich 3 % geschätzt.
a) Errechnen Sie den jährlichen bilanzmäßigen Abschreibungsbetrag.
b) Errechnen Sie die Wiederbeschaffungskosten des Lkw am Ende seiner (6-jährigen) Nutzungsdauer.
c) Errechnen Sie den jährlichen kalkulatorischen Abschreibungsbetrag.
d) Erklären Sie, weshalb bei den kalkulatorischen Abschreibungen
    1. von der tatsächlichen Nutzungsdauer und
    2. von den Wiederbeschaffungskosten ausgegangen wird.

---

6 1. **Beständewagnis:** In den letzten 5 Jahren betrug der Verlust durch Diebstahl und Schwund 3,5 % des durchschnittlichen Lagerbestandes. Der durchschnittliche Lagerbestand wird für das kommende Geschäftsjahr auf 700.000,00 € geschätzt.

2. **Anlagewagnis:** In den letzten 5 Jahren belief sich die Wertminderung der Ladenausstattung durch Beschädigungen von Kunden auf insgesamt 100.000,00 €.

3. **Gewährleistungswagnis:** In den letzten 5 Jahren betrugen die Gewährleistungskosten durchschnittlich 3 % vom Nettoumsatz. Der Nettoumsatz des kommenden Geschäftsjahres wird auf 5.600.000,00 € geschätzt.

a) Errechnen Sie die Summe der jährlichen kalkulatorischen Wagniskosten.
b) Erklären Sie, weshalb die tatsächlich eingetretenen in der Geschäftsbuchführung erfassten Wagnisverluste für die Kosten- und Leistungsrechnung unbrauchbar sind.
c) In welche Ergebnisse der Abgrenzungstabelle fließen die tatsächlich eingetretenen Wagnisverluste und die kalkulatorischen Wagnisse ein?

---

7 In der Geschäftsbuchführung sind im Monat März folgende Beträge erfasst worden:
Ⓐ

Konten	a) Soll (T€)	a) Haben (T€)	b) Soll (T€)	b) Haben (T€)
5000	–	5.800	–	5.450
5400	–	20	–	30
5430[1]	–	10	–	8
5710	–	12	–	15
5800	–	50	–	40
6000	3.800	–	3.880	–
6200	200	–	180	–
6300	900	–	800	–
6400	130	–	110	–
6520	200	–	180	–
6700	100	–	120	–
6930[2]	30	–	10	–
7510	50	–	30	–
7600	40	–	20	–

---

1 Es handelt sich um Gewinne aus dem Verkauf von gebrauchten Anlagegegenständen über Buchwert.
2 Es handelt sich um Verluste aus dem Verkauf von gebrauchten Anlagegegenständen unter Buchwert.

6467320L

Ansätze der Kosten- und Leistungsrechnung:

1. Der kalkulatorische Unternehmerlohn beläuft sich auf monatlich a) 10 T€, b) 12 T€.
2. Das betriebsnotwendige Kapital beträgt a) 12.000 T€, b) 10.000 T€. Der kalkulatorische Zinssatz ist a) 8 %, b) 6 %.
3. Die kalkulatorischen Abschreibungen belaufen sich auf monatlich a) 120 T€, b) 100 T€.

Erstellen Sie die Ergebnistabelle mit Ausweis des Gesamtergebnisses, des Ergebnisses aus unternehmensbezogenen Abgrenzungen, des Ergebnisses aus kostenrechnerischen Korrekturen und des Betriebsergebnisses.

---

8 Erstellen Sie aufgrund der in der Geschäftsbuchführung erfassten Beträge die jährliche
A Ergebnistabelle mit Ausweis der einzelnen Ergebnisse.

Beträge der Geschäftsbuchführung:

Konten	a)		b)	
	Soll T€	Haben T€	Soll T€	Haben T€
5000	–	39.200	–	35.250
5400	–	970	–	950
5430[1]	–	30	–	50
5710	–	88	–	110
5800	–	12	–	8
6000	22.900	–	16.300	–
6112	100	–	200	–
6200	3.000	–	4.000	–
6300	10.000	–	11.000	–
6400	1.900	–	2.500	–
6520	1.500	–	1.600	–
6700	700	–	500	–
6930[2]	50	–	40	–
7510	200	–	120	–
7600	20	–	50	–

Ansätze der Kosten- und Leistungsrechnung:

1. Der kalkulatorische Unternehmerlohn beläuft sich jährlich auf a) 180 T€, b) 220 T€.
2. Die kalkulatorischen Zinsen betragen jährlich a) 600 T€, b) 800 T€.
3. Die kalkulatorischen Abschreibungen belaufen sich jährlich auf a) 800 T€, b) 1.200 T€.

---

1 Es handelt sich um Gewinne aus dem Verkauf von gebrauchten Anlagegegenständen über Buchwert.
2 Es handelt sich um Verluste aus dem Verkauf von gebrauchten Anlagegegenständen unter Buchwert.

4.3 Die Kostenartenrechnung

Die Kostenrechnung
- ermöglicht eine exakte Preisberechnung (**Kalkulation**),
- gewährleistet eine ständige Überwachung der Kostenentwicklung (**Kostenkontrolle**) und
- bietet ein Instrumentarium zur Führung eines Unternehmens (**Planungs- und Entscheidungsgrundlage**).

Um diesen Anforderungen gerecht zu werden, stellt die Kostenrechnung fest,
- **wodurch** die Kosten entstehen (**Kostenartenrechnung**: z. B. Mieten, Personalkosten, Allgemeine Verwaltungskosten, Abschreibungen),
- **wo** die Kosten entstehen (**Kostenstellenrechnung**: z. B. Einkauf, Lager, Verwaltung, Vertrieb),
- **wofür** die Kosten entstehen (**Kostenträgerrechnung**: z. B. Warengruppe, einzelne Ware).

4.3.1 Die Aufgaben der Kostenartenrechnung

Die Kostenartenrechnung ermöglicht innerbetriebliche Kostenvergleiche (Zeitvergleiche) und außerbetriebliche Kostenvergleiche (Betriebsvergleiche). Darüber hinaus kann die Kostenartenrechnung aufzeigen, wie sich bestimmte Kostenarten im Verhältnis zu anderen prozentual entwickeln.

Bei auffälligen Abweichungen sind — soweit nicht bekannt — die Ursachen zu erforschen und entsprechende Maßnahmen zu ergreifen. Fehlentwicklungen sind zu beheben, positive Entwicklungen sind zu fördern.

Die Kostenstruktur eines Betriebes soll mithilfe der Kostenartenrechnung überwacht, beurteilt und verbessert werden.

4.3.2 Die Kostenarten

Die Kostenarten werden nach folgenden Kriterien eingeteilt:
- nach ihrer **Entstehungsursache** (z. B. Personalkosten, Abschreibungen),
- nach ihrer **kalkulatorischen Verrechenbarkeit** (Einzelkosten [direkte Kosten], Gemeinkosten [indirekte Kosten]) und
- nach ihrem **Verhalten bei schwankendem Beschäftigungsgrad** (fixe Kosten, variable Kosten).

4.3.2.1 Die Kostenarten nach ihrer Entstehungsursache

Die Kostenarten nach ihrer Entstehungsursache werden in den Kontenrahmen der jeweiligen Wirtschaftszweige geordnet. Im Einzelhandelskontenrahmen sind die Kostenarten in den Kontenklassen 6 und 7 erfasst.

Nach der Ursache ihrer Entstehung sind als wichtigste Kostenarten zu nennen:
- Aufwendungen für Waren,
- Aufwendungen für Material und für bezogene Leistungen,

6467322L

- Personalkosten,
- Abschreibungen,
- Aufwendungen für die Inanspruchnahme von Rechten und Diensten,
- Aufwendungen für Kommunikation,
- Aufwendungen für Beiträge,
- Betriebliche Steuern.

4.3.2.2 Die Kostenarten nach ihrer kalkulatorischen Verrechenbarkeit (Einzelkosten und Gemeinkosten)

In Bezug auf die kalkulatorische Verrechenbarkeit unterscheidet man **Einzelkosten** (auch: **direkte Kosten**) und **Gemeinkosten** (auch: **indirekte Kosten**).

Einzelkosten (auch: direkte Kosten) können den betrieblichen Kostenträgern (z.B. Warengruppen) unmittelbar zugerechnet werden.

Die wichtigsten Einzelkosten sind:

- der Wareneinsatz und
- die Sondereinzelkosten des Vertriebs (z. B. Verkaufsprovision, Verkaufsverpackung, Absatzwerbung für ein Produkt).

Einzelkosten sind meistens proportionale Kosten, d. h., sie verändern sich in einem konstanten Verhältnis zum Beschäftigungsgrad (= Umsatz, Absatz).

Gemeinkosten (auch: indirekte Kosten) werden nicht unmittelbar durch einen betrieblichen Kostenträger (z.B. Warengruppe) verursacht und können daher nur indirekt (über die Verrechnung auf Kostenstellen) dem betrieblichen Kostenträger zugeordnet werden.

Die wichtigsten Gemeinkosten sind:

- Steuern und Abgaben,
- Abschreibungen auf Gebäude, auf Ladenausstattung, auf Kassensysteme, auf Lagerausstattung, auf Fuhrpark, auf Büromaschinen und auf Büromöbel.
- Gehälter und Hilfslöhne (z. B. für technische und kaufmännische Angestellte, Kassiererinnen, Lagerarbeiter, Pförtner),
- Zinsen,
- Mieten, Pachten.

Gemeinkosten können sowohl fixe als auch variable Kosten sein.

Aufgaben folgen auf Seite 324 f.

4.3.2.3 Die Kostenarten nach ihrem Verhalten bei schwankendem Beschäftigungsgrad (fixe und variable Kosten)

In Bezug auf das Verhalten bei schwankendem Beschäftigungsgrad (Ausbringung) werden die Kosten in **fixe** und **variable Kosten** unterteilt.

Fixe Kosten werden durch Veränderungen des Beschäftigungsgrades (Umsatz, Absatz) nicht beeinflusst.

Zu den fixen Kosten zählen z. B. die Abschreibungen, die Kapitalkosten (Zinsen), die Gehälter, die Mietaufwendungen und die Beiträge.

Variable Kosten ändern sich in Abhängigkeit vom Beschäftigungsgrad (Umsatz, Absatz).

Zu den variablen Kosten gehören z. B. der Wareneinsatz und die Verpackungskosten.

Zusammenfassung

Schaubild

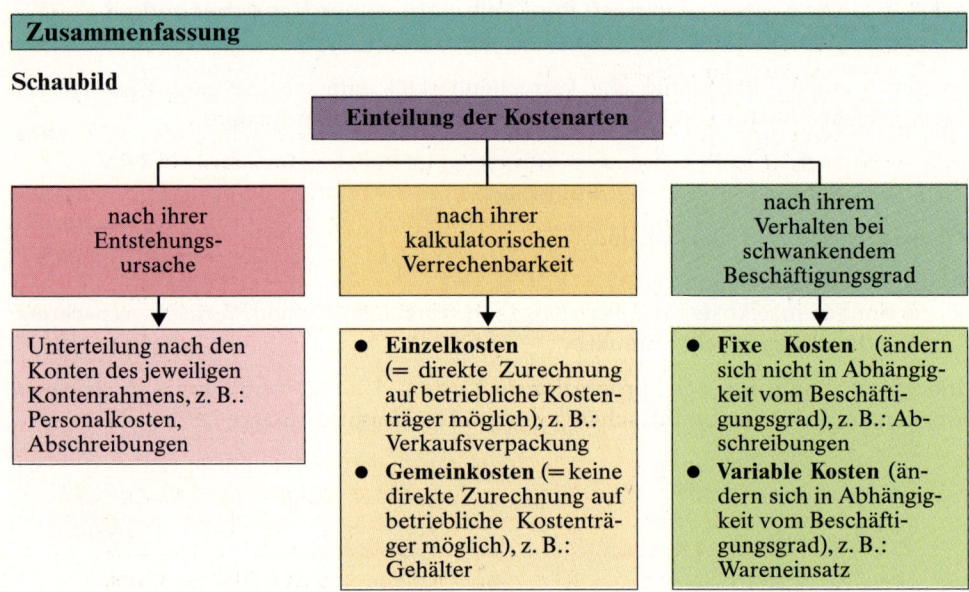

Aufgaben

Aufgabe 1:	Definitionen der Kostenbegriffe;
Aufgaben 2 und 3:	Einzelkosten, Gemeinkosten, fixe Kosten, variable Kosten;
Aufgaben 4 und 5:	fixe Kosten, variable Kosten.

1 Welche Definition gehört zu welchem Begriff? Ordnen Sie zu.

Begriffe

1. Einzelkosten; 2. Gemeinkosten; 3. Fixe Kosten; 4. Variable Kosten.

Definitionen

1. Die Kosten sind unabhängig von der Veränderung des Beschäftigungsgrades.
2. Die Kosten können den betrieblichen Kostenträgern unmittelbar zugerechnet werden.
3. Die Kosten verändern sich in Abhängigkeit vom Beschäftigungsgrad.
4. Die Kosten werden nicht unmittelbar durch einen betrieblichen Kostenträger verursacht und können daher nur indirekt dem betrieblichen Kostenträger zugerechnet werden.

6467324L

2 Nennen Sie jeweils zwei Beispiele für
a) Einzelkosten, b) Gemeinkosten, c) fixe Kosten, d) variable Kosten.

3 Geben Sie an, welche der unten aufgeführten Kosten eines Handelsbetriebes
a) Einzelkosten, b) Gemeinkosten, c) fixe Kosten bzw. d) variable Kosten
sind.

Wareneinsatz, Benzinverbrauch des Lieferwagens, Gehälter der kaufmännischen Angestellten, Hypothekenzinsen, Einkaufsprovision (prozentual vom Zieleinkaufspreis),
Kühlkosten zur Lagerung verschiedener Kostenträger, Abschreibungen der Ladenausstattung, Absatzwerbung für einen Kostenträger, Miete für das Verwaltungsgebäude, Verkaufsverpackung für einzelne Waren.

4 Die Gesamtkosten für 1 000 hochwertige Farbfernseher der Marke „Fafe 2 000" belaufen sich auf 1.100.000,00 €. Die variablen Kosten pro Stück betragen 900,00 €.
a) Errechnen Sie die fixen Kosten.
b) Stellen Sie die Gesamtkostenkurve im Koordinatensystem dar und erklären Sie den
   Kostenverlauf. (Für die grafische Darstellung gilt: Ordinate: 100.000,00 € =
   1 cm; Abszisse: 100 Farbfernseher = 1 cm).
c) Stellen Sie die Stückkostenkurve im Koordinatensystem dar und erklären Sie den
   Kostenverlauf. (Für die grafische Darstellung gilt: Ordinate: 500,00 € = 2 cm;
   Abszisse: 100 Farbfernseher = 1 cm).

5 Die Marktforschung ermittelt für tiefgekühlte polnische Mastgänse folgende Absatz-
möglichkeiten:

Absatz	30 000 Gänse	50 000 Gänse	70 000 Gänse
Verkaufspreis	4,00 €	3,50 €	3,00 €

Die fixen Kosten betragen 25.000,00 €, die variablen Kosten 2,50 € pro Gans.
a) Errechnen Sie für jede Absatzprognose den Gesamtgewinn.
b) Errechnen Sie für jede Absatzprognose den Stückgewinn.
c) Welchen Verkaufspreis würden Sie empfehlen?

4.4 Die Kostenstellenrechnung

4.4.1 Die Aufgaben der Kostenstellenrechnung

In der Kostenstellenrechnung werden die Gemeinkosten nach dem Verursachungsprinzip auf die betrieblichen Abteilungen (Kostenstellen) verrechnet, in denen sie entstanden sind.

**Die Aufgabe der Kostenstellenrechnung besteht darin, den Kostenver-
brauch einzelner Betriebsabteilungen zu überwachen.**

Darüber hinaus bereitet die Kostenstellenrechnung die Zurechnung der Gemeinkosten
auf die Kostenträger vor.[1]

---

1   vgl. Kapitel 4.5.1 und Kapitel 4.5.2

4.4.2   Die Bildung der Kostenstellen

Kostenstellen können nach den verschiedensten Kriterien eingerichtet werden, z. B. nach organisatorischen, räumlichen, funktionellen oder nach rein rechnungstechnischen Merkmalen.

In Handelsbetrieben werden i. d. R. Kostenstellen aufgrund der folgenden vier **Funktionsbereiche** eingerichtet:

● Einkaufsbereich, ● Lagerbereich, ● Verwaltungsbereich und ● Verkaufsbereich

Die Funktionsbereiche (Kostenbereiche) werden in Kostenstellen untergliedert.

Funktionsbereich Kostenbereich	Einkaufs- stellen	Lager- stellen	Verwaltungs- stellen	Verkaufs- stellen
Kostenstellen	z. B.: Bedarfs- ermittlung, Bestellwesen	z. B.: Warenprüfung, Lager- buchhaltung	z. B.: kaufmännische Verwaltung, Kalkulation, Buchhaltung, Personal- abteilung	z. B.: Verkaufs- abteilung, Versand- abteilung, Werbung

Pro Kostenbereich wird mindestens eine Kostenstelle eingerichtet. Je tiefer die Kostenbereiche untergliedert werden, desto besser sind die Kostenkontrollmöglichkeiten. Die Zurechnung der Gemeinkosten auf die Kostenstellen wird jedoch schwieriger bei wachsender Gliederungstiefe.

4.4.3   Die Zurechnung der Gemeinkosten auf die Kostenstellen

Die Zurechnung der Gemeinkosten auf die Kostenstellen kann direkt mithilfe von Belegen erfolgen.

Beispiele

Personalkosten anhand von Lohn- und Gehaltslisten;
Abschreibungen anhand der Anlagenkartei;
Stromverbrauch anhand von Stromzählern;
Reparaturaufwand anhand von Reparaturrechnungen.

Können die Gemeinkosten den Kostenstellen direkt zugeordnet werden, so handelt es sich um Kostenstelleneinzelkosten.

Fallen Gemeinkosten für mehrere Kostenstellen gemeinsam an, so müssen sie mithilfe von **Verteilungsschlüsseln** auf die einzelnen Kostenstellen umgelegt werden.

Beispiele

Mietaufwendungen, Reinigungskosten, Grundsteuern nach der Raumfläche;
Sachversicherungskosten nach den angelegten Werten;
Unfallversicherung nach der Anzahl der Beschäftigten;
Büromaterial nach der Anzahl der Angestellten.

Können die Gemeinkosten den Kostenstellen nur indirekt über Verteilungsschlüssel zugeordnet werden, so handelt es sich um Kostenstellengemeinkosten.

6467326L

4.4.4 Die Kostenstellenrechnung mithilfe des Betriebsabrechnungsbogens

Der Betriebsabrechnungsbogen (BAB) ist das Formular, auf dem die Verteilung der **Gemeinkosten** auf die Kostenstellen erfolgt. Er ist senkrecht nach Kostenarten, waagerecht nach Kostenstellen unterteilt.

In den meisten Handelsbetrieben ist eine Unterteilung der Funktionsbereiche Einkauf, Lager und Verkauf **nach Waren- oder Sortimentsbereichen** möglich. Nicht nach diesem Kriterium unterteilbar ist jedoch die Kostenstelle Verwaltung.

Kostenstellen, bei denen die Kosten unmittelbar auf die Kostenträger umgelegt werden können, sind Endkostenstellen (Hauptkostenstellen).

Im unten stehenden Beispiel sind die Kostenstellen „Einkauf", „Lager" und „Verkauf" Endkostenstellen (Hauptkostenstellen).

Vorkostenstellen (Hilfskostenstellen) sind Kostenstellen, deren Kosten nicht unmittelbar auf die Kostenträger zugerechnet werden können.

Im unten stehenden Beispiel ist die Kostenstelle „Verwaltung" eine Vorkostenstelle (Hilfskostenstelle).

Der Betriebsabrechnungsbogen wird in der Regel monatlich erstellt.

Beispiel: Betriebsabrechnungsbogen eines Handelsbetriebes

Kostenart	Buchungs-betrag	Verteilungs-schlüssel	Kostenstellen						
			Einkauf		Lager		Verkauf		Ver-waltung
			Kosten-träger I	Kosten-träger II	Kosten-träger I	Kosten-träger II	Kosten-träger I	Kosten-träger II	
Personal-kosten	85.789,00	Lohn- und Gehaltslisten	5.782,00	4.413,00	1.388,00	8.344,00	12.597,00	8.928,00	35.337,00
Miete	8.542,00	m²	592,00	395,00	3.109,00	1.994,00	648,00	495,00	1.309,00
Steuern u. Beiträge	29.367,00	Schlüssel: 3:2:6:4:5:3:2	3.524,00	2.349,00	7.048,00	4.699,00	3.524,00	2.349,00	5.874,00
Reisekosten, Werbung, Dekoration	9.243,00	Belege	1.633,00	1.354,00	0,00	0,00	3.931,00	2.325,00	0,00
Aufw. für Material und für bezogene Leistungen	6.913,00	Belege	1.282,00	1.052,00	332,00	261,00	2.093,00	1.688,00	205,00
Aufwendungen für Kommunikation	13.784,00	Belege	1.792,00	1.363,00	568,00	411,00	1.691,00	1.246,00	6.713,00
Abschreib.	10.109,00	Anlagenkartei	512,00	477,00	2.021,00	1.711,00	813,00	594,00	3.981,00
Σ Handlungs-kosten	163.747,00		15.117,00	11.403,00	23.466,00	17.420,00	25.297,00	17.625,00	53.419,00

Die Kostenstellenrechnung bereitet die Zurechnung der Handlungskosten (Gemeinkosten) auf die Kostenträger vor.

Im obigen Beispiel sind die Kosten der **Endkostenstellen (Hauptkostenstellen)** „Einkauf", „Lager" und „Verkauf" bereits den Kostenträgern I und II zugerechnet worden.

Keine Zurechnung auf Kostenträger ist bei der **Vorkostenstelle (Hilfskostenstelle)** Verwaltung möglich.

Die Kosten von Vorkostenstellen (Hilfskostenstellen) werden auf Endkostenstellen (Hauptkostenstellen) umgelegt und damit auf die Kostenträger.

Beispiel

Die Kosten der Vorkostenstelle „Verwaltung" werden auf die Endkostenstellen „Einkauf Kostenträger I", „Einkauf Kostenträger II", „Lager Kostenträger I", „Lager Kostenträger II", „Verkauf Kostenträger I" und „Verkauf Kostenträger II" im Verhältnis 6:4:3:2:9:6 umgelegt.

Betriebsabrechnungsbogen eines Handelsbetriebes mit Umlage der Kosten der Vorkostenstelle „Verwaltung" auf die Endkostenstellen

Kostenart	Buchungs-betrag	Verteilungs-schlüssel	Kostenstellen						
			Einkauf		Lager		Verkauf		Ver-waltung
			Kosten-träger I	Kosten-träger II	Kosten-träger I	Kosten-träger II	Kosten-träger I	Kosten-träger II	
Personal-kosten	85.789,00	Lohn- und Gehaltslisten	5.782,00	4.413,00	10.388,00	8.344,00	12.597,00	8.928,00	35.337,00
Miete	8.542,00	m²	592,00	395,00	3.109,00	1.994,00	648,00	495,00	1.309,00
Steuern u. Beiträge	29.367,00	Schlüssel: 3:2:6:4:5:3:2	3.524,00	2.349,00	7.048,00	4.699,00	3.524,00	2.349,00	5.874,00
Reisekosten, Werbung, Dekoration	9.243,00	Belege	1.633,00	1.354,00	0,00	0,00	3.931,00	2.325,00	0,00
Aufw. für Material und für bezogene Leistungen	6.913,00	Belege	1.282,00	1.052,00	332,00	261,00	2.093,00	1.688,00	205,00
Aufwendungen für Kommunikation	13.784,00	Belege	1.792,00	1.363,00	568,00	411,00	1.691,00	1.246,00	6.713,00
Abschreib.	10.109,00	Anlagenkartei	512,00	477,00	2.021,00	1.711,00	813,00	594,00	3.981,00
Σ Handlungs-kosten	163.747,00		15.117,00	11.403,00	23.466,00	17.420,00	25.297,00	17.625,00	53.419,00
Umlage der Vorkostenstelle Verwaltung		6:4:3:2:9:6	10.684,00	7.123,00	5.342,00	3.561,00	16.025,00	10.684,00	↵
Σ Handlungs-kosten der Endkosten-stellen	163.747,00		25.801,00	18.526,00	28.808,00	20.981,00	41.322,00	28.309,00	

4.5 Die Kostenträgerrechnung

Die Kostenträger sind die Leistungseinheiten des Betriebes, also im Handelsbetrieb die zum Verkauf vorgesehenen Waren. Es kann sich dabei um einen Artikel, um eine Artikelgruppe oder um einen Auftrag handeln. Die Kostenträger haben – was ihr Name bereits besagt – alle Kosten zu tragen, denn für sie sind die Kosten entstanden.

Die Kostenträgerrechnung beinhaltet die **Kostenträgerzeitrechnung** und die **Kostenträgerstückrechnung**.

Sie bezieht sich in der Kostenträgerzeitrechnung auf die **Periode (zeitliche Erfolgsrechnung)** und in der Kostenträgerstückrechnung auf die **Leistungseinheit (stückbezogene Kalkulation)**.

6467328L

4.5.1 Die Kostenträgerzeitrechnung

Die Kostenträgerzeitrechnung verrechnet alle angefallenen Kosten einer Rechnungsperiode auf die einzelnen Kostenträger (nicht stückbezogene summarische Nachkalkulation). Zweck der Kostenträgerzeitrechnung ist die Kontrolle der Wirtschaftlichkeit der Kostenträger.

In Handelsbetrieben werden auf den Wareneinsatz der einzelnen Leistungsgruppen die entsprechenden Handlungskosten (= Gemeinkosten) addiert. Man erhält dann die Selbstkosten.[1]

Beispiel

Im vorstehenden Betriebsabrechnungsbogen (Kapitel 4.4.4) sind die Handlungskosten (= Gemeinkosten) der Endkostenstellen bereits auf die Kostenträger I und II aufgeschlüsselt.

Gemäß Buchführung sind folgende Einzelkosten angefallen:

| Wareneinsatz: | Kostenträger I: | 298.412,00 € |
| | Kostenträger II: | 241.318,00 € |

Die Verkaufserlöse betrugen laut Buchführung:

| Verkaufserlöse: | Kostenträger I: | 439.196,00 € |
| | Kostenträger II: | 344.799,00 € |

		Kostenträger I		Kostenträger II
Wareneinsatz			298.412,00		241.318,00
+ Handlungskosten gemäß Kosten- stellenrechnung					
Einkauf	25.801,00		18.526,00	
Lager	28.808,00		20.981,00	
Verkauf	41.322,00		28.309,00	
Σ Handlungskosten		95.931,00		67.816,00
Selbstkosten		394.343,00		309.134,00

Soll nun der Erfolg einzelner Kostenträger ermittelt werden, so sind von den Verkaufserlösen (Saldo des Kontos 5000) Wareneinsatz und Handlungskosten zu subtrahieren:

	Kostenträger I	Kostenträger II
Verkaufserlöse	439.196,00	344.799,00
– Wareneinsatz	298.412,00	241.318,00
Warenrohgewinn	140.784,00	103.481,00
– Handlungskosten	95.931,00	67.816,00
= Warenreingewinn	44.853,00	35.665,00

---

1 Vgl. Kapitel 3.1.8.

4.5.2　Die Kostenträgerstückrechnung[1]

Im Gegensatz zur Kostenträgerzeitrechnung ermittelt die Kostenträgerstückrechnung Kosten und Preise pro Kostenträger (= Kalkulation).

In Handelsbetrieben wird die Kostenträgerstückrechnung in Form der **Zuschlagskalkulation** durchgeführt.

Bei der Zuschlagskalkulation werden die Kosten nacheinander auf den Einkaufspreis addiert.

Die Gemeinkosten (= Handlungskosten) werden durch einen prozentualen Aufschlag (= Handlungskostenzuschlagssatz) auf den Wareneinsatz (des jeweiligen Kostenträgers) abgedeckt.

Der Handlungskostenzuschlagssatz gibt das prozentuale Verhältnis von Handlungskosten zu Wareneinsatz an (Wareneinsatz ≙ 100 %).

$$\text{Handlungskostenzuschlagssatz} = \frac{\text{Handlungskosten} \cdot 100}{\text{Wareneinsatz}}$$

Im Betriebsabrechnungsbogen werden die Handlungskosten (Gemeinkosten) der Kostenstellen den einzelnen Kostenträgern zugeordnet (siehe Kapitel 4.4.4).

Beispiel

Der im Kapitel 4.4.4 dargestellte Betriebsabrechnungsbogen hat folgende Handlungskosten für die Kostenträger I und II ergeben (siehe auch Kapitel 4.5.1):

	Kostenträger I	**Kostenträger II**
Einkauf	25.801,00	18.526,00
Lager	28.808,00	20.981,00
Verkauf	41.322,00	28.309,00
Σ Handlungskosten	95.931,00	67.816,00

Es ist nun möglich, nach Kostenträgern differenzierte Handlungskostenzuschlagssätze zu ermitteln.

Beispiel

Gemäß Buchführung beträgt der Wareneinsatz (siehe auch Kapitel 4.5.1)

des Kostenträgers I .... 298.412,00 €
des Kostenträgers II .... 241.318,00 €

Die Handlungskosten betragen für
Kostenträger I .... 95.931,00 €
Kostenträger II .... 67.816,00 €

Es ergeben sich die folgenden **Handlungskostenzuschlagssätze:**

$$\text{Handlungskostenzuschlagssatz (Kostenträger I)} = \frac{\text{Handlungskosten} \cdot 100}{\text{Wareneinsatz}} = \frac{95.931 \cdot 100}{298.412} = 32{,}15\,\%$$

$$\text{Handlungskostenzuschlagssatz (Kostenträger II)} = \frac{\text{Handlungskosten} \cdot 100}{\text{Wareneinsatz}} = \frac{67.816 \cdot 100}{241.318} = 28{,}10\,\%$$

---

1 Eine ausführliche Darstellung der Kostenträgerstückrechnung erfolgt im Kapitel 3.1.8.

6467330L

Der Betriebsabrechnungsbogen ermöglicht die Kalkulation mit nach Kostenträgern differenzierten Handlungskostenzuschlagssätzen.

Beispiel

Der Textileinzelhandel Konrad Fied KG kalkuliert den Bruttoverkaufspreis des Kostenträgers I, der im Versandhandel vertrieben wird.

Der Listeneinkaufspreis beträgt 150,00 € (netto).

Der Liefererrabatt beträgt 20 %, der Liefererskonto 3 %. Die Bezugskosten belaufen sich auf 3,40 € (netto).

Die Berechnung des Handlungskostenzuschlagssatzes ergibt für den Kostenträger I 32,15 % (siehe obiges Beispiel).

Der Textileinzelhandel Konrad Fied KG kalkuliert mit 15 % Gewinn. Er gewährt seinen Versandhandelskunden 2 % Skonto und 10 % Rabatt. Die Vertreterprovision (Versandhandelsvertreterin Anke Mattke e. Kfr.) beträgt 5 %.

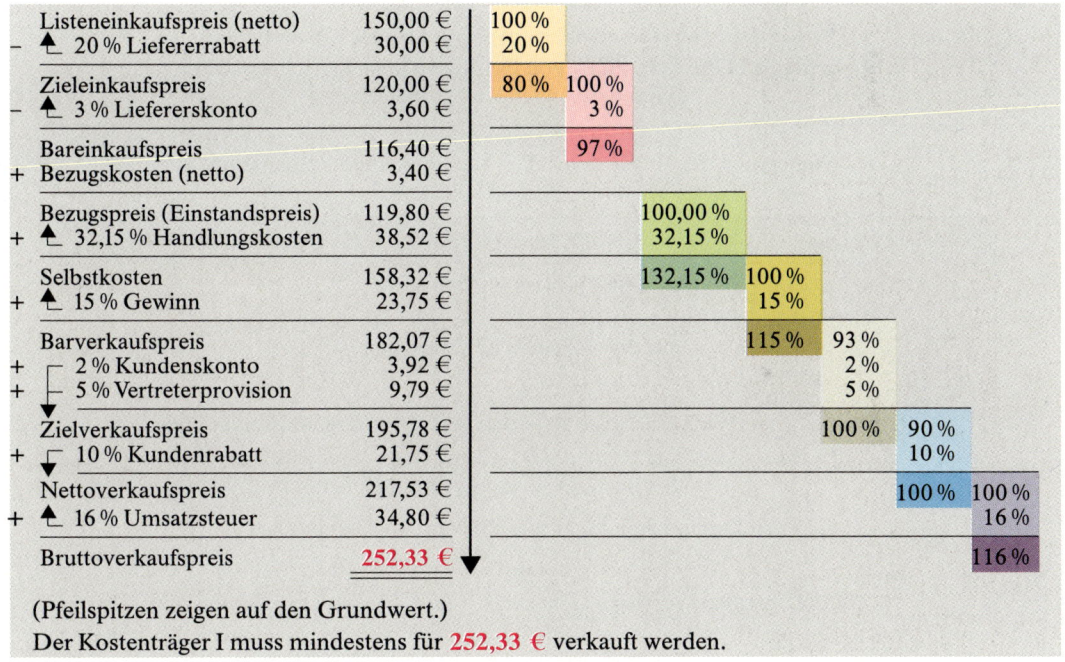

Listeneinkaufspreis (netto)	150,00 €	100 %
− 20 % Liefererrabatt	30,00 €	20 %
Zieleinkaufspreis	120,00 €	80 % 100 %
− 3 % Liefererskonto	3,60 €	3 %
Bareinkaufspreis	116,40 €	97 %
+ Bezugskosten (netto)	3,40 €	
Bezugspreis (Einstandspreis)	119,80 €	100,00 %
+ 32,15 % Handlungskosten	38,52 €	32,15 %
Selbstkosten	158,32 €	132,15 % 100 %
+ 15 % Gewinn	23,75 €	15 %
Barverkaufspreis	182,07 €	115 % 93 %
+ 2 % Kundenskonto	3,92 €	2 %
+ 5 % Vertreterprovision	9,79 €	5 %
Zielverkaufspreis	195,78 €	100 % 90 %
+ 10 % Kundenrabatt	21,75 €	10 %
Nettoverkaufspreis	217,53 €	100 % 100 %
+ 16 % Umsatzsteuer	34,80 €	16 %
Bruttoverkaufspreis	252,33 €	116 %

(Pfeilspitzen zeigen auf den Grundwert.)

Der Kostenträger I muss mindestens für 252,33 € verkauft werden.

Zusammenfassung

Schaubild

Kostenartenrechnung

Buchhalterische Erfassung der Kosten in der Kostenkontenklasse

↓

Kontrolle der Kostenarten

Weitergabe der systematisch erfassten Kostenarten

↓

Kostenstellenrechnung

Verrechnung der Gemeinkosten nach dem Verursachungsprinzip auf die Kostenstellen

↓

- Kontrolle des Gemeinkostenverbrauchs der Kostenstellen
- Ermöglicht die Ermittlung von Handlungskostenzuschlagssätzen, differenziert nach Kostenträgern

Weitergabe der auf Kostenstellen zugerechneten Kostenarten

↓

Kostenträgerrechnung

1. Kostenträgerzeitrechnung

Verrechnung aller angefallenen Kosten einer Rechnungsperiode
auf die einzelnen Kostenträger

↓

Kontrolle der Wirtschaftlichkeit der Kostenträger (Ergebnisrechnung)

2. Kostenträgerstückrechnung

Errechnung von Kosten und Preisen pro Kostenträger

↓

Stückbezogene Vorwärts-, Rückwärts- und Differenzkalkulation

Merksätze

1. Mithilfe der Kostenartenrechnung soll die Kostenstruktur eines Betriebes überwacht, beurteilt und verbessert werden.
2. Die Aufgabe der Kostenstellenrechnung besteht darin, den Gemeinkostenverbrauch einzelner Kostenstellen zu überwachen und nach Kostenträgern differenzierte Handlungskostenzuschlagssätze zu ermitteln.
3. Die Kostenträgerzeitrechnung verrechnet alle angefallenen Kosten einer Rechnungsperiode auf die einzelnen Kostenträger. Ihr Zweck ist die Kontrolle der Wirtschaftlichkeit der Kostenträger.
4. Die Kostenträgerstückrechnung kalkuliert Kosten und Preise pro Kostenträger (Vorwärts-, Rückwärts- und Differenzkalkulation).

6467332L

1 Jede der unter A stehenden Angaben passt inhaltlich zu einem der unter B aufgeführten Begriffe. Nehmen Sie die jeweiligen Zuordnungen vor.

A

1. Die Kosten werden zur Auswertung systematisch in der Kostenkontenklasse erfasst.
2. In Form einer nicht stückbezogenen summarischen Nachkalkulation wird die Wirtschaftlichkeit einzelner Kostenträger kontrolliert.
3. Die Kosten und Preise werden stückbezogen kalkuliert.
4. Die Einteilung in Verrechnungseinheiten erfolgt meistens nach Funktionsbereichen.

B

1. Kostenträgerzeitrechnung
2. Kostenstellenrechnung
3. Kostenartenrechnung
4. Kostenträgerstückrechnung

2 Im Textileinzelhandel Konrad Fied KG gibt es die folgenden **Kostenstellen:**

A Einkauf Damenbekleidung (KSt 1)   Verkauf Damenbekleidung (KSt 5)
Einkauf Herrenbekleidung (KSt 2)   Verkauf Herrenbekleidung (KSt 6)
Lager Damenbekleidung (KSt 3)   Verwaltung (Vorkostenstelle) (VKSt)
Lager Herrenbekleidung (KSt 4)

Es liegen die folgenden monatlichen Buchungsbeträge und Verteilungsangaben vor:

Kostenart	Buchungs-betrag	Verteilungs-basis	KSt 1	KSt 2	KSt 3	KSt 4	KSt 5	KSt 6	VKSt
Personal-kosten	154.417,00	Lohn- und Gehaltslisten ($€$)	10.407,00	7.943,00	18.698,00	15.019,00	22.674,00	16.070,00	63.606,00
Miete	15.375,00	m^2	85	75	990	780	160	145	415
Steuern, Versiche-rungen	52.860,00	Verteilungs-schlüssel	3	2	6	4	3	2	5
Reisekosten, Werbung, Dekoration	16.637,00	Belege ($€$)	2.939,00	2.437,00	0,00	0,00	7.076,00	4.185,00	0,00
Aufw. für Material und für bezogene Leistungen	12.443,00	Belege ($€$)	2.470,00	1.947,00	582,00	457,00	3.669,00	2.959,00	359,00
Aufw. für Kommunik.	24.811,00	Verteilungs-schlüssel	4	3	2	1	5	4	9
Ab-schreib.[1]	18.196,00	Anlagen-kartei ($€$)	921,00	858,00	3.637,00	3.079,00	1.464,00	1.071,00	7.166,00

Die Kosten der Vorkostenstelle „Verwaltung" (VKSt) werden den Kostenstellen KSt 1, KSt 2, KSt 3, KSt 4, KSt 5 und KSt 6 im Verhältnis 6:4:3:2:9:6 zugerechnet.

Wareneinsatz Damenbekleidung .... 537.141,00 €
Wareneinsatz Herrenbekleidung .... 434.372,00 €
Umsatzerlöse für Waren (Damenbekleidung) .... 786.548,00 €
Umsatzerlöse für Waren (Herrenbekleidung) .... 612.458,00 €

    a) Erstellen Sie mithilfe der Verteilungsangaben den monatlichen BAB. (Die Beträge der Kostenarten „Miete", „Steuern, Versicherungen" und „Aufwendungen für Kommunikation" sind noch aufzuschlüsseln.)

---

1 Die buchungsmäßigen Abschreibungen entsprechen den kalkulatorischen Abschreibungen.

b) Ermitteln Sie den Warenrohgewinn und den Warenreingewinn jeweils für Damenbekleidung und für Herrenbekleidung.

c) Errechnen Sie für die Kostenträgerstückrechnung den Handlungskostenzuschlagssatz für Damenbekleidung und für Herrenbekleidung.

3 Eine Fahrradhandlung weist folgende GuV-Rechnung (Jahresbetrachtung) auf:

A

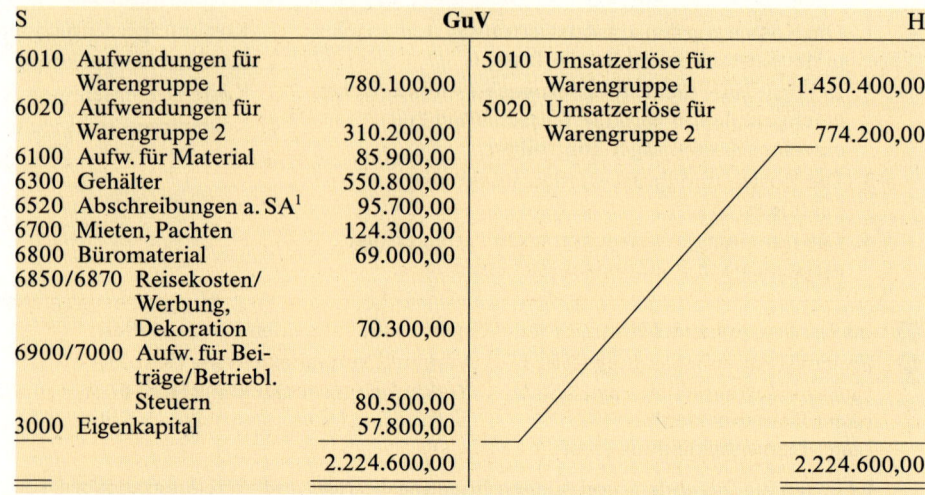

S	GuV			H
6010 Aufwendungen für Warengruppe 1	780.100,00	5010 Umsatzerlöse für Warengruppe 1	1.450.400,00	
6020 Aufwendungen für Warengruppe 2	310.200,00	5020 Umsatzerlöse für Warengruppe 2	774.200,00	
6100 Aufw. für Material	85.900,00			
6300 Gehälter	550.800,00			
6520 Abschreibungen a. SA[1]	95.700,00			
6700 Mieten, Pachten	124.300,00			
6800 Büromaterial	69.000,00			
6850/6870 Reisekosten/ Werbung, Dekoration	70.300,00			
6900/7000 Aufw. für Beiträge/Betriebl. Steuern	80.500,00			
3000 Eigenkapital	57.800,00			
	2.224.600,00		2.224.600,00	

Bei der Warengruppe 1 handelt es sich um Mountainbikes, bei der Warengruppe 2 um Trekkingräder.

In der Fahrradhandlung gibt es folgende **Kostenstellen:**

Einkauf (Warengruppe I) (KSt 1)   Verkauf (Warengruppe I) (KSt 5)
Einkauf (Warengruppe II) (KSt 2)   Verkauf (Warengruppe II) (KSt 6)
Lager (Warengruppe I) (KSt 3)   Verwaltung (Vorkostenstelle) (VKSt)
Lager (Warengruppe II) (KSt 4)

Für die Umlage der Kosten auf die Kostenstellen gelten folgende Verteilungsangaben:

Kostenart	Verteilungsbasis	KSt 1	KSt 2	KSt 3	KSt 4	KSt 5	KSt 6	VKSt
6100 Aufw. für Material	Belege (€)	21.902,00	4.487,00	3.312,00	2.992,00	41.454,00	7.586,00	4.167,00
6300 Gehälter	Gehaltslisten (€)	88.800,00	24.200,00	40.900,00	15.100,00	150.800,00	40.700,00	190.300,00
6520 Abschr. a. SA[1]	Anlagenkartei (€)	12.900,00	3.400,00	24.000,00	11.900,00	18.300,00	5.100,00	20.100,00
6700 Mieten, Pachten	m²	60	40	950	400	90	60	125
6800 Büromaterial	Verteilungsschlüssel	5	2	3	1	6	3	10
6850/6870 Reisekosten/ Werbung, Dekoration	Belege (€)	19.700,00	5.300,00	0,00	0,00	35.400,00	9.900,00	0,00
6900/7000 Aufw. für Beiträge/ Betriebl. Steuern	Verteilungsschlüssel	4	2	9	3	5	2	6

---

1 Die buchungsmäßigen Abschreibungen entsprechen den kalkulatorischen Abschreibungen.

Die Kosten der Vorkostenstelle „Verwaltung" (VKSt) werden im Verhältnis 6:2:3:1:8:2 auf die Kostenstellen KSt 1, KSt 2, KSt 3, KSt 4, KSt 5 und KSt 6 zugerechnet.

a) Erstellen Sie den jährlichen Betriebsabrechnungsbogen.
   (Die Beträge der Konten „6700 Mieten, Pachten", „6800 Büromaterial" und „6900/7000 Aufwendungen für Beiträge/Betriebliche Steuern" sind noch aufzuschlüsseln.)

b) Ermitteln Sie für Mountainbikes und Trekkingräder jeweils den Warenrohgewinn und den Warenreingewinn.

c) Errechnen Sie für die Kostenträgerstückrechnung den Handlungskostenzuschlagssatz für Mountainbikes und Trekkingräder.

d) Zur Verbesserung der Gewinnsituation bei Mountainbikes soll eine exakte Kalkulation des Listenverkaufspreises durchgeführt werden.
   Der Listeneinkaufspreis für ein hochwertiges Mountainbike beträgt 380,00 € (ohne Umsatzsteuer).
   Unser Lieferer gewährt uns 20 % Liefererrabatt und 3 % Liefererskonto.
   Die Bezugskosten betragen 5,80 € (ohne Umsatzsteuer) pro Mountainbike.
   In Zukunft soll mit einer Gewinnspanne von 15 % kalkuliert werden.
   Ermitteln Sie mithilfe des errechneten Handlungskostenzuschlagssatzes den Bruttoverkaufspreis (Umsatzsteuersatz: 16 %).

4 Es liegt das folgende GuV-Konto (Jahresbetrachtung) der Baustoffhandlung Müller
Ⓐ OHG, Hannover, vor:

S		GuV		H
6010 Aufwendungen für Warengruppe 1	990.000,00	5010 Umsatzerlöse für Warengruppe 1	1.435.600,00	
6020 Aufwendungen für Warengruppe 2	910.000,00	5020 Umsatzerlöse für Warengruppe 2	1.348.300,00	
6100 Aufw. für Material	60.000,00			
6300 Gehälter	250.000,00			
6520 Abschreibungen a. SA[1]	40.000,00			
6700 Mieten, Pachten	120.000,00			
6800 Büromaterial	90.000,00			
6850/6870 Reisekosten/ Werbung, Dekoration	50.000,00			
6900/7000 Aufw. für Beiträge/Betriebl. Steuern	80.000,00			
3000 Eigenkapital	193.900,00			
	2.783.900,00		2.783.900,00	

Bei der Warengruppe 1 handelt es sich um Werkzeuge. Bei der Warengruppe 2 handelt es sich um Holzwaren.

In der Baustoffhandlung gibt es folgende **Kostenstellen**:

Einkauf (Werkzeuge) (KSt 1)   Verkauf (Werkzeuge) (KSt 5)
Einkauf (Holzwaren) (KSt 2)   Verkauf (Holzwaren) (KSt 6)
Lager (Werkzeuge) (KSt 3)   Verwaltung (Vorkostenstelle) (VKSt)
Lager (Holzwaren) (KSt 4)

---

1 Die buchungsmäßigen Abschreibungen entsprechen den kalkulatorischen Abschreibungen.

Es gelten folgende Verteilungsangaben für die Zurechnung der Kosten auf die Kosten-stellen:

Kostenart	Verteilungs-basis	KSt 1	KSt 2	KSt 3	KSt 4	KSt 5	KSt 6	VKSt
6100 Aufw. für Material	Verteilungs-schlüssel	7	6	3	2	8	7	2
6300 Ge-hälter	Gehalts-listen (€)	35.714,00	29.762,00	23.810,00	17.857,00	53.571,00	47.619,00	41.667,00
6520 Abschr. a. SA[1]	Anlagen-kartei (€)	5.000,00	4.000,00	8.000,00	7.000,00	6.000,00	5.000,00	5.000,00
6700 Mieten, Pachten	Verteilungs-schlüssel	4	3	9	8	5	4	7
6800 Büro-material	Verteilungs-schlüssel	5	3	2	1	6	5	9
6850/6870 Reise-kosten/ Werbung, Dekora-tion	Belege (€)	10.714,00	7.143,00	0,00	0,00	17.857,00	14.286,00	0,00
6900/7000 Aufw. für Beiträge/ Betriebl. Steuern	Verteilungs-schlüssel	3	2	7	6	4	3	6
Umlage der Kosten der Vorkostenstelle		6	5	2	1	7	6	↵

a) Erstellen Sie den jährlichen BAB. (Die Beträge der Konten „6100 Aufwendungen für Material", „6700 Mieten, Pachten", „6800 Büromaterial" und „6900/7000 Aufwen-dungen für Beiträge/Betriebliche Steuern" sind noch aufzuschlüsseln.)

b) Ermitteln Sie für die Warengruppen „Werkzeuge" und „Holzwaren" jeweils den Warenrohgewinn und den Warenreingewinn.

c) Errechnen Sie den Handlungskostenzuschlagssatz für Werkzeuge und für Holzwaren.

d) Der Listeneinkaufspreis für die Multifunktionsbohrmaschine „Profi" beträgt 100,00 € (ohne Umsatzsteuer). Der Lieferer gewährt 20 % Rabatt und 2 % Skonto. An Bezugs-kosten fallen 5,00 € (ohne Umsatzsteuer) an. Der Gewinnzuschlagssatz beträgt 25 %. Dem Kunden werden weder Kundenskonto noch Rabatt gewährt.
Ermitteln Sie mithilfe des errechneten Handlungskostenzuschlagssatzes den Brutto-verkaufspreis (Umsatzsteuersatz: 16 %).

---

1 Die buchungsmäßigen Abschreibungen entsprechen den kalkulatorischen Abschreibungen.

5 Jahresabschluss

5.1 Zeitliche Erfolgsabgrenzung

In der kaufmännischen Praxis kommt es häufig vor, dass der Zahlungsvorgang, also die Geldeinnahme bzw. Geldausgabe, in einer anderen Rechnungsperiode liegt als der dazugehörende Erfolgsvorgang, also der Ertrag bzw. Aufwand.

Der Gesetzgeber[1] fordert im Rahmen der Buchführungs- und Bilanzierungspflicht, dass alle Aufwendungen und Erträge — unabhängig vom Zeitpunkt der Geldausgabe bzw. Geldeinnahme — in dem Geschäftsjahr zu erfassen sind, dem sie verursachungsgemäß zuzurechnen sind.

Mit der zeitlichen Abgrenzung werden Erfolgsvorgänge periodengerecht erfasst.

Zum Geschäftsjahresabschluss können sich folgende korrekturbedürftige Fälle ergeben:

1. a) Die Ausgabe für einen Aufwand, der verursachungsgerecht ins **alte** Geschäftsjahr gehört, erfolgt erst im **neuen** Geschäftsjahr.
   b) Die Einnahme für einen Ertrag, der verursachungsgerecht ins **alte** Geschäftsjahr gehört, erfolgt erst im **neuen** Geschäftsjahr.

2. a) Die Ausgabe für einen Aufwand, der verursachungsgerecht ins **neue** Geschäftsjahr gehört, erfolgt bereits im **alten** Geschäftsjahr.
   b) Die Einnahme für einen Ertrag, der verursachungsgerecht ins **neue** Geschäftsjahr gehört, erfolgt bereits im **alten** Geschäftsjahr.

Im Fall 1.a) und 1.b) ist im alten Geschäftsjahr ein Aufwand bzw. Ertrag noch nicht buchungsmäßig erfasst, weil er noch nicht zu einer Ausgabe bzw. Einnahme geführt hat. Entsprechend ist hier der Aufwand bzw. der Ertrag noch in die Erfolgsrechnung des alten Jahres einzubringen. Man spricht hier von einer **antizipativen Jahresabgrenzung** (antizipieren = vorwegnehmen).

Im Fall 2.a) und 2.b) muss ein bereits buchungsmäßig erfasster Aufwand bzw. Ertrag aus der Erfolgsrechnung des alten Jahres in die Erfolgsrechnung des neuen Jahres gebracht werden. Man spricht hier von einer **transitorischen Jahresabgrenzung** (transire = hinüberführen).

Die periodengerechte Erfassung aller Aufwendungen und Erträge durch die zeitliche Abgrenzung

- ist nötig, um den tatsächlichen Periodenerfolg zu ermitteln,
- dient der genauen Erfassung der Kalkulationsgrundlagen und
- ermöglicht innerbetriebliche und zwischenbetriebliche Vergleiche.

---

1 Rechtsgrundlage: § 252 Abs. 1 Zi. 5 HGB, § 250 HGB

5.1.1 Antizipative Rechnungsabgrenzung – Übrige sonstige Forderungen und Übrige sonstige Verbindlichkeiten

Ein Aufwand bzw. Ertrag,

- der durch das laufende Geschäftsjahr wirtschaftlich begründet ist,
- dessen Zahlungsvorgang jedoch erst im neuen Geschäftsjahr erfolgt,

wird am Bilanzstichtag als **„Übrige sonstige Verbindlichkeit" (Konto 4890)** bzw. **„Übrige sonstige Forderung" (Konto 2690)** buchungsmäßig erfasst. Dadurch wird er im alten Geschäftsjahr erfolgswirksam.

Hierunter fallen u. a. am Bilanzstichtag

- noch zu zahlende bzw. zu erhaltende Zinsen,
- noch zu zahlende bzw. zu erhaltende Mieten,
- noch zu zahlende bzw. zu erhaltende Provisionen,
- noch zu zahlende Löhne und Gehälter und
- noch zu zahlende Steuern, Gebühren und Beiträge.

Beispiel für eine vollständige zeitliche Rechnungsabgrenzung über das Konto „Übrige sonstige Forderungen"

Unsere Mieter überweisen die Miete in Höhe von 5.000,00 € für Dezember des alten Geschäftsjahres erst im Januar des neuen Geschäftsjahres.

Buchung am Bilanzstichtag des Abschlussjahres

2690 Übrige sonstige Forderungen	5.000,00	
an 5400 Nebenerlöse aus Verm. u. Verp.		5.000,00

Diese Buchung bewirkt eine Ergebnisverbesserung im Abschlussjahr.

Buchung beim Zahlungseingang im Januar des neuen Geschäftsjahres

2800 Kreditinstitute	5.000,00	
an 2690 Übrige sonstige Forderungen		5.000,00

Bei Zahlungseingang im Januar des neuen Jahres wird die „Übrige sonstige Forderung" ausgeglichen.

Beispiel für eine anteilige zeitliche Rechnungsabgrenzung über das Konto „Übrige sonstige Forderungen"

Die halbjährlich fälligen Darlehenszinsen vom 1. September bis zum 28. Februar in Höhe von 1.200,00 € werden von unserem Darlehensschuldner am 28. Februar an uns überwiesen (monatlich 200,00 € Zinsen).

Buchung am Bilanzstichtag des Abschlussjahres

2690 Übrige sonstige Forderungen	800,00	
an 5710 Zinserträge		800,00

In diesem Fall dürfen nur die Darlehenszinsen für die vier Monate September, Oktober, November und Dezember im alten Geschäftsjahr erfolgswirksam werden.

6467338L

Buchung beim Zahlungseingang am 28. Februar des neuen Geschäftsjahres

2800 Kreditinstitute	1.200,00	
an 2690 Übrige sonstige Forderungen		800,00
an 5710 Zinserträge		400,00

Bei Zahlungseingang im neuen Geschäftsjahr werden die „Übrigen sonstigen Forderungen" aufgelöst. Der anteilige Zinsertrag für die Monate Januar und Februar des neuen Geschäftsjahres wird erfolgswirksam gebucht.

Beispiel für eine vollständige zeitliche Rechnungsabgrenzung über das Konto „Übrige sonstige Verbindlichkeiten"

Die Lagerhallenmiete für Dezember in Höhe von 3.000,00 € zahlen wir erst im Januar per Banküberweisung.

Buchung am Bilanzstichtag des Abschlussjahres

6700 Mieten, Pachten	3.000,00	
an 4890 Übrige sonstige Verbindlichkeiten		3.000,00

Durch diese Buchung wird die Lagerhallenmiete im alten Geschäftsjahr aufwandswirksam.

Buchung bei Zahlung im Januar des neuen Geschäftsjahres

4890 Übrige sonstige Verbindlichkeiten	3.000,00	
an 2800 Kreditinstitute		3.000,00

Die „Übrige sonstige Verbindlichkeit" wird bei Zahlung im Januar des neuen Jahres aufgelöst.

Beispiel für eine anteilige zeitliche Rechnungsabgrenzung über das Konto „Übrige sonstige Verbindlichkeiten"

Die Grundsteuer in Höhe von 600,00 € halbjährlich auf unser Betriebsgebäude wird am 1. April für das vergangene Halbjahr per Banküberweisung gezahlt (vierteljährlich 300,00 €).

Buchung am Bilanzstichtag des Abschlussjahres

7020 Grundsteuer	300,00	
an 4890 Übrige sonstige Verbindlichkeiten		300,00

Nur die anteilige Grundsteuer, die auf die drei Monate des alten Geschäftsjahres entfällt, wird aufwandswirksam gebucht.

Buchung bei Zahlung am 1. April des neuen Geschäftsjahres

4890 Übrige sonstige Verbindlichkeiten	300,00	
7020 Grundsteuer	300,00	
an 2800 Kreditinstitute		600,00

Mit dieser Buchung wird die „Übrige sonstige Verbindlichkeit" aufgelöst. Die Grundsteuer für die Monate Januar, Februar und März wird erst im neuen Jahr aufwandswirksam.

Zusammenfassung

Merksätze

1. Aufwendungen,
   – die wirtschaftlich dem Abschlussjahr zuzurechnen sind,
   – für die aber erst im Folgejahr die Ausgabe erfolgt,
   werden am Bilanzstichtag über das Konto „4890 Übrige sonstige Verbindlichkeiten" in das alte Geschäftsjahr verlagert.
2. Erträge,
   – die wirtschaftlich dem Abschlussjahr zuzurechnen sind,
   – für die aber erst im Folgejahr die Einnahme erfolgt,
   werden am Bilanzstichtag über das Konto „2690 Übrige sonstige Forderungen" in das alte Geschäftsjahr verlagert.

Aufgaben folgen auf Seite 343 ff.

5.1.1.1 Umsatzsteuerbehandlung bei Übrigen sonstigen Forderungen (EXKURS)

Die Umsatzsteuerschuld für Leistungen, die im Abschlussjahr ausgeführt worden sind, deren Rechnungsstellung und Zahlung aber erst im Folgejahr erfolgt, entsteht bereits im Abschlussjahr.

Beispiel

Für vermietete Fotokopiergeräte wird die Dezembermiete von 1.740,00 € (1.500,00 € + 240,00 € Umsatzsteuer) erst im Januar des Folgejahres von unserem Kunden per Banküberweisung beglichen.

Buchung am Bilanzstichtag des Abschlussjahres

2690 Übrige sonstige Forderungen	1.740,00	
an 5400 Nebenerlöse aus V. u. V.		1.500,00
an 4800 Umsatzsteuer		240,00

Buchung beim Zahlungseingang im Januar des Folgejahres

2800 Kreditinstitute	1.740,00	
an 2690 Übrige sonstige Forderungen		1.740,00

5.1.1.2 Vorsteuerbehandlung bei Übrigen sonstigen Verbindlichkeiten (EXKURS)

Der zum Vorsteuerabzug berechtigte Unternehmer kann nach § 15 Abs. 1 Zi. 1 Satz 1 UStG die Vorsteuer erst dann verrechnen, wenn u. a.

- die Rechnung vorliegt **und**
- die Lieferung oder sonstige Leistung ausgeführt ist.

Beispiel

Im Dezember wird Büromaterial zu einem Preis von 696,00 € (600,00 € + 96,00 € Umsatzsteuer) eingekauft. Die Rechnung geht erst im Januar des neuen Geschäftsjahres ein und wird sofort per Verrechnungsscheck beglichen.

Buchung am Bilanzstichtag des Abschlussjahres

6800	Büromaterial	600,00	
an	4890 Übrige sonstige Verbindlichkeiten		600,00

Buchung bei Zahlung im Januar des Folgejahres

4890	Übrige sonstige Verbindlichkeiten	600,00	
2600	Vorsteuer	96,00	
an	2800 Kreditinstitute		696,00

Da am Bilanzstichtag des Abschlussjahres eine Voraussetzung (Vorliegen der Rechnung) für den Vorsteuerabzug nicht erfüllt ist, wird zu diesem Zeitpunkt die Vorsteuer noch nicht berücksichtigt.

5.1.2 Transitorische Rechnungsabgrenzung – Aktive Rechnungsabgrenzung und Passive Rechnungsabgrenzung

Ein Aufwand bzw. Ertrag,

- dessen Zahlungsvorgang im alten Geschäftsjahr erfolgt,
- der jedoch erst durch das neue Geschäftsjahr wirtschaftlich begründet ist,

muss noch im Abschlussjahr **zeitlich aktiv** bzw. **zeitlich passiv abgegrenzt** werden. Dadurch wird die Erfolgswirksamkeit in das Folgejahr übertragen.

Hierunter fallen u. a. für das Folgejahr

- im Voraus gezahlte bzw. erhaltene Zinsen,
- im Voraus gezahlte bzw. erhaltene Mieten,
- im Voraus gezahlte bzw. erhaltene Provisionen und
- im Voraus gezahlte Steuern, Gebühren und Beiträge.

Beispiel für eine anteilige aktive Rechnungsabgrenzung

Die Feuerversicherungsprämie in Höhe von 900,00 € für das Betriebsgebäude wird am 1. Oktober per Banküberweisung für ein Jahr im Voraus bezahlt.

Buchung der Ausgabe am 1. Oktober des Abschlussjahres

6900	Versicherungsbeiträge	900,00	
an	2800 Kreditinstitute		900,00

Mit dieser Buchung wird die Ausgabe im Abschlussjahr in ihrer vollen Höhe als Aufwand erfasst.

Buchung am Bilanzstichtag des Abschlussjahres

2900	Aktive Rechnungsabgrenzung	675,00	
an	6900 Versicherungsbeiträge		675,00

Von den 900,00 € Feuerversicherungsprämie entfallen

$$225,00 \; € \left(= \frac{900,00 \cdot 3}{12} \right) \text{ auf die 3 Monate des Abschlussjahres.}$$

$$675,00 \; € \left(= \frac{900,00 \cdot 9}{12} \right) \text{ entfallen auf die 9 Monate des Folgejahres.}$$

Der Anteil der Feuerversicherungsprämie, der das neue Geschäftsjahr betrifft, darf im alten Geschäftsjahr nicht aufwandswirksam werden und wird zeitlich abgegrenzt.

Mit der obigen Buchung am Bilanzstichtag wird das Aufwandskonto „6900 Versicherungsbeiträge" um die auf das neue Geschäftsjahr entfallende Feuerversicherungsprämie korrigiert. Hierzu dient das **aktive Bestandskonto „2900 Aktive Rechnungsabgrenzung".**

Dieses Konto gleicht auf der Aktivseite der Bilanz die für das Abschlussjahr zu hohe Minderung des Bankguthabens aus.

Buchung nach der Konteneröffnung im Folgejahr

6900	Versicherungsbeiträge	675,00	
an	2900 Aktive Rechnungsabgrenzung		675,00

Mit der obigen Buchung wird das Konto „2900 Aktive Rechnungsabgrenzung" aufgelöst. Zugleich wird der das neue Geschäftsjahr betreffende Anteil der Feuerversicherungsprämie in der neuen Rechnungsperiode aufwandswirksam.

Beispiel für eine anteilige passive Rechnungsabgrenzung

Für vermietete Lagerräume erhalten wir die Miete in Höhe von 3.000,00 € vierteljährlich im Voraus am 1. Dezember auf unser Bankkonto überwiesen.

Buchung der Einnahme am 1. Dezember des Abschlussjahres

2800	Kreditinstitute	3.000,00	
an	5400 Nebenerlöse aus Verm. u. Verp.		3.000,00

Mit dieser Buchung wird die Einnahme im Abschlussjahr in ihrer vollen Höhe als Ertrag erfasst.

Buchung am Bilanzstichtag des Abschlussjahres

5400	Nebenerlöse aus Verm. u. Verp.	2.000,00	
an	4900 Passive Rechnungsabgrenzung		2.000,00

1.000,00 € des Mietertrages entfallen auf den Monat Dezember, also auf das alte Geschäftsjahr; 2.000,00 € entfallen auf die Monate Januar und Februar, also auf die neue Rechnungsperiode.

Die 2.000,00 €, die das Folgejahr betreffen, dürfen im Abschlussjahr nicht ertragswirksam werden. Sie werden zeitlich abgegrenzt.

Mit der obigen Buchung am Bilanzstichtag wird das Ertragskonto „5400 Nebenerlöse aus Vermietung und Verpachtung" um den auf das neue Geschäftsjahr entfallenden

6467342L

Mietertrag korrigiert. Hierzu dient das **passive Bestandskonto „4900 Passive Rechnungsabgrenzung"**.

Dieses Konto gleicht auf der Passivseite der Bilanz den für das Abschlussjahr zu hohen Zahlungseingang auf dem Bankkonto aus.

Buchung nach Konteneröffnung im Folgejahr

4900	Passive Rechnungsabgrenzung	2.000,00	
an	5400 Nebenerlöse aus Verm. u. Verp.		2.000,00

Das Konto „4900 Passive Rechnungsabgrenzung" wird mit dieser Buchung aufgelöst. Der die neue Rechnungsperiode betreffende Mietertrag wird ertragswirksam.

Zusammenfassung

Merksätze

> 1. Aufwendungen,
>   – die dem Folgejahr zuzurechnen sind,
>   – für die aber bereits im Abschlussjahr die Ausgabe erfolgt,
>   werden am Bilanzstichtag über das Konto „2900 Aktive Rechnungsabgrenzung" ins Folgejahr übertragen.
> 2. Erträge,
>   – die dem Folgejahr zuzurechnen sind,
>   – für die aber bereits im Abschlussjahr die Einnahme erfolgt,
>   werden über das Konto „4900 Passive Rechnungsabgrenzung" ins Folgejahr übertragen.

Aufgaben

Aufgabe 1:   Einführung in die Thematik;
Aufgaben 2 bis 4:   antizipative Rechnungsabgrenzung;
Aufgaben 5 und 6:   antizipative Rechnungsabgrenzung mit Umsatzsteuer (Exkurs);
Aufgaben 7 bis 10:   transitorische Rechnungsabgrenzung;
Aufgaben 11 bis 15:   gemischte Aufgaben.

1   Erklären Sie den Unterschied zwischen Einnahmen und Erträgen bzw. zwischen Ausgaben und Aufwendungen.

2   a) Formulieren Sie einen allgemein gültigen Buchungssatz zur Bildung einer antizipativen Rechnungsabgrenzung (Aufwand und Ertrag).
    b) Formulieren Sie einen allgemein gültigen Buchungssatz, der im Folgejahr den unter a) gebildeten antizipativen Posten der Jahresabgrenzung auflöst.

3   Wie lauten die Buchungssätze für die folgenden Geschäftsfälle
    a) am Bilanzstichtag,
    b) beim Zahlungsvorgang im Folgejahr?
    (Alle Zahlungsvorgänge sind über das Konto „2800 Kreditinstitute" zu buchen.)
    1. Die Pachtzahlung für unser Betriebsgelände für das abgelaufene Geschäftsjahr in Höhe von 5.000,00 € wird erst im Januar des Folgejahres von uns entrichtet.
    2. Gemäß Mietvertrag zahlt unser Mieter die Garagenmiete für Oktober, November und Dezember von 450,00 € im Januar.

3. Für das abgelaufene Jahr beträgt die Umlage zur Berufsgenossenschaft 1.200,00 €. Am 10. Januar erfolgt die Banküberweisung.

4. Ende Februar begleicht unser Darlehensschuldner die vierteljährlichen Darlehenszinsen (Dezember bis Februar) von 900,00 €.

5. Der Handelskammerbeitrag von 600,00 € für die Monate November, Dezember und Januar wird erst im Januar gezahlt.

6. Am 1. März des Folgejahres wird eine Pachtzahlung von 6.000,00 € für das zurückliegende Jahr (März bis Februar) eingehen.

7. Das Finanzamt gewährt uns einen Zahlungsaufschub für eine am 15. Dezember fällige Gewerbeertragsteuerzahlung von 1.300,00 € bis zum 10. Januar des Folgejahres.

8. Die Grundsteuer von 840,00 € auf das Betriebsgebäude ist am 1. März für das vorangegangene Halbjahr (September bis Februar) fällig.

9. Einem Kunden haben wir ein Darlehen von 15.000,00 € mit einer Verzinsung von 6 % gewährt. Gemäß Darlehensvertrag hat er die Zinsen halbjährlich nachträglich am 31. Januar und am 31. Juli zu zahlen.

10. Für eine Hypothekenschuld von 120.000,00 € haben wir die Zinszahlung vierteljährlich nachträglich zu den Terminen 28. Februar, 31. Mai, 31. August und 30. November zu entrichten. Zinssatz: 8 %.

---

4 **Konten**

A 2690 Übrige sonstige Forderungen; 4890 Übrige sonstige Verbindlichkeiten; 5400 Nebenerlöse aus Vermietung und Verpachtung; 5710 Zinserträge; 6700 Mieten, Pachten; 7510 Zinsaufwendungen.

Die Konten 5400, 5710, 6700, 7510 weisen am Bilanzstichtag folgende Kontenstände auf:

6700: 3.500,00 € im Soll   5400: 8.000,00 € im Haben

7510: 3.000,00 € im Soll   5710: 5.600,00 € im Haben

Zum Bilanzstichtag ist noch zu berücksichtigen: €

1. Unser Mieter hat die Lagerhallenmiete von 4.500,00
für Dezember noch nicht überwiesen.

2. Die Zinsgutschrift für unser Bankguthaben steht noch aus 2.500,00

3. Die Miete für unser Vertriebsbüro von 1.200,00
müssen wir für Dezember noch bezahlen.

4. Die Pachtzahlung für unser Grundstück von 3.000,00
für das zurückliegende Jahr wird erst am 1. Februar eingehen.

5. Die Hypothekenzinsen zahlen wir vierteljährlich (1. Nov. bis 31. Jan.)
nachträglich am 31. Januar 1.500,00

Nehmen Sie die entsprechenden Buchungen auf Konten vor.

---

5 Welche Aussagen sind richtig?

a) Die Umsatzsteuerschuld für Leistungen, die im Abschlussjahr ausgeführt worden sind, entsteht mit der Rechnungserteilung im Folgejahr.

b) Die Umsatzsteuerschuld für Leistungen, die im Abschlussjahr ausgeführt worden sind, entsteht mit dem Zahlungseingang im Folgejahr.

c) Die Umsatzsteuerschuld entsteht in dem Umsatzsteuervoranmeldezeitraum, in dem die Leistungen ausgeführt worden sind.

d) Die Vorsteuer für erbrachte Leistungen ist in dem Umsatzsteuervoranmeldezeitraum verrechenbar, in dem die Leistung ausgeführt worden ist. Die Rechnung braucht noch nicht vorzuliegen.

e) Die Vorsteuer für bereits erbrachte Leistungen ist verrechenbar, wenn die Rechnung vorliegt.

---

6 Wie lauten die Buchungssätze für die folgenden Geschäftsfälle
a) am Bilanzstichtag, b) beim Zahlungsvorgang im Folgejahr?
(Alle Zahlungsvorgänge sind über das Konto „2800 Kreditinstitute" zu buchen.) €

1. Am Bilanzstichtag ist eine Rechnung für eingekauftes Büromaterial über 500,00
   + 16 % Umsatzsteuer 80,00
   noch nicht eingegangen. 580,00
   Die Zahlung erfolgt erst im Januar bei Rechnungseingang.

2. Unserem Handelsvertreter wird die Dezemberprovision von 3.500,00
   + 16 % Umsatzsteuer 560,00
   erst im Januar überwiesen. 4.060,00
   Die Provisionsabrechnung liegt vor.

3. Für ein im Dezember vermitteltes Geschäft stehen uns 1.200,00
   + 16 % Umsatzsteuer 192,00
   Provision zu. 1.392,00
   Erst im Januar geht die Zahlung bei uns ein.

4. Die Rechnung für im Dezember vermietete Vervielfältigungsgeräte
   wird erst im Januar erstellt. Es stehen am Bilanzstichtag Forderungen
   in Höhe von 6.000,00
   + 16 % Umsatzsteuer 960,00
   aus. 6.960,00

5. Für das vierte Quartal des Abschlussjahres liegt am Bilanzstichtag die
   Stromabrechnung der Stadtwerke noch nicht vor. Anhand des
   Zählerstandes ermitteln wir einen Rechnungsbetrag von 15.500,00
   + 16 % Umsatzsteuer 2.480,00
   den wir im Januar bei Rechnungseingang begleichen. 17.980,00

6. Für eine vermietete Verpackungsmaschine erhalten wir die
   Dezembermiete von 2.000,00
   + 16 % Umsatzsteuer 320,00
   erst im Januar. 2.320,00

7. Eine Reparatur an der Stromleitung in unserem Geschäftsgebäude
   wurde im Dezember durchgeführt. Die Rechnung über einen Betrag von 700,00
   + 16 % Umsatzsteuer 112,00
   liegt am Bilanzstichtag vor. 812,00
   Im Januar wird der Rechnungsbetrag überwiesen.

8. Die Rechnung für die Gebäudereinigung des vierten Quartals über 800,00
   + 16 % Umsatzsteuer 128,00
   steht am Bilanzstichtag noch aus. 928,00
   Die Zahlung erfolgt im Januar bei Rechnungseingang.

9. Die Stromkosten sind halbjährlich nachträglich fällig.
   Abrechnungszeiträume: 1. April bis 30. Sept. und 1. Okt. bis 31. März.
   Am Bilanzstichtag ermitteln wir aufgrund der Zählerstände einen   €
   Zahlungsbetrag von 14.500,00
   + 16 % Umsatzsteuer 2.320,00
                                                    16.820,00
   für die Monate Oktober, November und Dezember.
   Im April wird die Rechnung für das vergangene Halbjahr über 30.000,00
   + 16 % Umsatzsteuer 4.800,00
   beglichen.   34.800,00

---

7 a) Formulieren Sie einen allgemein gültigen Buchungssatz zur Bildung einer aktiven Rechnungsabgrenzung (passiven Rechnungsabgrenzung).

     b) Formulieren Sie einen allgemein gültigen Buchungssatz zur Auflösung der unter a) gebildeten aktiven Rechnungsabgrenzung (passiven Rechnungsabgrenzung).

---

8 Wie lauten die Buchungssätze für die folgenden Geschäftsfälle
a) zum Zeitpunkt des Zahlungsvorganges,
b) am Bilanzstichtag,
c) bei Auflösung der transitorischen Jahresabgrenzung?
(Alle Zahlungsvorgänge sind über das Konto „2800 Kreditinstitute" zu buchen.)

1. Gemäß Mietvertrag zahlen unsere Mieter die Garagenmiete für Januar, Februar und März in Höhe von 900,00 € vierteljährlich im Voraus am 15. Dezember.

2. Die Pachtzahlung für das folgende Geschäftsjahr (Januar bis Dezember) für das Betriebsgrundstück über 8.000,00 € begleichen wir gemäß Pachtvertrag jährlich im Voraus am 1. Dezember.

3. Gemäß Darlehensvertrag begleicht unser Darlehensschuldner die halbjährlichen Darlehenszinsen von 2.000,00 € für das erste Halbjahr des Folgejahres (Januar bis Juni) im Voraus am 1. Dezember.

4. Die Kfz-Steuer für Betriebsfahrzeuge in Höhe von 2.400,00 € wird am 1. Nov. jährlich (1. Nov. bis 31. Okt.) im Voraus überwiesen.

5. Am 1. März zahlen wir die ADAC-Beiträge (Konto 6730) von 360,00 € für Betriebsfahrzeuge für 1 Jahr (März bis Februar) im Voraus.

6. Die Halbjahresmiete (September bis Februar) für vermietete Geschäftsräume in Hohe von 9.000,00 € erhalten wir am 1. September im Voraus.

7. Die Feuerversicherungsprämie für das Geschäftsgebäude von 980,00 € wird am 1. Juli für ein Jahr (Juli bis Juni) im Voraus bezahlt.

8. Am 1. Nov. gehen Darlehenszinsen in Höhe von 360,00 € für ein Vierteljahr (1. Nov. bis 31. Jan.) im Voraus auf dem Bankkonto ein.

9. Am 1. Nov. zahlen wir die Miete für ein Lagergebäude von 18.000,00 € jährlich für ein Jahr (1. Nov. bis 31. Okt.) im Voraus.

10. Am 1. Dez. zahlen wir die Zinsen in Höhe von 1.200,00 € für einen Bankkredit vierteljährlich (1. Dez. bis 28. Febr.) im Voraus.

6467346L

9 Sie sind Angestellte(r) des Textileinzelhandels Konrad Fied KG, Goseriede 41, 30159 Hannover. Die unten stehenden Belege liegen Ihnen zur Buchung vor.

a) Welche Geschäftsfälle liegen den Belegen zugrunde?

b) Wie lauten die Buchungssätze?

Beleg 1

Durchschrift für Kontoinhaber	**250** 100 **30**	

Postbank Hannover

Empfänger

Finanzkasse, Finanzamt Hannover-Süd

Konto-Nr. des Empfängers		Bankleitzahl
444 444 444		250 100 30

bei (Kreditinstitut)

Postbank Hannover

* Bis zur Einführung des Euro (= EUR) nur DM; danach DM oder EUR.	DM od. EUR* EUR	Betrag 960,00--------------

Kunden-Referenznummer - noch Verwendungszweck, ggf. Name und Anschrift des Auftraggebers (nur für Empfänger)

Kfz-Steuer, Lkw H-PM 902

1. Sept. .. bis 31. Aug. ..

Kontoinhaber

Konrad Fied KG, 30159 Hannover

Konto-Nr. des Kontoinhabers

15 82-300

..-09-01   *Konrad Fied*

Datum   Unterschrift

Beleg 2

Konrad Fied KG Hannover	**Buchungsanweisung** Buchungsdatum: ..-12-30	**Beleg-Nr.:** 8 934
für: Bildung einer zeitlichen Abgrenzung. Kfz-Steuer für den Lkw H-PM 902 in Höhe von 960,00 € für den Zeitraum 1. September .. bis 31. August .. wurde am 1. September .. überwiesen und gebucht. Zeitliche Abgrenzung: . . . . 640,00 €		

Beleg 3

Konrad Fied KG Hannover	**Buchungsanweisung** Buchungsdatum: ..-01-02	**Beleg-Nr.:** 1
für: Auflösung einer zeitlichen Abgrenzung. Die Kfz-Steuer des Lkw H-PM 902 wurde am 30. Dezember .. zeitlich abgegrenzt. Auflösung der gebildeten zeitlichen Abgrenzung: . . . 640,00 €		

Beleg 4

Konto-Nummer: **12 345**		BLZ **251 901 01**	⊘⊗	**Lindener Volksbank eG**

Beleg	Buch.-Datum	Text	Wert	Betrag
99 001	..-10-01	SCHRAMM KG LAGERHALLENMIETE FÜR OKT. BIS FEBR.	..-10-01	8.000,00 +

TEXTILEINZELHANDEL
KONRAD FIED KG
GOSERIEDE 41

30159 HANNOVER

EUR 60.000,00 + Alter Kontostand	
EUR 68.000,00 + Neuer Kontostand	

Konto-Auszug		
..-10-02	246	1
Datum	Nummer	Blatt

Beleg 5

Konrad Fied KG **Hannover**	**Buchungsanweisung** Buchungsdatum: ..-12-30	**Beleg-Nr.:** 8 944

für: Bildung einer zeitlichen Abgrenzung.
Lagerhallenmiete (Schramm KG) für den Zeitraum 1. Okt. bis
28. Febr. wurde am 1. Okt. unserem Bankkonto gutgeschrieben.
Zeitliche Abgrenzung: . . . . 3.200,00 €.

Beleg 6

Konrad Fied KG **Hannover**	**Buchungsanweisung** Buchungsdatum: ..-01-02	**Beleg-Nr.:** 2

für: Auflösung einer zeitlichen Abgrenzung.
Die Lagerhallenmiete (Schramm KG) wurde am 30. Dezember
zeitlich abgegrenzt.
Auflösung der gebildeten zeitlichen Abgrenzung . . 3.200,00 €.

6467348L

10 **Konten**

Ⓐ 2900 Aktive Rechnungsabgrenzung; 4900 Passive Rechnungsabgrenzung; 5400 Nebenerlöse aus Vermietung und Verpachtung; 5710 Zinserträge; 6700 Mieten, Pachten; 6900 Versicherungsbeiträge.

Die Konten 5400, 5710, 6700, 6900 weisen am Bilanzstichtag folgende Kontenstände auf:

6700: 25.300,00 € im Soll   5400: 20.100,00 € im Haben
6900: 33.800,00 € im Soll   5710: 3.500,00 € im Haben

Zum Bilanzstichtag ist noch zu berücksichtigen: €

1. Am 1. November wurde die Kfz-Versicherung für betriebliche Pkw
   halbjährlich (November bis April) im Voraus bezahlt 2.400,00
2. Die Miete für unsere Büroräume von 1.400,00
   für Januar haben wir bereits am 27. Dezember überwiesen.
3. Ein Darlehensnehmer hat am 1. November die Zinsen für ein Vierteljahr
   (November bis Januar) im Voraus an uns überwiesen 600,00
4. Die Halbjahresmiete (Oktober bis März) für vermietete Geschäftsräume
   erhielten wir im Voraus 12.000,00

Nehmen Sie die entsprechenden Buchungen auf Konten vor.

---

11 Worin unterscheidet sich die antizipative Jahresabgrenzung von der transitorischen Jahresabgrenzung?

---

12 Mit welchen Korrekturposten der Jahreserfolgsrechnung (Übrige sonstige Forderungen, Übrige sonstige Verbindlichkeiten, Aktive Rechnungsabgrenzung, Passive Rechnungsabgrenzung) ist in den nachfolgenden Fällen zeitlich abzugrenzen?

a) Die Einnahme erfolgt im Abschlussjahr, der Ertrag ist dem Folgejahr wirtschaftlich zuzuordnen.
b) Die Ausgabe erfolgt im Folgejahr, der Aufwand ist dem Abschlussjahr wirtschaftlich zuzuordnen.
c) Die Ausgabe erfolgt im Abschlussjahr, der Aufwand ist dem Folgejahr wirtschaftlich zuzuordnen.
d) Die Einnahme erfolgt im Folgejahr, der Ertrag ist dem Abschlussjahr wirtschaftlich zuzuordnen.

---

13 Geben Sie an, mit welchen Korrekturposten in den folgenden Fällen zeitlich abzugrenzen ist.

a) Der Halbjahresbezugspreis (August bis Januar) für eine Fachzeitschrift wurde im August im Voraus bezahlt.
b) Die Garagenmiete für November und Dezember wird von uns erst im neuen Jahr überwiesen.
c) Im Dezember erhielten wir die Lagerraummiete für Dezember bis Februar im Voraus.
d) Die Feuerversicherungsprämie für das Geschäftsgebäude für November, Dezember und Januar wurde am 31. Oktober bezahlt.
e) Die Bankzinsen für das Abschlussjahr sind unserem Konto noch nicht gutgeschrieben.
f) Unser Darlehensnehmer hat die Darlehenszinsen für das erste Quartal des neuen Jahres bereits im Dezember überwiesen.
g) Für das vierte Quartal des Abschlussjahres wird der Handelskammerbeitrag erst im Folgejahr überwiesen.

---

14 Welche Beträge sind in den folgenden Fällen zeitlich abzugrenzen?

a) Wir haben am 1. Dez. für Dezember, Januar und Februar eine Mietvorauszahlung von 2.400,00 € erhalten.

b) Am 31. Jan. erwarten wir von unserem Darlehensnehmer die nachträgliche Zinszahlung von 3.000,00 € für die Monate August bis Januar.

c) Die Kfz-Steuer für den betrieblichen Fuhrpark in Höhe von 1.800,00 € wurde von uns am 1. Dezember halbjährlich (Dezember bis Mai) im Voraus bezahlt.

d) Für den Zeitraum November bis April überweisen wir die Hypothekenzinsen von 4.200,00 € erst am 30. April.

---

15 Wie lauten die Buchungssätze zur zeitlichen Abgrenzung **am Bilanzstichtag?**   €

1. Die Feuerversicherungsprämie für das Lager für den Zeitraum Dezember bis Februar wurde am 30. November bezahlt   450,00

2. Gemäß Mietvertrag zahlt unser Mieter die Garagenmiete für den Zeitraum Oktober bis März am 31. März   900,00

3. Die Grundsteuer von   660,00
auf das Betriebsgebäude für den Zeitraum Oktober bis März ist halbjährlich nachträglich am 31. März fällig.

4. Am 1. Dezember wurde von uns die Miete für das Lagergebäude vierteljährlich (Dezember bis Februar) im Voraus bezahlt 3.000,00

5. Der Handelskammerbeitrag für den Zeitraum November bis Januar wird erst am 31. Januar überwiesen   420,00

6. Die Vierteljahresmiete für vermietete Werkswohnungen erhalten wir für die Monate Dezember, Januar und Februar am 1. Dezember im Voraus 4.500,00

7. Unser Darlehensnehmer überweist am 5. April Zinsen für das vergangene Halbjahr (1. Oktober bis 31. März) auf unser Postbankkonto . .   1.200,00

8. Für ein Darlehen über 100.000,00 € müssen wir die Zinsen vierteljährlich nachträglich bezahlen. Unsere Hausbank belastet unser Konto am 31. Januar mit den Vierteljahreszinsen (Zinssatz: 9 %) für den Zeitraum vom 1. November bis 31. Januar . . . .   ?

9. Wir bezahlen per Banküberweisung am 28. Oktober Kfz-Versicherungsprämien (betrieblicher Fuhrpark) für den Versicherungszeitraum vom 1. November bis 30. April 4.800,00

10. Unsere Darlehensnehmerin Bettina Meyer überweist die Darlehenszinsen für das 1. Quartal des neuen Jahres (1. Januar bis 31. März) bereits am 28. Dezember auf unser Bankkonto   180,00

11. Die Dezembermiete für eine Doppelgarage zahlt Klaus Breitfeld am 5. Januar an uns bar   80,00

12. Gemäß Mietvertrag zahlen unsere Mieter die Wohnungsmiete vierteljährlich im Voraus. Am 30. Oktober überweisen sie die Miete für die Monate November, Dezember, Januar 3.600,00

5.2 Rückstellungen

Rückstellungen dienen der **periodengerechten Erfolgsermittlung.** Sie sind verwandt mit den „Übrigen sonstigen Verbindlichkeiten" der antizipativen Rechnungsabgrenzung. Der Unterschied besteht darin, dass Rückstellungen am Bilanzstichtag für noch ausstehende Ausgaben gebildet werden, deren Höhe und/oder Fälligkeitstermin ungewiss sind.

Rückstellungen werden am Bilanzstichtag für Schulden gebildet, die dem Grunde nach feststehen, nicht aber der Höhe und/oder der Fälligkeit nach.

Da die Höhe der Rückstellung nicht feststeht, muss sie geschätzt werden. Die Schätzung muss einer vernünftigen kaufmännischen Beurteilung entsprechen.

Nach § 249 Abs. 1 HGB **sind** Rückstellungen **zu bilden** für (**Passivierungspflicht**):

- ungewisse Verbindlichkeiten (z. B. Gewerbesteuernachzahlungen, Pensionsverpflichtungen, Prozesskosten),
- drohende Verluste aus schwebenden Geschäften,[1]
- im Geschäftsjahr unterlassene Instandhaltungsaufwendungen, die innerhalb von 3 Monaten nach dem Bilanzstichtag nachgeholt werden,
- Gewährleistungen, die ohne rechtliche Verpflichtung erbracht werden (z. B. Kulanzleistungen).

EXKURS

Ein **schwebendes Geschäft** besteht vom Zeitpunkt des Vertragsabschlusses (= Verpflichtungsgeschäft) bis zur Erfüllung des Vertrages (= Erfüllungsgeschäft). Buchhalterisch wird ein schwebendes Geschäft nicht erfasst. Wenn aber am Bilanzstichtag feststeht, dass aus einem schwebenden Geschäft ein Verlust droht, so ist aus **Gründen der kaufmännischen Vorsicht** eine entsprechende Rückstellung zu bilden.

Auf der **Beschaffungsseite** ergeben sich drohende Verluste aus schwebenden Geschäften, wenn der vertraglich vereinbarte Einkaufspreis am Bilanzstichtag über den Wiederbeschaffungskosten der bestellten Waren liegt.

Auf der **Absatzseite** ergeben sich drohende Verluste aus schwebenden Geschäften, wenn der vertraglich vereinbarte Verkaufspreis am Bilanzstichtag unter den zu erwartenden Selbstkosten liegt.

Rückstellungen **dürfen gebildet** werden für (**Passivierungswahlrecht**):

- unterlassene Instandhaltungsaufwendungen, die im neuen Geschäftsjahr nach Ablauf der Dreimonatsfrist nachgeholt werden (§ 249 Abs. 1 Satz 3 HGB).
- genau umschriebene, dem Geschäftsjahr oder einem früheren Geschäftsjahr zuzuordnende Aufwendungen, die am Abschluss-Stichtag wahrscheinlich oder sicher, aber hinsichtlich ihrer Höhe oder des Zeitpunktes ihres Eintritts unbestimmt sind (§ 249 Abs. 2 HGB) (z. B. Großreparaturen).

---

1 s. Exkurs (Hinweis: Rückstellungen für drohende Verluste aus schwebenden Geschäften sind für Wirtschaftsjahre, die nach dem 31. Dez. 1996 enden, in der **Steuerbilanz** (§ 5 Abs. 4 a EStG) nicht mehr zulässig. In der **Handelsbilanz** ändert sich nichts.)

5.2.1 Die Bildung von Rückstellungen

Beispiel

Im Dezember konnten Wasserschäden in den Verkaufsräumen nicht mehr repariert werden. Es liegt ein unverbindlicher Kostenvoranschlag über 9.000,00 € (netto) vor. Die Reparatur soll im Februar nachgeholt werden.

Buchung am Bilanzstichtag

6112 Fremdinstandhaltung	9.000,00	
an 3700 Rückstellungen		9.000,00

Aufgrund dieser Buchung geht der zurückzustellende Betrag in die Erfolgsrechnung des Abschlussjahres ein, obwohl noch keine Ausgabe erfolgte.

5.2.2 Die Auflösung von Rückstellungen

Wenn die zu erwartende Verpflichtung feststeht, wird die Rückstellung aufgelöst. Dabei sind drei Fälle zu unterscheiden:

1. Die geschätzte Höhe der Rückstellung entspricht der tatsächl. Zahlungsverpflichtung.
2. Die geschätzte Höhe der Rückstellung ist größer als die tatsächl. Zahlungsverpflichtung.
3. Die geschätzte Höhe der Rückstellung ist kleiner als die tatsächl. Zahlungsverpflichtung.

Beispiele

Zu Fall 1:

Wir begleichen im nächsten Jahr nach Durchführung der Reparatur die Rechnung über 10.440,00 € (9.000,00 € netto + 1.440,00 € USt) mit Bankscheck.

3700 Rückstellungen	9.000,00	
2600 Vorsteuer[1]	1.440,00	
an 2800 Kreditinstitute		10.440,00

Der entsprechende Betrag wird vom Bankkonto abgebucht und die Rückstellung wird aufgelöst.

Zu Fall 2:

Wir begleichen im nächsten Jahr nach Durchführung der Reparatur die Rechnung über 8.120,00 € (7.000,00 € netto + 1.120,00 € USt) mit Bankscheck.

3700 Rückstellungen	9.000,00	
2600 Vorsteuer	1.120,00	
an 2800 Kreditinstitute		8.120,00
an 5480 Erträge a. d. H. v. R.		2.000,00

In diesem Fall entsteht im Folgejahr ein Ertrag, der dem **Konto „5480 Erträge aus der Herabsetzung von Rückstellungen"** zugewiesen wird.

---

1 vgl. Kapitel 5.1.1.2

6467352L

Zu Fall 3:

Wir begleichen im nächsten Jahr nach Durchführung der Reparatur die Rechnung über 13.920,00 € (12.000,00 € netto + 1.920,00 € USt) mit Bankscheck.

3700 Rückstellungen	9.000,00	
6930 Andere sonstige betriebliche Aufwendungen	3.000,00	
2600 Vorsteuer	1.920,00	
an 2800 Kreditinstitute		13.920,00

Im Folgejahr entsteht nun ein Aufwand, der auf dem **Konto „6930 Andere sonstige betriebliche Aufwendungen"** erfasst wird.

Zusammenfassung

Merksätze

1. Rückstellungen werden gebildet für wirtschaftlich bereits verursachte zukünftige Ausgaben, deren Höhe und/oder Fälligkeitstermin ungewiss sind.
2. Rückstellungen sind Passivposten in der Bilanz.
3. Die Höhe der Rückstellung wird — entsprechend einer vernünftigen kaufmännischen Beurteilung — geschätzt.
4. Die Rückstellung wird aufgelöst, wenn die zu erwartende Zahlungsverpflichtung feststeht. Dabei führt eine zu hohe Schätzung im neuen Geschäftsjahr zu „Erträgen aus der Herabsetzung von Rückstellungen", eine zu niedrige Schätzung führt zu „Anderen sonstigen betrieblichen Aufwendungen".

Aufgaben

Aufgabe 1: Gegenüberstellung von „Rückstellungen" und „Übrigen sonstigen Verbindlichkeiten";
Aufgabe 2: Belegbuchungen;
Aufgaben 3 bis 5: Bildung und Auflösung von Rückstellungen;
Aufgabe 6: Verständnisaufgabe;
Aufgabe 7: Pensionsrückstellungen.

1 Übertragen Sie die folgende Tabelle in Ihr Arbeitsheft und füllen Sie sie aus.
Ⓐ

	Übrige sonst. Verb.	Rückstellungen
Höhe des Betrages ist bekannt/unbekannt	?	?
Fälligkeitstermin ist bekannt/unbekannt	?	?
Kontenart	?	?
Kontennummer	?	?

2 Sie sind Angestellte(r) des Textileinzelhandels Konrad Fied KG, Goseriede 41, 30159 Hannover. Die folgenden Belege liegen Ihnen zur Buchung vor.
a) Welche Geschäftsfälle liegen den Belegen zugrunde?
b) Wie lauten die Buchungssätze?

Beleg 1

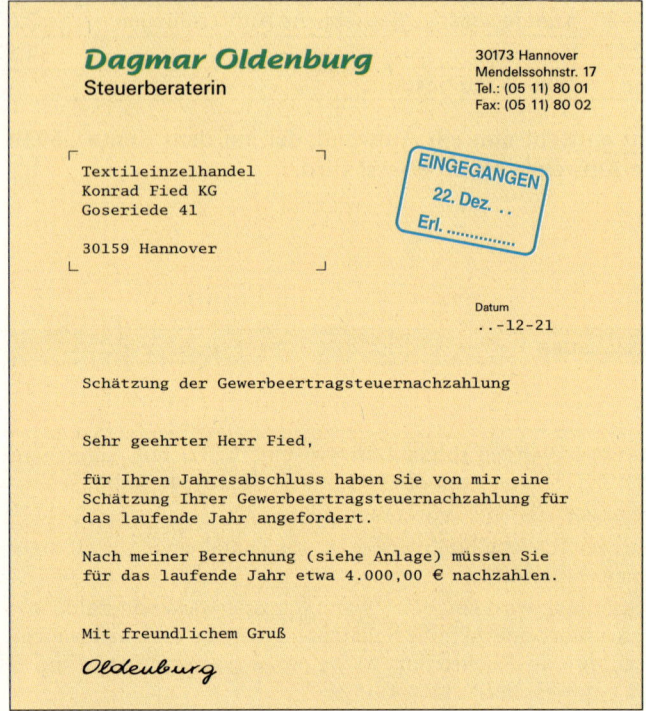

Beleg 2

Durchschrift für Kontoinhaber 251 901 01
Lindener Volksbank eG
30449 Hannover

Empfänger
Stadtkasse Hannover

Konto-Nr. des Empfängers / Bankleitzahl
88 888 888 / 250 000 00

bei (Kreditinstitut)
Landeszentralbank Hannover

Bis zur Einführung des Euro (= EUR) nur DM; danach DM oder EUR. | DM od. EUR* EUR | Betrag 4.500,00-----------

Kunden-Referenznummer - noch Verwendungszweck, ggf. Name und Anschrift des Auftraggebers (nur für Empfänger)
Gewerbeertragsteuernachzahlung .. gemäß Bescheid,
Steuer-Nr. 27/228/072

Kontoinhaber
Konrad Fied KG, 30159 Hannover

Konto-Nr. des Kontoinhabers
12 345

..-02-20 *Konrad Fied*
Datum Unterschrift

Hinweis: Da die Zahlung sofort bei Eingang des Steuerbescheides erfolgt, wird nur der Zahlungsvorgang gebucht.

Beleg 3

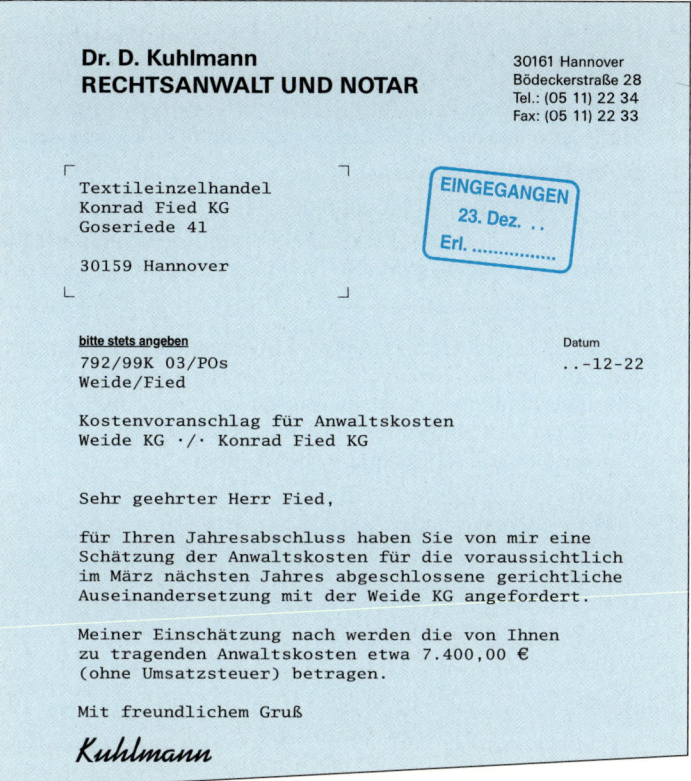

Dr. D. Kuhlmann
RECHTSANWALT UND NOTAR

30161 Hannover
Bödeckerstraße 28
Tel.: (05 11) 22 34
Fax: (05 11) 22 33

Textileinzelhandel
Konrad Fied KG
Goseriede 41

30159 Hannover

EINGEGANGEN
23. Dez. ..
Erl. ....

bitte stets angeben
792/99K 03/POs
Weide/Fied

Datum
..-12-22

Kostenvoranschlag für Anwaltskosten
Weide KG ·/· Konrad Fied KG

Sehr geehrter Herr Fied,

für Ihren Jahresabschluss haben Sie von mir eine
Schätzung der Anwaltskosten für die voraussichtlich
im März nächsten Jahres abgeschlossene gerichtliche
Auseinandersetzung mit der Weide KG angefordert.

Meiner Einschätzung nach werden die von Ihnen
zu tragenden Anwaltskosten etwa 7.400,00 €
(ohne Umsatzsteuer) betragen.

Mit freundlichem Gruß

Kuhlmann

Beleg 4

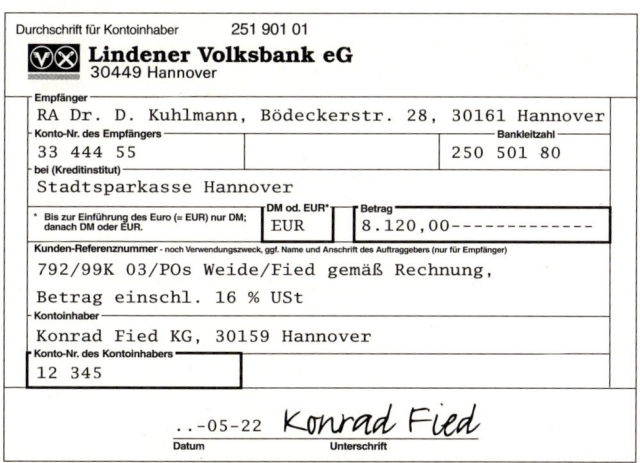

Durchschrift für Kontoinhaber   251 901 01

Lindener Volksbank eG
30449 Hannover

Empfänger
RA Dr. D. Kuhlmann, Bödeckerstr. 28, 30161 Hannover

Konto-Nr. des Empfängers   Bankleitzahl
33 444 55   250 501 80

bei (Kreditinstitut)
Stadtsparkasse Hannover

Bis zur Einführung des Euro (= EUR) nur DM;
danach DM oder EUR.

DM od. EUR*   Betrag
EUR   8.120,00-------------

Kunden-Referenznummer - noch Verwendungszweck, ggf. Name und Anschrift des Auftraggebers (nur für Empfänger)
792/99K 03/POs Weide/Fied gemäß Rechnung,

Betrag einschl. 16 % USt

Kontoinhaber
Konrad Fied KG, 30159 Hannover

Konto-Nr. des Kontoinhabers
12 345

..-05-22   *Konrad Fied*
Datum   Unterschrift

Hinweis: Da die Zahlung sofort bei Rechnungseingang erfolgt, wird nur der Zahlungsvorgang gebucht.

3 1. Buchen Sie die Bildung der Rückstellung am Bilanzstichtag.

2. Buchen Sie die Auflösung der Rückstellung für die Fälle a) (1. bis 3.) und b).

Am Bilanzstichtag wird für die zu erwartende Gewerbesteuerabschlusszahlung (Gewerbeertragsteuer) eine Rückstellung von 10.000,00 € gebildet.

a) Aufgrund des Steuerbescheides zahlen wir am 1. März durch Postbanküberweisung

    1. 14.000,00 €,   2. 8.000,00 €,   3. 10.000,00 €.

b) Statt einer zu leistenden Abschlusszahlung erhalten wir für zu hohe Gewerbesteuervorauszahlungen 3.000,00 € auf unser Postbankkonto erstattet.

---

4 Am 10. Dez. ... ist durch Hochwasser erheblicher Schaden am Betriebsgebäude entstanden. Jahreszeitlich bedingt lässt sich die Reparatur erst im Februar durchführen. Es liegt ein unverbindlicher Kostenvoranschlag über 8.000,00 € (netto)[1] vor. Im Februar des neuen Geschäftsjahres wird die Reparatur ausgeführt. Bei Rechnungseingang am 27. Februar wird der Rechnungsbetrag über   €

a) netto 8.000,00
   + 16 % Umsatzsteuer 1.280,00

   brutto 9.280,00

b) netto 10.000,00
   + 16 % Umsatzsteuer 1.600,00

   brutto 11.600,00

c) netto 7.000,00
   + 16 % Umsatzsteuer 1.120,00

   brutto 8.120,00

per Banküberweisung beglichen.
Nehmen Sie die Buchungen am Bilanzstichtag und am 27. Febr. für die Fälle a) − c) vor.

---

5 Die Honorarzahlung an einen Steuerberater steht am Bilanzstichtag noch aus. Wir rechnen mit etwa 7.000,00 € (netto)[1]. Bei Rechnungseingang am 20. Januar wird die Rechnung über   €

a) netto 5.000,00
   + 16 % Umsatzsteuer 800,00

   brutto 5.800,00

b) netto 7.000,00
   + 16 % Umsatzsteuer 1.120,00

   brutto 8.120,00

c) netto 8.000,00
   + 16 % Umsatzsteuer 1.280,00

   brutto 9.280,00

per Postbanküberweisung beglichen.
Nehmen Sie die Buchungen am Bilanzstichtag und am 20. Januar für die Fälle a) − c) vor.

---

1 Die Vorsteuer kann noch nicht verrechnet werden (vgl. Kapitel 5.1.1.2).

6 Sind die folgenden Aussagen richtig? Begründen Sie Ihre Meinung.

a) Rückstellungskonten sind Aufwandskonten.

b) Für einen Betriebsausflug im Sommer des Folgejahres ist eine Rückstellung zu bilden.

c) Für die in ihrer Höhe und Fälligkeit noch nicht feststehende Gewerbesteuerabschlusszahlung ist eine Rückstellung zu bilden.

d) Mit dem Buchungssatz „7700 Gewerbeertragsteuer an 3700 Rückstellungen" wird eine Steuerrückstellung aufgelöst.

e) Die transitorische und antizipative Jahresabgrenzung und die Bildung von Rückstellungen dienen der periodengerechten Erfolgsermittlung.

f) Die von uns für das 4. Quartal noch zu zahlende Lagerraummiete wird als Rückstellung passiviert.

g) Wenn die geschätzte Höhe einer Steuerrückstellung kleiner ist als die tatsächliche Zahlungsverpflichtung, so wird bei Auflösung der Rückstellung gebucht:
„3700 Rückstellungen
an 2800 Kreditinstitute
an 5480 Erträge aus der Herabsetzung von Rückstellungen"

h) Rückstellungen und „Übrige sonstige Verbindlichkeiten" unterscheiden sich darin, dass bei Rückstellungen die Höhe und/oder der Fälligkeitstermin der zu passivierenden Schulden ungewiss sind.

i) Es wird für das Folgejahr mit einer Rezession (wirtschaftliches Tief) gerechnet. Für das dadurch bedingte erhöhte unternehmerische Risiko wird eine Rückstellung gebildet.

j) Für zu erwartende Forderungsausfälle ist am Bilanzstichtag eine Rückstellung zu bilden.

k) Eine Rückstellung erhöht die für das Abschlussjahr zu zahlende Ertragsteuer.

l) Die Bildung einer Rückstellung verändert nicht die Bilanzsumme.

m) Rückstellungen werden gebildet für wirtschaftlich bereits verursachte zukünftige Ausgaben, deren Höhe und/oder Fälligkeitstermin ungewiss sind.

7 Wir machen unseren beiden Abteilungsleitern eine Pensionszusage von jeweils monatlich 2.500,00 €. Die Pensionszahlung wird beginnen, wenn die Abteilungsleiter ihr 65. Lebensjahr vollendet haben.
Eine Pensionsrückstellung wurde bisher nicht gebildet.
Bei jedem Abschluss werden auf versicherungsmathematischem Weg der Gegenwartswert der Verpflichtung ermittelt und die Pensionsrückstellung entsprechend aufgestockt oder ermäßigt.

a) Der versicherungsmathematische Gegenwartswert der Pensionsrückstellung beträgt im ersten Jahr 50.000,00 €. Buchen Sie die Bildung der Pensionsrückstellung (Konto „6440 Aufwendungen für Altersversorgung". Dieses Konto ist im verkürzten EKR nicht enthalten.).

b) Beim Abschluss des zweiten Jahres wird ein versicherungsmathematischer Gegenwartswert von 55.000,00 € ermittelt. Buchen Sie die Aufstockung der Pensionsrückstellung.

c) Im dritten Jahr erlischt der Pensionsanspruch eines der beiden Abteilungsleiter durch Tod bei einem Verkehrsunfall. Der versicherungsmathematische Gegenwartswert der Pensionsrückstellung ermäßigt sich dadurch auf 30.000,00 €. Buchen Sie die Herabsetzung der Pensionsrückstellung.

5.3 Wertansätze in der Bilanz[1]

5.3.1 Zweck der Bewertung

Die Quantifizierung eines Vermögens- oder Schuldpostens der Bilanz in Geldeinheiten wird als Bewertung bezeichnet.

Bewertungsprobleme ergeben sich bei Bilanzposten, die **Bewertungsspielräume** aufweisen:

- **Forderungen.** Der Forderungsbestand muss hinsichtlich seiner Einbringlichkeit bewertet werden.
- **Vorräte.** Sie unterliegen Preisschwankungen.
- **Verbindlichkeiten.** Verbindlichkeiten gegenüber Auslandsgläubigern (Währungsverbindlichkeiten) unterliegen beispielsweise Kursschwankungen.

Die Bewertung der einzelnen Vermögens- und Schuldposten der Bilanz wirkt sich unmittelbar auf den **Jahreserfolg** aus.

Eine **zu hohe Bewertung der Vermögensposten** oder eine **zu niedrige Bewertung der Schuldposten** führt zu einem **zu hohen Ausweis des Eigenkapitals** (nicht realisierter Gewinn = Scheingewinn).

Umgekehrt führt eine **zu niedrige Bewertung der Vermögensposten** oder eine **zu hohe Bewertung der Schuldposten** zu einem **zu niedrigen Ausweis des Eigenkapitals** (nicht realisierter Verlust = Scheinverlust).

Ein Unternehmen hat unterschiedliche Interessen hinsichtlich der Darstellung seiner Erfolgs- und Vermögenslage in der Bilanz:

- Um **weniger Steuern** zahlen zu müssen, besteht ein Interesse an einer möglichst **ungünstigen Darstellung** der Erfolgs- und Vermögenslage (in der **Steuerbilanz**).
- Um gegenüber Gläubigern **kreditwürdig** zu erscheinen, besteht ein Interesse an einer möglichst **günstigen Darstellung** der Erfolgs- und Vermögenslage (in der **Handelsbilanz**).

Im Interesse des Steueraufkommens und zum Schutz der Gläubiger hat der Gesetzgeber steuerrechtliche und handelsrechtliche Bewertungsvorschriften erlassen, die Über- und Unterbewertungen nicht erlauben.

Zusammenfassung

Merksätze

1. Steuerrechtliche Bewertungsvorschriften sollen zur Sicherung des Steueraufkommens verhindern, dass Steuerpflichtige das Vermögen unterbewerten und die Schulden überbewerten, um so den steuerlichen Gewinn und das steuerliche Betriebsvermögen zu niedrig auszuweisen.
2. Handelsrechtliche Bewertungsvorschriften sollen zum Schutz der Gläubiger verhindern, dass das Vermögen überbewertet und die Schulden unterbewertet werden.

5.3.2 Bewertung der Vorräte

Zu den Vorräten zählen im Einzelhandelsbetrieb hauptsächlich die Waren.

Grundsätzlich sind die Vorräte sowohl steuer- als auch handelsrechtlich mit den **Anschaffungskosten (Herstellungskosten)** zu bewerten, die zugleich die **Wertobergrenze** darstellen.

---

1 Die Bewertung des Anlagevermögens ist im Kapitel 3.4.8.1 dargestellt.

6467358L

Ein niedrigerer Wert als die Anschaffungs- bzw. Herstellungskosten **kann (gemildertes Niederstwertprinzip)** bzw. **muss (strenges Niederstwertprinzip)** in den folgenden Fällen, die § 253 Abs. 3 HGB unterscheidet, bei der Bilanzierung angesetzt werden:

Anschaffungs- bzw. Herstellungskosten sind höher als		
1. Börsen- oder Marktpreis	2. beizulegender Wert[1] (Börsen-oderMarktpreis ist nicht feststellbar.)	3. naher Zukunftswert
Abschreibungsgebot, § 253 Abs. 3 Satz 1 HGB	Abschreibungsgebot, § 253 Abs. 3 Satz 2 HGB	Abschreibungswahlrecht, § 253 Abs. 3 Satz 3 HGB

strenges Niederstwertprinzip   gemildertes Niederstwertprinzip

Entfällt der Grund für die Abwertung der Vorräte, so gilt **steuerrechtlich** ein **Wertaufholungsgebot** (§ 6 Abs. 1 Nr. 4 EStG). **Handelsrechtlich darf** der **niedrigere Wert beibehalten** werden (§ 253 Abs. 5 HGB). In der **Handelsbilanz** wird i. d. R. die Vermögenslage möglichst gut dargestellt. Aus diesem Grund wird auch hier meistens eine **Zuschreibung** vorgenommen.

Zusammenfassung

Tabellarische Übersicht

Vorräte	
1. Bewertungsgrundsatz	Anschaffungs- oder Herstellungskosten, § 253 Abs. 1 Satz 1 HGB (= Wertobergrenze)
2. Börsen- oder Marktpreis < AK/HK	Abschreibungsgebot, § 253 Abs. 3 Satz 1 HGB (= strenges Niederstwertprinzip)
3. beizulegender Wert < AK/HK	Abschreibungsgebot, § 253 Abs. 3 Satz 2 HGB (= strenges Niederstwertprinzip)
4. naher Zukunftswert < AK/HK	Abschreibungswahlrecht, § 253 Abs. 3 Satz 3 HGB (= gemildertes Niederstwertprinzip)
5. Die Gründe für eine Abschreibung auf den niedrigeren Wert entfallen.	Zuschreibungswahlrecht bis zu den Anschaffungs- bzw. Herstellungskosten, § 253 Abs. 5 HGB (Steuerrechtlich: Wertaufholungsgebot [§ 6 Abs. 1 Nr. 4 EStG])

Aufgaben folgen auf Seite 363 ff.

5.3.3 Vereinfachungsverfahren für die Bewertung der Vorräte

Zur Bewertung der **Vorräte** gibt es besondere Verfahren.
Grundsätzlich gilt das **Einzelbewertungsprinzip** (§ 252 Abs. 1 Nr. 3 HGB).
Nach dem **Einzelbewertungsprinzip** sind alle Vermögensgegenstände und Schulden **einzeln** zu bewerten.
Da nun aber Vorräte zu **unterschiedlichen Zeitpunkten** zu **verschiedenen Preisen** angeschafft und mit bereits eingelagerten Vorräten **vermischt** werden, lassen sich am Abschluss-Stichtag die **Anschaffungskosten einzelner Vorratslieferungen** nicht mehr feststellen.
Eine Einzelbewertung würde zu einem Arbeitsaufwand führen, der die Bewertungsexaktheit nicht rechtfertigt. Aus diesem Grund sind als Bewertungsvereinfachungsver-

---

1   Lässt sich ein Börsen- oder Marktpreis am Bilanzstichtag nicht feststellen, so wird an seiner Stelle ein „beizulegender Wert" herangezogen.

fahren gemäß § 240 Abs. 3 und Abs. 4 HGB **Festbewertungen** und **Sammelbewertungen** (auch: **Gruppenbewertungen**) erlaubt. Diese zum Inventar ergangenen Vorschriften gelten nach § 256 Satz 2 HGB auch für die Bilanz.

Als Verfahren der Sammelbewertung erlaubt das Gesetz die **Durchschnittsbewertung** (§ 240 Abs. 4 HGB) und die **Verbrauchsfolgebewertung** (§ 256 HGB).

5.3.3.1 Festbewertung

Nach § 240 Abs. 3 HGB können Vorräte (und auch Vermögensgegenstände des Sachanlagevermögens)
- mit gleich bleibender Menge und • mit gleich bleibendem Wert

angesetzt werden (**Festbewertung**).

Dies ist möglich, wenn der Bestand nur geringen wert-, mengen- und zusammensetzungsmäßigen Änderungen unterliegt. Weitere Bedingung ist, dass der Gesamtwert des entsprechenden Vorrates für die Unternehmung von nachrangiger Bedeutung ist.

„Jedoch ist in der Regel alle drei Jahre eine körperliche Bestandsaufnahme durchzuführen." (§ 240 Abs. 3 Satz 2 HGB)

5.3.3.2 Durchschnittsbewertung

Eine Durchschnittsbewertung kann in zwei Formen
- als **jährliche Durchschnittswertermittlung** oder
- als **laufende Durchschnittswertermittlung**

durchgeführt werden.

Bei der jährlichen Durchschnittswertermittlung wird der Schlussbestand mit durchschnittlichen Anschaffungsstückkosten bewertet.

$$\varnothing \text{ Anschaffungsstückkosten} = \frac{\text{AB + Zugänge (in Geldeinheiten)}}{\text{AB + Zugänge (in Mengeneinheiten)}}$$

$$\text{SB (in Geldeinheiten)} = \varnothing \text{ Anschaffungsstückkosten} \cdot \text{SB (in Mengeneinheiten)}$$

Beispiel

		Stück	Anschaffungsstückkosten	Anschaffungskosten
AB	1. Januar	1 500	10,00 €	15.000,00 €
Zugang	15. März	800	8,00 €	6.400,00 €
Zugang	8. August	700	9,00 €	6.300,00 €
Zugang	12. Oktober	1 000	11,00 €	11.000,00 €
Zugang	20. Dezember	500	7,00 €	3.500,00 €
Summe		4 500		42.200,00 €

$$\varnothing \text{ Anschaffungsstückkosten} = \frac{42.200}{4\,500} = 9,38 \text{ €}$$

Bei einem Schlussbestand von 1 200 Stück ergeben sich durchschnittliche Anschaffungskosten von 11.256,00 € (1 200 · 9,38 €).

Liegt der Börsen- oder Marktpreis (bzw. beizulegender Wert) am Abschluss-Stichtag bei beispielsweise 9,00 € pro Stück, so sind gemäß **Niederstwertprinzip** allerdings 10.800,00 € (1 200 · 9,00 €) als Schlussbestand zu bilanzieren.

6467360L

Die **laufende Durchschnittswertermittlung** ist aufwändiger, aber exakter. Dieses Verfahren wird insbesondere bei einer **EDV-mäßigen Bestandsfortschreibung** angewandt.

Bei der laufenden Durchschnittswertermittlung wird nach jeder Bestandsveränderung ein aktueller Durchschnittswert ermittelt. Jeder Abgang wird mit dem letzten (aktuellen) Durchschnittswert bewertet.

Beispiel (wie vorstehend, aber unter Einbeziehung der Abgänge) (mit Rundungen)

		Stück	Anschaffungsstückkosten (Bestände und Abgänge zu ⌀ Anschaffungsstückkosten)	Anschaffungskosten (Bestände und Abgänge zu ⌀ Anschaffungskosten)
AB	1. Jan.	1 500	10,00 €	15.000,00 €
+ Zugang	15. März	800	8,00 €	6.400,00 €
= Bestand	15. März	2 300	9,30 €	21.400,00 €
− Abgang	2. Juli	900	9,30 €	8.370,00 €
= Bestand	2. Juli	1 400	9,31 €	13.030,00 €
+ Zugang	8. Aug.	700	9,00 €	6.300,00 €
= Bestand	8. Aug.	2 100	9,20 €	19.330,00 €
− Abgang	1. Okt.	800	9,20 €	7.360,00 €
= Bestand	1. Okt.	1 300	9,21 €	11.970,00 €
+ Zugang	12. Okt.	1 000	11,00 €	11.000,00 €
= Bestand	12. Okt.	2 300	9,99 €	22.970,00 €
− Abgang	11. Nov.	1 600	9,99 €	15.984,00 €
= Bestand	11. Nov.	700	9,98 €	6.986,00 €
+ Zugang	20. Dez.	500	7,00 €	3.500,00 €
= SB		1 200	8,74 €	10.486,00 €

Liegt der Börsen- oder Marktpreis (bzw. beizulegender Wert) am Abschluss-Stichtag wiederum bei beispielsweise 9,00 € pro Stück, so sind bei diesem Bewertungsverfahren gemäß **Niederstwertprinzip** die oben ermittelten 10.486,00 € zu bilanzieren.

5.3.3.3 Verbrauchsfolgebewertung

Grundlage der **Verbrauchsfolgebewertung** (§ 256 HGB) ist die Bewertung der **Abgänge**.

Das Fifo-Verfahren (first in — first out) unterstellt, dass die zuerst angeschafften Vorräte auch zuerst veräußert oder verbraucht werden. Der Schlussbestand ist daher auf der Wertbasis der zuletzt eingekauften Vorräte zu bewerten.

Im Gegensatz dazu geht das Lifo-Verfahren (last in — first out) davon aus, dass die zuletzt angeschafften Vorräte zuerst veräußert oder verbraucht werden. Der Schlussbestand wird bei diesem Verfahren auf der Wertbasis der zuerst eingekauften Vorräte bewertet.

Beispiel

		Stück	Anschaffungsstückkosten	Anschaffungskosten
AB	1. Jan.	1 500	10,00 €	15.000,00 €
Zugang	15. März	800	8,00 €	6.400,00 €
Zugang	8. Aug.	700	9,00 €	6.300,00 €
Zugang	12. Okt.	1 000	11,00 €	11.000,00 €
Zugang	20. Dez.	500	7,00 €	3.500,00 €

Schlussbestand (31. Dezember): 1 200 Stück
Markt- oder Börsenpreis (bzw. beizulegender Wert): 9,50 €

Bewertung des Schlussbestandes nach **Fifo-Verfahren**:

500 Stück zu	7,00 € =	3.500,00 €
700 Stück zu	11,00 € =	7.700,00 €
1 200 Stück		11.200,00 €

Ø Stückpreis: 9,33 € (= 11.200,00 € : 1 200)
Wertansatz nach Niederstwertprinzip: 11.200,00 €

Bewertung des Schlussbestandes nach **Lifo-Verfahren**:
1 200 Stück zu 10,00 € = 12.000,00 €
Wertansatz nach Niederstwertprinzip: 11.400,00 € (= 1 200 · 9,50 €)

Handelsrechtlich dürfen Fifo-Verfahren und Lifo-Verfahren angewandt werden.
Steuerrechtlich ist nur das Lifo-Verfahren zulässig. Bei in Behältern gelagerten Vorräten (Kohle, Sand, Kies) ist das **Lifo-Verfahren** plausibel.

Zusammenfassung

Schaubild

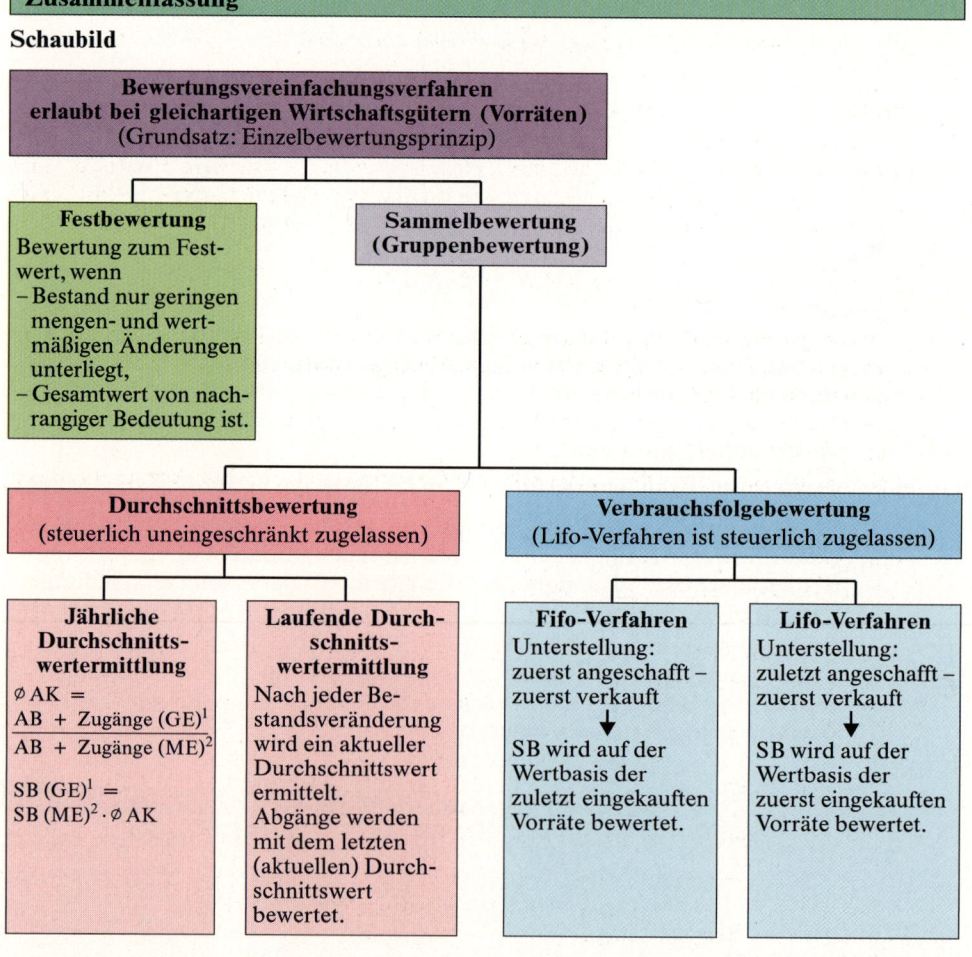

___

1 GE = Geldeinheiten
2 ME = Mengeneinheiten

6467362L

Aufgabe 1: Niederstwertprinzip;
Aufgabe 2: Verständnisaufgabe zu den Bewertungsvereinfachungsverfahren;
Aufgabe 3: Bewertung mithilfe der jährlichen Durchschnittswertermittlung;
Aufgabe 4: Bewertung mithilfe der laufenden Durchschnittswertermittlung;
Aufgabe 5: Fifo- und Lifo-Verfahren.

1 Am Bilanzstichtag wird eine Einzelbewertung zweier Waren vorgenommen. Die Waren wurden zu folgenden Bedingungen angeschafft (Skonto wurde in Anspruch genommen):

	Ware I	Ware II
Listenpreis	100.000,00 €	50.000,00 €
Rabatt	20 %	10 %
Skonto	2 %	3 %

Zum Bilanzstichtag beträgt der Marktpreis von Ware I 82.000,00 € und von Ware II 40.000,00 €.

Mit welchem Wert sind Ware I und Ware II zu aktivieren?

2 Welche der folgenden Aussagen sind richtig? Begründen Sie Ihre Meinung.
a) Die Bewertung von Vorräten erfolgt grundsätzlich in Form einer Gruppenbewertung.
b) Eine Bewertung von Vorräten zum Festwert (gleich bleibender Wert, gleich bleibende Menge) darf vorgenommen werden, wenn der entsprechende Vorrätebestand keinen Änderungen unterliegt und wenn der entsprechende Vorrätewert von nachrangiger Bedeutung ist.
c) Durchschnittsbewertung und Verbrauchsfolgebewertung sind Verfahren der Festbewertung.
d) Bei der jährlichen Durchschnittswertermittlung wird nach jeder Bestandsveränderung ein aktueller Durchschnittswert ermittelt. Abgänge werden mit dem letzten (aktuellen) Durchschnittswert bewertet.
e) Beim Lifo-Verfahren wird unterstellt, dass die zuerst verkauften (verbrauchten) Vorräte zuletzt angeschafft wurden.
f) Beim Fifo-Verfahren wird unterstellt, dass die zuerst angeschafften Vorräte zuerst verkauft (verbraucht) werden.
g) Die jährliche Durchschnittswertermittlung ist aufwändiger, aber exakter als die laufende Durchschnittswertermittlung.
h) Das Lifo-Verfahren ist steuerlich zugelassen.

3 Bewerten Sie für die Bilanzierung den Schlussbestand der Ware A mithilfe der „jährlichen
Ⓐ Durchschnittswertermittlung".

Ware A	Menge	Anschaffungsstückkosten (€)
AB 1. Jan.	2 000 (1 500)	8,00 (9,00)
Zugang 27. März	700 (800)	10,00 (11,00)
Zugang 11. Mai	500 (400)	6,00 (8,00)
Zugang 19. Sept.	800 (700)	9,00 (7,00)
Zugang 12. Dez.	1 000 (900)	7,00 (10,00)

Schlussbestand: 2 500 Mengeneinheiten (1 300 Mengeneinheiten).
Börsenpreis am Bilanzstichtag:
a) 8,50 € (8,70 €),
b) 7,50 € (9,40 €).

4 Bewerten Sie für die Bilanzierung den Schlussbestand der Ware B mithilfe der „laufenden
A Durchschnittswertermittlung".

Ware B	Menge	Anschaffungsstückkosten (€)
AB 1. Jan.	200 (180)	40,00 (30,00)
Zugang 11. März	50 (60)	38,00 (32,00)
Abgang 15. Juni	60 (40)	
Zugang 17. Aug.	40 (70)	41,00 (34,00)
Abgang 2. Okt.	30 (50)	
Abgang 8. Nov.	60 (40)	
Zugang 1. Dez.	70 (60)	42,00 (28,00)
Abgang 20. Dez.	80 (70)	

Marktpreis (für Wiederbeschaffung) am Bilanzstichtag:
a) 43,00 € (33,00 €),   b) 38,00 € (28,00 €).

5 Bewerten Sie den Schlussbestand für die Bilanzierung
1. nach dem Fifo-Verfahren und 2. nach dem Lifo-Verfahren.
Schlussbestand: 1 000 ME (800 ME).

	Menge	Anschaffungsstückkosten (€)
AB 1. Jan.	800 (600)	25,00 (28,00)
Zugang 1. März	900 (800)	22,00 (24,00)
Zugang 13. Juni	500 (600)	17,00 (27,00)
Zugang 18. Aug.	600 (400)	21,00 (26,00)
Zugang 15. Dez.	200 (300)	19,00 (23,00)

Marktpreis am Bilanzstichtag: a) 25,00 € (28,00 €),   b) 18,00 € (23,00 €).

5.3.4   Bewertung der Verbindlichkeiten

Für die Verbindlichkeiten gilt das **Höchstwertprinzip**.

Das **Höchstwertprinzip** ist ebenso wie das Niederstwertprinzip eine Ausprägung des
Grundsatzes der Vorsicht.

> **Nach dem Höchstwertprinzip sind Schulden — im Gegensatz zu den Ver-
> mögenswerten — mit ihrem Höchstwert anzusetzen.**

Unterschiedliche Verbindlichkeitenwerte können sich insbesondere bei zu bilanzieren-
den **Währungsschulden** und **Darlehens-** bzw. **Hypothekenschulden** ergeben.

Bei **Darlehens-** bzw. **Hypothekenschulden** ist der Auszahlungsbetrag i. d. R. um das
Disagio kleiner als der Rückzahlungsbetrag.

> Rückzahlungsbetrag – Disagio = Auszahlungsbetrag

6467364L

Nach dem Höchstwertprinzip sind Darlehens- und Hypothekenschulden mit dem **höheren Rückzahlungsbetrag** zu passivieren.

Das **Disagio** wird als **aktive Rechnungsabgrenzung** bilanziert. Durch **planmäßige jährliche Abschreibung** ist das Disagio zu tilgen und damit auf die gesamte Laufzeit der Darlehens- bzw. Hypothekenschuld zu verteilen.

Beispiel

Darlehenssumme: 100.000,00 €; Auszahlung: 94 %; Zinssatz: 5 %; Laufzeit: 10 Jahre

Buchungssatz

1. bei Aufnahme des Darlehens

2800 Kreditinstitute		94.000,00	
2910 Disagio[1]		6.000,00	
an	4250 Langfr. Bankverbindlichkeiten		100.000,00

2. zur Tilgung des Disagios, jeweils am Bilanzstichtag (6.000,00 € : 10 = 600,00 €)

7510 Zinsaufwendungen		600,00	
an	2910 Disagio[1]		600,00

Ist bei **Währungsschulden** bedingt durch eine Wechselkursschwankung der Rückzahlungsbetrag größer als die gebuchte Verbindlichkeit, so ist gemäß Höchstwertprinzip der **höhere Rückzahlungsbetrag** zu passivieren.

1. Beispiel

Vor dem Bilanzstichtag wurden Waren aus den USA bezogen. Aufgrund des niedrigen Dollarkurses betrugen die Verbindlichkeiten zum Zeitpunkt des Einkaufs nur 50.000,00 €. Zum Bilanzstichtag ist der Dollarkurs erheblich gestiegen, sodass die Verbindlichkeiten sich nunmehr auf 60.000,00 € belaufen.
Die Verbindlichkeiten sind mit 60.000,00 € zu bewerten.

Buchungssatz	6000 Aufwendungen für Waren	10.000,00	
	an 4400 Verbindlichkeiten a. LL		10.000,00

2. Beispiel

Wie 1. Beispiel
Nur: Zum Bilanzstichtag ist der Dollarkurs erheblich gesunken, sodass die Verbindlichkeit nunmehr nur noch 42.000,00 € beträgt.
Die Verbindlichkeiten sind in diesem Fall mit 50.000,00 € zu bewerten.

Im 1. Beispiel muss ein **nicht realisierter Verlust** von 10.000,00 € ausgewiesen werden.
Im 2. Beispiel darf ein **nicht realisierter Gewinn** von 8.000,00 € nicht ausgewiesen werden.

---

1 Konto ist im verkürzten EKR nicht enthalten.

Tabellarische Übersicht

Verbindlichkeiten	
1. Bewertungsgrundsatz	Höchstwertprinzip
2. bei Darlehens- und Hypothekenschulden: Rückzahlungsbetrag > Auszahlungsbetrag	Passivierung mit dem höheren Rückzahlungsbetrag
3. bei Währungsschulden: Zahlungsbetrag > gebuchte Verbindlichkeit	Passivierung mit dem höheren Zahlungsbetrag

5.3.5 Bewertung der Rückstellungen

Nach § 253 Abs. 1 HGB sind Rückstellungen mit dem Betrag anzusetzen, der **nach vernünftiger kaufmännischer Beurteilung** notwendig ist.

Nur im **Steuerrecht** gibt es für die Rückstellungen besondere Bewertungsregeln. Danach sind z. B. **Pensionsrückstellungen** mit dem **versicherungsmathematischen Barwert** zu bewerten.

Aufgaben

Aufgaben 1 und 2:   Bewertung von Krediten;
Aufgaben 3 und 4:   Bewertung von Währungsschulden.

1   Zur Finanzierung einer neuen Ladeneinrichtung nehmen wir ein Darlehen über 200.000,00 € auf. Das Disagio beträgt 8 %. Die Laufzeit des Darlehens ist auf 10 Jahre befristet.

Das Disagio wird aktiviert und jährlich durch eine lineare Abschreibung buchhalterisch getilgt.

a) Nennen Sie den Buchungssatz bei Aufnahme des Darlehens (Bankgutschrift)[1].
b) Nennen Sie den Buchungssatz für die jährliche lineare Abschreibung des Disagios.

2   Höhe des Bankkredites: 150.000,00 €.
Auszahlung: 93,5 %. Laufzeit: 8 Jahre.

a) Wie lautet der Buchungssatz für die Kreditauszahlung (Bankgutschrift) bei Aktivierung des Disagios[1]?
b) Wie lautet der Buchungssatz für die jährliche lineare Abschreibung des Disagios?

3   Nennen Sie die Buchungssätze.

a) 30. November: Wareneinkauf auf Ziel bei unserem Lieferanten in USA.
Warenwert: 40.000,00 €
b) 31. Dezember (Bilanzstichtag): Der Dollar-Kurs hat sich geändert. Die Verbindlichkeiten gegenüber unserem amerikanischen Lieferanten belaufen sich auf
1. 47.000,00 €,   2. 35.000,00 €.

4   Das Kreditorenkonto unseres Lieferanten in den USA weist am Bilanzstichtag einen Bestand von 180.000,00 € auf.
Bei Bewertung der Verbindlichkeit zum aktuellen Dollarkurs ergibt sich eine Lieferantenschuld von   1. 190.000,00 €,   2. 160.000,00 €.
Wie wird gebucht?

---

1   Konto „2910 Disagio" wird benötigt, das der verkürzte EKR nicht vorsieht.

5.3.6 Bewertung der Forderungen

Die Forderungen sind hinsichtlich ihrer Einbringlichkeit zu bewerten.

Uneinbringliche Forderungen werden direkt abgeschrieben.

Beispiel

Die Zwangsvollstreckung über das Vermögen unseres Kunden ist fruchtlos verlaufen. Die Forderung an unseren Kunden in Höhe von 2.320,00 € (2.000,00 € + 320,00 € Umsatzsteuer) wird damit uneinbringlich.

Buchungssatz			
6950 Abschreibungen auf Forderungen	2.000,00	
4800 Umsatzsteuer	320,00	
an 2400 Forderungen a. LL		2.320,00

Neben der Nettoforderung erhält der Gläubiger von seinem Kunden auch nicht die in Rechnung gestellte Umsatzsteuerschuld erstattet. Er kann daher seine Umsatzsteuerschuld an das Finanzamt entsprechend korrigieren (§ 17 Abs. 2 UStG).

In seltenen Fällen kommt es vor, dass ein Kunde nachträglich und unerwartet eine bereits als uneinbringlich abgeschriebene Forderung erstattet.

Beispiel

Auf eine im vorigen Jahr als uneinbringlich abgeschriebene Forderung erhalten wir 580,00 € (500,00 € + 80,00 € Umsatzsteuer) erstattet (Banküberweisung).

Buchungssatz			
2800 Kreditinstitute	580,00	
an 5430 Andere sonstige betriebliche Erträge		500,00
an 4800 Umsatzsteuer		80,00

In diesem Fall lebt die Umsatzsteuerschuld wieder auf.

Aufgaben

1. Wie lautet der Buchungssatz?
   An unseren Kunden Klaus Sonnenberg haben wir eine Forderung von 928,00 € (einschließlich 16 % Umsatzsteuer). Die Zwangsvollstreckung über das Vermögen unseres Kunden Klaus Sonnenberg ist fruchtlos verlaufen.

2. Wie lautet der Buchungssatz?
   Am 7. August .. erfahren wir, dass unsere Kundin Annemarie Rupe ihre Wohnung unerwartet und kurzfristig aufgegeben hat und mit unbekanntem Ziel ins Ausland verzogen ist. Es besteht keine Hoffnung, unsere Forderung von 2.320,00 € (einschließlich 16 % Umsatzsteuer) einzutreiben.

3. Wie lautet der Buchungssatz?
   Am 5. September .. erhalten wir unerwartet eine Postbanküberweisung über 2.900,00 € (2.500,00 € + 400,00 € Umsatzsteuer) von unserem Kunden Killinger. Wir hatten unsere Forderung an Killinger bereits im vergangenen Jahr als uneinbringlich abgeschrieben.

5.4 Der Jahresabschluss bei offenlegungspflichtigen Unternehmen

Im Gegensatz zu der Einzelunternehmung und zu den Personengesellschaften schreibt der Gesetzgeber den Kapitalgesellschaften (GmbH, KGaA, AG) die Gliederung der Bilanz (§ 266 HGB) und die Gliederung der Gewinn- und Verlustrechnung (§ 275 HGB) vor. Im Gesetz wird aber hinsichtlich der Offenlegungspflicht und des verbindlich vorgeschriebenen Ausweises aller Einzelpositionen differenziert nach großen, mittelgroßen und kleinen Kapitalgesellschaften.

Gemäß § 264 Abs. 1 HGB haben Kapitalgesellschaften den **Jahresabschluss (Bilanz, Gewinn- und Verlustrechnung)** um einen **Anhang** zu erweitern. Außerdem muss ein **Lagebericht** erstellt werden.

Im **Anhang** (§§ 284–288 HGB) muss der Jahresabschluss erläutert werden (z. B. Angabe der Bilanzierungs- und Bewertungsmethoden; Angabe der Verbindlichkeiten mit einer Restlaufzeit von mehr als 5 Jahren; Aufgliederung der Umsatzerlöse nach Tätigkeitsbereichen sowie nach geografisch bestimmten Märkten; durchschnittliche Zahl der während des Geschäftsjahres beschäftigten Arbeitnehmer getrennt nach Gruppen ... usw.). Kleine und mittelgroße Kapitalgesellschaften erfahren auch hier wiederum Erleichterungen (§ 288 HGB).

Im **Lagebericht** (§ 289 HGB) sind der Geschäftsverlauf und die Lage der Kapitalgesellschaft darzustellen. Insbesondere ist einzugehen auf Vorgänge von besonderer Bedeutung, auf die voraussichtliche Entwicklung und auf den Bereich Forschung und Entwicklung.

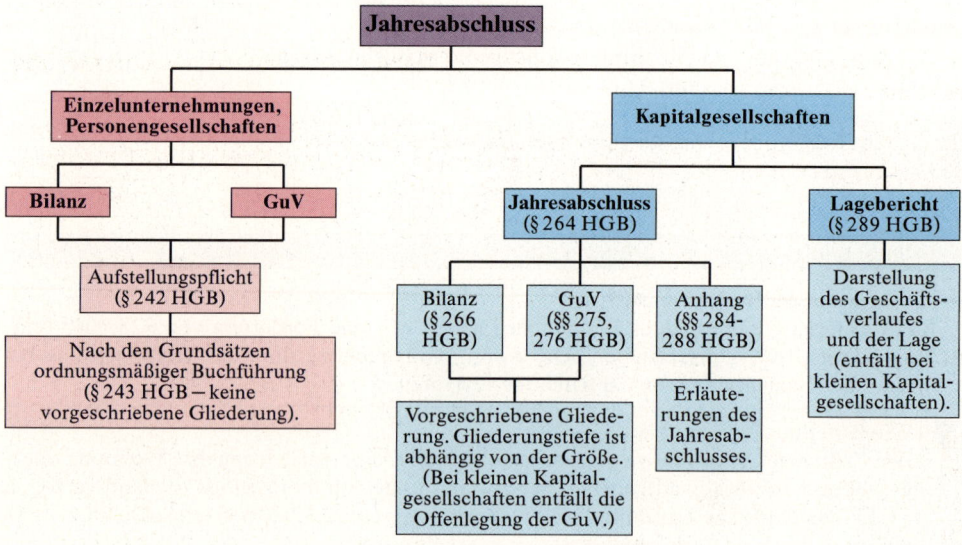

6467368L

5.4.1 Die Offenlegung des Jahresabschlusses

Die gesetzlichen Vertreter von Kapitalgesellschaften haben den handelsrechtlichen Jahresabschluss und die übrigen im Gesetz aufgeführten Unterlagen (§ 325 Abs. 1 Satz 1 HGB) offen zu legen. Mit **Offenlegung** ist die Einreichung des Jahresabschlusses und der weiteren Unterlagen zum Handelsregister und ihre Bekanntmachung im Bundesanzeiger gemeint.

Nach Art und Umfang ist die Offenlegungspflicht unterschiedlich ausgestaltet. Sie hängt von der Größe der jeweiligen Kapitalgesellschaft ab. § 267 HGB unterscheidet 3 Größenklassen von Kapitalgesellschaften:

- kleine Kapitalgesellschaften,
- mittelgroße Kapitalgesellschaften und
- große Kapitalgesellschaften.

In der unten stehenden Darstellung sind die Größenklassen gemäß § 267 HGB abgegrenzt. Zwei der drei aufgeführten Merkmale müssen für die Zuordnung an zwei aufeinander folgenden Bilanzstichtagen erfüllt sein.

	Bilanzsumme	Umsatzerlöse	Anzahl der Arbeitnehmer
kleine Kapitalgesellschaft	bis 5,31 Mio. DM (~ 2,715 Mio. €)	bis 10,62 Mio. DM (~ 5,43 Mio. €)	bis durchschnittl. 50
mittelgroße Kapitalgesellschaft	bis 21,24 Mio. DM (~ 10,86 Mio. €)	bis 42,48 Mio. DM (~ 21,72 Mio. €)	bis durchschnittl. 250
große Kapitalgesellschaft[1]	über 21,24 Mio. DM (~ 10,86 Mio. €)	über 42,48 Mio. DM (~ 21,72 Mio. €)	über durchschnittl. 250

In der folgenden Tabelle sind die wichtigsten **Pflichten** hinsichtlich der **Offenlegung** zusammengefasst.

	Kapitalgesellschaften		
	große[1]	mittelgroße	kleine
Bilanz	ungekürzt gemäß § 266 Abs. 2 u. 3 HGB	mit Erleichterungen gemäß § 327 HGB	verkürzt gemäß § 266 Abs. 1 Satz 3 HGB
GuV	ungekürzt gemäß § 275 HGB	verkürzt gemäß § 276 HGB	entfällt
Anhang	ungekürzt gemäß §§ 284 u. 285 HGB	verkürzt gemäß § 288 Satz 2 HGB und § 327 Abs. 2 HGB	verkürzt gemäß § 288 Satz 1 HGB
Lagebericht	gemäß § 289 HGB	gemäß § 289 HGB	entfällt
Prüfung durch Abschlussprüfer	gemäß § 316 HGB	gemäß § 316 HGB	entfällt
Offenlegung	Handelsregister und Bundesanzeiger.	Handelsregister. Im Bundesanzeiger erfolgt lediglich ein Hinweis auf Offenlegung im Handelsregister.	Handelsregister. Im Bundesanzeiger erfolgt lediglich ein Hinweis auf Offenlegung im Handelsregister.

1 Eine Kapitalgesellschaft gilt stets als große, wenn Aktien an einer Börse der EU zugelassen sind (§ 267 Abs. 3 Satz 2 HGB).

5.4.2　Die Bilanz gemäß HGB

5.4.2.1　Die Bilanzgliederung gemäß HGB

§ 266 HGB schreibt für Kapitalgesellschaften ein ausführliches Bilanzgliederungsschema vor, das weitgehend Einsicht in die Finanz- und Vermögenslage der jeweiligen Unternehmung gibt.

Um Vergleiche zum Vorjahr zu ermöglichen, ist zu jedem Bilanzposten der Vorjahresbetrag anzugeben.

Die volle Anwendung des Bilanzgliederungsschemas gemäß § 266 Abs. 2 und 3 HGB ist jedoch abhängig von der Größenklasse.

Große Kapitalgesellschaften haben die Bilanz streng nach § 266 Abs. 2 und 3 HGB aufzustellen und offen zu legen.

Bei **mittelgroßen Kapitalgesellschaften** kann die Offenlegung der Bilanz gemäß § 327 HGB in der für kleine Kapitalgesellschaften vorgeschriebenen Form (siehe unten) erfolgen. Bestimmte Posten des ausführlichen Bilanzgliederungsschemas, wie z. B. Gebäude, technische Anlagen und Maschinen, Beteiligungen und Verbindlichkeiten gegenüber Kreditinstituten, sind jedoch zusätzlich in der Bilanz oder im Anhang gesondert anzugeben.

Kleine Kapitalgesellschaften brauchen nur eine verkürzte Bilanz aufzustellen, in die nur die mit Buchstaben und römischen Zahlen bezeichneten Posten des vollständigen Bilanzgliederungsschemas aufgenommen werden (§ 266 Abs. 1 Satz 3 HGB).

Für kleine Kapitalgesellschaften gilt das folgende Bilanzgliederungsschema (Grobgliederung):

Verkürzte Bilanz für kleine Kapitalgesellschaften	
Aktiva　　　　　　gemäß § 266 Abs. 1 Satz 3 HGB　　　　**Passiva**	
A. Anlagevermögen 　　I. Immaterielle Vermögensgegen 　　　stände 　II. Sachanlagen 　III. Finanzanlagen B. Umlaufvermögen 　　I. Vorräte 　II. Forderungen und sonstige 　　　Vermögensgegenstände 　III. Wertpapiere 　IV. Schecks, Kassenbestand, Bundes 　　　bank- und Postbankguthaben, 　　　Guthaben bei Kreditinstituten C. Rechnungsabgrenzungsposten	A. Eigenkapital 　　I. Gezeichnetes Kapital 　II. Kapitalrücklagen 　III. Gewinnrücklagen 　IV. Gewinnvortrag/Verlustvortrag 　V. Jahresüberschuss/Jahresfehlbetrag B. Rückstellungen C. Verbindlichkeiten D. Rechnungsabgrenzungsposten

6467370L

5.4.3   Die Gewinn- und Verlustrechnung gemäß HGB

§ 275 HGB schreibt großen und mittelgroßen Kapitalgesellschaften den Aufbau der zu veröffentlichenden Gewinn- und Verlustrechnung vor.

Die Gewinn- und Verlustrechnung ist in Staffelform zu erstellen. Um Vergleiche zum Vorjahr zu ermöglichen, ist – wie bei der Bilanz – zu jedem Posten der Vorjahresbetrag anzugeben.

Die Gewinn- und Verlustrechnung kann wahlweise nach dem **Gesamtkostenverfahren** (§ 275 Abs. 2 HGB) oder nach dem **Umsatzkostenverfahren** (§ 275 Abs. 3 HGB) aufgestellt werden.

Beim Umsatzkostenverfahren finden – im Gegensatz zum Gesamtkostenverfahren – die **Bestandsveränderungen** an fertigen und unfertigen Erzeugnissen im Ergebnis **keine** Berücksichtigung.

Die beiden Kostenverfahren unterscheiden sich zudem darin, dass die betrieblichen Aufwendungen

- beim **Gesamtkostenverfahren** in „Materialaufwand", „Personalaufwand", „Abschreibungen" und „sonstige betriebliche Aufwendungen" gegliedert sind,
- beim **Umsatzkostenverfahren** hingegen in „Herstellungskosten", „Vertriebskosten", „allgemeine Verwaltungskosten" und „sonstige betriebliche Aufwendungen".

Die Erfolgsrechnung nach dem Umsatzkostenverfahren setzt folglich eine **Kostenstellenrechnung** voraus. Unterschiedliche Gemeinkostenschlüsselungen erschweren hier Betriebsvergleiche.

Das Umsatzkostenverfahren ist besonders in angelsächsischen Ländern verbreitet. In der Bundesrepublik Deutschland ist das Gesamtkostenverfahren vorherrschend.

Erklärungen zur folgenden Gewinn- und Verlustrechnung nach § 275 Abs. 2 HGB:

1 Für große Kapitalgesellschaften gilt das vollständige GuV-Gliederungsschema. Kleine und mittelgroße Kapitalgesellschaften dürfen die Posten Nr. 1 bis 5 zu einem Posten unter der Bezeichnung „Rohergebnis" zusammenfassen (§ 276 HGB). Bei kleinen Kapitalgesellschaften entfällt zudem die Offenlegung (siehe Kapitel 5.4.1).

2 In Handelsbetrieben werden die Bestandsveränderungen nicht gesondert ausgewiesen. Sie sind in der Position 5 (Materialaufwand = Wareneinsatz) enthalten.

3 Diese Zwischenergebnisse werden im GuV-Gliederungsschema nicht explizit ausgewiesen.

4 Es wird ein „**Ergebnis der gewöhnlichen Geschäftstätigkeit**" (Position 14) und ein „**außerordentliches Ergebnis**" (Position 17) festgestellt. Diese Ergebnisbegriffe des § 275 HGB sind inhaltlich **nicht** identisch mit den Ergebnisbegriffen der Kosten- und Leistungsrechnung (Ergebnistabelle).

Bei Anwendung des Gesamtkostenverfahrens sind in der Gewinn- und Verlustrechnung auszuweisen:[1]

betriebliche Erträge	1. Umsatzerlöse
	2. Erhöhung oder Verminderung des Bestands an fertigen und unfertigen Erzeugnissen[2]
	3. andere aktivierte Eigenleistungen
	4. sonstige betriebliche Erträge
− Materialaufwand	5. Materialaufwand:
	a) Aufwendungen für Roh-, Hilfs- und Betriebsstoffe und für bezogene Waren
	b) Aufwendungen für bezogene Leistungen

= Rohergebnis[3]

− betriebliche Aufwendungen	6. Personalaufwand:
	a) Löhne und Gehälter
	b) soziale Abgaben und Aufwendungen für Altersversorgung und für Unterstützung, davon für Altersversorgung
	7. Abschreibungen:
	a) auf immaterielle Vermögensgegenstände des Anlagevermögens und Sachanlagen sowie auf aktivierte Aufwendungen für die Ingangsetzung und Erweiterung des Geschäftsbetriebs
	b) auf Vermögensgegenstände des Umlaufvermögens, soweit diese die in der Kapitalgesellschaft üblichen Abschreibungen überschreiten
	8. sonstige betriebliche Aufwendungen

= Betriebsergebnis[3]

+/− Finanzergebnis[3]	9. Erträge aus Beteiligungen, davon aus verbundenen Unternehmen
	10. Erträge aus anderen Wertpapieren und Ausleihungen des Finanzanlagevermögens, davon aus verbundenen Unternehmen
	11. sonstige Zinsen und ähnliche Erträge, davon aus verbundenen Unternehmen
	12. Abschreibungen auf Finanzanlagen und auf Wertpapiere des Umlaufvermögens
	13. Zinsen und ähnliche Aufwendungen, davon an verbundene Unternehmen

| **= Ergebnis der gewöhnlichen Geschäftstätigkeit** | 14. Ergebnis der gewöhnlichen Geschäftstätigkeit[4] |

+/− außerordentliches Ergebnis	15. außerordentliche Erträge
	16. außerordentliche Aufwendungen
	17. außerordentliches Ergebnis[4]
− Steuern	18. Steuern vom Einkommen und vom Ertrag
	19. sonstige Steuern

| **= Jahresüberschuss/ Jahresfehlbetrag** | 20. Jahresüberschuss/Jahresfehlbetrag. |

6467372L

Tabellarische Übersicht

Kapitalgesell-schaften	Abschluss			Lagebericht (§ 289 HGB)
	Bilanz (§ 266 HGB)	GuV (§ 275 HGB)	Anhang (§§ 284, 285 HGB)	
große	ungekürzt	ungekürzt	ungekürzt	ja
mittelgroße	mit Erleichterungen (§ 327 HGB)	verkürzt (§ 276 HGB)	verkürzt (§ 288 Satz 2, § 327 Abs. 2 HGB)	ja
kleine	verkürzt (§ 266 Abs. 1 Satz 3 HGB)	verkürzt (§ 276 HGB) keine Offenlegung	verkürzt (§ 288 Satz 1 HGB)	nein

Merksätze

1. Kapitalgesellschaften haben den handelsrechtlichen Jahresabschluss (Bilanz, GuV, Anhang) und einen Lagebericht offen zu legen.

2. Mit Offenlegung ist die Einreichung des Jahresabschlusses und des Lageberichtes zum Handelsregister und ihre Bekanntmachung im Bundesanzeiger gemeint.

3. Nach Art und Umfang ist die Offenlegungspflicht unterschiedlich ausgestattet. Sie hängt von der Größe der jeweiligen Kapitalgesellschaft ab. Man unterscheidet hier kleine, mittelgroße und große Kapitalgesellschaften.

4. § 266 HGB schreibt für Kapitalgesellschaften ein ausführliches Bilanzgliederungsschema vor, das weitgehend Einsicht in die Finanz- und Vermögenslage der jeweiligen Unternehmung gibt. Die volle Anwendung des Bilanzgliederungsschemas ist jedoch abhängig von der Größenklasse.

5. § 275 HGB schreibt Kapitalgesellschaften den Aufbau der Gewinn- und Verlustrechnung (in Staffelform) vor. Die volle Anwendung des Gliederungsschemas für die Gewinn- und Verlustrechnung ist abhängig von der Größenklasse. Kleine Kapitalgesellschaften brauchen die Gewinn- und Verlustrechnung nicht offen zu legen.

Aufgaben

Aufgabe 1:   Einführung in die Thematik;
Aufgaben 2 und 3:   offenlegungspflichtige Bilanz nach HGB;
Aufgaben 4 und 5:   offenlegungspflichtige GuV-Rechnung nach HGB.

1 Welche Aussagen sind richtig? Begründen Sie Ihre Meinung.

a) Eine OHG hat ihre Bilanz gemäß § 266 HGB offen zu legen.

b) Der Lagebericht ist Bestandteil des Jahresabschlusses.

c) Im Lagebericht sind u. a. der Geschäftsverlauf und die Lage der Kapitalgesellschaft darzustellen.

d) Im Anhang ist der Jahresabschluss zu erläutern.

e) Das HGB unterscheidet 2 Größenklassen von Kapitalgesellschaften: Kleine und große Kapitalgesellschaften.

f) Mit Offenlegung ist die Einreichung des Jahresabschlusses und der weiteren Unterlagen zum Handelsregister und ihre Bekanntmachung im Bundesanzeiger gemeint.

g) Nur große Kapitalgesellschaften haben den Jahresabschluss (Bilanz, GuV, Anhang) ungekürzt offen zu legen.

h) In der Bilanz ist zu jedem Posten nur der Jahresbetrag anzugeben.

i) Die Gewinn- und Verlustrechnung ist gemäß § 275 HGB in Kontenform zu erstellen.

j) Eine Einzelunternehmung hat eine Gewinn- und Verlustrechnung gemäß § 275 HGB zu erstellen.

k) Kleine und mittelgroße Kapitalgesellschaften dürfen in der Gewinn- und Verlustrechnung die Posten Nr. 1 bis 5 des § 275 Abs. 2 HGB zu einem Posten unter der Bezeichnung „Rohergebnis" zusammenfassen. Bei kleinen Kapitalgesellschaften entfällt zudem die Offenlegung der Gewinn- und Verlustrechnung.

2 Erstellen Sie (unter Zuhilfenahme des Kontenrahmens) aus dem unten stehenden
Ⓐ Schlussbilanzkonto eine Bilanz für eine Kapitalgesellschaft
— mit einer Bilanzsumme von ca. 2,1 Mio. €,
— mit Umsatzerlösen von ca. 5,5 Mio. € und
— mit durchschnittlich 48 Arbeitnehmern.

Die Zahlen gelten für die letzten beiden Geschäftsjahre.

S				SBK		H
	Berichtsjahr	Vorjahr			Berichtsjahr	Vorjahr
0200	56.000,00	50.000,00	3000		1.038.500,00	1.000.000,00
0510	750.000,00	725.000,00	3100		50.000,00	45.000,00
0810	400.000,00	380.000,00	3200		40.000,00	50.000,00
0860	160.000,00	175.000,00	3310		15.000,00	30.000,00
1300	75.000,00	60.000,00	3400		40.000,00	50.000,00
1500	45.000,00	40.000,00	3700		65.000,00	65.000,00
2000	524.000,00	500.000,00	4250		700.000,00	650.000,00
2400	15.000,00	10.000,00	4400		125.500,00	90.000,00
2690	2.500,00	3.000,00	4500		5.000,00	6.000,00
2700	20.000,00	22.500,00	4800		6.000,00	7.000,00
2800	75.000,00	60.000,00	4830		15.000,00	14.000,00
2880	5.000,00	4.000,00	4840		12.500,00	10.000,00
2900	5.000,00	4.000,00	4890		15.000,00	12.500,00
			4900		5.000,00	4.000,00
	2.132.500,00	2.033.500,00			2.132.500,00	2.033.500,00

3 Erstellen Sie (unter Zuhilfenahme des Kontenrahmens) die Bilanz einer kleinen Kapital-
Ⓐ gesellschaft.

	Berichtsjahr		Vorjahr	
Konten	Soll	Haben	Soll	Haben
0200	80.000,00	—	80.000,00	—
0510	600.000,00	—	640.000,00	—
0810	650.000,00	—	570.000,00	—
0840	150.000,00	—	120.000,00	—
0860	80.000,00	—	90.000,00	—
1500	70.000,00	—	60.000,00	—
2000	775.000,00	—	760.000,00	—
2400	20.000,00	—	18.000,00	—
2690	8.000,00	—	7.000,00	—
2700	30.000,00	—	40.000,00	—
2800	150.000,00	—	120.000,00	—

	Berichtsjahr		Vorjahr	
Konten	Soll	Haben	Soll	Haben
2880	9.000,00	–	10.000,00	–
2900	8.000,00	–	6.000,00	–
3000	–	1.041.000,00	–	878.000,00
3100	–	90.000,00	–	80.000,00
3200	–	50.000,00	–	70.000,00
3310	–	30.000,00	–	40.000,00
3400	–	100.000,00	–	120.000,00
3700	–	30.000,00	–	40.000,00
4250	–	900.000,00	–	950.000,00
4400	–	320.000,00	–	290.000,00
4800	–	15.000,00	–	10.000,00
4830	–	25.000,00	–	20.000,00
4840	–	20.000,00	–	15.000,00
4900	–	9.000,00	–	8.000,00
	2.630.000,00	2.630.000,00	2.521.000,00	2.521.000,00

4 **Ⓐ** a) Erstellen Sie (unter Zuhilfenahme des Kontenrahmens) aus den unten stehenden Angaben die ungekürzte Gewinn- und Verlustrechnung einer **großen Kapitalgesellschaft** gemäß § 275 Abs. 2 HGB.

b) Gehen Sie davon aus, dass es sich um eine **mittelgroße Kapitalgesellschaft** handelt, und fassen Sie die Positionen 1 bis 5 (des GuV-Gliederungsschemas) zu einem Posten unter der Bezeichnung „Rohergebnis" zusammen.

c) Ermitteln Sie neben dem Ergebnis der gewöhnlichen Geschäftstätigkeit (Position 14) und dem Jahresüberschuss/Jahresfehlbetrag (Position 20) auch das Betriebsergebnis und das Finanzergebnis aus der offen zu legenden Gewinn- und Verlustrechnung.

	Berichtsjahr		Vorjahr	
Konten	Soll	Haben	Soll	Haben
5000	–	22.000.000,00	–	19.020.000,00
5430	–	110.000,00	–	140.000,00
5710	–	12.000,00	–	20.000,00
5800	–	90.000,00	–	100.000,00
6000	13.900.000,00	–	11.400.000,00	–
6101	80.000,00	–	70.000,00	–
6300	3.900.000,00	–	3.800.000,00	–
6400	790.000,00	–	740.000,00	–
6520	2.100.000,00	–	1.900.000,00	–
6600	70.000,00	–	67.000,00	–
6700	210.000,00	–	180.000,00	–
6800	190.000,00	–	210.000,00	–
6900	20.000,00	–	30.000,00	–
6930	150.000,00	–	90.000,00	–
7510	30.000,00	–	50.000,00	–
7600	70.000,00	–	130.000,00	–
7700	40.000,00	–	30.000,00	–
7710	130.000,00	–	100.000,00	–

5 a) – c) Aufgabenstellung wie 4 a) – c)

Konten	Berichtsjahr		Vorjahr	
	Soll	Haben	Soll	Haben
5000	–	20.420.000,00	–	18.050.000,00
5430	–	70.000,00	–	90.000,00
5730	–	30.000,00	–	20.000,00
5800	–	80.000,00	–	50.000,00
6000	11.600.000,00	–	9.700.000,00	–
6112	100.000,00	–	90.000,00	–
6300	4.700.000,00	–	4.200.000,00	–
6400	1.050.000,00	–	910.000,00	–
6520	1.700.000,00	–	1.900.000,00	–
6600	70.000,00	–	40.000,00	–
6710	230.000,00	–	280.000,00	–
6800	200.000,00	–	220.000,00	–
6900	50.000,00	–	40.000,00	–
6930	30.000,00	–	50.000,00	–
6940	90.000,00	–	100.000,00	–
7530	60.000,00	–	70.000,00	–
7600	50.000,00	–	90.000,00	–
7700	70.000,00	–	60.000,00	–
7710	150.000,00	–	140.000,00	–

5.5   Auswertung des Jahresabschlusses

Bei der Auswertung des Jahresabschlusses werden durch Inbeziehungsetzung der Zahlen der Bilanz und der Gewinn- und Verlustrechnung die betriebswirtschaftlichen Zusammenhänge einer Unternehmung ergründet und sichtbar gemacht.

Die Ergebnisse der Auswertung des Jahresabschlusses zeigen

- durch **Zeitvergleiche (Periodenvergleiche)** die Betriebsentwicklung auf und
- durch **zwischenbetriebliche Vergleiche** die Stellung der Unternehmung innerhalb des Wirtschaftszweiges auf.

Aufschlussreich sind die Jahresabschlussauswertungen einerseits für den Unternehmer selbst zur Kontrolle und Planung, andererseits aber auch für Kreditgeber und Kapitalanleger.

6467376L

5.5.1 Auswertung der Bilanz

5.5.1.1 Aufbereitung der Bilanz

Zeit- und Branchenvergleiche ergeben nur sinnvolle Aussagen, wenn die zu vergleichenden Informationen den gleichen Inhalt haben. Es ist daher erforderlich, das Zahlenmaterial der Bilanz zunächst formal aufzubereiten.

Bei der Aufbereitung wird das folgende Bilanzgliederungsschema zugrunde gelegt:

Aktiva	aufbereitete Bilanz	Passiva

A. Anlagevermögen
B. Umlaufvermögen
  Vorräte
  Forderungen[1]
  flüssige Mittel
	A. Eigenkapital
	B. Fremdkapital
	  langfristiges Fremdkapital
	  kurzfristiges Fremdkapital[2]	

Zur Bilanzanalyse werden die absoluten Zahlen der aufbereiteten Bilanz in Prozentzahlen zur Bilanzsumme umgerechnet (Bilanzsumme = 100 %).

Beispiel

Das folgende Schlussbilanzkonto ist zur Bilanzanalyse aufzubereiten.

Soll		Schlussbilanzkonto		Haben
0510	Bebaute Grundstücke	500.000,00	3000 Eigenkapital	900.000,00
0810	Ladenausstattung	150.000,00	4250 Langfristige	
0820	Kassensysteme	120.000,00	Bankverbindlichkeiten	1.250.000,00
2000	Waren	1.470.000,00	4400 Verbindlichkeiten a. LL	250.000,00
2400	Forderungen a. LL	10.000,00	4500 Schuldwechsel	90.000,00
2450	Besitzwechsel	5.000,00	4900 Passive Rechnungs-	
2800	Kreditinstitute	155.000,00	abgrenzung	20.000,00
2850	Postbank	70.000,00		
2880	Kasse	20.000,00		
2900	Aktive Rechnungs- abgrenzung	10.000,00		
		2.510.000,00		2.510.000,00

Lösung

Aktiva			aufbereitete Bilanz		Passiva	
	€	%		€	%
A. Anlagevermögen	770.000,00	30,68	A. Eigenkapital	900.000,00	35,86
B. Umlaufvermögen			B. Fremdkapital		
Vorräte	1.470.000,00	58,56	langfr. FK	1.250.000,00	49,80
Forderungen	20.000,00	0,80	kurzfr. FK	360.000,00	14,34
flüssige Mittel	250.000,00	9,96			
			Σ Fremdk.	1.610.000,00	64,14
Σ Umlaufverm.	1.740.000,00	69,32			
	2.510.000,00	100,00		2.510.000,00	100,00

---

1 Die Position Forderungen enthält auch die aktiven Rechnungsabgrenzungsposten.
2 Die Position kurzfristiges Fremdkapital enthält auch die passiven Rechnungsabgrenzungsposten.

5.5.1.2 Bilanzanalyse

Nach der Aufbereitung der Bilanz werden zur Bilanzanalyse so genannte Bilanzkennzahlen ermittelt, die Aussagen machen über

- den Vermögensaufbau,   } vertikale
- den Kapitalaufbau,   } Auswertung
- die Deckung des Anlagevermögens (Investierung) und   } horizontale
- die Deckung des kurzfristigen Fremdkapitals (Liquidität).   } Auswertung

5.5.1.2.1 Der Vermögensaufbau

Zur Beurteilung des Vermögensaufbaus werden folgende Kennzahlen herangezogen:

Kennzahlen des Vermögensaufbaus		im Beispiel (Seite 377)
Konstitution	$= \dfrac{\text{Anlagevermögen} \cdot 100}{\text{Umlaufvermögen}}$	$= 44{,}25\,\%$
Anlagenintensität	$= \dfrac{\text{Anlagevermögen} \cdot 100}{\text{Gesamtvermögen}}$	$= 30{,}68\,\%$
Umlaufintensität	$= \dfrac{\text{Umlaufvermögen} \cdot 100}{\text{Gesamtvermögen}}$	$= 69{,}32\,\%$
Vorratsintensität	$= \dfrac{\text{Vorräte} \cdot 100}{\text{Gesamtvermögen}}$	$= 58{,}56\,\%$
Forderungsintensität	$= \dfrac{\text{Forderungen} \cdot 100}{\text{Gesamtvermögen}}$	$= 0{,}80\,\%$
Intensität der flüssigen Mittel	$= \dfrac{\text{flüssige Mittel} \cdot 100}{\text{Gesamtvermögen}}$	$= 9{,}96\,\%$

Aus der Konstitution und aus der Gegenüberstellung von Anlagenintensität und Umlaufintensität ist die grundsätzliche Vermögensstruktur erkennbar.

> *Industriebetriebe* sind in der Regel *anlagenintensiv* mit einer relativ hohen Konstitutionskennzahl und Anlagenintensität.

> *Handelsbetriebe* sind *vorratsintensiv* mit einer relativ geringen Konstitutionskennzahl und einer relativ hohen Umlaufintensität.

Zur Anlagenintensität ist generell festzustellen:

Der **Vorteil anlagenintensiver Betriebe** liegt in ihrem hohen Grad an Rationalisierung und damit in den **geringen variablen Stückkosten**. Dies ist häufig eine Voraussetzung, um überhaupt konkurrenzfähig zu sein (Autoindustrie).

Der **Nachteil anlagenintensiver Betriebe** ist der **hohe Fixkostenblock** (Abschreibungen, Zinsen, Versicherungsprämien). Bei einem Absatzrückgang geraten anlagenintensive Betriebe daher schnell in die Verlustzone. Darüber hinaus können sich anlagenintensive Betriebe häufig aufgrund des feststehenden relativ starren Produktionsapparates schlecht an veränderte Marktverhältnisse anpassen (gilt für Industriebetriebe).

6467378L

Vergleichbar sind nur die Kennzahlen des Vermögensaufbaus von Unternehmungen desselben Wirtschaftszweiges.

Eingeschränkt wird die Vergleichbarkeit und die Aussagefähigkeit der Kennzahlen, z. B. durch verschiedene Abschreibungsverfahren, unterschiedliches Alter der Anlagen, Anlageneigentum zum einen oder Anlagenmiete zum anderen sowie durch unterschiedliche Kapazitätsauslastung.

5.5.1.2.2 Der Kapitalaufbau

Aus den folgenden Kennzahlen wird der Kapitalaufbau ersichtlich:

Kennzahlen des Kapitalaufbaus		im Beispiel (Seite 377)
Finanzierung	$= \dfrac{\text{Eigenkapital} \cdot 100}{\text{Fremdkapital}}$	$=\ 55{,}90\,\%$
Verschuldungskoeffizient	$= \dfrac{\text{Fremdkapital} \cdot 100}{\text{Eigenkapital}}$	$=\ 178{,}89\,\%$
Eigenkapitalintensität (= Eigenkapitalanteil)	$= \dfrac{\text{Eigenkapital} \cdot 100}{\text{Gesamtkapital}}$	$=\ 35{,}86\,\%$
Fremdkapitalintensität (= Fremdkapitalanteil)	$= \dfrac{\text{Fremdkapital} \cdot 100}{\text{Gesamtkapital}}$	$=\ 64{,}14\,\%$

Ein hoher Eigenkapitalanteil und ein niedriger Fremdkapitalanteil bedeuten hohes Haftungskapital und damit gute Kreditwürdigkeit. Die finanzielle Stabilität von Unternehmungen mit einer derartigen Kapitalausstattung sichert gegen Umsatzeinbrüche ab.

Umgekehrt führen ein hoher Fremdkapitalanteil und ein niedriger Eigenkapitalanteil zu einem größeren Risiko für Kreditgeber und Warenlieferanten. Zudem steigt mit dem Fremdkapitalanteil die Zins- und Tilgungsbelastung.

5.5.1.2.3 Die Deckung des Anlagevermögens (Investierung)

Zur Beurteilung der Deckung des Anlagevermögens werden folgende Kennzahlen herangezogen:

Kennzahlen der Deckung des Anlagevermögens		im Beispiel (Seite 377)
Anlagendeckung 1	$= \dfrac{\text{Eigenkapital} \cdot 100}{\text{Anlagevermögen}}$	$=\ 116{,}88\,\%$
Anlagendeckung 2	$= \dfrac{(\text{EK} + \text{langfr. FK}) \cdot 100}{\text{Anlagevermögen}}$	$=\ 279{,}22\,\%$

Anlagevermögen ist langfristig gebundenes Vermögen. Es sollte deshalb auch durch langfristiges Kapital, also durch Eigenkapital (Anlagendeckung 1), in jedem Fall aber durch Eigenkapital und langfristiges Fremdkapital (kleine Tilgungsraten) (Anlagendeckung 2) gedeckt sein (goldene Bilanzregel).

Auf diese Weise ist gewährleistet, dass kurzfristige Tilgungsverpflichtungen (z. B. Lieferer-schulden) nicht durch den Verkauf von Anlagegegenständen finanziert werden müssen.

Nicht erkennbar aus den Kennzahlen ist, inwieweit Anlagegegenstände ohne Schädigung der Funktionsbereitschaft des Betriebes, z. B. aufgrund von Überkapazitäten, verkauft werden könnten und so als Liquiditätsreserve dienen könnten.

5.5.1.2.4 Die Deckung des kurzfristigen Fremdkapitals (Liquidität)

Aus den folgenden Kennzahlen wird die Deckung des kurzfristigen Fremdkapitals ersichtlich:

Kennzahlen der Deckung des kurzfristigen Fremdkapitals		im Beispiel (Seite 377)
Liquidität 1. Grades	$= \dfrac{\text{flüssige Mittel} \cdot 100}{\text{kurzfr. FK}}$	$= 69,44\%$
Liquidität 2. Grades	$= \dfrac{\text{Umlaufverm.} \cdot 100}{\text{kurzfr. FK}}$	$= 483,33\%$

Die Liquiditätskennzahlen drücken die grundsätzliche Zahlungsbereitschaft der Unternehmung zum Zeitpunkt der Bilanzerstellung aus.

Die Kennzahlen der Liquidität 1. und 2. Grades besagen, wie viel Prozent des kurzfristigen Fremdkapitals zum Bilanzstichtag
– durch flüssige Mittel (Liquidität 1. Grades) bzw.
– durch Umlaufvermögen (Liquidität 2. Grades)
gedeckt sind.

Erfahrungsregeln besagen, dass zur Aufrechterhaltung der Zahlungsfähigkeit
– die Liquidität 1. Grades mindestens 20 % und
– die Liquidität 2. Grades mindestens 200 %
betragen sollen.

Würden zur Rückzahlung kurzfristiger Schulden die eisernen Bestände (betriebsnotwendiges Umlaufvermögen) oder das Anlagevermögen angegriffen, so verlöre die Unternehmung an Funktionsbereitschaft und an Substanz.

Andererseits bringt eine Überliquidität den Nachteil einer zu hohen Kapitalbindung, verbunden mit einem Zinsentgang. In einem solchen Fall sollten die überschüssigen Mittel Rendite bringend, z. B. durch den Kauf von Wertpapieren, oder aufwandsmindernd, z. B. durch Entschuldung, umgeschichtet werden.

Die Aussagefähigkeit der Liquiditätskennzahlen wird insbesondere dadurch eingeschränkt, dass
– einerseits zahlreiche kurzfristige Zahlungsverpflichtungen, die nach dem Bilanzstichtag fällig sind, wie z. B. Zinszahlungen, Steuervorauszahlungen, Lohn- und Gehaltszahlungen, Zahlungen der Miete, der Leasing-Raten usw., nicht aus der Bilanz hervorgehen sowie
– andererseits nach dem Bilanzstichtag ausstehende Einnahmen aus Barverkäufen und nicht ausgenutzte Überziehungskredite ebenfalls aus der Bilanz nicht ablesbar sind.

Zudem ist eine exakte fristgerechte Terminierung von Zahlungsverpflichtung und Zahlungsbereitschaft erforderlich. Über die zeitpunktbezogene (statische) Bilanzanalyse hinaus ist eine zeitraumbezogene (dynamische) Betrachtung und Abstimmung unerlässlich. Dies geschieht im Finanzplan.

6467380L

Zusammenfassung

Merksätze

1. Weist der Vermögensaufbau ein relativ hohes Anlagevermögen auf, so hat dies den Nachteil hoher Fixkosten, andererseits aber den Vorteil geringer variabler Stückkosten (hoher Grad an Rationalisierung).
2. Weist der Kapitalaufbau ein relativ hohes Eigenkapital auf, so ist die Unternehmung in höherem Maße kreditwürdig, gegen Umsatzeinbrüche geschützt und mit weniger Zins- und Tilgungszahlungen belastet.
3. Das Anlagevermögen sollte als langfristig gebundenes Vermögen durch Eigenkapital, in jedem Fall aber durch Eigenkapital und langfristiges Fremdkapital gedeckt sein (goldene Bilanzregel).
4. Kurzfristige Schulden sollten aus dem relativ liquiden Anteil des Umlaufvermögens tilgbar sein.
   Eine zu hohe Überliquidität ist allerdings nicht erstrebenswert, weil sie einen Zinsentgang mit sich bringt.

Aufgaben

Aufgabe 1:   Errechnung der Bilanzkennzahlen;
Aufgabe 2:   Verständnisfragen zur Konstitutionskennzahl;
Aufgabe 3:   Kapitalausstattung;
Aufgabe 4:   goldene Bilanzregel;
Aufgabe 5:   Verständnisfragen zur Liquidität;
Aufgaben 6 und 7: Bilanzanalyse.

1 Es liegt das folgende Schlussbilanzkonto vor:

S		Schlussbilanzkonto			H
0510	Bebaute Grundstücke	430.000,00	3000	Eigenkapital	830.000,00
0810	Ladenausstattung	150.000,00	4250	Langfr. Bankverbindlichk.	950.000,00
0820	Kassensysteme	130.000,00	4400	Verb. a. LL	250.000,00
2000	Waren	1.180.000,00	4500	Schuldwechsel	80.000,00
2400	Ford. a. LL	30.000,00	4900	Passive RA	30.000,00
2450	Besitzwechsel	80.000,00			
2800	Kreditinstitute	70.000,00			
2850	Postbank	50.000,00			
2880	Kasse	10.000,00			
2900	Aktive RA	10.000,00			
		2.140.000,00			2.140.000,00

a) Bereiten Sie das Schlussbilanzkonto nach dem Bilanzgliederungsschema zur Ermittlung der Bilanzkennzahlen auf.
b) Errechnen Sie die folgenden Kennzahlen: Konstitution, Anlageintensität, Umlaufintensität, Finanzierung, Eigenkapitalintensität, Anlagendeckung 1, Anlagendeckung 2, Liquidität 1. Grades und Liquidität 2. Grades.

2 a) Machen Sie eine generelle Aussage über die Konstitutionskennzahl bei Industriebetrieben und bei Handelsbetrieben.
b) Nennen Sie Vor- und Nachteile von anlagenintensiven Industriebetrieben.
c) Nennen Sie Gründe für ein Wachsen und für ein Sinken der Konstitutionskennzahl.
d) Wodurch wird die Vergleichbarkeit von Konstitutionskennzahlen verschiedener Betriebe eingeschränkt?

3 a) Welche Nachteile bringt ein hoher Fremdkapitalanteil grundsätzlich?
b) Nennen Sie Gründe für ein Wachsen und für ein Sinken des Eigenkapitalanteils.
c) Nennen Sie Gründe für ein Wachsen und für ein Sinken des Fremdkapitalanteils.

4 Erklären Sie, weshalb das betriebsnotwendige Anlagevermögen durch Eigenkapital, in jedem Fall aber durch Eigenkapital und langfristiges Fremdkapital abgedeckt sein sollte.

5 a) Nennen Sie Gründe für eine Liquiditätsverbesserung bzw. Liquiditätsverschlechterung.
b) Welchen Nachteil bringt eine Überliquidität mit sich?
c) Was ist für den Fall einer Überliquidität zu empfehlen?
d) Begründen Sie, weshalb die Bilanz lediglich einen relativ groben Eindruck über die Zahlungsfähigkeit einer Unternehmung vermittelt.

6 Es liegt folgende für das Berichtsjahr und das Vorjahr aufbereitete Bilanz vor:

Aktiva					aufbereitete Bilanz (in T€)					Passiva
	Berichtsjahr		Vorjahr				Berichtsjahr		Vorjahr	
	T€	%	T€	%			T€	%	T€	%
A. Anlagevermögen	940	27,57	950	31,88	A. Eigenkapital		610	17,89	690	23,16
B. Umlaufvermögen					B. Fremdkapital					
Vorräte	2.390	70,09	1.765	59,23	langfr. FK		1.580	46,33	1.710	57,38
Forderungen	10	0,29	5	0,17	kurzfr. FK		1.220	35,78	580	19,46
flüssige Mittel	70	2,05	260	8,72						
Σ Umlaufverm.	2.470	72,43	2.030	68,12	Σ Fremdkapital		2.800	82,11	2.290	76,84
	3.410	100	2.980	100			3.410	100	2.980	100

a) Die obige Bilanz enthält bereits einige Kennzahlen des Vermögens- und Kapitalaufbaus. Berechnen Sie für beide Jahre

1. zur Beurteilung des Vermögensaufbaus
   — die Konstitution,

2. zur Beurteilung des Kapitalaufbaus
   — die Finanzierung,

3. zur Beurteilung der Investierung
   — die Anlagendeckung 1,
   — die Anlagendeckung 2,

4. zur Beurteilung der Liquidität
   — die Liquidität 1. Grades,
   — die Liquidität 2. Grades.

b) Ergründen Sie als Außenstehender die Ursachen der Veränderung (Berichtsjahr gegenüber Vorjahr)

1. des Vermögensaufbaus,
2. des Kapitalaufbaus,
3. der Investierung und
4. der Liquidität.

c) Welche Maßnahmen zur Verbesserung der Unternehmenssituation sind zu empfehlen?

6467382L

7 Es liegt die folgende aufbereitete Bilanz des Textileinzelhandels „Konrad Fied KG" vor. Zum Vergleich sind Branchenrichtwerte gegenübergestellt.

Aktiva	aufbereitete Bilanz (in T€)				Passiva		
	Konrad Fied KG		Branche		Konrad Fied KG		Branche
	T€	%	%		T€	%	%
A. Anlagevermögen	650	21,24	40	A. Eigenkapital	1.260	41,18	20
B. Umlaufvermögen				B. Fremdkapital			
Vorräte	2.120	69,28	50	langfr. FK	890	29,08	60
flüssige Mittel	290	9,48	10	kurzfr. FK	910	29,74	20
Σ Umlaufverm.	2.410	78,76	60	Σ Fremdkapital	1.800	58,82	80
	3.060	100	100		3.060	100	100

a) Stellen Sie die wesentlichen Abweichungen von den Branchenrichtwerten heraus.
b) Welche Nachteile können sich aus den unter a) genannten Abweichungen ergeben?
c) Zeigen Sie Möglichkeiten zur Annäherung an die Branchenrichtwerte auf.

5.5.2 Auswertung der Gewinn- und Verlustrechnung

Die Auswertung der Gewinn- und Verlustrechnung besteht in einer **Analyse der Aufwands- und Ertragsstruktur.**

Einzelne Aufwands- bzw. Ertragsarten werden in Prozent von den Gesamtaufwendungen bzw. Gesamterträgen ausgedrückt.

Innerbetriebliche Entwicklungen können aufgezeigt und Branchenvergleiche durchgeführt werden.

Zur Auswertung der Gewinn- und Verlustrechnung werden insbesondere nebenstehende Kennzahlen herangezogen:

$$\text{Intensität des Wareneinsatzes} = \frac{\text{Wareneinsatz} \cdot 100}{\text{Gesamtaufwendungen}}$$

$$\text{Intensität der Personalkosten} = \frac{\text{Personalkosten} \cdot 100}{\text{Gesamtaufwendungen}}$$

$$\text{Intensität der Abschreibungen} = \frac{\text{Abschreibungen} \cdot 100}{\text{Gesamtaufwendungen}}$$

$$\text{Intensität des Umsatzes} = \frac{\text{Umsatz} \cdot 100}{\text{Gesamterträge}}$$

Zusammenfassung

Merksatz

Die Intensitätskennzahlen des Gewinn- und Verlustkontos geben den prozentualen Anteil einzelner Aufwands- bzw. Ertragsarten an den Gesamtaufwendungen bzw. Gesamterträgen an.

Aufgaben

1 Automobilwerk, Textileinzelhandel, Gebäudereinigungsbetrieb
Welcher der oben stehenden Betriebe weist
— eine besonders hohe Intensität der Personalkosten bzw.
— eine besonders hohe Intensität des Wareneinsatzes bzw.
— eine besonders hohe Intensität der Abschreibungen
auf? Begründen Sie Ihre Meinung.

2 Welche Gefahr kann sich für einen Betrieb mit einer besonders hohen Intensität einer einzelnen Kostenart ergeben?

3 a) Errechnen Sie für die unten stehenden Gewinn- und Verlustkonten (1. und 2. Jahr) des Textileinzelhandels „Konrad Fied KG" die Intensität des Wareneinsatzes, der Gehaltskosten und der Abschreibungen.

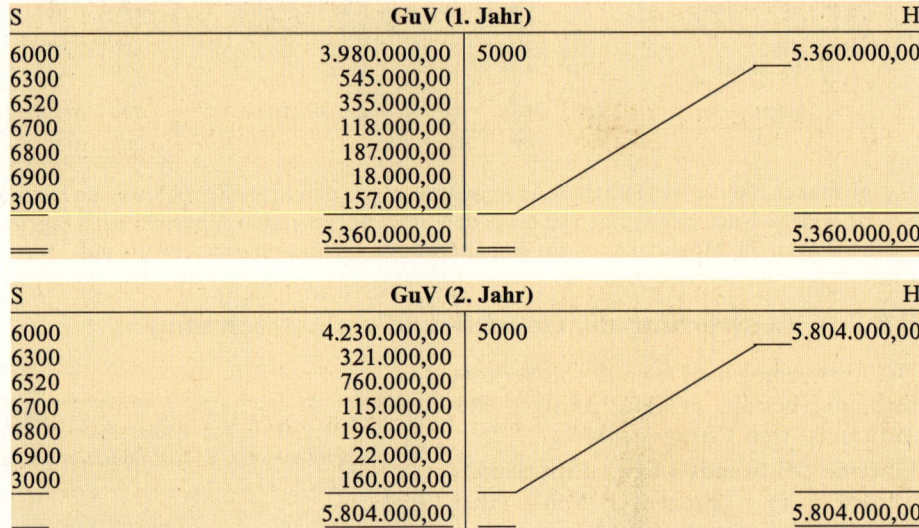

S	GuV (1. Jahr)		H
6000	3.980.000,00	5000	5.360.000,00
6300	545.000,00		
6520	355.000,00		
6700	118.000,00		
6800	187.000,00		
6900	18.000,00		
3000	157.000,00		
	5.360.000,00		5.360.000,00

S	GuV (2. Jahr)		H
6000	4.230.000,00	5000	5.804.000,00
6300	321.000,00		
6520	760.000,00		
6700	115.000,00		
6800	196.000,00		
6900	22.000,00		
3000	160.000,00		
	5.804.000,00		5.804.000,00

b) Aus welchem Grund hat sich die Intensität der Gehaltskosten und der Abschreibungen verändert?

5.5.3 Rentabilität

Zur Beurteilung der Rentabilität wird der Unternehmensgewinn in ein prozentuales Werteverhältnis zum Eigenkapital, Gesamtkapital und Umsatz gesetzt.

Dabei muss bei einigen Unternehmungsformen der buchhalterisch ausgewiesene Unternehmensgewinn noch korrigiert werden.

Die mitarbeitenden Gesellschafter erhalten bei Einzelunternehmungen und bei Personengesellschaften — im Gegensatz zu den Kapitalgesellschaften — kein Gehalt. Bei diesen Unternehmungsformen muss daher der Gewinn noch um einen Unternehmerlohn gemindert werden. Auf diese Weise wird — wie bei den Kapitalgesellschaften — ein Lohn für die Geschäftsführer als Aufwand erfasst.

Dieser Teil des Gewinns wird durch die persönliche Leistung der mitarbeitenden Gesellschafter und nicht durch den Einsatz des Eigenkapitals erwirtschaftet.

Die Höhe des anzusetzenden Unternehmerlohnes bemisst sich am Gehalt eines leitenden Angestellten in vergleichbarer Position.

6467384L

5.5.3.1 Eigenkapitalrentabilität (Unternehmerrentabilität)

Die Eigenkapitalrentabilität zeigt das prozentuale Werteverhältnis von Erfolg zu Eigenkapital auf. Sie gibt an, wie sich das in der Unternehmung angelegte Eigenkapital verzinst.

$$\text{Eigenkapitalrentabilität} = \frac{(\text{Gewinn} - \text{Unternehmerlohn}^1) \cdot 100}{\text{Eigenkapital}}$$

Beispiel

Eigenkapital (Anfangsbestand)[2] .... 650.000,00 €
Gewinn .... 178.000,00 €
Unternehmerlohn (Jahresgehalt) .... 100.000,00 €

$$\text{Eigenkapitalrentabilität} = \frac{(178.000 - 100.000) \cdot 100}{650.000} = 12\,\%$$

Zu vergleichen ist die Eigenkapitalrentabilität mit dem landesüblichen Zinssatz für langfristig angelegtes Kapital.

Da eine langfristige Kapitalanlage zum landesüblichen Zins im Gegensatz zu einer unternehmerischen Tätigkeit kein Wagnis in sich birgt, hat der Überschuss der Eigenkapitalrentabilität das Risiko des Unternehmers auszugleichen.

Geht man im obigen Beispiel von einem landesüblichen Zins von 7 % aus, so beträgt die **unternehmerische Risikoprämie** 5 % (= 12 % – 7 %).

5.5.3.2 Gesamtkapitalrentabilität (Unternehmungsrentabilität)

Die Gesamtkapitalrentabilität zeigt das prozentuale Werteverhältnis von Erfolg zu Gesamtkapital auf. Sie gibt an, wie sich das in der Unternehmung tätige Gesamtkapital verzinst.

Das Fremdkapital wird — wie das Eigenkapital — als **kostenneutral** betrachtet. Deshalb werden die Fremdkapitalzinsen **nicht** als Aufwendungen mit in die Betrachtung einbezogen. Folglich müssen sie zum Gewinn, den sie ja zunächst gemindert haben, wieder hinzugerechnet werden.

$$\text{Gesamtkapitalrentabilität} = \frac{(\text{Gewinn} - \text{Unternehmerlohn}^1 + \text{Fremdkapitalzinsen}) \cdot 100}{\text{Eigenkapital} + \text{Fremdkapital}}$$

Beispiel

Eigenkapital .... 600.000,00 €
Fremdkapital .... 1.000.000,00 €
Gewinn .... 200.000,00 €
Unternehmerlohn .... 120.000,00 €
Fremdkapitalzinsen (8 % von 1.000.000,00 €) .... 80.000,00 €

$$\text{Gesamtkapitalrentabilität} = \frac{(200.000 - 120.000 + 80.000) \cdot 100}{600.000 + 1.000.000} = 10\,\%$$

---

1 Entfällt bei Kapitalgesellschaften (siehe Erklärung oben).
2 Da während des Geschäftsjahres Privatentnahmen bzw. Privateinlagen das Eigenkapital ständig verändern, ist es korrekter, nicht vom Anfangseigenkapital, sondern vom durchschnittlich während des Geschäftsjahres gebundenen Eigenkapital auszugehen. Zur Vereinfachung wird hier von der Berechnung eines durchschnittlich gebundenen Eigenkapitals abgesehen.

5.5.3.3 Umsatzrentabilität

Die Umsatzrentabilität gibt das prozentuale Werteverhältnis von Erfolg zu Umsatz an.

$$\text{Umsatzrentabilität} = \frac{(\text{Gewinn} - \text{Unternehmerlohn}^{1}) \cdot 100}{\text{Umsatzerlöse}}$$

Beispiel

Umsatzerlöse	2.000.000,00 €
Gewinn	240.000,00 €
Unternehmerlohn	140.000,00 €

$$\text{Umsatzrentabilität} = \frac{(240.000 - 140.000) \cdot 100}{2.000.000} = 5\,\%$$

Zusammenfassung

Merksatz

Zum Ausgleich des unternehmerischen Risikos sollte die Eigenkapitalrentabilität den landesüblichen Zinssatz für langfristig angelegtes Kapital in angemessener Höhe übersteigen.

Aufgaben

Aufgabe 1:   Einführung in die Problematik;
Aufgabe 2:   Unternehmerlohn;
Aufgaben 3 bis 5: Verständnisfragen zu den Rentabilitätskennzahlen;
Aufgabe 6:   Rentabilitätsbetrachtungen.

1 Warum hat der absolute Gewinn eines Unternehmens wenig Aussagekraft?

2 a) Warum ist bei Rentabilitätsbetrachtungen bei Einzelunternehmungen und bei Personengesellschaften (OHG, KG) – im Gegensatz zu Kapitalgesellschaften (AG, GmbH) – der Gewinn um den Unternehmerlohn zu mindern?
    b) Woran wird der Unternehmerlohn bemessen?

3 a) Was sagt die Kennzahl „Eigenkapitalrentabilität" aus?
    b) Wie ist in rentabel arbeitenden Betrieben das Verhältnis zwischen Eigenkapitalrentabilität und landesüblichem Zinssatz für langfristig angelegtes Kapital?

4 Was sagt die Kennzahl „Gesamtkapitalrentabilität" aus?

5 Was sagt die Kennzahl „Umsatzrentabilität" aus?

---

1 Entfällt bei Kapitalgesellschaften (siehe Erklärung oben).

6 Der Textileinzelhandel Konrad Fied KG entnimmt seiner Buchführung folgende Daten:

	Umsatz	Fremdkapital	Eigenkapital	Gewinn
1. Jahr	3.380.000,00	2.000.000,00	820.000,00	267.600,00
2. Jahr	3.000.000,00	1.500.000,00	1.320.000,00	307.600,00
3. Jahr	2.900.000,00	1.950.000,00	900.000,00	275.085,00
4. Jahr	2.000.000,00	1.700.000,00	1.100.000,00	188.000,00
5. Jahr	2.600.000,00	1.000.000,00	1.800.000,00	202.000,00

Unternehmerlohn pro Jahr: 100.000,00 €
Zinssatz für Fremdkapital: 8 %

a) Errechnen Sie für jedes Jahr die Umsatzrentabilität.
b) Nennen Sie mögliche Ursachen für das Wachsen und für das Sinken der Umsatzrentabilität.
c) Errechnen Sie für jedes Jahr die Eigenkapitalrentabilität.
d) In welchen Jahren ist der Textileinzelhandel Konrad Fied KG mit seiner Eigenkapitalrentabilität zufrieden bzw. unzufrieden? Begründen Sie Ihre Meinung.
(Landesüblicher Zinssatz für langfristig angelegtes Kapital: 7 %.)
e) Errechnen Sie für jedes Jahr die Gesamtkapitalrentabilität.

6 Statistik

Die **Betriebsstatistik** gehört neben der **Buchführung,** der **Kostenrechnung** und der **Planungsrechnung** zum betrieblichen Rechnungswesen. Sie sammelt Zahlenmaterial aus allen betrieblichen Bereichen, vergleicht es und wertet es aus.

Es gibt betriebliche Produktivitätsstatistiken, Kostenstatistiken, Lagerstatistiken, Personalstatistiken, Einkaufsstatistiken, Verkaufsstatistiken, Werbestatistiken usw.

Neben den reinen Betriebsstatistiken werden in den Unternehmungen auch **volkswirtschaftliche Statistiken** geführt, die unternehmerische Entscheidungen unterstützen. Hierzu gehören z. B. Statistiken über die Wertpapierbörsen, die Devisenbörsen, die Einkommensverteilung, den Bevölkerungsaufbau, die Geburtenentwicklung usw.

Die grafische Darstellung von Statistiken ist besonders anschaulich.

6.1 Grafische Darstellungsformen

Man unterscheidet bei den grafischen Darstellungen 1. Stab-, Säulen- und Kurvendiagramme, 2. Flächendiagramme und 3. Bildstatistiken.

6.1.1 Stab-, Säulen- und Kurvendiagramme

Bei Stab-, Säulen- und Kurvendiagrammen werden statistische Zusammenhänge in einem Koordinatensystem veranschaulicht.

Auf der x-Achse (Abszisse) werden statistische Merkmale (z. B. Zeitpunkte) und auf der y-Achse (Ordinate) statistische Zahlenwerte (z. B. Umsätze) abgetragen.

Beispiel

Eine Einzelhandelskette weist für das vergangene Geschäftsjahr folgende Personalentwicklung auf:

Jan. 710	Febr. 718	März 735	April 748	Mai 752	Juni 722	Juli 708	Aug. 705	Sept. 725	Okt. 738	Nov. 742	Dez. 719

Jahresdurchschnitt: 727

Darstellung der Personalentwicklung in Form eines Stabdiagrammes

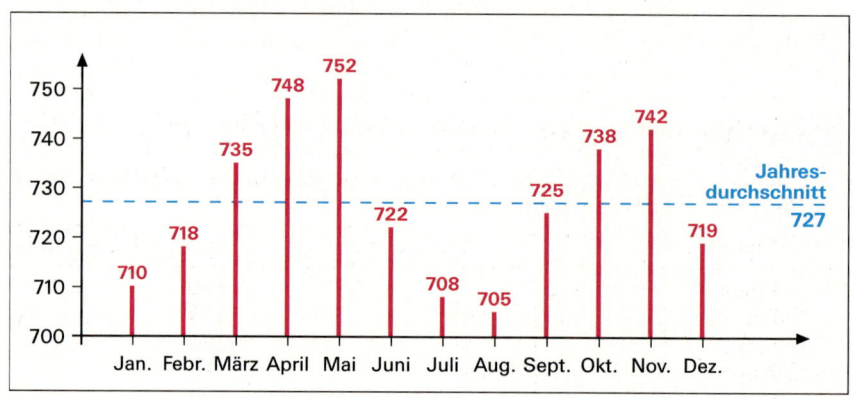

Darstellung der Personalentwicklung in Form eines Säulendiagrammes

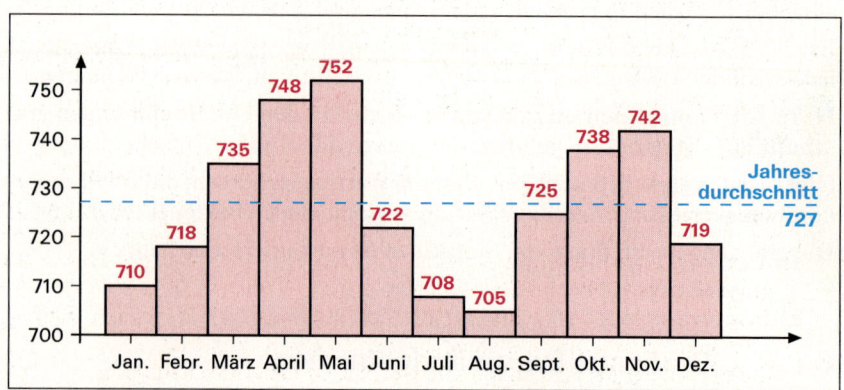

Darstellung der Personalentwicklung in Form eines Kurvendiagrammes

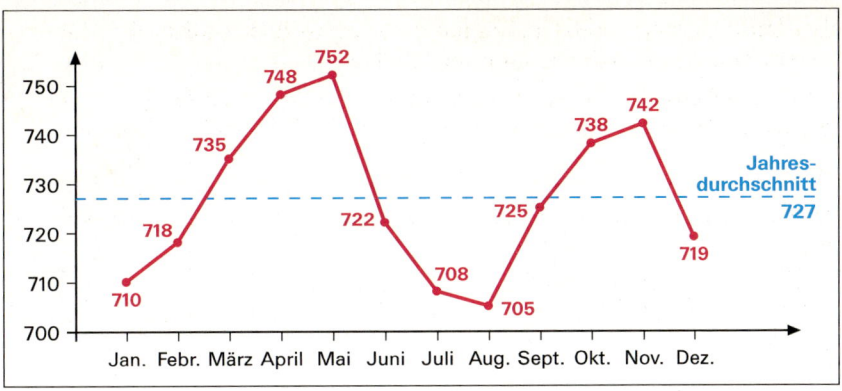

1 Der Lagerbestand eines Einzelhandelsbetriebes weist im 1. Halbjahr folgende Entwicklung auf (jeweils Anfangsbestände):

Monat	Lagerbestand jeweils am 1. des Monats in Stück
Januar	190
Februar	210
März	220
April	180
Mai	170
Juni	200
Juli	160

a) Errechnen Sie den durchschnittlichen Lagerbestand.
b) Stellen Sie die Lagerbestandsentwicklung in einem Stabdiagramm, in einem Säulendiagramm und in einem Kurvendiagramm dar.
   Tragen Sie in das jeweilige Diagramm den durchschnittlichen Lagerbestand ein.

2 Die Lagerkosten eines Einzelhandelsbetriebes haben sich in den letzten 5 Jahren wie folgt entwickelt (in €):

	Jahr 1	Jahr 2	Jahr 3	Jahr 4	Jahr 5
Lagerkosten	597.822,00	641.560,00	618.589,00	719.473,00	793.510,00

a) Runden Sie die €-Beträge auf volle 10.000,00 € und stellen Sie die Kostenentwicklung grafisch dar (wahlweise Stab-, Säulen- oder Kurvendiagramm).
b) Berechnen Sie die prozentuale Kostenentwicklung (der gerundeten Beträge) gegenüber dem Jahr 1 (die Lagerkosten des Jahres 1 entsprechen 100 %).
   Stellen Sie die Prozentzahlen in einer Prozenttabelle zusammen.
c) Stellen Sie die prozentuale Kostenentwicklung grafisch dar (wahlweise Stab-, Säulen- oder Kurvendiagramm).

3 Erstellen Sie aufgrund des unten stehenden Säulendiagramms eine geeignete Umsatztabelle.

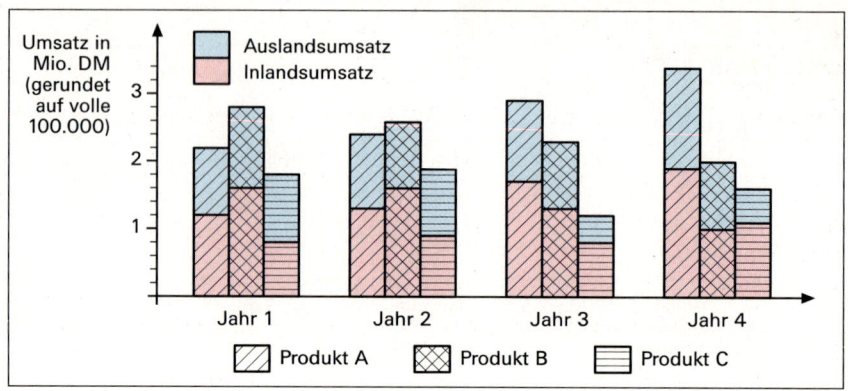

4 Im abgelaufenen Geschäftsjahr wurde folgende Umsatzentwicklung registriert:

Januar	180.000,00 €	Mai	260.000,00 €	September	210.000,00 €
Februar	150.000,00 €	Juni	260.000,00 €	Oktober	190.000,00 €
März	220.000,00 €	Juli	230.000,00 €	November	170.000,00 €
April	250.000,00 €	August	200.000,00 €	Dezember	200.000,00 €

a) Stellen Sie die Umsatzentwicklung in einem Kurvendiagramm dar.
b) Stellen Sie die aufgelaufenen (kumulierten) Monatsumsätze in einem Säulendiagramm dar.
c) Welche Vergleichsstatistiken müssten herangezogen werden, um über die Umsatzstatistik des Geschäftsjahres eine Aussage zu machen?

5 Die Mitarbeiterzahl und der Umsatz haben sich in den letzten 5 Jahren wie folgt entwickelt:

Jahr	1	2	3	4	5
Ø Mitarbeiterzahl	530	560	540	590	620
Umsatz in Mio. €	66,25	72,8	75,6	85,55	93,0

a) Errechnen Sie für jedes Jahr den „Pro-Kopf-Umsatz".
b) Stellen Sie die Entwicklung des „Pro-Kopf-Umsatzes" in einem Säulendiagramm dar.
c) Wie interpretieren Sie die Entwicklung des „Pro-Kopf-Umsatzes"?

6

Jahr	1	2	3	4
Ø Warenbestand in Mio. €	16,2	17,8	17,1	18,2
Wareneinsatz in Mio. €	121,5	106,8	136,8	163,8

a) Stellen Sie die Lagerbestandsentwicklung in einem Säulendiagramm dar.
b) Errechnen Sie die Lagerumschlagshäufigkeiten und stellen Sie diese in einem Säulendiagramm dar.
c) Errechnen Sie für jedes Jahr die durchschnittliche Lagerdauer und erstellen Sie ein entsprechendes Säulendiagramm.

6467390L

7 In einer Verkaufsfiliale ergaben sich im Vorjahr für den Monat März folgende durchschnittliche Tagesumsätze:

Tag	Mo	Di	Mi	Do	Fr	Sa
März (Vorjahr) (T€)	12	14	15	13	16	11

Im laufenden Geschäftsjahr wurden im März folgende Tagesumsätze registriert:

Tag	Mo	Di	Mi	Do	Fr	Sa
März 1. Woche (T€)	11	13	12	11	16	9
März 2. Woche (T€)	13	17	14	15	18	13
März 3. Woche (T€)	14	16	16	14	19	12
März 4. Woche (T€)	14	14	14	12	15	10

a) Errechnen Sie die durchschnittlichen Tagesumsätze des Monats März für das laufende Geschäftsjahr.
b) Stellen Sie die durchschnittlichen Tagesumsatzzahlen des Monats März für das Vorjahr und für das laufende Geschäftsjahr in einem Säulendiagramm gegenüber.
c) Lösen Sie die Aufgabe b) in einem Kurvendiagramm.
d) Welches Diagramm stellt Ihrer Meinung nach die Vergleichswerte besser gegenüber? Begründen Sie Ihre Meinung.

6.1.2 Flächendiagramme

Flächendiagramme sind geeignet zur Darstellung von prozentualen Anteilen an einer Gesamtgröße. Die Veranschaulichung kann durch Rechteckdiagramme oder Kreisdiagramme erfolgen.

Beispiel

Das Sortiment A ist mit 40 %, das Sortiment B mit 35 % und das Sortiment C mit 25 % am Umsatz eines Unternehmens beteiligt.

Darstellung der Umsatzstruktur in Form eines Rechteckdiagrammes

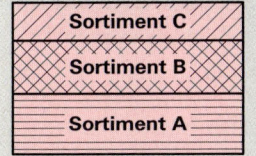

25 %

35 %

40 %

Die Höhe der übereinander liegenden Flächen bildet den Maßstab.

Darstellung der Umsatzstruktur in Form eines Kreisdiagrammes

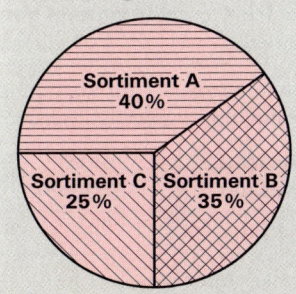

Die Gradanteile der Kreisausschnitte bilden den Maßstab.
Sie werden mit Dreisatz errechnet.
Z. B. für Sortiment A:

$$100\,\% \mathrel{\widehat{=}} 360\,°$$
$$40\,\% \mathrel{\widehat{=}} \quad x\,°$$

$$x = \frac{360 \cdot 40}{100} = \underline{144°}$$

6.1.3 Bildstatistiken

Neben den dargebotenen relativ nüchternen Darstellungsformen von Statistiken gibt es noch so genannte Bildstatistiken. Sie enthalten die oben dargestellten Elemente. Die statistischen Informationen werden dabei für den Nichtfachmann möglichst einfach und bildhaft aufbereitet.

Bildstatistiken erscheinen häufig in Tageszeitungen und Werbezeitschriften.

Beispiel

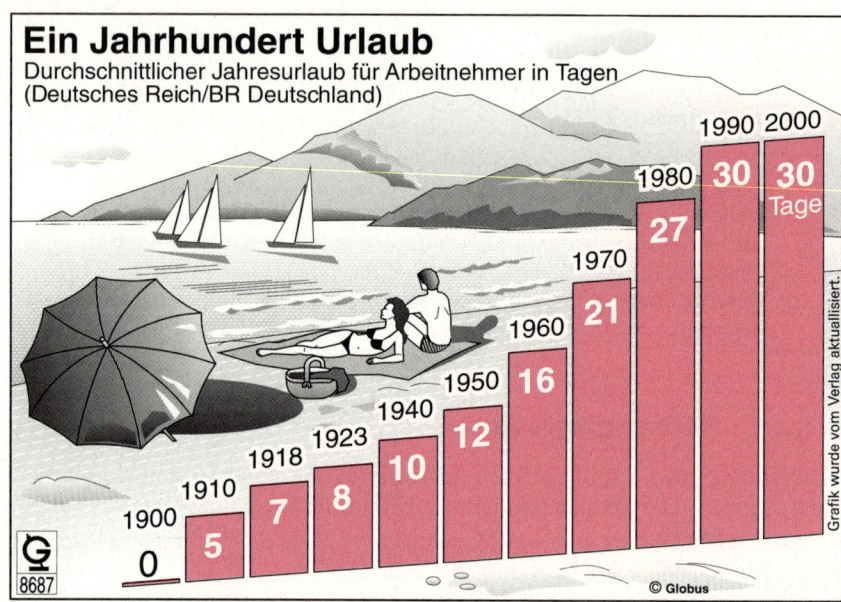

Ein Jahrhundert Urlaub
Durchschnittlicher Jahresurlaub für Arbeitnehmer in Tagen
(Deutsches Reich/BR Deutschland)

Grafik wurde vom Verlag aktualisiert.

© Globus

Darstellung verändert.

Aufgaben

1 Die Werbekosten setzten sich im vergangenen Geschäftsjahr wie folgt zusammen:
Fernsehwerbung: 45 %, Zeitschriftenwerbung: 20 %,
Rundfunkwerbung: 25 %, Plakatwerbung: 10 %.
Im laufenden Geschäftsjahr teilt sich der Werbeetat folgendermaßen auf:
Fernsehwerbung: 4,8 Mio. €, Zeitschriftenwerbung: 3 Mio. €,
Rundfunkwerbung: 3,6 Mio. €, Plakatwerbung: 0,6 Mio. €.
Stellen Sie die Zusammensetzung der Werbekosten der beiden Geschäftsjahre in vergleichbaren Rechteckdiagrammen (Kreisdiagrammen) gegenüber.

2 In der Personalabteilung eines Kaufhauses soll eine grafische Statistik (mit absoluten Zahlen und Prozentzahlen) über die Vorbildung der Angestellten angefertigt werden.

Hochschul-abschluss	Abitur	Realschul-abschluss	Hauptschul-abschluss	ohne Abschluss
27	108	324	81	–

Erstellen Sie ein entsprechendes Rechteckdiagramm (Kreisdiagramm).

3

Aktiva	Aufbereitete Bilanz				Passiva
	Berichtsjahr Mio. €	Vorjahr Mio. €		Berichtsjahr Mio. €	Vorjahr Mio. €
A. Anlagevermögen	52,25	52,80	A. Eigenkapital	33,25	29,04
B. Umlaufvermögen			B. Fremdkapital		
Vorräte	35,15	28,16	langfr. FK	42,75	42,24
flüssige Mittel	7,60	7,04	kurzfr. FK	19,00	16,72
	95,00	88,00		95,00	88,00

Stellen Sie jeweils in einem Rechteckdiagramm (Kreisdiagramm) die prozentuale Zusammensetzung der Bilanz (Aktiv- und Passivseite) für das Berichtsjahr und das Vorjahr gegenüber. (Anmerkung: Die Oberbegriffe Umlaufvermögen und Fremdkapital sollen nicht in den Diagrammen erscheinen.)

4 Der Betriebsabrechnungsbogen eines Handelsbetriebes weist folgende Gemeinkostensummen im 1. Quartal aus:

	Kostenstellen			
Monat	Einkauf (€)	Lager (€)	Verwaltung (€)	Verkauf (€)
Januar	98.000,00	49.000,00	245.000,00	588.000,00
Februar	110.400,00	27.600,00	202.400,00	579.600,00
März	147.000,00	63.000,00	231.000,00	609.000,00

a) Errechnen Sie für jeden Monat die prozentuale Zusammensetzung der Gemeinkosten (differenziert nach Kostenstellen).
b) Stellen Sie die prozentuale Gemeinkostenverteilung der 3 Monate in Kreisdiagrammen (Rechteckdiagrammen) gegenüber.
c) Errechnen Sie für das 1. Quartal die durchschnittliche prozentuale Zusammensetzung der Gemeinkosten (differenziert nach Kostenstellen).
d) Stellen Sie die in c) ermittelten Werte in einem Kreisdiagramm dar.

5 Die Lagerkapazität eines Handelsbetriebes verteilt sich wie folgt:

	1. Quartal	2. Quartal	3. Quartal	4. Quartal
Ware A	39 %	42 %	40 %	45 %
Ware B	21 %	24 %	20 %	23 %
Ware C	16 %	14 %	12 %	14 %
Leerkapazität	24 %	20 %	28 %	18 %

a) Stellen Sie die Lagerkapazitätsverteilung der 4 Quartale in Kreisdiagrammen (Rechteckdiagrammen) gegenüber.
b) Errechnen Sie die durchschnittliche Lagerkapazitätsverteilung des Jahres und erstellen Sie ein entsprechendes Kreisdiagramm (Rechteckdiagramm).

6.2 Verhältniszahlen

Mit **Verhältniszahlen** werden statistische Größen miteinander in Beziehung gesetzt, i. d. R. in ein prozentuales Verhältnis gebracht.

Man unterteilt die Verhältniszahlen in **Gliederungszahlen, Messzahlen, Indexzahlen** und **Beziehungszahlen.**

6.2.1 Gliederungszahlen

Eine Gliederungszahl drückt das prozentuale Verhältnis einer **Teilmasse** zu ihrer **Gesamtmasse** aus.

Beispiele: prozentualer Anteil des Eigenkapitals am Gesamtkapital; prozentualer Anteil der Personalkosten an den Gesamtkosten.

$$\text{Gesamtmasse} \, \triangleq \, 100\,\%$$
$$\text{Teilmasse} \quad\,\, \triangleq \quad x \,\,\% \, (= \text{Gliederungszahl})$$
$$\text{Gliederungszahl} \, = \, \frac{100 \cdot \text{Teilmasse}}{\text{Gesamtmasse}}$$

Beispiel

Der Gesamtumsatz beträgt 2.385.780,00 €. Der Umsatz der Warengruppe 1 beträgt 321.512,00 €. Wie hoch ist der prozentuale Anteil des Umsatzes der Warengruppe 1 am Gesamtumsatz?

$$\text{Gliederungszahl} = \frac{100 \cdot 321.512}{2.385.780} = \underline{\underline{13,48\,\%}}$$

Der prozentuale Anteil der Warengruppe 1 beträgt 13,48 % am Gesamtumsatz.

Aufgaben

1

	Mio. €	∅ Branche (%)
Lagerkosten	355,2	37
Personalkosten	268,8	36
Abschreibungen	240,0	17
Sonstige Aufwendungen	38,4	3
Steueraufwendungen	57,6	7

a) Errechnen Sie die prozentualen Anteile der einzelnen Aufwandsarten am Gesamtaufwand.

b) Wie heißen die Verhältniszahlen, die Sie in a) errechnet haben?

c) Vergleichen Sie die Aufwandsstruktur mit der branchendurchschnittlichen Aufwandsstruktur.

d) Welche Kostensenkung könnte insgesamt erzielt werden (absolut und prozentual), wenn bedingt durch Rationalisierungsinvestitionen die Abschreibungen um 10 % steigen und die Personalaufwendungen um 15 % sinken (bei Konstanz der übrigen Aufwendungen)?

e) Errechnen Sie bei Vornahme der Rationalisierungsinvestitionen die prozentuale Zusammensetzung der Aufwendungen (Genauigkeit: 1 Stelle nach dem Komma). Welcher Trend wird beim Vergleich mit dem Branchendurchschnitt erkennbar?

2 Eine Umfrage bei unseren Reisenden hat folgende Verteilung der wöchentlichen Arbeitszeit ergeben:

	Reisender A (Stunden)	Reisender B (Stunden)	Reisender C (Stunden)
Fahrtzeit	11,40	12,92	12,16
Wartezeit beim Kunden	7,60	8,36	7,98
Verkaufsgespräche	6,08	6,84	6,46
Führen der Verkaufsunterlagen	9,50	7,60	8,74
Sonstiges	3,42	2,28	2,66
Wochenstunden	38,00	38,00	38,00

a) Errechnen Sie für jeden Reisenden die prozentuale Aufteilung der wöchentlichen Arbeitszeit.
b) Errechnen Sie die durchschnittliche prozentuale Aufteilung der wöchentlichen Arbeitszeit insgesamt.
c) Erstellen Sie ein Kreisdiagramm über die durchschnittliche prozentuale Aufteilung der wöchentlichen Arbeitszeit.

3 Unsere Textileinzelhandlung hat — nach Warengruppen differenziert — folgende Jahresumsätze erzielt:

Monat	Herren-bekleidung (€)	Damen-bekleidung (€)	Kinder-bekleidung (€)
Januar	120.000,00	170.000,00	60.000,00
Februar	100.000,00	130.000,00	40.000,00
März	140.000,00	160.000,00	50.000,00
April	150.000,00	180.000,00	70.000,00
Mai	160.000,00	170.000,00	80.000,00
Juni	130.000,00	140.000,00	60.000,00
Juli	110.000,00	120.000,00	40.000,00
August	140.000,00	160.000,00	80.000,00
September	120.000,00	140.000,00	70.000,00
Oktober	110.000,00	120.000,00	50.000,00
November	140.000,00	180.000,00	60.000,00
Dezember	170.000,00	200.000,00	90.000,00

a) Errechnen Sie die prozentualen Anteile der Warengruppen am Jahresumsatz (Genauigkeit: 1 Stelle nach dem Komma).
b) Errechnen Sie die prozentualen Anteile der Monatsumsätze (insgesamt) am Jahresumsatz (insgesamt). (Genauigkeit: 1 Stelle nach dem Komma)
c) Durch eine Werbekampagne soll der Umsatz der Herrenbekleidung im Folgejahr um 10 % erhöht werden. Errechnen Sie für diesen Fall die neuen prozentualen Anteile der Warengruppen am Jahresumsatz (bei Konstanz der Umsätze für Damen- und Kinderbekleidung). (Genauigkeit: 1 Stelle nach dem Komma)
d) Stellen Sie die sich aus c) ergebende Umsatzstruktur in einem Rechteckdiagramm dar.

6.2.2 Messzahlen

Eine Messzahl drückt das prozentuale Verhältnis einer **Teilmasse** zu einer anderen **Teilmasse** oder einer **Gesamtmasse** zu einer anderen **Gesamtmasse** aus.

Beispiele: Prozentuales Verhältnis von Eigenkapital zu Fremdkapital; prozentuales Verhältnis von Personalkosten zu Abschreibungen; prozentuales Verhältnis zweier Jahresumsätze.

$$
\begin{aligned}
\text{Masse A} \;&\triangleq\; 100\,\% \;(=\text{Basis})\\
\text{Masse B} \;&\triangleq\; x\,\% \;(=\text{Messzahl})\\[4pt]
\text{Messzahl} \;&=\; \frac{100\,\cdot\,\text{Masse B}}{\text{Masse A}}
\end{aligned}
$$

Beispiel

Der Umsatz der Artikelgruppe I beträgt 321.512,00 €. Der Umsatz der Artikelgruppe II beträgt 108.793,00 €. Wie verhält sich der Umsatz der Artikelgruppe II prozentual zum Umsatz der Artikelgruppe I (= Basis → 100 %)?

$$
\text{Messzahl} = \frac{100\,\cdot\,108.793}{321.512} = \underline{\underline{33,84\,\%}}
$$

Der Umsatz der Artikelgruppe II macht 33,84 % des Umsatzes der Artikelgruppe I aus.

Aufgaben

1 Ein Elektroeinzelhandelsbetrieb verkauft in seinen norddeutschen Filialen im März 980 Kühlschränke der Marke „Nordpol". Im April werden 870 Kühlschränke dieser Marke verkauft.

a) Auf wie viel Prozent ist die Verkaufszahl des Monats April gegenüber der Verkaufszahl des Monats März gesunken? (Genauigkeit: 2 Stellen nach dem Komma)

b) Wie heißt die Verhältniszahl, die Sie in a) errechnet haben?

2 In einem Handelsbetrieb beträgt das Umlaufvermögen 155,6 Mio. €. Das Anlagevermögen beläuft sich auf 82,4 Mio. €.

Wie viel Prozent macht das Anlagevermögen gemessen am Umlaufvermögen aus (= Konstitution)? (Genauigkeit: 1 Stelle nach dem Komma)

3 Eigenkapital: 33,6 Mio. €
Fremdkapital: 61,2 Mio. €

a) Wie viel Prozent des Fremdkapitals macht das Eigenkapital aus (= Finanzierung)? (Genauigkeit: 1 Stelle nach dem Komma)

b) Wie viel Prozent des Eigenkapitals macht das Fremdkapital aus (= Verschuldungskoeffizient)? (Genauigkeit: 1 Stelle nach dem Komma)

4 Eigenkapital: 54,8 Mio. €
Anlagevermögen: 49,6 Mio. €

Wie viel Prozent des Anlagevermögens sind durch Eigenkapital gedeckt (= Anlagendeckung I)? (Genauigkeit: 1 Stelle nach dem Komma)

5 Die monatlichen Erträge eines Unternehmens betragen 2.527.285,00 €. Die Aufwendungen belaufen sich auf 2.298.632,00 €. Wie hoch ist der prozentuale Anteil der Aufwendungen an den Erträgen?

6467396L

6 Errechnen Sie die Messzahlen (Berichtsjahr gemessen am Vorjahr).
(Genauigkeit: 1 Stelle nach dem Komma)

	Vorjahr	Berichtsjahr
Umsatz	328,7 Mio. €	369,8 Mio. €
∅ Lagerbestand	14,3 Mio. €	13,1 Mio. €
Angestellte	759	788
Fixe Kosten	80,9 Mio. €	78,4 Mio. €

6.2.3 Beziehungszahlen

Beziehungszahlen drücken das Verhältnis zweier verschiedenartiger Massen zueinander aus.

Beispiele: Umsatz pro Arbeitsstunde, Verkaufssumme pro Auftrag, Jahresumsatz je m² Verkaufsfläche.

$$\text{Beziehungszahl} = \frac{\text{Masse von Art 1}}{\text{Masse von Art 2}}$$

Beispiel

In einer Verkaufsfiliale eines Handelsbetriebes wurde in 502 Arbeitsstunden ein Umsatz von 279.112,00 € erzielt. Wie hoch ist der Umsatz pro Arbeitsstunde?

$$\text{Beziehungszahl} = \frac{279.112}{502} = \underline{\underline{556,00 \ €}}$$

Der Umsatz pro Arbeitsstunde beträgt 556,00 €.

Aufgaben

1 Ein Einzelhandelsbetrieb unterhält 3 Verkaufsfilialen. Hinsichtlich der Beschäftigtenzahl, der Verkaufsfläche, des Jahresumsatzes und der Betriebskosten ergeben sich folgende Zahlen:

Filiale	Mitarbeiter	Verkaufs-fläche (m²)	Umsatz (€)	Betriebskosten (€)
I	10	560	5.880.000,00	1.764.000,00
II	24	1 152	14.169.600,00	3.542.400,00
III	18	756	10.886.400,00	2.177.280,00

Errechnen Sie für jede Filiale
a) die Verkaufsfläche pro Mitarbeiter,
b) den Umsatz pro m² Verkaufsfläche,
c) den „Pro-Kopf-Umsatz",
d) die Betriebskosten pro m² Verkaufsfläche,
e) die Betriebskosten pro Mitarbeiter,
f) die Betriebskosten pro 100,00 € Umsatz.
Welche Filiale schneidet beim Vergleich dieser Beziehungszahlen am besten ab?

Jahr	Umsatz (€)	Anlagevermögen (€)	Beschäftigte
1	462.000.000,00	41.250.000,00	3 300
2	511.500.000,00	47.740.000,00	3 410
3	584.000.000,00	54.750.000,00	3 650
4	644.000.000,00	58.880.000,00	3 680

a) Errechnen Sie für die Jahre 1–4 den „Pro-Kopf-Umsatz".
b) Errechnen Sie für die Jahre 1–4 das „Anlagevermögen pro Kopf".
c) Stellen Sie den „Pro-Kopf-Umsatz" und das „Anlagevermögen pro Kopf" in je einem Balkendiagramm grafisch dar.
d) Wie heißen die Verhältniszahlen, die Sie in a) und b) errechnet haben?
e) Wie interpretieren Sie die Ergebnisse aus a) und b)?

3 Errechnen Sie die Beziehungszahlen.

a) Gewinn: 2.520.000,00 €; Beschäftigte: 840
b) Umsatz: 37.500.000,00 €; Verkaufsfläche: 5 000 m^2
c) Umsatz: 25.600.050,00 €; Anzahl der Aufträge: 11 340
d) Unfälle: 360; Beschäftigte: 18 000

6.2.4 Indexzahlen

Indexzahlen geben die prozentuale Veränderung von Größen im Zeitablauf an. Die Ausgangsgröße wird als **Basiszahl** bezeichnet und entspricht 100 %.

Beispiel: Die prozentuale Veränderung der Jahresumsätze wird gegenüber einem Ausgangsjahr (= Basisjahr) berechnet.

Wird die prozentuale Veränderung einer Größe von Zeitpunkt zu Zeitpunkt berechnet, so liegt eine **Kettenindexierung** (= Indexreihe mit sich ändernder Basis) vor.

Beispiel: Die prozentuale Veränderung der Jahresumsätze wird gegenüber dem jeweiligen Vorjahr berechnet.

> Wert zum Basiszeitpunkt $\triangleq$ 100 %
> Wert zum jeweiligen Zeitpunkt $\triangleq$ x %
>
> $$\text{Indexzahl} = \frac{100 \cdot \text{Wert zum jeweiligen Zeitpunkt}}{\text{Wert zum Basiszeitpunkt}}$$

Beispiel

Die unten stehende Tabelle zeigt die Entwicklung des Bezugspreises des Artikels A auf. Es werden eine einfache Indexierung (Basisjahr: 4) und eine Kettenindexierung vorgenommen.

Jahr	1	2	3	4	5	6	7	8
Bezugspreis	8,00	8,20	8,32	8,55	8,96	9,12	9,43	9,74
Index	93,6	95,9	97,3	100	104,8	106,7	110,3	113,9
Kettenindex	–	102,5	101,5	102,8	104,8	101,8	103,4	103,3

1 Der Textileinzelhandel Konrad Fied KG registriert folgende Umsatzentwicklungen:

Jahr	Jeanshosen	Jeansjacken	Jeanshemden
1	279.400,00 €	120.300,00 €	80.800,00 €
2	291.600,00 €	131.900,00 €	85.900,00 €
3	303.100,00 €	138.400,00 €	89.200,00 €
4	296.500,00 €	144.200,00 €	84.300,00 €
5	308.700,00 €	139.100,00 €	92.700,00 €
6	313.400,00 €	158.900,00 €	99.100,00 €
7	309.900,00 €	152.500,00 €	96.600,00 €

a) Errechnen Sie für jede Artikelgruppe die Indexzahlen. Basisjahr: 3. Jahr
b) Nehmen Sie für jede Artikelgruppe eine Kettenindexierung vor.
(Genauigkeit bei a) und b): 1 Stelle nach dem Komma)

2 Für den durchschnittlichen Lagerbestand an Waren wurden folgende Indexzahlen errechnet:

Jahr	1	2	3	4	5	6
Ware I	94,5	96,7	100	104,1	102,9	109,1
Ware II	93,8	95,9	100	103,5	106,7	104,5
Ware III	92,9	95,1	100	102,9	108,2	106,8

a) Welches ist das Basisjahr?
b) Im 6. Jahr beträgt der durchschnittliche Lagerbestand von Ware I 680.000,00 €, von Ware II 520.000,00 € und von Ware III 860.000,00 €.
Errechnen Sie für jedes Jahr die durchschnittlichen Lagerbestände.
(Runden Sie dabei auf ganze €-Beträge.)
c) Nehmen Sie für jede Ware eine Kettenindexierung vor.
(Genauigkeit: 1 Stelle nach dem Komma)

3 In einer Einzelhandelskette gibt es folgende Entwicklung bei der Anzahl der Beschäftigten und bei den Abschreibungen:

Jahr	1	2	3	4	5
Beschäftigte	1 960	1 882	1 788	1 695	1 635
Abschreibungen Mio. €	3,10	3,18	3,31	3,44	3,56

a) Errechnen Sie für die Anzahl der Beschäftigten und für die Abschreibungen die Indexzahlen (Basisjahr: 1. Jahr).
(Genauigkeit: 1 Stelle nach dem Komma)
b) Stellen Sie die Indexzahlen für die Anzahl der Beschäftigten und für die Abschreibungen in einem Kurvendiagramm gegenüber.
c) Interpretieren Sie das Diagramm.

Welche Definition gehört zu welchem Begriff? Ordnen Sie zu.

Definitionen:

1. Es wird das prozentuale Verhältnis einer Teilmasse zu einer anderen Teilmasse oder einer Gesamtmasse zu einer anderen Gesamtmasse ausgedrückt.

2. Es wird die prozentuale Veränderung von Größen im Zeitablauf vorgegeben. Die Ausgangsgröße wird als Basiszahl bezeichnet und entspricht 100 %.

3. Es wird das prozentuale Verhältnis einer Teilmasse zu einer Gesamtmasse ausgedrückt.

4. Es wird das Verhältnis zweier verschiedenartiger Massen zueinander ausgedrückt.

Begriffe: 1. Indexzahlen, 2. Gliederungszahlen, 3. Beziehungszahlen, 4. Messzahlen.

6.3   Durchschnittswerte

6.3.1   Der arithmetische Durchschnitt (arithmetisches Mittel)

Unter dem arithmetischen Mittel mehrerer Größen (einer statistischen Reihe) versteht man den Quotienten aus ihrer Summe und ihrer Anzahl.

$$\text{arithmetisches Mittel} = \frac{\text{Summe der Größen}}{\text{Anzahl der Größen}}$$

$$x = \frac{a_1 + a_2 + a_3 + ... + a_n}{n}$$

Beispiel

Aus den Monatsumsätzen der Artikelgruppe I der ersten beiden Quartale ist der durchschnittliche monatliche Umsatz zu errechnen.

| Jan. | 80.000,00 € | März | 55.000,00 € | Mai | 74.000,00 € |
| Febr. | 68.000,00 € | April | 62.000,00 € | Juni | 81.000,00 € |

$$\emptyset \ \text{Monatsumsatz} = \frac{80.000 + 68.000 + 55.000 + 62.000 + 74.000 + 81.000}{6}$$

$$= \frac{420.000}{6} = 70.000,00 \ €$$

Der durchschnittliche monatliche Umsatz beträgt 70.000,00 €.

Aufgaben

1 Ein Einzelhandelsbetrieb ermittelt für das Verkaufslager folgende wertmäßige Lagerbestände:

		€			€
Januar	AB	480.000,00	Juli	SB	440.000,00
	SB	520.000,00	August	SB	420.000,00
Februar	SB	450.000,00	September	SB	460.000,00
März	SB	460.000,00	Oktober	SB	480.000,00
April	SB	510.000,00	November	SB	470.000,00
Mai	SB	500.000,00	Dezember	SB	430.000,00
Juni	SB	490.000,00			

a) Errechnen Sie den durchschnittlichen Lagerbestand.
b) Errechnen Sie die Umschlagshäufigkeit. (Wareneinsatz: 2.820.000,00 €)
c) Errechnen Sie die durchschnittliche Lagerdauer.

2 Unser Unternehmen hält Aktien der Sächsischen Fahrradwerke AG. Die Aktienkurse haben sich im Monat März wie folgt entwickelt:

1. März (Do)	85,60 €	16. März (Fr)	90,90 €
2. März (Fr)	83,20 €	19. März (Mo)	89,70 €
5. März (Mo)	82,70 €	20. März (Di)	89,60 €
6. März (Di)	81,60 €	21. März (Mi)	91,10 €
7. März (Mi)	80,50 €	22. März (Do)	92,30 €
8. März (Do)	87,30 €	23. März (Fr)	92,30 €
9. März (Fr)	88,90 €	26. März (Mo)	90,20 €
12. März (Mo)	90,10 €	27. März (Di)	91,30 €
13. März (Di)	91,60 €	28. März (Mi)	92,40 €
14. März (Mi)	94,80 €	29. März (Do)	93,80 €
15. März (Do)	92,50 €	30. März (Fr)	94,60 €

Errechnen Sie den durchschnittlichen Kurswert.

3 Im vergangenen Geschäftsjahr entwickelten sich in unserem Unternehmen die Mitarbeiterzahl und der Umsatz folgendermaßen:

Monat	Mitarbeiterzahl	Umsatz (T€)
Januar	418	8.360
Februar	405	8.080
März	430	8.690
April	442	8.860
Mai	461	9.200
Juni	453	9.060
Juli	441	8.190
August	433	8.690
September	438	8.760
Oktober	440	8.820
November	428	8.510
Dezember	420	8.330

a) Errechnen Sie die durchschnittliche Mitarbeiterzahl.
b) Errechnen Sie den durchschnittlichen Monatsumsatz (gerundet auf ganze T€).
c) Errechnen Sie den durchschnittlichen monatlichen Pro-Kopf-Umsatz (gerundet auf ganze T€).

4 Unsere Versandhandelsvertreter haben im 1. Halbjahr d. J. folgende Umsätze getätigt (in €):

Monat	Albrecht	Breitfeld	Cinterra
Januar	62.000,00	67.800,00	58.900,00
Februar	68.600,00	69.400,00	69.800,00
März	69.400,00	70.200,00	72.400,00
April	74.800,00	68.400,00	66.900,00
Mai	78.500,00	79.800,00	70.500,00
Juni	72.100,00	77.300,00	76.900,00

a) Errechnen Sie den durchschnittlichen Monatsumsatz für jeden Vertreter.
b) Errechnen Sie den durchschnittlichen Vertreterumsatz für jeden Monat.
c) Errechnen Sie den durchschnittlichen monatlichen Vertreterumsatz des 1. Halbjahres.

6.3.2 Der gewogene arithmetische Durchschnitt (gewogenes arithmetisches Mittel)

Das gewogene arithmetische Mittel wird aus Größen ermittelt, die eine unterschiedliche Gewichtung haben.

$$\text{gewogenes arithmetisches Mittel} = \frac{\text{Summe der gewogenen Größen}}{\text{Anzahl der gewogenen Größen}}$$

$$x = \frac{(a_1 \cdot b_1) + (a_2 \cdot b_2) + \ldots + (a_n \cdot b_n)}{b_1 + b_2 + \ldots + b_n}$$

Beispiel

Artikel A wurde zu unterschiedlichen Einstandspreisen bezogen. Zurzeit sind eingelagert:

500 Stück zu 5,00 € Einstandspreis
800 Stück zu 6,00 € Einstandspreis
600 Stück zu 6,20 € Einstandspreis

Für die Lagerkalkulation ist der durchschnittliche Einstandspreis zu errechnen.

$$\varnothing \text{ Einstandspreis} = \frac{(5 \cdot 500) + (6 \cdot 800) + (6,20 \cdot 600)}{500 + 800 + 600} = \underline{\underline{5,80 \text{ €}}}$$

Der durchschnittliche Einstandspreis beträgt 5,80 €.

Aufgaben

1 Die Schuhfabrik „Eidechse AG", Magdeburg, verkauft den Schuh Modell „Panther" an verschiedene Großabnehmer zu unterschiedlichen Preisen.

Großabnehmer	Paar	Gewinn je Paar (€)
A	2 640	13,60
B	1 240	18,10
C	360	0,00
D	510	− 3,80
E	3 420	9,50

Errechnen Sie den gewogenen Durchschnittsgewinn pro Paar.

2

	Menge (Stück)	Anschaffungs- stückkosten (€)
AB 1. Jan.	12 300	8,30
Zugang 18. März	5 900	9,10
Zugang 20. Aug.	8 300	8,70
Zugang 8. Okt.	3 600	9,30
Zugang 19. Dez.	4 500	9,20

a) Errechnen Sie die gewogenen durchschnittlichen Anschaffungsstückkosten.
b) Der Schlussbestand beträgt 10 400 Stück. Bewerten Sie den Schlussbestand mit den gewogenen durchschnittlichen Anschaffungsstückkosten.

6467402L

3 Errechnen Sie den Durchschnittspreis pro Liter der unten stehenden Mischung:

		a)	b)
25 l	zu	26,80 €/l	2,30 €/l
182 l	zu	14,10 €/l	54,20 €/l
61 l	zu	2,80 €/l	12,30 €/l
94 l	zu	9,60 €/l	18,90 €/l

4 Ein Textileinzelhandelskonzern verkauft 2 verschiedene Herrenjeanshemden.

Größe	Modell 1		Modell 2	
	verkaufte Hemden	Preis (€)	verkaufte Hemden	Preis (€)
S	2 890	24,40	4 210	27,25
M	3 460	25,95	4 780	28,10
L	3 720	26,30	4 990	29,05
XL	3 980	27,10	5 150	30,15
XXL	3 510	27,55	4 810	30,55

a) Errechnen Sie den Durchschnittspreis je Modell.
b) Errechnen Sie den gewogenen Durchschnittspreis je Modell.

6.4 Mittelwerte

6.4.1 Der häufigste Wert (Modus)

Der **häufigste Wert** tritt in einer statistischen Zahlenreihe am häufigsten auf.

Beispiel

Bei den 8 Herrenanzügen unseres Sortiments erreichten wir in der letzten Woche folgende Verkaufszahlen:

Anzug 1:	10 Stück	Anzug 5:	12 Stück
Anzug 2:	11 Stück	Anzug 6:	9 Stück
Anzug 3:	12 Stück	Anzug 7:	13 Stück
Anzug 4:	13 Stück	Anzug 8:	12 Stück

Der häufigste Wert ist die Verkaufszahl 12. Er wird bei 3 Anzügen erreicht.

6.4.2 Der Zentralwert (Median)

Der **Zentralwert** liegt in der Mitte einer nach der Größe der Werte geordneten Reihe.

Beispiel

Die Verkaufszahlen für die 8 Herrenanzüge (siehe obiges Beispiel) werden geordnet:

9   10   11   12   13

Die Verkaufszahl 11 liegt in der Mitte der Reihe; sie bildet den Zentralwert (Median).

Liegt eine Zahlenreihe mit einer geraden Anzahl von Gliedern vor, so wird der Zentralwert aus dem Durchschnitt der beiden in der Mitte liegenden Zahlen ermittelt.

Aufgaben

1 Im abgelaufenen Geschäftsjahr haben wir drei Artikel zu unterschiedlichen Listeneinkaufspreisen bezogen.

	Artikel 1 (€/Stück)	Artikel 2 (€/Stück)	Artikel 3 (€/Stück)
1. Lieferung	46,00	95,00	132,00
2. Lieferung	49,00	93,00	131,00
3. Lieferung	48,00	94,00	133,00
4. Lieferung	47,00	95,00	134,00
5. Lieferung	50,00	96,00	132,00
6. Lieferung	49,00	95,00	134,00
7. Lieferung	48,00	96,00	135,00
8. Lieferung	47,00	94,00	134,00
9. Lieferung	49,00	93,00	131,00
10. Lieferung	50,00	95,00	135,00

a) Ermitteln Sie jeweils den häufigsten Wert (Modus).
b) Ermitteln Sie jeweils den Zentralwert (Median).

---

2 Die Listenverkaufspreise unserer Artikel kalkulieren wir mit unterschiedlichen Gewinnzuschlagssätzen:

Artikel 1: 25 %   Artikel 5: 20 %
Artikel 2: 15 %   Artikel 6: 25 %
Artikel 3: 20 %   Artikel 7: 20 %
Artikel 4: 10 %   Artikel 8: 30 %

a) Ermitteln Sie den häufigsten Wert (Modus).
b) Ermitteln Sie den Zentralwert (Median).

6467404L

Sachwortverzeichnis

6467406L

6467408L